대행 스님

1927년 일제강점기에 태어난 스님은 어려서부터
'나는 누구인가? 나는 어디에서 왔는가?' 하는
근본에 대한 의문을 참구하다 일찍이 자성의 발로를 체험하였다.
1950년, 스님은 오대산 상원사에서 방한암方漢岩 큰스님을 친견하고
불문에 귀의하였다.
이후 십여 년간의 산중 수행을 통해 불법의 궁극적인 도리를 체득한 스님은
중생 교화에 뜻을 두고 1972년 지금의 한마음선원을 세웠다.

스님의 가르침은 정신과 물질, 인간과 자연, 종교와 과학을 아우르며
서로 조화를 이루고 발전하는 공생의 길로 우리를 이끌고 있다.
불교는 지금 발 딛고 살아가는 이 땅 위에서, 우리의 삶 속에서
맛보고 꽃피울 수 있는 진리임을 알게 하고자
평생을 매진하였던 스님은 2012년 한마음선원 본원에서 입적하였다.

허공을 걷는 길

대행 스님 법어집

허공을 걷는 길

일반법회 3

대한불교조계종
한마음선원

발간사

부처님의 가르침은 모든 중생을 열반의 저 언덕에 이르게 하는 지혜의 뗏목이며 삼계에 비할 바 없는 보배이다. 대행 스님의 말씀 또한 그러하니, 마음을 열고 이 법어를 읽을 때 걸림 없는 지혜와 다함 없는 공덕을 얻게 될 것이다.

스님께서 늘 강조하시는 '생활과 불법이 둘 아닌 도리'는, 하루하루의 삶 그대로가 불법에 어긋나지 않는 한마음의 묘리 바로 그것이다. 그러나 현대 과학문명은 이러한 마음의 도리를 도외시한 나머지, 생명의 경시는 물론 자연환경의 파괴와 같은 재앙을 자초하고 있다.

스님의 가르침은 정신과 물질, 인간과 자연 그리고 종교와 과학이 조화를 이루며 발전하는 새 시대의 길을 일러 주고 있으니, 한마음으로 읽어 가다 보면 끝내 나와 너 또는 나와 대상이 하나를 이루어 무엇을 하든 걸림이 없는 경지를 체득하게 될 것이다.

스님의 법어는 화려하지는 않지만 깊고 그윽하다. 물이나 공기가 그러한 것처럼 누구에게든 차별을 두지 않으므로 마시고 호흡하는 데 조금의 어려움도 없다. 아무쪼록 이 법어집과 인연 닿는 모든 사람들이 고(苦)에서 벗어나 널리 세상을 이롭게 하는 자유인이 되기를 간절히 발원하는 바이다.

일반법회분 출간에 부쳐

『허공을 걷는 길』 일반법회분은 대행 스님 법어 전집 『허공을 걷는 길』의 다섯 번째 기획물입니다. 일반법회는 정기법회가 정례화되기 전인 1982년 6월 6일부터 1980년대 말까지 본원 법당이나 강당에서 개최된 법회를 말합니다. 선원 설립 초기에 설해진 일반법회 법문들은 우주의 창조, 생명의 진화, 지구 환경의 생성 등 다양한 주제들로 구성되어 있습니다. 그 외에 법회 장소나 형식, 설법 대상에 따라 선실 법회, 금요 친견 법회, 신행회 창립 법회, 법사단 법회, 전국 신도회 임원단 법회 등으로 분류된 법문들이 일반법회분에 포함되어 있습니다.

앞서 발간된 법회분들과 마찬가지로 스님 특유의 어투와 법회의 현장감을 그대로 살리되 독자들의 이해를 돕기 위한 최소한의 편집 과정을 거쳤습니다.

1. 비문법적인 표기

일반적인 용례에 맞지 않는 단어가 쓰였거나 문법의 기준에 맞지 않는 조사가 쓰인 경우들이 있습니다.
예) 부동자세 한 에너지, 한 점의 마음으로서에

2. 조어(造語)의 사용

• 우주 또는 정신세계나 물질세계를 표현하는 적합한 용어가 없거나 사회적으로 약속된 용어가 적절하지 않을 때 조어를 사용하신 경우가 있습니다.
예) 일식, 오토켈, 섭류, 섭유, 겉맥, 중맥, 건성맥, 식각, 무전자

• 뜻을 정의하신 조어

- 섭류: 우주 만물이 서로 귀합(歸合)돼서 돌아가는 것을 말한다.
- 섭유: 우주 만물이 서로 귀합이 돼서 같이 호응되는 것을 말한다.

3. 용어 · 숫자의 의미

현대 과학의 용어나 숫자를 쓰되 그 의미는 다르게 쓰인 경우가 많습니다.

예) · 생물, 광자, 원자, 전율, 전자, 질량, 광자력

· 수성에서 달나라에 가자면 30억 거리나 됩니다.

4. 외래어 표기

외래어는 검색 등의 편의를 위해 현행 외래어 표기법을 따랐습니다. 그러나 느낌을 제대로 살릴 수 없는 단어들에 한해서 스님이 쓰신 그대로 표기하였습니다.

예) 빽(백 back ground) 보당(버튼 button) 기소(기초 きそ)

바란스(밸런스 balance) 테레비(텔레비전 television)

5. 색인

법형제법회, 국내지원법회, 국외지원법회분에서 통권으로 달았던 색인을 일반법회분부터 각 권으로 기입하여 찾아보기의 편리함을 더했습니다.

일러두기

1. 대행 스님 법문의 원전(元典)

한마음선원 출판부에서는 30여 년에 걸쳐 설하신 대행 스님의 방대한 육성 법문을 문자화하여 보존하고, 앞으로 스님의 가르침을 여러 형태의 책으로 발간함에 있어 원전으로 삼고자 본 법어집을 발간하게 되었다. 전집의 형태로 기획된 본 법어집은 법회별로 묶어 전 26권이 발간될 예정이며, 법회별로 출간된 이후에 정리된 법문은 추후에 증보하여 발행할 계획이다.

법어집의 발간 순서와 법회별 법문의 분량은 다음과 같다.

1) 정기법회 4권 / 2) 법형제법회 2권 / 3) 국내지원법회 3권 / 4) 국외지원법회 3권 / 5) 일반법회 4권 / 6) 특별법회 5권 / 7) 담선법회 5권

* 권수나 발행 순서는 사정에 따라 달라질 수 있다.

2. 편집 원칙

본 법어집은 읽는 이로 하여금 마치 법회 현장에 있는 듯한 느낌이 들도록 육성법문 그대로를 문자화하는 것을 편집 원칙으로 삼았다. 이러한 원칙에 따라 스님께서 말씀하신 단어가 사전적인 의미와 달리 사용되었거나, 비유와 예화가 법문에 따라 조금씩 다른 경우도 그대로 두었다. 이에 대해 독자들은 사실에 대한 시비곡직보다는 스님께서 전하려 하신 참뜻을 마음으로 새기는 데 힘쓰기 바란다. 그러나 독자의 이해를 돕기 위해 법문의 본뜻에서 벗어나지 않는 최소한의 경우에 한하여 표준어법으로 바꾸는 작업을 하였다. 이는 문자가 지닌 표현의 한계에 따른 고육지책이었음을 미리 밝힌다.

또한 세간의 말로는 드러낼 수 없는 법의 세계를 표현하심에 있어 스님 특유의 조어(造語)를 사용하시는 경우도 있다. 이에 대해서는 차후에 만들어질 용어 해설이나 색인 작업을 통해 그 뜻을 보다 명확히 할 것이다.

3. 법회의 분류

『허공을 걷는 길』은 법회의 형식, 시기, 대상, 목적 등에 따라 크게 일곱 가

지 법회분으로 분류하였다.

1) 정기법회: 1984년 9월 16일 이후부터 매월 셋째 주 일요일, 한마음선원 본원 법당에서 일반 신도들을 대상으로 열린 정기적인 법회
2) 법형제법회: 1990년 8월 5일 이후부터 매월 첫째 주 일요일, 한마음선원 본원 법당에서 법형제회의 거사들을 대상으로 열린 정기적인 법회
3) 국내지원법회: 1987년 6월 9일 이후부터 국내 지원이 주최한 공식, 비공식 법회(법당 준공 및 이운식과 관련된 법회 포함)
4) 국외지원법회: 1987년 5월 24일 이후부터 국외 지원이 주최한 공식, 비공식 법회 (법당 준공 및 이운 법회, 담선 법회, 외부 단체가 주관한 초청 법회, 방송 · 대담 등 국외에서 설하신 모든 법문 포함)
5) 일반법회: 1982년 6월 6일부터 1980년대 말까지 일반 신도들을 대상으로 한마음선원 본원 법당이나 강당에서 개최된 법회
(신행회 창립 법회, 신도회 임원단 법회, 전국 신행회 회장단 법회, 법사단 법회, 금요 친견 법회, 선실 법회 포함)
6) 특별법회: 1982년 10월 17일 이후부터 열린 행사 법회, 초청 법회, 정기적 · 비정기적인 특별법회(대담 형식의 법회 포함)
7) 담선법회: 1982년 10월 17일 이후부터 열린 소집단과의 비교적 자유로운 토론과 질문 형식으로 이루어진 법회

4. 법어집의 활용

앞으로 출간될 법어집을 포함한『허공을 걷는 길』법어집 26권은 대행 스님 법문의 원전으로서 용도별 도서 제작, 외국어 번역본 출간, 학문적 연구를 위한 법문의 데이터베이스화, 대중 매체를 통한 포교 활동 등 모든 법문 활용에 있어 그 기반이 된다.

그러므로 각각의 법문을 그 형식과 시기에 따라 구분하고 내용에 따라 단락을 나누었으며 최소한의 편집으로 자의적인 해석을 지양하여 어떠한 형태로 활용하더라도 그 근거를 명확히 할 수 있도록 하였다.

차　　례

일반법회①②❸④

일반법회 ❶②③④

좁쌀 세 알과 오백의 도둑 / 내 중심 주장자 / 불자의 공부 / 영원한 점심 / 진정한 예배 / 상천세계에 이르는 길 / 때에 따라서 쓰는 것이 도(道)다 / 지속된 꿈, 지속된 실상의 삶 / 내 밝은 마음으로 세상을 보려면 / 온 누리에 푸르름은 / 일곱 발자국의 가뭄 / 곧바로 들어가야 생활에 끄달리지 않는다 / 진리는 걸림이 없다 / 내세울 게 없는 것이 진리요 길이다 / 부처를 이룰 수 있는 화두 / 깨달음에 남녀가 있으랴 / 참다운 인간의 미(美) / 일상생활이 참선이다 / 공양미 삼백 석과 공덕 / 자기조차도 공한 이치, 공심(共心)을 알라 / 일체 만법이 내 주인공에 있다 / 서춘보 스님의 자재법(自在法) / 거지의 옷 한 벌 시주 / 자기를 믿는 데서 나오는 무수한 능력 / 고추 하나와 물 한 모금 / 청새의 눈 / 선지식이 나신 뜻 / 춘하추동 만 백화 / 우주를 덮고도 남는 마음의 향기 / 나는 어디로부터 왔는가 / 배우려고 하지 말고 놓아라 / 심봉과 프로펠러가 둘 아니다 / 마음 밖에서 부처를 구하지 말라 / 생활 속의 보림 / 선지의 길을 따라 / 백장 스님과 여우 / 구저 스님의 손가락 법문 / 마음과 마음의 전달 / 뱀이 된 주지 / 전체와 더불어 벗어나는 길 / 쉴 사이 없이 꼬리가 꼬리를 물고 풍덩! / 오각이 그대로 장안으로 통하니 / 자기가 자기 은혜를 모르면 / 해와 달을 석장에 걸고 / 통 선사와 호랑이 / 통 선사의 아홉 제자 / 한생각으로 사는 목성 / 우주의 생성과 전개 / 마음을 넓히고 계발하라

일반법회 ①❷③④

은하계의 성립 / 만 불 중 진불은 어디에 / 내 주인이 없는 집 / 범천과 중천세계 / 중천세계의 섭류 / 우주 개발국으로의 발전 / 우주의 섭류도 우리의 살림살이 / 생활 속의 정(定)과 혜(慧) / 지구라는 생명의 근본 원리 / 생활에 끄달리지 않는 정(定), 마음에 끄달리지 않는 혜(慧) / 마음 본부의 결정 / 그냥 그대로 내 탓 / 본래 사랑하고 있으니 착을 두지 말라 / 청수에 한자리를 해야 자유인 / 지구의 은하계 운행에 대하여 / 한생각으로 이루는 호국 불교 / 통달한 사람의 살림살이 / 우주 생명들의 묘한 살림살이 / 금성을 구경하다 / 화현하는 생명들 / 마음의 밝음을 나누는 인연 / 마음공부 하는 어류 / 어류의 삶과 부처님의 인도(引導) / 끄달리지 않는 법 / 우리의 조상은 흙과 물이다 / 무한의 뜻과 우주 개발 / 중성자의 우주적 활용 / 법망에 자유스러운 도리 / 광대무변한 자성 용(自性用) / 생명의 기원과 인간으로의 진화 / 인간으로 형성시킨 근본 한 점의 뜻 / 진한 피 한 방울의 자비행 / 불국토를 이룰 수 있는 멋진 삶 / 어느 소녀의 둘 아닌

발걸음 / 불교 공부의 길 / 인간으로서 제일 급한 일 / 길잡이의 지혜로 양식을 삼아 / 해와 달도 내 한마음 한 점에 / 선악도 생명들이 합친 내 근본 한 점에 / 지혜로 천차만별의 법칙을 활용하라 / 내 한생각에 전체가 한생각이 된다 / 믿고 물러서지 않아야 다 녹일 수 있다 / 참다운 인생의 길 / 왜 자기를 믿지 못하나

일반법회 ①②③❹

나를 이끌고 가는 진실한 내 한생각 / 지금 배우지 못한다면 / 자성(自性)으로서 자유스러운 생활을 하라 / 만법의 진의를 꿰뚫어 행하라 / 만 사람의 집 / 자유자재하도록 이끄는 길 / 참다운 마음의 공부 / 남을 위해 길을 인도하는 길잡이 / 일체가 가설된 그 자체를 알려면 / 영원한 밝음 / 내 마음의 문을 열어 준다면 / 물이 나하고 같이 살자 하네 / 이름에 속지 말고 모두 맡겨 놔라 / 쓰레기를 버린 인과 / 자기 마음을 잘 이끌어 가는 대인 / 정통으로 놓아라 / 둘 아니게 베풀어지는 자비 / 마음의 길을 걷는 공부 / 마음의 문을 여는 천도 / 남을 건지는 속에 나도 건져진다 / 한마음 주인공을 진짜로 믿어라 / 예불을 모시는 마음 / 소금 장수와 인연 / 육신은 장갑과 같다 / 항상 마음을 다스리며 살아라 / 한마음, 내 영원한 친구 / 진실한 보살행 / 심봉이 되라 / 이러면 어떠리 저러면 어떠리! / 사랑하면 화목이 오고 화목하면 재물이 온다 / 남에게 무조건 이익을 줄 수 있는 지혜 / 마음을 금(金)으로서 들이고 내라 / 말 없이 말을 전달하는 도리 / 돌려서 맡겨 놓아라 / 착(着) 없이 진짜로 놓아라 / 지금은 마음의 발전이 필요한 시대 / 종교가 필요한 이유 / 흙물을 맑은 물로 바꿔 써라 / 생활의 고(苦)를 타파하는 지혜 / 업의 굴레에서 벗어나는 길 / 어리석은 사람은 부처를 구하지만 / 진짜로 믿어라 / 마음으로 내 주인공에 맡겨라 / 세계적인 발판을 세우라 / 무조건 돌봐 주는 것이 부처님 자비다 / 자기 주인공이 자기 육체를 리드한다 / 정신계의 계발을 위해 / 함이 없는 실천 / 한 송이 눈 속에 뿌리 내려 / 싱긋 웃고 넘어설 수 있는 믿음 / 남의 탓 할 게 하나도 없다 / 일체 만물 만생 만법이 다 공하다 / 부처님의 빛 / 나라고 세울 게 없는 공한 나 / 참좌란 무엇인가

일반법회 3

천 년 동안 불을 밝힌 호랑이

1986년 5월 3일

오늘 또 여러분하고 이렇게 앉아서 대담을 하게 돼서 기쁩니다. 항상 여러분한테 말씀드리지만 우리가 생활을 하면서 항상 "무주상 보시를 하라." 하는 뜻은, 여러분이 가끔 들어서 아시겠지만 내가 천 원을 가지고 가든 만 원을 가지고 가든 상점에 가서 물건을 살 때에 물건과 더불어 같이 바꾸어 가지고 나오면서 내가 돈 준 것만 생각할 수는 없듯이, 나를 위해서 내가 쓰기 위해서 물건을 사는데 부처님 앞에 단돈 천 원이라도 가지고 가서 그 천 원 낸 거를 만약에 냈다는 생각을 하고 보시를 한다면 그것은 아마 무효가 될 것입니다. 왜냐하면 그 상을 두고 했기 때문에 대가가 갈 수가 없습니다. 그래서 모든 것을 무주상 보시로써 내 성의껏, 내 가정 형편껏 이렇게 하면서 속 썩이지 말아야 합니다. 내 속을 썩이면서 또 원망을 하면서 단돈 얼마라도 시주를 하면 그거는 무효입니다.

여러분이 정신을 똑바로 차리고 정성을 지극하게 할 수 있다면…, 여기서 제일 중요한 게 무엇이냐고 묻는다면 바로 마음 씀씀이입니다. 인간이 살아나가는 데에 돈이라는 것은 있다가도 없고 없다가도 있는 것입니다. 마음을 똑바로 가지고 자기 마음으로 자기 몸을 똑바로 이끌고, 몸을 똑바로 이끄는 반면에 몸은 마음을 이끌고 이렇게 해서 똑바로 해 나가기 바랍니다.

나도 어저께 저 길을 지나가다 보니 철모를 쓴 어떠한 청년들이, 즉 말하자면 데모를 막기 위해서 죽 섰습디다. 그거를 볼 때에 순간, 그전에도 많이 봤건만 생각이 영 들지를 않았습니다. 그랬는데 나도 모르게 순간 생각이 들면서 '아이고! 더운데 저 철모를 쓰고 발까지 저렇게 들입다 둘러쌌으니, 그러고도 또 철모 위에다가 철망을 해서 뒤에다가 또 달았어. 아휴! 사는 것이 무엇이기에 저렇게….' 만약에 여러분의 자식이 그렇다면 그것이 안타까울 겁니다.

그 반면에 나는 이런 고마운 생각을 했습니다. 아, 저 철모 쓰고 저렇게 하는 것도 내 자식으로 돌아가면서 아픔을 느꼈고 또 지금 데모를 하는 그 청년들도 역시 그렇게, 잘못했든 잘했든 간에 어쨌든 참 그것도 또 역시 내 자식으로 돌아가니, 양면이 다 아주 너무나 안타까운데 스스로서 고마움을 느낀 것은 무엇이냐 하면 '야! 내 자부처가 나를 이렇게 올바르게, 이 뜻을 이렇게 아주 상세하게 가르쳐 주신 것이 이렇게 고마울 수가 없구나.' 하는 겁니다. 인간의 사랑과 진미, 무주상, 이 자비라는 것이 무엇인가를 이렇게 똑바로 가르쳐 주셨으니 둘이 아니요, 부모와 자식과 모두가 둘이 아니라는 걸 이렇게 똑바로, 실감 나게, 실천에 옮길 수 있게 이렇게 가르쳐 주신 나의 자부처가 너무도 고마웠고, 나아가서는 자부처와 더불어 같이 그 길잡이의 선조들이 너무나 감사했습니다. 그리고 산천초목도 여러분도 다, 일체 만물이 너무나 감사했습니다.

그런데 여기에 따라서 옛날 얘기 한마디를 하죠. 아니, 옛날 얘기 하기 전에 이담에는 어떨지 모르지만 요즈음 환경에 따라서는 '데모를 좀 안 해 줬으면 좋겠다.' 하는 생각이 들었습니다. 그것이 내 진정인지도 모르죠. 내 자식이기 때문에 아마 그런 마음이 들었겠죠. 이건 가설이 아니고 참, 내 진심으로서 진실한 그 눈물이 샘솟듯 했습니다. 그건 여러 가지가 포함된 우리의 살림살이의 문제겠죠. 우리 살림살이라면 전체를 말하는 겁니다, 시대와 더불어.

옛날에 어떤 보살이 남매를 두고 참, 지극하게 도인 스님에게 다니다 보니까 아주 불도가 세고, 깊이 자기 마음을 공부해서 아주 그 차원이 높았더랍니다. 그런데 아들이 영 말을 안 들어. 아들을 슬기롭게 이끌어 주려고 하면 반대로 나가고, 만날 사냥이나 나가고 그러니까 어머니는 안타깝지만 '그것을 어찌하랴. 부처님도 인연이 없으면 어찌 할 수 없다고 그랬는데 어떻게 했으면 좋겠는가!' 하고 항상 걱정을 하다가 열반을 하시고 말았죠.

그랬는데 어느 날 두 남매가 살다가 하나는 가난하니까, 예전엔 민며느리로 많이 가지 않았습니까? 민며느리로 가고 아들 하나만이 이리 다니고 저리 다니고 뭐, 산으로 다니면서 그저 사냥이나 해서 먹고 또 죽여서 꺼풀이나 벗겨서 갖다 팔고, 이럭하면서 돌아다니면서 살다 보니까 어느 날 하루는 산에서 날이 저물어서 자게 됐더랍니다. 그랬는데 어느 스님이 나타나시더니 하시는 말씀이 "너는 이 세상에 나면서 벌써 삼 생을 두고 살생을 많이 했어. 그러니 당장 삼 일만 있으면 너는 그 꺼풀이 호랑이 꺼풀이 될 것이다. 그래서 남이 너를 죽일 때의 네 그 아픔을 견뎌 봐라." 하더랍니다.

그러고선 꿈을 파딱 깨고 나니깐 전자에 없던 생각이, 어머니가 말씀하시던 생각이 나면서 '왜 딴 생명들을 죽여서 사는 이러한 내가 됐을까?' 하는 그런 의정이 생기면서 한없이 울었답니다. 고독하기도 하고 아무도, 형제도 없고 들이댈 데도 없으니까. 그렇게 생각을 하면서 한번 생각을 해 보니까 산천초목이 모두가 이날까지 살아오면서 자기 벗이더랍니다. '산에서 자도 그렇게 따뜻하고 그렇게 벗으로만 살던 내가 오늘날에 그 벗을 자꾸 죽이기만 했다니, 내 목숨 하나 살리기 위해서 죽이고만 갔다니…. 그걸 몰랐는데 왜 인제 생각이 들까?' 하는 생각이 들었습니다. 그렇지만 이미 때는 늦어서 벌써 차는 지나간 일이라.

얼마 안 돼서 그만 곰한테 그냥 들이덤벼서 자기 일생을 그렇게 해서 바치고는 호랑이로 태어났어요. 호랑이로 태어나서 이리 피하고 저리 피하고 이리 쫓기고 저리 쫓기고 또 쫓고 이러다가 보니까 하루는 호랑이 앞에 어머니가 나타났어요. 어머니가 불도가 지극한 까닭에 나타나서 "내가 너를 위해 인과를 벗겨서 이 세상에서 남을 죽인 것만치 남을 위해서, 또는 나라를 위해서 일을 하게 하기 위해서 나는 산천초목과 더불어 불을 밝히면서 천 년을 이렇게 살아야만 하느니라. 너는 부모의 이 마음을 어찌 그렇게 모르느냐. 부모가 너 하나로 인해서 이렇게 천 년이나 불을 켜고, 초목을 밟으면서 이렇게 항상 불을 밝히면서 풀뿌리를 뜯고 또는 칡뿌리를 뜯어 먹어 가면서 천 년을 견뎌야 하니 너는 깊이 생각하라." 하더랍니다.

그랬는데 호랑이는 그렇게 생각을 했습니다. 그 호랑이가 그 뜻을 받아서 '옳아! 어머니도 날 위해서 풀뿌리와 칡뿌리로 연명을 하시고 불을 밝히신다는데, 나도 이 호랑이의 허물을 벗고 어머니의 그 뜻을 받아서 다시 사람으로 돼서 내가 이날까지 해 온 것을 갚으리라.' 하고 생각을 깊이 했습니다. 그래서 그 호랑이는 어느 동굴에 들어가서 영 나가지를 않았습니다. 나가지를 않으니까 도저히 견딜 수가 없어서, 나가서 그저 풀뿌리를 먹고 그렇지 않으면 손톱과 발톱이 그냥 다 헤지도록 칡뿌리를 씹어 먹고 또는 열매를 따서 먹고 이러면서 그 굴에서 나가지를 않았답니다. 그럭하기를 천 년을 어머니와 더불어 같이 그렇게 했답니다.

그런데 그럭하고 지내다 죽기 직전에 어느 스님이 나타나셔서 "너는 장하구나. 너는 이담에 삼국 통일을 시키는 데에 여념을 다하라." 이랬답니다. 그래서 사람으로 환생을 해서 궁예라는 이름을 가지게 됐답니다. 그런데 스님 말씀이 "그러나 너는 너무 남을 살생을 많이 했어. 그러니 한 눈으로 다 하라." 했답니다. 그래서 그 한 눈이라는 것을 우리가 생각한다면 육의 눈이 아니라 '한 눈' 인 것을, 그만 한 생각을 잘못해서 자기 육의 눈도 한 눈이 됐답니다. 그래서 죽고 나서 바로 탄생을 하기를 양반의 집에 태어나서 궁예라는 이름을 가지고 정말 삼국 통일을 시켰다는 얘기가 있습니다.

지금 간단하게 얘길 하니까 그렇지, 천 년이라면 얼마나 긴 세월이었겠습니까? 엊그저께도 얘기했지만, 우리가 그만큼 근거를 닦고 닦아서 이렇게 인간이 됐다는 것을 아셔야 합니다. 우리가 인간이 되려면 얼마만큼 애를 쓰고 얼마만큼 피를 흘려야 된다는 거, 내가 항상 얘기해 드리죠. 여러분이 생물을 볼 때도 그렇고 동물을 볼 때도 그렇고, 여러 가지로 보세요. 얼마만큼 치열한 그 전쟁 아닌 전쟁을 해 가면서 그렇게 되는가.

우리 잠깐 한 가지를 보십시다. 저런 나무의 쐐기라는 벌레 하나, 고거 하나만 보더라도 그것이 기어 다니고 기어 다니다가, 자기가 살면서 보니 모든 게 불리해. 자기가 기어 다니다 보니까 도대체 잡아먹히기도 쉽고, 아주 모든 게 불리해. 그리고 털로다가 자기 방어는 했지만 그래도 모든 걸 봐도 나는 것도 있고 모두 이렇게 있는데, 자기는 그저 한번 꿈틀해야 쪼끔 갈 둥 말 둥이거든. 이러니 이건 사는 게 아니라 고역이고 죽겠으니까 거기서부터 도를 또 닦는 거야.

그래서 진화가 돼서 스스로서 나방을 만들려면, 날아다니려고 한다면 저 나무 꼬랑지에 매달려서 자기가 자기 몸뚱이를 거미줄처럼 꼭꼭 묶어 가지고선 그 얼마 동안을 견뎌야 하겠습니까? 그래서 나방이 돼 가지고도, 나방조차도 들에서 다니는 나방도 있겠지만, 나방이 돼서 다시 도를 닦느라고 아주 싸움도 안 하는, 잡아먹히지도 않고 잡아먹지도 않는 먼 고장으로 한없이 날아서 날아서 가서 자기의 도를 닦는 큰 나방도 있답니다.

그런 거와 마찬가지로 생물이나 동물도 그러한데, 물에서 사는 거북이도 그렇고 모든 게 다 그러는데 하물며 그렇게 거쳐서 나온 우리 이 인간이, 여러분이 이렇게 도를 닦아서 바로 여기에 인간의 탈을 쓰고 나왔어도 하치못한 나무의 이파리에 지나지 않는다면 참 얼마나 그게 아픈 일이겠습니까. 우리가 가을이 되면 낙엽이 돼서 떨어지고, 떨어지면 바람에 휘날려서 어디론가 가 버리는 그러한 인생이 돼서는 아니 된다는 얘깁니다. 우리 인간의 존재라는 것은 영원한 것입니다. 우리 인간의 존재라는 것은 이 몸과 마음이 영원한 것입니다.

어떻게 생각한다면 "몸은 쓰러지고 무너지고 변질되고 모두 죽는데 어떻게 영원합니까?" 그러겠지만 벌레를 보십시오. 벌레가 자기 몸을 옹쳐 매고 옹쳐 매 놓고선 나방으로 모습만 변해 가지고 또 도를 닦지 않습니까? 우리는 우리대로 모습을 바꿀 뿐이고, 옮겨서 바로 모습만 바꿔서 우리가 생길 뿐이지 죽는 것이 아닙니다. 우리는 허망한 것도 아니고 죽는 것도 아닙니다. 우리는 생전에 생동력 있게 삶을 전진해 나가는 것입니다. 그래서 늙으면 우리가 앞으로 다른 모습으로 다시 집을 짓고 또 나갈 준비를 닦는 것입니다. 우리가 또 애로 태어난다 할 때도 그게 닦아서 태어나는 거고, 또 태어나면 그 준비를 하는 과정입니다.

그러니 항상 우리는 준비를 하는데, 그러면 그 준비를 해서 무엇을 할 거냐? 그 준비를 해서 아무 쓸모가 없는 게 아닙니다. 우리는 살아 있을 때에 이 마음이 탄생이 되어야 하고, 탄생이 되고 지혜로운 마음이 넓어져서 그 지혜가 바로 지금 살림의 도구가 돼서, 우리가 살림살이를 고정되게 쓰지 않듯이 그 지혜로운 마음은 천차만별로 도구가 돼서 쓰여지는 것입니다.

그럼으로써 우리는 그렇게 영원하게 살림살이를 천차만별로 나투면서 화해 돌아가는 이것을 끊임없이 해 나가면서도 나 아님이 하나도 없고, 또 누가 이리로 가라, 와라 하는 게 없이 자유스럽게, 끄달리지 않고, 윤회도 업보도 아무것에도 끄달리지 않고 내 자유껏, 여기도 나요 저기도 나요, 내가 아님이 없으니, 내가 어떠한 한생각을 할 때 모두가 나이기 때문에 한마음에 들리지 않나. 한마음으로 들릴 때에 바로 보이지 않는 데 한 점의 그 우주와 더불어 같이 우리가 한 손에 전부, 한 주먹에 들었다는 뜻입니다. 그래서 그 깊고 깊은 그 마음을 어느 누가 알랴 하는 뜻에서 우리는 못사는 어떠한 혹성이나 어떠한 동네를 위해서 여기에서 너무 못살게 하는 사람들이 있다면 쪼끔 낮추고, 또 이쪽에서 못살게 하는 사람들이 있다면 여기 좀 낮추고 이렇게 해서 조화를 이루게끔 하는 이치도 있지만, 그러면 여러분은 "사람들이 지금 많이 죽어 나가는데 그건 어떻게 합니까?" 이렇게 묻겠죠. 그러나 그거는 자기네들이 지어서 자기네들이 받는 것입니다.

예를 들어서 가만히 앉아 있는 것도 가서 한 번 쳐, 두 번 쳐, 세 번 치면 이쪽 상대방에서도 가만히 있지 않습니다. 그럼으로써 싸움이 일어나고, 그것은 연쇄적으로 길게 길게 싸움이 이어지는 것입니다. 그거를 가지고 인과응보라 하는 것입니다. 그러니 거기에 자꾸 끄달린다면 우리는 개별적인 한 사람과 한 사람, 상대방도 역시 그렇고 생활을 해 나가면서도 부부지간이나 자식지간이나 부모지간 형제지간에도 역시 그런 인과응보가 아주 대대손손이 끊임없이 내려간다는 것을 아셔야 합니다.

그럼으로써 우리는 그것을 없애기 위해서 주인공에다 모든 것을 맡겨 놓고 자기는 그저 부지런히…. 항상 제가 이런 말을 하죠. 아주 나쁘게 한다 하더라도 그것을 듣기 좋게 얘기해 주고 속으로만, '모르는 저 사람과 내 주인공과 둘이 아니니, 그저 저 사람을 옳게 이끌어 주시오.' 하고서 자기한테다 맡겨 놓고 착을 두지 마세요. "저거 왜 저래?" 하고 욕을 하고 때리고 아무리 그래도 그건 소용없습니다. 그것은 벗어날 길이 없어. 그것을 벗겨 주려면 바로 그 수밖에는 없는 겁니다.

우리가 용광로에다가 헌쇠들을 다 집어넣고 모든 것을 다 다시 생산을 해서 내는 것은 물질이지마는, 우리 마음으로는 체가 없기 때문에 무쇠도 될 수 있고 금도 될 수 있는 것입니다. 여러분의 차원은 누가 알지도 못하고 보지도 못하고 하지만 자기 자신은 자기 마음을 더 잘 알고 있습니다. 잘못하고 잘하는 것도 자기 자신이 더 잘 알고 있기 때문에 우주간 법계에서도 전부 알고 있다는 사실을 여러분이 몰라서는 아니 됩니다. 그래서 어느 사람이 이런 말을 했다지 않습니까. 이러한 얘기는 스님네들한테도 적합하고 여러분한테도 적합하고 또 공직을 가지고 있는 사람에게도 적합합니다.

어떠한 정승이 있었는데 어떤 사람이 좀 권세를 지니기 위해서 그 정승한테다가 뇌물을 크게 바치러 갔답니다. 그랬는데 그날 따라 아무도 없고 그 정승 한 분만 계셨답니다. 그래서 뇌물을 바치기가 얼마나 쉬웠는지 모르죠. 그래서 뇌물을 바치고 나니까 그 정승이 "여보게! 자네가 이 나라에서 쓸 만하다면 뇌물을 안 바쳐도 능히 쓸 것이 아닌가? 자네가 이렇게 안 해도 쓸모가 있다면 쫓아다니면서라도 자네를 찾을 걸세. 그리고 또 나라도 힘이 있다면, 자네가 쓸 만하다면 그냥 쓰는 거지 어찌 이 뇌물을 받겠나. 이걸 도로 가져가게. 남이 알면 이거 참 큰일 나겠네." 하니까 "여기 아무도 없습니다." 했거든요. "여보게! 그 말 말게. 자네가 알고 내가 아는데 어찌 이 세상천지가 모르겠나. 천지의 근본도 마음의 근본이요, 태양의 근본도 우주의 근본도 전부 마음의 근본이거늘 당신이 알고 내가 아는데 어찌 모르겠나. 그러니 어서 가져가게. 자네가 이러한 일이 없이, 이러한 차원 얕은 속임수의 마음이 없어지는 날이면 당신은 일꾼이 될 것이니 그때 내가 찾음세." 이렇게 했다는 겁니다. 이 얼마나 좋은 일입니까.

그래서 여러분이 성의껏 이렇게 시주하는 것도 모든 게 여러분의 피와 땀이기 때문에 그것은 기름으로 쓰이는 겁니다. 지금 저렇게 기름으로 쓰이듯이 말입니다. 그러니 꼭 스님네들이 불사만 해야 되느냐? 그것도 아닙니다. 사람이 없지 절이 없는 건 아닙니다. 여러분은 그거를 판단할 줄 알아야 하고 나침판을 놓을 줄 알아야 하고 내가 바로, 여러분 각자가 선장임을 알아야 합니다. 여러분의 몸에는 중생들이 수없이 들끓고, 여러분의 몸뚱이가 배라면 여러분의 성품, 그 마음은 바로 선장인 것입니다. 그 선장이 올바로 끌고 가지 않는다면 그 중생들은 다 죽습니다. 여러분, 깊이깊이 잘 생각하셔야 됩니다.

여러분이 수억만 냥을 갖다가 시주를 한다 하더라도 이 도리를 모른다면 공덕이 될 것이 하나도 없고, 여러분이 단돈 천 원이라도 그 도리를 알고 한다면 바로 그것이 공덕이 될 것입니다. 시간과 공간도 초월되고 또는 날짜도, 우리 인간이 살아나가는 데에 날짜를 만들어 놓은 거지, 이 날짜가 어디 있겠습니까. 사계절이 따로 없고, 추워지니까 겨울인가 보다, 또 쪼끔 더워지니까 봄인가 보다, 아, 더우니까 여름인가 보다 하고 이름을 지어 놨을 뿐입니다. 돈도 그렇습니다. 이 도리를 모르고 만약에 수억을 시주를 한다 할지라도 그것은 공덕이 될 수 없습니다.

이 도리를 아시고 무주상으로서 내가 한다면 바로 자기 통장에 자기가 넣는 것이요, 바로 자기 통장에 넣음으로써, 그 무슨 뭐, 통장 이름도 모릅니다, 나는. 그 뭡니까? 이자에 이자 붙고 그러는 거 있죠? 그런 거처럼 이자가 붙어서 여러분이 다시 생산이 될 때에 항상 구김 없이 쓰여질 겁니다.

돈뿐만 아니라 모든 일에 다 그렇습니다. 재산을 메고 다녀서 재산이 아니라 지혜로운 마음이 자기의 보배며 바로 재산인 것입니다. 여러분이 돈을 가지고 있다고 해서 재산이 있는 것은 아닙니다. 바로 자기의 한 점의 마음이 보배고 재산입니다. 그리고 그 재산에다 더불어 또 자유스럽게 쓸 수 있는 자유인의 그 도구라는 거를 아셔야 합니다. 그건 보배인 것입니다.

오늘은 이걸로써 끝마치겠습니다.

참다운 인생의 걸음걸이

1986년 5월 6일

하하하…. 괜히 웃음이 납니다. 올라오면서 내가 지금 여기를 왜 한 걸음 한 걸음 딛고 올라가는지 또 내려가는지 그것도 모르면서 참 참히 그냥 올라왔습니다. '난 허구장창 말할 건덕지가 하나도 없는데 뭐 할 말이 있어서 한 걸음 한 걸음 이렇게 걷고 있나.' 하면서 올라오는데 이런 생각이 났습니다.

남녀를 막론해 놓고 숱한 사람들의 아늑하고 따뜻한 일생이 있는가 하면 아주 춥고 몰아치는 추운 바람에 쌩쌩하게 살을 에어 가는 일생이 있다고요. 따뜻하게만 일생을 보낸 사람들은 울 안에서 핀 꽃과 같아서 험악한 데 내놓으면 어쩔 줄을 모르고 얼어 죽기 똑 참하고, 바람에 쓸려서 뿌리까지 파여서 아주 죽기가 일쑤죠. 그러나 험하게 내버려 던져진 그 어떠한 꽃송이라든가 풀잎은 절대로 죽지 않습니다. 어디다가 세워 놔도 그건 죽는다 안 죽는다 또는 쓰러진다 그런 것도 없습니다, 버려졌기 때문에.

내가 이렇게 무뜩 생각난 옛날 얘기를 합니다. 그러나 지금 현실에도 우리는 그렇게 가고, 한 걸음에 한 일생이라면 그렇게 한 걸음 한 걸음 딛고 가는 것입니다. 우리가 어린애로 태어날 때는 바로 준비의 한 일생이요, 어른이 됐다면 애가 될 것을 생각하면서 한 준비를 합니다. 그런 거와 같이 제가 그때가 한 여남은 살 될 때였습니다. 이거는 어느 두 남녀에게서 들은 소리입니다.

그 두 남녀가 부부로 만나기 이전에 남자는 삼 남매였는데, 예전엔 염병이라 그랬습니다. 그런 불치병에 부모님 두 분이 다 돌아가시고서 삼 남매만 고스란히 남았답니다. 그랬는데 막내인 자기는 두 살이고, 누이는 다섯 살이고, 형은 아홉 살이었답니다. 그런데 동네에서 볼 때는 도저히 커 나갈 수가 없으니까 두 살 먹은 거를 어느 어린애 못 낳는 집에 양자로 줬답니다. 참, 일생이라는 것이 그런 일생이 있는가 하면 저런 일생이 있고 그렇죠. 그런데 그 두 살 먹은 거는 자기의 친어머니 아버지인 줄 알고서, 그러니까 그때서부터는 형이 있는지 누이가 있는지도 모르고 자기는 자랐답니다.

그런데 그 집으로 가고부터 네 살이 되자 그 집에서도 어린애를 낳았답니다. 어린애를 낳게 되니까 호적에다가 맏이로 올릴 수도 없고 그러니까, 내 자식이 아니라고 하고 법적으로 해 가지고선 떼어 내고 자기가 낳은 자식을 올렸답니다. 그거는 나중에 안 일이지만…. 그러고선 대하는 게 좋지 않아서 '왜 엄마 아빠가 저러나?' 하고선 이상스럽게만 생각하고, 또 남은 공부를 하는데 자기는 공부를 가르치지 않고 나무를 해 오라고 하고 그래도 엄마 아빤 줄 알고 살다가 일곱 살이 되었는데 어느 스님이 오셨더랍니다. 그러니까 이 스님을 좇아가라고 하더랍니다. 그래서 스님을 좇아서 가면서도 살아가면서 이상스러웠던 그런 생각, 슬픈 생각, 또 스님을 좇아가라고 하는 그 이유는 뭐며, 그 스님하고 한참 얘기하더니 그렇게 한 거는 또 뭐며, 그 이유를 몰라서 궁금하면서도 어린 마음에도 부모 떠나는 것이 너무나 슬펐답니다.

그래서 절에 가서 스님 심부름도 해 주고 이렇게 저렇게 지내다 보니까 열 몇 살이 돼서 열아홉 살이 되기까지 나무를 하고 그러는데 참 착한 스님을 만나서 공부도 가르쳐 주고 그래서 자기의 눈도 뜨게 됐고 좀 알았답니다. 그랬는데 열아홉 살이 되고 보니까 그 스님께서 자기의 그 모든 것을 얘기를 쫙 해 주면서 너는 성이 아무개며 너는 그렇게 그렇게 돼서 이렇게 이렇게 됐다는 그 사실을 다 얘길 해 주더랍니다. 그래서 자기는 조선 말기 때 군인으로 입대를 했답니다. 군인으로 입대를 해서 군인으로 살면서도 한시도 떠나지 않았던 것은 '버려진 한 풀잎이 뿌리를 내리고, 들풀이 되지 않고 한 떨기가 돼서 오고가는 행인들에게 그래도 입맛이라도 적셔 주지 않을까. 배고픈 사람들의 입맛이라도 적셔 주게 한 떨기가 돼서 뿌리를 깊이 박자.' 하는 생각이었답니다.

그래서 그것도 부처님의 덕이라고 하고 그 스님의 덕이라고 하고, 그 스님을 아버지 삼아 그 마음이 참 깊이깊이 사무쳤답니다. 그래서 사무친 그 마음을 가지고 군대에 입대해서 피 나는 노력으로 무예를 배우고 그렇게 해서 장군이라는 이름을 땄답니다. 그 장군이라는 이름을 땄을 때 스물여덟, 아홉이 됐답니다. 그러자 어느 날 갑자기 벼락이 내리듯 한 것은 뭐냐 하면 조선이 망하게 되고, 그러니까 그때가 서른세 살엔가 서른네 살엔가, 그거는 잊어버렸습니다. 서른두 살이라던가? 하여튼 그때에 조선병이 다 흩어지고 말았답니다.

그러니 그렇게 흩어지고 난 뒤에 나와서 근근득생으로 그저 아무거라도 해서 좀 뿌리를 박자고 무지하게 혼자 애를 썼답니다. 그 스님의 말씀을 항상 잊지 않고 그걸 따르면서 수년간을 그렇게 하다 보니까 서른 몇 살이 됐답니다. 그렇게 하다 보니까 조그마한 물감 공장을 갖게 됐고 과수원도 조금 갖게 됐답니다. 그래서 장가를 들었는데, 나이가 어렸답니다. 자기보다도 열일곱 살이나 열여섯 살이나 이렇게 아래를 아내로 맞이했답니다.

그런데 그 후부터 이 가슴에 맺힌 것이 뭐냐 하면, 그렇게 무예를 배우고 했는데 일본 사람들 틈에서 살려니까 구역질 나는 일이 너무 많고 치욕스러운 일들을 많이 봤고 겪어 왔기 때문에 때로는 참을 수 없는 문제들이 너무 많아서 그냥 젊은 혈기에 그, 무예를 배웠겠다 그러니까 그저 여기 가서 일을 저지르고, 아마 우리 조선 사람으로서는 환희심이 나는 일이었지만 일본 사람들한테는 그건 악조건이었지요. 그래서 힘드는 줄도 모르고 가는 길에다가 밤새도록 구덩이를 파고선 그냥 똥을 퍼다 부어서 말들이 전부 그리로 빠지게끔 만드는가 하면 밤중에 오고 가는 사이 없이 그냥 홀 두들기곤 없애 버리고 그렇게 하다가 이것이 탄로가 나니까 쫓겨 다니느라 볼일을 못 봤답니다. 그러니까 여기 가도 쫓기고 저기 가도 쫓기고, 여기에서 일 저지르고 저기에서 일 저지르고 이러다 보니까 몇 달에 한 번 밤중에나 가만히 와서 자기 마누라를 한번 보고는 밤중에 도로 나가고 나가고 이렇게 해서 육 남매를 낳았답니다.

그런데 육 남매 낳기 이전 얘기가 문제입니다. 그렇게 되니깐 남편을 잡기 위해서 부인을 데려다가 엉덩이나 뭐, 넓적다리 이런 데를 담금질을 해서 고문을 해도 절대로 그 부인은…, 부인 자체가 모르기도 하거니와 바느질품을 팔아서 살면서 여자는 벙어리가 되고 참아야 하고 또 귀도 먹어야 하고 남의 말도 듣지 말아야 하고 보는 것도 없이 살아야 한다는 미덕이 아주 뿌리가 박힌 그러한 분이었습니다. 그리고 학문도 높았고 또 백 씨네 외딸이었고 참으로 얌전하고 갖춘 분이었죠.

그런데 예전에는 안부모가 돌아가시면 여자가 염을 해서 다 하고 또 바깥 분이 돌아가시면 아들들이 염을 해서 다 하기로 했기 때문에 양반의 집에서는 다 그거를 갖추어서 배웠더랍니다. 그렇게 미덕이 있는 그 여인이 한두 번도 아니고 그렇게 하다 보니까 나중에는 한 엉덩이가 안으로 곪아서 이리도 터지고 저리도 터지니까 시운을 피우면서 그것을 아물려 가면서 해도 또 절로 터지고, 그러니까 젊은 날을 그냥 그렇게 죽었다 살았다 죽었다 살았다 하는 죽음을 몇 번을 겪으면서 그렇게 살아왔답니다.

그랬는데 그것이 말이니깐 그렇지 그 일생이라는 것은 말로 다 할 수 없으며, 일제 시대 때는 다꽝 하나를 옆구리에 끼고서 그걸로다 연명을 하고, 남자의 일생도 여자의 일생도 그렇게 하고 쫓기고 그랬는데 그렇게 되니까 일본 사람들한테 다 몰수를 당하고 참 가난하기가 짝이 없었겠죠. 그러한 두 분을 나는 여남은 살 될 때에 만났습니다. 만나서 내가 우니까 그렇게 말을 했습니다. 장장 네 시간을 그 얘길 했습니다. 빼먹은 얘기도 많고 그렇지만 그 얘길 쭈욱 하면서, 사람이라는 것은 버려진 막풀이라도 그 뿌리만 깊이 박는다면 바로 한 떨기의, 입을 축여 줄 수 있는 떨기가 될 수 있다. 아까 내가 얘기했듯, 곱게 자란 사람은 금방 나가면 얼어 죽기 쉽고, 또 바람에 쓸려서 뿌리도 파지고 그러지만, 버려진 그 풀은 너무도 뿌리를 깊이 박기 때문에 돌로 아무리 눌러도 새싹은 다시 나고 다시 난다. 그러면서도 올바로 갈 수 있는 길은 딱 양단간이 있다. 그렇게 버려진 풀잎도 한 떨기가 돼서 오고 가는 행인들의 양식이 될 수 있고, 입을 축여 줄 수 있고 목마른 사람의 입을 축여 줄 수 있지만, 그렇게 되지 못하는 사람들은 막풀이 돼서 아주 남을 해치는 수가 많다. 또 한 가지는, 곱게 따뜻하게 살던 사람들은 그렇게 남을 위하는 생각도 없고 또 그렇게 견디어 보질 않았기 때문에 별에만 나가면 그냥 스러져 버리는 이런 형국의 일생이니까 그것을 참고로 들어라.

"부모다 자식이다 할 것도 없다. 혼자 왔다가 혼자 옷을 벗고 바로 다른 팀으로 또 옮긴다. 다른 팀으로 옮겨서 모습을 바꿔서 또 같이 모여서 산다. 그러니까 절대로 울지 말라. 값싼 눈물을 흘리지 말고, 값비싼 눈물 한 방울이라는 거는 온갖 눈물을 다 넣을 수 있는 그릇이 될 수 있지만 만약에 값싼 눈물이라면 그것은 땅바닥에 떨어지기 전에 말라 버리고 만다." 하는 말을 했거든. 그래서 나는 울다가 울음을 뚝 그치고 그랬는데, 바로 그것이 지금까지도 머리에 연연히 스쳐 갑니다. 내가 이날까지 용기를 얻고 이렇게 나간 것도 바로 그 덕입니다. 나는 쓰러지면 그 노래를 불렀죠. 만날 얘기하던 그 노래 말입니다. 몇몇 해던가. 연자방아가 돌고 돌아서, 물방아가 돌고 돌아서 끊임없이 한강이 흐르듯 말입니다. 얼마나 울었던가, 끊임없는 그 길을…. 그러나 아버지의 그 말씀을 항상 생각하면서 쓰러진 그 몸을 다시 일으켰노라 하는 것 말입니다. 어떤 아버지든지 내 아버지 아닌 것이 없거든.

이거는 옛날 얘깁니다. 그런데 그것도 그렇거니와 그 여인의 일생도, 어린애를 낳아서 남편과 같이 길러도 뭐하다는데 이건 남편도 쫓겨 다니고, 그것도 그대로 두는 것만도 아냐. 붙잡아다 고문을 하고 이렇게 하면서 한 엉덩이를 질질 끌면서, 이리 곪아 터지고 저리 곪아 터지니 그거는 정말이지 있을 수 없는 한 여인의 일생이었단 말입니다.

그러니 누구나가 다 생각할 때 작고 크고 그것뿐이지 여자나 남자나 그렇게 살을 에어 가는 일생이 있는가 하면 아주 따뜻한 일생이 있습니다. 이러한 일생들에 같이 끼어서 한 걸음 한 걸음 걸어가면서 '내가 만약에 그 그릇을 비우지 않았더라면 여러분의 눈물 한 방울 한 방울을 담을 그릇이 없었을 텐데, 그 눈물 한 방울의 창고로서 그릇을 비웠기 때문에 여러분의 눈물을 다 담아도 두드러지지 않고 그 눈물을 다 퍼내도 줄지 않는 바로 그 그릇을 얻지 않았는가. 그 그릇도 세울 게 없는 것을….' 하면서 중얼중얼하고 돌아갑니다. 그리고 감사합니다. 여러분의 그 눈물 한 방울 한 방울을 저한테 보여 주지 않으셨더라면 저는 그릇을 비우지 못했을 겁니다. 여러분의 그 아픔을 나한테 보여 주지 않았더라면 나는 그렇게 아픈 줄 몰랐을 겁니다. 내가 아파 보지 않았더라면, 참다운 눈물을 흘려 보지 않았더라면 그 눈물, 그 참다운 눈물, 참눈물을 몰랐을 것이며 또는 그 쓰라림을 아마도 세세히 몰랐을 겁니다. 여러분이 일생을 살아가면서 남의 말만 듣고 이렇게 그냥 보고 넘기고 듣고 넘기고 하는 거하고는 다릅니다. 실천으로 옮겨서 그렇게 아주 살을 에어 가듯 다져 가면서 한 걸음 한 걸음 떼어 놓는 실천은 아마 더없는 자기의 교훈이 될 겁니다.

그래서 그러한 문제가 나에게 용기를 얻게 했고, 또 한 가지는 '아하, 그렇게 이어 가는 그 사람네들의 아픔을 같이하고 그 배고픔을 같이할 수 있다면 이 몸뚱이가 보이지 않고 가루가 된들 어찌 같이 안 하리.' 하고서 거기에서부터 용기를 얻었고, 자면서도 잠이 안 오고 꿈을 꾸느라고 잠자는 거와 마찬가지로 밤을 새웠고, 그래서 가다 보면 쓰러지기도 하고 어느 때가 됐는지도 모르게 또 한참을 지나 일어나기도 하고…. 우리의 인생 한 걸음 한 걸음이 그렇게 참답게 나갈 수도 있는가 하면 마구 나갈 수도 있는 거거든, 아무렇게나 그냥.

그래서 그 참다운 내 주장심이 아주 사람 죽이는 무서운 살인자가 될 수 있는 칼이 될 수도 있는가 하면, 그 무서운 칼이 아주 연하고 잘 드는 칼이 돼서 여러분에게 이익을 줄 수 있는 칼이 될 수도 있는 그런 점이 있다는 말입니다. 그래서 우리는 그 중심으로서 중력을 잃지 말고, 남의 말을 들어서 거기에 끄달리지 말고, 내 중심에 의해서 살아라 이거야. 언제나 내 중심, 그 한마음 한 점 속에 일체 만물만생이 다 거기에 있고 그 일생이 거기에 다 들어 있어요. 그리고 또 부처님이 돼 봐야 보살의 행을 할 수 있지 부처님이 되지 않고야 어떻게 보살행을 하며 법신의 행을 하며 모든, 즉 말하자면 자비의 행을 할 수 있겠습니까?

만약에 이거는 업이고, "네가 한 것이 이렇게 업이 많으니까." 이렇게 따진다면 보살행을 못합니다. 이것도 보지 말아야 합니다. 여러분! 모든 것을 줄 수만 있는 거, 그게 보살행이며, 줄 수 있을 때에 업이 많아서 주지 못한다는 그것에도 걸리지 마시란 얘깁니다. 업보가 많으니까 너는 이렇게 해야 한다는 그런 것에도 걸리지 말고, 업에도 걸리지 말고, 그 법에도 걸리지 말고 아무것에도, 아무것에도 걸리지 말아야 합니다. 세상에 어느 누구가 인간으로 태어나서, 알면 죄를 짓겠습니까? 또 인간으로 태어나서 어느 누구가 한 발짝 한 발짝 떼어 놓는 대로 본래부터 아는 사람이 어디 있으며, 본래부터 잘하는 사람이 어디 있겠습니까? 모든 게 그게 업이라면 부처가 어디서 났겠습니까? 그렇게 한 걸음 한 걸음 쓰라림을 겪어 오면서, 또 잘못해 가면서, 잘못한 거를 회개를 해 가면서 살아가는 도중에 부처가 나는 것입니다.

우리는 그것이 나쁘다 좋다 하고 '당신은 업이 많으니까 이렇게 이렇게 해야겠다' 하는데 그것에도 걸리지 마시고, 내 성심껏 내 가정에 어떠한 지탄이 없이, 여유가 있는 것도 아니고 없는 것도 아니고 큰 폐단이 없다면 내 성의껏 시주도 하고…. 내 성의껏 하지 내 가정에 폐단을 가지면서까지 시주를 하는 것은 그건 모든 게 걸리는 데서 나오는 것입니다. 모두 우리가 정성이 지극하면, 지성이면 감천이야. 우리의 그 따뜻한 마음 하나로써 물질이 왔다 갔다 하는 거지, 마음이 없는 물질은 공덕이 될 수 없다는 그 말을 수차에, 설법이라기보다도 아마 아픔에서 수차에 걸쳐서 말을 했을 겁니다.

여러분의 뜻을 알기 위해서 어떤 때는 이렇게 말한 적도 있죠, 어느 사람한테. 보니까 공부도 할 만합니다. "삼십만 원을 시주하시오." 그러니까 삼십만 원을 가져오더라고. 삼십만 원을 가져오니까 삼천만 원을 하라고 그랬습니다. '그거 왜 그랬을까?' 하는 음미를 한번 해 봤으면 좋으련만 거기에 걸려 버린다 이거야, 누구든지. '삼' 하면, 즉 말하자면 삼심이 한데 합쳐서 일심이 되는 게 아닙니까? 일심도 바로 놓는다면 백이 됩니다. 또 천이 됩니다. 이것은 시간과 공간을 초월한 데서 나오는 것입니다.

옛날에 날더러 내 길잡이가 이렇게 말을 했죠. 너는 삼천만 원을, 아니 삼억만 원을 해도 그것을 다 못 갚는다고 했습니다. 그래서 나는 그것이 돈인 줄만 알았습니다. 그랬는데 그 마음 한 점에, 삼억이라도 그 마음을 당해 낼 수가 없었습니다. 그걸 알았습니다. 여러분이 그 마음으로, 진실한 마음으로 죽음과 삶을 버리는 데서 내가 시주를 삼억을 했든지 삼십억을 했든지, 십억을 했든지 천만 원을 했든지 몇천만 원을 했든지 또 단 십만 원을 했든지 걸림 없이 무주상으로 했다면 그게 공덕으로 돌아갑니다.

그러한 일생은 그분들뿐만 아니라 여기 앉아 있는 분들도 예전에 그렇게 했을는지도 모르고 그 길을 걸었을는지도 모르고, 지금도 그렇게 걷고 있는 분들이 있는지도 모릅니다. 또 지금도 그렇게 하고 있는 그런 모든 분들을 볼 때…, 나는 스스로서 걸치는 거 하나 없이 남에게 주는 공부를 하기 위해서 여기 절을 짓고도 그것을 절대로 놓치지 않았고, 나는 그것을 붙드는 것도 없이 어디든지 가리지 않고 덤벼들었습니다. 왜? 나만이 걸리지 않는 것이 아니라 모든 걸 걸리지 않고 줄 수 있는, 모든 걸 다 줄 수 있다면 뭐가 걸립니까? 내 생명과 더불어 다 팽개치는 이상에는 하나도 못할 일이 없습니다. 걸리는 일도 없고 못할 일도 없습니다. 항상 내가 살려니까, 내가 살아야겠다, 생명이 위대하다, 뭐다 뭐다 하고 붙으니까 걸리는 게 여러 가지로 많습니다.

그러니 여러분! 여러분의 주인공에 모든 것을…, 주인공이 아니라고 해도 좋습니다. 여러분이 김가면 김가, 박가면 박가, 그 성이 바로 여러분의 한마음의 한 점이라는 것만 아시고, 만약에 거기다 모든 걸 맡겨 놓고 사신다면, '들이고 내는 것도 바로 박가가 들이고 내는구나.' 하고 '들이고 내는 것도 김가가 들이고 내는구나.' 아, 누가 했어, 여직껏! 그런 거니까 거기에다가 모든 걸 맡겨 놓고 '네가 한 거니까 네가 해결해.' 하고선 다 맡겨 놓는다면 바로 그릇은 홀랑 빌 겁니다. (녹음 안됨)

이런 얘기를 이렇게 할 때 이것이 얘기니까 그렇지, 수차에 내가 얘길 했지만 고기를 방생을 한다 그럴 때 나는 무슨 생각이 무뜩 들어갔느냐 하면, 우리 오라버니가 한 분 계셨습니다. 아마 그분의 아들인지도 모르죠. 그런데 그분도 역시 일생이 그랬다고 해도 과언이 아닌

데, 일을 하면서 고학으로 공부를 했답니다. 일제 시대 때는 중학교를 나오면 전문학교입니다. 전문학교면 아주 그것은 최고입니다. 사방모자를 쓰고 말입니다.

그래서 거기를 다니다가 중동무이해 버리고 말았지만, 뛰어난 머리를 가졌었나 봅니다. 그래서 중국으로 가서 저 철도청에, 이 도면 그리는 거 있지 않습니까? 그런 기사로서 다니게 됐고 그랬는데 그것도 짧았습니다. 아주 짧았습니다. 이런 거는 참고적으로 내가 얘기합니다. 여러분네 집안이나 내 집안이나 둘이 아니야, 다. 그런데 "짧았습니다" 하는 건 뭐냐 하면 그것이 또 일본 사람들한테 관여되는 일이기 때문에, 심부름을 하다가 8·15 해방이 되자 징용 나간 사람, 뭐 하러 나간 사람, 붙들려 나간 사람, 뭐 해서 죽은 사람이 삼분의 이라면 산 사람이 삼분의 일이 돌아오는데도 불구하고 그것도 차 대가리에 모두 타고 붙들고 그냥 오는 것만이 좋아서 그냥…. 차도 뭐, 변변했습니까?

아, 그러다 보니까 차에서 떨어져서 죽는 사람도 많았고, 머리가 깨져서 그냥 즉사하는 사람도 많았고, 머리뼈에 금이 가고 뼈다귀가 부러지고 이러는 사람이 있는 것처럼 자기도 그런 형국에 빠져 있었어요. 살았던 거는 잠깐이고 말입니다. 뼈에 금이 가고 갈빗대가 부러지고, 이렇게 되니까 부처님의 그 뜻을 연결해서 그 부모의 뜻을 받아서 집념으로써 살았으나, 오십까지 그 고생을 하면서 끌고 나가다가 그냥 가 버리고 말았습니다.

그랬는데 여러분이 고기 방생을 한다고 할 때 그 생각이 났어요. 야, 사람들을 모두 그렇게 붙잡아 놨다가 풀어 놓으니까 제 고향 찾아가고 제 집 찾아가느라고 온통 모두 금이 가고 다 죽었는데 아, 이 사람네들이 요 짓을 하더라고! 응? 요 짓을 해. 아니, 그 생물들은 우리 인간과 같이 아픈 걸 느끼지 않나요? 모두가 똑같이 아픔을 느끼고 똑같이 생명을 가지고 있고 똑같이 그 괴로움과 외로움과 고독함과 아픔을 그대로 느낀다고요. 그런데 이익은 못 줄 망정 아니, 그렇게 해서야 되겠습니까?

그게 어찌 불법이 되겠습니까? 인간에게 어떻게 이익을 주며 어떻게 불법이 되겠느냐는 말입니다. 그래서 남의 말은 듣지 마라 이거야. 내 중심에서 오관을 통해서 보고 듣는 것에 이게 적합지 않다면 적합지 않은 걸로 밀고 나가고 적합하다면 적합한 걸로 밀고 나가고, 적합지 않다 하면 건너질 마라 이거야. 뛰지 마라! 듣지 마라! 욕심 부리지 말고. 자기의 분수에 맞지 않는 일을 한다면, 자기의 분수에 넘친다면 언제나 해로움을 당해. 개천을 건너뛸 때도 내가 건너뛸 만해야 건너뛰는 거지, 건너뛰지 못할 데를 턱 건너다가는 한쪽 다리가 물에 빠져. 그러니 인생살이 모두가, 한 걸음 이 자체가, 일생 동안에 이 모습의 꺼풀을 쓰고 한 일생이, 짧은 한 기간이 그렇게 처참하더라는 얘깁니다.

여러분! 부처님 법이 우리 떠나서 어디 있겠습니까? 밥을 떠 놓고 떡을 해 놓고 빌었던들 그 참다운 한마음의 한 점의 그 광대한 법을 어찌 알겠습니까? 그러니 내가 밥 한 그릇을 놓고, 죽 한 그릇을 놓고 먹는다 하더라도 바로 그것이 그 수많은 배고픈 사람과 같이 먹는다면 아마 그 죽 한 그릇은 되남을 겁니다.

"그러면 당신은 왜 그렇게 말씀하시면서 정성껏 시주를 하라고도 하고 또 열심히 이 도리를 배우라고도 하고 그럽니까?" 이러겠지만 사람이 내 욕심만 채워서 되는 게 아냐. 욕심을 덜어라 이겁니다. 내 것만 아낄 줄 알고 내 것만 있는 줄 알지 말고. '내가 살고, 내 거고, 모두 내가 하고' 이렇게 하니까 남을 원망하게 되고 또 조상 탓을 하게 되고 참다운 나를 못 봐.

모든 것은 일체 자기 탓이고 자기가 났기 때문이야. 이런 말을 여러분 앞에 해 드리죠. 그러니 모든 것은 각자 나로부터, 여러분과 더불어 이 세상에서 그러한 일생을 보낸다 할지라도, 강도가 들어서 칼로 찔러 죽이고 또 찌르고, 어떠한 아픔이 있고 물품을 다 가져간다 하더라도 그건 내 탓이지, 도둑질하는 그 사람의 탓이 아닙니다. 그건 그 사정을 모르기에 그렇지, 사정은 사정대로 있기에 그렇습니다. 자비라는 그 말이 어디에서 나온 줄 아십니까? 값싼 사랑, 애정 이런 데서 자비라는 게 나온 것이 아닙니다. 참답게 죽고 사는, 또 아주 쓰라리고 아프고, 또는 따뜻하고 좋고 이런 걸 한데 합친 그것을, 균등을 잡아서 나갈 수 있는 이 우주의 근본 한 점의 바로 그 원리를 아주 값비싼 한 방울의 눈물이라고 합니다.

사랑을 하려거든 몽땅 다 주십시오. 하나하나 '내 거, 네 거' 이러면 다 얻질 못합니다. 몽땅 다 주신다면 몽땅 다 서로가 나 아님이 없기 때문에 몽땅 다 내 것이고, 몽땅 다 나 아님이 어디 있겠습니까? 그럴 때에 서로가, 내가 그분의 속에 들어갈 수도 있고 내가 그분이 될 수도 있고 그분이 내가 될 수도 있어야 이 우주 섭류의 근본을 알아서 서로 진짜 물질 아닌 무주상 보시를 할 수 있는 그런 능력과 더불어 다섯 가지의 오신통을 그대로 부리면서 우리는 참다운 대장부로서의 자유인이 될 것입니다.

우리가 이러한 일생을 오늘 얘길 했습니다마는 여러분의 일생도, 그렇게 지내는 일생도 '야, 인생이 살기가 어떻게 이럴 수 있을까?' 하며 사시는데, 그것보다 더 아프고 쓰리고 살을 칼로 짝짝 에어 가는 아픔을 느끼면서 사는 일생도 있으니 말입니다. 참고적으로 들으시고 이것이 설법이라기보다는, 우리 인생살이가 아니라면 설법이 어디 있고 또는 부처님 법이 어디 있겠습니까? 부처? 우리가 없고 부처 따위가 어딨습니까? 예?

그래서 그 부처님의 마음이 이렇게 길잡이가 돼 주셔서 우리는 그것을 주춧돌로 삼고, 바로 이렇게 거름으로 삼고 지금 해 나가는 일인데 예전에 방편으로 썼던 거 그대로 고집하지 말고, 지금 현실로 내려서 현실에 맞게 우리 생활에서 보탬이 될 수 있는 이익을 우리는 취하십시다.

그럼 오늘 이걸로써 마치죠.

돌을 타고 온 아이와 사명 대사

1986년 5월 7일

큰스님 … 삼천 년 후도 바로 오늘인 것입니다. 그렇기에 옛날 얘기지만 바로 우리가 생활하고 살고 이러는 오늘의 얘기를 하는 것입니다.

옛날에 어떤 이가 농촌에서 농사를 지으면서, 아주 부자는 아니지만 먹고 살 만하고 괜찮게 살았더랍니다. 그런데 아들이 삼십이 넘고 사십이 가까워도 손주를 못 봤습니다. 아들이 그렇게 나이가 먹었어도 손주를 못 봤을 때에 지금도 그렇지만 예전이야 더 말할 수 없었겠죠. 그러나 항상 착한 마음으로, 그 며느리를 버릴 수도 없고 해서 항상 기도로 향했답니다. 그러다 노모가 어느 스님을 찾아가서 여쭤 봤습니다. "어떻게 해야 우리 아들이 아들을 보며, 또 우리 며느리의 그 아픈 가슴을 메워 줄 수 있는지 그것을 알려 주십시오." 하고 물었답니다. 얼마나 착합니까, 시어머니로서. 그쯤 됐다면 아들이 벌써 서른일곱, 그렇게 되지 않았겠습니까?

그랬는데 그렇게 착한 시어머니로서 산 부처님 앞에 여쭤 봤을 때 그 스님께서는 딱 한마디 말씀을 하시더랍니다. "이날까지 찾아다니면서 성성 들인 것은 하나도 정성 들인 게 없노라. 오늘부터 정성을 들이되, 네 마음 가운데 바로 네 부처가 있고, 자식을 줄 수 있는 능력을 가진 자부처가 있느니라. 그러니 네 마음속에서 부처를 찾고 아들을 주고 아픈 며느리의 마음을 달래 줄 수 있는 대로 해 보아라." 하고선 말씀이 없더랍니다. 그러니 더 여쭤 볼 수도 없고 해서 그냥 내려왔답니다. 당나귀에다가 쌀 한 섬을 짊어지워서 이렇게 해서 끌고 갔는데 하인은 하인대로 그걸 내려놓고 빈 당나귀를 끌고 그 한마디를 듣고 돌아온 것입니다.

돌아오고 그때서부터 그 어머니나 아버지한테도 연결을 하고 또 며느리한테도 아들한테도 얘기를 하고 이렇게 하면서, 참다운 자기 마음속의 그 부처에게 항상, 믿고 물러서지 않고 '우리 며느리 마음 아프지 않게 해 주시며, 아들을 보게 해 주신다면 그 아픈 마음이 가시리이다. 우리 아들이 근 사십이 가까웠으니 어찌하오리까?' 하면서 한시도, 화장실에 가거나 소죽을 쑤거나 그저 이리로 가서 김을 매도 저리로 가서 밭을 매도 자나 깨나 항상 그렇게 했답니다.

그런데 웬일입니까? 어느 날 꿈에, 여쭤 봤던 그 스님이 탁 나타나시면서 하는 소리가 "밝기 전에, 새벽에 저 강가에 나가 보면 둥실둥실 떠 오는 아이가 바로 너희 아이이니 너희에게 입적을 하고 앞으로 크게 될 사람이니 그렇게 하라." 하더랍니다. 그래서 영감님한테 말을 하고 아들한테 말을 해서 밝기 전에, 새벽에 강가에 허둥지둥 나가 봤더랍니다. 그런데 그 강은 큰 강이 아니라 아주 세게 물이 내려오는 어느 호숫가의 물이더랍니다.

그런데 거기 둥실둥실 떠서 오는데 보니깐 아이가 돌을 타고 오더랍니다. 어떻게 생각하십니까? 그래서 그 물이 자꾸자꾸 이쪽으로 오니까 어린애가 탄 돌이 자꾸자꾸 이쪽으로 오더랍니다. 성큼 안아서 '꿈에 스님께서 주신 우리 애구나.' 하고선 데리고 와서 보니깐 그렇게 어린애가 출무상하고 뻐대도 아주 잘생기고 그랬더랍니다. 그래서 입적을 해서 그 아들로 인해서 손주도 보고 또 손녀도 보고 또 장가를 들이고 그럭하다 보니까 그 할머니 할아버지는 다 돌아가시고 손주의 할아버지 할머니만 계신 거죠. 그러니 아들 며느리가 지금 할머니 할아버지가 된 거죠.

그랬는데 그렇게 보고 난 뒤부터는 어린애를 낳기 시작을 했답니다. 그래서 어린애를 낳고 그러다 보니까 큰아들이 공부를 하는데 항상 나가서 공부를 하고 있거든요. 그래서 할 수 없이 한동네에다가 집을 따로 냈답니다. 그런데 어느 날 그분은 그렇게 생각을 했답니다. '부인과 자식들을 다 데리고 가자니 무겁고 또 안 데리고 가자니 또 저것들이 기가 막힐 거고….' 그래서 어느 날 밤에 기름을 한 통을 갖다가 해 놓고서 짚단을 모두 갖다가 집 가에다가 전부 밤중에 쌓아 놓고선 기름을 끼얹었더랍니다. 기름을 끼얹고 나서 불을 질렀죠. 불을 질러서 자식과 부인이 활활 다 타 버리는 걸 보고야 '아! 인제 가볍구나.' 하더랍니다.

이걸 어떻게 생각하십니까? 이분은 어떤 분이었을까요? 이 세상에 누구나가 그렇게 태워 버리면 그것을 죽였다고 봅니까? 또 태워 버렸다고 봅니까? 그것은 그게 아닙니다. 그분은 이렇게 생각한 겁니다. '가벼운 빈 그릇'은 담은 사이가 없이, 또 낼 것도 없고 담을 것도 없이 가볍게 해야만이 우주의 그 미지수의 세계를 자기는 가볍게 다니리라고 생각을 했습니다. 그래서 자기 마음 가운데에 모두, 그 한마음에 모든 것을 다 가볍게 넣고선 길을 떠나기에 아주 가벼웠더랍니다. 그것은 물질적으로 생각할 땐 무겁고 거창했습니다. 그러나 다 태워서 한 점의 재도 남기지 않은 그 식구를 한 점에다 넣으니까 두드러지지도 않더랍니다. 그래서 그 두드러지지 않는 그 한마음 빈 마음을 가지고서 떠난 것이 사명 대사랍니다.

그러니 우리가 이 뜻을 생각해 보면 참 너무나 참혹하다고 하겠지만 항상 말씀해 드리듯이 우리는 사는 것도 아니고 죽는 것도 아니다. 본래 영원한 삶이기 때문에 죽을 것도 없노라고 말하지요. 그건 왜냐? 지금 여러분은 과학적으로 판단도 잘하시고 모두 잘 아시니까 그걸 증명해서 알 수도 있는 것입니다. 우리는 모습만 바꿔서 진화돼서 옮겨서 돌아갈 뿐입니다. 죽는 게 아닙니다. 그렇기 때문에 어제도, 즉 말하자면 부모미생전 미분전도 없고 이후도 없다 이거야. 어제도 없고 내일도 없어. 영원한 우리의 그 한 자취 자취가 소소영영하게 바로 옮겨서 돌아갈 뿐입니다.

옛날에 제가 나이가 적었을 때 한암 스님께서 이런 말씀을 하시더군요. "떡 조막댕이만 한 게…." 하면서 그때는 몸도 아주 보잘것없었거든요. "나는 너를 여자로 보지도 않고, 애로 보지도 않고, 어른으로 보지도 않고, 남자로 보지도 않는다. 또한 대장부로 보지도 않고 또 이하로도 보지 않는다. 단지 내가 너에게 마지막 계를 설하는데, 내가 나중에 옷을 벗는 그때라 할지라도 나의 모습을 보고 착을 갖지 말라. 단지 있다면 내 그릇도 비고 네 그릇도 비었으니까, 네 그릇의 한 그릇에 가볍게, 가볍다는 말조차도 붙지 않는 그 가벼움을 가져야 온 누리에 너는 손 없는 손이 될 수 있고 발 없는 발이 될 수 있어서 길 없는 길을 디딜 수가 있노라." 하셨습니다. 이것이 나는 사무쳤습니다.

난 여러 사람들한테 모두, 한암 스님의 도반이신 최 스님이라고 하는 분, 그분에게서도 여러 가지로 인생의 진미를 맛보았습니다. 그것이 거름이 됐고 나의 지혜를 넓혀 줬습니다. 내가 만약에 이 세상에 탄생했다 할지라도 어른이 돼 보지 않으면 어른의 맛을 모르듯이, 애는 애이기 때문에 성장해야만이 어른의 맛이 나고 어른 노릇을 할 수 있듯이 나는 그 거름에서 지혜를 얻고 성장했던 것입니다. 우리가 이 세상에서 말이 무슨 필요 있나 하지만 말을 아니 해서도 아니 되고 또 쓸데없는 말을 너무 해서도 아니 되고, 모르는 사람한테 말을 해서는 병이 되고 아는 사람한테 말을 해서는 덕이 된다 했습니다. 우리는 모두가 말로 그냥 떨어뜨려서 헛되게 돌아가게 하지 마십시다.

우리는 이 마음, 이 청정한…, 청정이라는 것은 모두를 버릴 게 없고, 또는 크고 작은 게 없고, 잘못되고 잘되고 그것도 없고, 업보가 있다 없다도 없고, 윤회가 있다 없다도 없고, 바로 이런 것입니다. 이런 것에서 마음이 오고 가는 그, 하나도 거기에 걸릴 것 없는 그 믿는 마음, 그 믿는 마음이 바로 한데 떨어뜨리지 않을 수 있는 그런 원자력의 능력을 얻는 것입니다. 우리는 무루의 원자력이지 유루의 원자력은 아닙니다. 유루의 원자력은 한계가 있지만 무루의 원자력은 무한한 것입니다.

우리 인간이 이 말을 알아들을 줄 모른다는 이런 문제가 있다고도 봅니다마는 알아들을 줄 모른다 하더라도 그 사람의 말과 행과 뜻이 삼위일체가 된다면 믿으십시오. 그 사람의 그 진실, 그것이 바로 자비인 것입니다. 하치않은 사람이 따로 있고 또 위대한 사람이 따로 있는 게 아닙니다. 우린 동등한 인간으로서, 인간으로 태어나서 그냥 갈 수 없다는 결론에서 억겁을 거쳐 오면서 쓰라린 아픔을 이어 가는 그 피를 흘렸기에 우리는 더 피를 흘릴 수가 없고, 더 아픔을 당할 수도 없고 더 속박당할 수가 없고, 더 노예로 살 수만은 없다는 것입니다. 우리는 자유스럽게, 자유인으로서 한 걸음 한 걸음 자유스럽게 보람 있게 살자는 뜻입니다.

불법이 무슨, 어느 때에 밥이나 해 놓고 비는 것이 불법인 양 이렇게 착각하는 분들이 있다면 오늘부터라도 옷깃을 여미고 다시 한번 생각하고 음미해 보시기 바랍니다. 그 음미해 보는 자체를 누가 음미하나 생각을 해 보시는 기회가 있다면 여간 좋은 일이 아니며 또 이렇게 말을 하는 이 말이 바로 법이 되며 설법이며, 진짜 어디 가서 땅바닥에 앉아서 말을 한다 하더라도 그것이 법상이요, 바로 설법입니다. 법상 위에 터억 올라앉아서 되지 않은 말을 하고, 이익이 없는 말을 하고 공덕이 없는 말을 한다면 그건 설법이 아니라 바로 한데 떨어지는 말인 것입니다. '말씀' 이 아니라 말인 것입니다.

인간이 살아나가는데 살림에, 생활에, 생명에 의해서 돌아가는 대로 이렇게 사는 것이 그대로 여여하며 소소영영하며 무한하며 이렇게 찰나찰나 화해서 돌아간다는 뜻입니다. 그런데 지금 앞에 앉아 있는 네가 업보가 많아서 이렇게 됐다고 모두들 그러고 있습니다. 나는 이렇게 생각합니다. 물론 알지 못하면 업보라고 모두 그렇게 단정을 합니다. "이렇게 단정을 하지 마십시다." 하는 겁니다. 업보가 있다고 단정을 하지 말라 이겁니다. 마음 한생각 먹는 게 그렇게 묘하고 그렇게 한생각 하기에 너무도 실감 나는 현실이기 때문입니다. 그렇기 때문에 그 한생각이 얼마나 중요한지 모릅니다. 업보가 있는 게 아니라 바로 자기가 지었다 하더라도, 수억겁을 지었다 하더라도 한생각을 돌리면 그 억겁은 무효로 돌아갑니다. 왜?

내가 항상 얘기하죠? 테이프에 말을 끝까지 잔뜩 넣었습니다. 그랬는데 한순간 어느 때에 그 테이프는 다 지워졌습니다. 왜? 내 마음이 한생각 달라져서 바로 돌아가니까, 아니 돌아가다 보니까 자기가 해 놓은 말과 그것이 다 지워져 버렸어, 어느 순간에. 그와 같은 것입니다. 우리가 억겁을 내려오면서 죄업과 인과, 유전성 이런 것을 다 지었다 할지라도 일순간에 '그것은 아니다. 그것은 바로 내가 지은 거고 내 주인공에 의해서 모두 이렇게 된 것이지, 내가 하고 싶어서 한 것도 아니고 안 하고 싶어서 안 하는 것도 아니다. 단지 내가 지은 거니까 바로 그 지은 데서 해결을 볼 것이다.' 그런 믿음을 가지고 있다면 일상생활이 바로 거기에서 나오는 것입니다. 그러니 거기에 금이 들어가면 녹고, 바로 용광로처럼 말입니다.

그렇기 때문에 거기에 모든 걸 맡겨 놓고 물러서지 않고 믿음이 진실하다면 어느 거든지, 즉 말하자면 진화 안 되는 것이 없고, 또 진화가 된다 하더라도 끌려서 어쩔 수 없이 그냥 섭류대로 가는 거하고 내 자유껏 내가 하고 싶은 대로 하는 거하곤 다른 겁니다. 그래서 눈으로 보지 못한다 하더라도 그것은 보지 못하게 한 장본인한테 꽂아야 바로 그 눈은 보일 것입니다. 기계도 고장이 나면 조립한 사람한테 이 기계를 고치라고 맡겼을 때, 바로 자기가 조립을 했기 때문에, 어디서 고장이 난 걸 틀림없이 아주 잘 알기 때문에 금방 고쳐 놓습니다. 그와 같습니다.

그렇기 때문에 못났든지 잘났든지 자기가 형성시켰고 자기가 억겁을 끌고 나왔고 또 진화를 시켰고 차원을 높였고…, 얕게 하고 높이는 거는 자기 성품에 있어. 그러니까 업보에 억눌리고 유전에 억눌리고 모든 그런 것에 끄달리지 말라 이겁니다. 첫째, 배울 때에 그것부터 끄달리지 말아야지 그것에 끄달린다면 공부 못 합니다. 내가 배웠다, 내가 안다, 권위가 있다 이러는데 공부하는 데에 무엇이 마음에 붙습니까? 그것은 권세도, 권위도, 또 학식이 높은 것도, 못 배운 것도, 농부도 아무것도 붙는 자리가 아닙니다. 오직 선량하고 겸손하고 믿음이 있고 눈이 새파랗게 불빛이 나듯이, 즉 말하자면 정열적인 믿음, 그러면서도 항상 유순하게, 순조롭게 스스로 요렇게 믿는 사람 말입니다. 강렬하게, 미친 사람들처럼 쫓아다니면서 그냥 말로 벌이고 이러고 다니면서 "믿어라, 믿어라. 믿으면 천당에 간다, 천당에 간다." 아니, 남이 천당에 보내 주나? 응?

어저께도 얘기했듯이 벌레 하나도 자기가 나방이 되기 위해서, 진화되기 위해서, 땅에서 기기 싫으니까…. 기는 것만 아니까 이 땅만 알아. 허공은 몰라. 그럴 때에 자기는 얼마나 아쉬웠던가! 그러니까 날기 위해서 자기 몸뚱이를 얼마나 챙챙 동여매서 그날을 기대하면서 그렇게 진전했던가! 우린 그렇게 아프면서 이날까지 일등 동물로서 출현한 것입니다. 인간 한 몸 받기가 얼마나 어려운가를 여러분은 모르실 겁니다. 그러니 인간 되기 위해 그 모든 것을, 순조롭게 내가 모든 그 생명들을 내 생명과 같이 아끼고 남의 생명을 잡아먹지 않고 그렇게 천 년을 견뎌서 나와 더불어 한마음이 돼 가지고 모인 그 생명들이, 바로 내 이 몸속에 있는 생명들이 다 한데 모여서 성을 이룬 것이 바로 이 사람입니다. 아시겠습니까? 수억이 됩니다.

그렇다면 그렇게 한마음으로 한 생명으로 만들기 위해 여러분이 얼마나 고초를 받고, 얼마나 아픔을 당하고, 얼마나 먹을 거 못 먹고, 남을 죽이지 않고 살려니 얼마나 애를 썼겠습니까? 그래서 인간으로 나와서, 이 인간의 몸은 남이 잡아먹지 않지 않습니까? 짐승들이나 잡아먹을까, 사람이 사람 잡아먹는 건 못 봤죠? 미치지 않은 이상엔.

그런데 이 사람의 몸도 바로 옷과 같습니다. 이 별성의 껍데기도 그렇게 쓸모가 있고 생명이 있고, 이 인간의 껍질도, 이 몸도 모두가 생명이 있는 것입니다. 이것이 허망하다고는 생각 마십시오. 지수화풍이 바로 이 몸입니다. 그러니 지수화풍이 없으면 우리는 하루도 못 살아. 이 몸뚱이가 본연의 자세로 돌아갔을 때 여러분의 선약이 돼서 다시 돌려줘. 아시겠습니까? 다시 돌려주는 사이 없이 돌려주고 그 돌려주는 사이가 없기 때문에 지수화풍의 모태가 바로 나라는 얘깁니다, 모두가.

옛날에, 옛날이 아니죠. 바로 오늘이라고 합시다, 옛날이고 뭐고 간에. 그전에도 내가 한마디 얘기한 적이 있습니다. 그분들도 부처님 앞에 여간 귀의하지 않았습니다. 그랬는데 노부모가 모두 부처님을 기복으로 항상 정성스럽게 믿어 왔는데, 그 아들들도 부모를 따라서 기복으로만 믿었는데 아 글쎄, 나이 삼십이 넘어서 근 사십 줄에 닥쳐서야 '아하! 부처는 내 마음에 있구나.' 하는 걸 알았답니다.

그래서 마음에다가 항상 그저 우리 자식들이, 즉 말하자면 내가 뿌려 놓은 이 씨들이, 우리는 몇 대를 내려오면서 항상 가난하게만 살아서 만날 배가 고파. 심어도 흉년이 들고, 남들은 풍년이 드는데 우린 흉년이 들어. 안돼. 뭐든지 안되고 안되고 그렇게 되자 너무도 배고프고 애들 굶기는 것이 너무도 아팠어, 아버지의 마음이. 그래서 그저 자식들이 배고파서 울지 않게 해 달라고만 자기 자부처에게 항상 염했더랍니다.

그랬는데 말입니다, 어느 날 막내로 아들을 낳았어요. 그 아들이 다섯 살을 먹었답니다. 그 아들을 볼 때 꿈에 조그마한 초립동이 승려가 와 가지고선 "난 이 집에서 살겠다." 하더랍니다. 그래서 "여기선 배가 고파서 못 산다." 하니까 아, 배가 고플 게 뭐 있느냐고, 전부 천지가 먹을 건데 왜 배가 고프냐고, 왜 배가 고프게 사느냐고, 그 어린 애가 꿈에 그러면서 "난 이 집에서 살겠다." 하더랍니다. 그러자 그달부터 태기가 있어 애를 낳은 게 다섯 살이 됐더랍니다. 그 다섯 살배기가 있는데도 여전히 배가 고파. 항상 배가 고프고 살림살이하는 게 한 해 농사를 지으면 그냥 몇 달씩 모자라. 그러니 어떡합니까? 보릿고개를 바라도 그 보리도 제대로 되질 않아, 어떻게 된 심판인지. 몇 대를 두고.

그래서 하루는 쫙 모여 앉아서, "인제는 며칠만 먹으면 먹을 게 없으니 어쩝니까?" 하고 큰아들이 아버지한테 그러니까 아버지가 "아껴서 먹어야지 어떡하느냐." 하고, "그래도 뭐라도 어떻게, 칡뿌리라도 캐다가 녹말을 내서 먹든지 뭘 어떻게 시작을 해야지 어떡하겠느냐." 하니까 그 다섯 살배기가 앉아서 하는 소리가 "걱정 마십시오. 왜 생활들을 그렇게 합니까?" 이러는 거야. "왜 배고픈 생활들을 합니까?" 이러거든. "그럼 어떡하면 배고프지 않은 생활을 할 수 있겠는가?" 하고 물으니까 "그러면 살림을 나에게 맡겨 주시오." 하는 거야, 다섯 살배기가. 허허허…. 그래서 아, 다섯 살배기가 나에게 맡겨 달라니까 다른 사람들은 껄껄껄껄 죄 웃는데 아버지만은 웃지 않으면서 눈을 감고 한참 있더니 "얘한테 맡기자." 이렇게 인제 판단을 내렸습니다. (녹음 안 됨)

"형수님!" "예." "오늘부터 한 그릇씩 전부 밥을 하십시오." 이러거든. 먹을 게 며칠 남지도 않았는데 말입니다. 아, 그러니까 살림하는 사람이 그렇게 하라니 어떡합니까? "도련님! 아, 지금 한 달 먹을 거밖에 남지 않았는데, 죽을 쑤어 먹어도 한 달 먹는데 어떻게 밥을 한 그릇씩 먹습니까?" 하니까 "살림하는 사람이 말을 하는데 어찌 형수님은 말을 안 듣습니까? 이거는 총회의를 해서 나한테 살림을 맡긴지라 이 말을 꼭 들어야 합니다." 하거든요. 그러니 뭐, 어느 명이라 안 들어요. 밥을 그날 저녁부터 한 그릇씩 전부 해서 배가 부르게 아주 그냥 참, 생전에 그렇게 배가 부르게 먹어 본 적이 없거든. 그 이튿날 아침도 한 그릇, 그 이튿날 아침도 한 그릇, 저녁도 한 그릇, 점심도 한 그릇, 삼시를 한 그릇씩 먹는 겁니다.

그 아이가 삼 일 동안을 그렇게 먹이고 나더니 하는 소리가, 쫙 앉아있는데 "오늘부터 우리가 꿈적거리지 않고는 이렇게 배불리 밥을 먹을 수가 없으니까 나가서 식구마다 돌을 주워 오라." 그러더랍니다. 그 뭐, 산에 돌투성이니까. 그래서 식구마다 나서서 돌을 주워 왔습니다.

그런데 이 다섯 살배기는 탑을 쌓고 앉아 있는 겁니다. 돌을 하나 놓고 둘 놓고 하나 놓고 둘 놓고 그러는데 하나 놓으면 열 개가 놓여지고 열 개가 놓여지면 하나가 놓여지고, 이게 분간을 할 수 없어. 식구대로 보는데도 어떻게 그냥, 보지 않을 때는 올라가고 또 볼 때는 하나하나 차근차근히 쌓고…. 이건 시동생이 시동생인지 어른인지 늙은인지 사람인지 도대체 분간을 할 수가 없어. 그러니까 웃보지 않을 수가 없단 말입니다, 다섯 살배기라도. 그리고 다섯 살배기가 살림을 하고부터 배부르니까 얼마나 좋습니까? 나중에는 어디로 가든지.

그래서 탑을 쌓는데 맨 나중에는 자기가, 인제는 다들 하셨으니 쉬시라고, 그저 배불리 밥을 해서 한 그릇씩 잡수라고 그러니까, 형수님이 있다 하는 소리가 "이제는 내일까지만 먹으면 다입니다." 하니까 "무슨 내일 걱정을 하느냐. 사람이 그렇게 마음이 좁아 가지고서야 살림이 어찌 가난하지 않겠느냐. 대대로 내려오면서 요렇게 가난하니 배고프지 않을 수가 없겠지." 하더랍니다, 글쎄. 그렇게 자기가 그런 말을 해 놓고 터억 올라가더니, 둥글고 아주 맵시 있는 돌 하나를 위에다 처억 올려놓더랍니다.

그런데 아, 저 집은 가난한 집이 식구 수대로 나서서 도대체 돌탑만 저렇게 쌓는다고, 아랫마을에 아주 몇천 석 하는 부잣집이 있는데 거기까지 전부 말이 들어간 겁니다. 저 집은 가난한 집이 어디서 났는지 둔전성같이 밥을 해 먹고 저렇게 돌만 갖다 주워다 탑을 쌓는다고 하거든요. 그래 그 몇천 석 하는, 몇만 석 하는 사람이 구경을 하려고 올라가서 가만히 보니까 그 위 넓적한 그 큰 돌이 말입니다, 아, 금덩어리거든요! 그래서 이 탑을 사자고 그랬습니다.

그래서 할아버지더러 그러니까 "전 모릅니다. 살림꾼이 있으니까 살림꾼한테 얘기를 해 보십시오." 또 밑의 큰형더러 그러니까 "저는 살림꾼이 아닙니다. 살림꾼은 바로 저기 있습니다." 하니까 다섯 살배기가 터억 나오면서 하는 소리가 "접니다!" 하고 턱 나서거든. 그래서 가만히 보니까 같잖단 말이에요. 같잖으니까 같잖은 대로 "얘야, 이 탑을 내가 사마." 그러니까 "사십시오. 팔겠습니다." 그러니까 "그럼 얼마를 줄까?" 하니까 "생각대로 한번 말씀해 보십시오." 하니까 가만히 생각하니깐 아, 백 석을 준다고 해도 그건 뭐, 엄청나거든, 돌금이. 백 석을 준다고 그러니까 "안 됩니다. 이 탑은 백 석 가지고는 안 됩니다." 이거야. "삼천 석이나 주신다면 내가 팔죠." 하더랍니다. 아이, 삼천 석이라. 삼천 석을 한다니까 가만히 생각해 봐도 저것만 팔면 삼천 석이 아니라 삼만 석도 살 것 같거든요. 그래서 흥정을 해서 삼천 석을 주기로 했습니다.

그랬는데 "그러면 삼천 석을 다 이리로 옮겨 놓은 연에 이걸 옮겨 가십시오." 했어요. 그래서 아, 삼천 석을 다 옮겨서 그 집에 다 쌓아 놨거든. 쌓아 놓은 뒤에 떠억하니 가져가려고 하니까 위의 둥그머니 큰 돌을 하나 들어 내려놓거든요. "아이, 이 사람아. 그건 왜 내려놓나?" 하니까 "내가 이 탑을 팔았지, 위에 둥그머니 얹어 놓은 걸 판 건 아닙니다. 이거는 이 탑이 다 된 뒤에 건당 올려놓은 것뿐입니다. 탑을 판 거지, 내가 그걸 팔았습니까?" 이러거든. 그걸 내려놓으니 이건 그냥 삼천 석을 고스란히 손해를 본 겁니다. 그래도 말 하나 쨍하니 못한 겁니다. 왜? 다섯 살배기가 그냥 아주 서명을 딱딱 해서 받았기 때문입니다. 그래서 아주 그냥 관가에서도 뭐, 말할 수가 없습니다, 그건. 지금으로 말할 것 같으면 아주 딱딱 받았기 때문에. 허허….

그렇게 해 놓고 다섯 살배기가 하는 소립니다. 형님이나 형수님이나 아버님이나 어머님이나 다, 마음이 가난하면 살림도 가난하고 살림이 가난하면 배가 고파. 그리고 가난하면 배만 고픈 게 아니라 전체가 가난하다 이거야. 한 사람의 마음이 가난하면 백성들이 다 가난하게 살게 될 것이요, 백성들이 가난하면 국가가 가난하다 이거야. 국가가 가난하면 전체 모든 게 다 전력이 가난하다 이거야, 전력이. 군사력이나 모든 게 가난하다 이거야. 다섯 살배기가 요렇게 말을 하고선 글쎄, 그 삼천 석을 해서 다 배불리…. 아, 그 살림하는 사람이 살림을 하니까 그렇죠. 그러니까 이 공부한 사람이 살림하는 거하고 공부 안 한 사람이 살림하는 거하고는 천지 차입니다.

날더러 어떤 사람은 이럽니다. 여러분이 하는 거지만, "저기 저 스님은 집도 잘 지어. 다른 스님네들은 집 하나 없는데…." 집이 왜 없습니까? 수없이 집이 있습니다. 그리고 쓸데없는 집은 지어 뭘 합니까? 우리가 쓸데가 있기 때문에, 필요하기 때문에 짓는 것이 집이지. 식구가 만약에 여덟 식구라 하면, 세 식구가 살다가 여덟 식구가 되면 방 한 칸이라도 더 있어야 하니까 늘리는 거뿐이지. 안 그래요? 만약에 세 식구가 사는데 방이 열 개라면 그 필요 없는 방은 왜 열 칸을 세웁니까? 필요 없는 거예요.

그와 마찬가지로 우리가 말을 하자면, 예전에도 부처님께서 말씀하시기를 "부처님은 한 부처님이지만 그 절에 사람이 없으면 부처가 없느니라." 이런 거거든요. 그 탑도 말입니다, 그 위의 그 봉우라지가 없으니깐 그냥, 어디 그게 탑입니까? 그러니 욕심이 너무 많으니까 그렇게 된 거죠. 욕심이 없었다면 그렇게도 되지 않죠. 남의 것을 너무 끌어당겨서, 권세로써 끌어당겨서 부자가 됐으니까, 가난한 사람에게도 한 가마 주고선 세 가마씩 받고 전부 이렇게 해서 부자가 된 거니까 아, 그렇게 삼천 석 좀 갖다 먹었기로서니 제 거 저 먹었다는 겁니다, 다섯 살배기가. 난 내 거 나 먹는 거지 당신이 나한테 좋은 일 한 것도 없다 이거야. 그 다섯 살배기가 그렇게 해 놓고 바로 얼마 안 있다가 간 곳이 없어졌더랍니다. 그런 얘기도 있었습니다.

그것도 예전에 하도 비를 쪼르르르 맞고, 거긴 비구 절이기 때문에 넌지시 스님 방에만 드나들었죠. 누룽지라도 주시고 참 따뜻하게 하시니까. 들어가서 그날도 배가 고파서…, 아주 배가 고프진 않았습니다. 왜? 죽어도 그냥 배고프다는 생각은 전혀 안 했으니까요, 내버린 몸인데. "얼마나 더 가면 죽습니까?" 할 때의 얘깁니다. "얼마나 더 가면, 얼마나 가면 죽습니까?" 하니까 "눈 뜨고 푹 자면 죽느니라." 하면서 하는 소리가 "얘야! 푹 자는 데는 이 누룽지를 먹어야 자는 수가 있느니라." 아, 누룽지 요런 한 덩어리를 당신 자시라고 주발 뚜껑 덮어서 갖다 놓은 거를 날 주신단 말입니다. 그거를 먹으니까 살 것만 같아. 그러면서 옷은 조르르르 비를 맞았으니 그 큰 놈의 웃도리 헌 거를 주시면서 "이거 덮어쓰고 말려라." 이러시거든. 아궁이에다가 불을 지펴 주시면서 "여기다 말려서 입어라." 시골에서 예전에는 뜨끈뜨끈하게 불을 때지 않습니까? 그렇게 불을 지펴서까지…. 그래서 참, 그 인정을 거기에다 쏟고 그랬는데, 그런 말씀으로써 냉정하게 떼어 버린 게 아까 말한 그겁니다.

그 얘기를 하시면서 그걸 그렇게 얘기를 하셨습니다. "이렇게 가볍게 다니는 법도 있거늘 어찌 너는 무겁게 다니느냐? 왜 네가 꼭 나의 모습을 봐야만이 나를 볼 수 있겠느냐? 네 마음에 그렇게 가깝게, 가볍게 가지고 있거늘 어찌 이 먼 데를…." 그게 너무 딱해서 그랬겠죠. 그게 일이십 리가 아닙니다, 거기가. 참 기가 막힌 저게 아니면 거길 걸을 수가 없습니다. 그때야 참 험했습니다. 길도 험하고 멀기도 하고 차도 그렇게 없고요. 그랬으니 그분의 마음이 얼마나 아팠기에 그 말을 그냥 확 해 내던졌겠습니까? 그런데 난 그게 약이 된 거거든요, 바로.

오늘은 이걸로써 끝을 마치겠습니다.

보배로운 내 마음의 활용

1986년 5월 8일

우리가 이렇게 매일 여러분과 같이 토론 겸 생활면에서 불교가 어떤 거며 인생을 어떻게 살아가는 것이 올바르고 또 진실한 불법을 알 수 있을까 하여 항상 이렇게 같이 한마음으로서, 동체로서 한자리를 하고 있습니다.

그런데 생활 속에서 우리는 모르기 때문에, 한 번도 생각해 본 일이 없기 때문에 항상 뒤지고, 도무지 이익이 모두 각자에게 돌아가질 않습니다. 그러나 부처님 법은, 부처님 법이다 하니까 부처님만 가지고 있는 거를 부처님 법인 줄 아시지 마세요. 여러분이 가지고 지금 생활하시는 것이 부처님 법이에요. 그래서 여러분 한 가정 가정에서 자녀들을 기르고 또 부모를 모시고 이렇게 살아나가는 생활면에서 한번 얘기해 보십시다.

항상 그렇게 얘기하고 있지만, 우리가 다섯 식구가 살든 열 식구가 살든 또 아파트에서 살든 아파트 아닌 데서 살든, 공기라는 이 자체, 습도력이라든가 바람, 온도, 모두 이런 문제로 한데 합쳐진 그 공기에 의해서 사람이 죽기도 하지만 살기도 합니다. 공기가 없으면 죽는다고 하는데 죽기도 하는가 하면 살기도 해요. 그것을 우리는 무조건 좋다고만 생각해서는 아니 돼요. 한 가정 가정에 그러한 문제로 인해서 애들이 병이 나고 참, 여러 가지 문제가 생기는 일이 한두 건이 아닙니다.

우리 이 한 점의 마음속에 모든 것을 해결을 할 수 있는 그런 보배가 있으니, 보배로운 한 점이라는 얘깁니다. 그럼 일체 만법의 응용은 그 한 보배의 한 지혜로운 무기로써 모든 것이 해결이 나는 거죠. 인간이 살아나가는 데에 아무것도 보이지 않고 아무것도 없는 것 같지만 그냥 우글우글하거든. 생명체들이 우글우글하죠. 또는 습도나 온도, 바람, 바람에 의해서도 어떠한 나쁜 세균의 생명이 나에게 접근할지도 모르는 이런 문제가 한두 건이 아닙니다.

그러면 세균의 생명만 접근하는 게 아니라 영계 이런 문제, 즉 말하자면 인간이 청골이라면 청골의 영계에 유전이 되는 수도 있고, 백골이라면 백골에 유전이 될 수도 있는 그런 어마어마한 문제가 바로 이런 데서 오는 거랍니다. 우리가 '부처님 법' 하면 경이나 읽어야 부처님 법인 줄 알지 마시고 우리가 살아나가는 이 생활이 바로 부처님 법이라는 거, '생활을 어떻게 응용을 하고 어떻게 해 나가며, 우리가 그 만법을 응용하는데 어디서 이 만법이 다 나오는가? 이 한 점을 발견하라.' 하는 것이 바로 부처님이 가르쳐 주신 도란 말입니다. 도라고만 할 게 아니라 도심(道心), 그 심을 밝혀라 이겁니다.

내 방에서도 어떤 때는 우리 스님이 "아이고, 습기가 없어서 안 됩니다." 그러면서 저, 물 나오는 거 있지? 그걸 갖다 놓습니다. 그러면 "그거 다 필요 없다. 나에게는 다 필요 없다." 이럽니다. 내가 맞추는 것이지, 내가 내 몸에 대해서 더 잘 알지 남이 더 잘 아는 게 아니야. 그리고 습도를 맞추는 것도 그것이 나를 아는 게 아니다. 내가 알고 있기 때문에 그런 거 다 필요 없다. 내가 맞춰야지 그게 맞춰 주는 게 아니거든. 여러분, 생각해 보실 점이 있습니다. 그것이 좋다고 해서 그걸 해 놔 가지고 애들이 병이 나는 수도 많고 어른이 목이 잘못되는 수도 있습니다. 여러분, 깊이깊이 생각하셔서 이런 물질로만 돌아가지 마시고 한생각에 한 점의 그 근원을 생각하면서, 그 근원이 바로 만법에 응용이 되고 활용이 된다는 거, 그것을 아시면서 믿고 나갈 수 있는 그런 지혜를 넓히세요.

그 지혜는 바로 여러분이 만법을 사용하는 데에 다양하게, 찰나찰나에 무기가 될 것입니다. 그럼으로써 이 공기의 습도, 모든 것을 한데 합쳐서 본다면 지금 이렇게 이 방에 앉아 있는 우리 인간의 수효보다 공기가 더 중력이 나간다는 뜻입니다. 공기가, 모든 공기의 그 습도력과 온도력이 인간보다도 더 중력이 높다는 뜻입니다. 이것을 우리가 같이 이렇게 맞춰서 나가야 하는데 이거를 쓸 줄 모르면, 그 습도력이나 모든 것이 이 인간보다도 더 높아진다면 거기에서 이 피가 순환이…, 말하자면 습도가 말라요. 아시겠어요?

또 우리가 이 보배로운 내 마음을 가지고서 여기에다가 모든 것을 전념하고 이것을 사용하는 거라. '아, 이건 좀 쌀쌀하구나.' 이렇다면 여기다 탁 저거 하고 이 행동으로도 이것을 잘 이렇게 맞춰 놓으면 아주…. 무슨 물질을 맞춰 놓으라는 게 아니에요. 여기에서는 자가발전소만 되는 게 아니라 원자력도 되고, 일체 만법의 근원의 보배도 될 수 있고 무기도 될 수 있어요. 그러니까 이것이 사람 사는 데 응용이 되고 이익이 되고, 이 부처님 법이라는 것이 천차만별로 무한의 보배가 된다는 얘깁니다.

부처님 법을 배우고 또는 불교를 믿는다 하면 그냥 절에만 왔다 갔다 하는 게 불법인 줄 알거든, 모두. 이거 참, 사실 얼마만큼 고쳐야 할는지 난 모르겠습니다. '도대체 배우는 사람은 어떠해서 그렇게 배우며, 가르치는 사람은 어떻게 해서 그렇게 가르치나. 모두 학식이 높아서 그렇게 가르치나, 그렇지 않으면 도가 높아서 그렇게 가르치나.

그렇지 않으면 부처님을 너무 믿어서 그렇게 가르치나.' 이런 생각이 듭니다.

근데 만약에 부처님이 부모라면 진실한 마음으로 아끼는 그 마음, 아주 그걸 가져야지, 겉으로만 얼렁얼렁하고서 속으로는 모시기 싫고 모든 게 그렇다면 부모 모시나마나야. 나만 알고 말이야, 응? 그러면 물질을 아무리 갖다 놔도…. 부모가 얼마나 자식을 사랑하는 줄 알아요? 그래서 부처님 법은 부모가 자식을 생각하는 마음, 그 마음이 바로 부처님 마음이라고 그러거든. 자기는 죽어도 자식을 살려 내려고 하는 그 마음 말입니다. 그게 부처님 마음이란 말입니다. 부모가 당신네들을 고생 안 시키고 또 당신네들을 잘 가르치고 부자를 만들어 주고 재산을 많이 주고 그래서 위대하다는 게 아니라 그 마음이 위대하다는 뜻입니다. 아니, 부모는 잘 먹고 자식은 잘 못 먹였습니까? 부모는 잘살면서 자식을 못 입히고 고생을 시켰습니까? 자기가 덜 먹어 가면서라도 자식은 먹이려고 했고, 나는 못 배웠어도 자식을 가르치려고 했었고, 또 나는 고생을 하더라도 자식을 고생 안 시키려고 했던 그 마음은 부모라면 누구나가 다 있을 겁니다.

그렇다면 젊은 부모나 늙은 부모나, 아마 예전의 부모나 지금 부모나 똑같을 겁니다. 그 마음이 바로 부처님 마음이에요. 부처님이라는 이름이 위대해서 부처님이라는 것이 아니라 그 마음이 부처님 마음이라는 얘깁니다. 그렇다면 그 마음이, 그 한 점의 마음이 모든 것에 겸손하고, 얕은 걸 봐도 불쌍한 걸 봐도 높은 걸 봐도, 부처님을 봐도 부처님을 능가할 수 있어야 한다. 치고 나가라! 또 은사나 이런 걸 봐도 거기에 말려서도 안 되고 착을 둬서도 아니 되느니라. 이런 것은 어떠한 점에서 이런 말을 했을까요.

여러분, 생각해 보세요. 어저께도 얘기했지만 지극한 한 점에, 그 빈 한 점에, 그릇이라는 언어도 붙지 않는 그 한 점에다가 만약에 그 모두를, 내가 사랑한 그 마음을 가볍게 내 한마음에다 둔다면 그 한마음에 내 몸도 그 몸이요, 내 마음도 그 마음이요, 내가 못 먹으면 그분도 못 먹을 것이요, 내가 잘 먹으면 그분도 잘 먹을 것이요, 일체가 나로 하여금 모두가…. 그래서 "일체 만물만생을 떡 하나를 가지고 먹이고도 그 떡 하나는 되남았느니라." 하는 뜻이 거기에 있습니다.

그런데 그렇게 가깝게 두고도 그냥 "부처님, 부처님" 하고선 야단들을 하니 자기가 부처가 돼 봐야 부처님의 그 마음을 꿰뚫어 알 수 있는 거지, 내가 알지 못하고 어떻게 아느냐 이거야. 그래 이런 말이 있죠. 너도 자식을 낳아 봐야 부모의 마음을 안다고요. 그것을 속가에서 사는 사람들이 그냥 일상생활에서 해 나가는 말로 생각하지 말고 그걸 한번 넓혀서, 부처님의 불도로서 한번 귀합을 시켜 봐라 이겁니다. 그런다면 그 마음이나 그 마음이나 뭐가 다르겠습니까. 49년 설법하면서 길에서 한 사람을 만난다 할지라도, 또는 무루의 무생을 만난다 할지라도 거침없이, 마다하지 않고 하신 분이 그분 아닙니까!

그러면 그분이 길을 인도해 주신 길잡이란 말입니다. 그러면서 선배입니다. 그러면서도 선구자입니다. 그분이 안 계실 때도 이 진리는 있었지마는 그분이 처음 그것을 발견해서 여러분한테 가르쳐 준 것이 그렇게 고마울 수 없는 밑거름이 되고 대들보가 되고, 뿌리 없는 기둥이 돼 버리고, 음지 양지 없는 한나무가 돼 버렸습니다. '나무' 하면 나무를 나무라고 그러는 게 아니라 너무 커서, 비할 수가 없어서 나무라고 한 겁니다. 그렇다면 그렇게 해서 한 발을 디뎠다 하더라도 한 발 디딘 사이 없이 그렇게 찰나찰나 나투면서 소소영영하게 여러분과 바로 둘이 아니게…, 몸과 마음이 둘이 아니었다는 얘깁니다.

그렇다면 우리가 이 세상에서 살아나가면서 생활면에서 여러분에게 어떠한 이익을 주어야 하나 하는 것은 부모의 마음이나 내가 생각하는 마음, 이것이 내가 잘했다고 하는 게 아니라 단지 나는 진실한 마음으로써…. 아파 보지 않은 사람은 모릅니다. 공부를 하기 위해서는 아픈 것도 역시 이게 공부의 과정이구나 했고, 그리고 그 마음을 두되 바깥으로 두지 않았다 이겁니다. '음, 네가 있기 때문에 아픈 것도 있는 거고, 네가 있기 때문에 고생도 하는 거고, 네가 있기 때문에 웃기도 하고 너로 인해서 이 만법의 근원이 나오는 것이니 너 알아서 해라.' 하고 놔 버린 것밖에는 없어.

여러분, 여러분이 수없이, 나를 세울 수 없이 찰나찰나로 화해서 돌아가고 있는 마당에, 변질되고 부서지고 이렇게 해서 돌아가는 마당에 영원토록 생사윤회에 끄달리지 않고…. '생사윤회에 끄달리지 않는다' 이런 뜻은, 여러분이 그 점을 알아야 합니다. 본래 우리는 죽은 게 하나도 없습니다. 본래 산 것이 없기 때문에 죽은 것도 없다는 그 뜻을, 내가 수차 얘기합니다마는 모습을 바꿔서 옮겨서, 바로 요렇게 한 발 한 발 옮겨 갈 뿐이지 죽는 게 아니다 이 소립니다. 우리가 살아나갈 때를 생각해 보십시오. 옷이 더러우면 만날 바꿔 입고 더러우면 바꿔 입고 이렇게 합디다. 이거는 생사에 안 걸립니까? 그와 같은 것입니다. 옷만 바꿔 입었다 뿐이지 그 옷이 죽었습니까?

그러니 여러분한테 내가 오늘 말하고자 하는 것은 가정에서, 우리가 25만 원이고 30만 원이고 50만 원이고 만약에 월급을 타고 또는 노동을 해서 얼마를 벌고 하는 것을 헛되게 쓰이게끔 하지 말라 이겁니다. 여러분이 여기 오실 때도 회비를 낼 게 없으면 낼 게 없는 대로 걸리지 말고 오시라 이겁니다. '나는 회비가 몇 달이 밀렸는데 어떡하면 좋은가. 못 가지.' 이렇게 생각하면 아니 됩니다. 사람이라는 건 없어도 그 마음이 있고, 있어도 마음이 있고 그런데 여러분이 욕심을 부려서 재산을 많이 두고도 '부처님은 자비해서 거저 준대.' 요런 마음은 없어야 되겠습니다. 있으면 있는 대로 없으면 없는 대로, 자기가 쓰레기를 수없이 치워 달라고 부처님 앞에 고했다면, 자기 주인공한테 고했다면 주인공이, 바로 자기가 자기한테 '네가 쓰레기를 만들어 놨으니까 네가 쓰레기를 치워라.' 이 소립니다.

그렇다면 거기 무슨 금전이 드는가 하지만 그런 뜻을 가르쳐 주는 길잡이가 바로 우리 사람입니다. 이렇게 운영을 해 나가는 사람입니다. 그렇기 때문에 여러분이 '내가 이렇게 그 길을 인도를 받으면서 가는데, 운영을 해 나가야 우리도 가서 공부를 할 테니까 내가 십시일반으로 다소 얼마라도 시주해야지.' 하는 마음과 남이 하란다고 하는 거하고는 천지 차이야. 달라. 그렇기 때문에 여러분이 시주를 하되 공덕이 되게 하라 이겁니다. 마음을 쓰되 공덕이 되게 마음을 쓰고 일체 만법의 생활에서 용을 하되 공덕이 되게 용을 하라. 그러면 함이 없이 할 수 있느니라.

또 항상 얘기하지만, 우리가 요 하나하나 나투는 것이 어디 붙을 자리가 없어. 왜? 이렇게 찰나찰나 나투기 때문에 어떤 거 나툴 때에, 어떤 거 일할 때에 나라고 세울 게 없는 것이 공이라. 이게 무(無)고. 그게 없어서 무가 아니거든. 너무 빨리 돌아가면서 바로 화하니까 붙을 데가 없다 이 소립니다. 그러니 모든 것에 겸손하고 아상을 모두 놓고, 내가 빨리 한다는 마음조차 자기 그 한 점에다 놔 버려야 될 것입니다.

그리고 생활에서, 아까 내가 얘기했듯이 그 공기에 눌려서, 즉 말하자면 자기가 때로는 병이 날 때도 있고, 그러면 피땀을 흘려서 번 돈을 헛되게 병원에 갖다가 수없이 버리는 수가 많습니다. 그러나 여러분이 조금만 노력을, 이 자기 주인공에 모든 것을 맡겨서, 즉 보이지 않는 데 모든 것을 해결할 수 있다면, 안팎, 유루 무루를 다 균등을 잡아서 해 나갈 수 있다면 가정에도 얼마나 이익이 있는지 모릅니다.

어떤 사람은 이렇게 말합니다. 애들 다섯을 기르는 데에 병원비가 한 달이면 보통 7만 원, 8만 원 나갔다 합니다. 어떤 때는 10만 원도 모자랄 때가 있었다고 합니다. 그런데 이제는 이게 하나도 안 나간다 합니다. 그러면 얼마나 가정에 이익입니까. 여러분이 나가서 벌고 안에서는 마음을 졸이고, 차 운전을 한다 하더라도 그렇고, 회사에 나간다 하더라도 그렇고, 얼마나 사람이 피땀을 흘리면서 번 땀방울인 줄 아십니까? 그것이 기름입니다. 기름이 없으면 우린 못 살아, 또. 그 종이짝이 문제가 아니야. 기름이 문제야.

사람이 조화를 이루면서 생동력 있게 살아나가는 것은 만법을 잘 응용할 수 있는 이 보배로운 내 한마음에 달렸다. 이 한마음이라는 것은 우주와 더불어 같이 한 점을 비유하는데, 그 한 점마저도 찰나찰나 나투니 한 점이라고 말할 것조차도 없구나. 다만 있다면 목마를 때에 마시는 그 물 맛이 만 가지 맛이 나더라는 얘깁니다.

우리 이 불법이 얼마나 좋은지, 기독교나 천주교나 알라신이나 이렇게 믿는다고 해서 불법을 안 믿는 사람이 없다 이 소립니다. 그리고 안 믿는다는 사람도 사람이기에 바로 불법을 가지고 있는 것입니다. 불법이 무엇입니까. 바로 우리가 영원한 생명으로서, 그 생명이 있기 때문에 생각을 하고, 생각을 하기 때문에 몸이 움죽거리는 것이 이게 불법 아닙니까? 그런데 불법이 따로 있는 줄 아시고 "우리 기독교는…." 이렇게 따로 붙입니다. 따로 할 게 뭐 있습니까. 한 지붕 밑의 한 항아리 속에서, 지구 벌레가. 그것도 모르면 모르는 대로 지구 벌레로서 영원토록 그 종 문서를 태워 버리지 못한 채 얼마만큼 화해서 정말 걸리고 걸리면서 윤회로 끄달릴 것입니까.

여러분이 몰라서, 업이 있느니 인과가 있느니, 또는 윤회에 말리느니 유전성이 있느니 이런 말을 합니다. 그러나 그것은 한생각에 모두가 없는 것입니다. 여러분이 윤회적으로다가 이렇게 인연에 따라서 업보가 많다 이렇게만 생각하지 마십시오. 사람이 잘하고만 사는 사람이 어디 있으며, 처음부터 어른이 된 사람도 없고, 처음부터 배워 가지고 나오는 사람도 없습니다. 환경에 따라서, 또는 선배에 따라서, 사람 사는 데에 따라서 사람은 망가질 수도 있고 잘될 수도 있고, 생각을 잘 할 수도 있고 못할 수도 있는 것입니다.

거기에 따라서 우리가 모든 걸 방향을 잘, 나침반을 놔서 내 이 몸뚱이의 중생들이 수억이 있으니 오직 한 배를 타고서 한 대표인으로서 바로 선장이 돼 가지고 내 중생을 거둘 줄 알아야 남의 중생도 거

둘 줄 알고, 남의 중생에게도 길을 인도할 수 있는 것입니다. 내 몸 안에도 중생이 얼마나 많습니까. 그것이 한데 합쳐 줬기 때문에 대표인 사장이 나온 거 아닙니까. 여러분의 모든 그 중생들이 다른 게 아니라 바로 자깁니다. 그 도리를 안다면 이 일체 만물만생이 돌 하나도 버릴 게 없이 자기인 것입니다. 자기 생명인 것입니다. 모두가, 어떤 식물도 자기 아닌 게 없는 것입니다.

그렇기 때문에 우리의 마음 씀씀이에 모든 것이 따라 준다는 뜻입니다. 모든 것이 한마음으로 따라 주기에 우리가 한생각을 할 때에 우주와 더불어 일체 만물만생이 한생각으로 그냥 들린다는 뜻입니다. 그걸 아셔야 됩니다. 이 도리를 모르고야 한 손을 들었던들 무슨 소용이 있으며, 한 주장자를 들었던들 무슨 소용이 있으며, (법상을 치시며) 한 주장자를 친들 무슨 소용이 있겠습니까. 지금 과학이 발전이 되고 모든 게 개화가 되고 이랬다 할지라도 지금 환경에 따라서 그 불씨를 탁 들고선 앞장서 줘야 할 스님네들이 우리는 필요하고, 또 스님네들이 필요하다면 여러분도 그 앞장 서는 스님네들을 뒤따라야 하는 겁니다. 그러나 여러분도 알아야 뒤따르지 모르면 뒤따를 수도 없어!

이 세상에 나와서 그냥 갈 수는 없다. 왜? 엊저녁에도 얘기했지만, 수억겁을 거쳐 오면서 얼마나 쓰라림을 당했던가. 얼마나 걸리면서 끄달리면서 밟히면서 피를 흘렸던가. 그렇다면 이 모든 인연으로 인해서 내가 지은 대로, 이렇게 형성을 시킨 것도, 이 집을 만든 것도, 내 몸이라는 이 법당을 만든 것도 바로 인연에 따라서 그 생명들이 한데 모여 줬기 때문에 한 사람이라는 것이 나왔다. 그럴 때, 이 모든 인과로써 내가 이렇게 됐다면 바로 이것은 한마음이다. 한마음이라면 너 나가 없는 것이다. 이렇게 조절을 해 나가면서, 몸 안에서도 자기가 어떤 한 도량에서 소임을 맡아 가지고 나가듯, 자기 간이면 간, 소장, 대장 모두 소임을 맡아 가지고 나가는데 전부 이 대표인 선장에 달려 있다 이겁니다.

여러분이 왜 몸을 그렇게 아프게, 괴롭게 하면서 몸을 벗어야만 합니까. 여러분이 그 조절을 잘 못하기 때문에 대표인이 못 되고, 선장이 못 되고, 나침반이 틀리니까 결국은 이 속에서 소임 맡은 사람들이 갈 바를 몰라. 여러분이 생각해 보세요. 부모가 없는 자식들이 얼마나 갈 바를 모르고 고아가 돼서 헤매는가. 그와 똑같은 우리 이 마음 안의 중생들이 지금 그렇게 바라고 바라고 있는 것입니다. 선장에 기대를 걸고 이렇게 소임을 맡아 가지고 나가는 것입니다.

그거를 잘하고 나갔을 때 바로 내 이 소임이, 허파가 잘못됐다면 허파에서 바로 내 한생각에 온 누리에, 한 몸이 온 누리라고 비유해도 됩니다. 온 누리의 발끝, 손끝마다 대뇌를 통해서 전부 무전통신이 되는 겁니다. 그래서 모두 한마음이 돼 가지고선 거기를 개척을 해 나갑니다, 잘못됐다면. 그러는데 어찌 병들어서 몸을 가누지 못하고 그렇게 애쓰면서, 아픔을 느끼고 남까지 괴롭게 하면서 옷을 벗어야만 합니까. 여러분, 잘 생각하십시오. 우리 몸에도 수억의 생명이 있다는 것을. 그리고 그것은 내 한생각, 즉 말하자면 선장에 달렸다는 점, 이것을 명심해야 합니다.

옛날에 이런 사람이 있었습니다. 잠깐 옛날 얘기 하나 할까요? 남매를 데리고 한 어머니가 지냈습니다. 재산을 다 팔아서 한양에 보내서 공부를, 지금으로 치면 서울에 보내서 공부를 다 시켰단 말입니다. 그랬으나 부모의 마음같이 어디 자식이 그렇게 부모의 말을 잘 듣습니까. 자기 멋대로 해 나가고…. 그게 먼 옛날 얘기가 아닙니다. 그래서 공부를 다 시켜 놨더니 야, 이거는 그냥 여자들을 데리고 다니면서 온통 재산을 다 날리고 말았습니다. 그래 차압이 들어와서 집도 다 그냥 망했단 말입니다. 그래서 어머니는 삼촌네에 모셔다 놓았는데 삼촌과 삼촌댁이 있었을 때는 괜찮았으나 병이 들어서 죽고 나니까 조카들이 누가 좋다고 합니까.

남매를 길러서 딸은 시집을 보냈는데 가난한 데로 보냈어. 마음들은 착하나 가난해서 어쩔 수가 없는 거라. 그리고 가깝지도 않고 먼 데로 보냈으니 이거는 그렇다고 해서 자기 아들 때문에 다 넘어갔다고 딸한테다가 얘기할 수도 없는 거라. 딸의 근심이 또 병이 될까 봐 어머니는 하지 못하는 말이 많아. 예전 얘깁니다마는 지금으로 돌려서도 그렇다 이런 얘깁니다. 그래서 그 아들을 위해서 그 어머니는 이 절간 저 절간으로 다니면서 공양주를 해 가면서, 스님네들 뒷바라지를 하면서 이렇게 다녔답니다. 그러다가 인제는 일을 못하니까 할 수 없이 어느 절간 토굴 같은 데, 못 쓰는 데를 들어가서 그냥 거기에서 세상을 떠나고 말았답니다.

그런데 그 어머니는 살아서 생각을 그렇게 하고 있었기 때문에 죽어서까지, 옷을 벗고도 그 마음이, 즉 말하자면 어머니가 자식을 생각하는 그 간절한, 잘되기를 바라는 그 마음의 습이 죽어도 영혼이 떠나지 않고 그대로 그냥 있었기 때문에 그 아들을 좇아다니면서 길을 인도한 겁니다, 그 어머니가. 인도를 해서 잘돼 나가다가 결국은 인도한다는 게 절로 인도를 했습니다. 누구도 그것은 아마 억지로 못할 겁니다. 그래서 입산을 해 가지고서…. (녹음 안됨)

어느 날 은사 스님한테 그 얘기를 다 했습니다. 그러니까 은사 스님이 이렇게 말을 했답니다. "아, 그 어머니의 마음이 네 마음이요, 네 마음이 바로 어머니의 마음이며 그 한마음 속에, 그 성품 안에 다 들어 있으니 바로 너를 움죽거리게 하고 말을 하게 하는 그 성품이 바로 너이니라. 참다운 너를 발견하라. 타의에서, 어머니의 그 습에 자꾸 치우치지 말고 모든 것을 그렇게 해서 몰락 놔서 죽였을 때, 방하착 했을 때 비로소 거기에서 영원한 그 생명수의 맛을 볼 수 있으리라. 너의 어머니의 마음을 위해서라도 너는 꼭 공부를 해야 하느니라." 하고선 책도 보지 못하게 했더랍니다. "너는 책도 보지 말라." 이렇게 공부를 시켰는데 그분이 서산 대사라는 분이었더랍니다.

그랬는데 사명 대사하고 계실 당시에 솔 이파리하고 저 뭡니까?

날콩 찧은 거하고 짜서 그 물을 똑같이 먹었답니다. 그런데 사명 대사는 설사를 하고 서산 대사는 설사를 안 했거든요. 그러니까 몽둥이를 들고 때리면서 사명 대사더러 하는 소리가 "너는 네 한 점의 마음에, 그 빈 마음에다가 그 빈 식구들을 가볍게 넣고 다니기 위해서 불을 질렀다 하면서 어째서 날콩과 익은 콩이 둘로 나누어지느냐. 그래서 설사를 하느냐!" 하고선 몽둥이로 쳤더랍니다. 사명 대사는 알면서도 그 지혜를 넓히지 못했는데 바로 거기에서 그 지혜가 크게 넓어져서 보배가 됐다 합니다.

여러분이 이 소리를 옛날 얘기로 듣지 마시고 우리 생활 속에서 그 한 점의 마음이, 지혜가 바로 도구가 되고, 그 도구가 수많은 지금 현재 살림살이에 응용이 될 수 있고 이익이 된다는 걸 아셔야 합니다. 이웃에 나쁜 사람이 있다 하더라도 '저 사람은 인과응보가 많아서 저렇게 고생을 해.' 이런 소리, 이런 생각은 아예 하지 마시고 한생각으로써 '아, 그거 붙을 자리가 어디 있는고. 그 한 점에 붙을 자리가 어디 있는고. 찰나찰나 돌아가는 이 사이에.' 그러니 모든 것은 그 마음을, 한생각을 내 주는 반면에 에너지 같은 무전통신이 바로 거기까지 도달해서 그 사람들도 다 그 길을 자연스럽게 밟게 되는 이치가 있으니 그렇게 마음으로 전달을 하십시오. 말로 전달을 하면 그게 한데 떨어지는 것입니다.

언제나 마음을 잘 쓰고 남한테 이익을 주게 하고, 마음을 잘 씀으로써 말도 잘 나갈 것입니다. 그래서 말이 잘 나간다면 말씀이 될 것이고 말을 잘못하고 남을 해롭게 한다면 바로 말이 됩니다.

그러니 그런 줄 아시고 오늘은 이걸로써 마치겠습니다.

미추왕과 댓잎 군사

1986년 5월 9일

예전에 내가 어른들한테 들은 얘기를 그냥 옛날 얘기로만 알고 넘기고 넘기고 했던 것이 참, 어린 시절이라 그렇게 했던 거 같습니다. 그런 거와 같이 우리가 그냥 얼떨떨하게 넘겨서는 아니 됩니다. 실질적으로 현재의 생활이고 또 우리가 지금 똑바로 알아서 똑바로 해 나가야 할 일이 너무도 많이 있기 때문입니다. 그러면 여러분이 너무도 잘 아시는 옛날 얘기에다가 비교를 해서 지금 현세에 어떻게 해 나가야 하나를 이야기해 봅시다.

옛날 신라 때에 이서국이라는 나라에서 신라로 쳐들어올 때의 얘깁니다. 요건 간단하게 예를 들기만 하겠습니다. 여러분이 너무 잘 아시는 것 같아서요. 여러분이 잘 아시고 있고 또 조그마한 나라지마는 너무 아픔을 겪었고 그랬기 때문에 또 그 역사는 여러분이 더 잘 아시리라고 믿습니다.

그런데 그때에 군졸이 많이 모자랐고 각중에 그런 일이 생기니 너무나 당황해서 그때의 인군은 상당히 참 초조했더랍니다. 그런데 미추왕이라는 분은 그때 시절에 벌써 능에 들어가 있을 때입니다. 근데 군이 모자라 애를 쓰면서 싸우러 나가서 상당히 어려움을 겪을 그때, 댓이파리 하나씩 꽂은 그런 군졸들이, 수백 명에 달하는 그런 군병들이 한데 합세를 해서 그것을 밀어젖혔답니다. 그런데 그렇게 해 놓고선 온 데 간 데가 없었거든요. 이걸 예를 들어 얘기하는 겁니다. 오늘날은 어떻게 해야 된다는 점을 말입니다. 온 데 간 데가 없으니까 아, 아무리 사람들을 시켜서 찾아봐도 도대체 흔적이 없어. 그랬는데 그 미추왕 능에 가 보니까 거기에 댓이파리가 수북하게 놓여 있거든. 아하, 그래서 근거지를 찾았습니다. 그건 왜 그렇게 됐던가.

내가 항상 말을 하지요. 우리가 마음으로서의 차원이 높으면 살아서도 죽어서도 말없이 그 문제를 분신으로써 해결할 수 있다고요. 그것이 일체 만물만생과 둘이 아닐 때에 그렇게 될 수 있다고요. 그런데 그분은 살아서도 나라 걱정을 했거니와 죽어서도 나라 걱정을 하기에 이르렀고, 또 나라 걱정만 한 것이 아니라, 그것만 안 것이 아니라 오관을 통해서 오신통을 그대로 반영했다는 얘깁니다. 오신통을 부리게 된 것은 바로 자기 마음의 한 점을 응용해서 모든 민간인들을 풀어가지고, 자기가 자기 그 한 점의 마음에서 바로 그분들을 응용해서 분신이 됐다는 얘깁니다. 그분이 됐다는 얘깁니다. 그러면 그분이 됐다면 얼마나 유력했겠습니까.

그걸 비유해서 말하자면, 지금은 우리 시대가 달라졌습니다. 그런데 시대가 달라졌어도 그때나 지금이나 오관을 통해서 오신통은 항상 쓰이고 있는 겁니다, 지금. 현재에 오관을 통해서 들이고 내면서 여러분이 지금 잘 쓰고 있는 그것이 바로, 알면 그게 이름해서 오신통입니다. 그 이름 없는 오신통을 여러분은 하고 있는 겁니다. 그래서 후일에 우리가 지나온 역사를 쓴다면 예전 역사와 지금의 역사가 참 판이하게 다를 겁니다. 그만큼 두뇌가 발전이 됐고 두뇌의 발전으로 인해서 오관의 뜻을 밝게 활용한다는 뜻입니다.

항상 여러분한테 얘기해 드리지요? 지금 우리 자체가 오관을 통하기 때문에 오신통을 우리는 스스로 할 수 있다. 그런데 항상 타의에서 구하는 사람들은 오신통에 오히려 말리게 된다. 오신통을 부리는 게 아니라 말리게 된다면 내가 종의 문서는 전혀 놓지 못하고 항상 무겁게 짊어지고 다니면서 항상 노예가 될 것이다. 세세생생에 차원 낮은 노예가 돼서 어쩔 수 없이 겁을 통해서 물 흐르듯이 그렇게 끊임없는 세월을 고에서 헤어나질 못한다 이 소립니다.

그런데 우리가 지금 오관을 통해서 오신통을 하는 그 자체가, 예전에 얘기했던 거 같습니다마는 오신통이다 하면 천안통이라든가 천이통이라든가 신족통이라든가 타심통이라든가 숙명통을, 그 다섯 가지를 오신통이라고 합니다. 그런데 그것을 우리가 유루 무루 한데 합쳐서 균등을 잡아서 부려야 되는데, 지금 색으로만 보고 유루의 문제들만 가지고 논의하고 살기 때문에, 무루의 뜻은 하나도 모르기 때문에 오신통을 부릴 수가 없어. 그냥 그대로 아, 이렇게 보면 그냥 '지나가다 보다.', '어, 이거 저 사람이 저렇게 했어.', '아이고, 저 사람으로 인해서 나는 아주 쫄딱 망했지.' 이렇게 하고들 가는 겁니다. 이게 한두 건이 아니라 모든 것이 다 그렇지요.

그런데 오신통에 관한 것을 지금 시쳇말로 여러분께 해 드리면, 천체망원경이라고 하는 거를 들어 볼 수 있는 겁니다, 천체망원경. 한 눈에, 한 눈이라 하면 이 육안의 눈이 아니라 내 마음의 한 점의 눈이 바로 천체망원경이 되는 것입니다. 그리고 천이통. 이것을 왜 통이라고 이름을 넣었는가. 모든 일체 우주와 더불어 한데 합친 것을 말해서 끄트머리에 통이라고 했던 겁니다. 한 통, 한 통! 그래서 천이통, 타심통 이렇게 통을 넣었던 겁니다. 그렇다면 지금 '천체컴퓨터' 이런다면 숙명통이 되는 것입니다. 이 탐지기라는 게 타심통이 될 수도 있지요. 여러분이 다 아시겠지요? 이렇게 말을 하면 쉽게 오신통을 아시겠지요? 또 무전통신이 있습니다. 이 무전통신이란 거, 천체무전통신, 이것은 여러분이 또 잘 아시겠지요. 책정기, 이것은 누진통으로서 오신통을 부릴 때에 책정을 한다. 이거는 어떠한 문제에 대해 '이거 이렇게 하겠다' 하는 겁니다, 예를 들어서.

그것이 다 우리들한테 있습니다. 우리가 지금 그렇게 쓰이고 있는데 그것을 갖다가, 유위의 오관을 통하는 색으로서의 유루의 문제들, 살림살이를 무루의 문제, 천체 오신통에 한데 합치면 둘이 아닙니다, 그게. 둘이 아니게 쓰입니다, 지금. 둘이 아니게 쓰이는 그 한 점의 마음이 유루나 무루나, 모든 보이지 않는 세계나 보이는 세계를 다 응용할 수 있는 바로 자동기와 같다는 얘깁니다.

그리고 우리는 그렇게, 아까 비유한 것처럼, 즉 말하자면 미추왕의 그 한 점의 마음으로서, 그때 시절에는 활이나 칼이나 창이나 이러한 것이 아니면 아니 될 시절이기 때문에 그렇게 쓰였지마는 지금은 그렇게 써서 앞장설 수가 없습니다. 아무리 군병이 많고 이 국방이 튼튼하다 할지라도 지금 시절에는 어렵습니다. 공중으로 항해를 하기 때문입니다. 공중으로 항해를 하는 것뿐만 아닙니다. 하나가 탁 눌리면 생명이라는 건 찾아보려야 찾아볼 수 없는 그러한 물질이 과학에서 나온 것입니다.

그렇기 때문에 시절이 바뀌지고 시대가 바뀌지고 이러는 데는 바뀌지는 대로 활용을 점차적으로 좇아야 된다는 얘깁니다. 그때에 그렇게 했다고 해서 지금 그럭한다고 그것이 되는 게 아닙니다. 육신통으로서 육신 무예가 그전에는 아주 잘 쓰였지만 지금은 육신 무예 가지고는 어렵습니다. 지금 어떻게 육신 무예를 가지고…. 그건 한계가 있는 거야. 무루의 한 점의 마음이라면 유루 무루를 다 겸해서 균등을 잡아서 천체 활용을 할 수가 있는 것입니다.

이것을 어떻게 표현을 해야 여러분한테 이익이 갈 수 있게끔 표현을 하나 하는 생각이 듭니다마는, 만약에 우리가 요기서 요기로 옮겨 놓는 거, 요기서 요것이 된 거는 아는데 이것이 어디로부터 여기까지 왔는지 그 과정은 모른다 이 소립니다. 그러니 먼 데서 왔든 가까운 데서 왔든 이것은 시간과 공간이 초월됐기 때문에, 어저께도 얘기했듯이 인과응보라든가 유전성이라든가 업보라든가 그러한 것이 붙었다고 생각하지 말라 한 것은 시간과 공간이 초월됐기 때문에 그것을 지혜롭게 넘겨라. 내가 업이 있다고 생각하면 업이 있는 것이고 없다고 생각하면 없는 것이다. 모든 것이 억겁을 거쳐서 나오면서도 내가, 지금 현재에 바로 자기 마음의 차원이 가지고 있는 거다 이겁니다. 어디다 남겨 놓고 업이 쌓여 있는 게 아니다 이거야. 앞으로도 업이 쌓여서 내 앞에 닥치는 게 아니야. 내가 생각하고 행하고 말하고 하는 데서 오는 것이다라는 얘깁니다.

그렇게 하는데 지금 미추왕의 그 한 점의 마음으로서 분신이 돼 가지고 수백 명이 대군을 이루었다고 하는 그걸 비유해서 우리 한번 얘기해 봅시다. 여러분은 지금 개화가 되고 또 과학이 발전이 되고, 모든 삶에 있어서 여자분들이나 남자분들이나 편리하게 지금 살고 있는 겁니다. 앞으로는 이거보다도 더 편리하게 살 수도 있겠지마는 뒤따르는 것이 있겠지요. 자기네들이 만들어 놓고 자기네들이 그 만들어 놓은 데서 죽으니까요. 그래서 우리가 이익을 보기보다 해가 더 많을 수도 있습니다. 과학이 발전이 돼서 더 해가 많을 수도 있고, 덜할 수도 있고, 편리할 수도 있고, 편리하게 되다 보니까 아주아주 편리하게 될 수도 있는 거죠. 아주 편안하게 말입니다.

그래서 우리는 지금 오관을 통해서 바로 이 내 한 점의 마음 속에 자가발전소도 있거니와 원자력도 바로 여기에 있고, 이것은 여러분이 안방에 앉아서 테레비를 보면 바로 세계를 보듯이 다 봅니다. 그와 같이 여기에선 천체망원경도 있는 것입니다. 또 천체무전기도, 무전통신기도 있고요, 또 전자력도 있습니다. 이것을 다 합해서 내가 때에 따라서 활용할 수 있는 것은 그 한 점을 믿는 것에 달렸다 이겁니다.

그리고 믿는 것은 찾는 데에 달려 있고 활용하는 것은 지혜에 달려 있다 이겁니다. 지혜가 부족하다면 나한테 보배를 두고도 쓰지 못하는 거고, 지혜가 풍부하다면 그 한 점의 보배를 가지고 천체 무기로 쓰일 수가 있는 거죠, 급하다면. 아주 급한 시기에는. 만약에 미추왕 같은 그런 분들이 지금 이 시대에 있다면 말입니다. 부처님께서 있다면, 가만히 있으면 부처지마는 한 발, 한 생각을 냈다 하면 이건 법신입니다. 몸을 한번 움죽거렸다, 이렇게 한번 앉았다가 한번 딱 움죽거렸다 하면 벌써 이것은 화신입니다. 그러면서 지혜로운 마음을 갖는 데에 바로 문수, 보현이 따릅니다.

그러면 지금 이렇게 과학적인 문제도 거론됐고 이렇게 나가는데 어떻게 그것을 활용할 수 있느냐. 아주 더 편리하게 돼 있지요, 옛날보다도. 그래서 한 점의 그 마음이 보배라면, "지혜만 거기 풍부하게 있다면" 하는 소리는 지난번에도 얘기했지만, 임신을 해서 어린애를 낳으면 어른으로 성장하게끔 만들기 위해서 달마 대사는 면벽을 9년 동안이나 했고, 또 육조 선사는 보림을 십 몇 년을 했고 이렇게 했듯이, 애를 낳았다고 해서 어른을 만들지 않으면 어른 행세, 사람 행세를 못하기 때문입니다. 그걸 비유한 겁니다.

그러니까 우리가 지금 공부하는 것은 '이 한 점에 모든 것을 들이고 낸다. 들이고 낸다는 데서 믿음을 갖는다. 물러서지 않는다.' 사실이 그렇지 뭐, 안 그렇습니까? 여러분이 이날까지 들이고 내고 그 마음으로서 살아왔지 뭐, 누가 시켜서 이렇게 해 나갔습니까? 바른 대로 얘기지. 그러면 그 일체 만법을 어디서 들이고 내고 살림들을 하십니까. 한군데서 바로 살림들을 하시죠. 거기다 지혜만 껴 있다면…, 바깥에서 찾지 않고 바로 안에, 자기한테 있다는 그 점입니다.

그 점에서 나오는 이 한생각이, 급하면 '아, 이렇게 되면 이거 안 되는데…. 그러면 우리나라가 위태해.' 한다든가, '우리 국민이 위태해.' 이런다든가 또는 '아, 우리 가정이 위태해. 그럼 내가 위태해.' 또 '내 몸이 위태해.' 이런 문제들이 여러분한테 항상 뒤따르고 있는 겁니다. 그렇기 때문에 우리는 시급하다는 얘깁니다.

여러분이 알아야 할 것은 바로 우리 생활이 불교요, 불교가 생활이다 하는 것입니다. 불교 빼놓으면 생활이 없고, 생활을 빼놓으면 불교가 없어. 또 망상이 없다면 부처를 이룰 수 없고 부처가 없다면 망상이 없는 겁니다. 아, 목석이지, 그거는. 그러니까 모든 게 뒷받침이 되는 거니까, 망상을 끊으려고 하지 말고 모든 걸 그 한군데다 모아서 바로 들이고 내라는 얘깁니다. 한군데에 모으면 이것은 원자 자력이기 때문에 어디까지나 한번 마음을 내서 거기 놓으면 그냥 타 버리는 격입니다, 불성이기 때문에. 그런데 활용 한번 하는 데에 이렇게 여러 말이 들어가니 이거 큰 문젭니다.

그래서 그렇게 쉬운 거를 내가 그런 생각을 하고서 거기에다가, 즉 말하자면 거기서 하는 겁니다. 거기와 더불어 같이 마음이 들린다면, 믿고 들린다면 그것은 영락없이 법으로 성사를 보는 것입니다. 그게 법입니다. 그러면 왜 법이 되느냐. 한 사람의 생각으로 인해서 전체 일체 만생의 생각이 한꺼번에 들리기 때문입니다. 그러니까 그것이 일체 법이 되는 거죠. 개별적인 한 생각이 아니거든요. 그렇기 때문에 모든 일을 급하면 급한 대로 해 나갈 수 있다는 얘깁니다. 때에 따라서는 미국에서 또는 저 서독에서 급하게 지금 당장 "금방 어떻게 잘못돼서 힘이 듭니다." 한다면 여기에서 "그렇습니까?" 하는 동안에 한생각은 벌써 거기로 가는 거야. 거긴 내가 되는 거야.

그렇다면 바로 내 한 점의 마음이 의사도 될 수 있고 박사도 될 수 있고, 과학자도 될 수 있고 판사도 될 수 있고, 부처도 될 수 있고 보현도 될 수 있고, 문수도 될 수 있고 관세음도 될 수 있고, 석가도 될 수 있고 또는 지장도 될 수 있고, 모든 면에, 용왕도 될 수 있고 산신도 될 수 있고 죄 될 수 있는 거라, 응? 국방부 장관도 될 수 있고. 그러니 여러분이 자유껏 자유자재할 수 있는데 무한의 능력을 가지고 있으면서도 그걸 사용 못할 때는…. 좋은 기계를 갖다 놓고도 그걸 배우지 않았다면 몰라. 그래서 그 기계를 못 써. 그와 똑같은 얘깁니다. 여러분은 그 기계를, 기계라고 해서 안됐지만 그 사람이 무한의 자유권을 가졌다는 거를 아주 상실하고 색으로만 보고 항상 그걸, 무에서 유로 유에서 무로 이렇게 아주 다양하게 쓸 줄을 모르는 그런 사람으로 아주 배어 버렸단 얘깁니다. 누적이 됐다는 얘기죠.

그러니 이것을 활짝 펴서 우리가 활용할 수 있는 그런 문제가 있다. 그래서 타의에서 구한다면 이 타의의 신인 죽은 사람의 영계가 나한테 들어와서, 이 집으로 들어와서 제 집이라고 하면서 제 마음대로 삽니다. 이것이 바로 미친 사람들 얘깁니다. 머리가 돌았다는 둥 뭐, 어쨌다는 둥 이런 말이 나오는 겁니다. 그러니 주인이 없어 가지고 집 하나도 지키지 못하니 이 노릇을 어떡합니까? 응? 집 하나도 지키지 못하지. 어저께도 얘기했듯이 야, 선장이 돼 가지곤 배 하나 이끌어서 똑바로 끌고 가지 못하니 이 노릇을 어떡하지, 또? 아, 선장이 돼 가지고…, 내 지금 이 수많은 중생들을 태워서 가는 이게 몸뚱이가 배란 말입니다. 하이, 이 배 하나 올바로 끌고 다니지 못해. 왜? 욕심이 많지, 내가 살아야 하지, 모든 것을 색으로만 보지, 물질로만 모든 게 이어지지. 그러니 이것은 무루의 그 광대무변한 법을 활용을 조금도 못하는 거야.

이거를 가르치기 위해서 부처님이 49년을 설하셨단 말입니다. "앉으나 서나, 사람이 다섯 분이 왔든 한 분이 왔든 여기에는 꽉 차 있느니라." 했습니다. 그러면 우리 산 사람들이 열 분이라면 보이지 않는 생명들은 그 몇 배가 될 수 있는 겁니다. 그걸 아셔야 됩니다. 여기서 우리가 자기 속으로만 알고 사람을 죽였다 합시다. 자기 속으로만 알고 죽였으니 남은 하나도 몰라. 그런데 자기가 알고 있기 때문에 이 세상 모두, 일체 만생이 다, 법계에서 알고 있어. 그러니 내 마음이 바로 부처의 마음이라는 얘기고, 내 마음이 바로 강도가 될 수도 있다는 결론입니다.

이 마음 성품은 바로 그 마음속에 한 점의 그 원료예요. 그거는 누구나가 영원한 생명의 원점은 똑같지만, 태양의 근본도 바로 그 우리 마음의 한 점의 근본이니까. 또는 천지의 근본도 한 점의 근본이요, 모두가, 우주의 근본도 전체가 한 점의 근본이야. 그렇기 때문에 여러분이 다 그걸로 인하여 여러분에 관해서 환경에 따라서, 가정이나 몸이나 또는 사회적으로나 국가적으로나, 세계적으로 우주적으로도 실천이 될 수 있게끔 자꾸 넓히면서, 우리는 자꾸 실험을 해 봐 가면서, 체험을 하면서, 믿고 물러서지 않고, 한군데서만이 들고 난다는 것을 아셔야 됩니다.

그건 왜? 우리의 대문도 하나지 둘이 아니야. 뒷문이 있고 앞문이 있다 할지라도 대문은 하나지 둘이 아닙니다. 그 대문을 통해서 온 데, 장안에도, 이 장안이라 하면 전체를 말합니다. 그 대문을 통해서 여러분은 들고 나지요. 나왔다 들어갔다 나왔다 들어갔다 나왔다 들어갔다, 대문이 하나지 둘이 아닙니다. 그런데 그 대문으로 들어왔다 나갔다 들어왔다 나갔다 하면서도 이 우주의 전체가 바로 그 대문, 대문 없는 대문에, 그 한 점에 있다는 걸 영 모릅니다. 자기 주장자가 바로 빗장이라는 걸 모릅니다. 어디고 통과가 된다는 겁니다. 어디고 통과가 되고 어디에도 급하면 급한 대로 이것은 해결할 수 있고…. 그대로 맡겨 놓으면 맡겨 놓는 대로, 모르면 맡겨 놓는 대로 거기에서, 벌써 무루에서 현재 자기의 그 차원에서 다 해 나가고 있으니까. 그러니까 이거는 건당 참 편리하게 사는 폭이죠. 그러니까 사람이 살 만하다 이겁니다. '대장부의 살림살이가 이만하면 족하지 뭘 더 바라랴' 이거야.

그러면 지금 사는 데만 그런 게 아니라 세세생생에 그렇게 참, 미추왕처럼 죽어서도 자기의 분신을 수없이 내서 군졸을 풀어서 물리칠 수 있는 그것처럼 역경을 대도할 수 있다면 여러분도 이 우주에 어떠한 전자력이나 원자력 또는 무전통신으로써 모든 탐지기나 컴퓨터 또는 망원경이나 이런 게 다 동시에 그게 돌아갑니다. 이 다섯 가지가 따로따로 돌아가는 게 아니라 우리가 저기서 막 '악' 소리가 나면 벌써 몸뚱이가 일어나지면서 벌써 눈이 갑니다. 귀도 속해서 가지요? 생각도 속해서 가지 않습니까? 그런데 왜 따로따로 그것을 봅니까. 따로따로 보지 않고 따로따로 이름을 생각하지 마시고, 오신통이라고 했다고 해서 다섯 가지로 보지 마세요. "다섯 가지" 하는 것은 다섯 가지가 나한테 그렇게 주어져 있다는 뜻입니다. 동시에 한 점으로 돌아가는 겁니다, 다섯 가지는.

지난번에도 얘기했지만 한번 이렇게 각중에 부닥쳤다 이러면 벌써 한생각으로 들어 가지고는 그 한생각 드는 순간 벌써 대뇌로 통해서 오관을 통하게 돼 있습니다. 전부 통하게 돼 있거든요. 그러니 그것이 따로따로 있다고 이름 지어서 부르겠습니까? 그러니 이름 지어서 부를 것도 없고, 얼마나 편리한지 그 한 점이 전체, 천체를 볼 수도 있고 들을 수도 있고, 천체를 할 수도 있고 책정도 할 수 있고, 지나온 걸 알 수도 있고 지금도 볼 수 있고, 모든 것을 현재 착착 해 나갈 수 있으며 지금 현재 염원하는 그 자체를 알 수 있으니 얼마나 그것이 대단한 보배입니까. 그 보배는 이 세상의 모든 거를 준다 하더라도 바꿀 수 없는 보배입니다. 여러분의 한생각의 한 점이 말입니다.

그런데도 불구하고 남의 부적이나 가지고서 거기에다가 그 고교한 한 점의 생명을 거기에다가…. (녹음 안됨) 그 고교한 살림살이를 거기다 다 맡기고선 "그날은 언짢대. 그러니까 나는 못하겠어." 요렇게 해 나가니까 자기가 귀신이 되는 거라, 응? 그런데 귀신이 안 따라? 아니, 주인 없는 집에 귀신이 안 들어오겠습니까? 주인 없는 집에 아니, 녹이 안 습니까? 거미줄이 쳐지고 쥐가 생기고, 빈집이니까 썩어 들어가고. 이런 거나 마찬가지인 것입니다.

그러니까 여러분, 우리가 기복으로 나가는 이것을 한번 다시…, 만날 내가 이렇게 부탁을 합니다마는 이 부탁을 어느 때까지 해야 옳을지…. 지장보살이 그런 말을 했답니다. 나는 이런 부탁을 끝끝내 하고 끝이 날 줄 알고, 문고리를 잡고 우는 것도 어느 끝이 있으려니 했더니 세상에, 이렇게 끝없는 줄 미처 몰랐다고 하면서 눈물을 계속 흘렸답니다. 어떻습니까?

지금도 여러분이 그렇게, 여러분이 여러분을 귀찮게 굴고 여러분이 여러분을 무시하고 그렇게 하시렵니까? 여러분이 여러분을 무시해 봤자지, 뭐. 자기 괴롭고 자기 우환이 끊고, 자기 귀찮지 나 귀찮은 건 아니야. 내가 미쳤다고 이런 말을 한 해 두 해도 아니고, 십 년 이십 년도 아니고 수차 없이 이렇게 하겠습니까. 왜 그런가? 여러분이 나이기 때문입니다. 미추왕은 둘로 보지 않았기 때문에 그렇게 쓰임새를 활용을 했다는 뜻입니다. 전부 나거든. 그 마음이 둘이 아닌 까닭에 쓰여지는 거지 둘이라면 절대로 쓰여지질 않아. 이 동그란 잔에 뚜껑을 똑같이 맞춰서 이렇게 해야 이게 딱 맞춰지고 쓰일 때 딱 덮어지는 건데 아, 이것이 네모반듯해 보십시오. 이게 여기에 이렇게 맞나.

오늘 또 이렇게 여러분한테다 얘기했는데, 이거는 강의가 아닙니다. 실질적으로 우리 생활 속에서 어떡하면 편리하게 잘 지낼 수 있으며 정말 우리가 편리하게 지낸다 하더라도 사람이 사는 데에 사랑을 하는 행복한 마음이 24시간 동안에 얼마쯤 됩니까? 그리고 또 사랑하는 마음이 얼마쯤 됩니까? 세상에, 그렇지 않아도 사랑하는 기간도 일분에 지나지 않는 것을, 또 행복한 마음도 순간 웃는 것을, 왜 그렇게 괴롭게 해야 합니까.

남자분들은 모르실는지 모르지만 여자분들은 더군다나 더 잘 아시리라고 믿습니다. 야, 인등을 켜 놓고선 보름 내내, 아니 보름 내내가 아닙니다. 백일 내내 요만한 사기 그릇에다가 석유 조금 넣어 놓고는 요렇게 하더니 나중엔 거기다가 전기를 넣고는, 그렇게 아주 발전이 됐어요, 또. 그런 발전으로만 가서는 안 돼. 그런 속임수의 발전으로만 가서는 절대 안 돼! 그러니 전깃불로다가 해 가지고 "남편의 인등을 켜라. 자식의 인등을 켜라. 지금 당신의 인등을 켜지 않으면 언짢

아. 죽어. 병들어." 가서 언짢고, 와서 언짢고. 이놈의 소리 다 듣다가 몸도 부산해야 하고 편안치가 못하고, 들었으니 하기는 해야겠고…. 이거 일일이 귀찮아서 어떻게 삽니까.

이게 종교가 아니에요. 여러분이 이 세상에 나온 게 바로 종교예요. 종교! 불법! 종교라는 건 아주 그 마음, 말씀을 참 고교하게 생각하고 넓게 생각하고, 품위 있게 음미해 보고, 또 우리 살림살이에 귀찮지 않게…. 우리 귀찮지 않게 삽시다. 편리하게 삽시다. 값싼 눈물 흘리지 말고 진정한 눈물을 흘리고, 한 방울을 흘리더라도. 또 발전을 하려면 진정한 발전을 합시다. 그리고 우리에게 어떠한 급한 일이 있으면 그 한 점에서 다 할 수 있다는 그 점을 잊지 마십시오. 우리는 그대로 생동력 있고 발전이 있고, 무한의 능력을 가진 인간입니다.

그런 줄 아시고 오늘은 이만….

네가 그대로 이생(利生)이다

1986년 5월 10일

우리가 만날 이렇게 공부를 하는데, 공부라고 할 건 없지만 초발심에서 예를 들어 얘기하자면, 우리가 첫째에 믿음과 진실과 또는 물러서지 않음과 근실함 또는 자기 분수력…, 언제나 분수를 상실하면 욕심이 되니까요. 그러한 것을 지키면서, 진실도 그저 진실이란다고 뺐다 끼었다 할 그러한 아량, 지혜도 없이 그렇게 하는 게 아니라 거짓말을 하더라도 남을 이익 되게 할 수 있는 거짓말을 한다면 그것은 '참'입니다. 그것을 지혜라고 합니다. 그런데 거짓말하지 말란다고 그저 나쁜 소리든 좋은 소리든 갖다가 들입다 해 놓고는 싸움을 붙이거나 그런다면 진실이라도 진실이 아닙니다, 이거는. 이게 융통성이 있어야지 곧이곧대로 하다가는 남자도 그렇고 여자도 그렇고, 회사엔 다 다녔고 또 여자도 살림을 화목하게 살려면 어렵고, 이런 문제가 많이 따르고 있습니다.

그러니 우리 생활 속에서 모든 것을 이렇게 해 나가는 데에 첫째는 아까 얘기했듯, 즉 말하자면 돌장승이 돼라. 왜? 모든 걸 한데 모아서 그 한 점의 마음에서 들이고 내고 하는 그 자체가 움죽거림이 없으니 돌장승과 같다 이 소리야. 돌장승과 같아야 하고, 사람이. 그러면 그것은 뭐냐 하면 들이고 내는 걸 한데 모아 놓으니까 이건 임신이 되는 것과 같다 이럽니다. 임신이 되는 거 같다, 첫째. 그러면 임신이 되는 거 같은데 임신을 만들려면 다 놔야 임신이 되는 거죠. 한데 뭉쳐서 놔야. 들이고 내는 걸 한군데다가 둬야 차차차차 임신이 된다. 이건, 즉 말하자면 방편으로 이런 말을 하는 겁니다. 이해를 잘하세요. 어린애란다고 정말 어린애 낳는 걸로 생각하지 마시고.

그래서 임신이 되기 이전에 초발심에서 한데 모아서 임신이 되게끔 하는 문제, 또 임신이 되면 임신이 되는 대로 배 속에 있는 거를 잘 성장을 시키는 데의 문제, 그다음에 어린애를 낳게 되면 잘 안으로 굴려서 키우는 데 문제…. 잘 키우는 것은 자기 안으로 굴리면서 항상 지혜롭게 내고 들이면서 체험하고, 자꾸 이렇게 안으로 굴리는 게 자기를 자기가 키우는 그 법입니다.

그렇기 때문에 때에 따라서는 초발심에서 배우는 사람들은 초발심에서 배우는 사람들대로 한 번씩들 얘기도 해 보실 만합니다. 또 애를 뱄으면 뱄다 증언을 하고 "애를 배 가지고 이렇게 해 나가는데 어떻게 해야만 건강합니까?" 왜, 병원에 가서도 이렇게 묻죠? 우리 공부하는 것도 그와 같아서 그렇게 서로가 질문을 하고 서로 증언을 하는데 한 사람이 그렇게 하면 여러 사람들이 다 배울 수 있고, 또 자기가 잘못 생각했던 거를 똑바로 잘 생각해서 나갈 수 있게끔도 됩니다. 또 애를 낳아 가지고 이렇게 이렇게 한다는 증언을 하게 되면 서로에게 보살행이요, 그것은 그것대로 참, 한 사람이 공부하는 과정을 얘기하는데 백 사람이 그 과정을 따라가게 되거든요.

그렇기 때문에 점검도 할 겸 우리가 서로 함이 없이, 즉 말하자면 애기를 낳은 사람은 함이 없이 할 것이요, 또 낳아서 기르는 사람은 함이 없이 그 말을 증언을 할 것이요, 애를 밴 사람은 밴 대로 함이 없이 증언을 할 것이요, 또 애를 배기 이전에 모든 것을 놓는 과정, 즉 종 문서를 태워 버리는 과정을 겪는 데는 또 함이 없이 그 모든 거를 맡겨 놓고서 그냥 증언을 한다면 우리가 배우는 데에 참, 남들도 좋고 서로 좋을 것 같아요. 잠자코 듣고만 있는 게 아니라.

예전 시대와 지금 시대는 참 다릅니다. 그래서 우리가 왜, 가정에서도 이런 게 있지요? 속으로다가 '아이고, 저놈이 저렇게 마음을 먹고 있고 저렇게 하고 있으니….' 하는데 그 사람하고 같이 얘기를 해 보면 그 사람은 그 사람대로 사정에 의해서 뭐가 있어요. 꼭 사정이 있단 얘깁니다. 안에도 사정이 꼭 있어서 그런 일이 있거든요. 그러면 이것을 토론을 하면 자식하고나 부부지간이나 부모지간이라도 말을 해서 놓으면 이것이 풀어진단 말입니다. 근데 자기 말은 안 하고 속으로 내성적으로 이것을 그냥 꾸욱 이렇게 웅크려 물고선 아예 풀질 못하고 있으면 영 그게 착이 되고 업이 된다는 뜻이죠. 병도 되고. 그러니까 모든 것을 그냥 웃으면서 말을 해 버리는, 그 함이 없이 하는 말, 남이 듣기 좋은 말로 웃으면서 그냥 하면 그쪽에서도 "내가 이러이러해서 이렇게 됐던 거야." 하고 말이 좋게 나옵니다. 그러면 오해가 풀리는 겁니다. 그런데 모두가 자기 생각만 했지 남이 사정이 있어서 그런 거는 모르거든요. 그러니까 남의 사정은 내가 그 사람이 한 번쯤 돼 보고 다시 한번 안으로 굴려서 좋은 말로 옮기는 거, 또는 좋은 말로 하면서도 좋은 뜻을 갖는 거, 믿는 거, 내 주인공을 믿고 모든 것을…. 그 또한 내 주인공이나 똑같으니까.

'공생이다' 하는 거는 전부 그 불성이 똑같으니까요. 누구나가 다 불성을 가지고 있으니까 똑같죠. 그렇게 해 나가면 참 좋은 기회가 되고 우리가 조화를 이루고 살림도 다 좀 윤택해지고…. 여기 다니면서 살림이 줄었다는 사람은 나는 못 들어 봤습니다. 왜? 마음이라도 편안하지, 또 조금이라도, 부지깽이 하나라도 늘어나면 늘어났지 준단 말은 못 들었습니다. 줄었다는 사람 있으면 여기 손 들어 보세요. 허허허. 아니, 그것도 증언입니다. 이것도 우리가 토론에 의해서 줄었으면 줄었다, 난 이렇게 다니면서 이게 이렇게 됐으니까…. 그러면 그 듣는 데에 따라서, 예를 들어서 '아, 저 사람이 어떻게 했기 때문에 저렇게 저렇구나.' 열 번, 다섯 번 이렇게 들어 보면요, 어떤 사람은 참 감동이 들고요, 어떤 사람은 '에휴, 저렇게 하니까 그렇지.' 이런 생각이 드는 때가 있습니다. 이건 솔직한 심정입니다.

또 어떤 사람은 어린애들도 돌보지 않고 부인도 돌보지 않고 난봉을 부린다고 그럽니다. 그런데 내가 생각할 때는 '내가 남자라도 한 번쯤 그렇게 해 볼 수도 있잖은가.' 이런 생각을 합니다. 왜? 넓게 생각을 가지시라 이겁니다. '이 세상에 참 얼마나 못났으면' 그럴 수 없겠습니까. 잘난 사람은 잘난 대로 그럴 수도 있는 겁니다. 그러나 사람이 내 가정을 버리고 그러는 건 아닙니다. 중심을 잃고 그러는 건 아니죠. 근데 중심을 잃게 만든다는 겁니다. 왜? 안에서 그걸 아량 있고 지혜 있게 더 잘 이렇게 융화를 해 나가고 "당신, 너무나 이 살아나가는 데에 고통스럽게 그렇게 살아나가고 그랬으니까 당신도 편안하게 좀 그렇게 할 수 있는 점도 있어야지." 한다면 그만 가슴이 뜨끔합니다. 같이 고생을 하고 같이했는데 이럴 수가 있나 하고선. 그렇게 해서 사람의 마음이 감동이 되고 그렇게 해서 따악 봄이 오는 거지, 억지로 그게 봄이 오는 게 아닙니다.

외려 "어디 갔었어, 이 새끼야! 너, 어디 갔다가 인제는 영 자고까지 들어오는군." 허허허, 이렇게 한다면 그 사람은 집에 들어올 맛이 없습니다. 이거는 여자나 남자나 아마 다 그럴 겁니다. 자식들도 그럴 겁니다. 만약에 부모가 마구 그냥 그렇게 한다면 아마 자식들도 집에 들어오기 싫을 겁니다. 그리고 여러분 남녀를 막론하고 집안에 이런 문제들도 있지요. 남자고 여자고 다 그렇습니다. 우리는 인간으로서 고등 동물입니다. 그렇기 때문에 모든 잘못됨도 알고 상식적으로도 교양적으로도 우리가 갖춰 가지고 있다는 걸 아주 증명할 수 있습니다.

그런데도 불구하고 부인더러 "이년!", "저년!", "야!" 뭐, 이러거나 또 아내가 남편더러 야, 뭐 어쩌고, "네가 잘했어?" 뭐, 이러고 서로 큰 소리가 바깥으로 나간다면 이거는 돈도 들어오다가 꽁지가 빠지게 달아나갑니다. 화목도 들어오다가 그냥 꽁지가 빠지게 달아나가고. 그게 다 생명이 있는 겁니다. 그리고 다 조화를 이루고서 같이 돌아가는 건데 그냥 '야, 너희들 이러는 거 보니까 내가 너희들하고 같이 돌아간다면 편안치가 못하겠다. 난 간다.' 그러고 꽁지가 빠지게 달아나가는 거거든. 그런데 그렇게 하는 집은, 예를 들어서 사람으로 치면 깡패들 있지 않습니까? 요런 우환들이 그냥 꾀어드는 겁니다. '야! 여긴 싸움 잘한다. 야! 기분 좋은데.' 하고 들어오는 겁니다. 그러니까 우환은 점점 끓고 가환이 생기고 파풍이 나고 쌈질이 나고 이러거든요. 그러니….

예전에 이런 말을 들었지요. 어느 부부가 사는데 바깥으로 소리가 영 안 나오고 싸움하는 법도 없어요. 사는 게 그렇게 다복해 보이고 좋아요. 그런데 한번 물었어요. "신도님은 어떻게 그렇게 싸움을 안 하고 자식들과 부부지간에 그렇게 화목합니까?" 그러니까 "스님, 말도 마십시오. 화목한 것은 서로 지혜와 교양, 또 상식적으로 배웠다는 사람, 안 배웠다는 사람 이걸 떠나서 남편을 소중하게 생각하고 남편은 아내를 소중하게 생각하는, 자식을 소중하게 생각하는 그 마음을 가지고 서로 욕을 안 하고 이해를 하니까 그렇지, 싸움을 하려면 하루도 싸움 안 할 날이 없답니다."

왜냐하면 그 남편은 건설회사에 다니는데요, 건축을 하러 가면 며칠이 걸리고 보름도 걸리고 한 달도 걸리고 그러면 거기 가는 대로 여자가 어찌 없겠습니까. 그런데도 그 남편을 사랑하기에 그것을 이해를 한단 말입니다. 그러니까 남편은 그 여자가 이해해 주는 그 뜻에 아주 감응을 받아서 그렇게 잘할 수가 없었더랍니다. 그러니까 서로 사랑하기 때문에 모든 것을 다 이해를 할 수 있는 거죠. 막상 생각해 보십시오.

어느 보살님이 이런 말을 했습니다. "우리 남편은 사는 데는 걱정 없이 돈을 갖다 주는데 들어오지는 않습니다. 들어왔다 그저 손님처럼 그냥 나갑니다." 그러거든요. "여보, 그래도 참 다행이오. 당신 참 복 많은 사람이오." 그랬습니다. 왜? "아니, 어떤 이는 애들을 기르느라고 남편도 죽고 없이 콩나물 장사에 뭣에 그냥 짐을 짊어지고 다니는데, 당신은 말없이 한 달 살림할 걸 풍족히 갖다 주니 이거 얼마나 머슴 잘 뒀소, 당신은. '머슴 머슴' 해도 이거는 정말 당신은 복 많이 받은 사람이오." 그랬더니 거기에 탄복을 하고 "나는 이유를 붙이지 않겠습니다. 참 감사합니다. 그 말을 들으니까 내려다보고 살아야지 어찌 불평을 하겠습니까? 그래도 죽지 말고 건강하게 해 달라고 빌어야겠습니다." 했습니다. 그날부터 항상 참 건강하게, 애들을 위해서, 그래도 애들 아버지니까 건강하기를 빌었습니다. 그래서 그 큰 공장도 일으켜 세우게 되고 잘되니까 그때서야 아내가 착한 줄 알고 모든 것을, 사랑을 아내에게 담뿍 다 줬답니다. 그런 현실, 지금도 있지요. 하하하….

지금 있는 얘기를 한 겁니다마는, 우리가 그렇게 사랑을 받고 그렇게 사는 것도 모든 게 자기 탓입니다. 모든 게 자기 탓이니 억울하다고 누구한테 원망, 증오를 갖지 마세요. 모든 게 자기 탓입니다. 저도 그런 걸 봤습니다.

원주에 고아원이 하나 있었습니다. 그 고아원생들하고 삼 년을 저녁이면 만나서 돌아다니면서 국수도 같이 먹고, 포장마차에 같이 들어가서 먹여서 보내기도 하고 그랬습니다. 가만히 보니까 자기 할 탓이더란 말입니다. 그중에도 어떤 애가 자기 할 탓이라서 그렇게 하면서도 아주 극진히, 야무지게, 진실하게 하니까 잘 봤는지, 고아원에서는 도와주질 못해서 고등학교도 못 시키고 중학교밖엔 못 시켰지만 고등학교도 딴 사람이 또 일 시키면서 고학을 하게 되고 또 대학도 가게 되고 이러는데 딴 애들은, 그저 거짓말이나 하고 훔치기나 하고 그런 애들은 고만 못되는 거예요.

이러니 진실이라는 게 뭐냐 이겁니다. 그건 자기만이 아는 겁니다. 진실은 자기만이 아는 거. 진실이 뭐기에 괴로움을 갖겠습니까. 자기가 잘못해 놓으면 자기가 괴로운 것입니다. 자기가 진실하다면 자기는 항상 떳떳한 겁니다. 그렇기 때문에 그 진실이 자기에게 말해 주고 자기에 대한 믿음이 진실을 갖다 주는 거고 또는 그 믿고 물러서지 않음이 아주 광대무변하게 법을 응용할 수 있게 지혜를 넓혀 줍니다.

저기 강원도에서 있었던 얘깁니다마는 강원도 영월군이라고 있었습니다. 영월에서 있었던 얘긴데, 그때 영월에서도 우리 신도가 다녔습니다. 근데 아버지가 군인으로 나가서 전사하시고 딸을 둘을 낳아 가지고 세 모녀가 살았습니다. 그런데 이 세 모녀가 도대체 시골서 뭘 해 먹고 살겠습니까. 그러니까 약초 캐고 나물 뜯고 또 바깥 공장에 하나는 다니고, 이렇게 해서 바깥으로 하나는 나가 있고 또 한 언니는 집안 살림 하느라고 어머니하고 약초도 캐고 이러는데, 그 약초 캐는 언니가 절엘 다녔습니다.

그래서 항상 불쌍해서 저는 이렇게 말했습니다. "여기 올 사이가 없지?" 그러니까 "올 사이가 그렇게 없죠. 저 영월이니까요." 저 영월에서 신림 그쪽으로 얼맙니까? 그런데 하루하루 뭐, 조금이라도 캐야 팔아서 이렇게 먹고 지내나 봅니다. 그런데 하루는 내가 이렇게 가르쳤어요, 그때만 하더라도. "야, 네가 그대로 이(利)하게 할 수 있는 장본인이고 네가 이생이야. 네 마음 한 점이 이생이야. 이익하게 하는 것도 너고 해롭게 하는 것도 너니까 이생에게 항상, 네가 이생이니까 이생에게 항상 믿고…." 지금 주인공에 믿고 그렇게 하라고 하는 셈으로 그렇게 했단 말입니다. 나도 이 말 저 말 변덕스럽게 잘했죠? 그렇지만 변덕스러운 게 아니라 우리가 지금 변덕스럽게 자꾸 나투어 가고 있는 거지요. 그렇게 얘기를 해 주면서 나물을 캐러 가든 약초를 캐러 가든 뭐를 하든 그냥 항상 그렇게 하라고 그랬습니다. 그런데 오지 못하니까 항상 그렇게 그걸 아주 외우고 다닌 모양이에요.

그러다가 어느 날 꿈을 꾸는데 아, 산에 올라가니까 큰 바위가 둥그렇게 있는데 그 위에 아주 뾰족한 봉에 하얀 학이 섰더랍니다. 얼마나 아름답고 예쁜지 그리로 가다 보니까 아, 별안간에 오줌이 마려워서 죽겠더랍니다. 그래서 그 돌 밑에, 누가 볼까 하고선 그 학을 쳐다보면서 앉아서 오줌을 누니까 그 돌 사이로다가 오줌이 그냥 전부 불어 가지고 누는 대로 돌이 그냥 철렁철렁 찼더랍니다. 그런데 학은 후르르 내려다보면서 뭐라고 지저거리면서 그냥 날더랍니다.

그래서 그 꿈을 깼는데 토요일 날 동생이 와서 그 얘기를 하니까 "언니, 언니 꿈 좀 나한테 팔아." 이러더랍니다. 그래서 "아이, 그래. 너만 좋다면 내가 팔지." 그러니까 자기 목걸이 있던 거를, 그 뭐, 몇 원짜리 되지 않지요. 그거를 훌렁 벗어서 "야, 인제 꿈값 줬다." 하고선 줬단 말입니다. "그래, 꿈값 받았어." 했더랍니다. 어렵게 사니까 둘이 화목하기는 했지요. 그래서 "서울에 가서 넌 얼마나 고생을 하니?" 하니까 "아, 괜찮아, 나는. 언니가 고생이지 뭐, 어머니 모시고 이렇게 하느라고. 나는 지금 저녁이면 야간을 나가고 낮에는 벌이를 하는데 이번에…." 저 뭡니까? 왜 검정고시 보는 거 있죠? 중학교만 나왔는데 인제 고등학교 검정고시를 해 가지고 학교에 들어간다고, 그렇게 야간을 다닌다고 그래서 그렇게 하라고 그랬더니 정말 고등학교에 붙어서 다녔답니다.

그랬는데 그 꿈을 사 가지고 간 지 얼마 안 돼서 어느 군인 아저씨를 하나 만났답니다. 그 군인 아저씨하고 친하게 돼 가지고 면회도 다니고 그랬는데, 그 군인도 가난했고 그 여자도 가난했고 그래서 참 친밀하게 돼서 인제 사랑을 맺게 되고, 결혼을 교회 가서 할 거를 얘가 절에 가서 하자고 그래서 절에 와서는 물 하나 떠 놓고 그냥 이르고만 갔습니다, 거기 상원사에 와서. 그랬는데 쪼그마했을 때 잃어버린 그 군인인 아들을 부모가 찾게 됐습니다, 그 아들을. 그런데 부모가 외국에서 큰 부자랍니다. 아, 부자니까 아들을 찾았으니 외국으로 안 데려가겠습니까? 며느리를 데려갔지요. 며느리를 데려가서는 아들과 며느리를 거기 학교에서 공부시켰죠. 또 부모도 다 데려갔어요.

근데 그렇게 되기 전에 말입니다, 빼먹었습니다. 그 약초 캐던 언니는 그 꿈을 팔고 그렇게 해서 동생이 잘되니까 참 기뻐했습니다. 그런데 언니는 나이를 많이 먹었습니다. 나이가 서른 몇 살이 됐거든요. 가난하고 그러니까 영 시집도 못 갔지요. 서른일곱이나 되도록 시집을 못 가고 노모를 모시고선 난 시집 안 갈 테니 걱정 말라고 그랬는데, 하루는 산에 올라가는데 말입니다, 아, 그냥 돌 밑에서 산삼을 캔 겁니다, 산삼! 산삼 세 뿌리를 캤는데 말입니다, 그 꽤 오래 전입니다마는 산삼이 어떻게 컸던지 말입니다, 큰 거 작은 거 또 작은 거, 세 개를 캐가지고 아주 잘살게 됐지 뭡니까. 잘살게 됐으니까 신랑도 나섰죠. 그래서 그 집도 잘살게 됐는데 동생이 외국으로다가 다 모셔 갔어요.

그래서 지금도 언제나 "어디 멀리 가서 산다 하더라도 멀다 생각 말고 마음으로써 항상 같이 살아라. 같이 살아라." 이렇게 얘기를 해준 반면에 남 잘되는 걸 가끔 그렇게 봄으로써 나는 얼마나 기쁜지 모릅니다. 우리가 찾아다니고 찾아오지 않아도 기쁘게 잘살고 있으니 얼마나 기쁩니까. 그러니 참, 우리가 믿음도 진실히 믿어야지 가짜로 믿으면 안 됩니다. 자기 자신이 더 잘 알지 않습니까. 그러니 돈 없다고, 또는 어떤 가환이 있다고 값싼 눈물을 흘리지 마시고, 그렇걸랑은 진짜 믿고, 눈물 한 방울을 흘리더라도 참 새파란 눈으로 돌까지 뚫을 수 있는 그 믿음을 가지고 우십시오. 그러면 그 울음 한 방울에는 우주 천하가 다, 아니 닿는 데 없이 그 눈물이 닿을 겁니다.

오늘은 이걸로써 그치고요, 요다음에는 증언들을 좀 함이 없이 하세요. 그러면 여러분이 다 이렇게 같이 공부들 할 수 있잖습니까. 또 생활하시는 분들은 그렇게 하시는 게 좋아요. 남이 묻지 않는 거를 억지로 발산하지 말고, 정말 애를 배서 낳은 사람들은 바깥으로 발산하지 말고, 모든 사람이 안으로 굴리면서도 남이 질문할 때는 그 사람에게 알맞게 대답해 주고, 이렇게 하면서 모두 증언들을 하신다면 배우는 사람도 또는 배운 사람도 서로 지혜를 넓히며 또 배워 가면서 이렇게 할 수 있겠습니다.

오늘 이걸로써 끝마치겠습니다.

새들의 진화

1986년 5월 19일

여러분이 여기 오시기 전에 여러 절에 다니시던 분들도 있었겠고, 금강경을 많이 읽은 분도 있으실 테고 삼천배를 한 분도 있었을 테고, 참 여러 가지가지로 많이 있었을 겁니다. 하지만 우리가 처음에 금강경을 읽기 이전에 사람이 먼저 돼야 금강경의 그 뜻을 압니다. 사람이라는 건 부처님이라는 거하고 똑같은 말이에요. "사람 되기가 얼마나 어려운가." 이런 말을 한 예가 있죠? '사람' 이런다면 누구나가 다 사람입니다. '불성' 하면 전체가 한데 합쳐서 불성이듯이. 그래서 사람이 없으면 부처가 없다 이겁니다.

부처님께서도 "너희가 기복으로 나가는 사람들에 한해서는 이 금강경의 뜻을 몰라서 똑바로 설법을 해 줄 수가 없느니라." 하셨습니다, 한마디로 말해서. '똑바로 전달을 못하니 역시 그것은 보살이 아니니라.' 이런 뜻에 속해요. 난 거기에 대해서 말 자체는 똑같이 할 수 없지만, 그 뜻은 그렇다 이 소리예요. 그러면 "여래라는 것은 어떠한 것이 여래냐?" 그렇게 물었을 때는 "여래라는 것은 너무너무 크고 커서, 즉 말하자면 여래라는 것은 이름이지 그 여래라는 이름은 이름이 아니옵니다." 그러니까 중생이 여래라고 부르는 사량적인 여래는 이름일 뿐이지만, 부처님이 여래라고 부르시는 거는 그 여래가 진짜 너무 크고 커서 여래라 부르는 그런 이름에 속한다는 얘기죠. 그러니 이것은 이름도 모습도 없는 것을 뜻해서 여래라고 한다. 그 없다는 것은 없는 게 아니라 모두 포함해서 같이 한데 합치기 때문에 여래라고 했고 여여라고 했고, 우리 인간 사람이라고 한 것이다. 우리가 "사람" 할 때는 그 사람 속에는 중생들이 얼마나 많이 들어 있는가.

그러면 중생이라고 해서 그렇지, 그 생명과 모습이 다 각각 수천수만의 생명이 다 들어 가지고 한데 합쳐 가지고 사람 하나를 형성시킨 거다 이거야. 그러면 중생이 없으면 사람을 어떻게 형성시켰나? 이걸 냉정하게 생각해 보라고. 그러면 내 속의 지금 한 부분만, 간 한 부분을 소임 맡은 그 생명들만 폐허가 돼도 우린 다 찌부러져 버려, 이 몸뚱이가 다. 그런데 하물며 그 생명들이 다 소임을 맡아 가지고 정맥 동맥이 아주 순환이 잘되면서 이렇게 해 가지고 나가는데 어느 거 하나 떼어 놓을 게 없지 않남?

어느 것이 했다고 할까? 자기가 사람이라고 했다 할지라도 어떻게 나만 사람이라고 할 수 있으랴. 모두 합쳐서 수억 수천이 한데 합쳐진 생명으로서, 모습으로서, 소임으로서 다 해 가지고 이렇게 사람 하나가 생겼는데, 어찌 나 혼자만 사람이라고 하겠는가? 그러니까 그걸 뜻해서 나 혼자만이 부처가 아니니라. 중생과 부처는 다 같이 둘이 아니니라. 둘로 본다면 금강경의 이 뜻을 모르거니와 그것은 보살이 아니니라.

어저께 내가 말한 것도 그 오광주가, 즉 말하자면 오온이 밝아서 스스로 돌고 그러는 것도 그건 이름이지. 또 만약에 사리가 있다 하더라도 그건 모습이야. 어디까지나 모습이고 이름이지. 나 자체 스스로서 그 도리를 알아서 한 발 한 발 옮겨 놓고 우리가 말하고 이렇게 하는 도리가 그대로 여여하다면, 그대로 부처님이 말씀하신 그 뜻을 아주 그대로 역력하게 알아서 실행하는 것은 물론이거니와, 온 누리에 아니 닿는 데가 없다는 결론이죠.

어느 새가 말입니다, 아니 저, 말잠자리 큰 거 있죠? 말잠자리 부부가 살았더래요. 하하하…. 커다란 말잠자리 부부가 살았는데 아, 부부가 살면서 가만히 보니까 도대체 남들은 입도 가지고 다리도 길어서 땅에서도 주워 먹고 뭐, 만판 다니면서 활보하는데, 자기네들은 그냥 날아다니면서 어디 앉은 벌레나 좀 주워 먹고 이러다 보니까 살기가 어려워. 그리고 또 물에 날개가 잠기면 가지도 못하는 거라. 그래서 부인이 '우리도 저렇게 생겼더라면, 우리도 저렇게 활보할 수 있었으면 좋겠다.' 하는 생각을 하면서 남편더러 그런 말을 했어요. "우리도 저렇게 입이 있고 다리가 있고 날개가 있었다면 물이 묻어도 괜찮고 물로 스쳐 가도 괜찮고 뭘 주워 먹어도 좋은데…." 하니까, 참 그러하다고…. 이게 머리가, 즉 말하자면 진화된 거지.

그러니까 머리가 돌아가니까 지혜가 생겼단 말이야. 지혜가 생기니까 남편이 있다 하는 소리가 "아, 그러면 우리 그냥 이 몸을 벗자." 하니까 "어떻게 산 우리가 그냥 굶어 죽느냐." 하니 "굶어 죽는 것도, 그게 되려면 이 몸이 거추장스러우니 이 옷을 벗어야 될 게 아니냐." 그래서 나무 한 가지에 둘이 그냥 꽁꽁 한데 붙어 앉아서 마르고 시들고 그러다 새가 한 마리 차악 날아오니까 "야, 온다!" 그러면서, 죽어 가면서도 저 새가 나를 건져 줄 거라고 하면서, 저 새가 바로 내가 되고 싶은 새라고 하면서 아, 그냥 죽었거든. 그러니까 그 새가 홀랑 집어 먹고 말았거든.

그래서 금방 그 새로 화한 거예요. 그 말잠자리 내외가 새가 돼 가지고서 다시금 살아나가는데 또 주둥이가 작아, 길지 못하고. 다리가 짧아. 살다 살다 보니까 아주 그 기가 막힌 사연이 또 말도 못하거든, 고(苦)가. 그래서 야, 저런 새는 주둥이가 길어서 물에 있는 것도 잘 쪼아 먹고 다리가 길어서 물로 들어가기도 하고 그러는데 우리는 도대체 이런 데 저런 데 있는 벌레나 주워 먹고 또 이렇게 살게 되니 도대체 이것은 살 수가 없어. 먹고 살기에는 가난하기가 짝이 없고, 천차만별로 우리 사람도 그렇듯이 말이야, 응? 차원에 따라서 우리 사람도 그렇죠? 우리 사람도 새들이나 뭐가 다르겠소? 저 물속에 사는 생명들이나 뭐 다른 게 있겠소?

그래서 그렇게 애를 쓰고 있으니까 황새가 그 기다란 입을 해 가지고 오더니만 그 새더러 하는 소리입니다. "야, 내 새끼들이 지금 저기 있는데 너희들이 밥이 되러 나한테 오겠느냐." 하니까 가겠다고 그랬어요. 그러니까 그 큰 새가 어떻게 가르쳐 줬느냐 하면 "야, 주둥이가 길고 이렇게 됐으면 뭐든지 벌이가 잘되고 그러니까 내 말을 듣는다면 바로 네가 내가 되리라." 하니까, 그냥 서슴지 않고 몸을 내던졌다는 얘기야. 그러니까 날갯죽지 다 떼어서 새끼들한테 주고 몸을 다 바친 거야, 그 새 부부가. 그래서 다 바치고 나니까, 그 새끼들이 자라면서 또 알을 낳고 그럴 때 거기에서 또 그 새의 알이 돼 가지고 살아나가다 보니까, 이거는 연쇄 반응으로 찢기고 살고 죽고 잡아먹고 이러는 통에 힘이 없으면 도저히 살 수가 없더라 이거야, 응?

그래서 가만히 보니까 위에서는 독수리에게 채이게 됐고 아래에서는 그냥 뱀에게 물려서 잡아먹히고 알도 낳아 놓으면 뱀이 다 가져가고 다른 짐승들이 또 가져가고 이러니, 이건 아무리 이게 길어도, 입에 이렇게 먹이를 물어다가 새끼들에게 먹이려도 십중팔구 뺏겨, 가져가다가. 그러니 사람 사는 거나 똑같아, 이게. 그래서 가다가 다 뺏기고 그러니까 야, 위에서는 위대로 그걸 물고 가다가 또 송두리째, 자기 입에 문 것만 채이는 거는 말도 안 해. 자기 몸뚱이까지 다 채여 버리는 거야.

그래서 그 부부는 또다시 "나는 아주 공중으로 떠다니면서 그냥 일차적으로 해서 먹겠다." 했는데 거기까지 올라가다 보니까 독수리가 됐더래요. 독수리가 되니 그 알흔알흔한 눈을 가지고 뱀이나 뭐, 이런 것도 그냥 쭉쭉 찢어 먹기 좋고 아, 좋거든. 한참 그러다 보니까 생각이 떠오른 게 있어요. '아하! 독수리로만 있어서는 안 되겠다. 남을 이렇게 먹고 이렇게 하고, 이 독수리로만 살아서는 도저히 안 되겠다. 어떻게 이 독수리의 몸을 면할 수 있을까?' 하는 생각을 했어요.

그래서 그 부부는 알을 낳다가, 나중에는 그 독수리 알을 그냥 다 깨트려 버렸어요, 알을 낳아서도. 다 깨트려 버리고 다 없애 버리고, 자기가 다 주워 먹고 깨트려 버리고 남을 주고, 이러고 자기 몸까지 그냥 한 구덩이에, 돌 틈에 들어가서 영 나오질 않았어요. 돌 틈에 들어가서 있으려니까 박쥐란 놈이 떼로 몰려와서 자기 몸뚱이를 다 뜯어먹더라는 얘기예요. 뜯어 먹어도 다 줬다는 얘기죠. 다 주고 나니까 하나도 남은 건 없고, 단지 독수리로 살고 새로 살고 황새로 살고 이러던 그 습이, 그냥 독수리로 살면서 잡아먹고 그러던 습이 있어서 그냥 뭐든지 그런 생각만 자꾸 나더라는 거죠. 그 생각을, 모든 것을 제거하고 나니까 독수리라는 것을 다 면하고, 그때는 사람을 보기 위해서 다시 한번 또 보니까는 '아, 사람으로 환생을 하려면 사람 곁으로 가야겠다.' 해서 큰 구렁이가 또 됐죠. 그래서 구렁이가 되어 가지고 아, 돌 틈에서 공을 닦으려니까, 잡아먹지 않고는 도저히 살 수가 없거든.

그래서 할 수 없이 사람의 집으로 들었어요. 사람의 집으로 들어서 뭣을 먹느냐 하면 곡식 같은 거 떨어진 거 있으면 주워 먹고 밥 찌끄러기 같은 거 내버리는 거 있으면 먹고 밤중이면 넌지시 나와서 반찬 같은 것도 훔쳐 먹고 이러면서 세월을 보내다가 보니까, 사람의 그 행동 행동 하나 하나 하는 거를 다 알게 됐더랍니다. 그래서 그 구렁이는 사람의 모습을 가지고 태어나서 사람으로서 또 도를 닦기 시작했는데 처음에는 사람으로 태어났어도, 짐승의 허물을 아무리 벗었다 하더라도 습이 있어서 그 습을 놓기 위해서 또 애썼더랍니다.

그래서 사람의 모습 하나 타고 나기가 그렇게 어렵답니다. 그러니까 사람이 때에 따라서는 그런 나쁜 짓을 하고 그런다면 사람의 이 꺼풀을 벗고서 구렁이가 될 수도 있고, 구렁이가 사람으로 탄생을 할 수도 있고, 거북이가 사람이 될 수도 있고, 사람이 거북이가 될 수도 있고…. 이렇게 돌아가면서 사람 마음의 차원에 따라서 모습은 자꾸자꾸 변화되고 바뀌어 오거든, 우리가. 그러면 때에 따라서 가만히 보면야, 내가 생각할 땐 그래요. 사람이 이렇게 꺼풀이 죽었을 때 혼백이 나가는 거 보면 그거는 벌써 다른 꺼풀을 쓰고 그리로 가는 거야. 그리로 들어가는 거야, 응? 자기가 만들어 놓고 그리로 가는 거야. 그러는 거를 해결하기 위해서 부모가, 또 자손이 정성이 지극해서 그렇다면 거기 가는 걸 막을 수 있는 그런 길잡이가 생긴다는 얘기죠. 그래서 그렇게 막아서 다른 데로 인도를 해서, 인도환생으로 해서 또다시 공부를 하게끔 만들어 주는 거죠.

그러는 수도 있고 또 이런 공부를, 이런 도리를 잘 알아서 그렇게 나가는 사람들은 자기 스스로 벌써 반야줄을 쥐었기 때문에, 바로 금광주를, 그 밝은 마음으로서의 자기 갈 길을 자기 자유껏 누릴 수 있을 때 자유인이거든. 그래서 그걸 보살이라고 칭하고, 이름해서 부처라고 칭하는 그런 이치가 있듯이, 우리가 새들의 세계도 천차만별로 있지만 그것이 그 모습으로만 있는 게 아니라 자기가 입이 작았다가 길게 만들고, 길게 만들었다 자기가 아쉬우면 또 옆으로 이렇게 만들고, 또 튼튼치 못하면 아주 튼튼하게 굵게 만들고, 다리가 짧았더라면 길게 만들고 또 그러다가 진화되면 또 어떻게 짐승이, 사슴이 되고 또 개도 될 수 있고 뭐, 별놈의 게 다 되다가 되다가, 거쳐서 거쳐서 사람까지 올 수 있는 그런 화생이 되는 거죠. 그래서 화해서 나기도 하고, 알로 나기도 하고, 태로 나기도 하고, 질척질척한 데서 나기도 한다는 그런 사생을 우리가 지금 보고 있는 거죠.

그러니까 우리 한 사람 한 사람을 생각하다 보면 이것이 영화 장면 같기도 하고, 도깨비장난 같기도 하고, '인간이 살아나가는 게 그러하지 뭐, 그냥.' 이렇게 하기도 합니다. 그런데 인간이 살아나가는 것이, 인간으로만 그대로 화해서 화생으로서 태어나는 것이 얼마나 되겠어요? 부처님께서는, 이렇게 깨달은 사람들은 화해서 그 모습을 가지고 그저 어디고, 몸이 수천수만이 돼 가지고 그냥 어디 아니 다니는 데가 없고, 아니 닿는 데가 없고 그렇거든. 가고 옴이 없이 말이야. 모르는 사람들을 위해서 산신으로도 보여 주고, 또 부처님으로도 보여 주고, 또는 칠성으로도 보여 주고, 신장으로도 보여 주고, 모두 자기가 원하는 대로 다 보여 주는 거예요. 그 모습으로 바꿔 가면서.

그러니 천수천안인 데다가 천체 화신이 되는 거죠, 부처님께서는. 그렇게 수도 없이 몸을 변하게 해서 여러 중생들에게 다 원대로 비춰 주면서, 보여 주면서, 해 주면서 이러니, 결국은 부처님은 여러분의 심부름꾼이라 해도 과언이 아닐 겁니다. 길에 가다가도 여러분이 불쌍한 사람을 본다면 그냥 무뜩 생각이 나고, '에이구, 저거 고가 많아서 그렇지.' 그럭하고 지나가지 않는 것이 좋죠. 우리 이 공부 하는 사람들은 지나가다가 어떠한 짐승을 본다 할지라도, 도살장으로 끌려가는 소들을 본다 하더라도 순간 내 한마음이 된다면 그건 사람으로 인도환생을 할 수 있으니까. 그리고 또 한 가지는 뭐든지, 그저 무얼 보든지 아이, 업이 많아서 그렇다든가, 자기도 인과 업이 많고 무슨 업보가 많아서 이렇다든가 이러한 생각일랑은 모두 놔라 이거야. 맡겨 놓고. 그러니까 인간이라는 것이 앞뒤가 없어. 모습이야, 이름이고.

그러니 그 업보가 있다는 것도 자기 생각으로 인해서 업보가 생기는 거지 자기 생각이 없는데 어찌 업보가 있겠는가? 자기 생각으로 인해서 모두 업보를 짓는 거지. 우리 공부하는 사람들은 그걸 자세히 알아야 돼요. 지금 현 세상의 법에서 볼 때 내가 질서를 참 문란케 하고 또 '이 인간 법이라는 거는 아니다. 부처님 법은 이러이러하다.' 이렇게 해서도 아니 돼. 그렇기 때문에 내가 봐서 이 세상 법에도 옳아야 하고 또 이 마음법에서도 옳아야 해. 그러니까 동일하게 모든 것을 같이 할 수 있는 그런 그 깨달음이 필요하다. 그래서 우리가 참나를 깨치지 못했을 때는 모든 걸 깨치지 못했기 때문에 한데로 모아서 놔야 하고, 깨달았기 때문에 한데로 모아서 굴려야 하고, 또 모든 것을 서로 같이 굴리는 반면에 같이 나툴 줄 알아야 된다, 나 아님이 없이.

그렇기 때문에 그러한 공부를 하기 위해서는 모든 것을 깔보지 말고, 모른다고 하더라도 바로 모르는 전자의 나로 보고, 모른다고 업신여기지 말고, 병신이라고 업신여기지 말고, 저런 짐승이 하찮다고 업신여기지 말고, 벌레라고 업신여기지 말고, 모두가 자기 아님이 없다라고 생각을 굳건히 진실하게 했을 때, 비로소 그것이 나중에는 크고 커서 이 온 누리를 다 삼키고도 남음이 있을 때, '내가 사람이다' 이러고 세울 것도 없는 그런 경지가 돼 버리고 말았을 때, 그릇은 비고 또 우리가 한 발 한 발 떼어 놓는 대로 소소영영하게 살아나갈 수 있는 그런 기반이 완벽하게 설 때 우리는 비로소 한 사람이 되는 겁니다.

그러니까 오늘은 이걸로써 그치고, 여러분이 공부 열심히 해서 그러한 과정이 수도 없다는 걸 아셔야 합니다. 참, 생각하면 생각하는 대로 신비하기도 하고 새들이 구멍을 뚫어서 파먹는 걸 보면 참 기가 막히고…. 여러분 잘 아실 거예요. 아시니까 얘기해요. 파먹는데도 그것도 모자라서 그건 그것대로 그거보다 더 큰 새한테 잡아먹힌다고. 그러니 그렇게 생각을 해 본다면 수없이 우리는 거듭거듭 그렇게 잡히고 잡아먹히고, 그냥 잡아먹히고 잡아먹고 이러고 살아온 거예요. 그래서 인간이 되어 가지고는 마음으로 지금 잡아먹고 잡아먹히고 이러고 산다고, 또. 그러니 새들과 사람이 뭐가 다르겠소? 기술이 좋고 '무기' 가 잘 되어 있으면 가서 벌이 잘 해다 먹을 거고, 우리도 주둥이가 짧아서 또 기술이 없고 그러면 못 벌어다 먹는 거고. 그렇지 않소? 그런 거나 똑같아요. 우리 사는 거나.

그러니까 우리 인간들도 살아가면서 지혜를 높여서, 될 수 있으면 그렇게 연쇄적으로 거듭거듭 억겁을 거쳐 왔다는 거를 생각하시면서 앞으로는 절대 둘로 보지 않는다는 거, 겸손해야 된다는 거…. 모든 게 모습과 이름만 보고서 남들을 칭하고 결정짓고 이런 거는 아예 금물이라는 얘깁니다.

그러니까 그쯤 아시고 오늘은 이걸로써 끝마치겠습니다.

마음 안으로 굴려서 그 길을 밝혀라

1986년 5월 20일

여기서 공부하시는 분들은 좀 더 마음으로 음미해 가면서 '자기의 맛' 으로서의 맛을 알 수 있게끔 노력을 해 주셨으면 합니다. 부처님께서도 말씀하시기를 항상 겉으로 돌아가는, 기복으로 돌아가는 분들은 부처님의 속을 알 수가 없고 남의 속을 알 수가 없고, 하다못해 애들의 속까지도 몰라. 부부로 살면서도 자기 남편의 속을 모르고 자기 자식의 속을 몰라. 어떠한 일이 있다 할지라도 내가 그 자식이 돼 봐 주는, 내가 자식이 돼서 한번 생각해 볼 수 있는 그런 여유를 가지고서 안으로 굴려 보는 그런 마음을 가지시고, 또 남편이 어떡할 때 다시 한번 바꿔서 내가 남편이 되어서 생각을 해 볼 수 있는 그러한 마음의 굴림이 여러분에게 삶의 의지와 생동력 있고 보람 있는 삶을 가져다 주는 그런 이익을 줄 수 있는 것입니다.

우리가 기복으로 항상 날뛰고, 빌고, 달라고 그러고 온통 자기 것, "자기 자기 자기" 하면서 자기가 자기로서 달라는 것, 이렇게 둘로 안다면 항상 얻으러 다녀야 하고, 항상 종을 면치 못해. 주인이 되지 못한 채 종을 면치 못함으로써 종 문서는 항상 따라다니게 마련이거든. 그와 마찬가지로 우리는 때에 따라서 이 색(色)만 보고 이름만 보고 이렇게 모든 걸 해 나가는데….

어저께 어떤 어린애 하나 때문에 그걸 바탕으로 삼아서 여러분에게 얘기를 하고자 합니다. 그 몸뚱이를 쥐고 아무리 이름을 부르며 불쌍하다 해도 그게 안 불쌍해지는 게 아닙니다. 그러나 그 불쌍한 걸 건지기 위해서는 이 마음 깊이 진정으로 내 아픔과 같이 내 마음으로 굴리면서 그것을 끝내, 한생각에 항상 같이해 줄 수 있는 그런 마음을 내주는 것이 그 애 앞으로의 장래를 위해서 길을 밝혀 주는 길입니다. 몸뚱이를 붙잡고 이름을 붙잡고 아무리 말을 해 봤던들 소용이 없는 겁니다. 그러니까 모든 것이, 우리가 생활 속에서 살아나가는 데의 그 문제들도 그렇습니다. 어저께도 누구나가 마음 아프지 않은 사람이 어디 있었겠습니까? 나도 나가면서도 '어, 그래. 너의 장래를 위해서 밝게 길을 인도하리라.' 이렇게 하고서 나갔어요. 그것이 여기에서 부모가 기른 것보다도 더 잘된다면 얼마나 좋겠습니까?

예전에 제가 나이 젊어서, 출가를 해 가지고 또 돌아다니게 될 그 무렵에 빨치산으로 낙인이 찍혀 가지고 집으로 연락이 갔던지 어머니가 허위단심해서 찾아오셨습니다. 그때가 참 오래간만에 만나는 상봉이었죠. 그랬는데 오셔서 보니까 옷도 다 갈갈이 뜯어졌지마는 살도 입술도 얼굴도 이건 볼 수 없이 갈갈이 뜯어져서 피가 나고 딱정이가 떨어지고 갈라지고 이랬으니 사람을 볼 수가 없었던 모양입니다. 그러니까 거기서 보는 순간 까무러쳐서 그냥 주저앉아서 수족을 못 쓰시게 됐습니다. 이거 거짓말 아닙니다. 그러면서 입에서 거품이 나오면서 피가 흘렀습니다. 부모가 자식을 생각하는 마음이 얼마나 아팠기에 순간 그렇게 되겠습니까? 생각해 보십시오.

그러나 분명코 나는 그 자리에서 그렇게 말했습니다. "어머니! 들리시죠? 나는 이 세상에 나와서 어머니가 고생하는 것만 봤지, 그 고생

고생, 말도 못하는 고생만 봤지, 다른 거는 난 못 봤습니다. 그러니까 내가 인간이 되고자 해서, 내가 참인간이 된다면 어머님 무릎 앞에 다시 올 것이고, 그렇지 않으면 없는 셈 대십시오. 사람이 언제 같이 만났다가, 뜬구름과 같이 몰렸다가 뜬구름 헤어지듯이 헤어지는 것이 인생 아닙니까? 먼저 죽으나 나중 죽으나, 어린애 적에 죽으나 쪼금 커서 죽으나 어른이 다 돼서 죽으나 자식 죽었다고 생각하면 될 거 아닙니까? 그러니 그저 오빠가 오시걸랑은 따라가십시오." 하고선 그냥 그 길로 가니까 손도 쳐들지 못했습니다. 그런데 이 수족은 못 쓰나 눈물은 줄줄줄줄 흘렀습니다. 그러면서 한쪽 손으로 보따리 싸 가지고 온 걸 이렇게 이렇게 했습니다.

그때 나는 그 보따리를 가지고 가라는 줄 알고 보따리를 들고 그냥 갔습니다. 8·15 해방 되고 자기 딸자식, 자식이라고 오면 입히겠다고 소중히 비로드 옷도 있고 뭐, 여러 가지 세 벌이나 가져오셨습니다. 아주 좋은 옷입니다. 그 예전부터 해 놓으신 것을 못 주고 있다가 그때 그렇게 가져오셨나 본데, 그것을 가다가 혼인기가 있는 시골 처녀들 줘 버리고 갔습니다. 그 몸에다 그걸 입으면 뭘 합니까? 아무리 옷이 입을 게 없다 치더라도. 내가 나를 알기 위해서 입산을 했고, 또 입산을 하고 난 뒤에 그렇게 됐다 하더라도, 입을 게 없다 하더라도 그 옷을 어디다 걸칩니까? 그래서 그냥 버리고 산모퉁이에…, 그때 좀 추운 가을이었습니다.

그런데 낙엽을 딛고 가는 그 모습, 자기가 자기를 생각하면서 그 어머니를 생각하니 기가 막혔습니다. 그러면 그렇게 돌아서는 그 마음은 어땠을까요? 여러분이 당해 보지 않으면 그 마음 모를 겁니다. 그냥 성해서 버리고 가는 것도 아니고 그랬을 때에 그 마음은 어땠겠습니까? 그러면서도 내가 떠나니까 팔도 이렇게 쳐들지도 못하면서 요 손끝만 이렇게 이렇게 했습니다. 그러는 걸 보고 떠난 뒤에 얼마 만에 돌아가셨다는 기별도 들었습니다마는, 그때 돌아가신 뒤에 한번 가 봤습니다. 허허허…. 그런 이치도 있습니다.

그건 왜 그랬을까요? 우리가 몸을 잡고서 아무리 애를 써 봤던들 그건 당치도 않아, 어머니를 구하려면. 어머니의 그 사랑하는 마음과 내가 어머니를 생각하는 마음이 둘이 아니기 때문입니다. 또 부처님의 마음도 불쌍한 사람들의 마음도 역시, 여러분이 자식을 기르고 부모를 생각하고 그러는 그 마음이, 또 남편을 사랑하고, 남편이 아내를 사랑하고 부모를 사랑하는 그 마음이 부처의 마음이라는 뜻입니다, 그 마음이요. 마음으로 안으로 굴리지 않는다면 그 길은 밝아지지 않습니다. 이 마음의 굴림에 의해서 앞날이 펴지고 밝아지지, 거죽으로 "얘야, 너는 어떡하고 어떡하고 어떡하고…." 말이 많고 그러면 이거는 똑바로 가르치겠다고 하는 그 말 자체가 오히려 삐뚜로 나가게 하는 수가 100% 될 수 있죠. 남편도 자꾸자꾸 "이것을 당신은 왜 이렇게 합니까? 지금 세상에 이렇게 해 가지고 삽니까?" 하고 그렇게 해 봤던들 오히려 그런 걸 번연히 알면서도 이것은 주장을 잡지 못합니다. 오히려 파괴가 됩니다, 알면서도. 이걸 아셔야 됩니다. 우리가 배웠죠? 나는 배우지 못했지만. 저 햇빛을 따뜻하게, 여름에 무덥게 아주 쨍쨍 쪼여 보십시오. 그러면 입었던 옷도 훨훨 벗어 버립니다, 원리가. 그러나 아주 강하게 찬기가 오고 모진 바람이 몰아닥칠 때는 반드시 옷을 더 껴입고 더 웅그리고 더 조입니다.

여러분, 이것을 생각해 보셨습니까? 그래서 자기 한 꺼풀 한 꺼풀을 벗어 버리지 못합니다. 그리고 자유스럽게 뛰어놀지 못합니다. 자유스럽게 살 수도 없습니다. 속박돼 있고, 창살 없는 감옥에서 허덕이고, '이것이 내가 업보가 얼마나 많기에 이런가. 팔자 운명이 얼마나 이렇기에 이런가. 내가 죄를 얼마나 지었기에 이런가.' 이러한 사념에 끄달리면서 그 암흑 같은 길을 걸어야만 하고, 그 걸어가는 길이 바로 자기의 밝은 길을 걷는 게 아니라 캄캄한 암흑 길을 걸어가니 이 몸을 벗는다 할지라도, 죽는다 할지라도 그것은 또 낙향돼서 껌껌한 길을 또 걸어야 하는 그런 모임에 의해서 다시 인연이 돼서 또 생산이 되는 것입니다. 그러니 이 마음 하나에 우리가, 세세생생의 삶에 의해서 거기에 그 인연 뿌리가, 인과 뿌리가 얼마나 지독한지 아십니까?

그래서 이 모두가, 사람사람이, 공부하는 사람들은 더군다나 더 그렇고, 이 공부 하는 사람들뿐만 아니라…, 공부라고 할 것도 없지요. 이 세상에 살아나가는 것이 전부 공부니까. 하나하나 놔우치면서 하나하나 진화되면서 창조해 가면서 우리가 살고 있지 않습니까? 옮겨 가면서 고정된 게 하나도 없고, 고정된 행도 없고, 고정된 말도 없고, 고정되게 먹는 것도 없습니다. 단지 빈 그릇 그저 일렁일렁 움죽거릴 뿐입니다. 단지 내놓으라면 내놓을 것도 없는 마음이 자기를 움죽거리고 갑니다. 그 마음이 선장이라면 바로 그 선장은 나침반을 놓고서 그냥 가곤 있지요.

그런데 모두 여러분은 이 색에, 물질에 착을 두고 이름에 착을 두고 이렇게 살다 보니까, 지난번에도 얘기했지만 여러분이 금강경이다 화엄경이다 몇 독을 했다 뭐, 천배를 했다 삼천배를 했다 하지만 육신으로써, 말로써 그것을 아무리 해 봤던들 그 뜻을 몰라서, 부처님이 말씀해 놓으신 뒷면의 그 뜻을 몰라서 한마디도 옮길 수가 없고, 남한테 옮겨 봤던들 이익이 하나도 없어. 공덕 될 게 하나도 없어. 자기로부터, 남으로부터 전체가 공덕 될 게 하나도 없거든.

그렇기 때문에 예전에도 이러한 예가 있었습니다. 어느 곰 부부가 살았습니다. 그런데 짐승으로서 진화돼서 이렇게 살다 살다 보니까 아주 하얀 백곰이 됐답니다. 꺼멓다가 얼룩덜룩하다가 회색이 되더니 점점점점 백곰이 돼 버리고 말더랍니다. 곰이 너무 오래 살다 보니까 좀 지각이 생기고, 또 어떻게 사람을 만나면 아, 사람을 기리게 돼. '사람! 아, 저런 모습도 있었던가? 저렇게 날뛰고 저런 모습이 있었던가? 나를 잡으려고 하는구나. 나를 잡으려고 왔기 때문에 내가 저 사람을 보고 사람을 알았구나.' 하는 생각을 하게 됐습니다. '저 사람이 아니었더라면 내가 어찌 사람의 그 모습을 그려 봤을까.' 이런 생각을 곰이 하자 그 곰 부부는 항상 사람의 모습을 그리고, '우리도 저 들에 나가서, 이렇게 숨어 다닐 게 아니라 활보하면서 살았으면….' 하는 그리운 마음을 항상 가지고 있었습니다.

그러자 어느 날 그 부부가 새끼를 낳았는데 사람 모습 그대로 나왔더랍니다. 그 새끼가 사람 모습으로 나오긴 나왔는데, 그 새끼들이 금방금방 자라더니마는 그저 짐승이고 뭐고 나가서 피를 빨아 먹고 들어오는데 보니까 그냥 입이 시뻘겋고, 그 입이 자기 입하고 똑같이 닮았더랍니다. 그때에 곰 부부가 무슨 생각을 했느냐 하면, '아하! 사람의 거죽만 그렸지 마음을 그리지 않았구나. 내 그 마음을 그려 보리라. 그러면 우리 자식 대에는 진짜 사람이 나오겠지.' 하는 마음의 믿음으로써 항상 그 마음을 그렸습니다.

그러고 가다가 그 부부가 새끼들을 수컷도 낳고 암컷도 낳고 이렇게 하다가 그것이 인제 점점점점 사람의 모습으로 변질되고 그 새끼가 새끼를 낳고 이렇게 할 때는 연방 그렇게 대 가면서 일러 줬어요. 그래서 부부가 죽을 때 "나도 우리 부모들이 사람의 그 모습을 그리라고 해서 그렸더니 너희들이 나왔는데 너희들은 사람의 마음을 그려라. 사람의 마음을 첫째 그리고, 사람을 해치지 말고, 사람이 너희들을 해친다 할지라도 너희들이 해를 받는다 할 때 바로 즉시 그 사람의 마음이 너희 마음이 되고, 너희 마음이 사람의 마음이 되느니라. 그럼으로써 그 악한 피비린내 나는 그러한 고통 속에서 벗어나리라." 하고 말을 했습니다.

그렇게 말은 해 줬지마는 짐승 같은 사람의 모습들은 자기 형제 그런 걸 몰라. 그래서 그대로 살다 보니까 사람이 또 났더랍니다. 그 속에서 또 사람이 나니까, 사람이 나서 저희 부모의 그 말을 듣고, 그저 그렇게 피 빨아 먹고 그러다가 돌아가실 때에 그 얘기를 해 주자 그만 그 부부는 그러한 짓을 영 버리고서 사람의 마음을 그리게 되고 사람이 나오니까 또 그 사람한테다가 그 얘길 해 줬어요. "선조 대에 이런 이런 이런 일이 있었는데, 이렇게 이렇게 해서 너희들을 우리가 이렇게 낳았느니라. 너희는 그냥 모습도 사람이요, 마음도 사람이니 열심히, 남에게 악하게 하지 말고 남의 피를 먹지 말고 풀뿌리로써 연명을 해 가면서 열심히 살아라. 그리고 너희들의 몸에 털 있는 것을 사람의 모습으로 그대로 되게끔 만들어라." 하고 그렇게 부탁을 했더랍니다.

그리고 그 부부는 늙어 죽을 때까지 인간의 몸을 가진 자식이 항상 뿌리 같은 거 이런 걸 캐다가 보양을 하니까 그대로 그냥 사람과 같이 먹다가 자기 일생을 버렸다 합니다. 그리고 그 사람들은 사람들대로 그 사람이 사람을 낳고 사람이 사람을 낳고 해서, 한 동네를 이루어서, 어부 노릇도 하고 또는 농사도 짓게 되고…. 농사짓게 된 동기는 또 따로 있겠지마는 그렇게 농사짓고 살기 이전 얘기를 지금 죽 하는 겁니다.

그러면 우리가 역대에 내려오면서 사람 되기까지 얼마만큼 억겁을 거쳐 오면서 이렇게 사람이 됐겠습니까? 지금도 내가 저기 오다가 극장이나 이렇게 간판 붙인 걸 봤습니다. 여러분도 그러죠? 지금 애들이나 어른이나 극치적인 영화를 좋아합니다. 그건 왜? 사람을 그냥 막 피를 빨아 먹고, 또 그 뭐야, 신나게 하는 거. 이런 거를 좋아하는 마음이 드는 것은 우리가 저 억겁으로부터 거쳐 오면서 우리가 그렇게 해 온 습이 아직까지도 지워지지 않았기 때문이라는 생각입니다. 그걸 좋아하거든. 그런 극치적인 영화를 좋아하고 극치적인 그 산란을 좋아하는 거는 반드시 그러한 잠재해 있던 것이 그걸 보는 순간 그런 게 좋단 말야, 극치적인 거. 평면으로 이렇게 무미하게 돌아가는 것은 뜻이 없거든. 그러니까 우리가 그러한 습이 아직까지도 꼭지가 덜 떨어져서, 꽁댕이는 없어졌는데 꼭지가 덜 떨어졌죠. 그래서 그런 걸 좋아하는 그런 마음이 생기는 거죠.

그러니 우리 이 마음이 너무나 중요하다는 겁니다. 둘로 보지 말라. 안으로 굴리지 않는다면 보살이 아니니라. 깨쳤다 하더라도 안으로 굴리지 않고 바깥으로 도는 자, 이 법문을 제대로 해 주지 못하느니라. 이 법문을 제대로 전달을 못함으로써 공덕은 하나도 없고 보살이 아니니라. 이 몸으로, 모습으로, 이름으로 부처님의 마음을 알 길이 없고, 이 모습으로, 이름으로 부모의 마음을 알 수 없고, 자식의 마음을 알 수 없고, 부처의 마음을 알 수 없고, 일체 만물의 유생 무생의 마음을 알 수가 없어서 굴릴 수가 없느니라. 제도할 수도 없느니라. 제도했다고 하느냐? 제도를 했다고 하지 말라. 본래 둘이 아니기에 제도한 것도 없고 안 한 것도 없느니라. 그대로 마음으로 굴리면서 항상 따뜻한 마음을 내 주면 되느니라. 따뜻하게 둘로 보지 않는 마음, 남이 아프면 내 아픔으로 생각하고 마음을 내 준다면 그것이 바로 네 아픔과 둘이 아니니라. 이것이 바로 보살의 마음이요, 이것이 바로 부처의 마음이요, 진짜 들어가서는 인간의 마음이라. 인간이라는 것도 이름이요, 부처라는 것도 이름이니라. 여래라는 것도 이름이요, 다 이름이니 그 이름을 가지고 소중하게 생각하지 말라. 그 이름 속에 소중한 것이 있느니라. 그 모습 속의 소중한 것을 발견하라. 발견하기 위해서는 안으로 보림을 하면서, 항상 그 안으로 굴리면서 거죽으로 나타내지 말고 경솔하지 말고 또한 항상 겸손하게, 남을 깔보지 말 것이며 벌레 하나를 본다 할지라도 너로 알아라. 저 꽃 이파리 저 나무 이파리, 무정물이나 하다못해 돌 하나를 본다 하더라도 그것이 남이 아니니라.

우리가 과학적으로 생각할 때도 지, 수, 화, 풍으로 뭉쳐서 바람과 흙과 물 이 모든 것이 한데 합쳐져서 큰 성을 이루어서 그것이 바로 우리의 지구라는 집이 됐고 대천세계라는 집이 됐고 중천세계도 있고 하천세계도 있고, 이렇게 돼서 우리가 지금 조화를 이루고 돌아가는 것이 전체가 아닙니까? 당장 우리 살아나가는 데에 물이 없어도 아니 되고 불이 없어도 아니 되고 흙이 없어도 아니 되고 바람이 없어도 아니 됩니다. 그럼으로써 사대가 공해서 태양이라는 그 자체의 따뜻한 그런, 보람 있는 밝음이 생긴 겁니다.

우리의 마음도 역시 그러한 밝음이, 우리를 전부 이끌어 줄 수 있는 그 밝음이 되기 때문에 바로 우리의 한마음 그 한 점의 근본이 태양의 근본도 될 것이요, 천지의 근본도 될 것이요, 우주의 근본도 되니 그 어디에도, 이 오온에 스스로 밝아서 돌고 스스로 밝아서 걸릴 게 없는데 어찌 이 오온에 칠보가 가득 차 있지 않겠는가! 그러니 아니 닿는 데가 없거늘 사람들은 모습과 이름을 칭하고 자기의 삶을 거기에서 취하려고 하니 그것이 가는 곳마다 걸려. 그 걸리는 것을 언제 어느 때에 벗어날 길이 없다고 해서 부처님이 그렇게 가르쳐 주셨는데도…. 부처님이라는 이름도 이름인 것입니다. 그것은 똑바른 참사람, 참사람이라는 것이 부처님이라는 얘깁니다.

그러니 우리가 참사람 되려고 욕심을 부리지도 말고 또는 참사람 아니 된다고 걱정할 필요도 없고, 오직 자기가 본래 가지고 있는 그 한 점의 공한 자리에, 공한 데서 나오는 거 공한 데다 다시 놓는다면, 다시 맡겨 놓고 믿음을 진실하게 갖는다면, 그리고 물러서지 않는다면 바로 거기에서 자기의 마음을 스스로 알게 되고, 그때는 부처님의 마음도 모든 중생들의 마음도 모든 걸 다 알게 되며 남한테 해하지 않는 마음, 둘로 보지 않는 마음이 됩니다. 이 자비라는 것은, 헐고 깨끗하고 더럽고 이런 것이 몰락 없는, 높고 낮음도 없고 부처 중생도 없는 그러한 한 점의 내놓을 게 없는 이런 빈 그릇 자체가, 바로 우리가 찰나찰나 나투면서 밝게 비추어 주는 손 없는 손이요, 발 없는 발이요, 길 없는 길이라. 평이마요, 평손이요, 평발이요, 이것이 바로 한 손 들어서 천지를 삿갓으로 쓰고 한 손 들어 해와 달을 꿰어 굴리면서, 한 발 들어 이 산 저 산 푸른 산 한 발 디디니, 목 마르면 물 마시고 대장부 살림살이 이만하면 족하다는 말이 얼마나 참사람의 마음이겠습니까?

참사람의 마음이라는 것은 물 한 모금 떠 마실 때, 여러분이 목마를 때 '물 먹겠다' 하고 계산하고 먹습니까? 무심으로 그냥 떠 먹습니다. 그게 바로 참사람의 활용이야. 여러분이 금을 가졌다면 그걸 얼른 내놓지 않겠지만 걸레를 빨아 쥐었다면 빨리 내던질 겁니다. 빨리 빨아서 얼른 짜서 놓습니다. 금을 가졌더라도 빨리 짜서 걸레 놓듯 하십시오. 신발 벗어 놓고 올라가듯. 아시겠습니까? 금을 가졌다고 해서 이걸 소중히 생각하는 건 절대 금물입니다. 그렇다고 해서 갖지 말라는 게 아니에요. 관리인만 되라는 얘깁니다. 착을 두지 말고 욕심부리지 말고 분수를 알고 살고, 건너뛰지 못할 걸 건너뛰다가 개천에 빠지지 말고, 구덩이에 빠지지 말고 서서히 침착하게, 산이 태산같이 이렇게 있으면 서서히 돌아가고, 구덩이가 있으면 구덩이를 채우고 물이 흐르듯이 이렇게 침착하게, 어떠한 악조건이 닥친다 하더라도 안으로 굴리면서 그 자기 주인공 한 점에 모든 것을 맡겨 놓고서…. 거기서 나온 거니까. 자기로 인해서 나온 거니까, 악조건도. 자기로 인해서 악조건이 나온 것이지 딴 사람으로 인해서 나온 건 아니거든. 잘못했든 잘했든 자기가 있으니까 나온 거니까. 그러니까 거기에다가 모든 것을 맡겨 놓고서 한번 안으로 굴려서 바로 다시 놓는 그런 그 침착한 마음, 그리고 남을 원망하지 않고 둘로 보지 않는 그 마음을 갖는다면 스스로서 수레바퀴 돌듯 해, 시간과 공간도 없이.

이것이 참사람의 법입니다. 부처님의 법이라기보다도 참사람의 법을 알아야 부처님이 가르쳐 주신 그 뜻도 알 것이요, 한마디 한마디 해 놓으신 그 뜻을 우린 지금 현실에 맞추어서 현실의 용어로, 그때에 방편으로 쓰던 것을 현실의 방편으로써, 언어로써 이렇게 대치해서 그것을 서로에게 이득이 되고 공덕이 되게끔 이렇게 전달을 하는 것이 바로 우리가 악조건의 그 구정물, 핏물, 고름물 전부 한데 합쳐서, 한데 새겨서 말갛게 만들어서 생수 물을 해서 떠 주는 거나 마찬가지입니다. 그러한 한 방울의 생수가 아니라면 이건 전달할 수가 없는 겁니다. 부처님의 그 뜻을 전달할 수가 없는 것입니다.

그럼으로써 한마디 같이 안 해도 같이 오고 감이 없이 전달이 되고, 미국이다 할지라도 여기에서 한번 말만 들었다 하면, 그 마음만 내면 서로 전달이 되고, 돌하고도 전달이 되고 돌하고도 말을 하게 되고 일체 만물과 더불어 같이 서로 말을 하고 서로 듣고 서로 공생하고 공체로서 돌아가는 조화를 이루니 그것이 바로 보살이며 부처이며, 그것이 인간이며 그것이 법신이며, 보신이며 화신이며 용왕신이며…. 용왕신이란다고 용왕신 따로 있고 모두가 따로…. (녹음 안됨)

왜, 여러분 배 속에는 청룡 황룡이 없습니까? 여러분의 배 속에도 바로 청룡 황룡이 지금 꿈틀거리고 있어요. 정맥 동맥이 꿈틀거리고 있듯이 말입니다. 그러니 그 하나하나 움죽거리는 게 용이 아니고 뭐겠습니까? 삼각원형을 이루고 돌아가면서 우리는 지금 부처를 자기한테다 두고 자기 몸뚱이는 탑돌이를 하고 있는 거나 마찬가지입니다. 그런데 자기가 변소에 들어가면 부처가 없습니까? 법당에 들어가야만 있고, 법당의 형상만 부처고 자기 형상은 보지 못하고…. 그 형상이 자기 형상이요, 그 마음이 내 마음이요, 모두가 둘이 아닌 것입니다. 그렇게 하신다면 아마도 그 부처님 마음이 바로 자기 마음이기 때문에 자기가 아는 것을 부처가 알고 부처가 아는 것을 자기가 알고 있으니 자기는 껄껄 웃을 겁니다. 한번 하늘을 쳐다보고 웃고 한번 땅을 내려다보고 눈물을 흘려서 자비로 이 만물을 다 양식으로 적셔 줄 것입니다.

그것이 아니라면 여러분이 반문해 보십시오. 나는 이날까지 살면서 '부처가 된다. 내가 위대하게 돼야지.' 이런 적이 한 번도 없어요. 왜? 사람은 어디까지나 지옥을 거치지 않는다면 부처를 이룰 수가 없듯이 '사람'이 될 수가 없어요. 자기가 경험 안 해 본 것은 아픈 줄도 몰라. '아! 남이 그렇게 아팠다더라.' 이런 정도지, 그렇게 실감 나게 아파 보지 못해. 어디고 한 번씩은 다 들어가서, 물 속에 빠져 보기도 하고, 불 속에 뛰어들어 보기도 하고, 떡 그릇에 엎드려져 보기도 하고, 번연히 알면서도 엎드려져 보는 그러한 패기가 있어야 하고 물러서지 않는 마음이 있어야 이 공부는 하는 것입니다.

이 세상에 비구 비구니가 따로 없고 여자 남자가 따로 없고 애 어른이 따로 없는 것입니다. 여러분이 언제 적부터 어른입니까? 어른 된 지 며칠이나 되십니까? 또 애 된 지가 며칠이나 됐습니까? 허허허…. 우리가 옮겨 갈 뿐이지, 모습을 바꿔서 옮겨 갈 뿐이지 죽는 게 아니다. 그래서 생사윤회에 걸리지 말라. 본래 온 게 없기 때문에 본래 갈 것도 없어. 이 모두를, 이렇게 된 상황을 잘 아신다면…, 사량으로만 알고 이론으로만 알아서도 그 속의 근본을 몰라서 자비가 나오질 않아. 스스로 자비가 나와야 할 텐데 스스로 자비가 나오질 않으니까 가상적으로 어떻게 해 보려고 하니 그게 되나? 가다 가다가 그냥 그것은 어디로 가 버린 채 금방 자비를 냈건만도 그건 말뿐이었지, 이론뿐이었지, 돌아서면 그냥 도둑놈이야. 여자 남자를 막론하고. 앉으나 서나 자나 깨나.

그래서 이런 말이 있어요. 자면서 먹을 줄 알아야 하고, 먹으면서 쌀 줄 알아야 되고, 싸면서 잘 줄을 알아야 한다. 이건 끊임없는 길을 말하는 거죠. 자는 것은, 우리가 모든 것을 그 공한 한 점에서 나오는 거 한 점에다 다시 맡겨 놓는 작업을 하는데, 습이 다 떨어져서 녹아 버리니까 그만 푹 쉰 거를 말하는 겁니다. 그 푹 쉰 사람이, 빈 그릇이 된 그 사람이 만약에 이 모든 법을 굴린다면 하나 깔축없이, 걸림 없이 굴릴 거라 이겁니다. 담았다 꺼냈다 담았다 꺼냈다 해도 항상 그릇은 비어 있을 테니까. 그러니 그렇게 담았다 꺼냈다 담았다 꺼냈다 하는 게 아니라 담으면 싸 버려. 담으면 싸고 담으면 싸고. 싸면서 또 자. 이 세 가지의 뜻에 우리가 평생을 배워도 못다 배우는 진리가, 근본이 거기 들었어요. 자고 먹고 싼다 하는 그 세 마디에 다 들어 있다 이거야, 부처님 법이.

여러분은 여러분대로 "진짜로 나는 여기를 믿고 다닙니다. 나는 공부합니다." 이렇게 말하면서도 자기를 자기가 못 믿어. 자기를 자기가 못 믿고 자기가 자기 부처를 못 믿고, 자기 형상만 보고서 그러니까 자기를 자기가 못 믿어. 자기 그 공한 빈 그릇을 모르니까. 고정된 게 어딨다고 그게 비지 않았다는 겁니까, 모두가. 자기가 어디 있어? 어떤 사람 만날 때 자기라고 할까? 남편을 만날 때 자기라고 할까, 부모를 만날 때 자기라고 할까, 자식을 만날 때 자기라고 할까. 순간순간 나투면서 화해서 돌아가는데. 그러니 공했다는 건데, 그 공한 데서 그렇게 무수히 나오는 그 자체가 바로 거기에서 나오는 거니 거기다가 맡겨 놓고 자기는 거기서 형성된 거니까 그대로 공부하다 보면 자기 마음과 실상이 그대로 사람이라는 게 나와요, 그대로.

그래서 부처님께서도 그랬지마는 "이 32상이 아무리 구족하다 할지라도 32상, 모습으로다가 부처님 마음을 알 수가 있겠습니까?" 하니까, 수보리가 그렇게 얘기를 했답디다. 요새 노란 뭐, 이런 책을 모두 가져왔습디다. 난 몰라요. 그러나 내가 항상 말하는 뜻도 거기에 다 있어. 나는 그거 보지도 않았지만. 마음이 다 각각 있을까요? 아닙니다. 부처님의 마음이나 우리들의 마음이나 똑같은데 그만 그 안팎을 모르기 때문입니다. 그러니 그 모습으로는 부처님의 마음을 꿰뚫어 볼 수가 없습니다. 부처님이 말씀하시는 그 몸이라고 하는 것은 몸이라고 하는 것이 아닙니다. 이렇게 대답을 할 수 있었던 그것은 바로 부처님이 여러분한테 가르치기 위해서 수보리라는 이름을 지어 놓고 그렇게 했던 것입니다. 그것도 우리에게는 49년 동안이지만 그분은 한 번도 한 새가 없어, 둘이 아니기 때문에. "내가 49년을 설했느냐, 안 했느냐?" "한 새가 없으십니다." 그랬을 거야, 아마. 내가 생각할 때는, 응?

우리가 진실로써 남을 사랑한다면 물질을 주는 것보다도 내가 한 생각을 내서 무주상 보시 해 주는 것이 길을 밝혀 주는 일이요, 암흑에서 벗어나는 길이라. 그래서 그전에도 그렇게 얘기했지만, 예전에는 탁발을 하러 나가는데 바리때를 들고 집집마다 돌게끔 돼 있었죠. 가난한 집을 들르다 보니까 보리쌀 끓인 물 한 바리때를 얻었거든. 그걸 마시고 불쌍해서 나무 한 짐을 해다가 줄 양으로 나무를 해 가지고 내려오는데, 그 산 부처님께서 뭐라고 그랬느냐 하면, "이놈아!" 작대기를 가지고 그냥 아랫도리를 내리갈기면서 하는 소리예요. "한생각에 무주상 보시를 해도 될까 말까인데, 무주상 보시를 할 줄은 모르고 이 나무 한 짐, 후르르 태워 버리면 없을 것을 이것도 보시라고 이놈아, 지고 내려왔느냐!" 하는 거거든. 이것도 보시라고, 응?

여러분이 돈 한 푼 두 푼 가져오는 거, 이걸 능사 삼지 마세요. 마음이라면, 마음이라면 아마 몇 억을 갖다가 놓는다 할지라도 마음 한 생각보다는 못해. 그래서 물질을 갖다 놓더라도 함이 없이 하는 것은 수미산만큼 공덕이 된다고 그랬어요. 그게 마음이지 종잇장이 아니란 말입니다. 하다못해 세상의 어느 사람이 이런 말을 했죠. "나는 가져갈 게 없다." 하니까, "여보 당신, 그 말 마오. 가져갈 게 얼마나 많은데 가져갈 게 없소? 당신은 그런 것만 알지 마시오. 가져갈 게 얼마나 많소. 나는 지금 내 저녁밥 쌀을 가져가오." 하니까 아, 저녁 먹을 쌀을 가지고 간다면 이건 보통 문제가 아니거든. "당신 미쳤소?" 하니까 "글쎄!" 하더랍니다. 그것이 자기 저녁 먹을 쌀을 가지고 간다는 게 기특해서가 아닙니다. 그건 자신이 만만하기 때문입니다. 자기 자신이 만만하기 때문에. 그러니 거긴 뭐가 들었을까요? 저녁 굶을 그러한 졸장부는 아니거든. 당당하니까. 저녁 먹을 쌀을 가져가도 당당하니까 가져가는 거야. 이런 당당하고 도도한 마음이, 스스로서 물 흐르듯 흘러 도는 그런 마음이, 그런 자비와 사랑, 무주상이 아니라면 내가 무주상으로 이 세상을 어떻게 정복할 건가? 일일이 따진다면 어떻게 이 세상을 정복할 수 있겠느냐 이거야.

오늘 말을 하다 보니까 이렇게 긴 것 같습니다. 여러분이 그저 생활을 하시면서도 누구의 원망도 탓도 하지 마시고 항상 안으로 굴려서, 자식이 병이 들었다 할지라도 그렇고, 또 잘못 나간다 할지라도 그렇고, 애들이 공부를 못한다 할지라도 그렇고 항상 내 마음 안에, 거기서 나오는데 거기다가, 바로 그 공한 거기에다가 모든 걸 맡겨 놓는다면 그 길이 수월하게 밝혀지면서 가환, 우환, 병고, 액난이 다 스스로 녹아져 버려. 한 번 두 번 스님한테다 얘기하면서 공부하면서 이렇게 하다 보면 그대로 그거 녹아져 버려.

어딜 가나, 자나 깨나, 낮과 밤도 없어. 이 도리에는 꿈도 생시도 없는 것이라. 낮과 밤도 없어. 동 서도 둘이 아니야. 그렇기 때문에 잘 적에도 나를, 길을 인도하는 당신께서, 당신! 바로 이 몸도 당신, 이 실상 자체 마음과 더불어 육신 자체, 모두 내고 들이는 게 당신이야. 그러니 당신이 나를 잘 이끌어서 나의 이 사량적인 분별을, 모든 거를, 길을 밝혀 달라고 하는 그 마음으로 그냥 관하고, '참 당신은 도대체 내가 알 길이 없으니 도대체 무엇일까.' 하는 진실된 마음으로 관하세요. 화두를 잡고 화두를 쥐고 그러지 말고. 이게 화두라, 이게. 내 공한 몸뚱이가 화두니 그 몸뚱이에서 나오는 거 몸뚱이에다 다시 놓고 믿고 거기에다가 모든 걸 놔요. 그런다면 자기가 억겁을 거쳐서 나온 그 습, 종 문서는 몽탕 타 버릴 테니까. 내놓을 수 없는 원자력이거든. 자력이 돼서 그냥 닿기만 하면, 갖다 놓기만 하면 타 버리는 거라. 그래서 자기 눈에서는 자기도 모르는 눈물이 스스로 흐르게 되고, 그 흐르게 되는 눈물은 바로 그 습의 업이 그대로 녹아 버리는 거라. 다 녹는 거라.

그러니 그렇게 아시고 오늘은 이걸로써 마치겠습니다.

오백 생을 닦은 거북이

1986년 5월 21일

처음 오신 분들은 여기 스님들한테 잘 물어서 초발심의 긍지를 가지시도록 하세요. 그리고 오늘 사람사람이 누구나가 다 사람이 되기까지 얼마나 애를 썼는가를 약간이나마 이렇게 얘기해 드리는 것이…, 그것도 또 이름을 지어서 말하는 것이고 모습을 만들어서 말하는 것입니다. 그러나 그 뜻이 그 속에 들어 있다는 그 자체…. 우리는 물 안에서도 사생을 벗어나야 하고 육지에서도 사생을 벗어나야 하고 이 육지를 벗어나서도 또 사생을 벗어나야 돼요. 이 거듭거듭 벗어나야 된다는 이치는…, 우리가 사람으로 되기까지 거쳐 온 그 자체를, 여러분은 자기 자체를 몰라요. 불꽃이 일어나면 꺼지는 것도 있고, 또 일어나는 불꽃도 있고, 또 일어난 불꽃도 있고 이렇듯이 말입니다. 그래서 조화가 이루어지듯이. 지수화풍이 한데 합쳐져서 화해서 그 물질을 바탕으로 삼아서, 흙과 물로 모태를 삼아서 이 생명이라는 것이 생겼다고 봅니다. 그렇게 생명이라는 것이 생겨서 나중에 보니까 수없이 천차만별로 그 모습을 가지고 이 세상에 나왔죠.

물속에서부터 지금 우리가 간단간단하게 얘기를 하겠습니다마는, 어느 거북이가 오백 생을 물속에서 살았답니다. 오백 생을 살면서 거듭거듭 거쳐 나오다가 하루는 그런 생각이 들었답니다. 야, 자기가 오백 생을 살면서, 그때에 오백 생이라는 건 생각지도 못했고, 거듭거듭 살아나가다 보니까 서로 찢기고 뺏고 싸우고, 죽을까 봐 방어를 해야 하며 또 생을 살아나가기가 그렇게 힘들고 방어하기도 힘들고 그래서 살 뭐가 없더랍니다.

그래서 용왕님한테 찾아갔습니다. 이건 '이름'으로 한번 얘기 들어 보세요. 용왕을 찾아가서 말씀을 드렸습니다. "난 사는 게 모두 덧없습니다. 연쇄적으로 찢기고 뺏기고 그냥 서로 싸우고 찢어 먹고 이렇게 하는데 도대체 살 덧정이 없습니다." 하니까 "나는 지금 가모습과 가이름을 가지고 너희들을 건지고자 해서…, 건진다는 이름도 그 이름일 뿐이니라. 너희가 스스로 살면서 스스로 깨닫고 스스로 성장하는 것이니라. 그러니 네가 물으니까 내가 너에게 대답을 하는데, 나도 가모습이고 가이름으로 여기에 이렇게 있느니라. 그러니 네가 오백 생을 갖은 모습을 다 봐 가면서 이렇게 굴러 왔는데 오늘날에 오백 년의 인연을 알아라. 인연으로 인해서 오백 생을 거쳤다는 걸 알아라. 그렇게 인연줄이 무섭다는 거. 네가 습을 놓지 않는다면 그 인연도 역시, 인연줄이 질기고 질겨서 아무리 네가 무서운 용맹이 있다 할지라도 그 인연줄은 끊지 못하느니라.

그러니 선덕을 베풀고 모든 것을 인솔을 하되 잘 이끌어 주고, 또 모든 것에서 너를 죽이는 데에 목적을 둬라. 그런다면 모든 것에서 네가 스스로 벗어날 길이, 이 물속에서 벗어날 수 있느니라. 네가 죽지 않고서야 어찌 물속을 벗어날 수 있겠느냐?" 말을 쉽게 하느라고 이럽니다. 그래서 "그러면 죽어야 합니까?" 하니까 "죽는 것도 아니고 사는 것도 아니니라. 네 몸이 죽고야 어찌 알겠느냐. 가몸은 있되, 가이름은 있되 그것은 바로 헛것이니라. 네 스스로 알라. 그런다면 네 스스로 빠져나갈 문 없는 문이 있느니라." 그랬거든.

그래 그때부터 모든 물에서 시민권을 얻고 또 거기에서 통솔권을 얻고 그러기 위해서 노력을 무지하게 했답니다. 모든 걸, 남의 생명을 앗아가는 데에도 막아 줄 수 있는 그런 용기와 더불어 자비를 베풀었고, 그럭하다가 오백 년을 또 지내고 보니까 모든 것이, 그렇게 자기가 한다는 거 자체마저도 이게, 모든 게 허망한 거라, 자기 깐에는. 그 허망한 것은 무엇을 가지고 허망하다느냐 하면 '스스로서 자기가, 자기네들이 하고 자기네들이 가고 자기네들이 오고 자기네들이 가고 오면서 깨닫고 또 진화되고 그러는데 내가 무엇을 해 주는 게 있으랴.' 그걸 생각한 거야. '내가 앞으로 무엇을 해 줄 게 있으며 내가 무엇을 해 준 게 있는가? 자기가 여직껏 한 것도 지금 보니까 오백 생, 오백 년이 다 일 초에 불과하더라. 그러면 일 초는 어디에서 나온 것인가? 지금 내가 금방 이 생각을 할 때 바로 이 생각이 아닌가.' 이런 생각을 했더래요.

그래서 용왕을 또 찾아간 것입니다. 찾아가서 묻기를 "용왕님, 저는 지금 용왕님이 지난번에 말씀하셨듯이 가물질이요, 가이름이라고 하셨는데, 지금 저는 이 가몸과 가이름을, 모든 거를 산산이 부숴 버리고 싶습니다." 하니까 용왕님 말씀이 "가이름, 가모습이라고 할지라도 그것이 없으면 길을 찾지 못하느니라. 길이 따로 있는 것이 아니라 없는 길을 찾기 어려우니라." "그러면 어떻게 해야 그 모든 거를, 이 허망한 거를 다 떨어 버리겠습니까?" 하니까 "너는 지금도 물속을 벗어나기 위해서 밤이면 나가서 땅을 디뎌 보고 하지 않느냐? 그러는 걸 다 알고 있느니라. 그러는데 네가 백 일을 먹지 않고 백 일을 나가지 않고 백 일을 말하지 않고 그런다면 네가 스스로 나갈 수 있느니라." 그랬단 말이야.

그래서 그 거북이는 눈물을 흘리면서 고마움을 금치 못했지만 물속에 있는 돌 이끼와 돌 잎과, 생명을 죽이지 않고 모두 그런 것만 훑어 먹어 가면서 오백 년을 살아왔는데도 불구하고 그런 거마저도 먹지 말고 말하지 말고 나오지 말라니 이건 송장이 되라는 거다 이거야. 그래도 자기라는 것을, 그때 '아, 죽으나 사나지. 죽은들 어떻고 산들 어떠랴. 내가 부숴 버린다고 생각을 한 거조차도 놓자. 스스로 모든 생명들을 위해서 내 몸이 산산조각 흩어진다 하더라도 나는 막지 않으리라.' 하고서 돌로 들어가서 가만히 있다 보니까 백 일도 지나지 않았는데, 삼 일이 지나자 무슨 생각이 떠올랐느냐 하면 이런 생각이 떠올랐거든.

아하! 먹지 않음도 아니요, 죽지 않음도 아니요, 살지 않음도, 나가는 것도 없고 들어오는 것도 없더라는 얘기야. 그런데 나가려니 백 일을 있으라고 그랬거든. 나가지 못하고 그대로 그 생각을 '아하! 이 생각 자체도 놔야겠구나.' 하고선 다시 놓고 그냥 그대로 아주 있다가, 생각도 안 하고 있었는데 백 일 되던 날 생각이 떠오르기를 '아하! 내가 인제는 이 몸이 죽어서 나가는 게 아니라 내가 살아 있기 때문에 나갈 수 있구나.' 하는 거를 느꼈다 이거야. 그래서 그날부터 작업을 하기를 '이 몸의 살을 내가 여직껏 살아올 때 너희들을 먹은 대신으로, 여직껏 먹은 살이 이거밖엔 없으니 다 몽땅 주마.' 이렇게 해서 다 줘 버렸어. 다 주고 세상 밖으로 나오게 되니까 토끼로 환생을 했어. 사람으로 환생하는 것도 있지만 사람으로 환생을 하려면, 즉 말하자면 여기에 글자를 써 놓으면 '거북 구' 자하고 '용 용' 자를 써 놓지. 걸림 없이 용을 할 줄 알아야 그것도 사람이 될 수 있다는 얘기야, 응? 거기까지 벗어나질 못했기 때문에 거기에서 사생을 벗어났다 하더라도 이 들에서, 육지에서 사생을 또 벗어나야 돼. 또 알아야 돼. 사람 사는 본의와 모든 것을 알아야 돼.

그래서 산토끼로 태어나서 온갖 데를 다 뛰어다녀 봐도 나중에는 지칠 대로 지치고 거기에서도 역시 또 잡아먹게 되고 잡아먹히게 되고, 그래서 쫓기고 쫓기다 어느 마을에 들어서니까 소가 한 마리 보이더라 이거야. '야, 저 소는 저렇게 저 집에서 얻어먹고 쫓기지도 않고 일만 해 주면 먹지 않나.' 하는 생각에 거기 와서 옹크리고 추운 데 앉아 있으려니까 어떠한 사람, 우리로 치면 그 이상스러운 모습이 나오더니 딱 자기를 보더니만 잡으려고 하더랍니다. 그러니까 가만히 생각할 때 '아하! 저 사람은 저렇게 주인이 돼 가지고 저 소를 부리고 밥을 주고 먹을 걸 주고 저렇게 하고, 저 소는 저기서 일을 하는데 나 자체 이것이 주는 사람도 없고 일하는 소도 없더라.' 이런 걸 토끼가 앉아서 안 거야. 그러니까 모습은 토끼로 나왔지마는 그 마음으로서는 그지없이 그렇게 경험을 지금 쌓는 거지. 그렇게 해서 그 사람한테 잡혀서 사람으로 들어간 게 아니라 딱 사람한테 잡히는 순간 소로 들어갔단 말이야.

그 달부터 소가 새끼를 배서 소 새끼로 태어났단 말입니다. 자기가 그렇게 첫 번에 생각을 한 것이 그거기 때문이야. 그러면 그것이 잘못됐다고 보지는 않아요. 왜? 사람이 어디까지나 자기가 경험해 보지 않으면 몰라. 그렇기 때문에 인간으로 될 때까지 자기가 경험을 해 보지 않고 인간으로 태어났다면 그 작취하고 쓸모없는 그 버릇, 습이 남아서 도대체 어려움을 몰라. 그렇기 때문에 소 새끼로 태어나서 한 생을 소 새끼로서 또 지냈더랍니다.

그러나 마음은 항상 이롭게 하면서 이렇게 지내다 보니까 어미로 또 인제 성장을 한 거죠. 그러다 어느 날 그 용왕님이 탁 오시더니 하는 소리가 "얘야, 너는 인제 쓴맛 단맛 다 봤으니 아주 가난한 집에 사람으로 태어나서 소를 한번 부려 봐라." 그러거든요. 또 그렇게 되니까는 자기와 맞부딪친 거야. '용왕님은 용왕님이라는 이름을 그렇게 가지고 있나. 그 용왕님이 여직껏 계신가.' 하고서 어리석게 생각을 했더니, 자기 마음이 그 용왕님이더라는 얘기야, 응? 그러니 용왕님 속에 있는 용왕님은 가모습이요, 가이름이라. 부처님이라는 이름도 가이름이요, 가모습이야, 다. 우리와 똑같이. 그 속에 진의가 있다는 얘기야.

그래서 인제 거기에서 자기가 그대로 그냥 몸을 벗었단 말이야.

벗고 태어난 게 어느 가난한 농부의 집에 태어났어요. 농부의 집에 태어나서 소도 부리고 토끼들도 부리고 다 부려 보니까 참, 자기가 걸어온 그 길이 너무나 험악하고 그래서 생각을 해 보니 모두 자기더라 이거야. 소도 자기요, 토끼도 자기요, 뱀도 자기요, 모두가 자기. 그거를 아니까 전부가 자기 아님이 없더라는 얘기야. 그래서 거기에서 고만 탄복을 하고 깨친 거야, 농부의 아들로서. 깨쳐서 거기에서 산으로 들어가기 시작을 했어요. 산에 들어가서 돌아다니면서 일을 하면서 다소 얼마를 갖다가 부모 봉양을 하면서 이렇게 왔다 갔다 지내다가 어느 날 하루는 밤에 오다가 중턱에서 잠을 자는데 "얘야, 급하다. 빨리 일어나거라." 하거든. "너는 이름이 수로니라. 수로의 이름을 가지고 수로왕으로서 너는 등장을 해야겠다. 용왕님의 부탁이니라. 물에서 사생을 벗어났으니 육지에서도 벌써 또 사생을 벗어나게 됐어. 그러니 이것이 너의 마지막 과정이니라." 하고 "수로왕으로 임명을 하느니라." 하거든. 그 소리를 중턱에서 꿈도 아니요, 생시도 아니게 듣고선 퍼뜩 일어나서 자기도 모르게 불쑥 말한다는 게 "수로왕이 따로 있고 용왕이 따로 있나. 용왕이 즉 나인 것이요, 내가 용왕인 것을. 그 모습은 모든 게 각색 각층으로 나왔으나 마음의 그 차원에 따라서 모두가 둘이 아니게 돌아가는 것은, 너 나 할 것 없이 너도 아니고 나도 아니고 너도 없고 나도 없는 것을 지금 현실의 내가 여기 앉아서 그대로 움죽거리고 가는 길이라는 말이다. 그러나 내가 지금 그렇다 해도 수로왕 자체도 이름인지라, 그 모습으로 다시 태어난들 무슨 소용이 있으랴." 했더랍니다. 그러고는 집에 가서 자기가 자는 새에 그냥 병이 들어서 죽었답니다. 그 집에서는 병이 들어 죽었다고 그러는 겁니다.

그랬는데 그 후에 어디로 태어났느냐 하면, 그렇게 각지로 돌아다니면서, 그게 여러 팀이지마는 이렇게 간단하게 얘기를 하는 겁니다. 그래 신라의 남쪽에서 일어났던 일, 즉 말하자면 수로라는 왕이 있어서 그 나라를 지키며 한때를 이루었다고 보는데, 그 수로라는 이름은 바로 자기가 거기서 나왔기 때문에 수로라는 이름을 지었다고 합니다. 그러니 수로라는 건 자기가 지은 이름도 아니고, 거기에서 내준 이름으로서 그대로 이름을 불렀다고 하는데, 그러한 문제도 있거니와, 거기에서도 시민권이 있고 여기에서도 시민권이 있기 때문에 수로왕은 항상 저 물속을 들락날락했답니다. 허허허….

그래서 우리가 이 인간으로 살면서도 마음을 잘 쓰면, 잘 쓴다는 것은 여러 가지를 포함해서입니다. 여러분을 이렇게 겪어 보니까 그걸 너무도 잘 알겠어요. 이렇게 보고 들이는 것도 자기가 하는 거고, 이 속에서 나오는 것도 자기가 나오는 건데 그거를 분리해서 자꾸 이렇게 생각들을 한단 말입니다. 공부하는 사람들도 '아, 주인공 속에서 나오는 거니까, 주인공 속에서 나오는 것은 맞고 내가 생각하는 건 아니다.' 이렇게 생각한단 말이야. 그러면 내가 지금 현실에 생각하고 가는 것도 그놈에서 나오는 거요, 이 속에서 나오는 것도 그놈이 하는 거라. 들이고 내는 게 그놈이 하는 건데….

그것은 인제 왜 그러냐? 이 속에서 스스로 나오는 참자기의 뜻이 아니라면 겉으로 보고 사량으로 돌리는 게 어두워. 요렇게 요렇게 했으면 좋겠는데, 요거는 이렇게 이렇게 할 생각이 돌지를 않는 거야. 이게 돌질 않으니 어떡해, 글쎄? 하나하나 이건 말로 이루장창 할 수가 없는데. "아이, 스님! 이렇게 이렇게 해야 할 텐데 이렇게 이렇게 됐는데 어떡합니까?" 이러면 야, 내가 생각할 때는 자기가 분명코 생각을 해서 그렇게 한 건데 생각이 엉뚱나가게 돌아가고 있어, 생각 자체가. 어떻게 사람으로 돼 가지고 생각이 그렇게 엉뚱나가게 안 나느냔 말이야. 간단하게 해치울 것도, 간단하게 해치우면서도, 그것이 바로 거기서 두 놈이 아니고 그 한 놈도 없다고 만날 말을 하는데도 아이, 그걸 두 놈으로 갈라 놓고선 이건 사량이고 이거는 내 주인공이 하는 거라고 이렇게 생각을 한다 이거야. 주인공이 하는 것도 없고 내가 사량으로 하는 것도 없다 이거야. 그 도리를 알아야 할 텐데도 불구하고, 그래야만이 사방이, 사방천이 밝아서, 참 스스로 오온이 밝아서, 칠보가 정말 가득 차 있어서 내가 그대로 자유권을 얻고 해야, 이것이 바로 시민권이거든, 이게. 응? 그래서 바로 용을 한다는 얘기야.

그런데 그렇지 못하고는 항상 이게 끄달린단 말이야. 그리고 끄달리는 중에도 또 이런 문제가 있어요. 예를 들어서 누가 남편이 일을 갔는데, 석 달 기한을 하고 일을 갔다 이거야. 그런데 "스님! 거길 가니까요, 애 아빠가 그냥 먹질 못하고 일은 고되고 그래서 아주 그냥 뭐, 다 죽게 생겼어요." 그런단 말이야. "그래? 그래서 그냥 갔던가?" 그러니까 "네." 이렇게 답답할 수가 있어? 여자로서, 아내로서 남편에게, 자식이든지 남편이든지 그걸 불문에 부치고 말이야. 부모든지. 그래, 가는데 먹지 못하는 거 번연히 알면서, 일 고되다는 거 번연히 알면서, 여기에서 굶어 죽는 거 아니고 벌어다가 그래도 예금통장에 조금이라도 넣고 사는 사람이 그래, 맨손으로 그냥 가? 아, 생각해 봐, 글쎄. 아니, 머리가 그렇게 안 돌아가나? 그런 일에 그렇게 머리가 안 돌아간다면 다른 일은 어떻게 하느냐 말이야, 도대체.

그래서 부처님께서도 말씀하시기를 "뚜껑과 이 통이, 똥그랗게 된 통은 똥그란 뚜껑이라야 맞고, 네모가 난 통이면 네모 뚜껑이 맞는다. 그것이 맞지 않는 거라면 세세생생에 이것이, 즉 말하자면 지옥이니라." 이상이 맞지 않는 부부라면 이건 지옥이니라 이거야. 그러니 거기에서 업을 짓는 거는 더 말할 수 없거니와 돌부처도 돌아앉게 된다 이 소리야. 그러니 이 업 짓는 거는 자기네들이 맞지 않게 해 놓고 그렇게 하는 것이니, 그것이 바로 경험을 못하고, 경험을 쌓지 못하고, 물에도 들어가 보고 구덩이에도 들어가 봐야 그 깊이를 아는데, 여기저기 다 다니면서 자기가 체험을 해 보지 않은 데에서 나오는 어두운 마음이거든. 밝은 마음이라는 것은 자기가 체험해 보는 데서 무지한 밝음이 나오는 거야.

그래서 연구한다 이런 소리도 연구를 거듭거듭 하면서 얼마만큼 그걸 실패를 해 가면서 연구를 하느냐 이거야. 그런데 인간도 이 공부를 하면서도 자기가 자기의 뜻을 보려고 테스트하는 건 모르고 어떠한 게 나타나도 그거 또 둘로 보는 거야. 아하! 어디서 나올 틈이 없어. 붙을 것도 없고 뭐, 붙일 것도 없는데 어디에서 붙어 들어오느냐 말이야. 그러니 거기서, 그 자리에서 나온 거라고 생각을 한다면 그 자리에 다시 놓으면 될 것을, 이걸 둘로 보니까 온갖 집안이 형편없이, 자기 마음의 분신이 이것저것 생겨 가지고는 온통 집안에 우환이 끊는 거야. 그러니 모든 걸 태워 버리고, 우환을, 가난 또는 병고 이런 것을, 인연, 업보, 유전 이런 거를 모두 떼 버리려면 나한테 나 자체가 없어야 돼. 붙을 게 없어야 돼. 그래서 부처님께서도 말씀하시기를 "나 자체도 없고 너 자체도 없고 너다 나다도 없고 중생 부처도 없고, 이것은 이름이 부처요, 이름이 중생일 뿐이다." 그랬는데도 불구하고 그 내면의 진의를 몰라서 이거는 무지하게, 그런 문제가 있어 가지고는 그냥 끄달리고 돌아간단 말이야.

그러니 여기서 사람이 됐어도, 간단하게 말해서 우리는 아주 역력하게 물 떠 마시고 차면 차다 뜨거우면 뜨겁다는 걸 알고 사용하고 있지 않느냐 이거야. 지금 금방 그렇게 하고 있잖아? 그거야, 바로. 응? 그러니 그거를 역력히 알면서 해 나가면서도 우리는 함이 없어. 이름도 성도 한 것도 안 한 것도, 아무것도 없어. 단지 내가 목마르니까 물 마셨고 뜨거운 물이 먹고 싶으니까 뜨거운 물 마신 것뿐이야. 그게 역력한 거야. 자기가 알잖아? 뜨거운 물 마실 때 뜨겁다는 걸 자기가 알기 때문에 역력한 거야. 찬물을 마셨을 때 자기가 차다는 거를 알기 때문에 역력한 거야. 그게 소소영영하다는 거야. 자기가 어떠한 생각을 한 것도 다 소소영영하게 자기가 알고 있지, 누가 알고 있나? (녹음 안됨) … 하는 것도 자기가 아는 거고 '아이고, 무지룩한데. 누나 마난데.' 이런 것도 자기가 알고 있고. 얼마나 소소영영해.

거기에 진의가 있는 건데 말이야, 이것은 어떠한 물질적인 거를 가지고 '야, 이건 불쌍하다. 이거는 뭐가 어떻다. 이거는 뭐가 어떻고, 너는 나쁘고 너는 좋고….' 이렇게 따지지 말라 이거야. 모든 거는, 잘되고 못되는 건 한생각에 달려 있어, 한생각에. 잘되고 못되는 게 한생각에 달려 있다 하는 것은 잘되고 못되는 것을 다 놔 버린 상태에서 그대로 한생각으로 굴려서 '아하! 너는 아주 불쌍하니까 그냥 내내 틀림없는 사람으로서 틀림없게 살고 또 성공해라. 그리고 이 뜻을 잊지 마라.' 하면 그냥 그대로, 그대로 가는 거거든, 그게. 그대로 가는 건데, 그런 무주상 보시가 부처님한테 있고 보살한테 있는 건데 야, 이놈의 것이 어떻고 저것이 어떻고 이런다면 벌써 무주상 보시는 없어지고 마는 거야. 이것이 벌써 가로 걸려. 벌써 생각에서 이 물질이 가로 걸려서 그렇게 길이 밝혀지질 않아.

그러니까 이 물질이라는 거…. 여러분이 말이야, 자식이 지금 금방 아이고, 죽을까 봐 겁나고 공부 못할까 봐 겁나고 그냥 뭐, 금방 야단이지마는, 자식도 나도 다 없어. "죽으면 죽고 살면 살고" 하는 것도 그 자체 내에서, 다 오고 가는 데서 자기 꺼지는 불은 꺼지고 생기는 불은 생기는 거지 뭘, 뭐를 그래? 그러면 "넌 말뿐이지, 만약에 그렇다면 어떡하겠느냐?" 그러겠죠. 어허, 나는 한번 내던져서 실험도 해 봤어. 난 아예 그냥 내던져 버려도 봤어. 왜? 그것도 실험이 되기 때문이야. 여기 처음 와서 이 집을 지었을 때 보이지 않는 그 모습들이 수없이 그냥 꾀어 있었어. 예를 들어서 얘기야. 예를 들어서 얘기가 아니야. 모습 없는 모습이. 그때 그 군인 되시는 분이, 오 중령이 우리 신도였으니까 그걸 잘 알았지. 그분들이 여기 그냥 다 파내고 그랬거든. 그분 혼났어요. 그분도 혼났거니와 여기 죽은 사람도 많이 있었잖아. 그냥 허깨비가 보여 가지곤. 여자 남자 그냥 모두, 그냥 산습(刪拾)해 가지고는 전부 저 뭐야, 뼈다귀를 한데 합쳐 가지고 어디 물에다 갖다 집어 넣었던 모양이지. 그러니까 뭐, 야단법석이 난 거야, 그냥. 그러니까 뭐, 그냥 나타나서 "내 집을, 내 집을…." 하는 소리가 그냥 귀에 쨍하게 들리면서 눈이 아찔하고, 차를 여기다 대고 그냥 막, 이거 왜, 파는 거 있잖아? 그걸 들이댔는데, 그 앞에 자꾸 나타나니까, 운전하던 사람이 사람을 치겠으니까 틀다가는 그냥 넘어지고 그렇게 해서도 사람 많이 죽었잖아요.

그러니 그런 문제가 아주 없는 게 아니라, 응? 우리가 이 도리를 알아서 잘 저거 한다면 그 모두를 살릴 수 있을 텐데, 그런 거지. 여기 처음 집을 지어서 왔는데 그런 모습 없는 모습들이 나타날 때 누구한테 내가 빽이 있다고, 산 사람같이 빽이 있다고 의뢰를 한 것도 없고 나 자신이 닥치면 닥치는 대로 그냥 '그럼 너희들이 날 다 먹어라.' 이거야. '그렇게 네가 나를 죽일 수 있다면 죽여 봐라. 이 몸은 죽되 나는 못 죽인다. 해 봐라. 그러면 내가 이렇게라도 줄 테니까 너, 해 봐라.' 그러고서 그냥 내놔 버렸더니….

이 얘기는 차마 못했는데 얘기하겠어요. 성한 사람이 미쳤다고 그랬다고, 모두. 내가 요기 그냥 치료만 하는 병원에 가서 배를 갈라 달라고 그랬다고. 허허. 그러니까 자기네들은 실험하는 데 얼마나 좋겠어요. 죽어도 상관 안 할 테니까 째라고 그랬을 때 어떻게 됐겠어요? 자기네 실험 도구로다가 내가 해 준 거예요. 그러니까 뭘로 인해서 째라는 거냐 이거야. 그래 거짓말을 했는데 거짓말이 그게 돼요? 그래 가지고 다시 꿰맸는데 이거는 꿰매고 나면 툭 터지고 꿰매고 나면 툭 터지는 거라. 장이 나와, 꾸역꾸역. 어떻게 됐겠어요? 손으로 꾸역꾸역 집어넣고 반창고로 붙여 놓곤 밤을 새고 그 이튿날 또 저거 하면 또 터졌네. 그러고는 약을 갖다 주면 또 약도 안 먹는다. 또 무슨 뭐, 주사 놓는 그런 거 주사기도 쑥 빼 버린다. 그러니 의사가 "야, 이 양반이 의사지 내가 의사가 아니야." 그러니 죽어도 말하지 말라는 거지. 그런데 다른 건 다 괜찮은데 이게 자꾸 터져서 창자가 쑥쑥 나오니 어떡해? 그래서 그 창자 나오는 거를 다 집어넣고 세 번을 다시 꿰매고 다시 꿰매는데 썩었어. 다 썩었어.

그랬는데 난데없이 말이야, 세상에, 그 순간에 나는 생각하지도 않았어, 아예. 그랬는데 모든 일체 한마음의 부처님이 벽력같은 소리를 질렀어. 안 된다고. 연꽃을 내려서 바로 그걸 잡게 하시고…. 20일이나 썩어서 꿰매질 못하고, 갈라져 있는 대로 그냥 있었거든. 그런데 그럭하고 나서부터는 거기 새살이 나오면서, 썩었던 살이 오목조목 오목조목하게 새살이 나온 거지. 그래서 다시 그걸 이만큼이나 깊이 그냥 그 갈라진 거를 다시 꿰매서…. 그런 적도 있었어. 그래서 그것 꿰매는 데도 썩어서 잘 자르질 못했어. 그러곤 마취를 하고 꿰매지도 못하고 마취도 잘 못하고 그냥 잘라 내면서 꿰매고 그것도 살이 모자라서 또 얼기설기 얼기설기 해 가지고선 그렇게 해 놨지마는, 그 모습이 어떻겠어?

사람이라는 것이 아무리 흙으로 빚었든 밀가루로 빚었든 사람의 형체 이것이 문제가 아니야. 그것은 자기가 그림을 잘 그려서 남 보기 좋게 하는 것도 좋겠지마는 그것도 잠시 잠깐 해 봤으면 그뿐이야. 여러분이 잘나고 못나고 다 둘 아닌데, 남자 여자를 막론하고 둘 아닌데 뭐 잘나고 못나고를 찾겠어요, 두루인데. 그때에 그냥 내버린 그 상태, 나만 내버린 게 아니라 그 주위에 있는 것 전부 내버렸을 때 어떻게 됐겠어? 그렇게 하겠어요? 시험하는 데 제일은 자기 내버려 보는 거…. 여러분이 자식새끼들이 고만고만한데, 난 그런 걸 생각을 한번 해 본 예가 있어요. 자식들이 고만고만해서 이 자식들을 누구한테 맡길 데도 없고 그런데 자기가 죽는다면, 그 자식들을 길러 놓고 죽는다고 할 겁니다. 그런데 그 자식들을 길러 놓고 죽는다고 해도 죽을 때는 그 자식들 다 내버리고 그냥 어쩔 수 없이 죽는 거야. 그런데 죽을 때 난 저 자식들 길러 놓고 죽는다고 하고 죽나? 못하지? 죽는 길에는. 이렇게도 죽고 저렇게도 죽고 그러는데 그렇게들 야단들을 하니, 지금 금방 내 자식 죽는다, 내가 죽는다, 내 가족이 죽는다 하더라도 눈 하나 깜짝하지 않는 그러한 사람이라야만이 죽지 않고 오히려 밝아.

무주상 보시라는 게 어디 있는데? 그러니까 환경에 따라서 유주상 보시도 필요하고 환경에 따라서 무주상 보시가 더 큰 보시기 때문에, 여러분이 이렇게 인연 따라서…, 인연이라는 말도 이름이겠지요. 이렇게 우리가 한마음으로 이렇게 서로가 토론을 하고 서로가 얘기하고…. 나의 이 모습도 모습일 뿐이고 이름일 뿐이지 아무것도 아니에요. 또 내가 지금 말을 해도 함이 없어요. 왜? 이것은 말이기 때문이에요. 그러니 이 말, 모습, 이 이름 속에, 바로 그 속에 뭐가 있나. '이게 뭣고?' 지금 저 사람이 얘길 하는데 저기서 내가 듣고 있다. 이 듣는 자는 누구며, 지금 움죽거리고 여기 온 자는 누구며, 가는 자는 또 누구냐? 그럼 네가 다 하는 거 아니야?

옛날에도 내가 그랬듯이 이런 얘기도 했죠? 춥기는 한데 말이야, 그때 참, '얘, 네 손 좀 빌려 줘. 나는 지금 추워서 죽겠어. 가랑잎 좀 긁어서 여기 넣어야 되겠어. 손 좀 빌려 줘.' 이러고선 가만히 손으로 긁어서 그 속에다 다 넣고 나서 '난 추우니까 이 속에 들어가야겠어.' 하고 들어가는데, 내 몸이 들어가고 내 손으로 여직껏 했더라 이거야. 그러니까 몸과 마음이 다 둘이 아니야, 다. 마음도 형체도 말도 다. 그래서 공했다는 거야. 나라는 걸 세울 게 없고, 이름을 세울 게 없고, 모습을 세울 게 없다고. 그러면서도 역력하게 옮겨 딛는다는 거야, 역력하게. 우리가 배고프면 밥 먹고, 아까도 얘기했듯이 그렇게 역력하게 옮겨 딛는다는 거야. 그러니 아니, 산 게 없는데 죽을 게 어디 있느냐 이 소리야.

그런데 얘기할 거는 많은데 얘기를 하려고 그러면 얘기가 하나도 없고, 없는가 하면 얘기할 게 있고, 이렇게 만나면 얘기가 되고 그럽니다. '에이휴, 얘기할 것도 하나도 없는데….' 하면서도. 여러분도 다 그렇게 그렇게 거쳐 오면서 돌았는데 말이야, 다들. 그러니 물이 끊임이 없이 돌고 돌고 또 돌고 또 돌고 하는 격이라, 응? 위로 아래로 위로 아래로, 정맥과 동맥이 위로 아래로 이렇게 돌듯이 말이야. 끊임없는 거라, 이게. 끊임없으면서 거기서 그냥 머물러져 버리면 모르지마는 부처님께선 한 마음 없는 마음으로써 그냥 어디 안 닿는 데가 없는 거라, 응? 한마음, 이것도 이름이야. 못하시는 게 없고 또 하신다고 말할 것도 없고, 하신다는 그 자체도 없고, 하면서도 그렇게 광대무변한 거라. 그러니 이 도리를 알면 여러분의 마음이나 부처님의 마음이 뭐가 다르겠는가?

오늘 내 모습을 비유해서 얘기했는데, 여러분 모습이나 내 모습이나 이건 모습이야. 여직껏 말한 건 이름일 뿐이고, 그 속에서 스스로 자기 마음에서, 남의 얘기 듣듯 하지 말고 자기 스스로 연구하고 스스로 음미해 볼 수 있는 그런 계기를 가져라 이러는 거지, 거기에 얽매이고 거기에 착을 두고 그러라는 게 아냐. 우리 사는 속에는 무언가가 있어서 이렇게 움죽거리고 있다는 거야. 그리고 남이 울 때는 스스로 울라는 소리도 안 하고 내가 울겠다는 생각이 없는데도 눈물이 주루루 흐르거든. 왜 그러하냐 이거야. 우린 참다운 사랑이 있고 참다운 자비가 있기 때문이야. 우린 본래 악한 것이 아니고 본래 선한 것도 아니다 이거야. 그대로 그대로, 선한 것도 악한 것도 없이 그대로 우리는 발전한 거라.

얘기가 너무 길었나 보죠? 오늘은 이만 그치겠어요, 그럼.

바람 따라 물 따라

1986년 5월 22일

여러분이 사시면서 둘러치고 메치고, 이리 둘러 가고 저리 둘러 가고, 잘못하는 일도 있고 잘하는 일도 있고, 얽히고설키고 이렇게 하면서 팔자 타령도 하고 운명 타령도 하고 이러면서 살아나가시는 자기의 그 인생관, 그런 거를 살펴보실 때에 부처님 법이 어디 있다는 것을 잘 음미해 보셔야 됩니다. 예전에 백봉 국사도 "이 세상 일체 만물이 돌아가는 것을 잘 파악한다면 네가 견성하고 성불할 수 있느니라. 그 견성도 이름일 뿐이요, 성불도 이름일 뿐이니라." 그렇게 말씀하셨습니다.

그러면 일체 만물이 떴다 가라앉았다 떴다 가라앉았다 하는 그 원리가 어디에 도달해 있는가? 우리 한마음에 도달해 있다는 겁니다. 어느 물가에 나무 두 그루가 서 있었습니다. 근데 그 나무는 각각 서 있었지마는 모습을 가지고, 그 무슨 나무라는 이름을 가지고 양면에 마주 서서 속삭이면서 사랑을 했습니다. 그러나 그것은 모습을 가지고 사랑한 게 아니라 진정한 마음이 오고 가고 오고 가면서 눈도 없는 눈으로서의, 말 없는 말로서의, 몸 없는 몸으로서의 사랑을 주고받았습니다. 그래서 사랑을 하다 보니까 언제나 같이, 이리로 와도 둘이 아니요, 저리로 가도 둘이 아니었습니다. 그러니 일 초도 떠나지 않는 그 사랑이, 애정이 너무도 치열하게 갔습니다. 그러면서 하는 소리가 항상 바람 따라 물 따라 우리는 이렇게 사랑을 속삭이고 있고 모든 마음들이 항상 같이 속삭일 수가 있는데, 사람들은 우리를 마구 뽑아 버리고 또 가지를 잘라 버리고 이런다고 서로 속삭거리면서 얘기를 했지마는, '그 모습이야 어쨌든지 그저 아픔만 조금 스쳐 갈 뿐이지 무슨 상관이 있나. 우리 둘이 사랑하면 됐지.' 하고서 항상 사랑했습니다.

그러다가 어느 날 열매가 맺었습니다. 그래서 어머니 나무에 열매가 주렁주렁 달렸습니다. 어느 날 하루는 그 열매가 무르익어서 떨어질 때가 되니까 어머니가 그 말씀을 하셨습니다. "예전에 우리처럼 이렇게 엄마 아빠가 양면에 살고 계셨는데 항상 우리들을 데리고 아빠한테 가면 아빠가 한자리고 또 아빠가 오시면 우리들에 한자리라고 말씀하시면서, 너희들도 우리가 지낸 거와 같이 인제는 너희들 갈 데로 바람 따라 물 따라 갈 때가 됐느니라. 바람 따라 물 따라 가다가 물에 쓸려서 발길이 닿걸랑은 거기에 바로 안식처를 만들고, 돌에 닿걸랑은 돌 틈에 안식처를 만들고, 얕은 물에 발길이 닿걸랑은 거기 정착을 해라. 정착을 하고 보면 너희 모습들이 점점 달라지면서 사랑하게 되고 너희들도 모습을 갖추어 가지고 너희들 같은 애기를 낳을 수 있느니라. 그러되 언제나 거슬러 올라가면 살 수가 없느니라."

그러면서 그 어머니가 말씀하시기를 "너희들도 모습이 지금은 이렇지만 나중에 성장해서 보면 나무라는 모습을 가지고 그 이름을 갖고 산단다. 엄마 아버지를 똑똑히 봐라. 이건 모습이니라. 모습이고 이름이지마는 스스로서 바람 따라 물 따라 정착하는 일은 끊임이 없다. 그러는 동안에 마음과 마음이 서로 속삭이면서 가고 옴이 없이 가고 오면서 사랑하는 그 마음은 또한 끊임이 없느니라. 그렇기 때문에 그 마음 자체가 형체가 없으면서도 사랑할 수 있는 것은 우리 나무들이니라. 저렇게 사람들, 갖은 짐승들, 갖은 새들이 다 다닌다 할지라도 우리는 이 바닥에 정착을 하고 모습을 갖추어서 자랑하고 있지마는, 다니지 않고 정착을 해서 있는 모습이나 저렇게 다니는 모습들이나…. 저 다니는 모습들은 더 바쁘니라. 물질을 보고 이름을 듣고 이렇게 방황하면서 먹고 살려니까 생존 경쟁이 너무 치열해. 그러니 너희들은 생존 경쟁에 치열하게 마음을 두지 말고 항상 바람이 부는 대로 물결 따라서 네 발이 닿걸랑은 정착을 해라." 이렇게 해 놓으니, 순간 그 씨들은 우수수 떨어져서 거기에 닿은 놈은 거기 그냥 부모 밑에 정착을 하고, 바람 따라서 또 물로 떨어진 놈은 물 따라서 한없이 흘러가다가 어느 물가의 흙에 닿으면 정착을 했고, 섬에 가서 정착을 하게 되면 정착을 했고…. 그 많은 나무들도 그렇게 생에 의해서 바람 따라 물 따라 이렇게 흐르는 거와 같습니다.

그리고 또 새들이나 생물, 모든 동물들이 살아나가는 데에, 사람도 역시 그렇겠지마는, 엎치고 또는 뒤집고 떴다 가라앉았다 하면서 숨바꼭질하면서 생존 경쟁에 있어서 얼마나 허덕이고 찢기고 아프고 웃고 울고 하는지, 이럭하면서 살아나가는 여러분이 한층 더 넓혀서 한번 생각해 보시라는 뜻입니다. 우리만 그런 게 아니라 그 생존 경쟁은 상하를 막론하고 그렇게 경쟁을 하고 있습니다. 그리고 생김생김도 다 차원에 따라서 자기가 어떠한 모습을 가지고 나왔을 때에 부자연스러웠다면 그 모습을 바꿉니다. 그것이 바로 진화력이라고 봅니다. 자기 마음으로 이것이 거북하다 생각을 하고 이것이 옳다고 생각을 했기 때문에 그 마음 따라서 자기 방어도 할 수 있고, 자기 마음 따라서 자기 모습도 바꿀 수 있고, 자기 마음 따라서 발도 길게 만들 수 있고, 발가락도 더 나오게 할 수 있고, 꽁지도 떨어지게 할 수 있고, 날개도 있게 만들 수 있고 모든 걸, 새도 부리를 길게 만들 수도 있고 짧게 만들 수도 있고, 넓게 만들 수도 있고, 휘어지게 만들 수도 있고 곧게 만들 수도 있는 겁니다. 이런 것도 다, 여러 가지 가지가지 모든 그것들이 다 마음의 조작인 것입니다.

그렇다면 우리가 지금 이 공부 하는 사실 자체는…, 바로 우리 체가 있는 몸뚱이 하나로써는 도저히 유와 무를, 그 천차만별로 돼 있는 이 상황을 어떻게 처리를 할 수가 없는 그런 상황에 도달해 있습니다. 우리 몸뚱이 하나는 한계가 있는데 천차만별로 천 가지 만 가지 만법을 어떻게 다양하게 해낼 수가 있겠습니까? 그래서 부처님께서는 가르치신 겁니다. "너희 생김생김이 모든 게 모습일 뿐이고 이름일 뿐이니라. 그 모습, 이름 속에는 내세울 것이 없는 그 자체에 진의가 있느니라. 그 마음 자체에 한마음이라는, 한자리 한마음이라는 그 근본이, 모두가 나 아님이 없고 내 체가 아님이 없고 내 아픔 아님이 없고 내 자리 아님이 없을 때, 비로소 그 마음은 한마음이 될 수 있느니라. 한마음이라는 말도 그것도 이름이니라. 삼천대천세계라는 그것도 이름일 뿐이요, 여래라는 것도 이름일 뿐이다. 여여하게 걸림 없이 내세울 게 없이 그대로 영료하게 내가 물 먹으면 물 먹고 옮겨서 또 밥 먹으면 밥 먹고 하는 거뿐이지, 그 외에 무엇을 이름을 지을 게 있으며 어떤 모습을 보고 끄달릴 게 있겠느냐?"

내가 생각할 때도 그렇지마는, 또 사람이라는 것이 한계가 있는 이 모습을 가지고는 도저히 해결할 수가 없어. 그래서 한마음이라는 것은 수시로 나투면서 누가 원하는 대로 모습을 바꾸면서 만 모습을 가질 수도 있고 천 모습을 가질 수도 있고, 또한 그것은 일분일초도 어기지 않고 내 마음 내는 대로 그대로 그대로인 것을…. 없을 때는 부처요, 한생각 내서 모습을 만 개를, 천 개를 만들었을 때는 바로 화신이요, 바로 법신이다 이거야. 그러니 그 법신이 있는데 어찌 보현, 문수가 없겠는가. 자재력이 있다면 거기에는 다 십대 제자가 있고, 십대 제자만 있는 게 아니야. 모두가 그것도 이름이고, 그렇게 광대무변한 그 마음 하나가 때에 따라서는 여러분이 원하는 대로 모습이 돼 주고 여러분이 원하는 대로 그 모습을 바꿔 가면서 해 줄 수 있는 그 영향력이 있어.

또 그렇게 됐을 때에 사람사람이 이 세상, 우리 이 지구 안에만 사는 게 아니라 상하를 막론해 놓고 저 벌레에서부터, 미생물에서부터 살아나가는 그 생존력들을 볼 때 생존하기 위해서 얼마큼 치열하게 지금 찢기고 찢고 그러는지…. 찢는 그 생물은 찢기만 하고 사는 건 아니야. 찢어 먹기만 하는 건 아니야. 그 밑으로 가면 또 찢어 먹혀. 찢어 먹기만 하는 게 아니라 찢어서 주기도 한다 이거야. 자기 몸을 또 찢어서 주기도 해.

그러니 비교해서 얘기를 한 것이 지금 현실에 있는 상황을 그대로 얘기해 드린 겁니다. 그러면 생각을 해 보십시오. 찢어 먹을 때하고 찢어 먹힐 때하고 두 가지를 놓고 반복되는데, 찢어 먹히면 찢어 먹고, 찢어 먹었다 하면 찢어 먹히고 이 두 가지를 놓고 어떤 게 업보며, 어떤 게 선한 일이라고 보겠습니까? 또 부처다 중생이다 할 때 중생이 이 우리 몸뚱이 속에서 응시 안 하고 있다면 부처라는 그 선장이 나오질 않아. 사람이라는 이 자체가 생기질 못해. 여기에는 갖은 각색의 생명들과 모습들이 갖은 각색의 모습들을 해 가지고 성을 이루었기 때문에 부처라는 그 한마디가 나온 것이 사람이라는 한마디라고 해도 돼요.

그러면 사람이 되고자 해서 우리는 이렇게 공부하려고 하는 거지, 어떠한 욕심을 가지고 하는 게 아니야. 사람이 된다면 어디까지나 남들과 무수히 같이 그냥 걸어가면서 항상 이익을 줄 수 있는 그 무주상 보시의 마음을 내 줄 수 있어. 그런데 여러분은 한 가지만 알았지 둘도 몰라. 모습을 가지고 주는 것만이 능사가 아니고 보시가 아니다 이거야. 또 모습을 가지고 어떤 물질을 줄 때에 욕심 없이 내놓는 것만이 무주상이 아냐. 그것은 한계가 있어, 또. 써 버리면 그만인 그 한계가 있어. 그러나 마음이라는, 이 진실된 마음의 무주상 보시라는 것은 영원한 거야. 영원히 속삭일 수 있고 영원히 그것은 찰나찰나 옮겨 가면서 모두가 나 아님이 없이 나투어 가면서 영원한 거라. 그리고 영원하기 때문에 그 사람네들이 원하는 대로 모습을 바꿔 가면서 나투면서 항상 같이 있는 거라.

그래서 그것을 어저께도 내가 가면서 이런 슬픈, 슬픈 거보다도…. 미생물에서부터뿐만 아니지마는 아래서부터, 중에서부터 상으로까지 수없이 엎었다 젖혔다 하는 이 되풀이에서 누가 업보가 있다고 할 거며, 누가 인과응보라고 할 수 있으며, 누가 중생이라고 할 수 있으며, 누가 부처라고 할 수 있겠나. 모두가 이렇게 아픈 것을 어떻게, 이 한 가슴 속에 스며드는 이 째릿한 이 마음을 어떻게 표현을 해야 할까? '단지 그렇다. 본래 있는 한 눈가에는 이슬만이 오고 가는구나.' 이렇게밖에 표현할 수가 없는 그 한마음은 어딘가가 자기라는 걸 세울 게 없는 것이 뚜렷하니 때로는 벌레하고도 밤중에 같이 울어 줄 수 있고 귀뚜라미하고도 같이 울어 줄 수 있고, 여러분이 울면 같이 울어 줄 수 있고, 가깝다 멀다 탓 안 하고 가 줄 수 있고 와 줄 수 있고, 오고 감이 없이 그렇게…, 바로 나인지라.

그런 것은 아까 나무 얘기 했듯 그렇게 오고 감이 없이 오고 가는 광대무변한 그 마음의 법칙이, 이 법칙이라는 이 자체도 이름일 뿐이지, 법칙 없는 법칙입니다. 인간의 미가 그 한마음에서 스스로 생명수처럼 흘러져 나올 때, 여러분의 한마음이, 이슬이 같이 모였다가 흩어지면 흩어지는 대로 핏방울처럼 눈가에서는 눈물이 뚝 떨어지게 돼 있죠. 이것을 어느 누구가, 어느 누구가 이것을, 이 한 방울의 우주의 근본을 어느 누구가 짐작이나 하랴. 이 한 방울의 이슬은 수많은 사람의 이슬이거늘 어떠한 것을 이슬이 아니라고 하고 이슬이라고 하고 이걸 탓하랴. 금방 울었다가 금방 웃는 것을. 금방 해가 떴다가 해가 지는 것을. 금방 낮이 됐다가 금방 밤이 되는 것을 밤 낮이라고 둘로 나누어야 할까? 아니다! 잠시 잠깐 밤이 있고 잠시 잠깐 낮이 있을 뿐이다. 그것은 우리 모습도 아니요, 이름도 아니다. 단지 그냥 본래 있는 한 눈가의 이슬방울이 오락가락하면서 이 째릿째릿한 아픔에 의해서, 본래 아픈 것은 없건마는, 본래 아픈 것이 있기에 본래 아픈 것이 없다고 한 것도 이름이다. 우리가 다 같이 웃을 때에 같이 웃고 울 때에 같이 울었던 그 시절이 끊임없이 지금 이어져 가고 있다.

우리가 이 한마음 속에서 생존의 문제만 아니라, 생존 경쟁을 해가면서 과학이니 문학이니 또는 문화니 역사니 공업이니 또 정치니, 이런 문제들이 거기에 붙어 돌아가는 이 하고많은 맹랑한 일들이 어디에서 다 흘러져 나오나? 단, 여러분한테 말씀을 드릴 것은, 우리 승려들도 중을 만드는 게 아니라 사람을 만들려고 하는 거고, 중이 되려고 하는 게 아니라 사람이 되려고 해야 진짜 위아래가 없이 중도의 그 지혜를 무기 삼아서 일체에 모두 한마음으로 고정된 게 없이 굴리면서 자재로운 그런 이슬도 같이할 수 있지 않은가. 도대체 중이 뭐며, 또 속인이 뭐며 부처가 뭐며, 뭐가 그렇게도 많이 이름이 붙어 있나? 사람이 질서를 지키고 살려니까 그 이름이 붙은 것뿐이고, 또 생존해서 살려니까 그 모습을 차원대로 가지고 나왔을 뿐이다.

그래서 여러분에게 꼭 말씀드려 줄 것은 이 몸 하나로써는 도저히 감당해 나갈 수가 없어, 한계가 있어서. 모습을 가지고 살지 말고 한마음으로 이 모두를 지혜롭게 굴려 나갈 수 있다면, 보이는 세상 안 보이는 세상을 휘어잡아서, 보이는 물질 보이지 않는 물질, 보이는 마음 안 보이는 마음을 다 한데 합쳐서 나 아님이 없이, 내가 하지 않는 일이 없이, 높고 낮음이 없이, 너 나가 없이, 부처 중생도 없이 이렇게 한마음으로 다루어 나가는, 한 이슬방울 오락가락하듯이 같이할 수만 있다면 여러분이 살기에 급급하지 않을 겁니다.

아까 얘기했던 바와 마찬가지로, 그 씨들이 그래서 바람 따라서 물 따라 가다 보니까 정착이 되는 것은 물에 밀려서 흙에 닿으니까 정착이 된 거고, 뿌리를 내리고 나무가 섰던 거고, 나무가 섰기 때문에 모든 날아다니는 새들도 벌레들도 살 집을 찾는 거죠. 나무도 그렇게 바람 따라 다니면서도 생존의 경쟁을 하는 그 모든 날아다니는 거와 기어 다니는 것들의 집이 돼 주는 역할을 하는 그런 멋진 나무가 되는, 그러한 이치도 있지 않습니까? 때에 따라서는 동에서 서로, 바람에 서쪽으로 날려서 서쪽에 가서 정착을 하는 씨앗들도 있고, 서쪽에서 동쪽으로 가서 정착을 하는 것도 있고, 그러니 사방에 문이 없고 사방에 정착할 곳이 따로 없고 모두가 다, 사방이 터져서 모두가 내 집 아닌 집이 없단 말입니다.

그러니 바람 따라 물결 따라 모든 걸 착을 떠나서, 우리는 고정된 게 하나도 없어서 오늘 아침에도 첫 번에 남편을 만났고 그다음에 부모를, 자식을 만났고, 그리고 또 무슨 일을 했고 무슨 일을 했고, 고정된 게 하나도 없이 허둥지둥 허둥지둥, 이것저것 이것저것 일을 하다가 자기가 한다는 생각도 할 수 없으리만큼 바쁘게 돌아치니, 여기까지 와서 여기 앉아 있는 것도 고정됨이 아니라. 뿌리 없는 나무처럼. 뿌리 없는 마음처럼. 고정된 마음 없는 것처럼. 그 마음이 여기서 천 리를 간들 못 가리까. 이 세상의 일체 만물과 만생을 같이하려도 할 수 있는 그 마음은 그렇게 갸륵한 거라.

그러니 어질고 착한 것뿐만 아니라 거기에 지혜를 넓혀서 그걸 무기 삼아 서로가 서로를 위해서 한 이슬이 돼 준다면, 우주 세계의 모두가, 전체 저 은하계로부터 모든 혹성들의 어떠한 생명이 바람 따라 물 따라 그렇게 모두 돌고 도는 그 마음들이 한마음이 돼서, 어떠한 아픔을 견딜 수 없는 그런 처지에 만약에 불망치가 떨어진다 해도 바로 내가 불망치가 돼 준다면 그 아픈 걸 알아서 불망치는 없어지고 말 것입니다.

그 모두가, 아까 한 이슬로 표현을 했지만, 본래 있는 거지만 본래 있는 눈가의 그 눈물은 항시 이슬과 같이 오락가락하는 그 마음이야. 우리가 잘 생각해 본다면 진실한 마음으로 진실하게 역경을 헤쳐 가면서 살아나가는 데에 모두 여유가 없습니다. 여유가 없다는 것은 무슨 뜻이냐? 모습, 이름을 가지고 그렇게 끄달리지 말라 이 소립니다. 돈이 아무리 많다 하더라도 돈을 영원히 당신이 가지고 있었던 것도 아니요, 몸도 영원히 당신이 그 모습을 가지고 있던 것도 아닙니다. 자식도 영원히 가지고 있었던 것도 아니요, 부모를 영원히 가지고 있었던 것도 아닙니다. 아까 나무와 마찬가지로 그렇게 모였다가 흩어지면, 바람 따라 물 따라 정착을 하면 그냥 사는 것이고, 거기에서 또 바람 따라 물 따라 또 흩어지면 또 사는 것이고, 또 흩어지면 또다시 모여서 사는 것입니다. 한 걸음 한 걸음 옮겨 디디면서 나투면서, 변질돼 가면서, 모습을 바꿔 가면서, 화가처럼 그림을 그리면서, 울고 웃고 하면서 이렇게 걸어가고 영원히 같이 걸어가고 있죠. (녹음 안됨)

병고에 휘달리니까 내가 병이 낫고자 해서 온 것입니까? 가난해서 온 것입니까? 그렇지 않으면 잘살려고 온 것입니까? 그 여러 가지를 다 한생각에 여여하게 걸림 없이 모든 것을 녹여 버리고, 서서히 물결 따라 바람 따라 정착할 곳이 따로 없이 흘러 도는 것처럼 같이 울고 같이 웃고 할 수만 있다면 그건 스스로 바로 나 아님이 없기 때문에, 죽일 사람도 없고 죽을 사람도 없고, 욕먹을 사람도 없고 욕할 사람도 없고, 가난이 붙을 데가 없고 붙일 사람도 없고, 이 얼마나 좋은 뜻입니까?

모두 이 공부들 한다고 그저 몸으로, 색으로 남의 흉내나 내고 이러는 거, 이거 모두가 헛것이야. 남의 흉내 내는 것도 잘된 거라면 모범을 삼아서 계를 행하고, 행하되 함이 없이 해야 하는 거라, 그것도. 인간 된 도리이기 때문이야. 거슬러 올라가면 아니 되니까 항상 거스르지 않고 물결 따라서, 안팎이 없이, 유와 무가 없이. 그래서 이 도리를 알면 오히려 더 인간 된 도리로서의 계법을, 스스로 자처해서 계법을 지키는 거라. 예를 들어서 계법을 지킨다는 것은 고기를 안 먹고 또는 남한테 말을 안 하고 묵언을 하고 그러는 게 계법을 지키는 것도 아니고, 똑바로 해 나가는 것이 계법을 지키는 것도 아니야. 계법을 지킨다 안 지킨다를 떠나서….

예전에 어느 스님께서 아주 열반을 하시게 됐어요. 왜냐하면 불사를 하시고 너무 지쳐서 정말 열반을 하시게 됐거든요. 연세는 오십이 좀 넘었는데 영 죽게 됐습니다. 아주 꼬장꼬장하게 계를 지키는 분입니다. 그러나 그 제자는 그렇지 않았습니다. 계를 못 지켜서 내가 버러지가 되는 한이 있더라도 우리 스님은 살려야겠다는 그 집념이 생겼습니다. 만약에 이게 잘못이라면 내가 벌레가 돼도 좋고, 그렇게 할 수 있는 어떠한 부처가 있다면 날 그렇게 해도 좋다. 나를 다 산산이 쪼개 버리겠다는 생각으로 가서 물고기를 잡았습니다. 물고기를 잡아다가 폭 끓여서 베보자기에다가 꼬옥 짜서 그것이 아닌 양 꼭 하루에 세 번씩을 들여 드렸습니다. 그래서 자기 은사를 살렸습니다. 그 은사가 그것을 모르시고 "이게 뭐냐?" 그러면 "풀뿌리 모든 거를 한데 모아서 곤 겁니다. 그러고 약을 사다가 거기에 포함해서 곤 겁니다." 했지만 그것이 계율을 지키지 않은 거냐, 지킨 거냐? 지키지 않은 것도 아니고 지킨 것도 아니다 이거야. 단지 사랑이다 이거야, 자비. 진정한, 그 진실한 자비. 자기 생명과 같이 아끼는 자비. 그거야. 거기에는 어느 누구가 그 사람을 벌레를 만들어 놓을 것도 없고 거기에 붙을 것도 없고 그런 진정에는 아무것도 붙을 게 없어.

그 도리를 알리기 위해서 예전에 원효 대사도 그렇게 한번 당했다고 하는 소리가 있죠. 고기가 고기로 보여서 못 먹겠다고 하는 소리를 했다는 말도요. 그리고 또 한 가지는 물을 밤중에 먹었을 때는 달고, 목이 마르고 그러던 차에 달고 좋더니 그 이튿날 아침에 보니까 벌레가 우글대니 구역질이 났다고. 그래서 의상 조사를 따라 같이 당나라로 가질 않고 법은 여기에 있다고 생각을 한 나머지 그분은 성취를 한 거죠. 이 모두가 지혜로운 마음으로 폭을 넓혀서 한 가닥 더 올려다보고 내려다볼 때에, 둘이 아님을 알았을 때에 비로소 다 놔 버릴 수가 있고 맡겨 버릴 수가 있죠.

여러분은 "놔라" 하면 '아, 이 울타리 바깥에 내가 천야만야하게 떨어지면 죽는데….' 하거든. 울타리가 있거든, 자기 마음의 울타리가. 울타리는 본래 없는데 울타리를 만들어서 놓고 자기가 울타리 밖에 떨어지면 죽는다는 거야. 자기 마음으로 모든 걸 만들어 놓고 팔자 운명을 면치 못하고 인과응보를 면치 못하고, 만들어 놓고 당하는 거라. 그걸 누구한테다 항거를 해. 그러나 이 공부 한 사람들은, 공부했다 할 것도 없고 그것도 이름이지마는 그 한 방울의 이슬이 같이 오락가락할 수 있다면, 한 누리에, 그렇다면 항상 같이하고 있기 때문에 때에 따라서는 그렇게 구르고 구르고 떴다 가라앉았다 하다가도 한순간에 그 울타리가 없어질 수도 있겠죠. 불꽃놀이 할 때에 불꽃이 먼저 일어나는 게 있고 나중 일어나는 게 있고, 또 일어나는 게 있고 꺼지는 것도 있고 그렇듯이 말입니다. 그래서 조화를 이루듯이 우리 이 삼라만상 대천세계의 모든 일체 만물만생이 다 그렇게 조화를 이루고 사는 겁니다.

그런 데서 우리가 잘 음미해 보고 살펴본다면, 부처님이 부처님이라고 하는 것은 부처님이지마는 중생이 이론으로 부처님이라고 하는 것은 그건 이름뿐인 것이라. 이 몸에 32상이 구족하고 아무리 이론이 많고 그렇다 할지라도 이 몸 한 개 가지고는, 한계가 있는 이 몸 가지고는 도저히 부처님의 그 뜻을 꿰뚫어 알 수가 없어. 보라고. "일체 만물만생 모두가 한 이슬방울로서 오락가락하노라." 하는 것을 생각해 볼 때 어디 거기 미치기나 할 건가?

모든 사람들이 지금 왜 공부를 못하는가 하면 모습을 보고 이름을 보고 따지고 이러기 때문에 공부 못하는 거야. 왜? 첫째, 전자의 부처님께서 그때의 그 시절의 그 환경에서는 여자들이 더욱 자식을 생각하고 남편을 생각하고 애정이 있고 그렇기 때문에 여자로서 이런 애정을 갖고는 냉정하지 못하고 판단력이 넓지 못해서, 이거는 사랑이 많기 때문에 성불 못한다. 그것은 우리가 여자로만 있을 그 당시의 얘기야. 그러면 그 여자가 변해서 남자가 됐다면 그건 또 성불 못하겠네? 여자도 여자가 아니고 남자도 남자가 아니라면, 여자 남자 따질 것도 없다는 사실을 안다면…. 그러면 여자가 성불 못한다면 벌레로부터 이렇게 억겁을 거쳐서 떴다 가라앉았다 하는 일체 만물은 어떻게 하나? 여자는 지수화풍의 모태면서도, 여자뿐만 아니라 남자도 그렇고, 모태일 뿐 아니라 이 모두가 다, 지수화풍으로 뭉쳐진 이 몸뚱이가 여자든 남자든 다 모태가 되는 거라.

그걸로 인해서 "이게 보이는 거면서도 공했으니 고정된 게 없어서 너라고 부를 게 없느니라." 한 도리를 안다면 어떻게 여자 남자를 따지겠나? 이걸로 해서 가로막는 거야. 자기네들 사량으로 다 가로막아 놓는 거야. 경으로 가로막지, 사량으로 가로막지, 정법 사법으로 가로막지. 이거는 모두 똘똘 뭉쳐서 가로막게 벽을 쳐 놓고선 나가지 못하는 것은 자기라. 이렇게 해서야 어찌, 자기 몸뚱이의 중생들도 제도 못하며 여기에서도 빠져나오지 못한다면 어떻게 이 세상 우주 삼라만상 대천세계를 정복을 할 건가? 어떻게 항복을 받고, 어떻게 항복을 받고가 아니라, 받는다는 것도 가르치기 위한 한 방편의 이름이라. 자기가 스스로서 내가 아님이 없다고 했을 때는 몰락 다 자기가 항복을 했고 자기가 받은 거라. 나중에 알고 보면 자기도 받은 사이가 없는 것이지. 그냥, 그냥 그렇게 본래 알았을 뿐이야. 그렇게 본래 가고 있을 뿐이야. 한 걸음 한 걸음, 같이.

오늘 이걸로써 그럼 마쳐 볼까요.

부처님의 발자국을 좇아

1986년 5월 23일

오늘은 여러분에게 옛날 얘기 삼아, 또 그게 현실이니까, 내가 거쳐온 그 과정을 잠시 말씀드리고자 합니다.

부처님께서 '어느 누구, 남녀를 막론해 놓고 일체 만물이 자식 아닌 것이 없고 또 부처 아닌 것이 없다' 하신 말씀뿐만 아니라 그 말씀도 이름이겠지마는 부처님이 '내 자식 아님이 하나도 없다, 나 아님이 하나도 없다' 하신 것은 말씀으로서 그것은 근본 법칙이 돼 돌아간 겁니다. 그건 법입니다, 어디까지나. 법이라는 것도 이름 없는 법 말입니다.

나는, 나라고 해서 아니 되지만, 이 모습을 말하는 겁니다. 사람 사람이 누구나가 모습으로 태어날 때 태어나기 이전에 어떠한 것인지, 누구나가 자기 자신을 모릅니다. 그러나 자기, 즉 말하자면 자기 나오기 이전을 안다면 바로 자기 부친을 상봉한 거나 똑같다고 봅니다. 그렇다면 자기 자성을 발견했을 때는 부처님 자성과 우리들의 자성이 둘이 아니기에 그것을 이름해서 방편으로써 네 아비를 상봉한다는 말을 했던 겁니다.

그런데 묘한 것은 이런 게 있었습니다. 아, 물론 딸과 아들이 모습은 다르지마는 어찌 모습이 다르다고 해서 마음이 다를 수 있겠느냐는 얘깁니다. 참 근근덕신 자기 그 아비를 찾으려고 무척 노력을…. 꼭 아비를 찾으려고 한 것이 아니라 자기한테 모든 거를 돌린 그 자체는 누가 가르쳐 줘서 그런 것도 아니고, 그 천성이, 아마 예전부터도 그렇게 해 왔기 때문에 그 습이 그렇게 돼 있었던 겁니다. 그래서 항시 내가 여러분한테 가르치듯이, 모자라는 것도 나, 모두가 나였습니다. 그리고 육신을 빌려서 난 부모도 역시 똑같이 본 겁니다.

나로 인해서 부모가 고생을 하시고 나로 인해서 모든 것이, 전체가 돌아가니까. 처음에는 물가에 거북을 내놓은 거 같았습니다. 길도 모르죠. 여러분은 길을 지금 상세히 잘 알고 계신데, 우리가 사량으로 길을 아는 거는 서울 사방을 다 다녀도 다 알고 있습니다. 여러분도 알고 나도 알고 다 알고 있습니다마는 그 길이 아닌 길을 찾기 위해서 무데뽀로 그저 자기 발 닿는 대로 디뎠습니다. 지금 우리가 아는 길은 길이 아니거든. 아니라고 해서 아니 되지마는 배움에 있어서는 '그 길이 길이 아니다' 라는 것이 나오며, 또는 '이 모습이 이름이 아니다' 라는 거부터 알아야 나중에는 그것조차도 놓게 되는 문제가 있습니다.

그런데 거기에서 길을 몰라서 산지사방으로, 산이고 들이고 물가고 개천이고, 그저 되는 대로 어디가 어딘지도 모르면서, 정말 그러고 돌아다니다 보니까 하루는 비가 부실부실 왔습니다. 그런데 진늪, 늪 길을 걷게 됐습니다. 질척질척한 물이 들어왔다 나갔다 하는 그런, 마르지도 않고 질척질척한 데를요. 그런데 말입니다, 거길 걷는데 삽시간에 무슨 생각이 들었느냐 하면, 발이 딱 붙어서 떨어지질 않았습니다, 진흙이 돼서. 이건 참고적으로 얘기해 드리는 겁니다. 그런데 두 발을 떼어 놓는데 무뜩 생각이 나기를 '이 발은, 네가 냄새를 잘 맡고 아비가 디딘 발자국을 쪼금도 어김없이 디디려면 왼발도 한 발에 맞아야 하고 바른발도 한 발 디딘 데에 맞아야 된다.' 하는 것입니다, 예를 들어서 말하자면. 그러면 어떻게 왼발도 바른발에 맞고 바른발도 왼발에 맞아야 됩니까? 아비의 발은 발이 하나라. 하나이니까 이 왼발도 딱 들어가 맞아야 하고 바른발도 딱 들어맞아야 한다는 겁니다. 그래서 나는 발걸음을 딱 멈춰 가지고는 꼼짝도 못하고 가만히 서 있었습니다.

그래, 그러면 부처님의 발은 크고, 내가 대 보니까 얼토당토않아요. 부처님의 발이 만약에 석 자 세 치라면 내 발은 요 어린애 발이거든. 그러니 거기 맞을 리가 없어. 펑덩 들어가더라 이거야, 두멍에 들어가듯. 그러니 그 발이 언제 자라겠소? 이건 어디까지나 방편으로 얘기를 해 드리는 겁니다. 그러니 발 하나가 펑덩 들어가지. 그런데 펑덩 들어가는데도 이것은 그 발 한 자국에 두 발이 다 거길 딛고 가야 돼. 그 한 발, 즉 말하자면 아비가 앞서 걸었던 발자국을, 딱 그 안을 디뎌야 돼, 그 안을. 그러니 사람이 비틀비틀해지지 않남? 똑같이 디디려니까, 응? 이 접시 하나가 발이라면 이 두 발을 가지고 이 한 발을 딛고 가는데, 요기 딛고 요기 디뎠으면 저기 딛고 이렇게 하려니 사람이라면, 모습이라면 지쳐서 쓰러질 거란 말입니다. 이것을 어떻게 방편으로라도 알아듣기 쉽게 말을 해 줄 수 있겠습니까마는 아마 자각을 한 분들은 이 말을 알아들을 줄 믿습니다.

그래서 이 발을 딛다 딛다 그럭하고 다니다 보니까, 여러분이 사량으로 아는 길이 아니라 길을 걸으면서도 그것은 아무 생각 없이 여기가 어디다, 어느 정거장이다, 어디 수풀이다 이런 것도 없이 그냥 발 내딛는 대로 부처님의 발자국만 따라서 디뎠던 겁니다. 그러니까 산으로 부처님의 발자국이 났으면 산으로 가는 것이요, 들로 발자취가 났으면 들로 가는 것이요, 물에 있으면 물로 가는 것입니다. 자기가 모습이 죽으나 사나 아비의 발자국을 좇아가는 데는 그건 다 버려야 됩니다. 그래서 발자국을 좇다 좇다 보면 그 발자취가 때로는 뚝 끊어질 때도 있습니다. '아하! 그러면 이게 끊어졌나? 아비의 발자취를 어디 가 찾나?' 하고선, 돌이 앞에 있으면 돌에라도 있나 하고 돌을 집어서 하루 종일 거기에 아비의 발자국을 비춰 주나 하고 그걸 봤습니다. 또 한 가지는 물가에 가면 물에 비쳐서 아비의 발자취가 거기에 있나 하고 또 물을 한없이 들여다보고 있었습니다. 그러나 물가에도 자기밖에 비치는 건 없었습니다. 그러니 아비 찾기까지는 정말 너무나 어려운 그런 고비 고비가 많이 있었다고 봅니다.

그래서 돌부리 하나도 거저 본 예가 없이, 무심코 돌을 봐도 거기에 아비의 발자취가 있나, 물을 봐도 거기에 아비의 발자취가 있나, 그저 들에 가다가도 아비의 발자취가 여기에 비치나, 이러한 것을 상상하고서 가다 보니까 결국은 그 발자취가 그만 나하고 같아져 버렸다는 걸 알았습니다. 그 발자취가 내 발하고 그게 똑같이 되다 보니까, 내 발이 그렇게 커졌다는 겁니다. 하루는 이렇게 생각을 했습니다. 물을 온 사흘을 들여다보다가 이런 생각을 무뜩 했습니다. '어, 네 발하고 네 아비 발하고 딱 맞아 들어갔으니 그것을 어디 가 찾겠느냐? 이거는 아비 발자취도 인제 찾을 게 없구나.' 하면서 '어, 턱밑에다 두고 그랬구나.' 하는 생각이 들었습니다. 그럴 땐 그 턱밑에다 두었다는 것도 이름이지마는, 말이지마는 무슨 생각을 하고 그런 말을 했을까, 무슨 생각을 하고 그런 생각을 했을까 이겁니다.

부처님은 안 계신 데가 없다고 했고, 또 내가 생각할 때도 안 계신 데가 없습니다. 여러분도 여러분이 계신 한 거기에 부처님은 계신 거지요. 너무나 가깝기 때문에 아마 발견을 못하는지도 모르죠. 그런데 우리의 발은 아주 작고 부처님의 발은 너무 커서 이 온 우주를 딱 한 발로 딛고도, 디디면 작은 데는 작은 데대로 맞고 크면 큰 대로 맞더라는 얘깁니다. 부처님의 발은 그렇게 늘었다 줄었다 늘었다 줄었다 하니 부처님의 발이 어떻게 생겼다고 말을 할 수가 없어요. 어저께도 얘기했다시피 부처님은 한생각도 없이 한생각을 내시면 이 일체 만물만생이 다 될 수도 있고, 또 한생각에, 생각이 없는 생각에 만 명이 될 수도 있고 천 명이 될 수도 있고 한 명이 될 수도 있고 한 명도 아니 될 수도 있는 그러한 무궁무진한 그런 자(自) 활용이 스스로 구른다는 얘깁니다.

옛날에도 이러한 일이 있었죠. 어느 거북이가 물속에서 근근덕신 천 년을 도를 닦았답니다. 천 년을 닦아서 물 바깥으로 나오려고 애를 쓰고 애를 쓰다가, "바깥으로 나오려면 네가 죽어야 한다." 했기 때문에 자기가 벌렁 나가 자빠져서는 자기를 방어했던 그 딴딴한 울타리를 아주 돌에다가 막 짓찧었습니다. 짓찧어서 구멍을 내놓고는 자기는 벌렁 자빠졌습니다. 죽어야 본다니까. 물 바깥으로 나가려면 그 몸을 가지고는 도저히 나갈 수가 없다는 생각이 들었답니다. 천 년을 남의 생명을 앗아 먹지 않고 지냈을 때는 말 다 했지요. 그렇게 해서 모든 고기들이 다 꺼내 먹고 빈 껍데기만 남은 것이 훌렁훌렁 동그라져서 나가거든요.

거기에서 훌렁훌렁 빈 껍데기가 나가는 동시에 어떠한 사람으로 이 세상에 등장을 했답니다. 사람으로 등장을 하니 뭐, 지금처럼 그렇게 가난해도 밥은 굶지 않지만, 옛날에는 웬만큼 가난하면 밥도 많이 굶었답니다. 그래 밥은 안 굶는데 참, 그렇게 뭐, 가난치 않았다고 보지만 가난했다고도 볼 수 있는 그런 집으로 태어나게 됐지요. 그런데 조실부모를 하고 거처 없이 떠나게 됐습니다.

그러던 중 어느 절간으로 가기 이전에 어떤 부목을 만나서 같이 가게 됐더랍니다. 그래서 부목과 같이 부목질을 하다가 나중에는 머릴 깎고서 입산을 해서 그렇게 지냈는데, 그도 또한 부처님의 그 발자취를 찾아서 가시밭이든 자갈밭이든 어디든 마다 안 하고 꼭 부처님의 발자취만 딛고 누가 뭐래도 다녔던 겁니다. 그러다 보니까 하나 벗고 둘 벗고 셋 벗고, 벗는 것이 없는 것을 벗었습니다. 그건 왜냐하면 물속에서 살던 거북이로서의 행이, 그 습이 거북이의 모습은 가졌지만 그 마음의 행은 지금 사람으로 태어난 그 마음이나 똑같았기 때문에, 사람으로 태어났어도 습이 배질 않아서 항상 남한테 말 한마디라도 해롭게 안 하고, 또 그 배우는 길에 게을리 안 하고 꼭 그 발자취를 찾느라고 무척 노력하다가 자기도 자신의 발자취가, 움죽거리는 발자취가 바로 참자기의 발자취라는 걸 알고 자기 아비를 상봉한 것입니다. 또 자기 아비가 다닌 그 발자취를 따라 구르면서 그 법을 배우기 위해서, 파계했다는 소리도 듣고 설총도 낳고 여러 가지로 돌아다니면서 파계승 비슷하게 그렇게 다녔지마는 그 도리를 모르면 안 되겠기에 무조건 어떠한 것이 앞에 닥친다 하더라도 마다 안 하고 그저 천방지축 그냥 아비의 발자취만 디뎠던 겁니다. 누가 욕을 하든 말든. 그래서 그 도리를 완벽하게 알아서 참, 뿌리 없는 그 기둥이 돼서 자루 없는 도끼로써 기둥을 깎아서 하늘을 받치고 땅을 받쳤답니다.

그런 거나 마찬가지로 그것도 고정됨이 아니라 받쳤다는 것도 이름이요, 기둥을 세웠다는 것도 이름이요, 모두가 이름이야. 그리고 또 원효 대사도 역시 이름인 것이고 모습인 것이지, 그 진의는 그분의 한 발 한 발 옮겨 놓고 물 마시고 가는 그 자체가 그대로 아마 부처님 법일 겁니다. 그런데 그 모두가 살면서 우리가 해 놓고 우리가 닦고…. 우리가 어떻게 했든지 간에 처음에는 처음대로 그 자기 자성에서 나오는 거 자성에다 놔라. 자성이라는 이름도 이름일 것이지마는 고정됨이 하나도 없기 때문에 빈 그릇이다. 빈 그릇에서 나오는 건 빈 그릇에다 놔야 자꾸 비워진다.

그러니 그분만 하더라도 그 길을 좇아서 아비의 발과 자기의 발을 똑같이 맞추기 위해서 앞도 뒤도 옆도 보지 않았던 거죠. 그러니 우리가 역대의 조사들이나 역대의 부처님들이 모습만 바꿔 가지고 나올 뿐, 그 마음을 같이할 수 있다면, 한마음이라면 항상 같이 있는 것입니다. 처음에는 홀홀 자기가 발견하려고 노력을 하지만 발견을 했다 하면 일체 한마음이 돼서 스스로 굴려지고, 스스로 안으로 굴려서 스스로 보림이 되고, 스스로 아무 데 갖다 시장 바닥에 세워 놔도 그건 쓰러지지 않습니다. 흔들리지 않습니다. 그럼으로써 너와 내가 둘이 아니고 나툼을 그대로 나투면서 참, 하나도 자기라는 걸 세울 게 없으면서도 소소영영하게 그렇게 잘해 나갈 수 있는 그런 모범적인 자유인이 될 수 있지요.

우리가 이런 말을 수차적으로 해 왔지마는 그 말로 어떻게 이것을 표현을 잘하겠습니까. 여러분이 믿음이 진실하다면 자기 빼놓고 더 믿음이 어디 있겠습니까. 부처님이 나에게 있기 때문에, 부처님도 다 소용 없다고 하지만 '그것도 이름이고 등상이고 모습이래.' 이렇게 쳐 버리는 마음을 갖지 말고, 항상 나에게 모든 걸 맡겨 놓고 가는 그런 도중에 스스로 자기를 발견한다면 모든 만 부처님들, 만 조사들이, 일체 만물의 그 마음들이 다 한꺼번에 들어오게 돼 있어요. 한꺼번에 들어 있게 되자 이것저것 끄달리지 않게 돼 있죠. 그래서 끄달리지 않는 반면에 이름 없는 열반의 경지까지 이른다 합니다. 그러면 무엇이 두려운 게 있겠습니까. 물론 두려운 게 없다고 해서 아무나 내가 높다고 하는 건 아닙니다. 부처님께서 말씀하신 걸 내가 지금 얘기를 하는데, 그것을 흉내 내는 것도 아닙니다. 누구나가 다 그 도리를 알면 스스로 벌써 가게 돼 있고, 스스로 굴리게 돼 있고, 스스로 우리가 지금 고정됨이 하나 없이도 사사건건이 닥치는 거 그대로 여여하게 해낼 수가 있는 우리 살림살이입니다.

여러분이 여기 많이 앉아 계시지마는, 여러분이 전생에 어떠한 옷을 벗고 이렇게 등장을 하셨는지 또는 앞으로 또 이 옷을 벗고서 어떠한 옷을 입고 등장을 하실는지 이런 것도 여러분이 이 모습을 가지고 지금 만약에 모르신다면, 떳떳하고 자유롭게 해서 자기가 어떤 것이 된다는 생각도 없이 자유롭게 살 거건만도 자기가 자기를 모르기 때문에 앞으로 갈 것이 무엇인지, 바로 전자에 내가 무엇이 됐다가 이렇게 왔는지 그것도 모른다는 얘깁니다.

지난번에도 얘기했지만 오관을 통해서 오신통을 내가 하나하나 증득해서 그것이 도가 아니라는 것을 알고 모든 것을 보림해서 다시 놓는다면, 그 다섯 가지 오신통이 다 능숙하게 익었을 때에 그것을 부리는 것이 바로 법신이라는 얘기고 보살이라는 얘깁니다. 그럴 때는 수많은 영계들도, 수많은 보이지 않는 생명들도, 모습들도, 악령들도 다 자기 아니 됨이 없습니다. 체가 없는 거라 수없이 붙어도 붙은 사이 없고 또 수없이 떨어져도 떨어진 사이가 없고 이것은 무궁무진해서, 이러한 말로는 좋다고 할 수 없으리만큼, 말로 나쁘다 할 수도 없고 좋다 할 수 없으리만큼 너무도 좋아서, 너무도 밝아서…. 그래서 여러분한테 참, 허구장창 말할 게 뭐가 있겠습니까? 여러분이 살아나가는 데에, 바로 거기에 그 진의가 있기 때문에 여러분한테 어떡하면 이 진의를 안으로 굴리면서 안에서 해결할 수 있는 방법이 있다는 것을 알려 주나. 꼭 말을 해야 되는 게 아닙니다.

저런 무정물들도, 새들도 말 없이 말을 할 줄 압니다. 돌도 말을 합니다. "언제부터 너는 나와 있니?" 하면요 "나, 언제 언제부터 나와 있어. 근데 나는 본래 이렇게 나와 있던 게 아닌데 말이야, 그냥 비가 오고 모두 그래서 난 이렇게 패어져서 지금 이렇게 나와 있는데, 세상을 보니까 너무 감개무량하잖아." 하고서 얘기하는 수가 있습니다. 그거는 내가 있기 때문에 바로 상대가 있는 겁니다. 상대가 있기 때문에 또 내가 있기 때문에 모든 게 스승 아닌 게 없고, 배울 때는 스승이요, 다 배우고 나서는 나인 것입니다. 말 없이 서로 주고받는 나무도 있지요? 그 뭡니까? 은행나무? 은행나무도 그렇고 사과나무도 그렇고요, 다 부부가 있어야 열매를 맺습니다. 그런데 가만히 이렇게 놔두고서 이게 십 리 밖에 있습니다, 지금. 십 리 밖에 있는데 십 리 밖에 있는 것을 어떻게 압니까? 그러나 십 리 밖에 있어도 마주쳐서 눈에 맞으면 마음…. (녹음 안됨) … 형용할 수 없는 문제가 있습니다.

이것뿐만 아닙니다. 이 세상에 나방들이 수없이 그렇게 많아도 벌레가 나방이 되려고 무척 애를 썼고 나방은 나방대로 그 추운 겨울에도 산꼭대기로 올라가서 그 모질음을 쓰고 돌팍 위에 다 붙어서 생존을 합니다. 왜? 자기가 몸이 없어지기 이전에 진화되려는 준비를 하는 겁니다. 폭풍과 더불어 아주 세고 추운 바람이 불어도 마다 안 하고 그렇게 닦는 겁니다. 준비를 하는 겁니다. 여러분도 마다 안 하고 울면서 불면서 웃으면서 괴로우면서 고독하면서, 아주 그럭하면서도 또 준비를 해 가고 계십니다. 그건 자연적으로 이렇게 준비를 하고 계신 겁니다. 근데 여러분은 준비를 하는 게 아니라 생존하기 위해서, 내가 살아야겠다는 것에서 살고 계신 겁니다. 말 없이 말을 하고 그렇게 속삭이는 그런 나무들도 이 나무에서 이 나무로 가서 보면 이 나무가 한 나무가 되고, 이 나무에서 이 나무로 오면 이 한 나무가 돼서 사랑을 속삭일 때 바로 열매는 여기에서 맺는 겁니다.

그런데 요새 가만히 볼 때에, 스님네들을 비유해서 볼 때도, 여직껏 십 년 이십 년을 참작해서 나는 잘 지켜 왔고 보아 왔습니다. 그런데 공부하는 분들이 대략 비구니면 비구니, 여자면 여자, 신도면 신도라는 그런 데서 걸립니다. 꼭대기로 올라갈 줄만 알았지 땅에 정착을 할 줄 몰라. 땅이 만약에 여자라면 여자도 업신여기지 말아야 돼요. 자기가 아무리 딛고 다니는 땅이라도 땅이 받쳐 주지 않는다면 자기가 딛고 다닐 수 없다는 걸 알아야 돼요. 아무리 육신의 부모라도 자기의 그 바탕이 아니었더라면 자기 모습이 나올 수가 없었다는 점. 만약에 이 흙이 자기가 딛고 다니는 바탕이라면 그것이 자기 하인이라도, 자기를 끌고 다니는 하인이라도 그건 무시해서는 아니 됩니다. 바로 자기를 싣고 다니는 하인이기 때문입니다. 자기 일을 해 주는 하인이기 때문에 그렇습니다.

고기들도 서로서로 공생하면서 공체로서 공식하고 있습니다. 서로가 서로를 주면서, 서로 먹이면서, 잡아먹지 않습니다. 그중에도 공부하는 돌고래나 이런 큰 짐승들은, 또는 악어라든가 이런 것들도 공부한 것들은 절대 남을 살생을 안 합니다. 사람은 더군다나 살생을 안 합니다. 그러나 그 도리를 모르고, 지금 사람으로 치면 아주 망종으로 돌아치는, 사람 죽이는 강도 이러한 사람들이 있듯이 짐승들도 생명들을 그렇게 막 잡아먹지요. 그러나 마음공부 하는, 이 도리를 아는 그러한 사람이 인간으로 됐다가도 또 생물로 되는 수도 있거든요. 그러면 그 인간의 습이 있어서 사람도 잡아먹지 않습니다. 아무리 잡아먹을 능력이 있어도 아주 오히려 대접을 해 주게 되는 그런 이치가 있습니다.

이거 두서없이 얘기를 했습니다마는 두서없이 얘기를 했어도 한 번 음미해서 생각을 해 보실 줄 믿습니다. 그래서 나무들도 십 리를 멀다 안 하고 천 리를 멀다 안 합니다, 사랑하는 데는. 그래서 열매를 맺으면 열매를 맺는 대로, 자기는 자기대로 콩 심은 데 콩 나고 팥 심은 데 팥 나는 겁니다. 그래서 너그러움을 가진 나무도 만약에 이 도리를 알아서 온 누리의 새들과 무정물들하고도 같이 공생하고 공체로서 공심으로 돌아가고 공식화할 수 있는 그런 지혜가 늘어나면 이 무정물에서 벗어나는 겁니다. 목성을 버리는 거지요. 인간미를 가지고 다시 나옵니다. 그러니 어느 거를 막론해 놓고 일체 만물들 중에 '생물이다. 이거는 그저 사람이 먹고 사는 거다.' 이렇게 업신여기지 마십시오. 모든 거를 업신여겨서 될 일이 아닙니다.

그래서 이 땅을 자기가 딛고 다니면서도…. 이런 게 있지요? 비구니는 성불 못한다, 여자는 성불 못한다는 결론을 짓습니다. 그런데 환경에 따라서 법도 인간이 개정해서 법을 정합니다. 이때에는 이렇게 법을 정했고 이때에는 이렇게 법을 정하는 때가 있습니다. 때가 따로 있는 게 아니라 환경에 따라서 그렇게 법이 정해지죠. 그때 환경에 그렇게 정해졌다 해도 머리가 좀 깬 사람들 같으면 자기 어머니 못났다고 버릴 수 없는 건데도 불구하고 자기가 딛고 다니는 그 땅을 멸시합니다. 하늘의 태양만이 제일인 줄 알고. 하늘만 제일이야. 자꾸 올라가. 그러니 발을 얻다가 댈 데가 없는 거라. 지금 우리가 공부 못하는 이유가 여자고 남자고 간에 위로 받들고 위로만 올라가기 때문에 밑의 거는 아예 아랑곳없어.

어저께 얘기했듯이 어떠한 나무가 열매를 많이 낳아서 자연적으로 떨어지는 순간, 그 나무 부모가 말을 하기를 "너희도 바람 따라 물 따라 가다가 발에 흙이 닿걸랑은 정착해라. 만약에 그렇게 가다가 돌팍 위에도 정착이 되걸랑은 잘 그것을 음미해 보고 살아라. 아무 데고 닿으면, 물 따라 가다가도 닿게 되면 바로 거기에 정착을 해라. 그렇게 해서 너도 나와 같이 정착을 해서 너의 모습이 완고하게 됐을 때는 모든 생물들이나 동물들이나 또는 모든 새들, 모든 식물들도 다 서로 먹이고 서로 도움을 줄 수 있는 그러한 지혜가 생기느니라. 네가 수많은 동물들의 집이 돼 줄 수도 있고, 생물의 집도 돼 줄 수 있고, 영양 보급도 해 줄 수 있느니라." 그렇게 얘기를 해서 그 열매들은 한없이 한없이, 끝없이, 자기 정착을 생각한 예도 없이 바람 따라 물 따라, 물을 따라간 놈은 땅이 생기면 또 정착을 했고 섬이 생기면 정착을 했고, 바람에 날려서 흙에 앉아서 또 정착을 했고 이랬는데도 불구하고, 여자고 남자고 공부하는 사람들이 중이든 중이 아니든 이 아랫사람들, 즉 말하자면 중생들이라 해서 업신여기면 자기 배 속에 있는 중생들은 어쩌나요?

또 우리가 지금 '비구니는 성불 못한다' 한다면 하는 게 붙어. 그러니 여자고 남자고 둘이 아닌지라 아무거에라도 자기가 닿았으면 그르다 옳다 다 놓고 거기에 정착을 하는 거지요. 정착을 하고 그걸 딛고서, 소도 언덕이 있어야 비빈다고 그걸 디뎌야만이 돌아가는 이치를 아는 거라. 똑바로 보고. 이게 바로 보림이라. 그런데 이것이 모태며 바로 어머니의 자궁과 같은 것인데도 불구하고 이걸 내친다 이거야. 업신여겨.

그래서 비구니는 비구한테 인사를 해야 하고 절을 해야 하고….

지금은 많이 개조가 됐습니다마는 그전에는 아주 철두철명했습니다. 그런 거 저런 거 뭐, 가리겠습니까마는 아직까지도 그것이 그렇지 않다고 하면서도 마음속으로는 어딘가 모르게 그게 돼 있습니다. 그러니까 딱 가로막고 있습니다. 상어는 톱날 같은 입이, 톱날같이 가로질린 것이 이 목 이전에 넘어가면서 있지마는 돌고래나 그런 거는 톱날이 없어. 그냥 인간의 그, 넘어가는 아주 맷맷한 그러한 고갯길과 같아. 벌써 생김생김을 봐도 사람을 잡아먹을 건가 안 잡아먹을 건가 아는 거라, 응? 그러니 너무나 묘하고, 사람의 마음으로서 자기를 그렇게 만들고, 또 만들었으면 그렇게 행을 하게 하는 자기 자신들이 아주 중요하다는 겁니다.

하다못해 길을 지나가다 돌부리를 차도 그 돌 하나도 소중하거늘 어찌해서…, 벌레 하나도 소중해서 예전의 선조들은 짚새기에다가 방울을 달고 다녔거늘, 그리고 주장자를 들고 휘휘 휘저으면서 걸음을 침착하게 천천히 걸었거늘, 생명들을 앗지 않으려고, 그랬는데도 불구하고 이건 헌신짝 버리듯 그저 아무거라도…. 비구니들은 비구니들, 여자는 여자, 신도는 신도, 또 신도는 전부 중들한테 꼭 절을 해야 하고 그저 뭐, 막 바쳐야 한다 이렇게 상식을 두고 있다고.

신도들이 천 배를 하고 만 배를 해도 내가 받은 새가 없어. 자기가 자기한테 한 거지 나한테 한 것도 아니요, 나한테 준 것도 아니다 이거야. 나한테 준 것도 없고 난 받은 새도 없어. 만약에 그거를 받았다고 한다면 자기 봉창에 들어가겠지. 이게 돈이라는 것은, 마음도 행도, 우리 지금 보는 것도 듣는 것도 모두 돈과 같이 돌아가는 겁니다. 그런데 네 돈 내 돈이 어디 있으며 너 나가 어디 있겠습니까? 사람이 복잡해서 이것도 인연 따라 참, "인연 따라" 하는 것도 이름입니다. 그저 만나서 주게 되면 주는 거고 쓰게 되면 쓰는 거고 이렇게 해 가는 것인데 천만금이 있다 하더라도 그것 역시 내 것도 아니고 네 것도 아니야. 서로 쓰는 거야. 서로 먹는 거고. 얼마나 묘한지 아십니까?

그전에 제가 산중에 이렇게 돌아다닐 때 보니까, 바람이 휙 부니까 향기가 휙 나면서 꽃 속에 있는 꽃가루가 날아서 저쪽 나무의 꽃 속으로, 그 열매 속으로 들어가서 열매의 그 충을 다 죽이더라는 얘기야. 그러니 얼마나 묘한 겁니까, 세상에. 응? 그 꽃가루가 바람에 날려서. 그게 우연이라고 봅니까? 아닙니다. 대자연입니다. 거기 가서 그 꽃가루가 묻는 대로 그 충이 죽더라는 얘깁니다. 녹아서 물로 떨어져. 죽으면 그게 아침 이슬에 다 녹아 떨어져.

그렇게 서로 협조심이 있고 협동심이 있고 전부 조화를 이루고 사는데 우리 인간은 어떻게 하고 삽니까? 한 가족에서도 서로 말로 뜯어야만 하고…. 그래서 항상 내가 말하죠. 말로 듣기 싫은 소리 하지 마라. 언제나 듣기 좋은 말 하면서, 마음이 좋게 서로 듣기 좋은 말만 하고 살아도 다 못 살아. 이상에 맞는 사람을 만났을 때는 천국이요, 이상에 맞지 않는 사람을 만났을 때는 지옥인 겁니다. 그러니까 항상 듣기 싫은 소리 서로 하지 말고 안으로 굴려라 이거야. 안으로 굴려 놓으면 그 사람, 아까 그 꽃가루가 가서 충을 죽이듯이 바로 내 마음에서 그 마음속으로 밝음이 들어가서 그 나쁜 마음은 다 사라지고 녹아 떨어져 버려. 그런데 왜 나쁜 말을 거죽으로 들이대고 해야 되느냐 이 소립니다. 그것뿐만 아니죠. 장사를 하거나 또는 어떠한 일을 하고 사는 과정에 있어서도, 지금 여러분이 살아나가는 데도 말 없이 말을 하라 이거야. 생각으로써 모든 일들을 해 나가고 하지, 기껏 해 놓고도 말 한마디로써 쪽박을 깨뜨리는 수가 많습니다, 말 한마디로써. 마음은 그렇게 나쁘지 않은데 그렇게 해 놓고서는 떡하니 말 한마디 잘못 불쑥 해 가지고는 그냥 홈빡 깨뜨려 버립니다. 그러고 일을 망쳐 놓습니다. 이건 속 똑똑이가 돼야지 거죽 똑똑이가 돼서는 될 수가 없습니다. 똑똑한 것도 한계가 있는 겁니다.

언제나 겸손하고 남을 업신여기지 않는 마음, 정직하고 건실하고 착실한 사람으로서의 융통성 있는 지혜를 가진 사람. 이래야만이 이것이 진짜 불법이며 생활 불교며, 우리는 그 마음속에서 호국 불교도 나가고 호국 정신도 있는 것입니다. 우주의 모든 여건을, 자유권을 가지고 우리나라를 지키고 또 국가적으로나 세계적으로 조절을 해서 우리 국가를 지킬 수 있는 호국 정신도 거기에서 나오는 것입니다. 나 하나가 나 하나를 이끌어 가지고 갈 줄 모르고 내 가정을 이끌어 갈 수 없는 그러한 좁은 마음으로 어떻게 사회를 이끌어 가겠습니까. 우리가 사회에 나가서 꼭 몸으로만 일을 하는 게 아닙니다. 한마음 가짐 가짐을 잘 갖는다면 우리 국가를 지킬 수도 있고 세계를 조절할 수도 있고 우주를 조절할 수 있어서 자유자재할 수 있는 것입니다. 이렇게 광대무변한 한 점의 마음을 우리가 발견하지 못하고 항상 끄달려 가면서 앞뒤를 재지 못하고 이렇게 나가야 합니까? 우리는 함이 없이 말을 하고, 들은 사이가 없이 듣고, 오고 감이 없이 가고 오는데.

어떤 때는 저 서독에서도 신도 전화가 오고, 저 미국에서도 전화가 오고 각처에서 옵니다. 때에 따라서는 "급합니다. 지금 옆의 사람이 미쳐서 막 날뜁니다." 이래도, 여기는 가까우니까 여러분이 절에 다니면서 공부하면서 여러분이 넘어진 거 여러분이 일어서라 이러는 겁니다. 거기는 머니까 어쩔 수가 없지 않습니까? 그런데 그래도 믿고 여기에 그렇게 전화를 하는 것만 해도 그게 어디 좀처럼 할 수 있는 일입니까. 그러니까 재깍 심부름을 해 줘야 됩니다, 또. 길을 가는데 붙잡고 "참 이것이 이렇습니다." 먼 데 사람들이 이렇게 할 때 그건 가까이 있는 사람이 아니고 멀어서 자주 오는 사람이 아니기 때문에 이 도리를 가르쳐 줄 수가 없어. 그러니까 우선적으로라도 심부름은 해 줘야지.

그러니까 얼른 가서 심부름을 해 줄 수 있는 거…, 가고 옴이 없이 그렇게 모든 거 내가 심부름꾼이 되고 모든 걸 줄 수 있다면, 내 몸이라도 가루를 내서 끼얹어서 모두 잘되게만 할 수 있다면, 이 공부를 할 수 있다면 이 몸을 가루를 내서 뿌리겠다는 얘기야. 그러면 오고 감이 없이 그렇게…, 미국에서도 그다음에 전화가 오면 "아이고, 스님 고맙습니다." 그럴 때 한번 싱긋이 웃으면서 생각에는 '어, 지금 심부름할 때는 끝끝내 심부름을 하고 가겠지마는 자기 자신들이 알아야 남을 심부름을 시키지 않고도 서로 이렇게 해 나갈 수 있으련만….' 하면서 씁쓰름한 웃음을 웃고서 '어쩔 수 없는 거지. 이것도 바로 이런 것이니까. 멀다 가깝다 할 게 뭐 있겠나.' 심부름을 해 준다는 말도 말뿐이요, 그 속에 진의가 있고, 진실의, 지혜의 그 속에 있는 것인데, 이것을 한다 안 한다 이런 말 할 것도 없는 거지요.

그러나 여러분한테 내가 이런 말을 할 때 여러분은 한번 음미해 볼 수 있는 생각이 생겨서 거기서 움이 터져 나오고 열매를 맺고 무르익을 겁니다. 익어서 만약에 모든 우주의 전체에, 세계적으로나 국가적으로나 이익이 가서, 모두 에너지로 변질돼서 우리가 잘살 수 있는 그런 계기가 된다면 얼마나 좋은 일입니까. 그래서 자기 욕먹는 거는 비켜 놓고, "제가 잘났다고 하는구나!" 하는 욕을 먹는 것도 내가 함이 없으니까, 모르는 사람은 "잘났다고 하는구나!" 하고 욕을 할 테지만 나는 하는 사이가 없습니다. 왜? 그건 말로만 하는 게 아니야. 욕먹을 것도 없고 욕 붙을 것도 없지만, 붙을 것도 없기 때문에 그런 걸 주시하지도 않습니다. 그 원리를 이렇게 해서 여러분이 다 이런 것을 짐작해서 알아서 할 수 있다면 친척이 먼 데서 산다, 절친한 사람이 먼 데서 산다 이러더라도 여기서 공부하는 분들이 한생각 내 주실 수 있다면 그것은 극히 이익이 가고 살아날 수 있는 그런 문제가 생기고, 또는 구루마를 끌던 사람이 차를 끌게 될 수 있는 그런 계기가 생기는 것입니다.

살리는 것만 부처님 법이 아니라 이것은 몸을 못 써서 열 사람이면 열 사람 죽는다 할 때는, '그 괴로움을 어찌 다 하나.' 할 때는 그 몸을 벗겨 주는 것도 바로 자비입니다. 그래서 죽이는 것도 자비요, 살리는 것도 자비요, 무명을 쳐 버리는 것도 자비요, 무명을 붙여 주는 것도 자비다 이거야. 이 모두가 자비니 어디 부처님 법이 언짢을 게 하나라도 있겠습니까? 그러나 가난하다고 물질로써 쌀을 한 가마 줘 봤던들 며칠이나 먹고 이 한 가마가 떨어지겠습니까. 그렇기 때문에 마음 한생각 내서 무주상 보시로써 보시를 해 줄 수 있다면 길에 오고 가다가도 보시를 하는 겁니다. 이게 무주상 보십니다. 이 접시를 들고 와서 아무 생각 없이, 내가 이 접시를 내놓는다는 생각이 없이 하는 것도 무주상이지마는 이거보다 더 큰 것이 있다는 얘깁니다.

여러분이 가지고 올 게 없다고 해서 여기 올 수 없다 이런 거는 어불성설입니다. 여러분의 마음이 있다면 마음이 오면 육신도 오는 건데 왜 못 옵니까? 내 정성이 지극하다면…. 지난번에도 얘기했듯이 어느 사람이 그랬더랍니다. 사글세 방을 뺐는데 사글세 방값이 또 모자라더랍니다. '옛다, 이거 어차피 모자라는 놈의 거 우리 병난 아들이나 고쳐야겠다.' 하고선 이리로 다 가지고 왔답니다. 그러고는 방 얻을 돈이 없어서 내일 모레면 쫓겨나게 생겼거든. 그렇게 놓고 또 질질 울면서 올 건 뭐 있습니까? 잘 알아서 하지 못하고. 그래 그것도 참 한편으로 볼 때는 머저리 같고 한쪽으로 볼 때는 '참, 이게 문패도 번지수도 없이 가는구나.' 허허허, 이런 생각이 들었습니다.

근데 도저히 물질적으로 보태 줄 수가 없었습니다. "그래, 살게 되겠지. 산 입에 거미줄 치랴. 이 하늘이 다 지붕인데 뭘 그래?" 그러고 웃으면서 그냥 보냈습니다. 가다가 말입니다, 그게 지금도 생생합니다. 가다가 비를 맞고 울면서 울면서, 애 셋을 데리고 지금 방향을 어떻게 둬야 하나 하고선 울면서 가는데 앞에 뭐가 탁 치이더랍니다. 그러니까 신문 이렇게 똘똘 뭉친 것이 탁 치이니까 '에이, 누가 신문을 또 이렇게 가지고 가다가 그랬나? 가서 뭐에나 발라야겠다.' 그러고 신문을 가지고 집으로 들어갔답니다.

집으로 가지고 들어가서 우선 연탄구멍에 뭐 나오는 거를 막으려고 이렇게 펴 보니까 돈이 똘똘 말린 채 있었던 겁니다, 거기에. 아,

그때 오백만 원이면 컸습니다. 오백만 원이 거기 똘똘 뭉쳐서 있더랍니다. 십만 원짜리로, 묶음이. 그러니 이것이 얼맙니까. 그래서 전세를 삼백만 원짜리 얻고, 하하하…, 웃음이 나지요? 그러나 그 사람은 부처님이 주신 걸로 생각을 하면서 하루종일 울면서 그것을 그럭하고 그 이백만 원을 가지고는 장사 밑천을 해서 장사를 해 가지고 집을 장만하고 지금은 저 원주에서 잘 살고 있습니다.

그래서 나는 언제나 그럽니다. 먼 데로 찾아다니지 않아도 마음이 어디 가겠느냐 이겁니다. 마음이야 천 리 밖에 있어도 가까울 수가 있고 마음이 멀면 턱밑에 있어도 멀어. 안 그렇습니까? 어떤 사람은 병원에 가더라도 "아이고, 스님! 이렇게 이렇게 돼서 이렇게 병원에 갑니다. 스님!" 하고선, 목소리라도 듣고서 가면 여기에서 생각이 있단 얘깁니다, 생각이. 누가 뭐, 그 집만 생각하고 있나? 귀신이 돼서 뭐, 죽내 밥내 끓는 거 마시러 다니나? 그것이 모든 게 믿음에서…. 우리가 공부하는 도중에 그러한 일이 있다면 그렇게 해 가면서 공부를 해야 될 거 아닙니까. 그런데도 그거 뭐, 요신질이라. 그러니까 그것은 자기가 아무리 여기를 다닌다 하더라도 믿지 못하는 데서 나오는 겁니다, 모든 게 다. 그러니까 누구 손해입니까? 본인들의 손해지요. 중들의 손해는 하나도 없지요. 근데 내가 생각하는 거는 그것이 다 내 손해가 아니라 손해 난 것도 없고 손해 아니 난 것도 없어요. 몸이 죽었다 해서 죽은 게 아니니까요, 본래.

여러분이 융통성 있게, 지혜롭게 해 나가면서 공부하실 그런 생각을 하시면서 내가 여러 가지로…. 난 스님네들이 얘기 안 하는 것도 어떤 때는 합니다. 그것은 여러분이 잘 생각을 하고 한번 음미해 볼 수 있는 기회를 드리기 위해서 하는 겁니다. 내가 잘났다 그런 게 아니라 말입니다.

그러니 여러분이 될 수 있으면 주위의 환경 또는 인척간에도 그렇지마는 그 참, 못사는 사람을 보든 병고에 휘달리는 사람을 보든 어떤 사람을 보더라도 그 사람한테 말없이 내 마음속으로 한생각 내줄 수 있는 무주상 보시가, 우리한테는 그것이 공부하는 데 바로 실험이 되고 그 사람도 이익하게 되고 쌍방, 일거양득으로 전부가 좋은 일이고 다 좋은 겁니다. 여러분은 체험하고 공부해 돌아가니까 좋고 그분들은 이익이 되니까 좋고, 여간 좋은 일이 아닐 수 없습니다. 그러니까 모두 여기에서 배우십시오.

그럼 오늘 이것으로써 마치겠습니다.

한마음 한뜻으로 돌아가는 진리

1986년 5월 24일

매일 하는 말이지마는 오늘은 우리의 믿음과 정성, 그것이 어디에 있는가를 말하겠습니다. 줄창 말하지마는 첫째, 우리는 믿음을 진실하게 가져야 한다. 그리고 믿음을 갖는 데는 물러서지 않아야 한다. 셋째로는 모든 것을, 어저께도 얘기했듯이 무주상으로 내가 마음을 내서 안으로 굴린다. 바깥으로 끄달려서는 절대 안 된다 이런 겁니다.

옛날 고려 때의 얘깁니다마는, 어느 부부가 노부모를 모시고 사는데 늦도록 애기를 못 뒀습니다. 이걸 비교해서 방편으로 얘길 하는 것입니다. 그래서 정성을 지극하게 들이는데, 그때는 아낙네들이 나가서 많이 돌아다니질 못하는 때라 돌로다가 탑을 세워 놓고선 그 울안에서 항상 정성을 들였답니다. 그랬는데 어느 날 하루는 꿈에 "얘야, 네가 정성을 지극히 들이는데 내가 너에게 아들을 주려도 줄만한 아들이 없구나. 그러니 참 이건 딱한 노릇이로구나." 하고서는 없어지곤 없어지곤 한 지가 근 칠팔 년이 지나갔답니다.

근데 어느 날은 밤에 자는데 꿈에 하는 소리가 "얘야, 아무리 골라 봐도 너한테 보낼 수가 없어. 그런데 이미 여기 세상 바깥에 나온 아이가 하나 있느니라. 내가 그것을 아무 날 아무 시에 이리로 데리고 올 테니 너 꼭 그 아이를 받아라. 그 아이는 너희 9대조 할아버진데 인연에 따라서 이리저리 태어나서 사시다가 딴 데 태어난 것을 지금 모든 조건을 다 제치고 너한테로 데려다 줄 것이니 꼭 받아라." 하더랍니다. '참 이상스럽다.' 하고 꿈에서 깨 가지고서 그래도 정성을 지극히 들이고선 있다 보니까 어느 날은 아, 꿈도 아닌데 밤중에 바깥에서 웅성웅성하거든요. 그래서 "웬일로 이렇게 웅성웅성하느냐." 하고 나가 보니까 한 대여섯 살 먹은 아이가, 거지인데 족보 한 장만 어깨에다 짊어진 채 나무 밑에서 바가지 하날 들고 얻어먹으러 왔습니다. 그런데 도대체 이 아랫사람들이 밥 한술 주려고 하지를 않고 내쫓으려고 하는데 그 아이가 배고파서 죽겠다고 울면서 밥을 좀 달라니까 여기 안 마나님은 지금 주인이 기도드리고 그러시는데 방해된다고 아예 그냥 들여놓질 않더랍니다. 그런데 난데없이 자기 마음속에서 스스로 '아휴, 그때 꿈에 주신다던 그 아이가 아닌가.' 생각을 했습니다. 그래서 하인들을 다 물리치고서는 그날 저녁에 목욕을 시켜서 뉘어 놓고 가만히 얼굴을 뜯어보니 아니 글쎄, 자기 남편 얼굴을 꼭 닮았더랍니다.

그리고 또 한 가지는 그날 저녁에 꿈을 꾸는데 "내 말을 듣고 네가 이제 받아들였으니 이 아이는 스스로 잘되고 또 이 아이를 잘 기르면 자연히 네 아들도 둘 수 있느니라. 근데 이 아들은 앞으로 큰일을 할 아이가 되니 네 아들이다 남의 아들이다 생각지 마라. 이건 나라에 바칠 아들이야. 그러니 잘 기르고 공부를 잘 가르쳐서 정승으로서 일을 하게 하면 앞으로 나라를 크게 구할 수 있는 그런 이치가 생기느니라." 그런 말을 하더랍니다.

그래서 그 아이를 자기 호적에다 올리고 공부를 시키고 그러면서 점점점점 자라서 학자가 되고 근본이 깨끗하고 착하고 그래서 나라의 정승이 돼 가지고 살면서도 젊은 사람들에게 불법을 펴고 그저 모든 사람들한테 불법을 펴서, 이 고려 안에서는 불법이라 하면 "죽어라" 하더라도 죽을 수 있는 그러한 마음들이 갖추어져서 한마음 한뜻이 됐더랍니다. 그렇게 한마음 한뜻이 되기까지 너무나 그분이 애를 썼고 또 그분이 애를 쓴 까닭에 고려가 섰다는 말입니다. 불법이 그렇게 세니까 몽고에서 쳐들어올 때도 고려가 그 불법이 아니었더라면 그것을 밀쳐 나갈 수가 없었을 겁니다. 우리 한마음 한뜻이 얼마나 중요한지 그것을 여러분이 좀 더 생각해 볼 수 있는 기회가 있었으면 합니다.

여러분은 그냥 사는가 보다 하고 그냥 살지 말고 마음으로서 이 마음 한번 어떻게 먹느냐에 따라서 도깨비가 되느냐, 사람이 되느냐 또는 용이 되느냐, 이무기가 되느냐가 거기에 있습니다. 그러니 마음 한 점에 모든 인생의 그 영원한, 자기의 지금 모습을 감췄다 내놨다, 감췄다 내놨다 하는 그런 인생살이, 끝도 없는 이런 진리 속에서 우리는 세세생생에 자유스럽게 살 수 있는 그런 참인간이 돼서, 앉아서도 모두 구제할 수 있게끔 했으면 하는 생각입니다. 지금 시대이기 때문에 더욱더 앉아서 모두, 세계를 구제할 수도 있고 세계를 코치할 수도 있고 권리를 가질 수도 있고 맘대로 자유권을 가지고 자유자재할 수 있는 것입니다. 어떤 혼돈이 생긴다 할지라도 내 한생각에 달렸다 그 소립니다.

그럼 이 혹성 자체에도 문제가 있지마는 우주적으로도…, 우리가 조그맣게 본다면 한 가정이라고 볼 수 있겠지만 한 몸이라고 보고, 이 몸을 끌고 다닐 수 있는 능력이 있다면 한 가정을 끌고 다닐 수 있고 한 가정을 끌고 다닐 수 있다 하면 우리 사회를, 국가를 이렇게 끌고 다닐 수 있는 것입니다.

여러분이 생각할 때는 그냥 '내가 있으니까 사나 보다' 하고 그저 생존 경쟁에 의해서 먹고살기에 급급하지마는 우리가 아무리 못났어도 내가 내 모습을 바꿀 수 없고, 요 모습이 없어지기 전까지는 내 모습을 바꿀 수 없는 겁니다. 이 모습이 없어지기 전에는 못났든 잘났든 내 부모를 바꿀 수 없는 것입니다. 또 이 모습이 없어지기 전에는 이 한국에 태어난 거를, 한국인이라는 거를 벗어날 수가 없는 겁니다. 그래서 우리가 잠시 쉬었다 간다 할지라도 쉬었다 가는 요 길에서 이 모습을 가지고는 바꿀 수 없는 겁니다. 우리가 외국에 가면 저이는 한국인이라고 그러지 거기 원주민이라고는 안 할 겁니다. 그러니까 그러한 각박한 문제가 생겼을 때, 편싸움이 났을 때는 가차 없이 한국인은 한국인대로 몰리고 가차 없이 또 그쪽은 그쪽대로 몰릴 겁니다. 우리가 지금 조막댕이만 한 땅 한 평을 가지고도 반쪽씩 나누어 놓고선 싸우면서 가차 없이 죽이고 가차 없이 모두 같이 서로 잡아먹으려고 하는 이러한 문제가 있는데, 그래도 여기는 자유가 있기 때문에 굶어도 편리하게 구속을 당하지 않고 사는 입장이지마는 저쪽에선 얼마나 괴롭겠습니까.

그러니 우리가 모든 것을 앉아서 이렇게 불법을 익힌다는 자체는, 마음은 체가 없기 때문에 이북이나 뭐, 세계적으로나 우주적으로나 오신통의 그 근본을 굴릴 수만 있다면 그대로 우린 응용하고 자유스럽게 인간으로서 참 세세생생 끄달리지 않고 살 수 있는 그런 멋있는 사람이 되는 것입니다. 그래서 그때의 그 사람도 정승으로서 수많은 선비를 가르쳤고 선비를 가르치는 반면에 스님네들과 국민과 또 나라와 한마음 한뜻이 돼서 나라를 구했다는 그러한 얘기도 있습니다. 나중에 또 그에 대해서 얘기하겠습니다마는, 그러한 멋있는 인간이 돼서 우리가 살아나갈 수 있다면 지금 이 자리에 앉아서 어떠한 문제가 생겼을 때도 우리는 한생각에, 즉 말하자면 천체컴퓨터나 천체탐지기나 천체망원경이나 영사기나 또는 무전통신기나 이런 것이 전부 내 안에 들어 있기 때문에 맘대로 그건 동시에, 보는데 동시에 듣기도 하고, 듣는데 동시에 보기도 하고 이것을 또 동시에 보는데 동시에 거기에서 숙명이 나오고 그 사람 마음, 타심이 나오고, 모두 이 오관을 통해서 다 들이고 낼 수 있으니 그 얼마나 멋있는 사람입니까.

그러면서도 그걸 언제나 같이 굴리면서 한마음으로 남이 아니게 볼 수 있고 또 아픔을 같이할 수 있고 같이 웃을 수 있고 한마음 한뜻으로 돌아가니 그 겸손한 건 말도 못하거니와, 둘이 아니게 우리가 움죽거릴 수 있고 활용할 수 있다면 어디에든지 적응이 되고 때에 따라서는, 항상 얘기하지마는 모두 관세음보살도 될 수 있고 환경에 따라서는 신장도 될 수 있는 거죠. 옛날에 고려 때 몽고에서 쳐들어올 때도 아, 그 오죽이나 모두 사람 같지 않은 사람들이 들이덤비니까 사람 같지 않은 신장들이 들이덤빈 거예요. 그러니까 그만큼, 그만큼 우리의 그 마음 한 점이 수만억의 분신으로서 활용을 할 수 있다는 얘깁니다. 그러니 얼마나 멋집니까.

그런데 멋진 거는 멋진 것대로 아는데 말입니다, 그걸 알면 너무 멋지면서도 참 광대무변하고, 광대무변하면서도 때에 따라서는 눈가에 이슬 마를 날이 없습니다. '차라리 몰랐더라면 눈가에 이슬이나 안 맺힐 것을….' 하는 그런 생각도 해 봅니다. 너무 참혹할 때가 많지요. 사람이 해가 떴다가 지고, 졌다가 뜨고 하는 것도 둘이 아니지마는 당당히 뜨는 건 뜨고 지는 건 지는 거니까요. 우리가 못났든 잘났든 이 모습을 가지고 있을 때는 그 어머니를 바꿀 수 없듯이 해가 뜨는 건 뜨는 거고 지는 건 지는 거죠. 그렇기 때문에 그 눈가에는 뜨는 걸 봐도 마를 날이 없고, 지는 걸 봐도 마를 날이 없다는 겁니다.

웃음도 여러 가지가 있지요. 너무 기가 막혀서 웃는 웃음이 있고 좋아서, 즐거워서 웃는 웃음이 있는가 하면, 너무 쓰라리고 아파서 웃는 웃음이 있습니다. 우는 것도 그렇습니다. 즐거워서, 반가워서 우는 울음이 있고 너무 쓰라리고 아파서 우는 울음이 있고 너무 쓰라려서 눈물도 안 나는 울음이 있습니다. 허허허…. 참 이건 갖은 각색으로 잘도 안다 그러시겠지만 여러분하고 같이 이렇게 지내다 보니까 어떤 때는 너무 기가 막히면 눈물도 안 납니다. 아무 생각 없이 멍멍하고 그냥 있는 거지. 그건 죽은 송장과 같은 겁니다. 그렇기 때문에 여러분의 그 눈가의 이슬을 나는 내 피와 같은 그런 존재로 생각하면서, 그것 자체도 없건만 말로 어떻게 표현을 하랴 하는 겁니다.

그렇기 때문에 여러분이 부처님 법이라기 이전에 내 마음의 법이 이렇게 근중하고, 이렇게 세상을 다 서로가 서로를 한마음 한뜻으로써 오고 감이 없이 굴릴 수 있는 이 만법의 근원을 어떻게 우리가 묘하다고 안 그럴 수가 있으랴. 그러니 이 묘한 이치를 우리는 꼭 깨달아 보자는 그런 마음에서 물러서지 않기를 바랍니다. 그럼 오늘은 이걸로써 끝마치고요, 거기에 대해서 요다음에 또 얘기하지요.

(선법가 '일체제불의 마음' 반주가 나오자) 이 노래를 잘 음미를 하세요.

팔만대장경 조성의 참뜻

1986년 5월 25일

어저께 여러분한테 말씀드린 거에 대해서 약간의 말씀을 드리겠습니다. 그렇게 선비로서 나라의 정승을 하면서도 국민과 더불어 같이 불법을 펴면서 활약을 하고 그랬다는 얘기를 어저께 했지요? 그랬는데 그 당시에 고려가 몽고에 휘달리게 되고 상당히 어려운 처지에 놓이게 되자 모든 국민과 나라의 정승들이나 인군이나 또는 고려의 스님네들, 모든 절 어디를 막론하고 한마음 한뜻이 돼서 뭉쳤더랍니다. 그래서 그때 당시에 팔만대장경도 만들게끔 됐었고요. 정성을 지극하게 해서 칼로 하나하나 파서 하되 나무 자체는 세 번을 삶아야 하고, 소금물에 담가 놓는 것도 일 년 이태를 담가 놨다가 해야 하는 겁니다. 하지마는 그때 당시에 나라는 너무 쇠퇴해 가고 그랬기 때문에 미리미리 그것을 절여서 한 일 년 그렇게 했다가 또 응달에다 말려서 다시 삶아서 이렇게 하기를 나라 전체의 국민과 스님네들이 전체 한데 합쳐서 그 불사를 했습니다. 그것은 세 가지 여건이 거기에 담겨 있다고 봅니다.

불법을 위해서 한 것이 아니라, 고려라는 나라의 국민과 그 나라를 지키려고 했던 그것도 있지마는 부처님의 뜻이, 가호가 틀림없이 있으리라는 것을 믿었던 겁니다. 믿고 진실하게 자기의 마음을, 또한 육신을 헌 신같이 버렸던 것입니다. 진실하게 그렇게 전후사를 다, 나라의 문제라든가 국민들이 살아나가는 데 문제라든가 또 승가에서도 그 모든 중생들을 건지고자 하는 마음, 다 내버리는 그 갸륵한 마음들을 한데 합쳐서 그렇게 큰 불사를 이루었던 거죠.

하여튼 그런 마음으로써 그 큰 불사를 이루게 되니까 참 너무나 성스럽고 그런데, 내가 말하고 싶은 것은 그렇게 정성스럽게 한 그것이 나무 널빤지가 아니고 거기에는 여러분의 그 땀이 들어 있다는 얘깁니다. 그 널빤지가 보기에는 널빤지지마는, 나무토막이지만 땀이 거기 폭삭 다 차지를 하고 있대도 과언이 아닙니다. 또 글자가 글자가 아니라 여러분의 피인 것입니다. 핏물로 글자가 새겨졌다고 봅니다. 그렇다면 그 온갖 정성을 다 들여서 했고 또 승가에서도 스님들이 온갖 정성을 다 거기에 기울였기 때문에, 즉 말하자면 우주간 법계에서도 감히 그것이 패해지지 않도록 만들었던 거지요. 그러니 그것이 널빤지가 널빤지냐, 글씨가 글씨냐 이런 소립니다. 우리가 보기에는 물질이기 때문에 그거는 이름이요 모습이지마는 그 모습, 이름 속에는 진의가 들어 있다 이 소립니다. 그래서 우리가 모습을 가지고, 이름을 가지고 논의하지 말고 진정코 그 뜻을 알려면 그 진의를 알라 이겁니다.

팔만대장경은 바로 여러분의 한마음 근본에 팔만대장경이 다 들어 있지 않습니까? 팔만대장경뿐이겠습니까, 어디? 헤아릴 수 없는 것이 한마음 한 점에 들어 있다는 겁니다. 그래서 항상 말씀드리듯이 천지 만물, 유생 무생, 모든 것이 태양과 더불어 그 한 점의 마음 속에 같이 있는데, 그 있으면서도 같이 공생하고 공용하고 공식하고 있다. 그리고 지금도 공체로 돌아간다 이런 겁니다.

그러면 우리가 물질로 따진다면 100년이고 200년이고 300년이고 또 앞으로 수만 년이 지나가서 그 팔만대장경이 그대로 보존이 돼 있을까 하는 것도 문제죠, 물질이기 때문에. 팔만대장경 보관도 그게 너무 유착되고 그러니까 지금 과학이 발전되고 그래서 그저 똥그란 거 몇 개면 그냥 팔만대장경이 다 거기에 수록될 수도 있게 지금 발전이 된 거죠. 그래서 가방에다가 그냥 이렇게 넣어 가지고 갈 수 있게끔도 될 수 있다. 그런 과학적인 문제로 지금 발전이 된 것도, 역시 팔만대장경이라는 그, 나무 널빤지가 아니라, 글씨가 아니라 사람의 마음들이 그만큼 정성이 지극하게 깃들어서 그 땀과 피와 진실과 패기와 물러서지 않는 그 믿음이 바로 그러한 과학적인 문제도 갖다 주지 않았나 이렇게 봅니다.

그러면 우리는 그때 당시에 어땠던가. 사람들이 이고 강을 건너려 하는 거를 막 찌르고 베고 이렇게 하는 동안에 어느 고려 여인 하나가 너무도 참혹하고 그래서 그것을 돌에다가 가만히 모셔 놓고, 자기 옷을 벗어서 거기다 싸서 모셔 놓고선 황급히 그릇을 청해서, 청한다는 게 무슨 그릇이겠습니까. 사람이라는 게 목마르면 물 떠 먹는 그릇을 항상 이렇게 지고 다니는 사람이 있겠지요. 거기다가, 칼로다가 여기를 찔러서 그 그릇에다 피를 담아서, 그걸 옮겨서 거기다가 놓지도 못한 채 그 피를 거기다가 한 그릇 담아 놓으면서 쓰러지면서 기원을 했더랍니다. '내 몸이 가서 저 사람들을 무찔러서 고려를 세우고 또 우리 고려의 국민들을, 즉 백성들을 살리고 불가에 인연을 맺어서 다 같이 우리가 참다운 인간으로서 살 수 있도록 될 수만 있다면….' 하는 그런 정성의 기원이었습니다. 지금 말이 그러니까 그렇지 그때 당시에 그 상황을 보게 되면 아마 참혹했을 겁니다.

모두가 우리의 그 마음입니다. 마음으로 인해서 자기 육신도 헌신짝같이 버릴 수 있다는 그런 마음 말입니다. 공부하는 사람들도 그렇습니다. 나를 놓지 않고 나를 버리지 않으면 항시 위협이 따라옵니다. 이런 게 있지요. 나를 버리지 않는다면 무섭고 두렵고 겁나고, 믿음도 파괴가 될 수도 있고, 패기도 흐트러질 수가 있고, 정직도 흐트러질 수 있고 그거는 도대체 당황스럽게 흐트러진다는 얘깁니다. 자기를 한번, 이렇게 죽으나 저렇게 죽으나 내가 판단을 해서, 나침반을 마음으로 책정을 해서 '이것을 하겠다.' 라는 생각이 있다면 무엇인들 못하겠습니까, 나를 버리는 이상. 하나도 두려움이 없어요.

이런 게 있어요. 어느 집에 이사를 가려는데 아, 사람이 그 집에 들어가기만 하면 죽는답니다. 그러니까 싸게 팔아도 아무도 들어가질 않았습니다. 그런데 예전에 가난한 신도가 하나 있었습니다. 그런데 그 신도가 너무나 가난하게 살다 보니까 지쳐서 그랬는진 모르지만 자기 몸을 아예 그냥 "이렇게 죽으나 저렇게 죽으나 어차피 죽을 거 그 집에 들어가 죽으나 마찬가지니까 스님, 삼분의 일만 주고 사게 해 주세요." 이런 얘기를 했었어요. 그런데 그 가옥은 예전에 일본 사람이 살던 적산 가옥이고 땅도 인제 그렇게 된 거니 아주 싸죠. 근데 이제 그 사람 앞으로 분할이 돼서 부어 나가는 거죠. 그래서 그 사람이 인제 그 땅을 자기 땅으로 만들면서 일 년에 얼마씩 부어 나가게끔 해서 가난을 좀 면해 볼까 했던 거지요. 자기 죽는 거보다도 자식들을 생각하니 기가 막히니까 그렇게 했던 건데, 그렇게 식구가 다 강하게 나가니까 죽기커녕 오히려 꿈을 꾸는데, 나가서 벌벌벌벌 떨고 섰더랍니다. 인제는 여기서도 쫓겨나게 생겼다고 하면서 말입니다, 꿈에. 일본 사무라이가 한 대여섯 명이 나오더니마는 인젠 여기서도 쫓겨나게 생겼다고 그러더랍니다.

그러니 그것이 우리의 참다운 패기와 믿음, 물러서지 않는 마음, 자기를 버리는 마음이 있다면 무서움이, 두려움이 하나도 없어요. 내가 이 나의 주인공 이 자체의 주장자가 서지 않았다면, 그리고 또 둘로 봤다면 그거 무서워서 말입니다, 그믐밤이든 언제든 그렇게 다닐 수도 없었을 거예요. 아무리 캄캄하지 않아 천에 없어도, 상여 든 집이 있고, 나무에다가 비뜰어 매서 대롱대롱 색색이로 비뜰어 매어 놓은 성황당이 있고 산신각이 있고 뭐, 별 오두 가지 저게 다 있어도, 밤에 그 깊은 산에서도, 묘지가 많아도 외려 든든한 거 있지요. 왜 든든하냐. 내가 둘로 보지 않으니까, 모든 걸 나의 그 한 점의 마음에 결부시키니까, 나를 내버리니까 모든 게 그렇게 좋은 거를 말입니다. 그러니 뭐가 나한테 달라붙을 게 있으며 나를 해할 게 있겠습니까, 내가 없는데.

그러니 모든 게 가면 가는 대로 앉으면 앉은 대로 그렇게 편안한 게 없어요. 서서 다녀도 누가 세금 내란 말도 없죠, 앉아 있어도 누가 땅값 내란 소리 없죠. 아무리 천지 사방을 돌아다녀도 세금 한 장 나온 게 없거든요. 얼마나 편리합니까. 누가 가랍니까, 오랍니까. 그러니 아니, 비 안 맞는 데만 있어도 그거는 참 감지덕지고…. 야, 이런 게 있지요. 소란반자에 각장장판이라고요. 이 하늘이 전부 지붕이고 내 집 아닌 게 없어. 내 잘 자리 아닌 게 없고. 어디 가서 못 자고 어디 가서 못 얻어먹고 그래서 모두들 저렇게 애를 쓰나 싶은 사람들도 한 번쯤은 생각해 본 적이 있어요. 우리는 살기 위해서 먹는 것도 아니고 먹기 위해서 사는 것도 아니에요. 그저 목표를, 자기가 이 세상에 나오고 거기에서 지금 현실에 내가 나를 주시해 보면서, 자기로 한번 굴리면서 항상 살아가는, 자기를 완성시키는 그러한 길만 택하는 거지, 다른 거 없거든.

이 몸이라는 거는, 아까도 팔만대장경 얘기 했듯이 그것이 또 보관이 되지 못할지도 모르거든. 그렇기 때문에 그 마음과 이 정성이 지극하다면 그것도 좀 간단하게 만들어 놓을 수 있는 그런 불사도 필요하죠. 그리고 또 그렇게 없어지는 물건은 영원치가 못해. 아, 그게 다 부서진다고 해서 그 땀, 피, 그 믿음이 없어지는 게 아니고 불성이 없어지는 게 아니야. 그런데 그 각판이 없어지면 글자도 없어지지. 글자가 없어지면 우리네 배우는 사람의 주춧돌이, 거름이 없어지는 거나 마찬가지야. 거름이야, 거름. 역사적인 문제에 의해서 전자부터 거름을 만들어 놨다가 거름으로 인해서 또다시 농사를 짓듯이 말이에요. 그런 거나 마찬가지거든요.

그래서 그것도 없어서는 아니 되지마는 물질이기 때문에 우리는 현시대에 따라서 과학이 발전됨으로써 발전되는 대로, 문화가 발전되면 발전되는 대로 우리가 그거 좇아서 불사를 해야 하고 배움도 시대가 변천하는 대로 배움을 그대로 따라가야 하고 그대로 흘러야 하되, 마음의 그 뜻은 그때나 지금이나 똑같지 않습니까. 진리야 어디 변동이 있겠습니까마는 우리의 모습은 다 달라지기도 하고, 때에 따라서 찰나찰나 달라지는 이 모습, 또는 찰나찰나 달라지는 이 문화, 세계적으로 달라지는 과학의 발전, 이러한 모든 것을 따라서 우리가 겸용해서 이 불법의 진리를 긴요하게 쓸 수 있는 활용이 필요하지 않나 이렇게 봅니다.

그래서 그 상황 속에서도 그렇게 정성스럽게 국민과 더불어 나라와 스님네들이 합심해서 하니까 고려를 물질로도 뺏기지 않았고, 또 백성들이 한참 살게끔 됐고, 그런 일이 있고부터는 고려 땅에서도 사람이 났고…. 그러니까 모든 것이 우리의 마음에 달렸다는 겁니다. 우리의 마음에 달렸어.

그때나 지금이나 마찬가지지마는 지금은 그때와는 상황이 달라. 아, 지금 옛날처럼 손자병법을 쓴다고 해서 그것이 될 일입니까. 지금 시대하고 어떤 차이가 있습니까. 지금 손자병법을 쓴다면 그거는 무(無)의 손자병법이 돼야만 돼요. 유(有)의 법이 돼서는 도저히 지금은 할 수가 없어. 앉아서 천 리를 보고 앉아서 만 리를 보고, 그것만 봐서도 되지를 않아. 전체를 둘러 아니 보는 데 없어야 되겠지. 또 역사를 본다 하더라도, 숙명을 본다 하더라도 아니 보는 데 없이 봐야 되겠고 알아야 되겠고 또 지금 현세를 본다 하더라도 못 보는 데 없이 봐야 되겠지. 알아야 되겠지. 흘러 내려온 걸 알고 지금 현실을 알고 또 모두 볼 줄 알아야 하고 또 들을 줄 알아야 하고. 이것이 무에나 유에나, 무에서부터 유로 나오는 거기 때문에 보이지 않고 들리지 않고 그러는 데서 들을 줄 알고 해야 이것을 어떻게 해 나가지, 미리들 벌써 속으로 다 이렇게 해 놓겠다 해도 그 사람들은 거죽으로 꼭 나오게 돼 있거든. 그런데 미리 내가 이런 집을 짓겠다 하는 마음을 알 수가 없으면 도대체 그걸 막질 못해.

그런 거와 마찬가지로, 그거는 소소한 얘기지마는 전체 우주의 법계에 우리 지금 이 지구 하나가, 구슬 수억 개를 갖다 놨으면 그 구슬 하나 요렇게 같이 껴 있는 거나 마찬가지야. 그러면 뭐, 콩나물 대가리 하나 존재하는 거나 똑같은 거라. 그 콩나물 대가리 속에 또 우리들이 이렇게 이렇게 존재하는 거라. 또 우리들 속에 수만 개가 지금 존재하고 있단 말이야, 이 속에.

이러니 이게 말로는 헤아릴 수가 없는 거라. 그러니 여러분이 그것을 일일이, 갈갈이 뜯어서 알 수가 없는 거니까, 이 내가 공했으니까, 모든 생명들이 한데 규합돼서 사람 하나가 된 거니까 그 사람 하나의 마음에 달렸다. 그 사람 하나의 마음에 달렸는데 그 마음만 벗어날 수 있다면 모든 것을 우주간 법계와 더불어 같이 이렇게 공생하고 공용하고 이러는 거를 점차적으로 자기가 알고 오신통을 자기가 굴릴 수가 있으니 그대로 여여하게 추진할 수 있는 영원한 부처님의 도리며 바로 우리의 도리 아닌가 이렇게 봅니다.

그러니 오늘 이렇게 여러분한테 잠시 잠깐 무슨 뭐, 별다른 말은 아니지만 그 속에는 무진 진의가 들어 있다고 봅니다. 우리의 마음에 따라서 마음 한 번만 잘못 쓰면 자기 가정이 망하는 수도 있고 마음 하나를 잘 써서 자기 가정을 일으킬 수도 있는 겁니다. 여러분은 "야! 뭘 믿어? 내 주먹을 믿지." 이러는 분들이 있지요. 그래, 내 주먹을 믿지 누구를 믿습니까. 그런데 내 주먹이 아니라 내 주먹 그 자체를 믿는 마음 속에 바로 그 진의는 있으니 그 진의가 우주간 법계를 맘대로 자유권을 가지고 자유자재할 수 있는 그런 여건을 가졌다는 겁니다.

그러니 우리 가난과 우환과 인과법과 유전성과 모든 그 악조건에 있는 악법이나 또는 병고 액난과 모든 것은 자기 마음에 의해서 지어 온 거지 누가 갖다 준 것도 아니고 뺏어 갈 것도 못 되고 그럽니다. 그러니 여러분이 해 놓은 거 여러분이 몰락 놓고 녹여 버리십시오, 용광로에 넣듯.

그러니 항상 말하지만 자기 마음에서는 야, 오십 가지 물감으로 전부 한 종이에다가 그림을 그렸는데, 이 오십 가지 물감이 여기 다 들어가 있는데 한두 가지의 물감으로 이걸 그렸다고 할 수는 없지요. 오십 가지 물감이 다 들어갔으니 이 그림을 뭘로 그렸다고 할까요? 어떤 물감이 들어가서 이 그림이 됐다고 말을 할까요? 그 오십 가지의 물감을 다 찍어서 그림을 그렸기 때문에 내가 어떤 물감을 찍어서 그렸다고 말을 할 수도 없는 겁니다. 그렇기 때문에 그것이 한데 합쳐서 주인이자 공이다. 색이자 공이다. 고정된 게 하나도 없고 이름 세울 게 하나도 없으니 그건 오십 가지 전체가 한데 합쳐져서 나와 더불어 같이 공했으니 너이자 공했다. 그러니 거기에서 나오는 거 거기에다 다시 놔라. 다시 맡겨 놓고 살아라. 맡기고 살면 그렇게 편안할 수가 없다. 그러면 오십 가지가 스스로 돌아가면서 저절로 그림은 그려질 거 아니냐 이런 겁니다. 그러니 꼭 맡겨 놓고 사십시오.

우선 여러분은 여러분의 모습을 가지고 이 한국 국민으로서 태어났으니까 그 모습이 없어질 때까지는 어디 가서든지, 또 딴 데 가 태어나더라도 그렇고 태어나지 않더라도 그렇고 그걸 막론하고 여기에서 이 모습을 가지고 태어났으니까 내 집이나 한가지입니다. 그래서 내 국가와 또는 사회와 내 가정, 내 몸, 내 가족을 이끌어 나갈 수 있는 데에 앞장설 수 있는 그런 모범적인 자유인이 되고자 하는 마음을 가지십시오.

불법이라는 것은 부처님이 그렇게 가르치신 건데 모두 잘못 배워서 기복으로만 많이 나가기 때문에, 자기의 완성을 하지 못한 채 또 껍질을 벗고서 뭐가 될는지 모르겠습니다. 우리 잘 생각해 볼 수 있는 그런 기회를 가지면서, 그 모든 사방의 바람과 사대의 모든 흐름을 간절히 우리가 한번 가슴속에서 음미해 보면서 또 그 가슴속에 잦아들게 할 수 있는 그 눈물 어린 믿음, 그걸 한번 진실로 가져 보십시오.

그럼 오늘은 이만하겠습니다.

두꺼비 보살로 환생한 어머니

1986년 5월 27일

우리가 날마다 이렇게 앉아서 이런 얘기 저런 얘기 하는 것을 겉벌로 듣고 넘겨 버릴 게 아니라, 한 번씩 안으로 굴려서 음미해 볼 수 있고 생각해 보시리라 믿으면서 항상 이렇게 말을 합니다. 그러나 이 말도 이름일 뿐이지, 그 이름 속에 이름 없는 진리가 있다는 것을 아셔야 하고, 방편이면서도 진실이고 진실이면서도 방편인 이 둘이 아닌 도리를 역력히 점검해 봐야 할 자기입니다.

그렇기 때문에 옛날이나 지금이나 똑같습니다. 그런데 옛날에는 깨이지 못한 시대라 그런 문제가 있었고, 지금은 너무도 여러분이 많이, 자라나는 사람들도 그렇지마는 지금 어른들도 많이 깨인 상태에서 살림들을 하고 돌아가고 있습니다. 그러니 "옛날" 이러더라도 바로 오늘인 줄 아셔야 됩니다. 옛날이란다고 옛날로만 생각을 하셔서는 안 돼요. 지금도 그러한 일들이 비일비재하게 돌아가고 있으니까 말입니다.

옛날에 어느 산골에 딸을 하나 낳고 부부가 살았는데, 그 동네에서는 삼 년마다 처녀들을 바쳤답니다. 그것이 왜 그렇게 됐느냐 하면, 동네에서 처녀를 바치지 않으면 농사도 되지 않을 뿐만 아니라 그 일대가 다 흉년이 들고 사람이 자꾸 죽어 넘어가. 그래서 할 수 없이 삼 년마다 처녀를 바치게 됐는데, 산 밑에다가 초당을 하나 지어 놓고선 거기다 항상 제를 지내고 이랬는데, 하루는 그 어머니가 생각할 때에 앞으로 우리 딸도 나이가 그만해지면 바치지 않고는 안 될 처지가 돼 있더랍니다.

그분은 어느 도승한테 다니면서 항상 마음속으로, 겉으로 끄달리지 않고 안으로 항상 마음을 쓰면서 "부처는 네 마음속에 있느니라." 해서 항상 그렇게 굴리며 살았는데, 그래도 사람인지라 앞으로 딸이 그렇게 된다 생각하니까 아찔한 겁니다. 남의 집 딸도 바치면 그 이튿날 새벽이면 벌써 앙당한 뼈만 남은 거를 내오곤 내오곤 했습니다. 뭐가 그렇게 하는지도 모르면서 말입니다. 그랬는데 그런 걱정을 하다가 그만 어머니가 상심을 해서 죽었습니다. 그 죽은 어머니가 항상 마음으로 자기 부처를 찾으면서 굴리던 그것이 있기 때문에….

여러분, 요걸 잘 들으세요. 우리가 애를 배면 아이가 탯줄을 잡고서 태에 앉아 있는 거나 같거든요. 어린애는 태에 앉아서 탯줄을 잡아야 젖을 얻어먹고 자랍니다. 탯줄을 놓친다면 그냥 떨어지게 되죠, 어린애가. 그런 거나 마찬가지로 우리도 지금 이렇게 살면서도 우주와 더불어 바로 한마음 한뜻으로서의 탯줄을 잡고 지금 가고 있는 겁니다. 그 탯줄은 한 탯줄이란 말입니다. 그거나 똑같습니다, 지금. 그런데 그 줄을 떨어뜨리면 우리는 고아죠. 고아로서 항상 그저 바깥으로 끄달리면서 고아 생활을 하려니까 얼마나 고생이 많겠습니까. 그 줄을 잡는다면 거기서 젖 나오겠다 뭐, 자기가 자랄 그 요식은 충분히 다 나오는데 말입니다. 그와 똑같은 얘깁니다.

그래서 그 어머니가 죽으면서까지 '나는 저 딸을 그냥 그렇게 죽일 수는 없는데, 내 딸뿐만 아니라 앞으로 자라나는 딸들이 이 동네에서 다 없어져. 그런다면 이 동네가 멸망을 하게 되고, 앞으로 어떡하면 좋은가' 하는 생각에서 상심을 하다가 그냥 죽어 버렸는데, 그 어머니가 들어가서 자기 그 부처에 질문을 한 겁니다. "나는 어떻게 해야 되겠느냐?" 했습니다. "뭐를 어떻게 해? 네가 알아서 해야지." 예를 들어 말하자면 그렇다는 얘깁니다. 일체 부처님이 자기 마음 한 점에 있거든. 그러니까 거기에 자기는 바로 자문자답한 게 되죠. 죽은 마음이라도 자기가 자기한테 말입니다. 그러니까 "너는 나가서 다시 화해서 보살행을 하거라. 너는 보살로서 충만히 할 수 있으리라." 하고 이렇게 자기가 바로 부처님한테 그렇게 받았답니다.

그러나 이분은 어떻게 생각을 했느냐 하면 '나는 보살이 되기 위해서도 아니요, 감히 중생을 건진다는 그런 생각도 아니요, 단지 지금 우리 마을의 처녀들이 다 죽어 가고 있고 망해 들어가고 있고, 그렇다면 앞의 거 해결을 못하는데 뒤의 거를 어떻게 제가 합니까.' 한 겁니다, 인제. 그래서 '앞의 거 처리 못하는데 어떻게 뒤의 거를 합니까?' 이럭하면서 무슨 생각을 했냐 하면 '나는 두꺼비로다가 화해서 우리 마을을 살리고 내 딸을 살리겠다.' 라고 한 겁니다.

그렇게 해서 자기는 두꺼비로 환생을 해서 나왔습니다. 그래서 어린 딸이 밥을 할 때면 항상 부뚜막에 같이 이렇게 나와서, 불을 때면 옆에 조그마한 두꺼비 한 마리가 항상 따라다녀. 겨울이나 여름이나 항상 따라다니는 거라. 부엌에 딸이 나오면 부엌의 부뚜막에 앉아 있고 들어가면 들어가는 대로 그저, 불 때면 부뚜막에서 내려와서는 치마꼬리에 묻혀서 있고 항상 이렇게 하는데, 그러니까 그 딸은 어디다가 의지하고 그럴 데가 없었는데 그 두꺼비 한 마리가 부엌에서 항상 그렇게 알찐거리고 그러니까 아버님 밥을 뜨고 그러고선 자기 밥 뜰 때는 언제나 한 덩어리씩 부뚜막에다 놔 줘. 그걸 먹고 삼 년을 살았어요. 그러다 보니까 두꺼비도 아주 큼지막하게 자랐죠. 그 딸은 두꺼비가 자기 어머니인지도 모르는데 두꺼비가 때로는 눈물을 주르륵 흘리곤 부뚜막에 앉아서 울거든요. 그러면 어머니 생각이 나서 "너도 엄마 생각 나서 그러니?" 이러면서 자기도 울었거든요. 그렇게 울기를 근 삼 년, 삼사 년 그렇게 되자 그 처녀는 그만 끌려가게 됐죠.

그래서 날짜가 버럼버럼 닥쳐오는데, 내일 인제 가려니까 오늘 저녁 홀연히 잠이 들었는데 꿈에 부엌에 들어갔더니 두꺼비가 활짝 엄마로 변해서 일러 주기를 "너 내일 갈 때 두꺼비를 치마 앞에 싸 가지고 들어가거라. 싸 가지고 들어가면 한가운데 앉지 말고 양 옆으로 앉아라. 앉되 나를 싼 행주치마를 뚤뚤 말아서 방 가운데다가 놔 주고 나를 방 가운데 놔 다오." 이러고선 두꺼비로 다시 변하거든요.

그런 꿈을 깨고서는 앉아서 목을 놓아 울었어요. 아버님을 어떻게 혼자 놔두고 가나. 나 하나를 기르기 위해서, 나 하나 고생시킬까 봐 걱정이 되셔서 재혼도 안 하시고 이렇게 혼자 사시는 아버님을 어떻게 두고 내가 이렇게 가야만 하는가. 이 불효를 용서해 달라고 엎드려서 울었답니다. 우니까 공중에서 "애, 아가야. 울지 마라. 사람의 마음이 꿋꿋하면, 잃지 않으면 살 수도 있느니라. 걱정하지 마라. 내가 있지 않으냐." 하면서 소리가 들리거든요. 그래서 어딘가 두리번두리번하다가 "엄마, 엄마! 엄마 목소리야, 엄마." 하면서 사방을 돌아보면서 애를 쓰는데 두꺼비가 부뚜막에 앉아서 눈물을 줄줄 흘리고 있더랍니다.

그래서 그 이튿날 당도해서 꿈에 그렇게 엄마가 일러 주신 대로 앞치마에다 싸 가지고 들어갔어요. 들어가서 앞치마는 둘둘 말아서 한가운데 떠억 놓고서는 가장자리에 앉아 있으려니까, 사람들은 갖다 놓고서 제를 바치고서는 그냥 모두 가 버렸죠. 한밤중쯤 되니까 쏴 소리가 나는데…. 지금은 이렇게 반자를 했지만 예전에는 대들보를 가운데로 이렇게 걸치면서 서까래를 얹었고 뭐, 그런 것도 안 해 놨지 않습니까? 그 대들보에서 그냥 쏴아 하면서, 대들보에 걸치면서 큰 지네가 그냥 널름거리거든요. 처녀가 보니까 쏴아 하는 소리에, 냉기가 그냥 온 방으로 돌면서 그러는데 아, 그 큰 두꺼비가 말입니다, 행주치마 그 똘똘 뭉쳐 놓은 데다 앞발을 들이대고 안개를 뿜는데 그냥 방이 자욱하게 안개를 뿜더랍니다. 힘을 다 들여서 안개를 뿜은 거예요. 안개를 뿜으니까 그것이 요동을 하고 요동을 하고, 요동을 몇 시간 동안 하다가 날이 밝을 새에야 그게 그냥 떨어졌는데, 그러기 전에 그 처녀는 까무러치고 말아 버리고 두꺼비는 밤새 그냥 몇 시간을 안개를 뿜어서 그걸 떨어뜨리고야 말았어요.

그래 그 큰 지네를 떨어뜨리고 죽여 널브러트렸는데, 아침 새벽에 송장 뼈다귀를 치울 양으로 사람들이 들것을 가지고 문을 여니까 처녀는 그냥 까무러쳐서 드러누워 있고 지네는 죽어서 널브러져 있고, 두꺼비는 그 딸 입가에다가 침을 묻혀서 자꾸 이렇게 하고 있거든요. 그러니까 그 참 기이한 일이라고, 동네 사람들이 전부 이 애는 살았다고 이러면서 데려다가 인제 물을 끓여서 먹이고 그랬는데 아, 그러자 깨어나면서 두꺼비 어디 갔느냐고 찾으니까 두꺼비는 두꺼비대로 거기에서 그 딸더러 하는 소리입니다. 까무러쳐서 그렇게 있는 도중에 "두꺼비 찾지 마라. 두꺼비는 너의 어미니라. 두꺼비는 너를 살리고 이 동네를 살리기 위함이요, 모든 처녀들, 앞서의 죽은 처녀들도 모두 환생을 하게 하기 위함이요, 너희 아버지를 살리기 위함이요, 너를 살리기 위함이니라. 앞으로는 부처님을 지극히 믿되, 네 마음속에서 한 치라도 떨어져서는 안 되며, 한 치라도 바깥으로 부처님을 찾아서도 아니 되며, 너희 아버지 엄마, 모든 조상과 모든 일체 만물과 더불어, 부처님과 더불어 네 한마음에 있으니 그 마음에 항상 안으로는 모시고 네 바깥으로는 항상 네 몸을 단정하게 굴리며, 또 바깥으로 보이는 것을 언제나 겸손하게, 그 인간 된 도리를 조금도 어긋남이 없이 행하려무나. 그럼으로써 너는 좋은 배필을 만나서 앞으로 한양으로 가서 잘 살게 되느니라." 이렇게 말을 하시면서 그 두꺼비는 간 곳이 없어졌는데, 그 두꺼비 몸째 간 곳이 없어진 게 아니라 두꺼비는 거기에 그냥 죽어 널브러져 있더랍니다. 거기에서 진짜 그렇게 살려 놓고는 그냥 몸을 벗은 거죠.

그러니 그만큼 우리는 자유자재할 수 있는 그런…, 지금도 그럴 수 있는 겁니다. 우리가 여기 앉아서 몸은 이렇게 두고도 내 마음의 분신은 수만 개로 돼서 남이 원하는 대로 나툴 수가 있는 거거든요. 남이, 즉 말하자면 어떠한 법에 걸려서 애를 쓰는 분이 있다면 그분은 그걸 모르고 산신을 찾는단 말입니다. 그러면 산신이 돼 주고, 응? 그러니까 그 도리를 알아서, 자꾸 산신이 돼 준다 이러지 말고, 자기가 때에 따라서는 산신이 되고 판사가 되고 자기가 어떠한 생물에 대한 문제가 있어서 거론이 되면 자기가 직접 그게 돼 버리란 말입니다. 또 '용왕이 나를 도와준다는데….' 이런 생각이 들걸랑 직접 용왕이 되란 말입니다. 연등 부처가 되려면 연등 부처가 되고 석가가 되려면 석가가 되고, 또 조사가 되려면 조사가 되고 법신이 되려면 법신이 되고 보신, 화신, 문수, 보현 다 될 수 있는 거 아닙니까? 환경에 따라서.

그것이 소소영영하다는 겁니다. 둘이 아니면서도 소소영영하게 내가 될 수 있는 그런 자체. 그러니까 둘이 아니요, 두 자리가 아니다 이 소립니다. 내 아픔 아님이 하나도 없고, 내 몸 아님이 하나도 없고, 내 자리 아님이 하나도 없고, 내 손 아님이 하나도 없고, 나 아님이 없으니 어찌 둘로 보랴 이런 겁니다. 그러니 그 부인이 그러한 도리를 몰랐더라면 그 마을을 살릴 수 없었고 그 먼저 간 사람들을 다 화생으로서 다시금 삶의 보람을 느끼게 해 줄 수도 없었거니와 자기 영감님도 그렇고 딸도 그렇고 살리지 못했을 겁니다.

그러니까 우리가 지금 공부를 하는데 지금 당면해 있는 것만 알고 요것만 잘 살려고 하는 게 아니에요. 대대로 영원히, 자기의 한생각이 에너지로 세세생생에 그게 남는 것입니다. 세세생생에 말입니다. 그러니까 그것은 끊임없이 돌아간다는 얘깁니다. 우리 정신의 마음은 항상 지금 우주에 더불어, 즉 바람과 같이, 구름과 같이, 물 흐르는 거와 같이, 이 흙이 변치 않듯이 항상 같이 돌아가고 있거든요. 그래서 그 모태가, 탯줄이, 지수화풍의 그 근본이 바로 우리 마음의 탯줄을 만들어 놓은 거죠. 그러니 어디 가 찾습니까? 바로 여기 있는 거 아닙니까?

그러니 우리 각자가 따지게 되면 하고많은 말이 있겠지마는 나를 법당으로 여기고 그 법당 속에 부처가 있다는 걸 아시고, 그 법당 속에 부처도 있고 중생도 있고 다 거기 한자리에 있다는 걸 아셔야 돼요. 내 부처가 내 중생을 이끌어 가지 못한대서야 남의 중생을 어떻게 이끌어 주며 그 부처님의 마음을 어떻게 꿰뚫어 알 수 있겠습니까? 나부터 아셔야 돼요, 각자.

그리고 둘이 아니라는 걸 아셔야 돼요. 우린 전부 공생으로서 공용하고 있고, 공심으로서 그렇게 서로를 도와 가면서 사랑하고 있다는 걸 아셔야 돼요. 우리는 모르면 그저 바깥으로 끄달리면서 개별적인 자기만 알고 그걸 고(苦)로 생각하거든요. 그런데 고가 아닙니다. 대의적으로 대자연의 이치를 갖다가 전체에 한데 합쳐 놓고 본다면 한번 뒤집었다 엎었다 뒤집었다 엎었다 하는 거밖엔 될 수가 없어요. 그러니 누구 말마따나 팔만대장경을 꼭 짜면 한 방울의 물밖에 안 되는 거 아닙니까? 응? 그러니 그 한 방울의 물이 어디에 있는 겁니까? 그 한 방울의 물은 바로 내 한 방울의 물과 그 팔만대장경을 꼭 짠 한 방울의 물과 둘이 아닌 겁니다. 그렇기 때문에 우리가 삼천 독을 했다, 백 독을 했다 이러더라도 그것은 몸 떨어지고 입 떨어지면 말도 떨어질 거야. 아무것도 없어. 공덕이 하나도 없어. 그리고 둘로 본다면 종 문서를, 절대로 종을 면하지 못할 거야, 응?

그러니 옛날이나 지금이나 삼천 년 전이나 우리가 보이지 않는 데에 그렇게…. 지금 요거를 한번 예를 들어서 얘기할까요. 테레비에서 싸움하는 장면을 많이 보죠. 외국에서 싸움을 하거나 한국에서 6·25가 나서 막 죽이는 장면을 봤을 때 그럴 때 교차로가 어떤 건 줄 아십니까? 사람이 생존 경쟁에 의해서 한 사람을 죽이고 한 사람은 살기 위해서 둘이 싸웠는데 만약에 이쪽에 수십 명이고 저쪽에 수십 명이라면 서로 죽이고 서로 살 양으로 싸웁니다. 그럴 때 한 순간 한 찰나에 한 사람은 죽고 한 사람은 삽니다. 어때요? 이것이 우주의 섭류요, 이게 진리입니다.

그러니 우리가 한숨에 이 목숨이 딸깍 떨어질 때는 어차피 우리가 살던 거, 이런 거를 남김없이 다 버리고선 딸깍 떨어집니다. 한순간입니다. 한순간 그렇게 똑 떨어지기 때문에 한순간에 살 수 있다는 준비를 우리는 하는 겁니다, 지금. 우리가 한순간에 그렇게 딱 떨어지기 위한 그런 준비가, 한순간에 딱 떨어지는 그 자체가 바로 살 수 있다는 점입니다. 그래서 살면 또 자기를 버려야 하는 그러한 문제가 있기 때문에 살 것도 없고 죽을 것도 없다는 결론이 나오죠.

본래 우리의 마음은 체가 없어서 억겁을 통해서 살아가면서도 우리는 체 바꿈만 했지 체 바꿈을 한다고 내가 죽습니까? "날아가는 까마귀야. 나를 보고 웃지 마라. 비록 몸은 이렇게 옷을 벗으나 나는 영원히 죽지 않는다. 나는 본래 항상 그대로 살아 있기 때문에 죽을 것도 없느니라. 까마귀야, 까마귀야! 비웃지 마라. 너도 한순간에 꺼먼 부위가 희게 백로가 될 수도 있느니라." 했대요. 이 체가 없는 마음은 금으로도 금방 만들 수 있고, 넝마로도 금방 만들 수 있는 것이 바로 한순간의 한생각입니다.

그리고 우리 생각을 가만히 생각해 보세요. 우리 생각은 지구 바깥에도 벗어날 수 있지마는 우리 몸뚱이는 벗어날 수 없는 겁니다. 그렇기 때문에 그 한생각이 그렇게 중요한 겁니다. 지금 각처 각급의 부자 나라에서는 전자통신을 위한 길을 수많이, 그 미지수의 세계에 돈을 들여서 장치를 해 놓고 수집을 해 들입니다. 지금 그러한 과학 시대입니다. 그런데 우리가 만약에 이 도리를 안다면 그렇게 돈을 많이 들여서 공급해 가지고 수집을 해 들이는 것, 그것은 아무 의미가 없는 겁니다. 우리가 한생각에 깨달아서 모든 것을 굴리고 같이 돌아갈 수 있는 그 섭류를 안다면, 같이 나퉅 수 있고 죽고 사는 데에 끄달리지 않는다면, 바로 우리가 우리한테 보당만 누르면 우리한테서 대우주의 섭류가, 삼천대천세계의 섭류가 다 거기서 나오거든. 그러니 얼마나 장합니까? 예? 이것은 물질과학이라기보다는 이건 광대한, 말로는 이름을 부를 수가 없는 계발입니다.

여러분이 부처님 법을, 그냥 오며 가며 부처님이나 믿고 다니고 밥이나 해 놓고 떡이나 해 놓고 빌러 다니는 이러한 종교가 아니라는 것을 꼭 아셔야 됩니다. 종교라는 게 그렇게 망측한 것이라면 우리가 어떤 삶의 보람을 갖고 생동력 있게 앞으로 영원히 지속되는 이 진리에 관한 건을 굴릴 수 있겠습니까. 모르는 사람들은 모르는 사람대로 바로 과거의 나이기 때문에 이끌어 줄 수 있는, 손을 잡아서 끌어 줄 수 있는 그런 힘이 돼 줘야 하는 것이 우리의 본분이 아니겠습니까? 우리도 손을 잡아서…. 석가가 그러한 도리를 알고 나서 나만 알 수 없다고 해서 모두 알려 준 것이 바로 말 한마디 없이 49년을 설한 겁니다.

그랬는데 우리는 "손을 잡아 줄 테니 손을 내밀어라." 해도 내밀지 않았습니다. 그리고 그저 밥 끓는 거 죽 끓는 거, 이런 냄새나 맡으러 다녔습니다. 이래도 되는 겁니까? 이래도 사람이라고 하겠습니까? 그래도 생명을 갖고 영원히 우리가 발족하고 또 음미해 가면서 연구해 가면서 그 한 텃불에 온 우주가 다 밝아질 수 있는 그런 여건을, 자유권을 가질 수 있겠습니까? 그리고 또 이 지구 자체도 지속적으로 이 집을 지니고 있을 수 있겠습니까? 우리 생명들이, 일체 만물만생이 다 꾸준히 지속적으로 살아갈 수 있겠습니까?

이 모두가 여러분의 마음에 달린 것입니다. 한마음으로 뭉치면 다 해 나갈 수 있는 거처럼 이 내 한 몸에 수많은 생명들이 한 뭉치라면, 이 한 몸에 생명들이 얼마나 많습니까? 그것이 한데로 똘똘 뭉친다면 나가고 들어갈 것도 없이 나가고 들어올 수 있으니 문이 없습니다. 그럼으로써 모든 것을 소의적인, 하여튼 나의 소우주를 안다면 대우주를 알고 대우주를 안다면 삼천대천세계의 모든 섭류를 알아. 그럼으로써 한생각이 이 천지의 보당이 될 수 있고 활용이 될 수 있고, 바람 따라 물 따라 구름 따라 흙 따라 변치 않는 그 리듬을 타고서 어디하고 아니 동행하는 데가 없습니다. 이렇게 광대무변한 이 법을, 부처님이 가르쳐 준 그 뜻을, 그렇게 광대무변한 그 뜻을 하치않게 생각하면서, 그렇게 소홀히 생각하면서, 내 보람 있는 그 생명, 영원한 생명을 한 종이짝에 기대는 그런 사람들이 되어서는 안 될 것이며, 어떠한 그림에 그렇게 현혹돼서도 안 될 것이며, 말에 현혹돼서도 아니 될 것입니다.

여러분한테 이렇게 말하지만 옳게 길잡이 노릇을 한다는 생각조차도 없습니다. 왜? 나는 사람이 그냥 이렇게 살아가는 데 이것이 옳다라고 생각을 했기 때문에 그 '옳다'라는 생각 없이 지금 얘기하는 것뿐입니다. 섭류가 그러하니까. 그래서 고(苦)라는 거는 여러분이 고라고 생각하니까 고지만 내가 볼 때는, 전체적으로 볼 때는 고가 아니라 우리가 진화하고 창조하고 계발하고 삶의 보람을 가져오기 위해서 자꾸 준비를 해 나가는 어떠한 참, 자유의 보람이라고 봅니다.

그런데도 이거는 그냥 그저 무꾸리쟁이한테 가서 무꾸리를 하고 관상 보고 부적이나 해서 써다 붙이고 밥이나 해 놓고 빌고, 이러면 다인 줄 아는데 천만의 말씀! 여러분이 잘났든 못났든 지난번에도 얘기했듯이, 한국에 태어났으면 한국인으로서, 외국에 가도 한국인이라는 걸 바꿀 수 없듯이, 이 모습을 가지고 여기에 태어났으면 우선적으로 내가 나를 알고 내 가정을 알고 내 사회를 알고 국가를 알고, 국가를 위해서 또 세계를 알아야 해. 세계를 알려면 또 우주의 섭류를 알아야 우리가 자유스럽게 같이 리듬을 맞춰 가면서 어떠한 수집이 들어오더라도 미리미리 방책을 해 가면서 나갈 수 있는 지속적인 보람을 느낄 수 있지 않을까요? 생에 말입니다.

(녹음 안됨) … 죽 한 그릇을 먹고 뚜벅뚜벅 걸어가도 갈비 먹고 가는 사람보다도 더 즐겁게 갈 수 있지 않을까요? 이것저것 쳐다보지 않아도 내 마음의 명경에 다 나타나 있으니 그 얼마나 좋으리까? 내 몸뚱이는 한계가 있는 거고, 내 몸뚱이 아닌 참나는 한계가 없는 게 돼서 일 초에 억만 겁을 돌아도 돈 사이가 없어. 그게 구경이야. 대천세계의 구경. 그러니 우리가 지금 시쳇말로 오신통이다 하는 것은 야, 천체망원경이나 컴퓨터나 천체통신기나 또는 책정기, 탐지기 이런 것이 나한테 그 다섯 가지가 다 주어져 있어. 그렇기 때문에 그거를 굴리면서 어디는 감지 못하겠소?

이렇게 좋은 법을 그대로 한만히 넋 빠진 사람들처럼 그저 바깥에서 나를 그렇게 잘되게 해 주는 줄 알고 '부처님은 내가 이렇게 안 갖다 놔도 되고, 갖다 놔도 되고….' 이렇게 배워서는 아니 돼요. 내가 갖다 놓는 사이 없이 보시를 하는 거, 그런 걸 무주상 보시라고 하는 게 아냐. 한생각 마음으로 남에게 거침없이, 자기까지 다 줄 때, 즉 말하자면 급한 일이 있어서 미국 아니라 어디에서라도 "스님, 이런 이런 이런 일이 있으니 이거 급합니다." 하면 내가 바로 그 사람이 돼 줄 수 있는, 몽땅 다 줄 수 있는 그러한 무주상 보시가 진짜 무주상 보시야. 그렇기 때문에 그 무주상 보시를 가르치기 위해서 물건으로 갖다 놓는데 내가 이거를 왼손으로 할 때 바른손이 몰라야 하고 바른손이 할 때 왼손이 몰라야 하느니라. 이건 방편이라, 어디까지나. 진짜 무주상 보시는 바로 그런 데 있는 거라.

그 도리를 알면 이 물질에도 벌써 여념이 없어. 물질도 탐이 안 나. 금은보석이 수없이 있다 하더라도 바꿀 수 없어, 그거는. 어떻게 바꾸나? 수억이라고, 수십억 수만억이라고 할지라도 조그마한 내 위신하고는 바꿀 수가 없어. 그게 바로 부처님의 법이자 우리들의 법이지. 나 하나의 요만큼 위신이 깎임으로써 역대의 조사들과 역대에 가르쳐 주신 그 은혜로운, 즉 말하자면 선배인들에게 누를 끼치게 되고, 신리에 아주 모순이 되는 이러한 문제로 여러분한테 갖다 주게 되면 그 말 한 마디에, 그 행 한 번에 여러분이 지옥고를 면하지 못할 때 그 죄는 어디다가 다 하고…. 그건 누가 죄를 줘서가 아니야. 자기가 해 놓고 자기가 받는 거지. 인간으로 살기 때문에 나쁘고 좋은 거는 다 알거든. 그러니까 걸리지, 벌써. 잘못된 건 자기가 더 잘 아는 걸. 잘한 것도 자기가 더 잘 알고. 그거야, 바로. 간단해, 아주.

그래서 자기가 깨끗하면 자기가 떳떳한 거고, 자기가 구리면 자기가 걸리는 법이야. 그러면 자기가 판사였고, 자기 판사가 판결을 내고 자기가 고를 받는 거지, 뭐. 지옥에 갇히는 거지, 뭐. 허허허…. 그런데 모든 문제를 그렇게 해결을 못하고 그렇게 하니 이 노릇을 어떡하냔 말야.

그러니 오늘은 오늘대로 요걸로써 끝마치고 또 내일은 예전에, 한 18년 전에 있었던 얘기 한번 하죠. 그러니까 그것도, 18년 전이나 몇백 년 전이나 삼천 년 전이나 뭐, 수억 년 전이나 마찬가지야. 그러니까 그런 줄 알고요.

오늘은 이걸로써 끝마치겠습니다.

참다운 인간의 법

1986년 5월 28일

우리가 이 좁은 방 안에 있지마는, 이 좁은 방 안이 팔만대장경을 꼭 짜서 물 한 방울 처지밖에 안 되는, 즉 말하자면 콩나물 시루의 콩나물 대가리 하나인 정도라고 해도 되고 모래 한 알갱이라고 해도 되는 이러한 문제를 우리가 한번 음미해 볼 수 있는 그런 계기로서, 참다운 인간의 법을 알아서 우주의 섭류와 인간의 섭류가 둘이 아니요…, 모든 것을 이렇게 서로 토론을 해 가고 있습니다. 높다 얕다 하는 것을 떠나서 항상 이렇게 하고 있는 것입니다. 내가 만약에 높다면 여러분이 얕을 것이고 여러분이 얕다면 내가 높을 것이니까. 항상 이건 높고 얕음이 없습니다. 대의적으로 본다면 모두가 하나같이 버려서도 아니 되고 또는 '버리지 않는다' 하면 하나도 영원한 게 없는 겁니다.

내가 항상 지수화풍을 얘기하는데, 지수화풍이 모태가 돼서 우리가 지금 그것이 없으면 살 수가 없고 또 안으로 볼 때에도 자기 몸뚱이 자체가 지수화풍으로 성립된 것입니다. 그래서 우리가 물에서 나는 거, 예를 들어 말하자면 짠물이 왜 짠물이 됐는가. 그것을 가미해서,

세 번 다시 굴러서 가미해서 우리가 먹을 수 있게끔 해 준 것도 그 물과 지수화풍과 우리가 둘이 아니기 때문입니다. 그러니까 모든 것이, 물과 이 흙이 전부 생명이 있는 거고, 말이 없으면서도 말이 있고 행이 없으면서도 행이 있다는 것을 여러분은 짐작하리라고 생각합니다. 그러면서도 거기에서 없어서는 안 되는 소금이 나오는가 하면 없어서는 안 되는 물을 우리는 먹고 있습니다. 그리고 거기에서 나는 것이 우리한테 너무도 주어지는 게 많습니다.

그러면 그런 대로 우리는 불이 없어도 아니 되고, 모두 그게 없어서는 아니 된다면 우리 이 몸에도, 인체의 이 혹성에도 전 우주의 근본이 바로 여기에 같이하고 있다는 거를 여러분이 아시고, 또 이 좁은 방통에 여러분이 몇 분 안 된다 할지라도 삼천대천세계의 일체 만물만생, 유생 무생이 다 한꺼번에 이 자리에 풍차 돌듯이 같이 돌고 있다는 걸 아셔야 됩니다. 그럼으로써 여러분이 때에 따라서는 요러한 환경에서 요렇게 한 손으로 들 게 있는가 하면 여러 손을 겹쳐서 들 게 있고, 여러 몸을 한데 모아서 할 수 있는 일이 있습니다. 그렇듯이 모든 게 개별적인 한마음이 아니라 포괄적인 한마음으로, 또 포괄적인 한 생명으로 공용을 하고 우리는 공식을 하고 있습니다.

항상 이런 말을 해 왔지만, 예전에 어떤 사람이 아들 둘을 낳고서 영감님이 돌아가셨지요. 마나님이 영감님 돌아가신 뒤에 상당히 애절복절하고, 젊어서 어린애 둘 낳고선 돌아가셨으니까 상당히 허전하고 그랬는데, 가난하기는 짝이 없고…. 이건 옛날에만 있던 게 아니라 지금도 그런 겁니다. 예를 들어서 얘기하는데, 그래서 그 부인이 애들 둘을 데리고서, 예전에는 보따리 장수를 많이 했는데, 보따리 장수를 하고 그렇게 넘어다니다가 먹지 못하고 그러니까 그만 병이 들었습니다.

병이 들었는데 큰아들이라는 사람은 21살이고 그 밑의 아들이 20살이었답니다. 그렇게 크도록 길러 놨는데 어뜩 어머니가 병이 드니까 어머니 병든 생각만 했지, 이게 나쁘다 좋다 이런 거를 떠나서 아마 도둑질을 하러 들어갔던 모양입니다, 큰아들이. 그래서 아우가 형더러 "어떻게 그렇게 하느냐." 하니까 "할 수 없잖아. 어머니를 살리고 봐야지." 우리가 예전만 그런 게 아니라 지금도 그런 문제가 있다고 봅니다. 그 사람의 인성이 나쁘고 똑 도둑놈이라서 도둑질을 하는 건 아니거든요. 환경에 따라서 그렇게 되는 수도 있고 유전에 따라서 그렇게 되는 수도 있죠. 없는 건 아닙니다. 그런데 그건 유전도 아니요, 일시적으로 생긴 문제죠.

그런데 그것이 잘못돼 가지고 사람을 죽이게 됐어요. 돈을 찾아다 놓은 거를 알고 훔치긴 훔쳤는데 다 가져가기도 싫고 그래서 자기 어머니 살릴 수 있는 돈만 가지고서 나오는데 그만 "도둑이야!" 하고 뒷덜미를 붙드니까 얼떨결에 그냥 찔러 버리고 말았지요. 그래서 죽고 나니까, 그게 한 20년 전 얘깁니다마는 그 아우가 "형! 이거는 안 되겠어." 하고 뛰어 달아나갔는데, 형은 다른 옷을 입고 그 옷은 돈하고 뚤뚤 뭉쳐서 놓은 것을 아우가 입고 그 돈은 형을 주면서 "만약에 내가 붙잡혀서 죽는 한이 있더라도 형은 어머니를 살리시오." 하고선 맡겼답니다. 그래서 그 옷을 바꿔 입고 뛰다가 그만 아우가 붙들렸는데, 아우가 앞서 그 옷을 바꿔 입을 때 신신부탁을 하기를 "내가 나이도 적고 그러니까 풀려날지 모르니 형이 어머니를 살리시오." 하고 그 착한 마음에 아우가 그만 붙들려서 들어가게 되었어요.

간단하게 얘기하지요. 그래서 아우가 붙들려 들어갔는데 그때 당시에 그 찔린 사람만 죽은 게 아니라 찌르는 걸 보고 놀라서 그만 죽은 사람, 둘이나 죽은 사람이 생겼답니다, 그때 당시에. 그렇게 해서 이것은 살인을 둘씩이나 했으니까 법에 의해서 사형을 받게 됐답니다. 사형을 받게 돼서, 예전에는 목을 매서 했는데 그때는 어떻게 돼서 걸상에 앉혀 놓고선 스위치를 누르면 그냥 아래로 뚝 떨어진답니다. 근데 자기가 그 안에 쑥 들어갔는데 나갈 길이 없더랍니다. 이것은 죽은 뒤를 얘기하는 겁니다. 이것을 우리가 지금 한 찰나에, 어저께도 얘기했지만 한 찰나에 쌈이 나서 죽이느냐, 살리느냐 할 때에 하나는 살고 하나는 죽습니다. 그 한 찰납니다. 이것을 우리가 교차로라고 합니다. 시간과 공간의 교차로.

그러면 그렇게 남의 눈에는 보이지 않지만 자기는 허둥지둥하고 빠져나가려고 애를 썼다는 얘깁니다, 말하자면. 그런데 얼마 안 있으니까 문이 열리더니 지하실로 나가는 구멍이 생기고 들어와서 뭘 내가지고 가더랍니다. 그래 그걸 쫓아 나왔어요. 쫓아 나와서 허둥지둥 집으로 쫓아가서 아무리 형한테 말을 해도, 그러니까 그 기간이 얼마나 지났겠습니까. 형한테 말을 해도 알아듣는 척도 안 하고 툭 쳐도 알지도 못하더랍니다. 어머니는 이미 돌아가셔서 없고. 그러니까 기가 막혀서 이리 뛰고 저리 뛰다가 그만 그 착한 아우는 개로 환생을 했답니다.

돌아가신 어머니가 생각을 하니까 너무도 참혹하고 볼 수가 없어. 그래서 참, 어머니가 보이지 않는 영혼으로 절에 들어가서 항상 우물가에 앉아서 빌었답니다, 자기 갈 길을 갈 수가 없어서. 그 작은아들이 개 옷을 입은 거를 벗겨 달라고 말입니다. 그렇게 항상 빌어서 개 모습을 벗겨서 인간으로 환생을 시키긴 했으나 큰아들이 장가를 들어서 형수한테 찾아가니까 형수한테 그만 탄생이 된 거지요. 그러니까 아우가 아들이 된 거죠. 아우가 아들이 됐는데 이 아버지가 아들을 위해서 또 죽었어요. 그건 왜 그럴까. 그건 어쩔 수 없이 자기가 인과로서 받았다고 볼 수 있겠지요. 아들이 차에 치여 죽게 되니까 아들을 끄집어내다가 그만 자기가 차에 갈려 죽었어요.

그러면 이 문제가 우리가 교차로를 보지 못하니까…. 이 손바닥을 이렇게 한번 보고 손등을 한번 보고 다시 뒤집어 볼 수 있어야만이 완성된 인간이라고 봅니다. 50%의 미완성이라면, 보이지 않는 세계를 우리가 포착 못한다면 보이는 세계, 물질, 이름, 모습 이것만 보고 말해 가면서 살아나가거든요. 그러면 50%가 부족하다는 얘기죠. 그렇기 때문에 조그마한, 인간 살아나가는 데뿐만 아니라 미생물에서부터 거쳐 오는 진화력 또는 창조력 또는 인과라는, 유전이라는 이러한 문제 등등을 놓고 볼 때에 모두 차원에 따라서 풍비박산이 되는 거죠. 차원에 따라서 끼리끼리들 모이는 겁니다. 그래서 차원에 따라서 끼리끼리들 모였다가 끼리끼리들 헤어지고 헤어졌다 끼리끼리들 모이거든. 그럼 세상을 보시라고요. 모두가 금방에 금이 모이고 생철전에 생철이 모이고 무쇠전에 무쇠가 모이고…. 사람들도 그렇지요. 차원에 따라서 정치인들은 정치인들대로, 군인들은 군인들대로 누가 모이래서 모이는 게 아니거든. 자연히, 스스로지.

그런 거와 마찬가지로 그 사람도 그렇게 자기가 한 거는 자기가 한 것대로 받았다는 겁니다, 즉 말하자면. 어떠한 결과가 왔든지 간에. 그런데 우리가 지금 공부하는 것은 그 결과를 생각하지 말라 이겁니다. 전자에 억겁을 거쳐 나오면서 인과나 유전이나 어떠한 문제가 얽히고설켰다 할지라도 이것은 물질로는 끊을 수가 없어. 도저히 물질로는 그 얽히고설킨 인연법을 끊을 수가 없어요. 그래서 우리가 그것을, 과거에 있던 거를, 여러분이 과거에서부터 친다면 수미산만 하지마는 과거에 그 지내 내려온 것이 뜬구름과 같은 겁니다. 여러분의 마음이 착을 둬서 그렇게 해서 자꾸 잠재해서 뒀기 때문에 그런 겁니다. 그러니 지금 현실에 여러분이 짊어지고 있는 겁니다. 수십억 년을 지냈다 할지라도 그건 여러분의 지금 현실에 가지고 있는 겁니다. 여러분이 살던 습 때문에 그만 그것을 태워 버리지 못하는 거죠.

그러니 망상도 망상이 아니고 망상 아닌 것도 아니에요. 그건 무슨 소리냐 하면 요즈음 '내가 얼마나 죄업이 많기에 이런가.' 하고 팔자 운명, 무슨 인과, 부처님 법, 부처님 법 아닌 거, 정법, 사법 이런 걸 따지시는데 여기에서 여러분이 배우시는 거는 정법 사법도 그렇고, 우리가 부처님이 여기 계시다고 한다면 부처님이 문을 가려서 참 자유스럽게 돌 수가 없습니다, 부처님을 딱 고정되게 하나 세워 놓는다면. 그러나 우리 마음 가운데에 그대로, 부처님도 그 마음 가운데, 일체 만물과 만생이 그 한 점의 마음에 같이하고 있다는 거를 아신다면 구태여 바깥으로 찾을 일이 없지요. 그런데 고정된 게 없단 말입니다, 부처님도. 부처님이 부처님으로만 있다면 부처님이 아니지요. 어저께 말씀드린 것대로 재차 말씀드리지마는 부처님이라 하면 부처님이 아닙니다. 그렇기 때문에 부처님 아니라 할지라도 부처님이고요.

그러니 이것이 어떻게 돼 돌아가서 그렇게 되는가. 부처님이란 뜻은 이름도 아니요, 모습도 아닙니다. 때에 따라서 두꺼비를 건지려면 두꺼비가 돼 줘야 두꺼비를 건질 수 있는 것처럼 말입니다. 만약에 부처님이시라면 일체 만물이 자기 아님이 없다는 결론입니다. 자기 아님이 없이 돼 줘야 될 수 있는 그런 고정됨이 없는, 공생을 하고 공용을 하고 공체로서 나 아님이 하나도 없다는 결론이 돼야만이 그것을 이름해서 부처님이라고 그러는 겁니다.

우리가 안팎이 없이 그렇게 실상을 그대로 자유스럽게 살 수 있다면 바로 62견도 32상도 80종호도 그것도 이름이지 아무것도 아닙니다. 그러니 그 모두를 참 간편하게 우리가 생각하고 홀가분하게, 생동력 있게, 자유스럽게 살 수도 있건만 자기 마음들이 살던 습 때문에 그렇게 지어 놓는다는 얘깁니다. 나는 어떻고 어떻고, 너 때문에 내가 이렇고, 나 때문에 너가 이렇고 또 부처님 법이, 부처님이 이렇게 가르쳐 놓으셨는데…. 그건 밑거름이야. 어디까지나 바로 밑거름과 같아서 나는 지금 현실에 일체 만물을 보고서 느꼈고 알았고, 또 전자에 말씀 아니 하시면서도 해 놓으신 그 말씀을 소소영영하게 써 놨고, 그 말은 한 번도 한 사이가 없는데도 소소영영했다 이런 얘깁니다.

우리가 지금 해 나가는 것도 한 번도 한 예가 없으면서도 우리는 목마르면 바로 물을 마십니다. 그런데 여러분은 뜨거운 물, 찬물을 그렇게 소소영영하게 알면서도 이것은 찬물이다, 더운 물이다 이렇게 하는데, 찬물을 먹고 나면 벌써 그건 없어진 거야. 여러분이 밥 먹고 소화를 시키지 않고 싸 버리지 않는다면 누적이 돼서 살 수가 없듯이. 우리는 한 찰나 찰나 돌아가는 게 고정됨이 하나도 없거든. 봐도 본 사이가 없는 거라. 얘기를 틀림없이 했는데도 얘기한 사이가 없는 거라. 예를 들어서 여러분의 마음이 공했다면, 내놓을 수가 없는, 체가 없는 마음이라면 내 마음도 역시 체가 없는 마음이에요. 체가 없는 둘이 한꺼번에 부딪쳐서 한 찰나에 타 버린 것을 가지고 논의할 수는 없는 거거든. 자꾸 이것을 거론한다면 이것은 한 치도 놓지 못해. 그래서 몰락 놓을 수 있는 그 자체는 바로 우리가 하루하루 살아가면서, 24시간 살아도 산 예가 없고 한 예가 없지만 소소영영하게 사랑했고 만났고 얘기했고 즐겁게 웃었고 또는 울 일이 있으면 울었다 이겁니다.

그렇게 착을 두지 않고 여여하게 살 수 있는 그런 기반을 닦는다면 여러분은 우주의 섭류하고도 나 아님이 없이…. 어저께도 얘기했지만 지금 부자 나라들에서는 미지의 정보를 수집하기 위해서 그 많은 돈을 들여서 수없이 막 그렇게 하고 있거든. 그런데 우리가 만약에 우주의 섭류와 우리 인간의 섭류, 이 생물의 섭류, 무정물의 섭류, 의학의 섭류, 이 과학의 섭류 모든 것을 포착해서 하나의 한 점에다가 보배로 삼아서 들이고 낼 수 있는 그런 여건이 있다면 거기에서 그 많은 돈을 들여서 그렇게 할 필요가 없거든. 한 점의 보배에 보당을 꽂으면 우주의 섭류, 삼천대천세계의 섭류 모든 게, 각자 어떠한 과목이든지 다 나올 수 있습니다.

그러니 얼마나 중요하고 얼마나 어마어마한 일인데 우리가 이 도리를 모른다면 그저 한 개의 바람결같이 스쳐 가는 그런, 귓결에 스쳐 가는 그런 것밖엔 되지 않죠. 우리가 아무것도 아닌 것처럼 생각이 되지마는 보이지 않는 데에 사람들이 얼마나 많으며, 보이는 사람이 만약에 50명이라면 보이지 않는 사람도 50명이 됩니다. 그런데 또 요런 것이 있습니다. 보이는 물건이 50개라면 보이지 않는 물건은 수만 개도 될 수 있는 겁니다, 체가 없기 때문에. 다양하게 그 모습을 바꿔서 수만 개, 억만 개라도 만들 수 있는 그러한 자기 마음의 한생각이 그렇게 중요하다는 얘깁니다.

그래서 어느 때 호국 불교를 한다 할지라도 서산 대사가 붓 하나를 던져서…. 붓 하나가 그게 붓 하나가 아니거든. 그거를 붓으로 봐서는 안 됩니다, 이게. 그걸 표현을 하려니까 붓을 보인 거지 그 붓이 붓이 아니거든. 한 자기의 주장심에 이 삼라대천세계가 다 거기 붓에, 즉 말하자면 모래알을 한 주먹 쥐어서 거기 전체를 갖다가 붙여 놓은 거나 마찬가지거든. 그러니 그 어마어마한 묘법이라고 하는 것도 이름이겠지만 광대무변한 이 법이 인간에게 주어져 있다는 점, 그 어마어마한 법이 이 지구에 쉴 사이 없이 공존하고 있다는 그 사실도 역시 인간이 있기 때문에 인간과 같이 빛과 더불어 같이 돌고 있다는 걸 아셔야 됩니다.

그렇게 돌고 있는데도 불구하고 우리는 항상 마음으로 자기가 차단시켜 놓고 그 미지수의, 시간과 공간도 없는 그 세계를 맛을 못 보는 그런 문제가 있기 때문에 우리는 항상 의식을 할 때에 아, 내가 좌선을 해야겠다 하는데 좌선을 하는 것만이 좌선이 아니거든. 앉고 서는 거 모두가 좌선이거든. 그러면 좌선이냐 행선이냐? 묵선이냐 간화선이냐? 그런 것은 이름이야. 이건 다 필요 없는 이름들이고 모습들이라. 앉고 서면서 우리가 사람 보고 얘기하고, 자고, 화장실에 가고 이러는 게 전부 참선 아닌 게 어디 있남? 자기 없고 우주 천하가 어딨다고. 자기로부터 이 세상이 있는 거지, 자기 없는데 뭐가 있겠습니까.

그래서 그게 간단한 말 같지마는 그 어머니가 모습을 가지고 나오지도 못하면서 물가에 앉아서 부처님 앞에 그렇게 빌었다는 것도 역시 자기 마음이란 말이야. 자기 마음에서 나오는 거란 말이야. 남한테 보이지는 않아도 남한테 해롭지 않게 하면서…. 이런 경우가 있지요. 이 현실에 살아가면서 질투가 있고 욕심이 많고, 아주 남을 해롭게 하려고 해서가 아니라 그 욕심, 질투 때문에 그만 남을 해하게 하는 사람들도 많습니다. 가족을 막 죽이는 수도 있지요. 뭐, 칼로 찔러서 죽이는 건 문제도 아니에요. 생존 경쟁에 의해서 자기 살기 위해서 남의 식구를 열 식구도 죽이는 수가 있고 다섯 식구도 죽이는 수가 있습니다. 나무에 올라가면 발을 붙잡고 잡아당기고 위에 올라간 사람은 밑에서 따라 올라오는 걸 막 밀어서 발로 밟아서 누릅니다. 하나만 죽이면 열 식구가 다 죽지요. 이런 수도 있습니다. 꼭 칼로 찔러서 죽여야만 죽이는 건 아닙니다. 우린 생존 경쟁에 있어서 얼마나 지금 서로 죽이고 또 살리고, 살고 죽고 찢기고 하는지 아십니까. 연쇄적으로 말입니다. 인간만 그런 게 아니거든요, 또. 그렇다면 나 아님이 없다는 그 사실 하나만 가져도….

오늘도 10시서부터 때에 따라서 어떤 때는 새로 4시까지 그저 못사는 사람이나 잘사는 사람이나, 거지나 거지 아닌 사람이나, 못난 사람이나 잘난 사람이나 여러분이 이렇게 오시는데, 못났든 잘났든 자기 이외에 어디 있겠습니까. 예전에 어떤 사람이 그랬대요. 공부를 하는데 "나는 서산 대사다. 서산 대사가 참 으뜸 되니 넌 서산 대사를 스승으로 모셔라", "아, 내가 서산 대산데…." 하고 나오니까 콧방귀를 후떡 뀌면서 하는 소리가 "햐, 서산 대사가 제아무리 잘났다 하더라도 못난 나만 하나? 서산 대사라고 이름을 붙여서 나오는 그 서산 대사는 바로 못난 나일세." 했답니다. 이 두 마디가 바로 여러분을 가르칠 수 있는 그런 방편의 말이지마는 진실한 말이라고 봅니다. 나도 그런 유혹을 많이 받았지마는 그런 유혹에 여러분도 말리지 마시고 속지 마세요. 석존이 여기 계시다 하더라도 석존 나무가 아무리 커서 만 가지 맛을 내는 실과를 많이 달고 있다 할지라도 못난, 자라지 못한 그 나무에서 맛없는 자기 실과가 열린 거 그것만 못할 겁니다.

그런데 제 나무에서 그것을 잘 키워서 실과를 똑같이 맛이 나게끔 익힌다면 그것은 천 가지 만 가지라고 말할 것도 없이, 이름 붙일 것도 없이 만 가지 맛이 새로이 새삼스럽게, 아마 이 삼천대천세계의 모든 생명들에게 근원이 될 수 있으며 또는 우리가 물질과학에서 바로 마음 근본의 과학으로서, 즉 오신통을 스스로 자기네들이 굴리면서 바로 정신과학으로 변질될 것입니다. 그럼으로써 우리는 앞으로 돌아오는 것도 자꾸자꾸 포착해서 이것을 대치를 해 가면서 지속된 우리 지구의 집을 가지고, 지속된 우리 삶의 보람을 가지고, 지속된 영원한 삶의 보람을 느끼지 않을까요.

그리고 앉아서 지금 세계와 겨루고 있는 이 시대에서 항상 기복으로만 나가서 우리가 한 치도 내다볼 수 없는, 아니 발자국 하나 옮겨놓을 수 없다면 우리는 영원히 파멸입니다. 왜 파멸인 줄 아세요? 나라가 망해서 그렇다는 게 아니에요. 우리가 자신의 그 자선의 뜻을 모르고 영원히 그렇게 끄달리면서, 윤회에 끄달리면서 누구나가 다 그렇게 파멸이 된다면 불국토를 가져오기커녕 아무것도 가져올 수가 없습니다. 우연히가 없습니다. 자기가…. (녹음 안됨)

우리가 불교라고 한다면 불교 따로 있고 생활 따로 있고 부처 따로 있고 우리 중생 따로 있고 이런 게 아닙니다. 여러분이 살림해 가면서 남편과 자식 이런 것을 버리고 불법을 아무리 믿어도 그것은 안 되는 법입니다. 앞에 닥친 거 해결 못하는 사람이 어떻게 뒤의 큰일을 합니까. 그렇기 때문에 생활하는 사람들은 생활로써 자기의 분수를 알고 지키고, 또는 공부할 사람들은 그 가족과 모든 전체를, 하나를 건지기 위해서가 아니라 전체를 같이 하고자 해서, 같이 걷고자 해서, 같이 건지고자 해서, 건져지고자 해서, 이렇게 해서 같이 걷기 위한 대장부가 있다면 여자나 남자를 막론해 놓고 말입니다, 뛰어드는 거고 그러는 것입니다.

그래서 이 모습이라는 거는 모르는 사람들을 위해서 어떠한 모습을 가지고 있을 뿐이지, 그 마음은 여러분과 나와 뭐가 다른 차이가 있으며 또 석존과 여러분은 뭐가 다른 차이가 있겠습니까. 여러분은 개별적인 여러분에게 그저 이리로 끄달리고 저리로 끄달리니까 그렇지마는 석존께서는 모든 일체 만물과 만생이 다 한마음으로서, 항복을 받은 놈도 자기고 항복을 한 놈도 자기기 때문에, 둘이 아닌 까닭에 그르고 좋고 나쁘고 언짢고 크고 작고, 이런 것을 다 한데 합쳐서 모든 걸 자비로써 온 누리에 아니 닿는 데 없이 닿을 수 있게끔 된 거지요.

우리는 자가발전소와 같아서 우주간 법계에 가설이 돼 있듯이 이 허공에도 가설이 돼 있어서 항상 한 찰나에 불이 일어나고 전자가 일어나는데 이것이 어디서 온 건가. 지수화풍에서 온 거란 말입니다, 이것도. 그러니까 이 모든 우주가 생긴 것도, 우주라는 이 이름이 생긴 것도 바로 지수화풍에서 온 것이라고 봅니다. 그렇다면 우리 전체가 다 한마음 한뜻으로서, 세계를 겨누고 나가는 이 틈바구니에서 우리는 한생각에 호국 불교도 할 수 있고, 어떠한 분야든지 뛰어들어서 내가 그 분야가 될 수 있다면, 보당 하나 눌러서 사람이 죽는다 할 때 그 보당 하나도 사람이 하기 때문에 내가 될 수 있다면 보당을 누르지 않아도 될 수 있지 않겠습니까. 예를 들어서 얘깁니다. 우리가 지금 물질과학이 발전이 됐다 하더라도 많은 사람이 끝에 가서는 해쳐질 수 있는 그런 요소가 많이 있고, 그러니까 그것을 슬기롭게, 자유스럽게 넘길 수 있는 그런, 만법의 근원을 우리가 맘대로 굴릴 수 있는 그런 마음의 태세가 깨달아져야 됩니다.

그러니 우리가 밥이나 해 놓고 떡이나 해 놓고 빌고 고사나 지내고, 자기 삶의 그 참인간이라는 것이 어떻게 해서 이렇게 거쳐 나왔는지도 모르고, 종이짝 하나에 현혹되고 글씨 하나에 현혹되고 말 하나에 현혹되고 그래서 거기에다 자기 삶을 다 맡기는 그러한 어리석은 사람들이 있다면 오늘서부터라도 다 그것을 처리하고 모든 것은 자기 주인공에, 그것도 이름해서 주인공에 다 놓아 버리세요. 지난번에도 얘기했지만 한 사람의 화가가 그림을 그리는데, 50가지의 물감이 있는데 50가지 물감을 다 찍어다 그림을 그렸는데 어느 것이 진짜 물감이 돼서 그렸다고 하겠느냐 이 소립니다. 그러면 그 찍어다 그린 사람도 공했고 그 50가지의 물감도 다 공해 버렸어요. 어떤 거를 진짜 물감이라고 하겠습니까. 수반 가지 갖다 찍어다 그렸는데 자기가 그걸 그렸다고 또 어떻게 합니까. 그렇기 때문에 모든 것은 자기를 내세울 게 없는 것이 즉 이름해서 부처라고 하는 겁니다.

그러니 우리가 열심히 가정살이를 하면서도 스님네들은 스님네들대로 또 여러분은 여러분대로 해 나갈 길이 있으니까 환경에 따라서 너무 욕심 부리지 않고 내가 한다 안 한다를 떠나서 닥치는 대로 자기 주인공에 용광로처럼 그저 넣으시면 몰락 몰락 그 원자력에서 바로 그냥 태워져 버리고 맙니다. 그래서 자기의 영원한 생수의 맛을 본다면 참, 그 맛이야 만 가지 맛이 날 수도 있지요.

오늘은 이걸로써 마치겠습니다.

참사람의 뜻을 편 단군

1986년 5월 30일

내가 이렇게 올라와서 가만히 앉아 있을 때에 어떤 생각이 듭니까? 우리가 지금만 이런 공부를 한 게 아니라 몇천 년 전에도 또는 몇백 년 전에도, 몇십 년 전에도, 지금도 이렇게 하고 있는 겁니다.

예전에 고려 시대에 일연 스님이라고 계셨습니다. 들은 얘깁니다마는 그분은 아홉 살에 출가해서 마음 도리를 공부하셔서 나중에 책을 보게 됐고, 책을 보게 돼 가지고 충렬왕 때 국존이 되셨고, 또 나라에서 그렇게 국존으로 모시게끔 된 것도 물론 갸륵하지마는, 모든 남녀를 막론해 놓고 수많은 사람에게 불법의 불씨를 심어 준 데 대해서 참 감명 깊게 생각 아니 할 수 없는 겁니다.

그뿐만이 아닙니다. 그 스님은 너무도 인자하고 자비하고 또 겸손해서 자기라는 상을 내세우지 않고 어디든지 뛰어들었던 겁니다. 그렇게 해서 불씨를 심어 놓은 탓에 고려 때도 그 모든 극난을, 국난이든 또는 백성들의 어떠한 어려움이든 타진해서 공덕이 되게끔, 이익이 되게끔 돌려주었던 것입니다. 그래서 나라에나 백성들에게도 그렇게 극난한 삶을 살게끔 하지 않았다는 겁니다. 그렇기 때문에 그 뒤를 받아서, 그 불씨가 있어서 고려 때 팔만대장경을 해도 끊임없이 자기 몸을 내던지면서까지 할 수 있게끔 됐던 겁니다.

그러니 여러분에게 말하고 싶은 것은, 그때나 지금이나 나를 내던진다면 무엇이 두려울 게 있겠습니까? 나를 내던지랬다고 해서 죽으라는 소리 하는 게 아닙니다. 우리는 본래 살아 있건만 고정됨이 없기 때문에 바로 공했다는 겁니다. 그렇기 때문에 항상 우리의 마음이 이럭할까 저럭할까 하는 것은 자기를 자기가 못 믿기 때문에 이럭할까 저럭할까 하는 것이요, 또 자기를 못 믿기 때문에 자꾸 그것이 거론되고 '아! 이거 어떡하면 좋지? 어떡하면 좋지?' 하는 것이 들어가는 겁니다. 진짜 믿는다면 더 물을 게 뭐 있겠습니까? 이유를 불문에 부치고 내가 이렇게 믿고 들어가는 그 마음이 있다면 그대로, 단정지은 대로 그대로, 자기 한생각 냈던 대로 그대로 가는 겁니다. 단지 뭐가 거기에서 거론되느냐 하면, 우리가 인간이 된 자체가 상식이나 또는 인간의 법도나 충성, 효도 또 의리, 도의, 사랑 이런 거를 떠나서는 조화를 이루지 못한다는 겁니다. 그렇기 때문에 항상 둥글게, 우리 인간 법에 벗어나서 사는 게 아니라 그것을 지키면서도 항상 내 마음의 착 없이 벗어나서 자유스럽게 살라는 얘깁니다.

어떤 분들은 때로는 이렇게 말씀도 하십니다. "이렇게 해 나가야 하는데 난 힘이 없습니다. 스님, 좀 도와주십시오." 이러는 것도 자기를 자기가 진심으로 믿지 못하고 나를 믿지 못하기 때문입니다. 내가 자기한테 항시 같이 있다는 걸 모르기 때문에, 믿지 못하기 때문에. 자기가 진짜로 믿고 받아들일 수 있다면 항상 같이 있는 것이고 자기가 진짜 믿지 못하고 받아들일 수 없다면 항상 멉니다, 아주. 이 도리가 이렇게, 턱밑에다 두고도 자기 턱밑을 내려다보지 못하는 이러한 문제가 바로 믿지 못하는 데서 나오는 것이다라는 얘깁니다. 믿지 못하는 데서 패기도 없고 용기도 없어지고 거기에서는 인간의 삶에 대한 의욕까지 벗어지게 되는 겁니다. 그럼으로써 '될 대로 돼라.' 하는 그런 마음이 생기게 되고….

그러니까 우리 불도(佛道), 이 자체를 바로 생활로 우리가 생각해 본다면, 옛날에도 그랬다는 얘깁니다. 단군 할아버지가 최초에 나오셨다, 고조선이라는 이름을 냈다, 이렇게 간단간단하게 말하고 싶습니다. 조선이라는 이름을 냈을 때도 사람은 사람이로되 물론 단군 할아버지가 나오기 이전에도, 요나라*에도 사람들이 있었고, 또 요나라가 생기기 이전에도 사람들은 있었고 또 그 사람들 있기 이전에도 우리들이 있었다는 얘깁니다. 있었기 때문에, 말로 표현을 할 수 없어서 그렇지, 모두가 지수화풍 자체로써 생겼으니 오늘날까지 그것이 둘이 아니라는 뜻입니다, 우리 전체가.

그렇기 때문에 엎었다 뒤집었다 엎었다 뒤집었다 하고 이날까지 굴러서 여기까지 온 것도 그때의 석존이라든가 또는 단군 할아버지라든가, 바로 그 이전의 미생물이라든가 이런 문제 등등이, 모든 것이 한데 합쳐서 성을 이루어서 그 일체 신이라는, 즉 말하자면 일체 신이라는 것은 보이지 않는 것을 말하고 내놓을 수 없는 거를 말할 때, 이 모습이 없는 참사람의 뜻이 있었다 이겁니다. 그래서 모습이 없는 참사람의 뜻이 있었기에 참사람의 모습을 나타내서 단군이 나왔다 하더라도, 단군은 그때의 말인즉슨 거울과 칼과 방울을 가지고 나오셨다는 얘깁니다. 사람을 인도하기 위함이요, 사람을 만들기 위함입니다.

거죽만 사람이라서 사람이 아니라 그 도리를 모른다면 사람이 아닌지라, 거죽만 사람이 아니라 속까지 진짜 사람을 만들기 위해서 그 세 가지를 가지고 나왔다고 했습니다. 그렇다면 간단히 요약해서 말을 하겠는데, 여러분한테 한번 묻겠습니다. 거울은 무얼 뜻합니까? 우리가 책을 보고 글씨를 보고 그것을 '아하, 그분께서 그렇게 가지고 나왔

---

* 요순 시대의 요임금이 다스리던 때를 이른 듯함.

다더라.' 이런 것만 알아서 아니 되고 또는 글자만 봐서 그 모습을 생각해서도 아니 되는 겁니다. '거울' 하면 거울 생각을 여러분은 하게 되겠죠. 어떤 뜻에서 거울일까요? 바로 청정한, 그르고 옳은 것이 한데 합쳐진 태양과 같은 청정함을 말하는 거죠.

그래서 칼이라는 것은 바로 그 청정함에 있기 때문에, 맑고 밝은 그 빛이 있기 때문에 그 칼은 악의로 써지는 게 아니라 선의로 써지는 도(道)의 칼이다라는 얘기죠. 그렇기 때문에 여러분이 칼이라고 생각할 때는 그건 이렇게도 쓸 수 있는 게 칼이요, 저렇게도 쓸 수 있는 게 칼입니다. 그렇기 때문에, 그 칼은 모든 데에 쓰여지는 칼이기 때문에, 그것을 어느 곳에다 써도 자비로 써지기 때문에 그 칼은 칼이 아닌 칼이라는 얘깁니다.

그 주장심이 완벽하게 섰으니 방울은 무엇을 뜻하느냐. 방울은 속에 알맹이가 들어서 달랑달랑합니다. 그런데 아무리 달랑거려도 둥급니다. 여러분, 생각해 보십시오. 여러분이 어떤 생활을 해도, 상대가 있고 상대성 원리로써 돌아가는 이 시대에서 산다 할지라도, 그때나 지금이나 그냥 돌아가되 내 마음에 그 달랑거리는 게 아무리 달랑거려도 언제나, 겉으로 이렇게 이끌어 가지고 나가는 그 지혜가 항상 둥글고 자비스러웠다는 얘깁니다.

그런 도리, 세 가지의 그 목적이, 세 가지가 따로 있는 게 아니라 동시에 있는 것입니다. 한마음 가운데의 한 점에서, 그 세 가지 법이 다 거기에서 나가는 겁니다. 그럼으로써 그분은 그 세 가지의 문제가 바로 일심에 들어 있기 때문에 자기 한생각에 바람과 구름과 물, 이런 것을 다 자유자재했다 이겁니다. 물론 그런 책에는 그렇게 쓰여 있지 않겠지마는 내가 생각할 때는 일심에 그 세 가지가 다 들어 있기 때문에, 구족하기 때문에 바로 자기 한생각에 바람도 될 수 있었고, 흙도 될 수 있었고, 돌도 될 수 있었고, 물도 될 수 있었고, 구름도 될 수 있었고, 비도 될 수 있었다 이 소립니다.

그러니까 모든 사람들을 인도하는 데 길잡이로서 의리와 도의, 사랑, 또 모든 조화를 이룰 수 있는 인간의 충성과 효도, 이런 것을 종합해서 가르치면서도 지금 마음에 활동력 있게, 생동력 있게 사람이 살아나가는 바탕이 그대로 주어졌던 겁니다. 이렇게 이렇게 해야만이 밥을 먹고, 이렇게 이렇게 해야만이 윗사람을 모시고, 이렇게 이렇게 해야만이 아랫사람을 거느리고, 이렇게 하지 않으면 사람의, 인간의 도리가 아니라는 거를 그대로 아주 심어 줬던 겁니다. 그것도 물론 대왕으로서 했지마는 그때 최초에는 사람도 얼마 안 되고, 그러나 사람의 행동을 거기에서 가르쳐 놨기 때문에 그것이 거름이 돼서 우리가 이렇게 지속된 인간의 노릇을 할 수 있는 기본이 되고, 또 기본이 됨으로써 그 뒤에 석존이 나셔서 또 가르쳤고, 석존뿐만 아니라 모든 그 인재들이 나와서 가르쳤던 겁니다.

그러면 우리 고조선 때만, 단군 할아버지만이 있었던 게 아니라 그 단군 할아버지 있기 이전에도 저 외국에서부터 세계적으로 인재가 나서 스스로 여기까지, 고조선이라는 거기까지 와 가지고 이렇게 됐다 한다면, 단군 할아버지도 그때서부터 주욱 계속해서 왔던 겁니다. 모습은 다를지언정 어찌 그 마음이야 둘이겠습니까? 그래서 수많은 부처들이, 수많은 조사들이 나왔다가 그 모습은 옷 벗듯이 없어졌을지언정 그 마음이야, 지혜로운 그 마음이야 어찌 깨달은 사람과 깨달은 사람들이 둘이겠습니까? 이 진리가 둘이 아닌 이상에. 딴 말은 절대로 할 수가 없는 겁니다. 그대로 진리니까.

그렇기 때문에 우리가 단군 할아버지를 믿는다는 게 좀 어폐가 있다고 보고, 믿기는 믿되 믿는 것이 아닙니다. 그건 바탕으로서의 주춧돌로 어디까지나 자기가 거름 삼아 그것을 두고, 믿는 것은 자기를 믿고 그것을 따라서 자기가 행을 그렇게 할 수 있는 그런 지혜를 키우는 거고 계발을 하는 거지, 어떠한 이름을 믿고 모습을 믿으라는 게 아닙니다. 그것은 오히려 그분을 모독하는 일입니다. 석존을 모독하고 단군을 모독하고 사대 성인들을 다 모독하는 일입니다. 그러고도 또 능멸하는 일이고 또 어리석은 일이고, 그분이 있다고 하더라도 달갑게 생각 안 합니다.

왜? "내 마음을 꿰뚫어 봐서 너희들이 내 마음과 같이, 똑같이 행을 가르치고 길잡이가 되고 밝혀 줘라." 이런 거지, 그 모습을 따르고 이름을 따라서 항상 바깥에서 끄달리고 믿으라는 건 아니거든. 육신, 물질은, 이름과 모습은 한계가 있어. 예전에도 그렇지 않았는데 지금처럼 발달된 이 시점에서 우리가 어떠한 모습으로다가 무슨 일을 하려고 하고 또는 충성을 하려고 그러고 효도를 하려고 해도, 그건 반밖엔 돌아갈 수가 없는 겁니다. 그렇기 때문에 언제나 항상 마음 깊이, 언제나 나 아님이 없이 한번…, 나는 이렇게 말하고 싶습니다.

오늘도 길을 오는데 어떤 노인 한 분이 나를 유심히 쳐다보는데 그 눈동자가, 몸도 잘 못 쓰시면서 똑바로 쳐다보고 또 돌아다보면서 똑바로 쳐다볼 때 나는 그 눈동자를 봤습니다. 그건 왜냐? 마음과 마음이, 예를 들어서 가설이 다 됐다 할지라도 같이 이 선이 닿지 않으면 불이 안 들어옵니다. 그러나 눈이 마주쳤습니다. 눈이 마주치면서도 돌아가면 멀어질수록 똑바로 보려고 애쓰는 그 마음이 바로 전압입니다. 그렇기 때문에 '아하! 저 참 안됐구나.' 그러면서 순간 그것이 바로 나로 돌아가는 그런 생각이 듭니다. 그럴 때 우리 서로가 무주상 보시도 될 수 있으며 마음도 한마음이 돼서, 본 사람도 없고 또 봤던 사람도 없습니다. 그거는 자연적으로 스스로 코드를 그 전압에 꽂았을 뿐이지 아무것도, 누가 해 준 사이도 없고, 본 사이도 없고, 받은 사이도 없습니다. 아마도 그런 문제를 봤을 때도 그렇고, 단군 할아버지가 곰 여자한테서 났다고 하는데 그것도 타당하죠. 꼭 사람이 사람으로만 태어나는 건 아닙니다.

세계적으로 여러분이 다 아시는 바와 마찬가지로 상어는 사람을 잡아먹지만 돌고래는 사람을 잡아먹지 않습니다. 왜 그럴까요? 그것도 마음입니다. 마음이 그만큼 진화됐기 때문입니다. 어떤 짐승들은 다른 거는 잡아먹어도 사람을 안 잡아먹고, 또 사람이 다른 거는 다 잡아먹어도 어떤 것은 안 먹는 수가 있습니다. 이 마음에 얽힌 사연들, 이런 문제들도…. 우리가 사람으로 여기서 같이 앉았지만 사람이 아닌 것이 사람이 된 사람도 있고, 사람이 짐승으로 됐던 사람도 있다 이겁니다. 수없는 나날을 거듭거듭 돌아가면서 우리가 언제 적에 사람이라고 모든 걸 업신여깁니까? 쥐가 천장에서 우굴우굴할 때도 '그래, 그래. 너도 같이 한마음으로 도와야지. 우리 서로 이익하게 해야지. 냉철하게, 소소영영하게 살고, 너 배고프라는 게 아냐. 그렇게 살면서도 우리는 서로가 서로를 위해서 사는 것이 예전부터, 아니 예전이라고 말할 수 없으리만큼 거쳐 왔잖아.' 하는 그 겸손한 마음, 아무것도 내 아래로 보지 않는 그런 겸손한 마음을 가지고 우리가 산다면 중들도 문지방이 높지 않을 것이고 또 여러분도 아만이 없어질 거예요.

우리는 아만을 가지고만 사는 것도 아니고 지위가 높다고 사는 것만도 아니고 고통이 없다는 것도 아니에요. 돈이 많으면 고통이 없다고요? 천만의 말씀이에요. 고통이 없는 것은 모두 마음입니다. 우리는 준비를 하고 가고 준비를 하고 오고 이럽니다. 항상 교차로에서 준비를 하고 가면서 준비를 하고 오고 이럽니다. 우리가 새 옷을 입었다 하면 이것이 더러워지면 벌써 벗을 것을 준비하는 겁니다. 더럽다 하면 벌써 새 옷 입을 것을 준비하는 것이죠. 우리가 이렇게 살아나가는, 거듭거듭 돌아가는, 수레바퀴 돌아가는 진리와 같이 떴다 가라앉았다 하는 이 구름과 같은 인생을 구름과 같다고만 생각하지 마세요. 나는 여러분이 예전에 수없는 나날을 거듭거듭 거쳐 오면서 그 부처님들이 있었기 때문에 여러분이 있었고, 여러분이 있었기 때문에 부처님이 있었다고 봅니다. 그런다면 누가 부처고 누가 중생이겠습니까?

나는 어떤 때는 '허, 예기랄 거. 아무것도, 아무것도….' 신청부 뒷다리 같다는 생각이 드는 거 있죠. 왜? 아무리 높은 분이 앞에 있다고 하더라도 그게 코웃음이 나는 게 있어요. 왜? 저질러 놓기는 그냥 수없이 자기가 자기를 죄 만들어 놓고, 자기가 자길 만들어 놓고, 자기가 자길 만들어 놓고, 만들어 놓고 만들어 놓고, 모습을 수없이 만들어 놓은 것은 체가 없기 때문에 자기 마음대로들 수없이 만들어 놓고 왜 이렇게 야단들이야? 나도 거기 한데 껴서 그런 소리 합니다. 나는 빠져서 둘이 돼 가지고 상대를 보고 얘기하는 게 아닙니다. 나까지 첨보해서 얘깁니다.

이 사람사람이 살면서, 또는 그러한 도리를 가르쳐서 인간이 됨으로써 거기에서 또 사람이 사람을 낳고 사람이 사람을 낳고, 이렇게 해서 지금은 인구가 수없이 많아졌는데, 지속을 안 할 수도 없고 지속을 할 수도 없고 이런 마당에서 그대로 우리는 한 걸음 한 걸음 걸어가고 있습니다. 그러니 언제나 바깥으로 역대 내려오는 부처님들, 그 수많은 이름들, 수많은 모습들 이런 것에 끄달리지 마시고 그 수많은 모습들이 다 같이 자기를 형성시켰다는 걸 아셔야 됩니다. 수없이 바뀌져 갑니다, 모습은.

엊그저께도 그런 생각을 했습니다. 신도님들이 여기 한 대여섯 분이 올라오시는데 보니까 이런 생각이 무뜩 들었습니다. '그렇지! 그렇고 말고. 저게 저렇게 만난 인연이 또 저렇게 얽혀서 만났구나. 한 형제간도 저렇게 만났구나. 저 언제 적의 형제였던가?' 하면서 웃음이 입가에 비슴이 나왔습니다. 순간순간 우리가 볼 때 이 대천세계의 이 모두가 그렇게 얽히고설키고 얽히고설켰어요.

우리가 지금 이 허공의 뜬구름 같다 이러지마는 허공에도, 즉 말하자면 자석과 같은, 즉 미는 힘과 당기는 힘, 붙는 힘 떼는 힘이 다 조화가 돼서 돌아가고 있습니다. 그럼으로써 공기가 있는 데서 있으면 우리가 디딜 수 있지만, 공기가 없는 무중력 상태에 우리를 내놓으면 붕붕붕붕 뜹니다. 그냥 돌아가는 거야. 왜 그렇게 되느냐? 그러한 생명들이 다 같이 부합이 돼서 조화를 이루고 있기 때문입니다, 이게. 그러면 어디에고 법망이 없는 데가 없어. 그러니 우리가 마음을 아는 것이, 자신들이 마음을 아는 것이, 자기가 자기를 아는 것이 이 우주 전체에 다 무전통신이 된다는 얘깁니다. 그런데 마음에다가 코드를 꽂아야 남의 코드, 즉 말하자면 남의 선의 법망을 통해서 거기까지 드는데, 여기에다 코드를 꽂지 않고 만날 한데다 꽂아, 한데다. 그러니 통신이 되나? 그러니 이익이 없지. 공덕이 되지 않지. 이거는 만날 끄달리고 돌아가는 거라, 응? 이거 벗어나려야 벗어날 길이 없어.

여북하면 내가 여러분한테 그렇게 말하지 않습니까? 여러분의 눈물이 내 눈물이기에, 나는 돈도 옷도 다 필요 없어. 그러나 여러분하고 같이 있으니까 입어야 하고 먹어야 하고 같이한다. 그러나 거기에 그렇게까지…. 나는 본래, 여러분도 그렇지만 나도 똑같이 우리는 하나도 착 붙일 게 없는 공한 모습입니다. 마음을 내놓으려면 내놓을 것도 없으련만 생생하게 배고프면 배고프다고 생각나고 더우면 덥다고 생각납니다. 그러나 그것이 더우면 덥다고 생각나기 때문에 금방 그 생각은 더운 거 피하면 또 그만, 또 조금 추우면 춥다는 생각이 들 때 벌써 더운 건 없어졌어.

그렇기 때문에 우리는 고정된 어떠한 뿌리가 있어서 딱 박아 놓은 게 아니다 이거야. 무정물은 저렇게 모습이 박혀 있지만 저 무정물의 마음들은 수없이 돌아다니면서 사랑하고 수없이 조화를 이룹니다. 수없이 돌아다니면서 사랑해서 열매를 맺고 수없이 같이 조화를 이룹니다. 우리도 마음이 수없이 조화를 이루고 공생하고 있다는 사실. 각각 소소영영하게 너는 너고 나는 나고 이렇게 있으면서도 우리는 같이 협동하지 않으면 먹고살 수 없다는 그 점. 아닌 것 같으면서도 그것이 타당하게 지금 그렇게 되고 있는 거. 나만 사는 독불장군 없다는 거. 소도 언덕이 있어야 비비지. 여러분이 밥 먹는 것도 농사꾼이 없다면 못 살죠. 농사꾼은 또 우리가 없으면 안 돼. 이 도리가, 모두가 서로가 서로를 먹여 살리고 서로가 주고 살고, 이렇게 사랑하고 의리 있게 자연적으로 스스로 돌아갈 때 이것이 불법이요, 이것이 바로 부처님의 진리를 완고히 우리가 터득하고 나가는 것입니다.

부처님이 모습이 있어서 그 모습을 찾으라는 게 아니라, 부처님이 가르쳐 주신 그 마음을 꿰뚫어 알고 거름 삼아서 우리가 행을 그대로 하면서, 항상 같이 같은 자리에서 공생을 하면서 공용을 하는 그 패기가 바로 우리를 살리는 것뿐만 아니라 전체가 같이 돌아갈 수 있는 유유한 그런 무람선의 바로 그 원리라고 봅니다. 여러분은 모두 전자에 있던 그분들을 모습, 이름으로다가 모두 상징을 하는데 난 안 그래요. 역대 내려오는 지렁이든 부처든 그것을 막론하고 다 한데 합쳐서, 어떤 걸 한데 합치는 것보다, 난 이러죠. 말로 어떻게 형용할 수가 없습니다마는 높다고 하는 걸 봐도 높은 게 없고, 낮은 걸 봐도 낮은 게 없습니다. 그건 왜? 너무도 가깝게 그 생명과 그 마음과 그 모습과 내 모습과 내 마음과 내 생명이 같이하고 있기 때문입니다, 너무 가깝기 때문에.

(녹음 안됨) … 먹고 되남고 먹고 되남을 뿐입니다. 우리는 자식들을 낳으면 부모가 거름이 돼 줄 뿐이지 거기에서 '내가 거름이 돼 줬으니까 난 보수를 받겠다' 하는 것도 없습니다. 무조건 거름을 줍니다. 무조건 거름이 돼 주는 거야. 그럼으로써 그 대에서는 또 무조건 줍니다. 이게 부모의 일들이 아닐까요? 그런 거나 마찬가지로 이 세상 진리도 그러합니다.

그러니까 우리가 앞서에는 기복으로만 나가면서 만날 바깥으로 끄달리고 이익이 없었고 공덕이 되지 않았습니다. 역대의 부처님이 그렇게 불태우면서, 말 한마디 없이 그렇게 가르쳐 주신 부처님의 뜻도, 수없는 조사들의 뜻도 아랑곳없이 그저 바깥으로 끄달린다면 우리는 무슨 낯으로, 아니 무슨 낯으로가 아니라 육(肉)의 부모를 볼 면목도 없어요. 그렇게 행을 안 하면서 어떻게 단군이요, 석존이요, 역대 부처님이요, 관세음보살이요, 찾을 수 있는 자격이 되겠습니까? 관세음보살이나 그런 것은 이름일 뿐이지. 세상의 진리를 포함해서 글자로 써 놓은 것뿐이야.

그러니까 자기가 실천을 할 수 있는 그러한 자유인이 돼야, 즉 이름해서 그것도 관세음보살이라고 하는 것이지. 그러면서도 관세음보살은 이름이니라. 부처님께서도 말씀하시기를 "내 모습을 보고 절하지 말고 내 이름을 보고 찾지 말라. 나는 한 마디도 이날까지 한 예가 없느니라. 너희들이 그 뜻을 안다면 수많은 중생들에게 이 뜻을 전달할 수 있는, 정말 우리가 한자리 할 수 있는 부처니라. 그리고 보살이니라." 이러셨는데….

여러분은 돈만 알고 먹을 것만 알고 되는 것만 알고, 갖는 것만 알고 잘되는 것만 알고 그러는데, 그거 지금 내가 여러 가지 말한 게 한 마음 그 한 점에 그것은 다 부풀리게 돼 있어, 찾지 않아도. 내가 먹으려고 안 해도 먹어지고 쓰려고 안 해도 써져, 자연적으로. 병고도 내가 그렇게 안 나려고 하고 나려고 하고 그러지 않아도 스스로서 벌써 그거는 녹아 없어져. 그런데 그거 따질 게 뭐 있나? 하나만 충실하면 다, 다 사는데. 가정에서도 한 사람이 충실해서 아빠가 벌이를 잘하면 식구들이 다 굶지 않고 살듯이 말입니다. 참으로 이 부처님 법이란 여러분 각자가 자기한테, 턱밑에 두고도 먹을 줄 모르고 쓸 줄 몰라서, 활용을 못해서, 그러고 살 수가 없다고, 그것을 고(苦)라고 하면서 팔자 운명 타령을 하고 이러거든요. 운명, 팔자 이런 서적이나 사다가 뒤적 뒤적 보고요.

이런 것이 도대체 나는 이해가 가지 않습니다. 나는 독해서 그런지 몰라도, 나는 독하지는 않은데, 독해서 그런지 몰라도 가시밭이 내 앞에 닥치면 가시밭을 걸었고, 자갈밭이 닥치면 마다 안 하고 걷는다는 거예요. 난 그런 사람이에요. 사람이 한 번 죽지 두 번 죽지 않아. 이렇게 살다가 죽으나 저렇게 살다 죽으나…. 만약에 미지수의 그 모두를 파헤치고 들어가려면 가시밭이라고 안 걷고, 자갈밭이라고 안 걷고 또 막혔다고 안 뚫고 뭐, 이렇다고 피하고 저렇다고 피하고 무섭다고 피하고 이런다면 언제 미지수의 맛을 알겠소. 그리고 또 내가 그걸 뚫어서 그 미지수의 세계에 들어가서 부처님이 되겠다는 그런 욕심도 없어. 단지 난 그런 사람이야, 그냥 그대로. 뭐가 되겠다 해서 그런 게 아니라 진리가 그러하고, 모든 사람이 그렇게, 미생물에서부터 수없는 모습을 해 가지고 피를 흘리고 나왔는데, 내가 지금 사람이 됐다고 해서 모두를…, 그전의 나인데 말입니다. 올챙이가 만약에 그전의 나라면 개구리가 그 올챙이를 보고 저주할까? "너는 모자라." 하고. 천만에! 전자의 올챙이 생각을 하고 눈물을 흘리면서 쓰다듬어 줄 수 있는, 그런 안아 줄 수 있는 그 마음이 필요한 거야. 쥐도 잘 듣고 지렁이도 내가 생각하는 거 잘 알아들어요.

어느 땐가 이런 일이 있었죠. 하루는 버섯을 따러 가는데, 작대기를 들고 이렇게 가는데, 어디에서 슬피 울어 오는 소리가 들렸습니다. 그것을 듣는다고 해서 도가 아니에요, 또. 그것은 그대로 마음 깊이, 우는 소리를 마음 깊이 들었다는 소리지, 귓가에 들려서 들린다는 게 아니에요. 그래서 내가 그 우는 소릴 좇아서 가니까 뱀이 큰 맷방석처럼 틀고 앉아 있는데, 고개를 하나 탁 들고 앉아 있기에 작대기를 탁 던지면서 '음, 너는 흰 백(白) 자구나.' 하는 걸 느꼈습니다. 왜? 흰 백 자 아닙니까? 둥글 원에다가 점 하나 위에 탁 찍혔으니 말입니다. 글자를 봐서가 아니라 세상 진리를 봐서 얘기한 겁니다. "백 백이야. 너는 백 백이로구나. 그러니 너는 그 모습을 벗고…. 난 네 모습을 보면 보기 싫더라. 나도 예전에 그 모습을 가졌다 하면 네가 나를 봤을 때도 보기 싫지 않았겠니? 그러니까 내 모습을 똑똑히 보고 내 모습대로 되라는 게 아니라 벗어나라는 거야. 벗어!" 하고 돌아섰습니다. 울음이 뚝 그치면서 그 후에 가 보니까 고스란히 껍데기만 남았어요.

여러분! 우리가 이 세상의 모든 것을 볼 때에 무주상이라는 게 뭔지도 모르고 "무주상 무주상" 하는데, 얼마나 돌고 돌아서 무주상을 하는 줄 아십니까? 그런 도리가 아니라면 무주상도 할 수가 없는 겁니다. 하고 싶어도 못해요. 여러분이 몸 떨어지기 전에 이 도리를 빨리빨리 아셔요. 몸 떨어지면 다시 또 몸을 받아요. 어떠한 몸을 받든지 받아야 또 부딪침이, 상대성이 생겨서 또 공부를 해야 되는 이치가 되기 때문에 이 몸 벗기 전에 공부하셔야 됩니다. 그렇기 때문에 여러분 가정에서 한 사람만 해도 12대 종손을 건지고도 남고, 그 보살행이 더욱더 잦아졌을 때는 수많은 중생을 다 건진다고 했습니다.

입산하는 사람은 왜 입산을 하는 줄 아십니까? 한 가정의 몇 식구를 건지기 위해서 살기보다는 억겁이 따로 없고 내일이 따로 없고 어저께가 따로 없는 이 세상의 모든 생명들을 같은 내 한 생명으로 돌리는 그런 작업을 하기 위해서 입산을 하는 겁니다. 여기 몇 분 오시는 여러분들 건지려고 제가 중 된 거는 아닙니다. 천만의 말씀이죠! 만약에 댁의 모습들을 보고 댁의 말들을 듣고 댁의 이름을 보고 목탁을 두드리는 그런 중이라면, 차라리 내 몸을 갈아서 가루를 만들어서 바람에 훽훽 떠내려 보내겠어요. 난 입술을 깨물고 그렇게 했으니까.

그랬던 반면에 오늘날에는 이를 깨물 것도 없고 그렇건만 여러분이 짙은 피를 흘릴 때는 나도 짙은 피가 흘러. 하염없이 피를 흘릴 때 나도 하염없이 피를 흘려. 이것이 무슨 연고인가. 그러면 인과응보라든가 유전성이라든가 업보가 어드메 있느냐는 거야. 어드메 있느냐 이거야. 여러분이 지어서 있는 것이니까, 이것은 한생각 하기에, 돌리기에 달려 있으니까 그렇게 하지 말라 이거야. 어떤 게 닥치더라도 그냥 용광로에 넣고 넘어서라 이거야, 그냥. 한 번 죽지 두 번 죽지 않아. 그럭할 수만 있다면 모든 것이 해결 나. 여러분 눈에서 자기가 살려고 눈물을 흘리진 않을 거야. 딴 사람을, 상대성 자기를, 자기 아닌 자기를 보고 자기와 같이 생각하고 눈물을 흘려 줘서, 즉 무주상 보시를 할지언정 자기를 위해서는 아니 할 거야. 눈물을 안 흘릴 거야. 값싼 눈물을 흘리지 않을 거예요.

여기에 여러분이 몇 분 안 되지마는, 여러분 중에 몇 분만이라도 이 도리를 안다 하면 참 그것은 세세생생에 아마 길잡이로서…. 예전에도 단군만 있었던 게 아닙니다. 그 시절에, 그 환경에서 단군의 그 모습으로 잠시 잠깐 있었던 것뿐이지, 돌아서 또 나오고 또 나오고 하기 때문에 그것은 그 모습으로, 그 이름으로만 있는 게 아니에요. 그 당시에 있었던 그 이름이에요.

그러니 석존이 그때만 있었던 것도 아니고 오늘 지금 이 자리에도 있건만 여러분이 그걸 생각을 못하고 못 볼 뿐이에요. 여러분 턱밑에 있어요, 다. 석존만 있는 게 아니에요. 수없는 생명들이 다 같이 있거든요. 그래서 비유해서 여러분 몸속에 그 자비한 생명들이 한데 합쳐서 한마음이 돼 가지고 여러분 그 부처를 지금 끌고 다니는 거예요. 어때요? 그 생명들이, 수많은 생명들이 한데 합쳐져서 여러분이 여러분 몸을 지금 끌고 다닌다는 걸 아셔야 돼요.

그러면 그게 합친 한마음 그 자체의 근본이 바로 부처의 근본이거든. 그리고 한마음이 돼 줘서 이렇게 운영을 해 줄 수 있는, 자기 속에 들어 있는 그 생명들이 바로 중생이거든. 그런데 어떻게 중생과 부처와 둘이겠습니까? 아주 가까운 데다가 비유를 하는 겁니다, 지금. 그런데 자기를 의심하고 자기를 못 믿고 자기를 끌고 다니는 그 은혜를 모르고 그러고선 바깥으로 돌면서 자기를 무시하고 그러거든요. 비춰 줄 놈은 자기한테 있는데 비춰 주지도 못하는 그 이름을 찾고 모습을 찾는 그 모습들을 볼 때 어떻게 해야 옳겠습니까?

나는 오늘도 그렇고 어저께도 그렇고요, '헤이고, 세상에. 그냥 아무리 뒤집어 봐도 한 점 거리도 안 되는 걸 가지고 무슨 말할 게 있는가? 이그, 그저….' 그러곤 그냥 아무 생각 없이 올라왔습니다. 올라와 가지고 말을 하다 보면 말을 하게 되고 그럴 뿐이지 무슨 계획이 있습니까? 난 머저리 같아서 계획도 없어요. 어저께 거를 계획해 가지고 오늘 얘기한다면 그거 죽은 거야, 벌써. 이미 죽은 송장을 가지고 얘기하는 거야. 벌써 지나간 거야. 오백 년 역사가 벌써 지나갔어. 앞으로 올 역사는 앞으로 개발해야 돼, 역사가 달라지게. 그러나 역사라고 할 것도 없지. 모든 것이 자기 살아나가는 데 있는 거야. 역사라고 안 해도 자기가 하고 나가는 데에 있는 것이죠.

이 모습으로 나왔으면 이름을 남기고 가라고 했는데 이름을 남기려고 해서 남기는 게 아니야. 한마음에 있는 거예요, 그게. 진실해서. 그리고 그 이름은 남이 남겨 준 거지 내가 이름을 남기려고 해서 남겨진 게 아니야. 그러니까 모습이고 이름이야. 그건 왜? 그것이 헛거냐? 아니다. 그 이름이 남겨지리만큼 진실했고 그렇게 행했기 때문에 그 마음들이 전부 옹호해 줘, 마음들이. '아, 그분은 그렇게 그렇게 했어. 아이고….' 하는 마음이 거기에 이 무전컴퓨터에 그냥 탁탁 가서 재여. 그럼으로써 그 사람이 다른 모습으로 또 나온다 하더라도 그 마음이 한데 합쳐 줘. 이것은 조금도 에누리가 없어. 그러니까 폭이 넓고 참, 단군 할아버지나 석존이나 뭐, 성인들로 나온 수많은 분들도 바로 뜻이 있어야 길이 있고 길이 있어야 뭐, 대통령도 하지, 인연 없는 것은 안 돼. 그런데 인연이라는 소리 그것도 말입니다, 자기가 한 거만치야, 자기가 한 거만치.

나는 아홉 살부터 부모를 떠났지만, 나는 아홉 살 먹기까지라도 있었으니까 망정이지, 우리 아버지는 두 살 때 부모가 다 없어졌어. 그런데도 자기 자신이 그렇게 해서 그래도 조선 말기 때까지는 훈련대장으로 있었단 말이야. 그러니 그만큼 자기가 진실하고, 그 자립이라는 게 얼마나 피를 흘렸기에 그렇게 됐느냐는 얘기야. 사람답게 살면서, 그렇다고 해서 잘 먹고 잘 입은 거는 없지만 사람답게 산 거, 이게 문제입니다. 이것이 말해 주는 겁니다. 그걸로 끝나는 게 아닙니다. 지속입니다. 자기 한 거만치 지속. 그래서 부모가 그만큼 어떠한 경우에 의해서 본받게 했으면 자식들도 꼭 본을 받습니다. 그건 여지없습니다. 그대로니까.

그래서 자식들을 기를 때도…, 내가 이런 말을 왜 하느냐면 "불법이나 얘기하면 했지 그런 얘길 왜 하나?" 이러시겠지마는 불법이 우리 살림이기 때문입니다. 생활이기 때문입니다. 남편을 리드하는 것도 그렇고 아내를 리드하는 것도 그렇고 좀 폭넓게 리드해 나갈 수 있는, 말로 얘기해서 공을 다 깨트리지 말고 안으로 굴려서 그 사람의 마음과 더불어 그저 무전으로 통할 수 있는, 서로 연결이 돼서 서로가 잘해 나갈 수 있는 그런 지혜를 행하라는 얘기죠.

자식도 그렇습니다. 자식도 뿌리를 깊이 박아 줄 수 있는 그런 거는 반드시 마음으로 해야지, 입으로 놀려서는 자꾸 빗나가, 입으로 말을 해 가지고는. 저 왜, 밀가루 반죽하듯 요렇게 주무르고 저렇게 주물러서 남 나가려 해도 나갈 틈이 없게 만들지 마시고, 응? 그 세대는 그 세대대로 있고, 우리 어른은 어른대로 세대가 있어. 지금 발전해 나가는 애들의 생활과 어른의 생활과 또 노인네들의 생활은 달라. 그래서 마음을 활달하게 놔두면서 안으로 굴리게 되면, 내 전화를 돌리면 거기까지 보당이 눌러지거든. 그러니까 그 애는 모르지만 그 애 원소 자체는 안단 말이야. 그렇기 때문에 그 원소 자체가 걔를 끌고 다니는데 아주 잘 끌고 다니게 되거든. 그러니까 걱정이 하나도 없는 거야. 하루 이틀 안 들어왔다 하더라도 거기다만 넣으면 스스로 돌아져서 경험을 하고선 오히려 들어와서 안 나가. 공부 잘했지, 뭐.

이렇게 되는 이치를 여러분은 못 믿고 자기를 자기가 못 믿어. 자기의 턱밑에 있는 그 보배를, 자기가 자기를 못 믿고 항상 겉으로 끄달리면서 관세음보살, 무슨 보현보살, 뭐, 강으로 나가서 물에다가 밥 띄우고 또 물에다가 고기를 사다 넣고 이런 행동들을 해서 무슨 소득이 있느냐 이거야. 강에 그냥 놔두고도 항상 같이할 수 있는데. 여러분이 여기 오래 다니신 분들은 다 아실 거지마는 미국이나 어디에서 전화가 옵니다. "스님, 급한 일이 이렇게 생겼습니다." 이런다면 내가 만약 몸으로 비자를 내 가지고 간다 하면 그거 할 수 있겠습니까? 해결할 수 없죠? 이미 죽은 뒤에 가게? 또 죽은 뒤에도 못 가, 늦어서.

그래서 이 마음이라는 건 체가 없기 때문에 수만 개가 될 수 있고, 원하는 대로 모습을 바꿔서 할 수가 있어. 아프다면 의사가 돼 주고, 가난하다면 관세음보살이 돼 주고, 일찍 죽는다면 칠성부처가 돼 주고, 지장이 돼 주고 수없이 그렇게 바뀌는데, 한 생각 한 생각이 찰나찰나 그렇게 바뀌는데 왜 그것들을 모르고 끄달리느냐 이거예요. 왜 자기를 자기가 못 믿어? 자기를, 미생물에서부터 억겁을 거쳐서 이날까지 끌고 온 자기의 주인을 왜 못 믿어? 자기의 모습을 그렇게 끌고 다니고 형성시키고 진화시켜서 끌고 다니는데.

오늘은 이걸로써 끝마치겠습니다.

걸림 없이 들고 나게 하는 마음의 보당

1986년 6월 1일

오늘 첫 법회를 시작함으로써 여러분을 또 만나게 됐군요. 정락스님이 나오시는 날인데 오늘 안 나오시게 돼서 내가 올라오게 됐습니다.

그런데 우리가 말입니다, 그 모든 믿음과 패기가 없고 용맹정진이 없다면 항상 방황하게 됩니다. 한 걸음을 떼도 무겁고 좀 더 인내성 있게 떼어 놔야 할 거고, 생각을 해도 좀 무겁게 하면서 종종걸음을 걷지 않도록 하고, 한 걸음을 떼어 놔도 백 걸음 못지않게 뛸 수 있는 그런 믿음과 패기가 필요할 것 같습니다.

그전에도 항상 말씀드렸지만 오늘 다시 한번 반복해서 얘기해 드리고 싶은 것은, 우리가 대나무와 같이 마디마디는 있습니다마는 속은 속대로 같이 통해 있고 거죽은 거죽대로 같이 붙어 있습니다. 이런 거나 진배없는 전체 이 한 몸을 우리가 우주로 한번 생각해 볼 수 있는 마음을 가지십시오. 음과 양을 통해서 한데 합쳐진 우리 이 생명은 각자각자 이 몸뚱이 하나에 생명들이 수억 마리가 있는데, 그렇게 많은 양을 한데 포섭해서 인연에 따라서 여러 마음들이 종합해서 한데 모인 한 생명입니다. 이것을 그냥 넘기려고 하지 마세요. 내가 하지 않으면 내가 받지 않는 겁니다. 내가 한 것만치 받는 겁니다, 죄도 선도. 그러니까 희미하게 넘기지 마시고 좀 더 믿음을 진실하게 가지고 한번 해보겠다는 패기로 물러서지 않도록 하시는 것이 좋을 것 같습니다.

그래서 그 많은 생명들이 한데 합쳐진, 그렇게 구성된 인간 하나입니다. 그러니까 여러분이 살아나가는 데에 어떤 때는 이런 생각이 들고 어떤 때는 저런 생각이 들고, 수만 가지의 생각이 돌게 됩니다. 그것은 자기 하나가 아니기 때문입니다. 그렇기 때문에 그것을 일으키고 가라앉히고 하는 보당은 바로 자기 선장에 달려 있습니다. 하나의 구성된 선장, 즉 마음에 달려 있다 이겁니다. 그런데 그 마음은 안팎의 보당을…, 즉 말하자면 원자력 발전소가 자기 한 몸뚱이에 구성돼 있다면, 우리가 지금 저 문을 열고 들어오는 데도 저게 맞뚫렸습니다. 바깥으로 열고 나가는 것도 저 문 저걸 붙잡아야 하고 안으로 들어오려도 저걸 붙잡아야 합니다, 문을 열려면. 본래는 문이 없는데도 문이 있다는 겁니다. 문이 있는데도 문이 없다는 것은 체가 없기 때문입니다. 체가 없으면서도 역력하기 때문입니다.

그래서 안에서 바깥으로 내보내려도, 상대성 원리기 때문에 안의 보당을 누르는 것도 바로 이 보당이고, 바깥에서 안으로 들이려도 그 보당을 눌러야 됩니다. 그런데 그 보당 하나에, 안팎이 붙어 있는 뚫린 보당 하나에 줄이 만 개가 있다면 만 개가 죄 각각이라는 얘깁니다. 무전통신 줄이, 즉 법망에 그 무전통신 줄이 다 붙어 있어요. 그러면 그 붙어 있는 줄에 이건 우주의 보당을 누르는 우주 줄이고 이거는 삼천대천세계의 줄이고 이것은 또 소천세계 중천세계, 또는 이거는 우리 몸에, 예를 들어 우리 몸을 종합병원이라고 그런다면, 종합 원자력 발전소라면 요 줄은 요 줄대로 여기에 다 붙어 있죠?

그러니까 예를 들어서 지능 줄이라든가, 지능이 발달되지 않은 사람에게는 지능 줄이 거기 있으니까 그 보당을 눌러서 하는 것은…, 요걸 요렇게 얘기해야 좋겠군요. 여러분의 마음이, 이렇게 몸에 닿고 상대성에서 오는, '이게 까다롭게 넘어가겠구나.' 또는 '나는 왜 머리가 이렇게 안 돌까.' 또 '나는 생활하는 데에 왜 이렇게 잘못될까.' 그 다양하게 수많은 가지가 다 이 원자력 발전소의 보당에 달려 있다는 겁니다. 보당 줄에 있어요, 전부. 가설이 돼 있단 말입니다. 그런데 그 가설된 거기에 내가 '아, 이게 왜 이렇게 까다롭게 안 넘어갈까? 왜 머리가 안 돌까?' 할 때는, 지능 발달이 덜 됐기 때문에 그렇다고도 생각이 될 때는 그것이 바로 지능 줄인 겁니다. 내가 그렇게 생각을 했을 때는 지능 줄의 보당을 누르는데 안으로 '아, 이건 여기서밖에는 할 수가 없다.' 하는 그런 생각을 할 때 바로 지능에 관한 줄에 의해서 이 대나무 속이 뚫려서 가듯이, 그렇게 해서 이게 다 돌아가게 돼 있습니다, 대뇌를 통해서.

그러니까 지능이 만약에 발달이 되지 않았다면 거기 물리가 터지질 않습니다. 물리가 터지지 않음으로써 지혜가 생기질 않거든요. 그래서 그 이름은 '지능이다' 또는 '물리가 터져야 한다' 또 '지혜가 생겨야 한다' 하는 것이 그게 마디만 있다 뿐이지 한 줄입니다. 이름만 각각이지. 그런데 우리가 생활에서 지능과 물리가 터져야 하고 지혜가 생겨야 지혜가 모든 만법을 응용하는 데 무기가 되는 거죠. 그럼으로써 만 가지 법망의 그 무전통신 줄이, 세포 줄이 전부 이렇게 돼 있는데, 우리가 처음에는 한 가닥으로써 한 보당을 누르는데 지금 까다롭게 넘어가지 못하는 것은 어디까지나 내 몸 안의 생명들과 나와 더불어 둘이 아니지만 한 마디가 있기 때문에 엑스 자로 넘어갑니다, 엑스로. 이게 둘이 한꺼번에 체인지가 돼 가지고 넘어가서 하나로 책정이 된다는 얘깁니다. 그러니 이 안이나 바깥 일이나 전부 그렇게 돌아가는 거죠.

이것을 어떻게 똑똑히 얘기를 해 드릴지 모르겠지마는 이렇게 얘기를 해 드리면 안으로 항상 그렇게 실험을 통해서 지켜보고 자기가 해 보고, 남에게서 알려고 하지 말고, 책을 보고 그거를 알려고 하지 말고, 안에서 그것을 굴리면서 자꾸 실험을 해 보면서 자기가 터득을 하는 거죠. 그것이 일거삼득이 될 겁니다. 그것이 행선이며 참선입니다. 그러면서도 자기를 발견할 수 있는 동시에 용(用)도 같이 할 수 있다는 얘깁니다.

그러니까 예전에 석존께서 유(有)의 법의 모든 문제를 가르쳤고 그다음에 무(無)의 법을, 무루의 법을 가르쳤고 그다음에 유루와 무루를 한데 합쳐서 법화경을 설했습니다. 그러면 시일이 얼마나 걸립니까. 마디 하나하나, 요 세 계단이 마디가 있을 뿐이지 다 통해 있는데 통해 있는 마디 마디를 한데 합쳐서 여러분이 지금 이렇게 바쁜 시기에 그대로 일거삼득이 되게끔 일심으로 들게 했으면 좋지 않은가 해서 이렇게 가르치고 있는 겁니다.

그러면 우리가 지금 그렇게 있는데 이 생각이라는 건 체가 없습니다. 체가 없죠? 여러분이 큰 바다라고 생각을 할 때는 바다입니다. 요만한 물방울 하나라고 생각할 땐 물방울 하납니다. 이건 체가 없기 때문에 크게 이룰 수도 있고 쪼끄맣게 이룰 수도 있는 겁니다. 이것을 깊이 생각하셔야 됩니다. 물질을 생각해 가지고 이건 크다 이건 작다 이렇게 걸려서는 아니 됩니다. 이건 육안으로 보는 우리 습에 의해서 보는 눈이고, 이건 습이 아닌 체가 없는 내 한 눈에서, 속에서 그대로 생각해서 만약에 크게 내가 봤다 하면 큰 거고 작게 봤다 하면 작은 것입니다.

그럼으로써 이 체가 없는 그 마음은 항상 수만 가지의 보당을 자기가 가지고 있습니다, 자기가. 선장이 보당을 가지고 있습니다. 그런데 그 여러 가지의 보당은 다 자기가 스스로 자동적으로, 자꾸 이렇게 와서 닿는 대로 그것이 쪼끄만 거냐 큰 거냐에 따라서 자기가 그 큰 원자력 보당에다가 한번 굴려서 누르면서 이렇게 문을 여는 겁니다. 문이 따로 없지만 이거는 이름입니다. 그러니까 '아, 저이가 뭐 저렇게 말을 해? 이름도 없고 본래 아무것도 없는 건데.' 이렇게 하지 마시고 아무것도 없는 그 자체 내에서 무르익는 보리 이삭도 있듯이, 예? 아무것도 없는 그런 데서 우리는 역력하게 배가 고픈 건 고픈 겁니다. 아무것도 없으면서도, 뜬구름 같으면서도 배가 고픈 건 배가 고픈 거지 어떡합니까. 그리고 가난한 건 가난한 거고 아픈 건 아픈 겁니다. 이것을 어떻게 다 처리를 하겠습니까. 이것이 여러분의 생각, 지혜에 달렸습니다.

아까 얘기한 지능, 즉 말하자면 지능이 제대로 돌아가고 믿음과 패기와 모든 것이 한데 합쳐지기 이전에도 그렇게 돼 있었지마는 이걸 사용을 못한다면, 용을 못한다면 이거는 천만금을 두고도 내가 쓰지 못하는, 못 쓰는 기계밖에 될 수 없는 거나 마찬가지입니다. 그러니 그렇게 해서 지능이 발달이 되지 못했으면 지능을 발달을 시킨다. 거기에 지능이 발달이 된다면 그냥 거기에 마디 하나가 있어서 그렇지, 그리로 통과가 된다. 즉 모든 만 가지의 물리가 터진다. 물리가 터지면 지혜가 터진다. 지혜가 나온다면 만 가지 법을 그대로 응용할 수 있다. 요거 재차 말한 겁니다. 그러니 똑똑히 들으십시오.

그래서 여기가 원자력이라면 체가 없는 마음은 수없이 다가옵니다. 우리가 테레비를 보고도 세계적으로 어떠한 문제가 있을 때 여기 직속 들어오지 않습니까. 상대성에서 자성으로 그냥 들어옵니다. 또 들어오고 또 들어오고, 가정에서도 무슨 말을 하다가도 딱 들어옵니다. 들어옵니다. 들어오고 들어오고 들어오고, 수만 가지 천차만별로 작은 거 큰 거, 작은 거 큰 거 할 거 없이, 중간 거 소소한 거 뭐, 전부 들어옵니다. 들어오는 대로 자기가 한 보당에다, 즉 말하자면 다 거기에다가 보당을 누르는 겁니다.

보당을 누른다 하니까 또 눌러서 누르는 게 아니라 내가 알아지는 게 보당이요, 안에다가 놓는 게 보당이다 이겁니다. 그래서 바깥 보당하고 안 보당하고 둘이 아니게 저렇게 맞뚫렸다는 얘깁니다. 그러니까 가고 옴이 없이 마음이 오고 간다. 둘이 얘기를 하는 데도, 이 말을 하는데 말을 준 게 아닌데도 그 사람은 벌써 듣고 있지 않습니까. 듣고 있는데 그 듣는 것만이 아니라 그 말하는 데 원리가, 뜻이 어디에 속해 있는가를 벌써 알고 있다는 얘깁니다, 그 말의 뜻을. 그러니 이게 참 놀라운 일입니다. 말로만 알아서 의식만 이렇게 하는 게 아니라 말을 들어 가지고 잠재해서 이렇게 한번 굴리면서 뜻이 거기서 '아, 저 사람이 저래서 저 말을 하는구나!' 하는 거를 벌써 알기 때문에 벽을 탁 쳤는데 봇장이 울리게 되죠.

이렇게 사람은 능수능란하게 첨단의 능력을 가지고 있는, 부처님이 될 수 있는 그런, 고도로 발달이 된 인간이란 말입니다. 그렇게 고도로 발달이 된 인간으로서 자기가 그 무한의 능력을 그렇게 가지고 있으면서도 쓸 수 없는 것입니다. 자기가 자기를 쓸 줄을 몰라요. 자기가 형성해 놨는데, 자기가 형성해 놓은 거를 자기가 쓸 줄은 아는데 지금 이 거죽에서 문 여는 보당, 즉 바깥에서 문 열고 들어오는 보당, 안에서 문 여는 보당, 이것을 쓸 줄 모르는 겁니다, 지금.

그리고 요걸 비교해서 말을 하겠습니다. 종합병원으로 이렇게 비교하는 건 안됐지만 종합병원이라 하면, 전체 대천세계가 한데 합쳐진 한 지붕 밑이라고 이렇게 비교를 해 봅시다. 그런다면 거기는 다양하게 이비인후과도 있고 또 여러 가지 내과 외과 뭐, 안과니 뭐니 전부 있습니다. 그런데 소소영영한 게 우리가 목이 아프면 벌써 목이 아프다는 신호가 옵니다. 이게 벌써 목이 아프다 하면 이비인후과로 갈 수 있는 신호가 나한테 온 겁니다. 그래서 이비인후과로 갑니다. 이 한 지붕 밑에, 속에 그렇게 다양하게 있건만 내가 목이 아프면 이비인후과로 가고 눈이 아프면 안과로 갑니다. 그런데 대의적으로 쓸 때는 이게 종합병원이라는 겁니다, 대의적으로 볼 때. 이 나라에서 볼 때는 이걸 "종합병원" 이러지 이비인후과 뭐, 어쩌고 어쩌고 그렇게 이름 부르지 않습니다. "종합병원" 이러죠. 그러니까 우리도 몸뚱이 하나가 종합병원이라면 전체 종합병원의 근거지입니다.

우리가 이것을 이 말 저 말 안 하고 넘어가면 그 뜻을 모르실까 의려하여 이러한 얘기를 합니다마는 임신을 해서 어린애를 뱄어도 탯줄을 잡지 못하면 전체 부위에서 나오는 액체의 그, 자기의 젖을 먹을 수가 없습니다. 그렇기 때문에 그 탯줄을 언제나 자동적으로 잡고 있는 겁니다. 탯줄을 놓친다면 그 어린애는 떨어집니다. 살 수가 없습니다. 그와 마찬가지로 우리도 여러분 한 분 한 분이 그 탯줄을 잡지 않는다면 고아입니다, 고아. 어디서라도 도와서 한마음 한뜻으로 돌아가야 될 텐데 돌아갈 수가 없고 자꾸 걸려요.

그와 마찬가지로 그 보당은 안팎으로 맞뚫린 하나인데 수없이 우주 줄이 있고, 세계 줄이 있고 또 국가 줄이 있고, 또 사회 줄이 있고 또 우리 가정 줄이 있고, 내 몸의 줄이 있고 몸의 세포의 모든 기능의 줄이 있단 말입니다. 그렇기 때문에 그것을 하나하나 나한테 닥치는 대로, 예를 들어서 몸으로부터 얘기를 하자면 사무실에 나가서 일을 하는데아, 상대를 만나야 할 텐데 참 까다롭다 할 때 바로 안에, 내가 벌써 그런 생각이 들었다면 거기에, 내 이 바깥의 보당에 벌써 신호가 온 겁니다, 안에서. 그러면 안으로 다시 보당을 누릅니다. '이거는 여기에서 해 줄 수밖에 없다, 무전통신으로써.' 그럼으로써 이걸 안으로 누른다면 바로 안에서 직접 그쪽 안으로 들어갑니다. 안으로 들어간 뒤에 바깥 보당에서 바로 바깥 보당을 또 누릅니다. 그럼 만나는 거죠.

이렇게 세밀하게 얘기해도 여러분이 이해가 안 간다면 난 어떻게 할 수 없는 거니까요. 그래서 안 보당을 반드시 누름으로써, 내가 전화통에다가 먼저 전화를 해서 알려 놓고 바깥으로 가서 만나는 것처럼, 이렇게 해서 만나게 되면 아주 유유히 돌아갑니다. 그러면 바깥에서도 나를 그렇게, 상대방에서 깔보지 못하게 됨으로써 아주 융화성이 유유하게 조화가 이루어지고 안으로 그렇게 마음이 따뜻하게 되자 서로가 서로를 양보할 수도 있고 서로 도와줄 수도 있고 이런 문제가 생기지만, 만약에 이 안으로 통과가 안되고, 마음으로 통과가 안되고 거죽으로 말을 해 봤자야 그건 백문선이 헛문선*이야. 걸리고만 넘어가.

그러니 안팎을 다 응용하고 활용하려면 이 50% 50%가 맞먹어 들어가야 된다. 그런데 이 줄이 수만 가지로 이렇게 연결이 돼 있는데 그건 내가 지혜가 있다면 자기의 환경에 따라서 큰 것도 생각해 볼 수 있고 작은 것도 생각이 되면 스스로서 생각해 볼 수 있다. 어저께도 테레비에서 뭐, 이것저것 이것저것 나오던데 그것을 나오는 대로 보지 마세요. 그거는 거짓도 있고 거짓 아닌 것도 있거든요. 그걸 그대로 곧이곧대로 생각해서 하는 게 아니라, 때에 따라서는 이런 것도 있죠. 공치기를 하는데 이것이 벌써 며칠 전에 한 거를 재방송하는 게 있죠. 만약에 재방송하는 데다가 재방송을 하는 줄 모르고 내 마음을 아무리 내 봤던들 이미 벌써 지나간 거란 말입니다. 이렇게 어리석게 논다면 그건 핀트가 맞질 않습니다. 직접 생방송을 할 때 마음도 내야 그것이 전반적으로 돌아가는 거죠.

그리고 우리가 살림하는 데도 그렇죠. 지나간 거는 자꾸 생각할 필요가 없다는 얘깁니다, 이미 지나간 거니까. 앞으로 다가오는 거, 다가오는 거를 생각하면서 잘 조절해 가면서 안팎이 없이 그렇게 여는 문도 바로 그 안에서 보당을 눌러야 하고, 안으로 드는 문도 바깥에서 안으로 보당을 눌러야 하는 것이 맞뚫렸다는 걸 아신다면 이게 공한 자기의 원자력 발전소의 보당이라는 얘깁니다.

그러면 그 보당…, 또 자꾸 지금 되풀이합니다. 여러분, 잘 이걸 포착하셔야 됩니다. 돌아갔다가 지금 다시 되돌아왔다 이럽니다. 그런데 그 줄이 그렇게 많은데 사람이라는 게 조끄만 생각만 나는 게 아닙

---

* 옛날에 백문선이라는 사람이 거짓 문서로 남을 속인 데서 유래된 '백문선허문서(白文善虛文書)'의 뜻이거나 백 가지 좋은 글을 가려서 뽑은 것(百文選)이 다 헛된 것이라는 뜻으로 보임.

니다. 사람은 큰 지혜로운 생각이 났다가도 아주 옹졸한 생각도 납니다. 옹졸한 건 옹졸한 것대로 쓰이고 큰 거는 큰 것대로 쓰일 때 자기를 언제나 더 잘 압니다, 여러분은. 자기 환경을 너무 잘 압니다. 자기의 마음 씀씀이도 더 잘 알고 지금 자기 앞에 처해 있는 환경도 너무 잘 알기 때문에 너무 큰 거를, 자기한테 오지 않을 것을 크게 생각을 해서 욕심내지 않아도 내 지혜가 자꾸 넓어지면 넓어지는 대로 지능이 발달되고 활용을 하게 되자 이건 점점점점 자기도 모르게 넓어져. 넓어지게 돼서 우주도 삼킬 수 있는 그런 넓은 지혜가 생길 때 비로소 스스로, 남이 벌써 나에게 큰 그릇이라고 담깁니다. 내가 담으려고 하기 이전에 벌써 담깁니다.

그러니까 남이 내 이름을 남겨 주는 거지 내가 이름을 남기려고 해서 남겨지는 게 아닙니다. 그럼으로써 그 이름을 남겨 주는 것은 마음이 한마음으로 돌아갔기 때문에 그 한마음이, 이름이 빛이 난 거지, 그 이름이 이름이 아니라는 얘깁니다. 여러분 이름이 다 각자 있으시겠죠? 이름이 여러분입니까? 여러분을 규명 지어서 부르기 위해서, 똑같은 사람들이기에 어떻게 규명을 지을 수가 없으니까 이름을 만들어서 붙여 놓은 겁니다. 상품에 이름을 붙여서 팔듯이. 그러면 그 이름이 여러분이 아니지 않습니까?

우리가 살아나가는 데 질서를 지키기 위하고 어떠한 규명을 짓기 위해서 이름을 붙여 놓은 거지, 이름이 이름이 아니고 부처님이라는 이름도 이름이 이름이 아닙니다. 삼천대천세계라고 하는 것도 이름이 이름이 아니고 지금 내가 "원자력 발전소의 문이, 쌍방으로다가 보당이 붙어 있으니" 이러는 것도 이름입니다. 그러나 이 이름도, 즉 말하자면 여러분이 깨달으면 이름을 불러도 이름이 아닌 거고 깨닫지 못한다면 이름으로 그냥 돌아갈 겁니다.

그러니 그 보당에는 수많은 줄이 하나하나 연결돼 있으니, 여러분이 작다 크다 없이 닥치는 대로 자기가 그 안으로 굴려서 안으로 보당을 누르고서 하고, 또 바깥으로 나갈 때는 이 안에서 보당을 누르고, 이렇게만 항상 할 수 있다면, 이것이 끊임없이 돌아간다면 여러분은 정말이지 이 세상에서 둘째 가라면 참 억울하다는 걸로 한자리에 할 겁니다. 즉 말하자면 상품 자리, 중품 자리, 하품 자리가 한데 합쳐진, 즉 자유인이 된다는 얘깁니다. 이 자유인이 된다면 얼마나 다양하게, 우주적으로도 그렇지마는 우리 생활적으로도 그렇고 이것이 말을 한다면 내 몸으로 얘기를 하려도 천만 가지가 돼요. 몸만 가지고 얘기한대도.

그러면 몸으로부터, 가정으로부터, 사회로부터 진출해 나가는 이 활용이 어디서부터 어떻게…, 이것이 천만 가지가 뭐, 가짓수를 헤아릴 수가 없는 것입니다. 그럼 우선 내 몸을 이끌어 가지고 다니는 것은 내가 이 세상에서 탄생만 해도, 아니 그 줄만 잡아도, 그 줄을 잡고 보당만 누를 줄 알아도 내 몸뚱이는 잘 끌고 다닌다는 얘깁니다. 이 병고도 그렇고 모든 것이.

야, 보십시오. 이거는 물질적으로 종합병원이지마는 물질적이 아닌 종합병원이 여기에 있습니다. 종합병원이 아니라 종합 원자력 발전소라는 얘깁니다. 그럼으로써 여기 우주적으로도 줄이 있다고 그랬죠? 그렇기 때문에 모든 일체 저 청정한 풀들이 전부 그 한 줄에 또 매여 있거든요. 그렇기 때문에 거기에는 죽이는 약도 있고 살리는 약도 있고 다 있는 것이 바로 우리 한마음 속에 들어 있단 얘깁니다. 그렇기 때문에 여기 목이 아프다 한다면 '아, 그래? 그거는 거기에서 해결을 할 수밖에 없다.' 하는 생각이 들 때에 바로 그 보당이 눌러지는 겁니다. 한 보당을 누르면 바로 병원으로 연락이 되는 거죠, 병원. 하하, 이게….

그럼으로써 병원으로 연락이 되기 때문에 바로 자기가, 자기 분신으로서의 박사가 되면서, 여기 생명체들이 좀 많습니까? 그러면 그 부위에, 즉 간이면 간 부위의 공장장이, 즉 말하자면 병원 원장이 돼 가지고선 그걸 수리합니다. 그렇기 때문에 걱정하는 게 팔자라 이거야. 걱정하는 게 팔자야. 왜 걱정을 하는 게 팔자냐. 걱정을 하니까 팔자가, 운명이 그렇게 된다 이거야. 걱정을 왜 하느냐. 거기 보당만 누르면 거기서 어련히 안 할까 봐 걱정을 하느냐.

그러면 한 번 죽지 두 번 죽느냐. 처음에 배울 때 모르니까 그렇게 아예 자기를 버리고 들어간다면 빨리 속속히 들어갈 텐데 자길 버리지 않아. 버리질 않고 그 살던 습, 착에, 그냥 욕심에 꽉 차 가지고 '내가 죽으면 어쩔거나.' 하고는 병원으로 걸어 들어가는 거예요. 걸어 들어가 가지고는 나중에는요, 실험대에 놓여 있으면서 그 실험을 다 받고 나니까 이제는 아예 기진맥진해지는 거죠. 고장난 부위를 고친다고 해도 그 부위에 그 약이 적합한 약인데도 불구하고 딴 부위에는 그 약이 적합지 않을 때에 또 부작용이 나는 거죠. 여러분, 깊이깊이 생각하세요. (녹음 안됨)

만약에 병이 들어서 죽는다면 네 탓이고…. 네 탓이고, 그렇지? 죽는대도 네 탓이요, 산대도 네 탓이요. 죽는 것도 네가 죽는 거지, 내가 죽는 게 아니고. 네가 먼저 죽음으로써 내가, 이 몸이 벗어지는 거지, 네가 모두 한데 합쳐서 한 생명이 모두 구성됐기 때문에 나라는 존재가, 이렇게 껍데기가 형성된 거지, 너희들이 없는데 내가 형성될 리가 있느냐. 너희들이 다 알아서 해라 이거야. 부위마다 '너희가 알아서 해.' 하고선 내맡겼을 때 나 이 껍질은 건당 따라다니는 거지, 이게 이름과 같은 겁니다. 이름과 같은 거. 건당 따라다니는 거.

당장 여러분 간이 파괴가 되고 이랬다고 합시다. 지금 여기 앉아 있지도 못해요, 예? 그럼 여러분이 여러분입니까. 여러분 속의 그 생명들이 살아 주기 때문에 여러분이 있는 겁니다. 오늘은 몸에 대해서만요 얘기를 하겠습니다. 몸의 부위에 양면의 보당이 있다는 것은 나중에 하죠. 여기 근거지가, 바로 태양의 근거지도 여기요, 우주의 근거지도 여기요, 세계의 근거지도 여기요, 국가의 근거지도 여기요, 뭐, 전체가 다 여기니까. 줄줄이 여기입니다, 줄줄이. 줄줄이 사탕이죠. 줄줄이 사탕이에요, 뭐, 아주 그냥.

그러니 여러분한테 닥치는 대로 겁내지 말고, 이건 패기가 있어야 하고 긍지가 있어야 하고 믿음이 있어야 하고 물러서지 않아야 한다. 그래서 지난번에도 얘기했듯이 단군은, 즉 말하자면 거울과 칼과 방울을 가지고 나왔다 했는데 이 이름을 붙여서 그렇지, 요 마디만 있다 뿐이지, 요거는 다 일심에 들어 있는 거라. 거울은 태양과 같이, 크고 작고 한 게 없이 맑고 깨끗하고도, 청정하고도 자유스럽게 할 수 있는 그 거울을 말하는 거죠. 칼이라는 것은 선하게든 악하게든 하는 게 아니라 선한 거 악한 거를 한데 합친 비호같은 칼이라 이 얘깁니다. 자비의 칼. 이것은 칼이 칼이 아니라 이거야. 마음의 주장자의 그 비호같은 활용을 말하는 거죠.

그럼으로써 그렇게 활용을 달랑거리고 해도 둥글기만 하더라. 어떻습니까? 둥글기만 하더라. 건드리기만 해도, 달랑달랑해도 여여하고 둥글기만 하더라 이거야, 응? 그러니 바깥으로 소리가 많이 나도 둥글게만 돌아가니 이것은 이익만 주고 충성이나 효도나 모든 사람 사는 방도, 의리와 도의, 사랑, 조화를 이루면서, 사람이라면 이렇게 살아야만이 사람이라는 것을 가르쳐 줬던 겁니다. 이것이 모두가 우리 인간에게 천부적인 그 능력이 주어져 있다는 겁니다. '야, 이거 깨달으려면 어려울 텐데 이걸 어떡하지?' 하지 마시고, 깨닫는다고 생각도 하지 마세요. '난 깨달아야겠다.' 하는 마음이 있다면 깨닫지 못합니다.

여러분이 깨달아서 무엇을 하시려고 그러십니까. 부처가 되시려고요? 천만의 말씀이에요. 인간이 되고자 하는 것도 없습니다, 인간이기에. 본래 인간 아닙니까. 그러니까 인간이 어떻게 살아야만이 나와 남을 통해서 둥글게…. 아무리 어떠한 일이 있더라도 나를 이익하게 할 수 있는 사람은 남도 이익하게 하고, 남을 이익하게 할 수 있는 사람은 나도 이익하게 할 수 있는 겁니다. 남을 이익하게 한다면 남이 나를 이익하게 하고, 나를 이익하게 한다면 또 내가 남을 이익하게 하는 바로 동심으로서, 동체로서 공용을 하게 되죠. 그러니 이것이 바로 사람 사는 의리와 도의, 사랑, 자비이며 이것이 바로 진(眞) 생활의 활용이 아닐까 이렇게 보고, 부처님 법이 아닐까 이렇게 봅니다.

그러면 역대의 선인들이, 역대의 사대 성인들이나 단군 할아버지 나오기 이전에도, 요나라가 있기 이전에도 수많은 선지식들이 나왔지만 바로 오늘의 여러분입니다. 그것을 따로따로 본다면 여러분은 그 진의를 모르실 겁니다. 그분의 속을 뚫어 보지도 못하며 그분들의 모습과 이름만 쫓아다니는 허수아비에 불과할 겁니다. 그때 그 군인들이 있기 이전에도, 미생물이 생기기 이전에도, 지수화풍이 한데 뭉치기 이전에도 바로 여러분이 있었기 때문에 지수화풍이 뭉쳤고, 뭉쳤기 때문에 생명들이 이렇게 생겼고, 생명들이 생겼기 때문에 수많은 갖가지 색으로써 이렇게 출현한 겁니다. 그러면 그 갖가지 색으로 출현한 것도, 그 출현이 수만억 전년에 있었다 하더라도 바로 여러분이 그분입니다. 그분이 여러분이고요.

그러니 그 이름하고 모습을 쫓아다니지 말고 내 한마음 가운데 원자력 발전소에 그분들을 모두 수억만 개를 갖다 뭉쳐도 체가 없으니까, 담아도 담은 게 없고 꺼내도 꺼낸 게 없다는 그 사실을 아셔야 합니다. 아주 가깝게 거기에 한데 합쳐져 있다는 사실 말입니다. 그래서 산이 높다 한들 어찌 내 마음 밖에 더 높을 게 있으랴. 무슨 뜻이냐 하면 내 부모도 조상도 내 그 밑의 중생들도 다 내 한마음이 있기 때문에 바로 그 말을 한 거죠. "아무리 높다 한들 내 마음 밖에 더 높은 게 어디 있으랴. 못났든 잘났든 모두가 바로 내 마음속에 있는 것을…." 하는 겁니다.

그래서 지난번에도 얘기했지마는 유루의 그, 송나무는 연꽃으로 장식을 했지만 그 연꽃 뿌리의 향기 내음은 온 누리에 풍기면서도 내 가슴속에 스며들더라. 그 스며드는 향기 내음은 또다시 내가 가지고 있는 게 아니라 항상 같이 서로 나눔이 없으면서도 서로 나누면서 서로 울고 서로 웃고, 이것이 바로 인간의 살림살이가 아닌가. 이것이 고(苦)라고 생각한다면 고이지만 우리가 인간으로 됐어도 이것이 고라고 한다면…, 지금 모든 생명들이 살아나가는 거를 잘 살펴보십시오. 우리도 그렇게 지나온 바로 그 길이니까요. 얼마나 찢기고 아픔을 당하고 도끼로 해골을 맞고 서로 찢기고 서로 잡아먹고 이럭하고 지내 왔겠습니까.

그런다면 지금도 찢기고 서로 생존 경쟁에 의해서 겉으로는 싸움이 없으면서도 서로 싸워 가면서 항상 이렇게 욕심 또는 착, 습 이런 거를 버리지 못하고 살아나가는 여러분에게 그런 욕심을 떼 버리라는 게 아니라 욕심이 나면 욕심을 가라앉힐 수 있는 그러한 자기의 자세, 즉 선장이 그렇게 해야 됩니다. 자기가 그러는 게 아니라 자기가 그러는 거죠. 자기 껍데기가 그러는 게 아니라 그 껍데기 속에 수많은 생명체들이 들어 있기 때문에 부글부글부글 이렇게, 응? 한쪽 부위에서 일어나면 한쪽 부위에서 가라앉고 한쪽 부위에서 일어나면 한쪽 부위에서 가라앉고. 가정에서도 그렇지 않습니까. 이 사람이 좀 잠잠하면 저 사람이 그러고, 얘가 그러면 쟤가 그러고, 이렇게 일어나듯이, 한 집안에서도 그렇듯이 한 몸에서도 그렇게 일어나는 것을 일어나는 대로 내가 잘 조절을 해서 승화시킬 수 있도록, 또 지능이 발달이 되도록 이렇게 해 주는 것도 좋겠습니다.

또 이 보당을 안에서 누르면 바깥으로도 언제나 연락이 되는 겁니다. 내 자식을 키운다 하더라도 안으로, 안으로 보당을 누르면 그 안으로 바로 속속히 갑니다. 그리고 거죽으로는 나쁜 말을 안 하고 듣기 싫은 말을 안 하고도 안으로 속속히 들어가기 때문에 벌써 행동이 달라집니다. 그러니 여러분 가정에 어떠한 병고가 있고 머리가 산란한 사람들이 있다면 내 안에다가 바로 보당을 누르면 그 보당에 연락이 돼서 그 보당으로 돌아가기 때문에 그 거죽도, 안에서 잔잔하게 돌아가면 거죽이 벌써 달라져, 응? 행하는 게 달라져.

그래서 행하는 게 달라지기 때문에 여러분이 그렇게 해 놓고 침착하게 그걸 지켜볼 수 있는 여러분이 된다면 아주 무겁고, 정말 원자력 발전소처럼 아주 무겁고 듬직하고, 한 걸음을 뛰어도 성큼 뛸 수 있는 그러한 걸음이 돼야 여러분의 가정이나 몸도 건장하고 건실할 겁니다. 건강한 거, 이것이 제일입니다. 여러분이 옷 벗을 때까지는 건강하게 계시다가…, 옷도 그렇지 않습니까. 찢어지고 그런 걸 입고 다니는 거보다 아, 그렇게 깨끗하게 입었다가 그냥 깨끗한 거 바꿔 입으려면 그냥 벗고 바꿔 입는 것이 찢어지고 이런 거 입고 다니면서 냄새 피우는 것보다 낫지 않습니까.

그러니 이것도 건강하게 끌고 다닐 겸 얼마나 좋습니까. 인간의 법이 부처님 법이요, 부처님 법이 인간의 법이니만큼 이것을 애당초에 처음부터 알았다면, 여러분 중에도 그런 분들이 있으실 거예요. '내가 이 도리를 진작 알았더라면 이렇게 되지도 않았을 걸….' 그랬을 거예요. 그러나 이미 벌써 그렇게 돼 가지고선 이게 처단 못하리만큼 될 수 있는 분들이 그래도 그걸 그렇게 해 나가면서, 죽었다가 그 부위가 차츰차츰 살아날 수 있는 이치가 생긴다면 이게 더디더라도 그 환경을 조성할 겁니다.

그러니 우리가 남한테다가, 의사한테다가 기댈 게 아니고, 또 남의 말에, 무꾸리에 기댈 게 아니고, 사주팔자에 기댈 게 아니고, 또 부적에다가 기댈 게 아니고, 또 무슨 뭐, 보는 거 있지 않습니까. 역학이나 뭐, 그런 데다가 기댈 게 아니죠. 인간으로 태어났다는 그 인간의 광대무변함, 고등 동물로서 태어났다는 그 자체도 없이, 그답지 않게 그런 쪼끄마한 종이 쪼가리, 남의 말 그런 데다가, 자기 삶의 그 보람 있는 자기 생명을 그런 데다 붙여서 그렇게 한만히 돌리지 마십시오.

자기가 너무나 귀중하고 쓸모 있고 개발력 있고 생동력 있고 이 세상에 없어서는 안 되는 존재로서, 한생각에 우주의 근본을 다루면서, 또 한생각에 만물을 다루면서, 한생각에 만물을 건지면서, 한생각에 한마음으로 돌리면서, 한생각에 불국토를 만들 수 있는 그런 여건이 돼 주실 수 있는 인간이기 때문에 소중하다는 걸 아셔야 됩니다. "모든 것이 뜬구름 같다. 이건 무다. 뜬구름 같아서 인간의 몸 이것도 아무것도 아니다." 하지만 아무것도 없다고 공이라고 무시하지 말라는 얘깁니다.

농사철이 아니더라 할지라도, 농사철이 아닌 4월이라 할지라도 그 봄바람에, 아주 청정한 그 봄바람에 무르익는 보리 이삭도 있거늘 어찌 없다고만 하느냐. 계절 계절에 우리는 먹을 게 없어서 죽는 것은 아니다 이런 겁니다. 그러니 허무하다고 허무하게 내버리지 말고, 또 허무하지 않다고 버리지 않거나 이러는 것도 아닙니다. 이것은 한 개의 안팎의 보당에 의해서 전자력과 또는 무전통신, 그 법망이 쫙 펴 있기 때문에 자기 마음대로 할 수 있는 여건이 여러분에게는 다 주어져 있습니다. 그러니 새삼스럽게 내가 없는 것을 말을 하는 게 아니라 있는 것을 그대로 얘기해 드리는 거뿐입니다.

그런데 얘기하는 그 자체가 내가 학문이 부족하고 여러분처럼 배움이 없어서 말씀해 드리는 용어라든가 또는 어구라든가 이러한 언어가 잘못됐는진 모르지마는 그 뜻을 배운 여러분이 심중 깊이 이해를 해 주시고 참작하셔서 잘 들으시고 나가실 줄 믿고 이렇게 오늘은 이만 줄이겠습니다.

진정한 참선과 나를 발견하는 길

1986년 6월 2일

여러분 앞에 어저께도 얘기했지만 우리는 일거삼득으로서, 예전에 무(無)의 법, 유(有)의 법 이것을 따로따로 배우면서 나중에 무루와 유루를 한데 합쳐서 법화경으로 설했던 부처님의 그 뜻을 가만히 여러분이 생각을 해 보세요. 지금 유의 법과 마음의 무의 법 그걸 합쳐 가지고 지금 여러분이 사용하는 생활이 어떠한 것인가? 그 생활 자체가 바로 법화경이라, 응? 그러니 이거를 공간을 두고, 이게 마디는 있으나 속에 통하는 것은, 각각 이게 막아져 있는 게 아니라 다 똑같이 통해져 있으면서 거죽으로 이름만 마디가 세 매듭이 있는 거나 똑같은 거라. 그렇기 때문에 "이것을 일심에 들게 한다면" 하는 요것이 마디만 있다 뿐이지 한데 통해서 한 일 자로 본다면 그냥 일심이야, 일심. 모든 것이, 삼계의 뜻이 일심에 들었다 이 소리야.

거북하게 생각하지 말고 우리가 어저께 얘기한 거와 마찬가지로, 나는 여러분에게 10년 20년 30년이 가깝도록 여러분에게 그렇게 말을 해 줬는데도 불구하고, 생활면이나 몸을 끌고 다니는 건강면이나 또는 가정 문제라든가 사회적인 문제라든가 모든 분야에서 여러분이 활용을 하고 다니는데 그것은 첫째, 참선이 될 것이며 자기를 찾을 것이며 둘째, 그대로 활용이 그대로 여여함이라는 거, 그러면 그대로 공덕이 된다는 거. 이것이 철저하게 그대로 참선이요, 그대로 우리 생활이 여여함인데도 불구하고 그렇지 못하기 때문에 어떤 때는 답답하니까 말 자체, 악센트가 곱게 나가지 않고 그럴 때가 많아요.

그런데 어저께 얘기한 것은 이 꼭지가, 이게 문이라고 해요, 사람마다. 항상 이런 말을 하지만, 우리가 저 문을 열고 들어오면 안에도 꼭지가 있고 바깥에도 꼭지가 있는데 이건 한데 통했어, 막히질 않고. 이것이 막히질 않았기 때문에 바깥에서 열어도 안으로 들어올 수 있고 안에서 열어도 바깥으로 나갈 수 있는 거야. 만약에 이게 통과가 안 된다면 열고 나갈 수도 없어, 막혀서. 그러니까 우리가 지금, 현관문을 열어도 그렇고 방문을 열어도 그렇고 양면이 다 통해 있어서 연다. 그래서 안에서 바깥으로 굴리는 거는 안에서 그걸 열어야만 되는 거고, 바깥에서 찰나찰나 보이는 것을, '버릴 거는 버린다' 이러는 것이 뭐냐 하면 찰나찰나 보이는 것에서 내가 쓸 만한 거를 건져서, 예를 들어서 흘려 버릴 건 흘려 버리고 '이건 이렇게 옳다' 할 때는 벌써 여기 문을 누르는 거나 마찬가지야. 안으로 놓는 거야, 이게. 이게 잠재해 있는 내 원자력 발전소에다가 바로 굴리는 법이야.

그러면 물도 우리가 약물이다 한다면 맹물과 어떠한 물건과, 만약에 삼과 대추를 가공해서 졸인다면 이건 삼물이 돼 버려, 응? 그런 거나 마찬가지로 이 물도 곱게 물대로만 있는 게 아니야. 만약에 여기서 가공만 한다면 이것이 삼물이 될 수도 있고 가공을 안 하면 그냥 맹물이라 이거야. 그러니까 우리의 마음이 그 맹물을, 즉 에너지가 있게끔 에너지로 만들어서 우리가 사용하는 거라. 이것은 세 가지를 한꺼번에 합해서 내가 활용하는 데에 의의가 있는 거지. 그렇게 활용하면서도 자기가 침착하게 지켜보는, 자기가 해 놓고 자기를 침착하게 보는 그러한 물러서지 않는 믿음, 그거를 갖는다면 우리는 참 빠르게 공부할 수 있다. 빠르게 나를 발견할 수 있고, 발견함으로써 직접 뛸 수가 있는 거예요. 어린애가 태어나면 자라야 하지마는 이것은 발 하나 떼어 놓으면서 벌써 내가 이 포착을 했으니까 아주 용이 됐으면 물 얻기가 십중팔구 좋단 말입니다.

그래서 어저께도 말했듯이, 지능이 발달이 되면 결국은 지능으로 인해서 물리가 터지고 물리로 인해서 지혜로운 그 일체 만법을 그냥 활용할 수 있다. 이 지혜로운 것은 내 폭이 넓고 그 마음의 지혜가 무기가 돼서 그대로 씀씀이를 쓰는 것이니 찰나찰나 닥치는 거를 마다 않고, 가는 거 잡지 않고 이러면서 내가 유유히 써 나가는 거, 그대로. 그런 것을 가지고서 우리가 여여함이라고 그러고 걸림이 없다고 그러고, 자유인이라고 그러고 부처라 그러고 보살이라고 그러고 이러거든. 그러니까 역대 조사의 그 마음도 역대 부처의, 사대 성인들의 마음도 모든 것이 그 차원에 따라서 차원이 낮고 높고 이것뿐이지 생명은 다 똑같은 거라. 생명은 다 똑같은데 이 도리를 모르기 때문에 차원이 낮은 거라. 낮기 때문에 중생이라고 하는 거지. 생명은 누구나가 다 똑같은 거지.

그래서 불성이 하다못해 개에게도 있다 하는 거는 우리가 생명이 있다는 얘기지. 생명이 존재하기 때문에 성품으로 인해서 육신이 움죽거리고 말도 하고 이렇게 되는 것이기 때문에, 요것을 요렇게 놓고서 우리가 이 안팎이 없는 보당이 여기 안에도 있고 바깥에도 보당이 있다고 생각한다면 우리는 바깥에서 오관을 통해서 들어온 것을 여기서 안으로 굴리고, 안에서 바깥으로 내놓을 때는 안의 보당이 눌러지는 거야, 자동적으로, 그건. 그렇게 된다면 이 줄이 벌써 인간의 몸에도 척추에 있는 이쪽으로나 심장 이쪽, 오장육부 이쪽으로는 이 세포가 둥글게, 즉 말하자면 고구마같이 그렇게 된다고나 할까? 그러한 모형으로다가 이것이 법망이 쳐져 있지마는 그런 게 아니라면 딴 데서 들어오는 세균이나 어떠한 그것을 막지 못해요. 그것이 법망이라, 우리한테도.

그러면 다른 세포에 있는 건 엑스로써 삼각형을 이루면서 이것이 세포가 나간 거거든. 그것은 왜 그런가? 모든 면에 있어서 영계라든가 또는 무위에서 안 보이는 문제들, 유전성이나 또는 인과응보라는 거나 이러한 모든 문제를, 이것을 제재할 수 있는 그런 세포라. 여기는 울타리나 똑같아. 그런데 울타리는 그냥 부수면 부서질 텐데 울타리 아닌 울타리라. 즉 말하자면 무의 통신기를 여기에다가 다 접근시켜 놓고 전자력도 여기에 다 있는 거라. 그렇기 때문에 우리는 모르지마는 다 막고 있는 거라. 그렇기 때문에 이 공중에 수많은 생명들이, 보이지 않는 생명들이 많아도 그걸 제재하고 나가는 거라. 그런데 우리가 이 도리를 모른다면 딴 데서 어떠한 영계가 들어오든 딴 데서 깨친 사람이 몽둥이를 들고 한번 때려도 그걸 막지를 못하는 거야. 주인이 없기 때문이라. 빈집이 돼서. 그러니까 아무나 들어왔다 나갔다 들어왔다 나갔다 해도 도대체 이거는 감을 잡을 수가 없는 거야.

이것은 본래 있는 것을 말하는 거지 누가 새삼스럽게 말하는 게 아니다 이거야. 안팎이 뚫린 이 빗장은 양면이 다 빗장이 있는 거야, 고리가 있듯이. 그런데 맞뚫렸어, 이게. 그런데 이게 둘이 아닌데 우리가 안에서 열려니 이쪽에도 있어야 하고, 바깥에서 열려니 이쪽에도 있어야 하겠기 때문에 이거는 한쪽은 색이요, 한쪽은 무루의 나, 내놓을 게 없는 '참나' 라. 그렇다면 '참나' 로부터 '가나[假我]' 로다가 이렇게 가르치려고 내보내고 또 '가나' 가 안으로 '참나' 에게 들이고 하는 것을 항상 반복한다면 거기에서 진짜 나오는 거라. 그래서 무루에서 유루를 가르치고 유루에서 무루를, 즉 말하자면 섭기면서, 상구보리 하화중생이라는 말이 있듯이 섬기면서 거기서 스승으로 삼고 배우는 거라, 응? 왜 스승으로 삼아야 하느냐 하면 자기의 안에 있는 참자기는 수없는 억겁을 통해서 자기를 이끌어 왔다 이거야. 그리고 보이지 않는 참자기이기 때문에 수많은 참자기와는 항상 한자리를 하고 있는 거기 때문이다 이거야.

그래서 우리가 이런 줄이, 내가 어저께 얘기했듯이 요것을 자세히 파악해야 하는데, 이건 내가 자세히 얘기할 수가 없어. 그러니까 대충 이렇게 얘기를 해도 이 벽을 치면 붓장이 울려야 해. 여기에는 수많은 법 줄이, 이 무전통신 줄이 이렇게 있다 이거야. 무전통신 줄 하나만 있는 게 아니라 여기는 전자력과 무전통신 줄과 천안 줄과 천이 줄과 타심 줄 또는 숙명 줄, 신족 줄 이것이 천판 동시에, 동시에 이렇게 있다 이거야. 뭐를 하나 하려도 내가 보고 듣고 생각해서 내가 이게 가망이 있다 할 때 책정을 하지, 그렇지 않으면 안 하거든. 여러분 다 그렇죠? 그러니까 동시에 눈 나가는 데 귀도 나가고 귀 나가는 데 생각도 나간다 이거야. 그러니까 이게 동시에 오관을 통해서 이 한 모습에 전자력이나 통신력이나 이런 것이 여기에, 또 영사기나 이런 것이 여기 포함해서 한 팀, 팀이 있다 이거야. 그러면 책정기다, '내가 정한다' 이러는 거는, 즉 말하자면 이 원자력 발전소에서 누진으로 이렇게 연결됐다 이거야. 그렇기 때문에 오관을 굴릴 수가 있는 거지. 그래서 이것이 이렇게 다섯, 다섯, 다섯 이렇게 있지마는 책정기에서 부리는, 다섯 개에 종합된 줄은, 왜, 요새 전깃줄 속에 여러 가지 넣고 이렇게 한데 합치지? 그거와 똑같아, 응? 그렇기 때문에 거기에서만이 이게 오르락내리락 오르락내리락 하면 이 많은, 다섯 개씩 줄을 넣은 것도 있고 일곱 개 씩 줄을 넣은 것도 있고 이러는데 여기에서 보당이 다 거기에 통하게 돼 있는 거야, 이게, 동시 동시에.

그렇기 때문에 하나만, 만약에 저 달나라로 통신을 했다 한다면, 예를 들어서 일도 없는데 괜히 통신을 하는 건 아니야. 예를 들어서 내가 무뜩 어떠한 생각이 났을 때 그건 상대가 되는 거야. 그럴 때에 이것은 '아하, 거기?' 하면 이 다섯 개의 줄, 하나의 줄 속에 다섯 개씩 여섯 개씩 일곱 개씩, 이 줄이 포함해서 들어가 있는 거라, 응? 포함해서 들어가 있기 때문에 동시에 그 달을 위에서 동시에 보는 거야. 동시에 듣고 동시에 알고, 동시에 보고 동시에 책정을 하고, 거기가 전자에는 어떻고 지금은 어떻고 이런 것을 동시에 보는 거. 다섯 가지 문제를, 동시에!

그것뿐만이 아니라 우리 살아나가는 생활 속에서 항상 안으로 들이고 내고 하는, 안팎에 있는 이 보당만 가지고 씀씀이를 써 본다면, 자기가 하고 지켜보고 그렇게 씀씀이를 쓴다면 이게 유년 가다 보면 이게 참선이요, 나 찾는 길이요, 나를 발견하는 아주 쉬운 길이요, 또 그 대신에 내가 몸을 이끌어 가는 데도 아, 세 치만 알아도 내 몸은 건강하게 끌고 갈 수 있는데 이거 건강하게 못 끌고 가? 그래서 나를 갖다가 '아이 참, 귀찮다. 좀 편안하게 조용히 있어야겠다.' 하면 아무 생각 없이 몸이 어르르르르 하면서 아주 딱 그냥 노그라지는 그런 편안한…, 왜, 마취하지? 그러면 편안하게 그냥 있듯이 좀 저거 하면 그렇게도 편안히 좀 있다가 또 저거 하면 '아, 나 일어나야지.' 그러면 그대로 생기가 날 수 있고 이렇게 자유자재할 수 있게끔도 되는 것이 바로 여기의 문제다 이거야. 그 문제도 되지마는 자기의 모든 것이 일어나고 가라앉고 하는 거를 자기가 조절할 수 있는 자유권을 가진 거야, 이게, 응?

여러분이 자식들을 기르고 남편을 섬기고 또 사회에 나가서 일을 하고 그러는데…, 우리 스님네들도 그렇고 다 그래요. 이 도리를 모르면 항상 배가 고프고 항상, 허허, 본래 자기가 가지고 있는 거를 못 쓰기 때문에 배가 고픈 거지. 그러니까 항상 배가 고프고 항상 거리로 다니게 되고. 뭐, 집에 들어가 자질 못해서 거리로 다닌다는 게 아니야. 집이 있어도 그건 거리 노중에서 돌아다니는 거나 마찬가지야. 내 집이 없고 내 주인이 없고 그렇게 해 가지고는 만날 얻으러 다니지 않으면 안 되고 노예 문서를 항상 짊어지지 않으면 안 돼. 노예 문서를 태워 버려야 되지. 그리고 자기가 주인 노릇을 할 수 있는 사람이라야만이 그것은 중이라고 해. 중! 검지도 않고 희지도 않은 그 심월, 심월봉에서 불이 그냥 번쩍 나면, 그냥 번개같이 번쩍 나면 모든 것이 거기에 따라서 붙는 대로 타 버리는 거라. "붙는 대로 타 버리니 무엇이 붙을 게 있고 뗄 게 있으랴! 그러면서도 여여함이 있으니 어찌 좋지 않으랴!" 이런 거라.

여러분이 "왜 그러면 스님은 깨달아지게끔 빨리 말씀을 해 주시지 그러느냐?" 그러지마는, 하하, 그건 그렇게 되는 게 아니야. 자기가 밥을 먹어 보고, 한 숟가락 먹어 보고 두 숟가락 먹어 보고 세 숟가락 먹어 보고, 이것도 먹어 보고 저것도 먹어 보고 그럴 때에 맛이 다 달라. 어떻게 한 가지 맛만 보고서 그것을 다 알았다고 볼 수 있겠느냐 이거야, 수천수만 가지인데. 그러면 한 가지 먹어 보고 '아, 이건 쓰더라.' 쓴 것도 그놈이 하는 거고 단 것도 그놈이 하는 거고 그렇게 하다 보면 어느 땐가 세 가지가 포함해서 그냥 몰락 그게 되는 거지. 된다 할지라도 알았다는 그 생각의 자존심과 또는 아만, 아상, 욕심, 착 이런 거를 다 떼고 겸손하게, 생활을 하면서 자기는 언제나 겸손하게 하면서 번연히 떡그릇인 줄 알면서도 엎드러져 봐라 이거야. 그럼 거기서 진의가 나온다 이거야. 내가 높다고만 세워 놓으면 아무리 배우려도 높게 있기 때문에 얕은 데를 뛰어들어 갈 수가 없어.

그렇기 때문에 나는 이런 생각을 해요. 그거 말하고 나서 얘기해야겠군. 그래서 여기는 지능 줄이라든가, 어저께도 얘기했듯이 여기는 우주 줄도 있고 지능 줄도 있고 지혜 줄도 있고 참 그, 물리가 터지는 줄도 있고 뭐, 상상도 할 수 없이 많아. 우리가 가난하면 가난한 줄도 있고 또 용궁 줄도 있고 또 관세음보살 줄도 있고 지장보살 줄도 있고 다 있어. 여기는 뭐, 없는 게 없이 있어, 이 줄이! 여기 이 보당에 전부 달렸다 이거야, 안팎 보당에. 안으로는 안으로대로 쓰면서 바깥으론 바깥에대로 여여하게 쓴다 이거야. 안팎을 쓰지 못하는 사람에 한해서는 중이라고 할 수 없어. 옷을 입어서 중이 아니야. 머릴 깎아서 중이 아니고. 우리는 한 사람 한 사람 건지고자 해서 이 도량을 만들어 놓은 게 아니야. 이것은 어디까지나 방편이야. 만약에 중이 돼 가지고 한 도량에서 요 절간을 마련해 가지고 만약에 이걸 운영하고 먹고살기 위함이요, 남한테 절이나 받기 위함이요, 목탁이나 치기 위함이라면, 허허, 차라리 이런 노릇을 하지 않는 것이 당당할 거야.

그래서 나는 항상 이렇게 생각을 해. 여기 그렇게 성스러운 석가모니 부처가 계신다 해도 난 어쩐지 말이야, 바람과 같이 스쳐 가는 그 한때, 바람과 같이 스쳐 도는데, 훌떡 스쳐 돌면 또 딴 것이 되고 훌쩍 스쳐 돌면 딴 게 되고 하는데 뭐를 부처라고 세우고 뭐를 눈 밝은 사자라고 치고 또 눈먼 개라고 치느냐 이거야. 도대체 나는 그것이…. 그러니까 그렇게 하면서도 눈먼 개는 개고, 눈 밝은 사자는 사자야.

그런데 나는 때에 따라서 어느 누구든지 예를 들어서 “육조를 쳐라, 신수 치듯이.” 그러면 그것은 서로 간에 말동무라도 좀, 이쪽에도 그렇고 이쪽에도 그렇고 이렇게 이렇게 해 보는 것도 재미있는 이치가 있다고. 없는 건 아니야. 곧바로 탁 해 버리면 말이 없어지거든. 안 그래? 그럼 서로 놀기 위해서도 그것을 비스듬하게 돌리고 이렇게 돌리고 그런다고. 그것도 재밌는 거라고. 또 그렇게 해 놓고는 빙긋이 웃고…. 그럭하다 보면 이 봉오라지에다 딱, 그냥 그쪽에다 탁 해 버리면 그때에 가서야 ‘아이고, 참!’ 하고서 그때는 인제 없어지는 거지.

하지만 사람사람이 그것부터 알아야 돼. 눈 뜬 사자라 할지라도 눈 뜬 사자 노릇을 해서는 안 돼. 왜? 눈 뜬 사자라도 허점이 있을 때가 있어. 그렇기 때문에 항상 허점을 노리는 그 왜, 쪼끔 저거 해 가지고 괜히 몽둥이나 들고 돌아다니는 이런 사람도 있거든. 그렇다고 몽둥이 맞을까 봐 그러는 건 아니야. 그런 걸 다…. 예를 들어서 본래에 이 달은, 본래 달은 있되 달은 없는 거야. 본래 없는 달인데 어떻게 몽둥이가 거기 있겠어? 붙을 게 뭐 있겠어? 본래 없기 때문에 그 또한 본래 없는 거다 이거야.

그러니 우리 자체가 가만히 생각해 보면 이 참선이라는 거, 즉 행선이라는 거, 이름 붙이기에 달린 거지 그게 다 이름이라고. 여러분도 내가 말하는 거를 천차만별로 아마 받아들일 겁니다. 어떤 사람은 이렇게 말하고 어떤 사람은 저렇게 말할 테죠. 그런데 그것이 깨달았든 깨닫지 않았든 요렇게 빠르게 해서 이것을 이렇게 활용해 가면서 참선이고, 자기를 발견하는 데에 요렇게 요소가 있는데도 불구하고 그게 그렇게 더디다는 거라, 응? 이것도 더딘데 야, 줄줄이 줄줄이 이 바깥에 있는 세포의 모든 것까지 다 배우려면 일생을 통해도 다 못 배워. 이 바깥에 있는 학의 문제라든가 경전이라든가 이런 거 모든 걸 배우려면, 여기 걸 다 배우고 나서 보면 벌써 이 몸은 없어져 버려, 응? 그래서 나는 죽어서 천당에 가려고 이거 하지 않아. 난 내가 지금 알고 지금 하기 위해서지 내일 생각 안 해. 난 본래 그런 사람이야.

그래서 이걸 제껴 놓고 봐도 제껴 놓을 게 없고, 바로 봐도 바로 놓은 게 없어. 야, 어떻게 보면 거꾸로 섰고 어떻게 보면 바로 섰고, 그러니까 바로 선 것도 없고 거꾸로 선 것도 없어. 그러니 우리가 무루의, 무(無)의 법을 그대로 활용할 수 있는 거지. 어저께 저녁에도 미국에서 "스님, 이 머리가 이렇게 정상이 아닌데 이걸 좀 돌봐 주세요." 하고 전화가 왔지만, 만약에 인간으로서의 사랑, 의리와 그 참다운 둘이 아님을 내가 몰랐다면 어찌 그런 사랑과 의리가 있으며 내 몸과 같이, 내 아픔과 같이 생각이 될 수 있었을까? 그리고 거기서 요구하는 대로 내가 어떠한 병이라면 의사가 돼 주고 가난하다면 관세음이 돼 주고 어떠한 판결의 문제가 있다면 판사가 돼 주고 이럴 수 있었을까? 그러니 "당신은 밀이면 밀, 보리면 보리라 이렇게 가려서 말을 해라." 할 때 나는 "한 찰나에 찰나 고개에서 보리 맛도 좋고 밀 맛도 좋은 것을, 이 둘을 어떻게 가려서 말을 할 수 있겠느냐? 이것도 좋고 이것도 좋더라." 그럼 두루 뭉수리가 아니냐? 그런데 이거 밀 맛 보고 난 뒤에는 벌써 이건 없어진 거고 이건 보리 맛 그냥…. (녹음 안됨) … 돌아가는데 어떤 거를 겨냥해서 이게 맛이 좋다 할까?

옛날에도 그런 이치가 있었는데, 옛날에 어떤 가난한 사람이 살았어요. 그랬는데 가난하긴 하지만 예전에 유명한 의(醫)한테 가서 일을 해 주면서 약재를 썰어 주기도 하고 그러면서 공부를 했어. 비록 무식은 하나 그거를 정성스럽게 하면서 그걸 배운 거라. 그런데 그 의는 참, 진실된 마음으로 자기라는 걸 버리곤 했단 말이야. 하다가 중간에 그 노인이 돌아가시고 자기가 받긴 했는데 도대체 이 도리를 의술로써만은, 약재로써만은 도저히 해 나가는 데에 이것이 희박하더라는 얘기야. 그래서 산중으로 들었어.

산중으로 들어서 어떠한 참, 마땅한 도를 이룬 옛날 조사 스님이 계시니까 거길 들어서 무(無)의 도리를 자기가 포착한 거야. 포착해 가지고 다시 내려와서 그것을 맡아 가지고 하면서 장가들고 살아나가다가 아들 둘을 낳고 제자들을 두고 이렇게 해서 가르치는데 자기는 불쌍한 사람들을 위해서 무료로, 수많은 백성들을 위해서 써 줬다 이거야. 모르는 사람한테는 방편으로 약을 씁네 했지만 자기 마음이었다 이거야. 그래서 약을 남들은 열 첩을 쓸 거를 자기는 반의 반 첩도 쓰지 않고 낫게 했다 이거야. 그러면 이게 딴 약인 줄 알지마는 이 사람은 그게 아니었다 이거야. 하다못해 저 담 밑의 흙을 긁어서라도 요렇게 싸서 줬다 이거야. 무료로 다 치료를 하는데 어떻게 비싼 약재를 사다 할 수 있겠느냐 이거야. 그래도 진심으로써 했기 때문에 그 많은 병자들이 낫고 하는 것을 나라에서 알았어. 숙종 대왕 시대의 일인데. 그런데 그 의는 성이 백가였어요.

그래서 무식하지마는 소문이 파다하게 나고 그렇게 됐는데 그때 마침 나라에서 동궁이 아파서 죽게 됐다 이거야. 그래서 그 의를 불러다가 했더니마는 아, 그냥그냥 낫잖아. 그러니 나라에서는 도대체 벼슬을 안 줄 수가 없어, 너무 장하기 때문에. 그래서 그렇게 벼슬을 줬는데도 여전히 벼슬에는 마음이 없고 그저 들어오라고 그러면 옷을 입고 나갔다가는 나와 가지곤 홀렁 벗어 버리고 돌아다니는 거라, 응? 그러니 벼슬아치들이 그걸 보고선 아이고, 무식하니까 할 수 없다고 그러지만 그래도 숙종 대왕은 그렇게 보지 않았다 이거야. 너무나, 저 사람은 사람이 아니라 신선이면서도 도인이라고 생각하면서 가슴 아파했다 이거야. 수많은 사람들을 그렇게 하면서도 그 제자들과 자기 아들, 아들이지만 아들도 제자 아닌감. 그러니까 자기 제자들을 가르치기 위해서 병을 자기가 자처해서 앓아 가지고 그거를 고치도록 했다 이거야. 그러니 얼마나 인내가 있고 얼마나 자기가 고생을 했겠습니까. 그러면서도 제자들을 가르치기 위해서, 자기가 낫게도 할 수 있으련만 몸소 아팠다는 얘기야.

그전에 나도 이런 예가 있었지. "스님은 번연히 알면서 왜 당장 여기서 쓸 돈을 갖다 다 줘 놓고선 못 받습니까?" 허허, 웃어. 그것을 받으려고 준다면 주질 말아야 하고, 허허허, 또 이거를 내가 여기서 쓰나 거기서 쓰나 쓰는 건 똑같잖아, 응? 물론 쓰는 데도 먼저 쓸 게 있고 나중 쓸 게 있겠지. 이것은 틀림없이 쓸 건데도 왜 거기 썼느냐 할 때 이건 우리 선원의 문제고 그거는, 즉 말하자면 어떤 개인의 문제라 이거야. 근데 개인의 문제인데 우리 선원에는 급해도 급하지 않다 이거야. 왜? 짊어지고 갈 건가? 응?

안되면 또 뒀다가 하고 또 하다가 못하면 그만이고 그렇지 제 놈이 있으면 하는 거고 제 놈 없으면 못하는 거 아니야? 그럼 그것도 그놈이 하는 거고 그것도 그놈이 하는 거다 이거야. 그럼 지금 자식들하고 수 식구가 그냥 쫓겨나게 생겼는데 이게 더 급하잖아. 그래서 그것을 때에 따라서는 그렇게, 내 마음으로서는 그렇게 했는데 제삼자가 볼 땐 그게 아니다 이거야. 이건 절 돈, 사중 돈인데 어떻게 그렇게 쓸 수 있느냐 이렇게 나오는 거야. 그러면 사중 돈이 사중 돈이고, 사중 돈이 사중 돈이지, 허허허…. 아니, 도량이 어디 한 귀퉁이 빠졌나? 전체가 도량인 거를. 그래 사중 돈이 사중 돈이고 사중 돈이 사중 돈이

라. 그러니만큼 올바로 쓴다 안 쓴다가 없이 닥치는 거, 봐서 닥치는 거 그대로 하는 거지. 그렇다고 해서 누구나 돈을 줄 때 받으려고 하고 준다면…, 여러분, 그런 짓은 하지 말아요. 죄를 지어 주면서 죄를 자꾸 자처하는 거니까. 주걸랑은 아예 그냥 '이건 네 거다.' 하고선 줘 버리면 그만이야. 왜 고통을 자처하느냐 이거야. 앞도 뒤도 없어야 돼. 하루살이라야 돼.

그러니 우리 공부하는 이 도리가, 그분들도 그랬지마는 예전에도 모든 지나간 역사를 본다면 대통령도 그렇고 뭐, 여러 가지를 볼 때 그저 종교도 우리가 진실하게 이 마음을 밝히면서 공부하다가 이리저리 이리저리 방황하는 사람은 해 나가는 것도 방황하게 되고 그러다가 그냥 없어져 버려. 푹 꺼져 버려. 회향이 되질 않아. 사람은 죽으나 사나 밀고 나가는 인내가 있어야 하고 믿음이 있어야 하고 그 사랑과 애절한 그 인간미가 있어야 돼. 정직한 인간미! 난 솔직한 얘기지 사람사람이 다 그렇다고는 볼 수 없겠지마는 다 그렇게 할 수 있다고 봅니다. 누구나가 자기 마음이 부처님 마음이요, 자기 마음이 아는 것을 우주간 법계에서 아는 거라. 진실되고 진실치 않고는 자기가 너무 잘 알기 때문에 우주간에도 알고 남들도 알아요. 속이려야 속일 수가 없어! 여러분이 그 도리를 안다면 속이려야 속일 수가 없다니까!

그러니 너무나 멋진 이 우주 삼천대천세계의 법망으로 인해서 우리가 그 법망에, 수없는 그, 갈갈이 헤어날 수도 없는 법망에 우리의 근원이 거기에 다 연결이 됐다는 그 사실을 아신다면 참 너무도 묘법이요, 그렇게 광대무변한 법이 없는 거예요. 여러분의 근원이 그렇게 그 도리에 의해서 자유자재권의 열쇠를 갖는다면 어떻게 될까? 바로 저런 큰 혹성도 좌우해. 그게 이리로 가게 하고 저리로 가게 해서가 아니라 그 살림살이에 모두 일어나고 가라앉고 하는 거는 우리가 조절할 수 있다 이 소리야. 그렇다면 국내뿐만 아니라 세계적으로도 그렇지만 우리 국내를 지킬 수 있는…, 아주 가만히 앉아서 요기에서 나를 쏙쏙 그냥 빼내. 빼내! 빼내면 만 개도 빼내고 숫자 있는 대로 다 빼낼 수 있어. 빼내도 나는 여기 있는데 나를 빼내어도 빼낸 사이가 없어. 얼마나 좋아!

야, 남한테 들키지 않으니 좋고 남이 보지 않으니 좋고, 들어가는 것도 모르지 나오는 것도 모르지, 이건 무방비 상태로 문이 그냥, 그냥 탕탕 털린 거라. 그러니 뭐, 강이 깊어서 못 가거나 산이 높아서 못 가거나, 아니, 담이 쌓아져서 못 가거나 또 지구가 이렇게 있고 딴 데를, 허공에 이렇게 지구가 막혀서 못 가거나 이런 게 있어야 이게 거북하지, 얼마나 좋으냐 말이야. 이렇게 살기가 좋아도 이것을 무시하고 자기가 자기를 음미해 보지 않고 자기가 자기를 업신여기고 '응, 부처님의 그 뜻만이 광대무변하고 나는 못났으니까 이걸 배워야겠다.' 그러고 바깥으로 끄달릴 거냐? '참너' 의 안에 있는 거를 발견해서 바깥으로 줄이 있는 거를 다 포착해라 이거야.

그러니 우리 이 마음 도리라는 게 어떤 사람이든지 때에 따라서는 "아이, 스님은 그저 이래도 이렇게 돌아가고 저래도 저렇게 돌아가고 뭐, 이렇게 이렇게 자르는 게 있어야지. 오늘 안 죽으면 내일 죽으랴. 이러니 또 이게 이렇게 돌아가도 그냥 뒤범벅을 만들어 놔." 이러거든. 본래 진리가 뒤범벅이라. 본래 뒤범벅인데다가 뒤범벅으로 돼 있어도 아주 역력하게 체계가 서 있는 거는 법계의 그 모든 것이 그렇게 돼 있기 때문에 이건 여러분이 무의 그 도리를 몰라서 뒤범벅 같지만 난 올바로 하는 거라고!

언젠가 한번 사월 팔일이 돼서 "이건 촛불이 하나도 없구먼!" 했더니 촛불이 왜 없느냐는 거야. 허허허. 그런데 촛불 켠 사람은 하나밖에 없는 거야, 천 명 이상이 켰는데. 이거 되겠어요? 그런데 올해 촛불 켠 걸 보니까 아, 많더군그래. 응? 허허허…. 참 기분 좋았어요. 저 산을 바라보니까, 등을 내려다본 게 아니라 저 산을 바라보니까 그 산봉우리에 화광이 비추더구먼그래. 마음들이 한데 모아져서 봉화불이 켜지듯이 이렇게 켜지니 얼마나 좋을까? 넋을 잃고 바라본 것도 바로 내 거울이라. 여러분의 마음의 거울과 내 마음의 거울과 같이 동시에 반사가 되기 때문이라.

그리고 여기 이렇게 모두 있지만 모든 사람들이 일일이 따져. 비구니 비구, 무슨 중생 부처, 보살 법신 뭐, 요런 걸 따지기 때문에 그게 막혀서 공부를 못해. 그 일일이 막히는데 어떻게 공부를 하누. 이것이 색과 이름에 자꾸 끄달리기 때문이라. 그걸, 죽어야 되는데 안 죽어. 죽으라고 죽으라고 그래도 안 죽어. 죽는 놈이 글쎄, 이것 따지고 저것 따지고, 여자 따지고 남자 따지고 이러겠어? 죽은 놈이!

그러면 오늘 이걸로써 마치겠습니다.

묘향산 거문고 소리

1986년 6월 6일

큰스님 … 그리고 맛있는 줄 몰라요. 식빵도 큰 거 하나 사다 놓으면 그게 맛이 없지만 조그만 거 하나 사다 놓고 하나씩 별러 먹으면 참 맛있죠. 그와 마찬가지로 우리가 법문을 듣는 데도 항상 그냥 '아, 가면 듣는다.' 이걸로 끝나선 안 돼요.

우리는 음미해 볼 거 다 음미해 보고 체험할 거 다 체험하면서 안으로 굴리면서 이렇게 해서 자기가 그 모든 것을 다 놓았을 때, 과거심과 미래심과 현재심으로 모든 것이 귀합될 때 귀합된 한마음의 그 한 점이, 일심이 공해서 그것조차도 세울 게 없다. 이 정도로 돼야 거기에서 참 생숫물이 나오게 돼 있어요. 그래서 자기가 깨달아져야만이 자기를 이끌고 다니는 스승이 자기한테 있게 되는 거죠. 그러면서 자기를 다루면서 또 바깥의 스승은 이렇게 설법을 해 주면 그걸 안으로 받아들여서 안으로 굴려서 또 둘이 아닌 것을 배우면서 자꾸 나투면서, 이렇게 체험하면서 또 자기한테 놓으면서 또 돌아가거든요.

처음에는 나를 발견하기 위해서 했지만 나중에 나를 발견하고 난 뒤에는 또 상대방하고 나하고 둘이 아니게끔 나투면서 또 돌아가야 되거든. 그렇기 때문에 그런 공부가 참, 우리가 날마다 듣는다고 되는 게 아니라 항상 우리가 들었으면 듣는 대로 날마다 생활하면서…. 또 여길 오더라도, 내가 안 봐도요, 여러분이 앉아 있으면 여러분 어디가, 허리가 구부러졌는지, 허리를 펴고 앉았는지, 다리가 저린지, 다리를 오그리고 앉았는지 하나하나 다 알고 있어요. 그걸 아셔야 돼요.

여러분 마음이 알고 있는 대신에 나도 알고 있거든요. 여러분은 앉아 있기만 하면 뭐, 수인 줄 아는데 그 마음 가짐가짐이 말이에요, 중구난방이에요. 요새 가만히 지켜보면 사람마다 중구난방이야. 이게 색으로만 생각을 하기 때문에 '스님이 설법을 안 했다, 스님이 없다, 이렇게 우리끼리만 앉았다' 하는 게 벌써 들어가는 거예요. 자기가 그 자리에 앉았으면 벌써 자기를 리드해 나갈 수 있는 자기 자부처가 거기 있다는 걸 알아야지. 그 자부처라는 그 자체 한 점에 바로 스님네들의 마음과 역대 조사들의 마음과 모든 일체 사대 성인들의 마음이 거기 포함돼 있다는 걸 아셔야 돼요.

왜 그렇게 되느냐. 내가 접때도 얘기했듯이, 우리가 땅속에 들어가 봐야 지리를 알죠? 지리를 안다 하더라도 이 오선 줄이 한데 합쳐져야 되는 거예요. 즉 말하자면 삼각원형을 이룰 수 있어야만이, 그것은 또 우리가 오광주를 얻기 위해서, 즉 말하자면 오광주를 한데 합쳐서 여의주라고도 해요. 그런다면 그거를 얻기 위해서뿐만 아니라 모든 것을 하나하나 접근해서 우리가 나갈 때, 요거 하나를 알기 위해서도 요 물만 보는 것이 아니에요. 이 물의 질(質)이 어떤지, 물이라는 것도 알고 컵이라는 것도 알고, 이게 독약이 섞였는지 맑은 물인지 이것도 알아야 하고, 이 물의 생리도 알아야 하고 생명, 말, 뜻 이것도 알아야 되니까요. 어디서 온 것도 알아야 하고. 그렇기 때문에 항상 이것이 눈 간 데 귀가 가고 귀 간 데 몸도 가고 코도 가고 혀도 가고 다 통신이 가서 이것 하나를 들 수 있는 거거든. 알 수 있는 거거든.

그럼 한 가지만, 보기만 해도 이건 도가 아니다 이거야, 그전에도 얘기했지만. 그렇기 때문에 벌써 직감적으로 '아, 여기 이 산의, 이 땅의 혈맥이….' 이러면 벌써 거기 땅속 깊이까지도 전부 나와 있어, 동시에. 그러면 그걸 알기만 해서가 아니거든. 그 땅이, 즉 생명이 있어서 같이 말할 수 있고 서로 통신이 될 수 있어야만 돼요. 그 땅 질의 역량이 얼마나 있나, 그것도 알 수 있어야 하고. 그건 우리 사람들이 살아나오면서 '네가 역량이 얼마나 있느냐' 그거 아는 거나 똑같아. 이 땅 질이나 돌 질이나 이런 문제들도 깔축없어. 그렇기 때문에 땅을 보는 순간순간이 한 찰나에, 한 찰나에 보는 순간에 오신통이 다 동시에 들어가는 거야.

그러면 거기만 동시에 들어가는 게 아니거든. 보는 데도 쫓아서 같이 들어가고 듣는 데도 쫓아서 같이 들어가고. 사람과도 그렇지마는 생물도 그렇고, 어떠한 미생물도 그렇고, 어떠한 무정물도 그렇고 우주의 어떠한 생명질 항성, 행성, 또는 인위적으로 사람이 인공위성을 만든다 하더라도 그 사람의 모든 마음을 알고 기계의 모든 것을…, 이 인간이 복잡하게 기계화되어 있는 것처럼 됐듯이 기계도 아주 세밀하거든. 이 인체의 모든 세포가 아주 그냥 뭐, 이 두뇌만 하더라도 말도 못하지 않아? 그렇게 만들어 놓은 거야, 기계를 하나 만들어도. 그럼 그게 줄 하나만 잘못되고 혼선이 돼도 그건 통신이 되지 않는 거예요. 그러니 얼마나 묘해요. 인간이 얼마나 묘하기에, 묘하고 광대무변한 만법의 근원을 가졌기 때문에 물질로다가 그렇게 만들어 놓는 거예요. 얼마나 위대해요, 사람이.

그런데 지금 저 위성이나 항성이나 이런 것이 있는 것도 인간의 두뇌가 그만큼 본래 그렇게 만법의 근원을 가졌기 때문에 물질로만이라도 책정을 하고 돌아가는 거예요. 그런데 우리 공부하는 거는 물질 그 자체뿐만 아니라 보이지 않는 세계의 시간과 공간이 없는 그 초에 의해서, 한 시간을 초로 잡을 수도 있고 초를 한 시간으로 잡을 수도 있는 그러한 시공이 없는, 속도가 빠른 그러한, 즉 말하자면 속도가 빠르다 못해 아예 그냥 이렇게 놓여 있듯이 말이야, 이렇게 되는 문제들도 인간이 다 가지고 있다 이거야. 인간이 가지고 있는 걸 인간이 가지고 있으면서도 못 쓰고 있는 꼴이지.

그러니까 우리가 한마디로 비유를 하건대 우리가 살림을 하다 보면 때에 따라서는 자지 못하는 시간도 있어요, 잠이 안 와서. 그럴 때 여러분은 어떻게 생각해요? '아, 오늘은 잠이 안 오니까 잠을 못 자는구나. 아유, 두 시간밖에 못 잤어. 세 시간밖에 못 잤어.' 요렇게 생각들을 하거든. 그러면 그거밖에 못 잔 거예요. 그러니까 사람이 피곤이 오는 거예요. 그러나 우리가 생각할 때는 한 시간을 못 잤다고 하더라도 일 초로 정해 놓으면 한 시간이면 일 초가 얼마나 많아요? 네? 얼마나 오래 잤어요? 이해 안 가요? 한 시간을 일 초로 잡았다면 일 분만 자도 몇 시간입니까? 60시간이죠? 허허허, 보세요.

그러니까 늦게 가는 거, 속도가 빨리 가는 것, 비행기를 타면 속도가 빨리 가는데 여기는 마차를 타고 간다 이럴 때 어떻게 생각이 돼요? 그냥 가만히 서 있는 거 같아요, 위에서 볼 때. 허허허…. 그러니까 그만큼 우리가 지금 그렇게, 인간 이 자체가 1시간, 24시간 뭐, 이러고 가만히 그냥 그렇게 있으니까 이건 늙는 거예요. 빨리 늙는 거예요. 그런데 마음은 늙지 않죠? 왜 마음은 늙지 않을까요? 외려 철이 들고 늙지 않을까요? 마음은 빨리 돌아가고 육신은 게으르기 때문이에요. 허허허….

이거는 어디까지나 우리가 이 설법을 듣는 대로 그냥 무단히 넘길 게 아니에요. 우리가 살아나가는 데에 젊음을 소중하게 갖는 것도요, 여러분이 생각하기에 달렸어요, 어느 정도는요. 다는 못하더라도 그래도 건강하고 젊음을 갖출 수 있다 이러는 거는 한 시간을 일 초로 잡아서 자도 그것은 해롭지 않다. 또 잡아서 자는 게 아니라 아예 시간 탓도 하지 말고, 자게 되면 자고 안 자게 되면 안 자고 그래도 벌써 그 도리를 알고 그렇게 하면요, 그냥 한 시간을 자도 한 댓 시간 잔 거는 되거든요. 굳이 뭘 그렇게 따지지 않아도. 그러니까 때에 따라서 눈이 시글시글할 때가 있어요. 아주 정신은 말짱하고 잠을 안 잤어도 괜찮은데, 건강도 좋고 다 좋은데 눈이 시글시글할 때가 있거든요. 그런다면 이것은, 즉 말하자면 눈이 게을러서 같이 돌아가지 못했기 때문이거든요.

그러니까 '이 눈을 뜨고도 잘 줄 알아야 된다' 이런 문제가 나와요. 눈을 뜨고도 잘 줄 알아야 된다. 자면서도 눈을 뜨고 자야 하고 눈을 뜨고도 잘 줄 알아야 한다. 이거 어렵게 들으시면 어렵지마는 우리가 아주 안 되는 것도 아닙니다. 사람이 살아가면서 자꾸 체험을 해 보고 해 보고 하면 능숙하게 되죠. 왜, 보리밥 못 먹는다는 사람이 한 번 두 번 먹어 보면 보리밥 먹어도 괜찮아요. 그렇듯이 말이에요.

서산 대사가 사명 대사더러 솔 이파리 찐 물에다가 날콩을 찧어 가지고 그 물을 먹으라고 그러니까 하나는 설사를 하고 하나는 된똥을 누거든요. "왜 나는 된똥을 누는데 너는 설사를 하느냐." 이거야. 그것이 바로 그 점이거든요. 요것이 우리가 물질만 보고, 색만 보고 나간다면 시간율을 생각하고 하루 사는 거, 뭐, 한 달이다 두 달이다 얼마다 계산을 하고 사니까 느릴 수밖에. 그냥 시간과 공간이 없이 그냥 차칵차칵 돌아가는데 이놈의 거는 그렇게 게으르게 시간 따지고 뭐 따지고, 오늘이고 내일이고 한 달이고 일 년이고 이렇게 따지니까 나는 못 따라가는 거예요. 인간은 못 따라가는 거야, 거기를. 그러니 건강을 위해서라도 우리가 잘 때 못 자고 좀 그렇더라도 그것을 커버할 수 있는 그런 멋진 인간의 삶을 보람 있게 가질 수 있게끔 했으면 좋겠고요.

때에 따라서는 실천에 옮겨 보지 않으면 몰라요. 그러니까 실천에 옮겨 보시도록 하는 데에 역점을 둬야지, 항상 얘기만 듣고선 획 날려 버리고 그렇게 해서는 안 돼요. 단 한 가지라도 자기가 실천에 옮겨 보세요. 실험을 통해서 말이에요. 그리고 단 한 가지라도 이 마음에다가 꼭 들이고 낸다는 거, 그거 항상 얘기해서 아시죠? 그거를 일 초 일 분도 떠나지 않으셔야 나중에는 '아, 떠나나 떠나지 않으나 그냥 항상 그대로 있구나!' 이게 나오죠. 처음에야 딱 그걸 붙들어야지, 언제나 그걸 붙들지 않고 됩니까?

예전에 이런 예가 있었거든요. 그러니까 북쪽 땅에 묘향산이라고 하는 데가 있는데 말입니다, 묘향산 그 자체 내에 비구 절간도 큰 절간이 있지마는 그 산등성이 너머는 비구니 절이 큰 절이 있었답니다, 옛날에.

그런데 그 비구니 절에서도 옛날에는 농사를 짓고 또 비구 절에서도 농사를 지었답니다. 농사를 짓는데 어느 해는 가물이 들었거든요. 가물이 들어서, 물이 이렇게 두 줄기로 이쪽에서 내려오고 저쪽에서 내려오는데 이쪽 논에다 받으려고 큰 구덩이를 이렇게 파 놓고 항상 물이 내려오면 거기서 쓰는데 아, 이쪽에도 구덩이가 있고 저쪽에도 구덩이가 있는데 가무니까 산에서 내려오는 물 조금씩 내려오는 걸 갖다가 비구들은 자기네 구덩이에다 다 받아서 인제 모는 심었는데 이쪽 비구니 논에는 물을 주지를 않아서 그냥 논에 모를 못 심었거든. 그러니 비구니가 비구들하고, 옛날에는, 지금은 동등하다고 나서지마는 옛날에야 그저 댓 살 먹은 애를 보고도 오체투지하고 덤벼야 할 이런 입장이란 말이야. 그러니 어떻게 할 수도 없고, 계율은 지켜야겠고 그러니까 말도 못하고 있다가 스님더러 가서 얘길 했어요. 거기 혜봉 스님이라고 하는 비구니 스님이 아주 유명했답니다, 옛날에.

그런데 그 스님이 나같이 못생긴 모양이에요. 못생기긴 못생겼는데 아주 상당히 유력했던 모양이죠. 하도 그 제자들이 딱하니까 "스님, 스님! 올해는 농사를 못 짓겠으니 어떡합니까?" 하니까 "왜 못 짓느냐? 이유가 뭐냐?" 하니까 "비구 스님들이 전부 물을 그리로 해도 그것도 적어서 비구 스님들도 논에 모를 다 못 낼 지경이니까 그냥 아예 이리로 들어오는 물을 막았습니다." 이거야. "그러니 어떡하면 좋겠습니까?" 하니까 그 소리는 들은 등 만 등 하면서 껄껄 웃으면서 하는 소리가 "아, 내가 거문고를 튕기니까 말이다 아, 저 왜, 넓다란 뱀 있지? 그 뱀들이 그냥 전부 지금 고개를 들고 우리를 쳐다보는구나. 산천초목의 모든 만물이 저렇게, 푸름이 다 이렇게 쳐다보고 그냥 즐겨서 웃는데 저, 저거 봐라! 저거 봐." 하거든. "응, 거문고를 한번 튕기니까 그 거문고 소리를 듣고 저렇게 모두 쳐다보는구나. 그러니 저렇게 모두 모이는구나." 하거든. 그래 놓고선 또 시치미 뚝 따는 거라, 이놈의 중이.

그러니 그 제자들은 그냥 발버둥이가 쳐지는 거야. 한 해 농사를 짓지 못하면 못 먹는데. 식구가 다 굶어 죽을 텐데. 그러니까 "스님! 스님!" 그러는데 그 도리를 아나? "스님! 아, 농사를 못 짓는다는데 웬 거문고는요?" 하니까 "얘야, 거문고 줄이 늦춰져서도 아니 되고 너무 옹쳐져서도 아니 되느니라. 그러니 튕기기 좋을 만하게 알맞아야 튕기는 소리가 아주 청묘하게 나느니라." 아, 이러곤 또 고만이라. 그래 고만이니 또 어떡하나. 그날 저녁에 공양을 다하고 난 뒤에 또 들어가서 "스님, 어떡했으면 좋겠습니까?" 하니까, "내일 아침에 일찌감치 가 보려무나." 그러거든. 아, 그래서 아침에 비구니들 서넛이 내려가서 보니까 그 구덩이에 그냥 가득하게 물이 차면서 논에 물이 찼거든. 너무 놀란 거야, 응? 이 비구니들이. 그래서 거기에서 무릎을 탁 치면서 '그 뜻을 우리가 이렇게 모르고 살았더니 스님의 뜻이 이렇게 무궁무진하고, 이게 된다 안 된다를 떠나서 세상에, 거문고 소리 하나에 모두가 이렇게 한마음 한뜻이 돼서 이 물을 준 원인도, 바로 이 물도 스님의 마음이 아닌가.' 그래서 그 물로다가 그냥 뭐, 농사 금방 짓게 됐지.

그러니까 비구 절에서 그 물이 어디서 그렇게 생겼느냐고 그러거든. 그러니까 이 스님네들은 그 뜻은 자세히 모르나 그대로 우리 스님이 거문고 한번 탁 튕기는 바람에 이 물이 나왔다 이거야. 하하, 참 재밌죠? 거문고 한번 탁 튀는 바람에 그냥 속에서 물이 솟아나왔다 그러거든. 그러니까 그 비구 절에서도 참 신기한 거라. 그러나 그걸 믿어 주질 않아. 믿지는 않는데, 도대체 자기네들은 논 몇 마지기를 못 심고 있는데 벌써 여기 이 비구니들 절 논에는 다 심고도 물이 찰찰 넘거든. 그러니 어떻게 됐어? 그래서 거기 원주가 그 스님한테 얘기해 가지고, "그러면 거기 비구니 스님을 한번 만나 봬라." 그래서 만나 뵙고 나서 거기의 비구들 절 웅덩이에도 물이 그냥 철철 고이고 그때서부터 비가 오기 시작을 하고 농사를 잘 지었다는 얘기가 있습니다.

그런데 이 역사를 보면 비구니 얘기는 하나도 없어, 어떻게 된 놈의 게. 비구 얘기들만 있지. 응? 세상에 그럴 수가 있어? 아, 저희 어머니 얘길 안 해 놔? 저희 아버지 얘기만 해 놓고. 하하하…. 그러니까 참 유명한, 예전에도 비구니 스님들도 유명한 큰스님들이 많았답니다. 일연 스님이나 뭐, 혜봉 스님 같은 분들 또 실제 스님 같은 분들, 그냥 하고많은 이름인데 다 잊어버렸지마는 많은 스님들이, 유명한 스님네들이 많았답니다. 그래 가지고 그 비구니들이 아니었더라면 비구들이 큰일을 해내지 못했을 일들이 한두 건이 아니거든. 큰일을 해내는 데는 비구니들이 뒤에서 다 뒷받침을 해 줬거든. 수없이 뒷받침을 해 줬습니다. 나라에 어떤 공헌을 세운다든가 이런 것도, 고려 때 문제도, 팔만대장경 문제도 그렇고 나라에 무슨 일이 생기거나 이래도 비구니 스님들이 꼭 나서서 뒷면에서, 앞에 세우는 거는 비구 스님네들 세우고 또 어떠한 사람을 세우지마는 뒷면에는 언제나 비구니 스님네들이 그 거름이 됐다는 얘깁니다.

그러니 여러분이 보살이 돼서 내조를 하되, 바깥의 남편을 앞에 세우더라도 항상 내조가 거름이 돼서, 어머니가 돼 줄 때는 어머니가 돼 주고 딸이 돼 줄 때는 딸이 돼 주고 또 친구가 돼 줄 때에는 친구가 돼 주고 또는 동생이 돼 줄 땐 돼 주고, 이렇게 할 수 있는 그 지혜가 필요한 겁니다. 우리가 지금 세상에 애하고 어른하고 만나면 말이 안 통하죠. 그렇게 돼선 안 돼. 애를 만나면 내가 애가 돼 줘야 돼요. 어른을 만나면 어른이 돼 줘야 하고요. 이렇게 해 나갈 수 있는 여러분이 되신다면 우리 가정 기상대가 참 훌륭할 거예요.

옛날이나 지금이나 전국의 기상대를 가지고 논의하는데 그런 비 오는 기상대만의 얘기가 아니라 지금 우리 가정에도 기상대가 있지 않습니까. 야, 착 보니까 벌써 기상대가 말이야, 기상이 쭈굴쭈굴해. 그냥 꾸물꾸물하고 검은 구름이 끼었어. 그럼 비 올 거거든, 그게. '아, 꾸물꾸물하구나. 이거 비 오기 직전이구나. 그러니까 이거는 방지를 해야겠다.' 이렇게 할 수 있는 그 지혜가 우리는 필요하다는 얘깁니다. 애들의 기상도 그렇고, 어른의 기상도 그렇고, 전체의 기상도 그렇고. 그럼 위에서 기상이 하나 나쁘면 아래까지거든. 한 부분만 비가 와도 그쪽은 다 꾸물꾸물하거든. 그러니까 활짝 개였나, 아닌가? 이것도 우리가 살필 게 어머니들로서 딱딱 들어가 맞게끔 해야죠. 우리가 높은 사람이라고 해서 높게만 두지 마세요. 어디까지나 높은 사람은 얕은 사람을 위해서 심부름꾼입니다. 언제나 윗사람은 심부름꾼이지, 여북하면 부처님께서도 똥 친 막대기라고 했겠습니까?

그러니 우리 자체가 애들을 길러도 그 기상을 잘 봐서, "공부해라!" 이렇게 하고 싶어도 좀 검은 구름이 끼었다면 "얘, 좀 쉬었다 해라." 차라리 요렇게 해 주면 속으로 '아이, 쉴 사이가 어딨나. 해야지.' 이러지마는 "얘! 얼굴 찌푸리고 있지 말고 공부나 좀 해라." 이런다면 그거는 벌써 비가 오기 시작을 합니다. "나는 우산 쓰고 그냥 나갈 거야." 이럭하거든요. 그러니까 우리가 그러한 가정의 기상대가 제일 중요하다는 겁니다. 첫째, 중요한 거, 남편의 기상대, 또는 애들, 어른, 자기, 뭐, 모든 게 그렇죠.

그런데 그 기상대만 있는 게 아니라 이 몸뚱이에도 기상이 있거든요. 야, 요 간이 기상이 나쁘냐. 좀 꾸물꾸물하느냐. 그럼 거우가 또 꾸물꾸물하느냐. 옆구리가 결리느냐. 이마가 걸리느냐. 이게 다 기상이라고, 응? 통신 기상. 그러니 우리가 모든 게, 하나를 알면 열 가지를 방지할 수 있는 그런 우리 삶의 보람을 가질 수 있는 거, 이것이 바로 부처님 법이자 우리들의 법이며 우리들의 법이면서도 이것이 여여한 도(道)로 승화될 수 있는 것입니다. 도라는 이름이 도가 아니라 우리 생활 진리가 그대로 도로 승화해서 우리가 실천에 옮길 수 있다면 그게 도거든. 그리고 높은 것만 알고 높은 말만 제일이라고 하지 말고 얕은 것이 있기 때문에 높은 게 있고, 밥 한 숟가락이 있기 때문에 한 사발이 있지, 만약에 한 숟갈이 없다면 한 사발이 없어. 그렇기 때문에 한 숟갈 양이나 한 사발 양이나 똑같아. 아까 얘기했죠? 이게 비행기로 가는 거나 마차로 가는 거나 이것은 어느 부분이 빨리 간다고 할 수가 없어요, 이거를 본다면. 이게 빠르냐 이게 빠르냐 하면 누구나 상식적으로 비행기가 빠르다고 할 테죠. 그러나 시간과 공간이 초월된 데서는 이게 빠르다 이게 빠르다 할 수 없습니다.

그러니 물질이 빨리 가고 늦게 가고 그럴 뿐이지, 우리 마음의 도리는 마음대로 빨리 갈 수도 있고 줄일 수도 늘릴 수도 있다는 그 점, 자유자재할 수 있는 그런 점이 우리한테 주어져 있다는 거를 아신다면 능률이 많이 날 뿐 아니라 이 기상, 또는 이 몸의 기상도 우리가 건강하게 이끌어 가지고 갈 수 있는…. (녹음 안됨)

모든 여러분 속에 들어가서 나도 같이 살다 보니까 '에이! 몸이 아프면 의욕이 없더라.' 그런 것도 알고요, 그러니 그저 아프든 안 아프든 의욕을 잃지 않게 할 수 있는 능력만 있다면 그거는 기상이 나쁘지 않습니다. 뭐, 조금 시무룩하다가도 야, 시무룩할 게 뭐 있나요? 잘 방지하면 그것도 또다시 승화해서 헤헤 웃을걸요. 이 몸도 그러해요. 그러니까 우리 잘해 봅시다.

이런 얘기만 듣는 게 아니라 저 위에 올라가서 좌선들 하고 참선들 할 때도요, 모든 것은 여러분이 각자 자기의 차원에 따라서 가정에서 아프거나 뭘 하거나 안되는 일 뭐, 제가끔들 가지고 있죠? 가지고 있는 거를 당신이 주인공 거기에 모든 거를 맡겨 놓고 관할 수 있는 그거를 갖는다면 한 시간이 가도 언제 갔는지도 모르고 그렇거든요. 그리고 앉음앉음이는 언제나 단 한 시간을 앉았다 할지라도…, 여러 시간을 앉았다고 되는 건 아니거든요. 그러니 그렇게 앉아서, 여기에서 마음공부 하는 사람들이 정말 일 년, 이태 그만큼 노력 안 하고 공부한 사람 없어요.

그러니 그것도 영광이라 생각하고 참, 법당에서 그렇게 하실 때는 언제든지 나는, 여러분이 앉아 계시기만 하면 나는 여러분하고 언제나 좌석을 같이하고 있다는 걸 아셔야 돼요. 그러니까 열심히 그렇게 해서 우리 속도를 좀 더 빨리 하는 수밖에는 없기 때문에, 또 이렇게 총무 스님이 알선을 하고 내 뜻을 같이해서 이렇게 하는 겁니다. 그러니 그런 줄 아시고요.

소가 되어 길을 인도한 은사 스님

1986년 6월 7일

큰스님 … 융통성이 없기에 앞으로 공부해 나가는 사람들에 한해서는 '융통성이 있어야 한다, 지능이 발달돼야 한다' 또는 '우리가 지혜로써 무기를 삼아야 한다' 이런 문제 등등이 있을 때 모든 지혜가 스스로서 부풀려져야 됩니다.

우리가 상황에 따라서 법당에 있을 때는, 만약에 예배를 올린다 이럴 때는 부처님 앞에 몽땅 갖다가 한군데다 놓고 예배를 올린다. 자기는 비우며 살아라 이겁니다. 또 그때에 다 갖다가 하나로 뭉쳐 놨다가 자기가 참선할 때나 이럴 때는 순간, 갖다 놓고 절을 했다가…, 자기한테 절을 한 거지마는 그것이 자기만이 아니에요. 일체가 다 들어 있는 한마음의 한 점이기 때문이에요.

그래서 '위로는 상구보리요, 아래로는 하화중생이라' 이런 문제입니다. 우리가 기복으로만 나갈 게 아니라 상구보리 하화중생의 그 뜻을 잘 알아서 행할 수 있는 대로 행해 본다면 우리는 지혜롭게, 참선이라는 것을 생활 속에서 그대로 할 수 있는 겁니다. 누구든지 부처님 앞에 오면 부처님 앞에 절도 하지마는 예배 올리고 난 뒤에 고할 때에도 항상 부처님 앞에만 고하고 있습니다. 관할 때도 그렇고요. 그러한 것이 바로 융통한 그 지혜가 없어서 그렇다는 얘깁니다. 우리가 예배를 올릴 때는 내 마음을 탕 비우고서 갖다가 놓고 예배를 하고, 예배가 다 끝나고 관할 때는 다시 몽땅 갖다가 내 마음속에 놓고 관하는 것입니다.

저 꽃나무를 본다 하더라도 내가 상황에 따라서 꽃나무가 되려면 되지마는, 상황에 따라서 꽃나무가 내가 되려면 되는 것입니다. 그러니까 둘이 아닙니다. 어디에 가서든지 둘이 아니죠. 그쪽이 내가 됐다가 내가 바로 그쪽이 됐다가 이런 융통성이 없이는 지혜가 나오질 않아요. 그리고 또 그런 융통성이 없이는 항상 둘 셋으로 돌아가지 하나로 돌아갈 수가 없어요. 잘 아셨죠?

그래서 여기에서 초하루, 보름 이렇게 설법을 하고 또 이틀 사흘 되는 날도…. 우리가 얘기만 들어서 되는 게 아닙니다. '항상 자기 마음에 있는 밝은 그 불씨를 얼마만 하게 내가 지혜롭게 쓸 수 있느냐. 지혜를 내느냐. 또는 그것을 얼마만큼 내가 관해서 자기 생명수의 그 근본을 발견하느냐.' 이게 문젭니다. 그럼으로써 어떤 사람은 이렇게 죽 앉아서 관하고 참선을 하는 데도 망상이 수없이 떠올라. 몸뚱이는 여기 앉았는데 벌써 마음은 집에 가서 애들하고 뭐 어쩌고저쩌고, 남편하고 어쩌고저쩌고 또 친구들하고 뭐 어쩌고저쩌고, 장사하는 일 또 집에서 안되는 일 뭐, 이런 것이 담뿍 들었거든. 그렇게 해 가지고는 도저히 발견할 수가 없어요.

그리고 그렇게 어지럽게 생각한다고 해서 그게 해결되는 게 아닙니다. 해결은 근본에서 해결이 돼야지, 근본이 아닌 이상, 즉 말하자면 예전에도 얘기했듯이, 뿌리가 싱싱하다면 가지도 싱싱하고 이파리도 싱싱하거늘, 그리고 이파리가 싱싱하다면 꽃도 피고 열매도 맺을 거건만 그거는 생각 안 하고 이파리 시든다고만 걱정을 하고 또 가지가 썩어 들어간다는 생각만 한 거예요. 이것은 근본에서 해결이 되지 않기 때문에 가지도 이파리도 누렇게 썩어 들어가는 이치가 있습니다. 이거는 가정과 같은 겁니다. 그리고 또 내 몸과 같은 겁니다.

또 사회에 나와서 일을 하는 데도, 어떠한 환경에 따라서 장사를 하든지 또 회사를 하든지 그러한 문제가 있다 하더라도 좀먹는 것은 바로 그 문제입니다. 그것을 싱싱하게 할 수 있는 것은 근본에서 해결을 해서 스스로 나가야 되는 것입니다. 그 뿌리는 뿌리 없는 뿌리기 때문에, 체가 없는 마음이기 때문에 슬기로운 마음만 먹는다면 그 슬기로운 마음에서 수없이, 이파리의 잘못된 벌레 먹은 거 또는 그 가지의 벌레 먹은 것들을 다 제거합니다. 그런데도 불구하고 그 안되는 것만 가지고 뭐냐 하고 망상에 찌들린다면 우리는 정말 근본의 그 생수 맛은 도저히 맛볼 수도 없거니와 그 생수로 인해서 말짱히, 벌레 먹은 거나 썩어 들어간 거나 그런 것을 해결할 수 없는 겁니다.

여러분 가정에서 살아나가는 데도 부처님 법이기 이전에 내 법을 그냥 활용할 수 있을 때 부처님도 역시 같은 마음으로 한마음이 돼서 같이, 금과 같고 옥과 같아서 금으로 다듬고 옥으로 모든 일들을 활용할 때 우리는 초가삼간을 지어 놓고서도 충성, 효도를 다해 가면서 수없는 나날을 즐겁게 보낼 수 있다 하는 이러한 문제가 있을 뿐만 아니라 인간으로서 자유스럽게 참, 나물을 먹고 팔 베고 누웠어도 대장부 살림살이를 한다는 말이 있습니다. 그러니 우리가 이렇게 좁아 터진 마음, 아주 옹졸한 마음으로 이 세상을 살아나간다면 어느 시에 편안한 날이 없어.

그리고 또 신도 여러분 중에서도 집안에 어떠한 문제가 있어서, 괴로움이야 천차만별로 많겠지마는 그런 것을 근본에다가 만약에 맡겨 놓으시고 모든 것은 거기서 한다고 믿을 때, 비로소 체 없는 자기의 수천수만이 체가 없는 금과 같은 빛으로서, 부처님의 빛으로서 다 찬란하게 자기의 모든 것을 해결할 수 있다는 그런 문제입니다.

옛날에 어떤 스님네들이 지내는데 항상 얻어먹고, 이렇게 여러분이 가져오는 거를 먹고 그저 절만 받고, 절을 받으면 자기가 받는 줄 알았단 말입니다. 이거는 너무나 모순된 일입니다. 여러분이 절을 한다 하더라도 나한테 하는 것이 아니고 내가 절을 받는다 하더라도 내가 받는 게 아닙니다.

내가 아까 얘기했듯 여러분이 부처님 앞에 당신의 마음들을 탕 비우고서 갖다 놓고 절을 할 때에 여러분한테 여러분이 하는 거지 부처님이 받으시는 게 아니요, 여러분이 절을 하는 게 아니에요. 자기한테 자기가 하는 것이 됩니다. 그래서 자기가 자기를 항복시키고, 자기가 자기에게 항복을 받는 것입니다. 그 사실을 우리가 사실대로 알면서 자각해 들어간다면 머지않아서 한국 불교도 생동력 있게 대성황 할 수 있는, 삶의 보람을 여러분한테 갖다 줄 수 있는 그러한 불교가 될 겁니다. 그것이 불국토가 아니고 뭐겠습니까? 그러니 가르치는 분들도 그렇지마는 배우는 분들도 똑바로 배우고 똑바로 받아들일 수 있는 그런 의지력과 지혜로운 마음을 융통성 있게 내야 됩니다. 한번 그렇게 얘기했다고 해서 꼭 그렇게만 알지 마시고 융통성 있게 환경에 따라서, 너를 줬다면 바로 네가 있는 것이 내가 되고 그럴 때에 이 불성이거든요.

어떠한 환경에 있어서 빚을 받으러 가는 데도 때에 따라서는 '너 이놈, 두고 봐라. 너 얄미워서 내가 돈을 꼭 받아야겠다, 오늘은.' 이러고 가는 사람은 못 받습니다. 언제나 그것을 둘로 본다면 아니 됩니다. 언제나 슬기로운 마음으로써, 없다면 '없는 것을 어쩌겠나.' 그러나 내가 알기로는 나를 주고도 남음이 있는데도 불구하고 안 준다면 바로 이 주인공이 저 주인공을 불러서 그쪽으로 줬을 때, 나는 빈 그릇만, 입만 가서 놀렸는데 그것은 나이기 때문에, 바로 자기 마음이기 때문에 자기가 슬기로운 마음으로써 자비가 생겨서 자기 죽이는 일은 없거든. 자기를 자기가 멸시하는 일이 없고 자기를 죽이는 일이 없고, 자기 못되게 하는 일은 없기에 그 마음이, 자기가 화해서 "아, 그렇지. 내가 줄게." 이렇게 나오지, 나쁘게 나오진 않습니다.

이 모두가 여러분의 그 지혜로운 마음에서 나오는 겁니다. 또 이 부처님 법을 배운다고 하는 것도 여러 가지가지가 있는 것이, 여러분의 마음이 좁고 넓고 옹졸하고 그렇기 때문에 천칠백 공안이 그렇게 있지마는 여러 가지로 넓게 직선적으로 가는 사람이 있고 돌아서 가는 사람이 있고, 또 구덩이를 메워 가는 사람이 있고 여러 가지가지로 이렇게 많다는 겁니다.

아까 얘기하다 중동무이했습니다마는, 그래서 그 주는 거를 전부 내가 받는 줄 알고, 나는 머리 깎고 승복을 입었으니까, 스님이니까 부처님 제자임에는 틀림없고, 부처님의 대리로서 내가 하는 거니까 부처님 대리로서 내가 받는다고 생각을 했단 말입니다. 그래서 무엇을 가져오든지 서슴없이 받아먹고 서슴없이 그렇게, 어떠한 의미를 생각해보지도 않고 그저 많이 받고 욕심 많게, 먹는 것도 받는 것도 조금도 의심 없이 그냥 그렇게 했답니다.

그런데 의심 없던 거는 좋았는데 함부로…, 남의 땀을 몰라. 남의 안타까움도 모르거니와. 의심 없이 받는 거는 좋은데, 자기가 받는 게 아니니까. 그런데 자기가 받는 게 아닌 줄을 몰랐고, 남한테서 자기가 받는 것을 받는 걸로 알고 주는 것을 주는 걸로 알았으니 이것은 잘못돼 돌아간 거라. 그러다가 어느 해에 스승도 열반하시고 제자도 늙었으니 죽었죠? 그런데 제자를 채 가르치지 못한 채, 자기도 배우지도 못한 채 이렇게 가다가 열반 당시에 얼마 안 돼서 생각이 퍼뜩 일어났단 말입니다. 그래서 자기는 그 마음이 퍼뜩 일어나서 그것을 다 일소에, 모든 것을 깨닫고 열반을 하셨지만 자기 제자는 캄캄하단 말입니다.

그래서 제자는 제자대로 죽어서 옷을 벗고서는 가난한 집에 가서 태어났습니다. 조그마한 오막살이 집에서 조실부모를 하고 농사를 지어 먹게 됐고 그 스승은 참, 위대하다고 본다면 부처님 자리에 같이 한

자리 하셨겠죠. 그런데 가만히 보니까 자기 인연에 따라서, 제자가 자기 탓으로 인해서, 자기가 생각할 때 자기의 탓도 아니고 그 탓도 아니지마는, 그래도 길잡이로서 제자가 그렇게 하고 있는 것이 안타까워서 그만 그 집의 암소로 소 형상을 쓰고 거기에 소 새끼로 잠시 잠깐 계셨답니다. 그래서 그 집에서 소로다가 일을 하게 되었습니다. 그래서 두 소를 끌고 이렇게 다니며 송아지를 길러서 소를 만들고, 소는 팔아먹고 그 송아지 태어난 걸 가지고선 농사를 지어 먹고 살았습니다. 그리고 애는 애대로 셋이나 낳고 이렇게 살고 있는데 그만 소하고 제자였던 주인하고 농사를 짓다 보니까 발에 똥 옴이 올라서 다 죽게 생겼단 말입니다. 여기까지 올라오면 다 죽게끔 생겼어요. 그것도 역시 이유가 있기에 그렇겠죠.

그런데 하루는 소도 아주 그냥 농사짓느라고 그것만 끌고 다녀서 어려우니까 소 발 밑에 왜, 지금 뭡니까? 장식 끼우는 거, 그거를 제대로 못 끼워서 그냥 닳아 가지고 피가 줄줄 나는 형편이라. 그러니까 어느 날은 소가 눈물을 줄줄 흘리면서 자꾸 발짓을 하는데 입으로 “음메 음메” 하면서 자꾸 이 옷자락을 줘거든요. 살 수가 없는 거예요, 전부 이 옴이 올라서. 그러니까 소도 놀리고 자기도 영 움죽거리지 못하니까, 조그만 애들 농사짓게 할 수도 없는 거고, 농사지을 수도 없는 거고, 부인이 끌고 다니려도 부인은 애들을 길러야 하고 그러니까 참 살기가 급박해졌더랍니다.

근데 하루는 그렇게 자꾸자꾸 소가 끌어요. 그래서 소 하자는 대로 하니까 그냥 소가 하염없이 가더랍니다. 주인은 주인대로 끌려가니까 어느 물이 내려오는 데에, 썩은 골창에서 내려오는 물이 고인 데로 소가 가더니만 거기에다가 발을 쓱 담그더랍니다. 발을 쓱 담그며 구부리고 앉더니 다시 일어나서 주인을 끌어 잡아당기면서 시늉을 하니까 그대로 몸을 그 물에다가 자꾸 씻고 담글 수밖에. 그래서 거기에 담그니까 몸이 시원하면서 그 병이 점점점점 나아 가는데, 이 집에서는 어디 간 줄도 모르는 거예요.

그래서 그 병이 나아 가는데 잠이 혼곤히 들었어. 그랬는데 그 소는 바로 자기 전자의 은사였고 자기는 바로 제자였죠. 그런데 자기는 그 뜻을 모르니까 세상에 다시 내려 보내져서 그렇게 고생을 하고 그렇게 하면서 지낸 거죠. 그런데 은사 그분이 "저기 좀 쳐다봐라." 해서 보니까 거기는 전부 송장 썩은 물이 내려오는 겁니다. 송장 썩은 물이 내려오는 거예요. 그러니까 하는 소리가, 은사 말이 "네가 전자의 내 제자였고 내가 너의 은사였지. 은사였기에 내가 너를 이 세상에서 또 어떻게 볼 수가 없어서, 길잡이를 제대로 못해 줬으니 길잡이를 제대로 해 주기 위해서 내가 소 몸을 타 가지고 또 너한테 왔느니라. 내가 갈 때가 인제는 됐어. 그런데 저 송장 썩은 물도, 우리가 이 세상에 지수화풍으로 나왔다가 지수화풍으로 돌아간다 할 때 그 물과 불 또 바람, 이 흙이 전부 사람들의 거름이 되고 사람들의 약이 되느니라. 그래서 하나도 버릴 게 없느니라. 이것은 모두 우리가 지금 살면서도 없어서는 아니 되지마는 죽어서까지도 다 주고 가느니라." 이거야. 다 준다, 되돌려준다 이거야.

그러니 우리가 지금 여기에서 발을 담그고 이렇게 있는 그 자체가, 그 썩은 물 자체가 바로 내 한마음의 태양과 같고 약과 같고, 약도 되고 태양과 같기도 합니다. 그건 무슨 소리냐 하면 태풍은 바람이다 이겁니다. 그러면 바람은 바람으로 막아 주고 흙은 흙으로 막고 불은 불로 막고 물은 물로 막는다 이 소립니다. 그러니 "이것이 전부 스스로서 이 마음에서 지혜로 돌아가는 것이니까 그런 줄 알고 이 자리에서 다시 그것을 깨달았으면 나를 따라서 오라." 하고선 그냥 그 자리에서 그 소는 그대로 옷을 벗었답니다.

이분은 이분대로 혼곤히 잠을 깨 가지고선 생각을 하더니 옷 벗은 소를 붙잡고 그냥 엉엉 울었습니다. 울다가 울다가 보니까 자기 병은 다 낫고 싱그러워진 그 마음속이 너무나 밝아서 훤히 자기가 어떻게 지내 왔다는 거, 지금 이렇게 온 거를 자기 자신이 너무 잘 알게 됐더랍니다. 그래서 그분이 그렇게 변장을 해 가지고 자기를 인도한 그 소 모습을 몇몇 일을 땅을 파서 묻고 돌아서서 자기는 아이들은 아이들대로 버리고 절을 향해서 다시 올라갔다는 얘기가 있습니다.

그런데 그 버리는 것도 그렇습니다. 옛날에 사명 대사도 부인과 자식을 홀랑 태워 버리고 갔다고 하는 말이 있습니다. 그런데 그거를 불 질러서 태워서 태운 게 아니라 정말 태웠기 때문에 그렇습니다. 만약에 불로 태워 버렸대도 태워 버린 게 아닙니다. 진짜 태우는 거는 그렇게 태우는 게 아니거든. 그래서 그렇게 불 질러 버리고 가 버린 그분은 마음 한생각으로써 그 아들들을 정승까지 이르게 했답니다, 그 스님이. 그러면 어땠겠습니까? 사람이라는 게 농사철에 아버지도 가 버리고 그랬는데 그 삼 형제가 정승까지 한 것은 길을 인도했기 때문입니다. 그렇게 두고 가니까 그만 정승의 집에 양자로다가 갔어요. 자식 없는 데 양자로 가 가지고선 그렇게 크게 됐단 말입니다. 그래서 그 어머니도, 자기가 버리지 않은 아내도 전부 잘되고 그렇게 했지마는 그 사람은 그걸 모르죠. 그러나 이 스님은 항상 안팎으로 언제나 마음을 융통성 있게 지혜로운 마음으로 한생각을 내는 반면에 그것은 깨달은 부처님의 마음이겠죠. 그것이 바로 무주상 보시며, 스스로 지혜로운 마음을 가지고서 부처님의 뜻을 아신다면 우리들의 그 아픈 마음과 더불어 이렇게 고통스러운 마음이 한결….

오늘날 여기에서 공부하시면서, 부처님이 저렇게 계신데 그전에는 형상이다 이랬지마는 지금은 또 다릅니다. 여러분이 여직껏 공부하셨으니까 "저 형상인 부처님도 내 형상이요, 내 형상도 저 부처님 형상이니라." 하는 것을 아실 것입니다. 그러나 내 형상도 변질이 돼 가지만 저 형상도 변질이 돼 갑니다. 그러나 우리가 지혜롭게 '저 형상도 내 형상이다' 이러는 것은 환경에 따라서 저 형상도 내가 돼 보고, 예를 들어서 내 내공의 부처님이, 자부처님이 저기 한데 계시고, 때에 따라서 관할 때는 여기다 넣고, 내가 여기에서 떠났을 때에는 항상 여기에 모시고 있는 겁니다. 그러니 항상 떠나서는 아니 되고 떠나서 관할 수는 없습니다. 어린애가 젖줄을 놓치면 죽듯이 그 젖줄을 영 놓치지 마셔야 하는 일이 있음으로써 나중에 커지면 젖줄은 스스로 놔집니다.

그렇게 하시도록 우리 노력하면서 가정에서 급한 거 먼저 생각하지 마시고 근본에서 급한 거를 빨리 해결을 하도록 근본을 찾아야 그게 빨리 해결이 됩니다. 사람은 한계가 있어서 아무리 쫓아다니면서 그걸 해결을 하려도 급하게 안 됩니다. 그러나 진짜 사람의 그 체가 없는 참마음의 자부처는 원자력 에너지와 같아서, 발전소와 같아서 어디로든지 가설이 된 데는 다 연결이 돼서, 마음과 마음이 연결이 돼서 일이 해결이 나는 겁니다. 그렇기 때문에 지난번에도, 여기 우리 OO 님도 앉아 계시지마는 아, 미국에서 뭐 어쩌고저쩌고 하시는 걸 귓결에 들었습니다. 그 귓결에 들은 그 순간입니다. 사람이라는 거는 어디까지나 이렇게 귓결에 들어서 할 수 있는 것도 인연입니다. 그런데 와서 맨날 고하고 고하고 해도 먼 사람이 있습니다. 그게 무슨 소린 줄 아십니까? 마음이 그만큼 여기에 집중이 되지 않은 사람은 멀고 집중이 된 사람은 가깝습니다.

한 체가 있는 몸에서 체가 없는 마음은 환경에 따라서 수천수만이 돼서 그 모습을 바꿔서 환경대로 작으면 작은 대로 크면 큰 대로 일을 할 수 있다는 사실을 여러분은 아셔야 됩니다. 그걸 모른다면 우리는 항상 중생으로서 고를 놓지 못하고 아마 항상 휘달릴 겁니다. 윤회에도 그렇고 업보에도 그렇고 유전에도 그렇고, 그 어떻게 삽니까, 이루종차. 지금 우리가 요렇게 살아가는 것도 아주 죽겠는데 자식 대까지 물리면서까지, 또 그렇게 살아온 그 부모의 마음도 그렇고 모두를 몰락, 우리 그렇게 살지 말고 몰락 놔 버려서 아래 위가 다, 삼세가 다 공하고 공해서 참, 공한 도리를 우리가 그대로 사용하고 응용하고 여여하게 용을 한다면, 용을 한다는 생각도 없이 스스로 아마 밝아서 우리 살림살이가 궁색하지 않을 겁니다. 우리 마음이 궁색하지 않은데 어찌 살림살이가 궁색하겠습니까?

오늘은 이걸로써 끝을 마치겠습니다.

체 장수 아들의 복주머니

1986년 6월 8일

요새 설법을 쭉 해 나가면서 줄창 이런 말을 해 왔지마는 더욱더 느끼는 점이, 여러분은 '주인공' 하면 주인공의 뜻이 무엇인지도 모르면서 '한데 합쳐졌구나! 합쳐졌으니까 포괄적인 주인공 그거구나!' 요렇게만 또 알고 있다고, 응? 이게 문제인데, 어저께부터 그 생각이 무뜩 나서 지금 새로이 이런 걸 또 얘기를 하게끔 됐어요. 제일 기본적인 문제가 지금 그거라고. 우리가 이해 못하는 점. 이해를 해야 믿을 텐데 이해를 못하고 감응이 오지 않고 여기 가슴에 닿지 않는다는 거예요. 왜 닿지 않나 했더니 그걸 그렇게만 알고 있더라고.

사람이 인공적으로 어떤 물질로다가 로보트를 만드는 데도 언제나 인간의 마음이 들어가야 움죽거리게끔 되어 있거든. 그런데 인간은 첨단을 넘어선 어떠한 자기가, 자기 생각으로써 자기 몸을 형성시켜 가지고 자기 마음대로 그냥 즉석에서, 즉석에서 그냥 자기와 둘이 아니게 같이 움죽거리는 마음이 그대로 움죽거리게끔 돼 있거든. 그러니 그 얼마나 묘하고 광대무변하고 불가사의한 일이냐는 얘깁니다. 너무나 찬란하고 너무나 성성하고, 참 심월이 너무나 성성해. 그대로 밝고 그대로…. 그러면 티 하나 잡을 게 없다고.

믿어라, 안 믿어라 하고 뭐, 잘못됐다 잘됐다 하고 하나도 티 잡을 게 없는데 여러분은 생각을 잘못하고 돌아가. 자기를 형성시킨 그 주인을 아주 모르고서, 모른 척하고 그냥 자기 멋대로, 육신 멋대로 돌아가는 거라. 자기한테 권한을 줬다고 해서 자기 주인을 무시해서 되겠습니까, 예를 들자면. 예를 들어서 아버지 어머니가 재산을 다 자식한테 맡기고 다 알아서 하라고 했다고 해서 아버지나 어머니를 아주 무시할 수는 없죠. 그와 똑같은 겁니다. 여러분한테 자유권을 줬다고 해서 그렇게 자기를 형성시킨 자기를 무시하고 자기 몸뚱이가 아무리 뛰어 봤자 그것은 한계가 있고 걸려.

그래 묘한 것은 여러분이 생각하는 주인공이 내가 생각하는 주인공하고는, 나는 이 생각을 하고 "주인공" 했는데 여러분은 딴 생각을 하고 그것을 주인공이라고 듣는 거야. 어저께도 얘기했지마는 '주인공' 하면, 참 이것을 어떻게 해야만 잘 알아듣는가? 여러분이 지금 주인공 노릇을 하는데, '색이자 즉 공이고 공이자 즉 색이다' 이런 뜻은 색색으로 우리가 생각할 때 삼위일체로 마음을 한번 가졌다 하면 보는 것도, 즉 말하자면 행하는 것도 말하는 것도 그냥 동시에 이렇게 해 버리거든요, 거기 상황에 따라서. 해 버리고는 또 돌아가고 또 돌아가고 이러니, 그래서 주인공이라. 어저께도 얘기했는데 되풀이해요, 지금. 어떠한 고정된 주인공에 의해서, 어떤 대표적으로 나오는 주인공이 아니고 포괄적으로 공해서 돌아가는 거, 찰나찰나 그대로 하나하나, 이빨이 요렇게 해서 무슨 기계가 돌아가듯이 착착 이렇게 돌아가는 거예요. 그러면 그 쉴 사이 없이 착착거리고 돌아가는 이 자체가, 어떻게 요게 착 하고 요렇게 맞아서 시계가 짝짝짝 그럭하고 맞듯이 이빨이 맞아서 돌아갈 때, 탁탁할 때, 찰칵찰칵할 때 어떤 거를 진짜 시계라고 하며 어떤 거를 바로 나라고 하겠습니까?

그렇게 되기 때문에 어떤 거를 세울 게 없는 것이 바로 나라고 그런 겁니다. 그러면 천 가지 만 가지 생각도, 천 가지 만 가지 보는 것도, 천 가지 만 가지 행하는 것도, 천 가지 만 가지 만남도, 천 가지 만 가지 먹는 것도 이것이 전체적으로 같은 방향으로 돌아가면서도 같지 않고, 같지 않으면서도 같이 돌아가고 이렇게 하는 것이, 바로 여러분이 여러분이라고 지적해서 주인공이라고 세울 게 없는 것이 주인공이자 부처입니다.

똑똑히 아셨으면 우리가 주인공 그 자체를 못 믿어서는 안 된다는 점. 한 치, 한 점도 못 믿어서는 안 돼요. 저 시계가 여러 가지가 포함됐으니까 시계라는 이름을 부르지 저게 한 가지만, 바늘 하나만 없어도 시계의 본분을 지키지 못해요. 그러니 인간에게 어느 하나만 빠져도, 분별 하나만 빠져도 이건 목석이고 사람 노릇 못하고, 눈 하나만 보지 못해도 이것은 전체 정상적인 사람이 못 되고, 모든 게 하나만 빠져도 아니 돼. 그래서 하나 빠질 게 없이, 나사 하나 빠져도 안 되는 그런 점에서 요것이 자연법칙에 의해서 딱 생긴 거니 얼마나 위대하냐 말입니다. 어쩌면 인공으로써 그렇게 전깃줄, 선줄 하나하나 복잡하게 해서 만들어 놓은 거는 인간이 쓸 수는 있어도 자발적으로 자기가 움죽거릴 수는 없는 겁니다. 그리고 때에 따라서 잘못되면, 자비의 그 분별이 완벽하지 못하기 때문에 때에 따라서는 인간을 해칠 수도 있는 거죠.

그러니 인간 자체가 얼마나 위대한지 몰라요. 이 위대한 인간으로 태어나서 위대한 존재의 자기를 모른다면 그건 아무것도 아니에요. 즉 자기가 공이고, 즉 자기가 색이거든. 그래서 그 색과 공이 보이는 거면서도 찰나찰나 나투기 때문에 보이지 않고, 보이지 않으면서도 찰나찰나 나투는, 소소영영하게 나투는 이 인간이 얼마나…, 응? 그래서 첨단에 가까운 바로 '인간' 이라고 그러는 겁니다. 그래서 부처가 될 수 있는 것은 마음 하나 짝 돌리면 부처고 마음 하나 이렇게 돌릴 줄 모르면 중생이라는 얘깁니다.

그런데 오늘도 여러분이 공부하시는 데에 어떻게 하시나 보니까, 점검을 하면서 가야 하는 분들도 있습니다. 여러분이 공부해 나가시는 데에, 믿음을 믿는 데에, 어저께도 얘기했듯이 되는 거 안 되는 거를 양면에 두고선 내가 사는 데에 편리하게 잘돼야 되겠다 해서 믿음을 가져서는 아니 돼요. 자기 주인공이라는 주인공은 본래 근본적으로 믿으나 안 믿으나 자기는 자기예요. 그렇기 때문에 자기는 버릴 수가 없는 겁니다. 믿지 않을 수도 없고요. 못났든 잘났든 말입니다. 자기 이외에 높은 것도 없고 얕은 것도 없어요. 자기를 알면 모두가 자기 아님이 없죠.

그렇듯이 그거를 똑바로 알고 믿으세요. 그런데 잘못된다고 할 때는 '아이, 주인공도 쓸데없어!' 요러고…. 그럼 자기를 자기가 쓸데없다는 소립니다. 또 되면 '아유, 주인공이 제일이야!' 이러거든요. 그러면 될 때는 주인공이 제일이고 안 될 때는 주인공이 아무것도 아니고 그렇게 된다면, 자기가 어떤 때는 자기가 아니고 어떤 때는 자기고 이렇게 하는 겁니다. 그렇기 때문에 자기 아닌 자기, 즉 참자기와 둘이 아님을 우리는 인식할 수가 없고 깨달을 수가 없어요.

내가 어저께도 얘기했지만 가환이나 우환 또는 유전, 또는 병에 대해서도 그렇고 모든 그 조화를 이루는 데서도 그렇고, 내 가정을 이끌어 나가는 데도 바로 거기에서 모든 것을 하고 있거든요. 그런데 잘됐으면 아, 감사하게 믿고 맡겨 놓고 감사하게 생각하고, 또 안되면 '아, 안되는 것도 당신이 하는 거니 당신이 있다면 당신이 할 것이고 당신이 없다면 또 못할 것이고….' 아예 그냥 거기에 모든 걸 맡겨 놔버린다면 얼마나 믿음이 진실하냐 이겁니다. 죽는 것도, 생사윤회 이런 것도 거기에 다 맡겨 놓는 겁니다. 내가 지금 금방 죽는다 하더라도 그것을 걱정할 거 없이 거기다…. 죽으면 어떠냐 이거야, 응? 죽어도 그놈이고 살아도 그놈인데 그놈한테다 맡겨 놓으라 이거야.

그리고 요즈음 내가 자주 얘기하는데 사람이라는 것은 다섯 가지의 오관이 있고, 다섯 가지의 그 원력이 같이 한꺼번에 융합돼서 돌아간다는 얘깁니다. 그래서 이 인간이 항상 온도가 조절이 돼야 이 혈압이 높지도 않고 낮지도 않고, 이렇게 조절할 수 있는 거는 인간이 본래 가지고 있는 겁니다. 온도력이나 또는 차원력이라든가 습도력이라든가 통신력이라든가, 또는 원자력이라든가 이러한 모든 거, 이런 것을 다 자기가 가졌거든요. 그래서 언제나 내 몸이 어디가 부족하다 이런 생각이 탁 들면 그냥 거기에서 해결을 해야 돼요. 또 내가 어디가 어떻다는 거를 일일이 상상하지 못할 때 아, 이것을 모르더라도 거기, 너는 더 잘 알겠지. 당신이 있다면 당신이 알아서 그거를 해결해야죠. 일반 생활에서 살아나가는 데도 여러 가지 모르는 것이 여간 많지 않죠. 그리고 공부를 아직 안 했다면 보이지 않는 데 일은 내가 못하잖아요, 보이질 않으니까. 그러면 거기다 다 맡겨 놔야 돼요. 그걸 꽉 붙잡고 있을 게 아니라 그냥 스스로 맡겨 놓으면 시계가 저절로 가듯이, 풍차가 저절로 돌아가듯이, 바람만 불면 바람이 스스로 불기 때문에 스스로 풍차는 돌아가고 있어요.

그러니 그냥 돌아가는 거기를 붙들지 말고 그냥 돌아가게끔 놔둬라 이거야. 맡겨 놔라 이거야. 저절로 돌아가지도 못하게 붙들고 있으니까 돌아갈 수가 없잖아요. 그러니 일도 제대로 돌아가지 않죠. 우리가 생활 속에서 지금 현재 해 나가는 일, 그것이 제일 시급한 것 같습니다. 무슨 우주가 어떻고 무슨…, 배우는 사람들은 이런 거를 다 떠나서 내가 생활 속에서 생활을 해 가면서 체험하면서, 거기에서 모든 생활을 들이고 내고 그것이 찰나찰나 나투면서 돌아간다는 것을 알게 되면 우리 이 몸뚱이가 바로 부처의 도량이고 집이고 또는 탑입니다, 탑. 우리가 탑돌이를 하죠? 탑을 자기가 가지고 있으면서 탑돌이를 하거든요. 우리가 지금 세상에서 살면서 이 돌아가는 게 그냥 탑돌이를 하는 겁니다. 자기가 자기를 끼고 도는 거죠, 결국은.

그러니 모두 우리가 모르기 때문에 가행을 해야 하고 가설을 해야 하고, 모든 게 이론적으로 점점 늘어 가고 방편으로 돌아가고, 이건 도대체 모르니까 그렇게 돌아갈 수밖에 없고 그렇게 들어야만 하고…. 그런데 모든 것이 나 하나…, 오늘도 어떤 분이 이런 말을 해요. "나를 좀 살려 주시오!" 해서, "당신을 살려 주는 데는 내가 살려 주는 것도 아니요, 당신이 살려고 해서 되는 것도 아니야. 그러니 꼭 그렇다면 당신이 당신을 위하는 것만치 정성을 지극히 할 수 있겠느냐?" 하니까 할 수 있다는 겁니다. 그래서 뭐라고 그랬느냐 하면 "3천만 원을 하실 수 있겠습니까?" 하니까 "아휴, 3천만 원이 지금 없는데요." 하거든. 그러면 자기보다 3천만 원이 더 중합니까, 자기가 더 큽니까? 자기를 떼 버리면 3천만 원도 붙지 않을 건데 말입니다. 이 도리를 왜 모르느냐 이겁니다. 왜 만날 걸려?

때에 따라서는 또 그럴 수도 있죠. 이 세상에서 부모가 어떻든 가정이 어떻든 무슨 일을 해야 할 텐데 자기가 일을 하는 그 값어치가 만약에 5천만 원의 재산을 가질 가치밖에 못 돼요. 그런데 10억을 가지려고 할 때 "넌 욕심이 있으니까 저 일하는 사람들에게 얼마 얼마를 줘서 일을 시켜." 이러거든. 그것이 시주라. 그리고 또 내가 스스로 마음 내서 스스로 시주하고, 시주하는 데에 공짜는 없거든. 이 세상에 여러분이 가게 갈 때에, 물건을 사러 갈 때에 그냥 바구니만 가지고 가서 물건 가지고 오는 건 난 한 번도 못 봤어. 10원짜리를 사러 가면 10원짜리 물건 담아 가지고 오고 20원짜리 가지러 가면 20원짜리 담아 가지고 오더라고. 에누리가 없어. 쪼끔 깎아 달라면 그거는 깎아 줄 수 있는 물건이기 때문에 깎아 주는 거고 깎아 줄 수 없는 물건이라면 절대 깎지 못해.

그와 같이 자연의 법칙에 의해서 우리는 생활에 쪼금도 우연히가 아니고 자발적으로, 자동적으로 돌아가는 이 마음 하나에 운전수가 잘해 나가는 것도 이 부처님의 뜻이라 생각하면 감사하고 고마워서…,

또는 곶감 꼬치에 넣고선 쏙쏙 빼 먹느니보다 자꾸 끼면서 빼 먹으면 줄지도 않고 또 붇지도 않고 항상 쓸 수 있다는 겁니다. 그래서 무주상으로 해라. 이 모든 살림살이 하는 것이 공덕이 된다면 무주상으로 할 수도 있는데 무주상으로 한다면, 예를 들어서 20원짜리 물건을 사러 간다면 20원을 꼭 주고 사야 하지만 이게 보석이라 할 때는 무(無) 값이라, 이게. 그럴 때는 내가 무주상으로서 물건을…, 욕심이 많은 사람은 무주상으로 해야 돼.

예를 들어서 우주를 몽땅 삼키려면 욕심이 많지 않고는 이 우주 전체를 삼킬 수가 없어. 그래서 오히려 욕심이 없는 사람이 욕심이 많은 사람이라고 봐야 되죠. 그러니까 배포가 적다 이겁니다. 배포가 크다면 조그만 거에 눈을 뜨지 말고 좀 더 큰 데 눈을 떠서, 홀딱 내가 이것을 다 가지고선 맘대로 굴릴 수 있다면 그것을 자유자재롭게, 평화스럽게…. 어떤 사람은 '이 중들이 뭐, 다른 중들이나 마찬가지지.' 이러겠지만 나 평화스러워요. 없는 거 있는 거, 이거 논의 안 해도 내가 배고프면 밥 먹게 될 것이고, 옷이 없으면 옷 입게 되고, 돈이 없으면 돈 쓰게 된다 이겁니다. 왜? 내 거라고 하질 않기 때문입니다. 그리고 내 거라고 쓰질 않기 때문입니다. 그러고도 내 거라고 넣질 않기 때문입니다.

여러분이 만약에 20원을 가져오면 당신네가 20원어치 도로 가져가기 때문에 내가 받은 새도 없고 당신이 준 새도 없어. 거저가 없으니까. 이번에도 그래. 사월 팔일에도 그렇고 시주하는 것도 그렇고, 여러분이 10억을 가져왔대도 10억어치를 여러분은 이자를 늘려서 거기에 달러 이자까지 붙여서 가지고 가거든. 그런데 어떻게 그것을 했다고 하겠습니까? 때로는 어떤 분들은, 어렵고 가난하고 그런 분들은 어떤 땐 달러 이자뿐만 아니라 그냥 홀딱 다 가져가는데요, 뭐 그냥! 남의 복주머니까지도 털어서 다 주거든요. 빌려주거든요. 그러면 "잘해라. 마음을 잘 쓰면 나중에 너도 복주머니에 담뿍 들었을 때 또 복주머니에 있는 거를 갖다 갚고 그렇게 해서 너도 또 잘살면 되지 않겠느냐.” 이런 얘길 합니다.

이런 문제가 있습니다. 어디를 가니까요, 어느 사람이 강에 빠져서 죽게 됐더랍니다. 그래서 어느 초립둥이가 건져 줬죠. 건져 줬는데 그 죽게 됐던 사람이 천국의 아들이었더랍니다. 이렇게 비유를 해서 얘기하는 겁니다. 그래서 인제 그 은혜를 갚으려고 그 사람을 데리고 천국에 들어갔어요. 그래서 천국에 들어가서 보니까 아이, 구경을 시켜 주는데 말입니다, 아니, 복주머니가 졸졸 졸졸 졸졸 달려 있고요, 한쪽에 가니까 촛불이 졸졸 졸졸 졸졸 켜져 있더랍니다. 그래서 거기부터 구경을 하는데 보니까 어떤 주머니는 탕탕 비어 있고 어떤 주머니에는 듬뿍 들어 있고 어떤 촛불은 또 아주 간들간들하게 있고 어떤 촛불은 그냥 굵은 초가 아주 싱싱하게 켜져 있고, 그냥 다 타서 가물가물하는 것도 있고 그렇더랍니다. 그래서 물었죠. “이게 어떻게 돼서 이렇게 빈 주머니가 있고 쪼금 있는 게 있고 아예 많은 게 있고 이렇습니까?” 하니까, “복을 지은 사람은 복주머니가 두둑할 거고 복을 짓지 못한 사람은 복주머니에 복이 없어. 그리고 빼 먹기만 하고 넣을 줄을 모르는 사람의 주머니는 자꾸 없어져.” “촛불은 그럼 어떠한 것입니까?” 하니까, 지금 이 간들간들하고 다 탄 거는 오래 전에 간 거고 또 초가 가늘고 촛불이 아주 간들간들하는 거는 병이 들어서 약한 생명들이고 또 초가 굵고 촛불이 아주 싱싱한 거는 지금 건강하고 아주 잘사는 그런 생명들이라고 하더랍니다.

그러니 그거를 보고서 “그런데 당신은 하나도 복 지은 게 없어. 그러니까 그렇게 가난한 거야.” 하니 그러면 “제 복주머니 좀 보여 주십시오.” 하니까 자기 복주머니를 보여 주는데 이름이 딱딱 쓰여 있더라 이거야, 번호가. 아, 보니까 하나도 없더라는 겁니다, 복주머니에. 그래서 그 참, 아들을 살려 줬다니까 할 수 없이, 복주머니에 자기 복은 없고 하니까 임시변통으로 “이 사람이 복은 많이 지어 놨는데 인제

요다음에 생해서 나갈 사람이라." 이거거든. 근데 복주머니가 얼마나 큰지 모르겠더랍니다. 그래서 이 복주머니에서 반을 덜어서 꾸어 줄 테니까, 허허, 이 복주머니를 가지고 우선 살다 보면 어느 때에…. (녹음 안됨) … 낫게 해 주고 그 어린애를 데리고 살다가 다 잘되걸랑 재산을 반을 떼 주고서 당신은 그 찌끄러길 가지고 살게 돼도 웬만큼 복을 받을 수 있노라고 하더랍니다. 그 어린애를 만약에 그냥 내보낸다면 그냥 망할 테니까, 그 애 복주머니니까 잘 저거 해서 그 어린애를 데리고 살아야 한다고 하더랍니다.

그래서 그 소리를 듣고 "그럼 꼭 그럭하리라." 하고 탁 깨 보니까 꿈과 같은 일이더랍니다. 그래서 그것을 꿈이라고 돌리지 않고 생시라고 돌려 가지고서는 자기는 꼭 그것을 믿고 기다리고 있었습니다. 그런데 아주 그, 움막집이었죠. 아, 그 움막집에서 점점 점점 점점 잘살게 됐단 말입니다. 그래 큰 집을 짓고 지금 사는 거예요. 그러니까 그 애의 복주머니를 빌려 준 겁니다, 지금.

그래서 크게 집을 짓고 사는데 아, 어느 날 하루는 체 장수가 어린애를 낳는데 무주공처에서 낳을 수가 없다고 막 하거든요. 그래서 그 안으로 어린애 엄마를 데리고 들어와서, 부부를 데리고 들어와서 사랑방에다가 어린애를 낳게 했지요. 그 잊어버리고 있다가 어린애를 낳게 해 주면서 그게 무뜩 생각이 난 겁니다. '아하, 이렇구나!' 해 가지고선 어린애를 낳자마자, 아들을 낳았는데 말입니다, 그 아버지하고 형제를 맺어 가지고…. 그 어떡합니까. 그렇게라도 해야지, 뭐. 부부가 어린애 낳은 거를 그냥 내보냈다가는 자기는 그냥 망할 테고. 그래서 형제를 맺고서 똑같은 집을 옆에다가 짓고선 거기서 같이 살자고 하고, 그 어린애 낳은 거는 자기 아들도 되고, 큰아버지가 되고 작은아버지가 되게끔 이렇게 형제를 삼아서 그 어린애 하나가 지어 놓은 복주머니를 가지고 여러 식구가 다 잘살더랍니다.

그러니 모든 지혜가 풍부해야 하고, 우리가 간들간들하고 부지

할 수 없는 그 생명을 살리는 데는 복 없는 사람에게, 즉 말하자면 복을 짓지 못해서 고생하는 사람에게 내 복주머니는 덜어 주고서 내 생명을 살려야 되지 않겠습니까. 그래서 그것을 무주상으로, 내 생명을 살리기 위해서 할 때는 무주상으로 해라. 내가 가난할 땐 정성을 단돈 천 원이라도 무주상으로 상이 없이 해라. 그건 뭐냐 하면 내가 가게 갈 때에, 하다못해 두부 한 모를 사도 외상으로 주는 사람 없어. 외상으로 먹었다 하면 두부값은 나중에라도 갚아야 하는 거야, 그거는.

그래서 나는 그전에 그런 예가 있었어요. 토굴에서 산으로 내려와서 이렇게 있는데 두부 장수가 아침에 새벽같이 가거든. 그런데 나는 그때 소금 하나밖에 없었거든요. 그런데 어느 스님이 그런 말을 했어요. "스님, 저 두부 장수는 아침마다 외상을 주고 저녁이면 돈을 받아 갑니다. 아침에 주고 저녁에 수금을 하니까 우리 저 한 모만 외상으로 해서 간장 넣고 끓여서 먹읍시다." 이러는데 그런 소리 하지 말라 이거야. 사람은 하루살이로 사는 거야. 그거 한 모를 외상으로 갖다가 먹어서 없애는 거하고 그거 한 모를 외상으로 얻지 않고 소금과 깨소금하고 섞어서 그냥 밥만 먹는 거하고 차이가 얼마나 나겠느냐. 그 두부 한 모 더 먹으나 덜 먹으나야. 아, 소금에다 찝질하게 밥을 비벼서 좀 먹어 봐. 배고플 때 얼마나 맛있나, 응? 그러니 배부른 소리 하지 말고 남의 거를 그렇게 우습게 생각하지 말아라. 두부 한 모를, 내가 없으면 없는 대로 먹어라 이거야. 있으면 있는 대로, 다 먹으라는 게 아니라 없을 때 생각을 하고 또 아껴서, 아끼란다고 해서 또 너무 자기도 먹지 않고 병들지 말고, 항상 그저 알맞게 중도로써 해야 된다 이거야.

그래서 내가 그렇게 조금 덜 먹어도 괜찮을 정도라서 그걸 덜어서 굶는 사람에게 줄 수 있다면 무주상으로 해라 이거야. '내가 이것을 이렇게 해 주면 저 사람이 나에게 잘하겠지. 이담에 저거 하면 나에게 뭘 또 주겠지. 나에게 뭐를 해 주겠지.' 이런 거, 이런 거 절대 없이 해라 이거야. 그이가 나이기 때문이다 이거야. 내 과거에도 그렇게 수 없이 거듭거듭 거쳐 왔으니 그게 남이라고 보겠느냐 이거야. 한때 잘 산다고 해서 잘사는 게 아니거든. 한때 못산다고 해서 못사는 게 아니거든. 수시로 바꾸어 가면서, 수시로 나눠 가면서, 수시로 화해 가면서 이렇게 나투면서 돌아가는데 어찌 '있다 없다' 이것을 가지고 논의하며, 내가 줬다 안 줬다, 내가 덕을 보겠다, 기대겠다, '저 사람이 내가 이거 주면 이다음에 나도 좀 저거 할 때 알아주겠지.' 허, 이런 가난한 생각은 절대 하지 말라 이거야.

세상에, 내가 만약에 그렇게 살면서 여러분한테 이런 말을 한다면 내 코가 다 웃을 거야. 배꼽이 다 웃고, 응? 내 배꼽이 웃는다고. 그러나 배꼽이 웃을 일이 없거든. 왜? 그렇게, 즉 말하자면 고요한 달밤에 비친, 만 강에 깊숙하게 비친 달은 온 누리의 그 바다의 물을 다 삼키고도 남음이 있어. 그러니 어찌 그렇게 살아야만 하겠습니까. 나는 이날까지 참, 요만한 거 하나도 남한테 주고 사는 걸 원했지, 내가 받고자 해서 살아 본 예가 한 번도 없어. 또 주되 내가 준 것이 없다는 거, 있다는 거 생각조차도 해 본 예가 없어. 왜? 생각을 할 수가 없지. 저 사람은 저 사람대로 바로 나이기 때문이라.

또 한 가지는 줘서 될 사람이 있고 안 줘야 될 사람이 있어요. 그건 사랑하기 때문이에요. 바로 나이기 때문에 괜히 남의 거에 자꾸 기대는 마음을 가진 사람한테 주게 되면 자꾸 업이 된단 말이야. 그것도 진실하고 성실하고 기대지 않고 살아 보려고 노력하는 사람한테 줘야 서로가 업이 되지 않는 거라. 그저 편안하려고 그러고, 기대고, 남의 거를 우습게 생각하고, 남의 거를 가지려고 하고 그러는 사람 앞에는 오히려 마음이 가지 않고 그건 줘서는 오히려 업이 된다는 그 점을 알아야 됩니다.

그래서 예전에 공자나 노자도 그런 말씀을 했지요. 거지도 밥 한 그릇 얻으러 올 때 줄 거지가 있고 안 줄 거지가 있다고. 마당 가운데서 똥 싸는 놈은 말할 것도 없이 돌아가고, 마당 가장자리에서 누는 놈은 호령을 해서 고쳐 주고. 마당 가운데서 누는 놈이야 뭐, 말하나 마나지, 그까짓 거 얘기하면 입만 아프지 얘기해 뭘 하겠습니까.

그러니 이 모든 사람 사는 것이…, 여러분이 일면 생각으로 '이게 뭐, 그냥 저분이 저렇게 얘기하는 거겠지.' 이러지 마세요. 우리 생명도 촛불처럼 그렇게 돼 있고, 우리의 복이라는 것도 바로 그렇게 돼 있어요. 자기가 지어 놓은 거만치 있는 거지, 자기가 지어 놓지 않은 것이 어디 있겠습니까. 그것을 못 보고 그것을 모르겠걸랑은 한 달 한 달 일해야 한 달 치 월급을 타 온다는 걸 아셔야 됩니다. 남한테 가서 일 하루도 안 하고 가서 월급 달라고 할 수도 없는 거고 월급 주지도 않을 것이고…. 물건 사는 데도 그럴 뿐 아니라 모든 사람 사람 살아나가는 것이 요만큼 하나 에누리 없다는 그 점을 말입니다.

그러니 마음 하나 잘 쓰면 그렇게 무주상 보시로서 나한테 들어오는데, 모든 만물이 다 '아, 저 마음 내 마음이 둘이 아닌데….' 하고 그렇게 응시해 주는데, 따뜻한 태양 빛과 더불어 참 청정한 달빛으로서 응시해 주는데도 불구하고 언제나 그저 "나, 나, 나, 나" 이러면서 남의 탓만 하고 그저, 잘되면 자기 거 못되면 남의 탓, 잘못되면 조상의 탓, 그저 모두가, 모두가 남의 탓으로 돌아간단 말이야, 응? 망한 것도 동업자인 저 사람 때문에 내가 망했다는 거거든. 서로다가 그럭한단 말이야.

그러니 이 세상에 자기가 났다면 자기 탓이라, 모든 게. 세상의 모든 게, 역사가 잘못되고 우리가 사는 데 고통받는 것도 자기 탓이지, 나라 탓이 아니야. 자기 탓이야. 자기가 이 세상에 났기 때문에 자기 탓이지 누구 탓인감. 그러니 하나도 남의 탓 할 게 없는데 남의 탓을 하고 돌아가니 우리가 불국토 이루기는 영영 틀렸지 않으냐 이겁니다.

그러니 여기에서 배우는 사람들만이라도 정성스럽게, 우리 여기에서 배우는 사람만이 아니라 어디고 다, 불교를 믿든지 어떠한 종교를 믿든지 막론하고 자기 탓으로 돌리고 또 잘못된 것도 항상 자기 잘

못으로 돌리고, 자기가 누구한테 좋은 일을 했어도 자기는 좋은 일 한 새가 없이 항상 그렇게 생각을 해야 합니다. 모든 게 좋은 일 하는 것도 내 마음 기쁘자고 해서 좋은 일을 하는 거지, 그 사람 좋으라고 해서 좋은 일 하는 거 아닙니다.

길을 가다가 어느 앉은뱅이가 노래를 하고 있을 때 내 마음이 아팠습니다. 그러면 내 마음 아픈 거를 아프지 않게 조금이라도 달래기 위해서, 그 사람한테 주머니를 탁 털어서 보이지 않게 딱 주고 나서 돌아설 때에 그것으로라도 좀 자기 마음을 아프지 않게 달래기 위해서 주는 거지 그 사람을 위해서 주는 게 아닙니다. 여러분, 모든 게 자기를 위해서, 자기로 인해서 생기는 일입니다. 그러니 그 사람에게 내가 줬다, 내가 그렇게 줬다는 생각은 절대 하지 마세요. 주기는 뭘 줘어요?

생활에 대해서, 우리 살아나가는 데에 인생, 생명 또는 살아나가는 데 시간과 공간을 초월해서 한생각을 잘 생각할 수 있는 그런 기본적 양식을 우리는 꼭 생각해야 합니다.

오늘 이걸로써 그치겠습니다.

공 도리에서 솟아 나와라

1986년 6월 14일

여기 매일 나오셔서 공부하시는, 아니 공부라기보다도 진실한 마음에서 우러져 나오는 자성을 발견하려고 나오시는 분들에게 한해서 말씀드리자면, 우리가 '나로부터 생기는 거를 나에게 다시 놓는다' 이럴 때에 바깥의 거슬리는 눈초리나 또는 바깥으로 거슬리게 보이는 거나 잘 보이는 거나 모든 걸 간섭 안 하는, 그런 것도 보는 대로 듣는 대로 다 놓는 그러한 공부가 제일 중요하다고 봅니다.

우리가 제가끔들 '나는 이런 위치에 있고, 나는 이렇게 지금 가고 있으니까 틀림없다' 또는 '나는 이런 경우에 이렇게 틀림없이 알고 있다는 거, 난 이렇게 하고 있다는 거' 이런 것을 몽조리 놔 주셨으면 좋겠어요. 다른 것을 다 한다 하더라도 내가 이런 거를 알고 있다는 것을 스스로 내가 지금 알고 있다면 바로 그것이 놓는 데에 장애물이 돼서 놓아지지 않는 겁니다. 여러 가지로 생각할 때 그것이 제일 장애가 되는 것입니다. 내가 알고 있다는 거, 지금 내가 아니라면 꾸려 나가지 못한다는 그런 망령된 마음 말입니다. 지금 이 선원에서도 내가 없으면 여기가 안 된다는 그런 것도 없어야 됩니다. 나 자신도 말입니다. 사람사람이 누구나가 다 그런 착과 욕심과 그러한 애착, 또는 내가 안다는 아상이나 이러한 것을 세워서는 절대로 그 문은 열리지 않습니다.

이 법이 얼마나 좋은 법인데 그렇게 소홀히 해 가지고 이것이 터득이 될 것 같습니까? 참 좋은 법입니다. 여러분은 고등 동물이면서도 앞으로 비가 올는지 또는 태풍이 불어올는지, 앞으로 우리 가정에서 어떠한 일이 일어날지, 또 때로는 가정에서 어떠한 병이 날는지 이걸 예측 못합니다. 그런데 인간보다도 저런 식물이 더 잘 알고 있습니다. 조그마한 동물들도, 날아다니는 새들도 아주 너무 잘 알고 있습니다. 앞으로 태풍이 불어올 것도 알고 있고 모든 마음들이 다 각각 돌아가는 것도 알고 있고 또는 장마가 드는 것도 알고 있고 다 알고 있습니다.

그것을 저는 어디에서 느꼈느냐 하면 사람들은 날 보고 거지라 그러고 미쳤다 그러고, 또 "아, 저거 젊은 게 갓 미쳤네." 하고 돌팔매질을 하고 이렇게 사람들이 몰상식하게 인정도 사랑도 불쌍한 것도 모르고 냉랭하게, 자기가 잠시 잠깐 뜬구름처럼 옮겨 가는 이러한 진리 속에서 한 구름과 같다는 거를 모르고, 그렇게 몰인정하게 차 버리고 그렇게 했지만, 저 무정물이나 날아다니는 새들이나 모든, 조그마한 동물도 생물도 모두 친구가 돼 줄 수 있는 그런 마음들을 본래 가지고 있다는 얘깁니다. 차라리 말 못하고 그러니까 말을 안 해도 말을 할 줄 알고 귀가 없어도 들을 줄 아는…, 왜 귀가 없겠습니까마는 말입니다. 그래서 제가 그전에 다니면서 보면 오히려 내 집은 산이 내 집이고, 들에 내려오면 내 집이 아닌, 텅텅 빈 허전한 마음에 도로 돌아서서 올라가게끔 됐었거든요. 왜 그랬을까요?

여러분의 마음이 냉랭하고 너무 단졸하고 사랑이라는 게 없고 인간이라는 그 의리보다도 불쌍한 줄 모르고, 위대한 존재를 보면 위대하게만 보지 자기 아래 있는 사람들을 불쌍하게 생각할 줄을 몰라요. 그리고 어떻게 생각하면 이거는 제가 느낀 겁니다마는 나이가 열일곱 열여덟 이런 때에 생각이 든 겁니다. 사람이 전부 도둑으로만 보였습니다. 그래서 그때는 진흙을 얼굴에다가 바르고 그랬더니 오히려 인제는 미친 걸로 됐는데 말입니다, 그것은 누구나 자기가 자기 방어를 할 줄 모른다면…, 약하면 약한 대로 방어를 할 줄 알아야 된다는 얘깁니다. 벌레도 자기가 살 궁리를 하고 방어를 합니다. 그래서 탈을 쓰고, 어떠한 모습을 해 가지고 방어 작전을 하죠. 그런데 사람은 그렇게 약은 꾀도 부릴 줄 모른단 얘깁니다. 자기가 살 방어를 할 줄 몰라.

그래서 그렇게 되올라가면 캄캄한 그믐밤에라도 아주 훤하게 보입니다. 그래서 오히려 내 동네 내 집으로 올라가는 듯했고, 그 수풀이 바로 내 집이었습니다. 마음들이 통한다면 어떠한 짐승이라도 '난 네 모습을 보면 네 모습이 무섭게 생겨서 싫어.' 하면 모습을 안 보여 줍니다. 또 '모습이 있어도 좋아.' 한다면 인제 석삭아서, 모습 없이도 항상 같이 놀고 그러다가 석삭으면 모습이 나타나도 상관이 없습니다.

그렇게 하는 도중에 때에 따라서 너무나 놀랐던 것이 하나 있습니다. 저 청계산 저 뒤로 말입니다, 수원에서 가까운 거리입니다마는 한 삼십 리 가까이 됩니다. 거기서는 나무하러 다니는 길로 빵빵빵빵 돌려 가면서 이렇게 돌아가야만이 그쪽이 나옵니다. 그런데 그쪽 아주 거한 산으로 들어간 것이 그쪽에 그때 누가, 일본 사람들이 파 놓은 것 같은 굴이 하나 있었습니다. 비가 오니까 인제 굴이 있어서 들어갔는데요, 근데 마침 웬 새들이 지저거렸습니다. 많은 새들이 몰려왔습니다. 나는 지저거리는 소리도 염두에 두지 않고 다니니까 뭐, 비가 오든 태풍이 불든 그런 거는 나하고 상관이 없으니까요. 그랬는데 새들이 지저거리는 소리를 들으니까 '아이고, 태풍이 오니까 이 태풍이 오면 장마가 들어서….' 그때에 7월달이었습니다. 벌써 한 20여 년, 근 30여 년 가까이 된다고 봅니다. 그전에 제가 열 몇 살 때에 을축년인가 뭐,

장마가 들었던 그때만 하더라도 저는 어렸는데 그때 얘기를 아직도 안 하고 있습니다마는 그때에 느낀 점도 있었습니다.

그래 인제 새들이 지껄이는데 보니까 그런 혼란이 벌어졌습니다. 이거 둥우리들을 모두 옮겨야 하고, 자기네 집들을 옮겨야 한다는 겁니다. 새들도 그렇지만 지나가는, 즉 말하자면 다람쥐라든가 이런 것이 휙휙 앞으로 그냥 쏜살같이 많이 지나갔습니다. 그래 '왜 그런가?' 그랬습니다. 그런데 지껄이고 돌아가는 걸 보니까 역시 그 일 때문입니다. 일이 벌어졌다 이겁니다. 앞으로 그 산이 무너진다는 겁니다. 그러니 피신을 해야 된다는 얘깁니다. 그래서 내 나름대로 가만히 생각을 하니까 '야 참, 저런 것들도 저렇게 아는데….' 그래서 그때 그 무너진다는 소리에 나는 벌떡 거기에서 나와서 딴 데로 옮겨 갔습니다. 그 후에 봤더니 거기가 무너졌습니다. 그래서 그 구덩이가 반쯤은 메워졌더군요.

그 후에 무슨 생각이 들었느냐 하면 '아차!' 했습니다. 만약에 지리가 이런 여기가 무너진다 하거나 '여기 지리가 이게 혈맥이 이렇게 생겼는데 이게 나쁘구나.' 하고 생각되거나, 여기다 만약에 묘를 묻는다거나 여기에 만약에 사람이 있다고 할 때 즉사를 한다든가 뭐, 혈맥이 어떻게 되고 어떻게 됐다 이런 문제가 거론이 됐을 때, 이게 지리라고 볼 때 말입니다, 산 혈맥의 지리, 그런데 내가 생각할 때 아차 한 건 뭐냐 하면 '혈맥이 어떻게 됐든 산이 무너지든 아랑곳없이 왜 무너지게 했던가?' 하는 얘기입니다. '한번 실험을 해 볼걸.' 하는 겁니다.

이 부처님 법이 그렇게 좋은 겁니다. 그러면 그냥 무너지게 놔두고, 아니 '무너지는 대로 피해 다닌다면 만날 노예로서 자기 자성의 발휘는, 자기 자유권을 가지고 자유스럽게 살 수 없는 사람이 너 아니냐.' 하고선 생각을 한 겁니다. '자유스럽게 살 수는 없잖느냐. 너는 왜 피해다니느냐? 네 앞에 닥친 거를 마다하고 피해 다닌다는 것은 네가 죽을까 봐 피해 다닌 거 아니겠느냐.' 이겁니다. 거기에서 나는 털썩 주저앉았습니다. 이건 내가 과정을 거친 거를 얘기 한마디 해 드리는 겁니다. 털썩 주저앉아서 혼자 중얼거렸습니다. '나는 죽어서 천당에 가려고 이렇게 하는 것도 아니고, 이름을 가지려고 그렇게 하는 것도 아니야. 단지 자유스럽게 산다 하면 저 날아다니는 거나 기어 다니는 거나 지금 걸어 다니는 나나…, 왜 내가 이렇게 인간으로서 피해 다녀야만 하나. 저 벗들은 다 도망을 가지마는 내가 왜 도망을 갔을까.' 이겁니다. 그러자 모든 새들은 아침 햇살이 밝아지는 대로 지저귀면서 우리 인간이 벌이하러 나가는 것처럼 먹을 것을 벌이하러 나간 거죠.

그랬는데 거기에서 말을 하자면, 이 도리를 안다 하면 그 산이 넘어진 것도 이건 우연히는 아닙니다마는, 만약에 그쪽으로 태풍이 불지 않았다면, 그쪽으로 만약에 비가 너무 많이 오지 않았다면 그게 무너질 리가 없거든요. 비가 너무 와서 그렇죠. 근데 요걸 잘 생각을 하셔야 돼요. 그런데 비가 오든 안 오든 상관이 없지마는 배우는 우리는 공(空)에만 들어 있어서는 안 된다는 얘깁니다. 예를 들어서 공에 아직까지도 들지 못한 사람은 공에 들어야 하고, 공에 들어서 한바탕 굴러 나와야 하고, 공에 든 사람은 빨리 거기에서 나와야 되겠지요. 그래서 모든 게 공했지마는 찰나찰나 역력하게, 소소영영하게 우리가 똥 눌 때 똥 누고 밥 먹을 때 밥 먹고, 맛있는 건 맛있고 맛없는 건 맛없다 이겁니다. 찰나찰나 이렇게 역력하게 우리가 지금 지내고 있는 그 도리를 알기 위해서는 공 도리에서 불끈 솟아 나와야 되겠지요.

그런데 그 이듬해 어느 땝니다. 가을입니다, 또. 거기에서, 그 근방에서 떠나질 못했습니다, 한 해를 또. 왜 그랬던지 모릅니다마는 그것이 무슨 어디 갈 데가 있어서 가는 것도 아니고 뭐, 정망해 놓은 데가 있는 것도 아니기 때문에 거길 가도 그만 저길 가도 그만이니까 뭐, 어딜 구태여 무슨 이러고저러고 할 데가 없는 거지요. 그 근방만 간다 온다 없이 돌아다니는 것도 참, 그때가 즐거웠다고나 할까요? 하여튼 어떻게 됐든지 좋습니다. 가을이 됐는데 지금은 그렇게 없습니다마는 모르겠어요. 그때는 산토끼도 많고 너무도 그, 다니는 게 많았죠. 아주 많았습니다. 여우도 많고 늑대도 많고.

근데 하루는 목이 말라서 물을 떠 먹으려고 개천 숲으로 나가니까 해가 뉘엿뉘엿 졌습니다. 여우란 놈이 캥하고 앞을 다퉜습니다. 앞을 탁 지나갔습니다. 나는 그때만 하더라도 여우가 그렇게 무서운 줄도 모르고 어려서부터 많이 봐 왔으니까 그렇게 뭐, 지금 우리네 강아지 보듯 했습니다. 그러니까 홱 지나가면서 뭐라고 캥캥캥캥 하고선 지나갔습니다. 그러고선 꽁지에다 물을 축여 가지고는 가더군요. 그 소리가 내 머리에 들어온 겁니다. '야, 앞으로 비가 오면 수 날을 아주, 일주일이면 일주일, 열흘이면 열흘 비가 오겠구나!' 하는 거를 느꼈습니다. 왜 느꼈는가 하면 걔가 그러니까. 난 그런 생각도 안 했습니다. 비가 오니까 자기 동료들을 데리고 저 산 너머로 넘어가서 굴에 들어간다는 얘깁니다. 그래 가지고는 지금 부르는 소립니다. 부르는 소리야. 자기 동료를 부르는 소립니다. 오늘 밤부터 오기 시작하면 그렇게 온다는 겁니다.

그래서 작년의 그때 그것이 생각이 났습니다. 그때에 내려다보니까 논에 누렇게 벼가 익어서 척척 늘어졌습니다. 나는 거기에서부터, 그 순간부터 어딘가 모르게, 나도 모르게 뛰기 시작을 했습니다. 그러니까 한 이삼십 리를 가야 동네 마을이 있습니다. 지금은 거기가 전부 길이, 중턱이 지금 아스팔트 길이 나고 그 위에 저쪽으로는 아주 큰 좋은 집들이 많이 생겼고 이쪽으로는 집들이 다 헐어서 없고 이렇게 생겼는데, 그때는 거기가 마을이 길게 한 사십여 집이 이렇게 있었습니다. 그랬는데 거기 삼십 리를 나도 모르게 뛰어간 겁니다. 그 뭘 하러 뛰어갔는지 모르죠. 무슨 생각이 났느냐 하면요, 벼가 저렇게 척척 늘어졌는데 만약에 저기 물이 차면 저 어려운 사람들의 농사는 다 버리는 겁니다. 겨울에 다 굶어 죽어요. 그러니 벼를 빨리 베라고요. 허허. 그래서 참, 거기 가서 그래도 내려가면 간장물이라도 얻어먹고 그랬던 집의 할머니한테 일렀습니다. "할머니, 할머니!" 그러니까 "왜 그러느냐?" 그래요. 그래서 "할머니! 앞으로요, 닷새만 있으면 비가 무척 와서 저거 다 잠겨요. 그러니까 닷새 안에 저 벼를 다 베야 돼요!" 이러고는 나는 도망치듯이 또 달려왔죠. 그렇게 한 일이 있어요. 먹지도 못하고 저거 했던 몸이지마는 내가 할 일이 있다고 딱 생각을 하니까 그렇게 비호같은 게 나와요. 비호같은 힘이 나온단 말이에요.

그래서 사람은 생각을 내지 않는다면 힘이 솟질 않아요. 여러분도 그냥 놀고 있다면 힘이 없어진다는 얘기죠. 그리고 몸도 힘이 없어지고. 그러니까 항상 놀면서도 일을 하고 있다는 생각…. 그것이 우리가 지금 그렇게 마음먹기에 달렸다는 얘기죠. 이 공부하는 사람들은 마음먹기에 달린 거지, 몸이 놀고 있다고 그래서 마음까지 놀고 있는 게 아닙니다. 마음은 비호같이 가는데 몸은 게으르게 가니까 몸은 늙어지고 마음은 그대로 영원한 거죠. 이것이 과학의 과제도 될 수 있는 문제입니다. 시간과 공간이 초월된 이 자체로서 우리 인간은 이 몸뚱이는 게으르게, 그냥 더디게 움죽거리고 마음은 빠르게 돌아가니까 이 몸은 늙어서 빨리 죽는 수밖에 없는 거죠.

그렇게 해서 뛰어오다 보니까…, 그 후의 얘기입니다. 십 년이 넘어서입니다, 인제. 그렇게 지낸 뒤에 그 할머니를 만났는데 그 할머니는 그때 그 해에 그렇게 일러 주지 않았으면 그 동네가 그냥 멸망될 뻔했다고 합니다. 그때 물이 들었다 하면 얼마나 많이 들었는지 모릅니다. 지금은 모두 안 들게끔 해 놨으니까 그렇죠.

그러니 식물이나 동물이나 이런 것들도 다 앞을 내다보고 사는데, 또 물고기도 그렇습니다. 모든 것이 이렇게 나왔다가도, 예전에 또 이런 예가 있었죠. 어떻게 지내다 보니까 한 웅덩이가 있었어요. 근데 저 개천으로 내려가면서 한강으로 내려가는 이런 물이 있고 그런데 아, 위에서 내려오는 물에서 자꾸자꾸 자꾸자꾸 미꾸라지들이 웅덩이로 들어가는 겁니다. 난 뭣도 모르고 그것만 들여다보고 있었어요.

쏜살같이 구덩이로 들어가고 쪼금 고인 물로 자꾸 들어간단 말입니다. '미꾸라지들이 참 이상스럽다. 왜 진흙 속으로 저렇게 자꾸 들어갈까?' 이렇게 생각했습니다. 그런데 웬걸요, 그날이 지난 뒤에 비가 오기 시작한 게요, 밤낮 할 거 없이 닷새를 왔나 봅니다. 그러니 얼마나 많이 왔겠습니까? 물은 뭐, 말도 못했습니다, 거기에 물 찬 거는. 그러니 미꾸라지들이 더 잘 알았다는 얘깁니다, 나보다도. 그러니 친구가 아닙니까. 모두가 친구고 우리가 그냥 허술히 이렇게 들을 게 아닙니다.

그래서 그때서부터 뭐든지 보면 세밀히 보고 돌아다녔죠. 하다못해 꽃 한송이를 봐도 그 심정이 어떤가를 진맥을 했고 꼬부라진 나무를 봐도 '너나 나나 참 심정이….' 하고선 마음의 진맥을 해 보기도 했고 그랬습니다. 이렇게 좋은 공부인데 우리 이 공부 하는 여러분이 때에 따라서 웃으면서, 남을 악하게 하는 게 아니라, 항상 과거심 미래심이 현재심으로 한데 합쳐져서 모든 것이, 일체 만법이 그 일심에서 나는 것을 항상 일심에다 다시 놓을 때, 주인공에다 다시 놓을 때, 이것이 만약에 발로가 됐다 하면….

옛날에 이런 일도 있었죠. 원주에서 있었던 일입니다. 어디를 가다 보니까, 거기 시장이나 도지사 쪽에서 기우제를 지낸다고, 원주에서 그때 어느 해인가 이십 년이 넘은 때입니다마는 무당들이 한 20명 가까이 몰려서 굿을 했습니다. 일주일을 내리 기우제를 지낸다고 했습니다, 듣기에는. 그런데 나는 그때에 한창 공부를 할 때인데, 이렇게 천차만별로 돼 있으니까 하나하나 자기가 실험을 해 보는 데에 그 역점이 있는 거 아니겠습니까?

모든 사람들이 용(用)을 하면 그건 사법이다 이러지마는 우린 지금 눈만 뜨면, 눈을 안 뜨고 잠을 자도 용을 하고 있습니다, 숨을 쉬고 있는 한. 숨을 쉬고 있는 한 용을 하고 있는 겁니다, 그게. 우리는 본래 용을 하고 있는 겁니다. 그래 용을 안 한다 한다를 떠나서 말입니다.

그런데 "용을 하는 건 사법이다. 이건 정법이 못 된다." 이렇게 말을 합니다. 그러면 용이든 용이 아니든 그걸 떠나서 천칠백 공안이 다 이게 문이다 할 때, 각자가 내 마음 하나를 가지고 볼 때 내가 남의 말을 듣고서 또…. (녹음 안됨)

끝없는 진리가 오늘에 있다

1986년 6월 21일

오늘은 이 땅에서 모든 것이 이루어지는 거, 이것을 얘기하다 보면 지구에 관한 건도, 옛부터 활동하고 지속적으로 움죽거리던 그 예전 장소가 지금 장소와 둘이 아니라는 것, 예전에도 우리가 있었고 지금도 우리가 이렇게 있노라고 말을 하고 싶은데….

재차 말씀드리지만, 여러분이 공부를 할 때에 첫째에, 모든 것을 놓는다. 모든 것을 맡기고 산다. 그것이 방하착이라면 첫째, 모든 잡념과 전자에서부터 얻은 모든 습성을 다 녹여 버리고 자기의 참 생수 맛을 봐서 자기가 자기를 알았을 때에, 이차적으로 자기를 또다시 한 번 체험하면서 상대방과 나와 다시 죽는 법을 또 배워야 된다. 그다음에 세 번째, 상대방과 나와 더불어 같이 나툴 줄 알아야 한다. 만약에 상대방과 내가 죽지 않는다면 상대방과 나와 같이 나툴 수가 없는 겁니다. 그렇기 때문에 요런 말을 재차 한마디 해 드리고자 또 하는 겁니다.

이 모든 이러한 경험 저러한 경험을 우리가 살림살이에서 다 하고 돌아가는 겁니다. 그런데 때에 따라서 아주 처음 온 분은 놔 버리는데, 맡겨 놓고 사는 데 여념이 없어야 하는 것이, 생활을 모두, 온갖 작동을 다 하면서도 그 작동하는 것이 바로 자기 주인공에서 모든 것을 하기 때문입니다. 예를 들어서 운전수가 차를 몰고 다니듯이 그 운전수에 차가 달려 있는 것이지 차가 운전수가 될 수는 없으니까, 그렇게 함으로써 모든 자기 전자부터의 종 문서는 몰락 태워 버릴 수 있다.

이런 문제가 있고, 내가 나를 탄생시켰을 때 내가 나를 가르치기 위해서 이 세상에 걸맞지 않는 엉뚱한 말과 행이 솟아 나올 때도 있거든요. 그럴 때는 오관을 통해서 내가 보고 이것이 걸맞지 않는다면 자기가 제재해서 거기다 놔야 되는 법입니다. 무조건 보는 대로 듣는 대로 해야 되는 것도 잘못이지만 안에서 가르치는 것을 무조건 들어서도 되지 않는 거라고 봅니다. 안팎이 다 그렇겠죠? 그래서 양면을 다 쥐고 이것이 옳으냐 이것이 옳으냐 하는 것을 갈피를 잡고 더디게 갈 필요도 없이 즉각적으로 이게 잘못됐다는 거 잘됐다는 걸 알고 있는 겁니다.

그렇게 잘못됐다는 걸 번연히 안다면 이것을 믿고 들어가라. 믿지 않는다면 물론 불평이 나오고, 상대가 있으면 불평이 나옵니다. 믿고 상대가 없다면 불평은 없습니다. 즉 말하자면 믿지 못하는 까닭에, 여기에서 만약에 이 소리를 들었다 저기에서 저 소릴 들었다, 저걸 봤다 이걸 봤다 했을 때 믿지 못하는 까닭에 그렇다. 믿지 못하는 까닭에 소릴 들었기 때문에 분이 일어난다. 소릴 들었기 때문에 나는 어떠한 말을 한다. 이렇게 나옵니다.

그런데 내가 만약에 저 사람이 나라면, 둘로 보지 않는다면, 믿는다면, '아, 그렇기도 하겠지. 고정됨이 없으니까 때에 따라서는 이럴 수도 있고 저럴 수도 있겠지.' 하는 믿음이 있다면 거기에 한마디 할 게 없죠. 거기에 말할 것도 없고 안 할 것도 없는 거죠. 자기 안에다가 모든 것을 '아, 그게 내가 지금 현재에 이렇게 생각할 때는 이러한데,

전에는 안 그랬는데 어째 이렇게 될까.' 하고 생각이 됐을 때는 안에서 굴려서 자기가 자신에게서 자신의 소리를 들어야 할 수 있는 그 방법이 바로 내가 지금 세 단계가 없는 세 단계에 의해서 말씀드린 겁니다. 그 도리를 거기에서 넘기지 못한다면 같이 죽어서 같이 나툴 수가 없어요. 그렇기 때문에 그것은 심사숙고해야 된다는 얘깁니다. 공부하는 사람일수록 더 이거는 심사숙고해야 된다.

여러분이 이 선원에 오시는데 만약에 여기 오시는 분들만 구제를 할 수 있는 어느 스님이나 부처님이 계시다면 그, 부처님 아닙니다. 때에 따라서 어디 앉는 거나 서 있는 거나 이게 고정되지 않습니다. 때에 따라서는 여러분의 살림살이처럼, 남편이 급하면 급한 대로 나가서 뛰다가 사흘도 못 들어오고 나흘도 못 들어올 때가 있습니다. 그럴 때에 남은 바빠서 돌아치는데 불평불만 하겠습니까, 그걸 안다면. 제때에 밥도 못 먹고, 제때에 잠도 못 자고, 그 피로한 몸을 끌고 이리저리 돌아다니다 들어온 사람더러 말하겠습니까. 그걸 모르기 때문에 말을 하는 겁니다. 그걸 모르기 때문에 "당신, 어디 갔다 왔어! 나는 죽도록 가정을 위해서 했는데 당신이 좀 더 집에서 이렇게 해 줬으면 자식들과 모든 것이 편할 거를 왜 당신은 나가서 그렇게 돌보지 않느냐. 전에는 안 그러더니 맘 변했다." 이거거든. 그러나 남편은 그게 아니라 나가서 일하는 것을 일일이 말할 수는 없고 또 만약에 말을 해서 어떠한 불리한 조건이 생길 수 있는 말이라면 말을 못하는 거라. 그렇다면 다른 말을 못하고 "나를 믿어라." 할 겁니다. 믿으면 모든 것이, 이렇게 하는 것도 믿어지고 저렇게 하는 것도 믿어진다면 아무 말 대상이 없는 거야. 그리고 우리가 지혜를 넓혀서 한번 생각해 보자 이겁니다.

세상 돌아가는 거 여러분 다 잘 알죠. 세상 돌아가는 것도 알고 국내 돌아가는 것도 알고 모든 것을 보고 알면서도 마음을 좁게, 답답하게 생각하면서 이렇게 한다면, 이 마음으로 하는 일이니까 몸뚱이는 나와도 좋고 안 나와도 좋고 뭐, 괜찮지 않으냐 이러지마는, 이 정신이 모든 걸 다 일을 할 때는 말도 하지 말아야 합니다. 여러분이 일할 때는 말도 그렇고 몸뚱이도 그렇고 그것은 가만히 있어야 해. 때에 따라서 그냥 순간순간 급하게 돌아가면서도 이렇게 만나 주는 이 마음들을 좀 더 생각해 본다면 어떠할까. 좀 지혜를 넓힌다면 어떠할까. 하나만 생각하는 게 아니라 둘을 생각하고 셋을 생각하고 넷을 생각하고 백을 생각할 때 얼마나 그것이 유리할까.

여러분을 위해서지 여러분을 위하지 않는다면 그렇게 할 필요도 없죠. 누구나 목탁이나 쳐 주고 염불이나 해 주고 얼굴이나 봐 주고 말이나 조금 해 주고 그것으로써 만족한다면 나도 편안하겠지요. 그러나 이러한 문제들을 알지 못하고, 이 공부들을 열심히 해야만 그거를 알 텐데 그걸 모르고 좁게 생각한다면 아니 됩니다. 그래서 여기 법사님들하고 또 여기 스님네들, 여기 보살님들, 보살행 하는 분들 또 여러분이 계시면서 처음에 오시는 분들을 인도하고 그러한 문제들을 커버해 가면서 이렇게 한마음으로 갈 수 있는 그 마음이 있다면 오죽이나 아쉽지 않고 좋을까 하는 생각입니다.

그것은 어떤 공적인 것이기에 말을 못하듯이 나도 말은 못합니다마는 한 가지 말은 할 수 있겠죠. 여러분, 내가 항상 말해서 알고 계시지요. 지금 시대가 바뀌어서 호국 불교나 어떠한 일에 세계적으로나 국내적으로 일을 하려도 몸은 가만히 놔두고 할 수 있다는 얘기를요. 그러면 지금 시점에 봐서 어떠한 것이 제일 문제일까요. 그걸로 말미암아 '저 스님은 뭐를 하기에 그러나?' 하고 의정을 가지고 한번 관해 볼 수 있는 그 마음을 안으로 굴려 봐야지 뭐, 이게 이렇고 저게 이렇고 이렇게 들어오면 더 커질 수가 없습니다. 한 발을 한번 뛰어넘을 수가 없이 거기에서 멈춰지는 그런 경향이 있으니 좀 지혜를 넓히도록 하시길 바라고요.

예전에 얘기했듯이 이제는 지수화풍으로서의 그 마음과 모습과 이 뜻이, 장소와 모든 것이 전달이 돼서 우리가, 지구가 한 새끼에 불과하다고 볼 수 있겠습니다. 이 말을 또 재차 한번 하는 것은, 이 땅에서 나는 모든 거에 의해서 인간들이 어떻게 하고 있는가 하는 그것을 앞으로 얘기하려니까 이것을 얘기 안 하고는 안 돼서 하는 겁니다.

그래서 지난번에 네 친구가 동업을 해서 회사와 같이 형성을 해 가지고 그걸 나누었다고 했습니다. 그래서 쪽쪽이 나누다 보니까 대천세계니 중천세계니 소천세계니 이런 문제가 나왔고 오늘날에 수많은 별들이 생겼고, 수많은 행성이 생겼고, 은하계가 생겼고 또는 우주라는 이름이 생겼고, 오늘날에 지구라는 이름을 가지고 있는 겁니다. 지구의 형태나 모든 그 작동하는 것을 우리가 생각해 볼 때에, 지난번에 말하길 삼각원형을 이루고 있다는 말을 했습니다마는 원자력으로 돌아갈 때는 무전자력, 즉 말하자면 보이지 않는 세계의 어떠한 생명의 근원을 말하는 겁니다. 그러면 무전자력과 전자력과, 즉 말하자면 유전자력, 그것이 한데 합쳐지니까 원자력으로 통하게 돼 있지요.

그래서 그 원자력에서 나가는 그 자체가, 즉 말하자면 인간이 형성된 거와 같이, 좀 다르지만 말을 하자면 그와 비슷한 게 아니라 똑같다고 해도 과언이 아닌 겁니다. 그래서 난자 정자는 어떠한 역할을 하는가. 우리가 안에서 작동을 하는 데는, 원형을 이루고 원자력에서 그 힘으로써 작동을 하는 데는 3단계가 있다. 우리 인간에게도 3단계를 제시합니다. 그러면 4단계째의 문제가 어떠한 건가. 우리는 그 원자력에서 나오는, 작동하는 분비물에 지나지 않는다. 분비물에 지나지 않는 그 물이, 액체가 찬물의 액체나 더운 가스의 액체가 한데 어우러져서 액체가 나올 때는 1킬로에서 한 점 빠지는 그 껍질에, 즉 말하자면 엔진에 기름이 묻어서 돌아가듯 그렇게 해서 1킬로에 한 점 빠지는 그런 거리마다 이렇게 사이가 벌어져 있으면서 자동적으로 벌어졌다 오므라졌다 합니다. 이 지구 자체의 그 내막이 말입니다.

그렇기 때문에 그것이 저절로 돌아가면서, 지금 돌아가는 차 안에 우리는 그냥 섰지요. 그와 같이 우리는 차 안에서 지금 이렇게 앉아 있는데도 아무 지장이 없습니다. 그런데 밑으로는 지금 돌아가고 있습니다. 한없이 시간과 공간도 초월해서 지금 돌아가고 있습니다. 너무 빠릅니다. 그래서 지금 우리가 이렇게 가만히 앉아 있어도 어디로 가는지, 어디로 오는지, 어디에서부터 왔는지 우리 인간은 도대체 가늠을 잡을 수 없는 것입니다.

그런데 그렇게 해서 그것이 내고 들이고 내고 들이고 하는 까닭에 이, 지금 땅에서나 물에서나 모든 게, 지진이 일어나고 또는 파워가 일어나고 가스가 일어나고, 즉 말하자면 화산이 일어나고 이러는 문제가 일어나는 것 중에 거기에서 그렇게 나지 않는다면, 돌아가면서 그게 나지 않는다면 그것이 언급되지가 않습니다.

그러면 그거는 내일 얘기하도록 하고 인간은 어디에서부터 그렇게 생겼는가를 얘기해 봅시다. 바로 그 분비물입니다. 그 분비물에서 우리가 물로 들어서 물과 흙이 조화가 되지 않는다면 우리 생명이라는 것은 생길 수가 없습니다, 이게. 그러면 우리 뛰어넘읍시다, 그전에도 얘기했으니까. 그 생물에서부터 억겁을 거쳐서 넘어온 거는 뛰어넘어서, 우리 인간으로 지금 생각할 때 우리 인간도 그러하다 말입니다. 그렇게 아까 얘기했지요? 원자력으로 그렇게…. 그런데 거기에는 또 해줄 받침이 있다 이거야. 촉각, 지각, 시각, 식각 또는 청각, 백각, 감각이 이것이 전부 거기에 뒷받침이 돼 줘야 된다는 말입니다. 그 뒷받침이 돼 줌으로써 어떠한 것이 활용을 할 수 있는 작동을 하느냐. 시쳇말로 줄창 말했지요. 바로 오신통에 관한 건, 천안통 천이통 숙명통 타심통 신족통과 누진통 여섯 가지에 대한 말을 했습니다. 그러나 시쳇말로 말을 하자면, 즉 컴퓨터나 탐지기나 또는 책정기나 또는 망원경이나 통신기 또는 영사기, 이것이 바로 우리에게, 거기에 다 첨부된 겁니다.

그래서 열여덟 가지에 관한 건이 첨부돼서 같이 돌아가면서 이것이 활동을 하는 겁니다. 활용을 하는 거지요. 그러면 인간에게도 그렇게 주어져 있단 말입니다. 인간에게도 그렇게 주어져 있기 때문에 엄밀히 생각해 본다면 아무 생명이 없다고 하더라도 지구가 그렇게 작동을 하고 돌아가는데 생명이 없으면 어떻게 그렇게 작동을 하고 돌아가느냐는 얘깁니다. 만약에 바람신이 아니라면, 바람이 생명이 없다면 어떻게 그렇게 돌고 돌아가느냐 이겁니다. 흙도 생명이 있고 흙신이 있고 목신이 있고, 바람신이 있고 불신이 있고, 모두 신이야. 인간들도, 여러분도 다 각종의 신이란 말입니다, 자신. 다 자신인데 차원에 따라서 '자신이 악신이냐 귀신이냐 선신이냐, 선신도 악신도 아닌 부처냐' 이게 문제인 것입니다.

참 묘한 거는 우리가 미생물이 되기 이전에도, 그때도 거기 있었다는 얘깁니다. 우린 그때도 그렇게 작동을 하고 있었다 이겁니다. 지구가 생기기 이전에도 우리는 작동을 하고 있었다는 겁니다. 그런데 오늘 우리가 비교를 해서 얘기를 하는데 끝없는 전자의 작동이, 그 장소가 다른 게 아니라 오늘의 장소고 오늘의 모습이고 끝없는 그 진리가 오늘이라는 겁니다. 그래서 우리가 비교를 한다면 부모가 있고 자식이 있다 할 때 부모의 얼굴 생긴 거, 모든 성격 같은 거를 자식이 다 알아. 알고 있다고요. 어떻게 하고 지내는 거를 알고 있어. 그래서 윗물이 맑아야 아랫물이 맑다는 생각입니다. 그래서 다 알고 있다 이거야. 자식이 하는 일도 다 알고 있고, 그 자식이 부모가 하는 일도 또 다 알고 있어. 상세히는 몰라도 항상 안에 있던 게 겉으로 나오게 돼 있거든. 숨길 수는 없어. 속에서 불화가 나면 욕을 한마디 해 대니까 그것도 알게 되는 거다 이거야. 네 속을 알고 있는 거야, 다. 또 한마디 따뜻하게 해 주는 것도 그 속을 알 수 있는 거고. 그런데 어떤 사람은 속 다르고 겉 다른 사람도 있거든. 그러나 겉 다르고 속 다르고 그렇다 할지라도 그것을 고쳐서 속 다르고 겉 다르게 하지 말고 차마 말이 안 나오걸랑 안으로 굴리고서 차라리 말을 안 하는 것이 좋다. 얼굴 표정을 좋게 해라.

심리학자라든가 종교를 믿는 사람들은…, 천체물리학이라고 말할 거는 없지만 우리 하나하나 살아나가는 데도 과학적인 문제가 거론되지 않는 것이 하나도 없습니다. 그러면서 그렇게 알고 있기 때문에 연방 마음과 마음으로 전달이 됩니다. 마음과 마음으로 전달이 되고 모습과 모습으로 전달이 되고 물건과 물건으로 전달이 돼요. 예를 들어서 이 그릇이 옛날 원시 시절에는 없어서 뭘 끓여 먹지 못했다 할 때, 어딘가가 마음에서 '이렇게라도 해 보자' 해서 흙을 개서 둥그렇게 해서 거기다 놓고 말려서 불에다 놓으니까 그것이 익었다 했을 때 그 사람은 그걸 모르고 그렇게 해서 거기다 끓여 먹었는데 그 사람이 없어지고 그 그릇이 부서졌어도 부서진 그 쪼가리는 있었더라는 얘깁니다. (녹음 안됨)

그런데 지금은 석유가 아니라 우리 먹는 야구르트나 뭐, 이런 것도 그렇고, 그냥 먹습니다. 석유 그릇을 만들어서 쓰고. 수만 일들이 그렇게 발전이 된 것이 어디에서 발전이 됐느냐는 얘깁니다. 우리는 흙에서 와서 흙에서 발전을 했고 흙으로 가는 겁니다. 그런데 꼭 흙에서 와서 흙으로 발전이 되고 흙으로 가는데도 불구하고 거기선 천만 가지 만만 가지가 다양하게 나왔습니다. 보석도, 모든 게 말입니다.

그러면서 그보다 더 근중한 거는, 근본적인 문제는 바로 나의 원형을 이룬 이 원자력의 한 점의 마음에서 그 큰 성을 이룬 겁니다. 그런데 그렇게 해서 지금도 전달하며 돌아가는데 "모든 게 허망하다. 이 몸뚱이는 허망하다." 그러지요? 그러나 그 몸뚱이는 없어졌어도, 만약에 이 물건을 하나 해 놨다 합시다. 근데 몇천 년이 가면 이게 없어진다고 합시다. 그런데 모든 사람들이 자라면서 이거를 보고 바탕을 삼아서 연구를 하고 또 개발을 해내고 그러니까 이것은 여전히 살아 있는 겁니다. 이게 없어진 게 아닙니다. 없어진다 하더라도 그거를 벌써 마음으로, 눈으로 오관을 통해서 보고 자기가 딴 물건을 만들면서, 바로 진화시키면서, 자기는 발전하면서 자기 마음으로 벌써 받아들였단 말입니다. 그랬는데 왜 죽은 것입니까. 산 것입니다. 이 물질이 남이 볼 때는 망그러지고 다 없어졌지만, 모가지가 떨어지고 다 쪽이 떨어졌지만 그 모습과 발전이 바로 마음으로 마음을 전달해서 또 발전이 돼서 벌써 딴 걸로 생산이 된 겁니다.

그러면 '우리 인간도 죽는다. 몸뚱이 이건 다 늙어 빠졌으니 허무하다.' 허무하다는 생각은 마세요. 이것이 없어진다고 해도 마음과 마음으로 전달을 벌써 한 겁니다. 모습도 전달을 했고 마음도 전달을 했습니다. 그래 놓고 자기는 옷을 싹 벗고선 또 전달이 된 자기의 생산처로서 준비를 한 거니깐 또 그렇게 한 찰나 찰나에 가고 오는데 무엇을 죽었다고 하고 무엇을 살았다고 하겠습니까.

여러분이 부처님의 경전을, 요렇게 요렇게 부처님이 말씀하신 거를 왜 얘기 안 해 주고 이렇게 얘기하나 하겠지만 세상을 밝게 보십시오. 귀를 뜨고 눈을 밝게 보신다면 이 세상 돌아가는 이 자체가 바로 팔만대장경이요, 부처님 말씀하신 거요, 그때 그 시절에 방편을 써서 말씀하신 그 언어가 오늘날에는 시절이 바뀌어서 젊은 사람들한테 지금 시체의 언어로 말을 해 줘야 알아들을 만한 문제이기 때문에, 나도 잘 모르지만 그렇게 좀 더 애쓰고 하는 거죠. 나도 지금 시대의 사람이니까. 그런데도 지금 시대의 젊은이들보다 또 구태의연하게 나이를 먹었지 않습니까?

나이를 먹었어도 난 이렇게 생각합니다. 천 년, 만 년, 수억 년이 간다 하더라도 죽지 않는다. 모습은 시공간이 없이 돌아가는 이 작동을 따라가지 못하기 때문에 이 몸은 늙는다. 이 몸은 늙으나 이것은 벗어 버리고 다시 갈아입으면 될 것이고 언제나 죽는다 산다는 전혀 없는 것입니다. 우리가 아까 얘기했듯 그렇게만 본다 하더라도 우리는 마음과 마음으로 전달이 됐고, 이것은 벌써 이거를 보고서 요거보다 요게 좀 낫겠다 해서 요걸로 발전을 해서 바로 다른 걸로 생산이 됐고 발전이 됐고…. 그리고 여러분, 생각해 보세요.

어느 절이나 어디 믿음을 가진 데나 위대한 사람을 사람의 모습으로 해 놨지 다른 걸로 해 놓지 않았죠? 요거 한마디만 하고 끝내렵니다. 그리고 내일 그건 잇대서 하고요. 글쎄, 사람도 이런 게 있죠. 아까도 얘기했듯이 죽은 사람, 보이지 않는 데의 마음도 그렇지만 보이는 데 마음도 사람이 악하냐 선하냐 이거에 따라서 무엇을 맡겨도 이게 악한 사람한테 맡겨지면 아주 고통스러울 거고, 선한 사람에게 맡겨지면 좀 유할 테고, 이게 이렇습니다. 그렇기 때문에 악한 대로 자기가 지은 것은 악한 대로 돌아가고, 자기가 선한 대로 지은 건 선한 대로 자기 한 것만치, 자기가 하는 것대로 끼리끼리 이렇게 맞상대가 되고 모이게 되고, 거론이 되고 전달이 되고 이러니 그걸 가지고 "업보다, 업보다" 하는 겁니다. 유전이다 업보다 인과응보다, 이런 문제가 돌아가는 겁니다.

저는요, 예전에 이런 걸 봤어요. 아주 가난한 어느 여인이 가난한 어린애 하나를 데리고, 둘이 너무도 가난해서 죽었습니다. 그 사람이 아주 가난하고 아무것도 모르고 죽었어도 그렇게 마음이 착할 수가 없었습니다. 남한테 요만큼도 생명에 언짢음을 주려고 하지 않았고 남의 것을 거저 먹으려고 하지도 않았고 그랬기 때문에, 자기 마음을 그대로 가지고 갔기 때문에 그만 죽어 버리기까지 했지요. 그 사람을 우리가 보이지 않는 데 사람이라고 합시다. 보이는 사람이라고 그래도 좋습니다. 그 사람을 저는 항상 믿고 열쇠를 맡기고 일을 하게 했습니다. 조금도 깔축은 없는데 융통성이 조금 없어. 지혜가 좀 더 있으면 좋을 걸. 이런 게 조금 아쉽긴 해도 너무나 착하니까 각 우주의 이 법망에 어디든지 통과가 안 되는 게 없거든.

아까도 얘기했듯이 그게 전부 있기 때문에, 응? 아까 단계 단계 얘기했지요? 원자력으로부터 이렇게 전자력 또는 무전자로부터 이렇게 무전력, 이게 한데 있는가 하면 지각이나 촉각이나 이런 문제를 얘기했고 그다음에 또 우리가 탐지기나 이런 얘기, 천안통 이런 얘기를 했죠? 단계 단계 단계, 이것이 인간에게도 다 주어져 있고 이 지구에게도 주어져 있고, 어떠한 물체에도 주어져 있습니다. 어떠한 별성에도 그렇게 주어져 있기 때문에 통신이 되는 겁니다. 천체 통신이 가능하지요.

그런 거와 같이 그렇게 착한 사람은 어디서 돌보든지 돌봐. 그러니까 공부를 하는 분들은 저 사람이 어떠한 잘못을 했다 하더라도 그건 보지 마라 이거야. 지금 나 가기도 바쁜데 왜 거길 보느냐 이거야. 응? 왜 거길 봐! 그것부터 배워야지 만약에 그거부터 배우지 못한다면 이건 만날 그 그릇에서 엎드러져서 그 그릇에서 헤어나질 못해. 그게 습이거든. 그래서 잘못되는 거를 보지 말라 하는 게 아니라 그대로 보면서 보지 말고 안에다 놔 버려라 이거야.

예를 들어서 잘못된 물건은 용광로에 넣어서 다시 물건을 생산해서 내도록 자비를 가져라 이 소립니다. 허허, 물건이 잘못되고 녹이 쓸었으면 용광로에다 넣어서 다시 좀 더 이렇게 해서 내면 좋을 거 아니냐 이거야. 언젠가는 그렇게 거기다 넣으면 다시 생산이 돼서 나오게 될 수 있는 그 기간이 있을 거다 이거야. 그런데도 불구하고 그걸 참지 못해서 이거를 "이 접시의 쪽이 떨어졌어." 이럭하면서 말을 하게 된다 이거야. 쪽이 떨어졌으면 쪽이 안 떨어지게 용광로에 넣어라 이거야. 용광로에 넣어서 다시금 이 쪽이 안 떨어진 것이 나오도록만 용광로에 넣고 말로 하지 말라 이거야. 왜? 지금 내가 바빠서 죽겠어. 자꾸 용광로에 넣을 거, 지금 다시 자꾸 용광로에 넣어서 다시 생산을 해내야 할 텐데, 생산하는 것은 나중이라도 자꾸 넣어야 될 텐데 스스로 넣게 되고 스스로 용광로에서 새로 또 발견이 되면 '아, 그때는 이렇더니 새로이 이게 나오는구나.' 또 달리 보이는 때가 있고 달리 생각이 들 때가 있다 이거야. 물건이 다르니까. 달라졌으니까.

그러니까 고정되지 않다는 얘기야. 고정되게만 보지 마라 이거야. 하루에도 몇 번씩 마음이 달라지고 하루에도 몇 번씩 행을 다른 거를 하고 고정된 게 하나도 없는데 어떻게 한 가지를 보고 고정되게 말을 집어낼 수 있느냐 이거야. 내일 다르고 모레 다르고 일 년 후에 다르고 몇 달 후에 달라질 그런 문제들을 가지고. 그러나 그 습을 놓지 못한다면 고질병이다 이거야.

오늘은 이걸로써 끝마치고 내일은 땅에서 나는 물건들에서 사람들이 얼마나 이익을 보고 또는 하자를 보고 또 우리가 이렇게 개발을 했고, 이런 것을 몇 마디 해 드리지요.

감사합니다.

보배로운 한자리

1986년 6월 22일

여러분, 우리가 살아나가는 데 최종의 근본은 마음이라고 하고 지금 공부를 하고 있습니다. 이 마음의 공부, 얼마나 좋은 건지 모릅니다. 좀 있으면 6·25가 돌아옵니다. 그래서 그런지 예전에 제가 봤던 그 문제들이 너무 새삼스럽게 떠오르는 것 같습니다.

옛날에 어느 불자가, 그때 당시에 가깝게 지내던 사람의 아버집니다. 그런데 스님네들하고 항상 법담을 나누시고 항상 이 불법을, 마음을 공부하시다가 아드님 삼 형제와 따님 둘 해서 오 남매를 두셨습니다. 유복하다고 볼 수도 있겠죠. 그랬는데 그분은 그분대로 그렇게 정성이 지극해서 그랬는지 자기가 알아서 그랬는지 아드님을 딴 데로 피난을 보내셨습니다. 피난을 보내고 나서 그분들은 저 북괴군한테 죽 나래비로 모두 이렇게 엮여 가지고 새벽같이 끌려갔습니다.

그런데 한 사오십 명 끌려갔는데 말입니다, 앞에서 총질을 하는데 난데없이 마음에서 '얼른 쓰러져라, 쓰러져라.' 하더랍니다. 그래서 자기는 '이게 마음에서 나는 소리는 소린데 이게 부처님의 소리인가 보다.' 하고선 그냥 푹 쓰러졌다는 겁니다. 푹 쓰러지고 보니까 자기 위로 사람들이 전부 총을 맞아서 쓰러지더랍니다. 그러니까 자기는 정신은 말짱한데 총에 맞은 사람들이 피를 흘려서 자기 옷이 풍풍 젖더랍니다. '그래도 죽은 척하라.' 하고 또 한 소리가 나더랍니다. 그래서 얼마쯤을 있다가 다 밝아서야 다시 일어나려니까 다리가 저리고 위로 모두 눌려 있던 터라 이거를 비집고 나오느라고 아주 혼났답니다. 그래 비집고 나와서 보니까 자기 몸은 피투성이고 도저히 뭐, 흉해서 걸어갈 수도 없더랍니다. 보니까 전부 죽었더랍니다. 그래서 자기는 집으로 돌아와서 다시 유복한 가정을 누렸습니다.

그런 얘기를 그 후에야 들었습니다. 그런데 그분의 친구분들이 한 댓 분이 그렇게 같이 다녔습니다. 그랬는데 그 다섯 분이 다 죽지 않았습니다, 딴 사람은 죽었어도. 그게 우연히라고 생각하겠지만 우연히는 아닙니다. 자기가 한 것만치니까. 방에 있는데도 총알이 피해 가더랍니다. 장은 전부 뚫렸어도 그 사람은 감쪽같았답니다. 장이 전부 총알에 맞아서 그렇게 됐는데도 탈칵 주저앉으면 요리로 비키고, 아래로 오면 또 위로 비켜 주고 이렇게 총알이 비켜 주니까 다 산 겁니다. 이렇게 해서 6·25를 치르고 아들 하나도 없애지 않고 또 그렇게 다복하게 지내다가 여생을 마치셨는데, 우리가 지금 이 공부를 하는 데 아슬아슬한 그러한 계기가 아니라면 그런 묘한 법을 그렇게 자기가 감응할 수가 없는 것입니다.

그렇기 때문에 항상 생활에서 그것을 체험하면서 지켜보고, 자기가 한생각을 내놓기보다도 오관을 통해서 들은 거와 내가 내는 마음과 동시에 내가 언제나 그것을 보고 듣고 하되, 옛날부터 이런 말이 있죠. "시장에 가는 길은 가르쳐 줘도 시장에 가서 시장 보는 일은 해주지 마라." 이런 말이 있습니다. 그건 무슨 소리냐. 시장 가는 길은 나도 가르쳐 줄 수 있지만 여러분의 가정에 따라서 이십만 원 가지고 사는 사람도 있고 삼십만 원 가지고 사는 사람도 있고 분수에 따라서, 환경에 따라서, 차원에 따라서 그것은 삼십만 원도 쓸 수가 있고 십만 원도 쓸 수가 있고 백만 원도 쓸 수가 있는 겁니다. 그렇기 때문에 장을 보는 일은 자기에 따라서 하는 것입니다. 자기 마음에 따라서, 차원에 따라서, 환경에 따라서 시장을 보는 거지 누가 이렇게 산다고 나도 똑같이 살 수는 없는 겁니다.

이 깨닫는 문도 천칠백 공안이나 된다는 말이 있듯이, 왜 천칠백 공안만 되겠습니까. 우리가 '천' 하면 '사방천' 이렇게도 됩니다. 이 전체를 말하는 겁니다. '사방천왕' 이러죠? '사방' 해 놓고 '천' 해 놓고 전체 돌아가는 거를 '도리천' 했단 말입니다. 전체 돌아가는, 일체 만물과 만생, 전체가 우주와 더불어 돌아가는 걸 '도리천' 했단 말입니다. 사방천왕도 천이요, 도리천왕도 천이요, 도솔천왕도 천이다 이거야. 그럼 삼천대천세계는 어떤 것이냐. 그 마음의 한 점이 대천세계를 이루었다는 겁니다. 그러니 여기저기 따로따로 이름을 붙여서 그것이 나오는 게 아니라 한군데서 모든 게 나오는 거죠.

금이라는 물건은 하나인데 어째서 금 하나 가지고 수많은 물건이 나왔느냐는 얘깁니다, 이름을 각각 가지고. 또 금 하나로 인해서 수백 가지 응용을 하고 있습니다. 그렇듯이, 우리가 어저께 얘기했듯이 인간뿐만 아니라 이 지구도 우주도 물질적인 어떠한 별성도 그렇고 모든 물질이 그렇습니다. 우리는 살아나가는 데에 사람의 촉각이나 시각이나 식각이나 감각으로써 내고 들이고 삽니다. 그러나 시쳇말로 한다면 지능이 발달이 돼야만이 물리가 터지고, 또 물리가 터져야 지혜롭게 산다, 이 세 가지가 종합해서 붙어 돌아가지마는, 종합돼 있는 거지마는 언제나 이름은 각각이 되죠. 조금조금 차이가 나기 때문입니다. 그러나 이것을 한꺼번에 한데 합친다면 바로 지혜라고 한마디로 할 수가 있는 거죠.

어저께 얘기했듯이 불성 자체의 원자력이다. 근본. 우리가 무전자라는 불성 자체가 없다면, 보이지 않는 데 그 생명 자체가 없다면 우리는 유전자의 생명도 활용도 없는 겁니다. 그렇기 때문에 전자력과 원자력이 한데 돌아가는 데는 거기에서 돌아가서 우리가 들이고 내고 들이고 내고 해서 모든 것이 하나가 되면 열 개가 되고 열 개가 되면 백 개가 되듯이, 우리도 자식들을 낳고 살듯이 지구에서도 분비물이 어디까지나 나고 들고 나고 들고 이래야만이 그것이, 즉 말하자면 그 모든 일체 만물이 살아나가는 데 영향을 미치게 되죠. 그렇기 때문에 우리가 그거와 첨부해서 뒷받침이, 어저께 뒷받침을 얘기했습니다마는 인간에게도 그렇게 돼 있기 때문에 그렇습니다. 지금 다시 한번 인간에게도 그렇다는 걸 얘기하는 겁니다.

인간에게도 그러한데 우리가 이 한 점의 마음을 깨닫지 못한다면 거기에 촉각이나 시각적으로 들어오는 거나 감각적으로 들어오는 거나 식각적으로 들어오는 거를 우리가 가지고 쓰기만 하지 도대체 이것은…. 아니, 시각적으로 쓸 겁니다. 식각적으로도 못 써. 그건 흐릿해, 아리송하고. 그렇기 때문에 식각이라 이러는 거는 모든 보이지 않는 데와 보이는 거를 첨보해서, 즉 말하자면 분별을 하지 않으면서 할 수 있는 그런 능력이 있다는 얘기죠. 그래서 거기에는 청각도 백각도, 즉 말하자면 지각으로써 돌려라 이겁니다. 이 지각이 돌지 않는다면, 지혜가 돌지 않는다면 우리는 그 근본의 도리를 어떻게 알 수가 없는 겁니다. 그래서 그 지각은 무기라고 해도 과언이 아닐 겁니다.

그런데 모든 게 첨보돼서, 각각 이름은 있지마는 그게 인간의 마음의 한 점이라는 걸로 귀결되는 겁니다. 귀결돼서 가는데 거기에 뒷받침이 또 무엇인가? 우리는 오관을 통해서 바깥과 상대성의 원리를 그대로 응용하고 활용하고 가는 겁니다. 그렇기 때문에 바깥쪽도 역시 그러하다 이겁니다. 모든 일체 만물이 그러하다 이겁니다. 그렇게 돼 있다 이겁니다. 또 그렇게 돼 있는가 하면 우리가 거기에 뒷받침이 되고자 한다면, 어저께도 오신통에 대해서 얘기를 했습니다마는 오신통이라 하는 것은 아까 얘기한 거와 마찬가지로 이 지각으로 하여금, 마음의 지혜로 하여금 지각으로, 즉 누진으로 쓴다 이겁니다. 누진으로 쓸 때에 비로소 오신통을 굴릴 수 있다는 겁니다.

이거는 눈과 귀와 모든 게 따로따로 있지만 한 몸에 있듯이, 이름은 따로따로 있지만 한 몸에 전부 있지 않습니까. 그렇듯이 천안통을 시쳇말로 망원경이라고 해도 잘 알아들을 수 있을 겁니다. 천이통을 천체 통신, 통신기라고 해도 알아들으실 겁니다, 아마. 그래서 숙명통이니 타심통이니, 남의 속을 빤히 들여다보고 안다 하더라도 도가 아니요, 남이 지나온 거, 어디서 태어나고 어디서 오고 그런 거를 잘 안다 하더라도 그건 도가 아니요, 전체를 본다 하더라도 도가 아니요, 전체를 오고 간다고 하더라도 도가 아니니라. 전체를 듣는다 하더라도 도가 아니야. 왜? 그것은 보기만 해도 소용없고 아무것도 소용없어. 단지 내가 보고 듣고 모든 거를 했으면 이것을 내가 먹을 줄을 알아야 하고 갖다 줄 줄 알아야 하고, 이걸 운영할 줄 알아야 하고 활용할 줄 알아야 이것이 바로 지혜의 도구가 된다 이겁니다. 그래서 그것을 포함해서 한 점의 그 근원도 없는 것이 도니라 이런 겁니다.

거기에서는 그렇게 수반이 되는데 지금 그것을 말한 것은, 우리 지리를 한번 봅시다. 이 땅의 문제가, 땅이 전부 금속이라고 한다면 "오온에 칠보가 가득 차 있느니라." 이런 말을 할 때 여러분은 그게 무슨 뜻인가 하지 마시고 우리 지금 현실의 실천에 의해서 운영을 하고 돌아가는 걸 가만히 살펴보십시오. 옛날에는 그렇게 계발이 되지 못했기 때문에 인간의 두뇌도 계발이 되지 않았고 또 유교를 숭상했기 때문에, 도의 근본을 숭상하지 않고 유교를 근본으로 삼았기 때문에 우리는 거기까지 깨닫지 못했던 겁니다. 깨달은 사람을 오히려 파멸시켰고 죽여 버렸고, 이러한 문제들이 있었습니다. 그렇기 때문에 천체물리학이라는 그런 문제보다도, 그러면 그거를 시쳇말로는 빼고 우리 '도'라고 합시다. 도의 근본을 모른 거야. 그렇기 때문에 우리 역사가 그렇게 돼 있었고 그렇게 탄압을 받았고 그랬지마는 지금 우리가 돌아가는 거를 잘 보세요. 옛날에는 금 하나를 만약에 발견했다면 금으로만, 땅에 그것만 있는 줄 알았는데 오늘날에 보세요. 얼마나 그 땅의 하나하나가 우리의 보물이었던가를. 하나둘입니까? 보배는 땅속에서 다 나오는 거라. 물속, 땅속에서 다 나오는 거라. 물속도 땅이 없으면 물속이 없어요. 결부되지 않는다면 보물이 될 수 없듯이.

그래서 한마음 한뜻이라는 건 뭘 뜻하느냐. 지구의 근본 그 자체도 우리의 한마음 한뜻이다 이거야. 그건 왜? 지구의 근본의 그 원력이 돌아가면서 뜨거운 가스와 수소나 탄소나 질소나 무슨 이산화탄소나 그런 현재 말이 거기에 포함되는 바로 그러한 원리로서 돌아가는 거죠. 우리가 한마음으로 뭉치면 뜨겁게 불이 일어납니다. 그와 마찬가지로 우리가 한마음으로 뭉치면 아주 큰 힘이 일어납니다. 한마음으로 뭉치지 않고 흐트러지면 아주 차게 식습니다. 또 한마음으로 뭉치지 않고 흩어지면 일이 되지 않습니다. 흩어지면 모든 게 그렇게 풍비박산이 되는 거죠. 그렇게 큰일을 해내지도 못하죠. 그렇듯이 한꺼번에 그렇게 한데 뭉쳐지니까 거기에서 힘이 나와서 이 온 누리에 모두 보배가 된 것입니다. 흙과 물과 나무, 풀과 모든 것이 전부 구워지면 구워지는 대로 보석이 되고, 구워지면 구워지는 대로 철이 되고 금속이 되고 또는 금이 되고 가스가 되고, 그 가스로 인해서 또 수없이 쓰게 되고, 물로도 쓰게 되고, 거기에서는 뭐든지 하나하나가 보배라. 그러면 습도로 인해서 우리는 전기도 쓰고 습도로 인해서 공기도 있고, 모든 게 땅속이고 물속이고 지금 지상이고 지하고 전부 공기가 통하고 있는 거라, 전부. 이 흙 하나하나 우리가 밟고 다니는 게 보석의 근거지를 지금 밟고 다니는 거야. 그러면서도 우리 역시 그와 똑같은 그러한 한마음이다 이거야.

여러분은 생명이 없는 줄 알지만 하나하나에 생명이 있는 겁니다. 여기도 생명이 있고, 이것도 목신입니다. 예를 들어서 목신인데 이걸 목신이라고 하기 이전에 이것을 법상이라고 이름을 붙였기 때문에 법상입니다. 이건 법상으로서 존재가 있습니다, 개성이 있고. 이것도 실천에 옮깁니다. 그러면 우리가 전부 한마음으로서 조금도 버리는 게 없이, 우리는 갖는 게 없으면서도 버리는 게 없이 겸손하고, 항상 내 위로 생각하지도 말고 내 아래로 생각하지도 말고 모든 걸 나와 같이, 내 슬픔과 같이 생각하고 내 아픔과 같이 생각하고 내 몸과 같이 생각하고, 내 쓰라림과 같이 생각하고 바로 나의 생명과 같이 생각한다면, 어떠한 문제가 있더라도 한번 저 사람이 돼 볼 수 있는 그런 마음을 가지고 다시 한번 굴려 보는 이러한 지혜를 가진다면 그것이 우리가 공부하는 데 큰 역할을 합니다.

항상 단순하게 나는 나, 상대방에서 말을 하면, 말을 하는 대로 부화가 치밀면 나는 나고 너는 너입니다. 항상 이렇게 지혜가 없이 굴릴 줄을 모른다면 큰 손해를 볼 수도 있고, 이익도 볼 수 있겠지만 그런 이익은 소소합니다. 언제나 큰 이익이 돌아갈 수가 없습니다, 경솔해서. 그렇듯이 우리는 항상, 참으라는 게 아니라 놓으라는 겁니다. 맡겨 놓으라는 얘깁니다. 참으라는 거는 그냥 '에이, 될 대로 돼라.' 하고 내버리는 거지만 이건 그게 아닙니다. '모든 것은 근본 당신이 하는 거기 때문에….' 한다면, 근본 당신은 개별적인 당신이 아닙니다. 포괄적인 당신이야. 포괄적인 원자력이란 말입니다.

그렇기 때문에 예전에는 지리의 풍수도 있고 모두가 풍수를 쓸 수도 있고 이렇게 했지마는…, 옛날에도 이런 말이 있었죠. 산소를 잘 쓰면 천석꾼을 하고 산소를 못 쓰면 가난하다. 또 산소를 잘 쓰면 부모가 잘, 조상이 잘해서 우리가 정승 판서가 되느니 인군이 되느니, 무슨 이런 말들이 많이 돌았습니다. 그거는 또 사실이기도 합니다. 그러나 우리 공부하는 사람들에 한해서는 만약에 일체 만법의 근원으로 인해서, 전체가 그 하나의 근원으로 인해서 돌아간다면 뭣 때문에 그것을 나쁘다 좋다 하겠습니까. 내 마음으로 이 자리가 좋다 하면 그냥 좋은 거지 무엇을 짊어지고 돌아다니며 찾습니까, 좋은 자리를. 이게 전체의 보배 자리 한자리인데 자리를 어디 가서 찾습니까. 그것은 불가항력이며 욕심인 것입니다. 그래서 욕심이 많으면 패가를 한다 이겁니다. 예전에는 그런 일들이 많았죠. 아, 남의 좋은 자리를 파 버리고 자기네 조상 갖다 묻기 일쑤고. 지금도 좋은 자리 찾느라고 애를 쓰는 사람이 많을 겁니다. 그러나 바로 내 자리가 좋은 자리야. 간편하고 불편치 않게, 물 흘러가듯이 순수하게, 이렇게 순리적으로 살아나가는 것이 어쩌면 금은보배를 얻는 거나 마찬가집니다.

어저께도 얘기했듯이 "죽고 사는 것이 따로 없다. 옮겨 갈 뿐이지 죽고 사는 게 없다." 이런 말을 했습니다. 좀 얄팍하게 생각한다면 '아, 도자기 만드는 사람이 죽었으니 인제는 허무하구나.' 이렇게 생각하시겠지마는 이 도자기를 만들어 놓는 순간 벌써 이 모습으로도 전달을 했고 마음으로도 전달이 된 겁니다. 그렇기 때문에 뭐든지 죽고 사는 게 따로 없고, 지금 얘기했듯이 우리가 지금 이 마음의 공부를 하면 어디든지 '이 자리가 이 자리야.' 한다면 이 자리가 될 것이고 '이 자리가 이 자리다.' 하면 이 자리가 될 것입니다. 자기의 환경에 따라서 쓸모 있게 생각하면 쓸모가 있는 겁니다, 그대로.

여러분, 이것을 실천을 안 해 보고 '이것이 아니다, 기다' 이런 생각을 하지 마십시오. 말을 들었으면 반드시 실천에 옮겨 볼 수 있고 지켜볼 수 있고 인내가 있고 패기가 있고 믿음이 있고 좀 밀고 나가는 힘이 그만큼 있어야만이 우리가 살아나가는 데에 모든 역할을 지혜롭게 해 나갈 수 있어서 그것을 바탕으로 삼아서 자기가 감응이 되고, 절대라는 게 나옵니다, 거기에서. 그렇기 때문에 시장 가는 길은 가르쳐 줘도 장 보는 일은 가르쳐 주지 말라. 장 보는 건 자기가 봐야지. 그런데 얘기할 수 없는 애매한 그러한 문제가 곁들여 있는 게 참 아쉽습니다. 내가 그런 말을 해 놓으면 또 역시 듣는 사람에 따라서 천차만별로 잘못 들을 수도 있으니까 말입니다.

예전에 이런 예가 있었습니다. 어떤 사람이 참 가난했습니다. 그랬는데 그렇게 마음이 착해서 부모를 위해서 어디 가질 못하고, 부모 돌아가시면 떠나려고 영 가질 못했습니다. 그런데 숯을 구워 먹고살았어요. 그전에 제가 토굴에 있을 때 얘깁니다. 숯을 구워 먹고사는데 항상 토굴 옆으로 지나가거든. 그런데 숯을 구워도 그저 얼마 되질 않아, 다 부스러지고. 그러니까 이상스럽다는 겁니다. 예전에 그 토굴 문 앞에 사람들이 돈, 은전을 갖다 놓는 거를 제가 '너로 인해서 사람들이 죽고 사니까 너 보기 싫다.' 하고선 팽개쳤거든요. 그래 숯 장수가 오면가면 주워 가기도 했죠.

그러다가 그 숯 장수를 한번 이렇게 보기 시작하면서 생각을 했습니다. 언젠가 바깥에 돌 앞에 이렇게 앉아 있으려니까 숯을 지고 그 아래로 내려가요. 나는 버섯을 따려고 작대기를 하나 가지고서는 그 아래로 내려가는 참인데 말입니다. 나도 먹어야 사니까 그랬겠죠. 철사 하나하고 성냥 하나하고 소금 조금하고 이렇게 들고 내려갔습니다. 그랬는데 그 사람이 그전에 일본 사람들 하는 금광을 조금 같이 한 경험이 있답니다. 그래서 어디서 했느냐고 그러니까 저 춘천 뭐, 강릉이라나 어디에서 했다고 합디다. "그러면 거기 가서 한 번 더 해봐, 거기 가서." 이 지리라는 것이, 이 맥이라는 것이 따로 있기는 하나 사람이라는 것은 어디까지나 이 한 점의 마음에 의해서 이 맥도 다 같이 한마음이 돼 버려. 마음이 좋지 않은 사람에게는 금맥이 있어도 안 보여. 마음이 그만큼 금을 가질 수 있는 사람 앞에나 금맥이 보이는 거야. 금이 돌로 보일 수도 있는 거니까. 삼이 도라지로 보이기도 하는데, 뭐. 허! 그러니 얼마나 그것이 묘한 법입니까.

거기서 자기 살 만큼 나오고 딱 그친 거야. 그러니 집 짓고 장사할 돈, 그거밖엔 안 나온 거예요. 그래서 나사 뭐, 이런 거 파는 거 있죠? 그 무슨 가게야, 그게? 철물점? 그거 할 돈만 생겨 가지고 그거 해서 살아요. 그런데 밥은 안 굶고 형제들도 공부시키고 그렇게 해서 그대로 이끌어 나갔다는데요, 그 후에는 뭐, 물을 것도 없고 볼 것도 없고 하지마는 그런 소리만 들었습니다.

그런데 사람사람이 이 지리도 학으로 배우는 게 아닙니다. 한마음의 그 근본이, 벌써 내 마음이 피난처라. 이게 보배야, 모두가. 천체 만법을 활용하는 데도 그렇지마는 만법을, 내가 모든 거를 응용하는 데도 이게 근본이라. 보배라. (녹음 안됨) … 꺼내 쓰면 돼. 구태여 짊어지고 다닐 게 뭐 있나, 귀찮게. 그래서 공부한 사람들이 짊어지고 안 다니는 원인이 거기에 있다 이거야. 가면 내 거고 거기 가면 내 자리고 가면 먹는 것도 있고, 가면 모두가 있는데 왜 그걸 짊어지고 다녀? 그리고 또 욕심을 낼 수가 없어. 그렇게 돼 있기 때문에 욕심을 안 내죠. 여러분은 짊어지고 가야 먹겠으니까 짊어지고 가는 거예요. 그걸 모르니까. 내 것이 거기도 있다는 걸 모르기 때문에 짊어지고 가는 겁니다. 그러니 이 지리에 관한 것도 한마음, 이 한 점의 보배에 있다는 거요.

어딜 가든지, 저 여기에 올 때도 서울에…, 6만 평이라고 그러지마는 거기 둘레를 전부 따진다면 한 10만 평도 더 될 겁니다. 나는 거기에서 여러분을 위해서 자전사업을 하려고, 자전사업이라기보다도 거기에서 여러분이 농사도 짓고 살기도 하지마는 또 참, 불교의 근원을 거기에서 좀 한번 이루어 보려고 했죠. 그랬는데 사람이 첫째, 몸이 아프면 살 희망조차, 의욕도 나지 않고 그렇기 때문에 그거를 첫째로 생각한 겁니다. 그 안에 들어와서 휴양도 하고 모든 사람들이 거기에 들러 나갈 수 있는 그런 사람 공장을 좀 할까 했습니다.

그랬는데 내가 아차…, 그것이 너무 커도 안 되고 너무 작아도 안 돼요. 공부를 아주 얼마나 잘했는지 몰라요. 나는 내 맘만 믿고 모두 똑같은 줄 알았거든요. 그게 공부예요. 똑같은 줄 알았더니 아, 너는 너고 나는 나예요. 이게 한마음으로 돌아가는 이 이치는 대의적으로 똑같이 돌아가는데 하나하나 이렇게 돌아갈 때는 너는 너고 나는 나야. 크면 크고 작으면 작고, 작은 건 작고 큰 건 크다 이거야. 이렇게 돌아가는 겁니다. 그거를 내가 진작 알았더라면 그걸 그렇게 하지는 않았을 텐데 그만 그거를 다 각각 믿고 해 줬기 때문에 홀랑…. 춘천에 가서 배를 하나 해 가지고 오니까, 그 추운데 말입니다, 홑것을 입고 밀짚모자 하나 쓰고 그, 볼 것도 없죠. 그렇게 해 가지고 두 달이나 걸려서 배를 떡 해 가지고 오니까는 다 팔아먹고 갔지 뭡니까. 하하하…. 재밌죠?

거기에서 그 배를 물에 띄워 놓고 노를 거기다가 놓고 생각을 했습니다. 배를 거기다가 놓고선 그냥 옷 입은 채 물로 들어갔습니다. 물로 들어가서 요기까지 꼴딱꼴딱 차는 데를 건너가 가지고 딱 서서, 물은 줄줄줄줄 흘렀습니다. 흐르는데 하늘을 보고 웃었습니다. '야, 만약에 이거보다 더 해 놨다가 이렇게 됐다면 얼마나 애로가 많았을까. 이것을 미리 이렇게 가르쳐 주셨으니 참 감사합니다.' 하고 말입니다. '당신네들이 얼마나 내 스승인가를 참 미처 몰랐다.' 하면서 감사히 생각하고 그 길로, 물 줄줄 흐르는 그 길로 칫솔 하나는 넣어 가지고 다니니까 서울로 온 것입니다, 다 버리고.

그랬듯이 남한테 어떠한 문제가 있다 하더라도 그것은 꼭 그대로 있는 게 아닙니다. 물론 이 도리를 모르는 사람은 그대로 있기도 하고 그대로 안 있기도 하고 더 망가질 수도 있고 더 좋아질 수도 있겠지만 이 공부 하는 사람들은 여기에다 맡겨 놓고, 그 사람도 여기에다 맡겨 놓는다면 그 사람도 에너지가 같이 돌아가기 때문에 언젠가는 그것을 알고 자기한테 이익이, 이익보다도 같이 참, 그걸 알고 진짜 사람이 되는 거죠. 그러면 그걸 알아주는 겁니다. 알아주고 서로서로가 한마음이 돼서 우리가 공덕이 될 수 있는 이러한 이치가 됩니다. 그러니 우리가 이거를 포함해서 얘기하면 참 어떻게 말을 해야 옳을지, 간단하다고 볼 수도 없고 너무 엄청나다고 볼 수도 없고 그래서 요렇게 간략하게만 얘기해 드리는 겁니다.

그런데 간략하지가 않아요. 우리가 배우는 데는 아주 쉽게, "무조건 맡겨 놓아라. 맡겨 놓고 살아라. 무조건 거기에서 만법이 나온다. 만법은 오관을 통해서 그리로 든다. 들고 나고 들고 나고 하는 거, 그 빗장을 쥐고 놓지 말아라. 언제나 들 때는 그거를 꼭 쥐어야만이 문을 열 수 있고 그거를 쥐어야만이 문을 닫을 수 있고 나갈 수 있고 들어올 수 있다." 그러니 배우는 분들이 앉아서 하는 것도 참선이요, 서서 일을 하는 것도 참선이요, 밥을 먹는 것도 참선이요, 변소에 가서 똥을 누는 것도 참선이요, 자는 것도 참선이요, 자는 것도 자는 게 아니고 노는 게 아닙니다. 낮 밤이 따로 없고 동 서가 따로 없고 여자 남자가 따로 없고 생사가 따로 없고 윤회가 따로 없습니다.

이 도리를 우리가 깨달아서 앞으로 여러분 한 사람의 그 에너지가 수천수만의 에너지와 포함해서 돌아갈 수 있고 줄 수 있고 우리가 불릴 수 있다면, 본래 불려지는 게 아니라 본래 있는 것을 우리가 알아내는 것입니다. 전자에는 땅속에서 아무것도 없는 것처럼 돼 있었으나 지금은 그렇게 알아서 쓸 수 있고 지금은 뭐, 기계를 갖다 대면 물이 흐르고 그런 것도 다 알지마는…. 그것도 기계를 갖다 대야 하니까 우리 마음공부 하는 사람은 물건을 갖다 대지 않아도 마음으로 이 밑에, 몇 킬로 밑에는 어떻게 됐고 어떻게 된 거를 다 알고 처리까지도 하거든. 그런데 그걸 모른다면 기계를 갖다 대야지. 그러니까 얼마나 복잡합니까. 만약에 6·25 같은 난리가 났을 때에 쫓겨 달아나가면서 그런 기계를 짊어지고 다니면서 뭐 할 겁니까? 그리고 나 죽을 데가, 나 살 데가 어느 자리인 줄 알고 쫓겨서 달아나가겠습니까? 피난 자리도 바로 내 마음에 있어.

그런데 오늘 모르는 거 죽어서 내일은 알겠습니까? 여러분의 몸이 있을 때, 부딪치고 다 상대가 있을 때에 공부하는 겁니다. 여러분, 지금 차원이 낮고 지금 모른다면 이 몸을 벗고도 몰라서 멍청하니, 눈으로 보지도 못하고, 지금은 육안으로라도 보지만 이 육이 떨어지면 눈도 떨어지고 귀도 떨어지고 다 떨어지면 뭘로 보렵니까? 식이요? 식각으로? 또는 촉각으로나 감각으로 보고서, 그걸로 알고선, 지난번에도 얘기했지만 개, 돼지 속으로도 들어갈 수도 있고 사람 속으로도 들어갈 수 있고 아무 데로나 들어가서 그 모습을 쓰고 나온다면 또 한 생을 어떻게 보내렵니까. 그러니 무섭고 두려워서가 아니라 모든 게 여러분이 자처해서 그렇게 된다는 겁니다. 그러니 자처해서 그렇게 되지 않기를 바라면서 오늘은 이만 줄이겠습니다.

지리에도 인간과 같은 생명과 심봉이 있다

1986년 6월 28일

지난번에 이 땅, 지리에 대해서 얘기를 다 끝마치지 못한 채 서두만 얘기했습니다. 이 지리도 인간과 같은 생명을 가지고 있고 심봉을 가지고 있기 때문에, 인간은 부동한 자세의 영원한 자기의 일심이 있기 이전 바로 참자기가 있지만 저런 산과 같은 것도 이 전체를 비유해서 이름을 짓자면 바로 지월봉 또는 풍월봉 또는 불봉 할 때 불월봉, 또는 이 네 가지에 관한 건이 바로 밝아서 오월봉이라고 한다면 불월봉, 풍월봉, 지월봉 이 자체가 한데 합쳐진 오월봉입니다. 이 오월봉은 그대로 밝아져서 있지마는 이 움죽거림은, 또 거기에 움죽거리는 활용에 의해서 뒷받침을 하는 것은, 상대적 원리로서 뒷받침이 돼 돌아가는 원리는 상대가 아니라면 그대로 있거든. 그러나 상대가 있느니만큼 보이지 않는 데서는 아주 활달히 돌아가고 있는 것이죠. 인간과 같이, 즉 촉각과 시각, 감각 그런 세 가지에 의해서 상대성 원리로서 움죽거리게끔 돼 있거든. 거기에는 또 근본적으로 같이 수반돼서 같이 활용할 수 있는 상대성 원리가, 똑같이 그것이 있어야만이 돌아갈 수 있게끔 된 것이 바로 산에도 청각이나 또는 백각, 지각, 식각, 감각 이러한 것이 다 수반돼야 되는 거라고. 그러면 아까도 얘기했지만 수월봉…, 아까 얘기하다 빠졌구먼. 내 이렇게 빠뜨린다고. 아까 오월봉이라고 할 때 수월봉을 빠뜨렸어, 그 중요한 걸. 그래서 거기에는 어떻게 뒷받침이 되는지….

지난번에 인간의 오신통에 대해서 얘기했죠. 지금 시쳇말로 망원경이니 뭐, 이런 얘기 했죠? 그러한 감각적인 어떠한 것이 거기에 수반이 된다면 굴리는 데는 오신통이 바로 거기에 포함돼서 돌아간다. 그래서 책정기라고 하는 것은 누진을 말하는 것인데 이런 거와 마찬가지로 그렇게 수반이 돼서 돌아가고 있죠. 그래서 이 법망에 대한 통신력에 의해서 그 모든 상대성의 원리와 삼태성의 원리, 삼심의 원리, 육신의 원리, 칠각의 원리가 다 수반됨으로써 이 세상 삼천대천세계의 구정토는 우리가 말할 수 없이 모든 것을 보배로 이루느니라 하는 것이죠. 이것이 내가 경을 보지 않았기 때문에 그런 거보다도 지금 시쳇말로 하지 않으면 그건 딱딱해서 도대체 내가 얘기하는 것보다 더 못 알아듣게 되고 더 이 뜻을 몰라. 할 줄 모르는 말이라도 지금 시쳇말로 하는 게 좋을 것 같아서 이렇게 얘기하고 있어요. 그런데 그 법망에 의해서 좇아가다가 보면 법행에 대해서 우리가 항상 게을리 하지 않아야 되는 이 문제가 있기 때문에…, 항상 얘기해 드리죠?

우리가 마음으로 공부해서 마음으로 알지만 혀를 놀려서 말로 한다면, 그것이 속으로는 알지만 만약에 안다고 해서 겉으로 아는 말을 한다면 적을 두게 되고 또 담을 쌓게 되고, 건방진 게 되고 상대에서 반응을 일으키게 되고 그렇기 때문에 혀를 놀려서 말하지 않는 것이 바로 구업을 짓지 않는 것이다라는 거죠. 아는 것이 삿된 것이 아니라 말하는 것이 삿된 거예요. 여러분, 이것을 깊이 생각해야 돼요. 아는 것은 그대로 알고 있되 말하는 것을 삿되게 말을 하면 삿된 것입니다. 그렇기 때문에 모든 것이 한마음으로 돌아가려면 그렇게 말을 함부로 해서는 아니 된다는 얘깁니다.

그래서 산맥이나 인간의 세포의 맥이나, 이 속맥이나 겉맥이나 똑같이 흘러 도는 그 자체는 역시 마찬가집니다. 땅이라고 해서 맥이 없는 게 아니야. 그래서 이 조선만 하더라도 예전에 일본 사람들이 여기서는 큰사람이 나지 못하게 하기 위해서 남쪽이나 북쪽이나, 예를 들어서 어느 산맥에 있어서 관악산에는 관악산대로 목에다가 딱 봉을 박았고 아래에는 겨드랑이에다 박았는데 아, 겨드랑이에 박은 건 저기 청계산을 말하고, 그러니까 관악산에다가는 목에다 박고서 이 네 귀퉁이를 다 박아 재낀 거야. 그러면 여기는 여섯 개가 되고 저기는 두 개가 되는 거지. 그것뿐만 아니라 좀 더 깊은 산이다, 좀 더 날 데가 있다 하는 산은 봉우리마다 봉을 박았어요. 그래서 산이 흘러 내려오는 맥을 끊어 놓은 거죠.

그런데 그것을 어떻게 알게 됐느냐 하면, 삼 년 전 얘기지만 올까지 끝이 났다고 보지요. 삼 년 전만 하더라도 그러한 맥에 대해서 생각하지도 않았고 또 거기까지 생각해 본 예가 없어요. 우정 뭐, 생각하고 자시고 할 게 없어서. 근데 삼 년 전에 그러한 생각을 한 것이, 생각을 한 게 아니라 모든 이 통신망에 의해서, 법망이라고 하죠? 이걸 법망이라고 합니다. 왜? 통신망에 의해서 이 무슨 일에 대해 한생각을 했다 하면 그게 법이 되기 때문에 법망이라고 그러거든요. 그러면 그 통신망을 좇아서 단계 단계 짓다가 보니까 그것이 거기에 나오는 거예요, 이 혈맥에 의해서. 이것은 안다 모른다 이러한 말을 해서만이 되는 게 아니라 이거를 한다, 안 한다 말이 없이 스님네들 삼백 명이 출전해서 삼 년을, 올까지 마지막 끝을 낸 겁니다. 다 이것을 처리했습니다.

8·15 해방이 되고 그때에 논란이 얼마나 일어났습니까, 그 후부터. 누구나가 생각을 안 하면 안 하는 대로 모르는 일이고 생각을 곰곰이 음미해 보고 좀 더 그거를 숭상해 본다면 어딘가 뭐가 나올 수 있는 그런 것이 있다는 얘깁니다. 생각을 안 하면 아예 모르고. 우리가 또

거론을 안 하면 안 하는 대로 안 하는 거죠. 그러나 우리가 아무 생각 없이, 나쁘다 좋다 이런 것도 없이, 하려고 생각지도 않는 목석같은 사람은 부처 될 자격도 없어. 생각이 있기 때문에 부처 될 자격이 있는 겁니다. 우리가 항상 용을 할 수 있기 때문에 부처 될 자격이 있지 아니, 분별도 못하고 움죽거리지도 못하고 생각도 내지 못하고 그러는데 무슨 부처 될 자격이 있겠습니까. 그것은 사람 될 자격이 없다는 얘기죠.

그래서 그 통신망에 의해서 그런 모든 걸 하다 보니까 거기에도 문제는 아주 컸더라는 얘깁니다. 모르는 사람한테는 그것이 당당히 그럴 수도 있죠. 사람의 어깨에다가 만약에 쇠꼬치를 박아 놓는다면 사람이 힘을 못 쓰듯이, 그와 같이 힘을 못 썼다고 봅니다. 그래서 스님네들 삼백 명이 출전이 돼서 삼 년을 두고 그것을 낱낱이 뽑아 버렸다는 얘깁니다. 그러면 어느 스님네들이 그렇게 했느냐고 할 테죠. 하지만 스님네들이 꼭 이런 걸 한다 하고 하는 게 아닙니다. 그것은 부처님으로부터 그 스님네들은 법신으로서 또는 화신으로서, 전부 보살들이 등장을 해서 삼 년을 두고 했다고 해도 과언이 아닙니다. 그렇다면 그 삼 년이 사흘도 될 수 있고 삼 초도 될 수 있는 것입니다.

그런데 이 산맥이라 그러는 것도 사람과 같아서 즉 혈맥이다 이겁니다. 또 얘기 한마디 할까요? 옛날에 어느 나라에 국록을 먹는 사람이 있었습니다. 그런데 다섯 친구가 아주 절친하게 지냈습니다. 다섯 분이 다 국록을 먹으면서 아주 절친했거든요. 그렇게 나라의 국록을 먹고 있는 동안에 보물도 있겠지마는 유족에게 남길 수 있는, 선대 적부터 내려오던 유물이 그득하게 있었던 모양입니다. 대대로 그렇게 내려오던 집이니까. 근데 그 다섯 분이 말입니다, 하루는 어디를, 우리네 지금 말로 한다면 산책을 갔습니다. 가마를 타고 산책을 가서 어느 정자에서 놀다가 내려오는데, 하인들도 모두 이렇게 내려오는데 앞에 뭐가 툭 차였습니다. 보니까 해골이었어요. "얘, 아무개야!" "예." "이 해골이 이렇게 굴러다니니 저기다가 묻어 주고 가자. 이게 누구의 해골인지 모르니 이것을 묻어 주고 가야지, 어찌 사람의 눈으로 보고서 묻어 주지를 않고 가겠느냐." 하고 묻어 주고 인제 갔단 말입니다.

그날 저녁부터 일이 생긴 게 무슨 일이 생겼느냐 하면 야, 이쪽 친구의 유물을 이쪽 친구 집에다 갖다 놓고…. 이게 무슨 소리냐 하면 난데없이 이 친구가 그 집을 가고 싶어서 가서는 밤이면 몰래 그걸 가져오는 거야. 이쪽 친구는 몰래 또 이쪽 집에 와서 가져가는 거야. 서로 이러다 보니깐 뒤죽박죽이 된 거야. 그런데 정신이 들고 보면 '내가 왜 이런 짓을 했지?' 이러거든. 그렇게 하기를 한 달을 그러니까 나라에까지 고해져서 알았거든. 불러다가 "왜 이러한 일이 이렇게 있느냐?" 하니까 "오다가 해골을 묻어 주고부터 이런 일이 생겼습니다." 이렇게 했단 말이야. "그러면 파 버려라." 이렇게 됐단 말이지.

그런데 그날 저녁 다섯 사람 꿈에 아주 키가 부쩍 크고 도둑놈같이 생긴 혼백이 나타나서 "살려 주십시오. 저는 배운 게 도둑질밖에 없으니 어떡합니까." 이거야, 응? "세상에 자라면서 남의 집 가서 좋은 물건 가져오는 것밖에는 배운 게 없어서 선생님들이 고마워서 내가 좀 더 좋은 일을 해 드리려고 그런 걸 그냥 갖다 드리려고 가져온 것인데 이런 일이 벌어지니, 이게 무슨 연고입니까. 언제 선생님들의 그 은덕을 갚아 드리리까." 그런데 그 다섯 집에서만이 아니라 동네의 유물이라는 건 다 훔쳐오는 거라. 그러니 그 다섯 사람의 면목이 어떻게 됐겠어요. 다섯 사람이 얼굴을 들고 다니지도 못하게 됐죠. 웬만큼 산다는 집, 선비 집에 가서 다 훔쳐다가 그 집에 갖다 놓으니 말이에요.

그래서 "인제 다시는 안 그러겠는데 그래도 배운 게 그거밖에 없으니 어떡합니까. 그러니 제발 좀 어떻게 살려 주실 수는 없습니까?" 하는데 그래도 글을 많이 읽은 분들이라 다섯 분이 다 그런 꿈을 꿨으니까 다섯이 모여서 그 얘기를 다 주고받고 난 뒤에 제일 나이가 많은 분이 있다가 하는 소리가 "여보게, 그 사람이 생전에 살면서 도둑질밖에 한 일이 없어. 그러니 그 해골이 아니라 그 마음 자체가, 바로 인간의 마음이, 즉 말하자면 의식이 그렇게 동해서 그러니까 우리 이 해골을 파서 아주 가루로 만들어서 저 바다에다 끼얹으세." 이러거든요. 또 한 분이 있다 하는 소리가 "그 가루를 찧어서 바다에다 뿌리면 뭘 합니까. 그러면 그 의식이 바다에 다 떠내려가겠습니까?" 하니까 한 분이 있다 하는 소리가 "아무리 바다에 말갛게 씻겨서 가루도 남지 않고 없어진다 할지언정 어찌 그 의식이 씻어지리까." 했습니다. 그러니 또 한 분이 있다 하는 소리가 "그렇다면 의식을 내가 집어먹겠소." 이렇게 나왔어요. "내가 집어삼키면 되지 않겠습니까." 이러니까 그분들이 다 말을 하기를 "자네가 삼킨다면 자네가 도둑질할 거 아닌가." 이렇게 됐습니다. "본래 나는 선비로서 대대로 내려오는 긍지가 있고 근본이 있기 때문에 내 근본에는 그 의식을 넣어도 눈도 하나 깜짝거리지 않습니다." 했습니다. 그래서 도둑놈을 선비로 만들더래요.

그러니 선비를 만든 것도 그렇지마는 누구나가 이 도리를 모르면 꼼빡없이 속지 별수 없어요. 선맥은 선맥대로 있는 거고 법맥은 법맥대로 있고 생명력은 생명력대로 있고, 그런 건 그런 것대로 의식적으로 자기 그릇이 있는 거지 없는 건 아니에요. 이 도리를 모른다면 이걸 커버를 못하고 유동성이 없어서 굴릴 줄 모르니까 꼼짝없이 당했지 별수가 없거든. 그러고 난 뒤에 동네가 아주 맑고 청정하게 되돌아가고 잘사는 동네가 됐다는 얘기가 있습니다.

어느 때에 한 사람은 이런 사람도 있었죠. 장사꾼이 오고 가다가, 예전에는 일주일 일주일 장이 섰습니다. 산 고개 몇 개를 넘어가야 물건을 해 가지고 가서 도부를 치죠. 그래서 일주일마다 장에 가서 물건을 하게끔 돼 있는데 아니, 하루는 물건을 해 가지고 잔뜩 짊어지고 오는데 해골이 이리저리 돌아다니니까 그 해골을 보고서는 그냥 지나올 수 없어서 묻으려고 하다가, 아무것도 없이 빈손이야. 뭘로 어떻게 할 수가 없어. 그래 갔다 오다가 묻겠다고 생각을 하고서는 그냥 지나가는데 아, 발이 꽉 붙었단 말이야. 그렇게 발이 꽉 붙으니까 '이거 왜 내

발이 안 떼어지지?' 하는 생각을 하면서 '아하! 내가 저거를 묻어 준다고 했다가 그냥 가니까 아마 그런가 보다.' 이렇게 생각을 하고 짊어진 짐을 내려놓고서는 쪼금 쉬었다가 한다고 그런 게 그만 홈빡 잠이 들었던 거야.

잠이 들었는데 꿈에 키가 후리후리한 남자가 하는 소리가 당신을 내가 이렇게 만난 것이 지금 삼십 년 만이다 이거야, 삼십 년. 그런데 거기서 삼십 년 동안 오고 가는 사람을 영 못 봤다는 겁니다. 왜 그런가 해서 "그럼 삼십 년 동안 여기 사람이 안 다녔습니까?" 하니까 그게 아니라 딴 데 묻혔었는데 우리 집이 지금 다 망했다 이거야. 그래도 선대로 내려오면서 선비 집이라 산소에다 묻었는데 지관들이 보고서는 그 터가 좋다고, 산 터가 좋다고 그래 가지고 자기네 거를 묻고 자기는 파서 여기다가 버린 것이 이렇게 굴러 굴러서 저 위에서부터 이렇게 흘러 내려왔다 이거야. "그러니 그것을 파고 또다시 내가 그걸 뺏는다면 안 되니까 당신의 마음이 꽂히는 대로 양지 바른 데다 묻어 준다면 내 그 신세는 안 잊으리다." 하더랍니다. 그래 인제 가다 보니까 어딘지 모르게 딱 발을 디뎠는데 그 발이 옴쭉거려지질 않아. 그래서 보니까 꼭대기에 아주 잘 내려다보이고 물이 흐르고 뭐, 좋아서 거기서 나뭇가지를 좀 꺾고 또 돌을 얇은 걸 주워다가 그 자리에다 그냥 묻은 거예요.

그 자리에다가 묻어 주고 짐을 지고 인제 턱 내려왔는데 그날 저녁에 꿈에서 하는 소리가 "삼 년 후에 아무 데 골의 아무개를 찾아가신다면 거기에 우리 자식들이 살고 있으니 그 자식들한테 그런 사실 얘기를 한다면 반드시 당신한테 좋은 일이 생기고, 그 보따릴 놔도 살 수 있게끔 될 테니 그렇게 신세를 갚고자 합니다." 하더랍니다.

그래서 꿈을 깨고선, 자기가 잘살고 못살고는 떠나서, 하도 궁금해서 거길 찾아간 겁니다. 거기에서는 산소가 바뀐 것이 발각이 나 가지고, 나라에서 그 산을 다 파 버리고 그 해골을 찾았는데 있어야지.

나라에서 다 나서서 해골을 찾았지만 이이만 알지, 있어야지. 그러니까 아, 그이가 찾아가서 그런 사실 얘기를 하니까, 이건 꿈 얘기를 다 해 줘 가지고 발각이 나서 나라에서도 알고 그 집에서도 알고 그래서 그 해골을 파다가 산에 다시 묻었어요. 다시 묻고 그렇게 나라에서도 상을 내리고 그 집에서도 상을 내리고, 그래도 나라의 국록을 먹고 선비로서 대대로 내려오던 집이니까 망했다 할지라도 삼 년이 흐른 뒤에는 그래도 참 잘됐거든. 다시 국록을 먹게 되고. 그래서 아주 종의 문서도 없어졌을 뿐만 아니라 보따리 장사도 없어지고 그 고을에서 큰 집도 지어 주고 잘살게 됐더랍니다.

그런 이치도 있었다는 얘기를 들었습니다마는 이 자리, 여기 이게 공동묘지였습니다. 그 군인 되시는 분, 이 대령인가 누구, 난 이름도 잘 모릅니다마는 이 공동묘지를 다 밀어 재끼고선, 즉 말하자면 해골이나 뼈를 다 주워서 그걸 각각 이렇게 해서 좀 태워 줬거나 또 각각 해 가지고 얻다 묻어 줬거나 이랬다면 또 별문젠데 그러지를 못하고 아마 한데 전부 추려서 그냥 어디 한군데다가 묻었는지 그랬나 봅니다. 그래서 그 사연이 많이 벌어졌었습니다. 여기 사람도 죽기도 하고 사람이 나타나기도 하고, 여기 밀다가 사람이 죽기도 하고 이랬답니다.

그러니 이 공부 하는 사람들은 살아생전에 몸뚱이에다가 착을 안 뒀기 때문에, 이 송장이 지금 살아 있을 때 착이 없었기 때문에 죽어도 착이 없어. 그렇기 때문에 아무 데 동댕이를 쳐도 상관이 없죠. 상관이 없고 아무 그런 것도 없지만 그렇다 할지라도 이게 돌아다니는 게 보기 싫거든. 예전에 석존께서도 말씀하셨듯이 그 뼈다귀가 내 어머니 뼈다귀인지도 모르고 내 형제 뼈다귀인지도 모르고 내 바로 아우의 뼈다귀인지도 모르고 할머니, 어머니, 할아버지인지도 모르지 않느냐. 그러니까 절을 한다고 하면서 거기다 절을 하셨답니다. 그러니 제자들이 다 그걸 보고 "사생자부이신 어버이신데 어찌 뼈다귀에다 대고 절을 하십니까." 하니까 그 사실 얘기를 하면서 "모두가 그러하니라." 하는 반면에 제자들이 "미처 그런 걸 몰랐습니다." 하고선 엎드려서 울었다는 얘기가 있습니다.

그렇듯이 이 산맥도 역시 우리 인간이 상대성 원리로서, 우리가 상대성이 있으면서도 바로 둘이 아니고 둘이 아니면서도 상대성이 있는 겁니다. 우리가 지금 용을 하고 말을 하고 행하고 하는 그 속에, 공한 자체가 바로 그 속에 있다는 얘깁니다. 그러니 이 산맥 하나하나가 어디고 그냥 살아 있지 죽어 있는 게 하나도 없고, 움죽거리지 않는 듯해도 쉴 사이 없이 움죽거리고, 그렇기 때문에 아까도 얘기한 바와 마찬가지로 통한다는 얘깁니다.

그래서 우리가 물속에도 그렇고 산 혈맥도 그렇고, '산 혈맥' 하면 혈맥만 있는 게 아니라 우리와 같이 감각적으로나 지각적으로나 모든 게 훌륭하게 그렇게 같이 바로 대립이 된다는 얘깁니다. 대립이 되면서 바로 공생을 하고 있고 그리고 또 공용을 하고 있다는 사실입니다. 그러니 무슨 큰일을 할 때도 우리가 큰 역할을 할 수 있고, 같이 공용을 할 수 있기 때문에 큰 역할을 할 수 있다는 얘깁니다. (녹음 안됨) 그러면 조그만 일에서부터 큰 일까지 우주 섭류의 이 활용의 돌아가는 이치를, 진리를 서로가 서로 할 수 있다는 얘깁니다. 이 도리를 몰라서 그렇지 모든 걸 자유자재할 수 있는 권한을 가진 것이 인간입니다.

그렇기 때문에 우리가 몰라서 그렇지 때로는 참, 누구하고도 이렇게 얘기할 수 있을 때, 싱긋이 웃고 서로가 재미있게 웃을 수도 있고 서로 노래를 할 수도 있고, 노래는 이런 데서 그냥 하는 곡이지마는 그 가사는 참 훌륭하게, 풍류스럽게, 말할 수도 없이 좋은 가사가 나오거든요. 그러니 얼마나 좋습니까? 그러고도 그 가사 한번 풍류스럽게 나오는 그 마음에서, 우주의 섭류와 저런 지상의 섭류나 지하의 섭류를 다 같이 수반을 하면서 노래가 풍류스럽게 나올 때 참, 이 세상을 다 주고 바꿔도 바꿀 수 없는 그러한 보배를 모두 각각 여러분이 가지셨습니다.

오늘은 여러분이 이 얘기를 들었을 때에 내가 말을 제대로 재미있게 해 드리지 못해서 좀 죄송하고, 또 이것을 말로 어떻게 표현을 해야 이 돌아가는 이치를 알게 해 주나 하는 생각도 해 봅니다마는 그것이 생각해서 되는 게 아닙니다.

그리고 그것이 삼 년이 걸렸다고 하는 것도 삼 초가 걸렸다고 해도 과언이 아닙니다. 하지만 삼 년이 걸렸다는 그 뜻은 여러분이 겪은 일들이, 우리가 8·15 해방이 되고 너무도 겪은 일들이 많았습니다. 그 순간에도 그렇고 지금까지도 말입니다. 하지만 항상 우리는 전쟁 아닌 전쟁을, 인간들이 사는 데서 또는 인간 이하의 생명들도 모두 전쟁을 하고 사는 겁니다. 전쟁 아닌 전쟁이죠. 생존 경쟁이라고 해도 과언이 아니죠.

그런데 우리 인간도 그렇습니다. 저런 땅보다도 이 흙보다도 못난, 나무보다도 못난, 새보다도 못나고 그런 사람들이 많이 지금 나돌고 있는 것입니다. 그건 왜? 지능이 아주 좋지 못하면 요 지금 당장 자기가 생각한 상상력으로써 생각한 것만 알지 세상이 어떻게 돌아가는지도 모르거든요. 자기 집이 지금 죽느냐 사느냐도 모르고, 자기 부모가 어떡하고 있다는 것도 모르고, 자기 시대에는 지금 앞으로 어떡해야 산다는 것도 생각 못하기 때문에 지금 문제는, 이런 젊은 청년들의 문제가 나오는 것도 아마 그런 탓이라 생각합니다. 그러면 우리 지능이 아주 부족하다면 이거는 앞도 뒤도 생각지 못하거든요. 우격다짐이지, 그거는.

그렇기 때문에 지능이 백 프로 된다면 바로 물리가 백 프로고 물리가 백 프로라면 지혜가 백 프로고, 지혜가 백 프로라면 그 백 프로를 가지고 우리가 앞뒤를 다 훌륭하게 해 나갈 수 있는, 영원토록 자기의 씨를 뿌린 거 자기가 길러 낼 수 있는 영원의 그 자력을 가지고 있다는 거죠. 그러니 지금 남녀를 막론해 놓고 공부하는 것이 영원토록, 자기가 알고 있는 자기의 지능, 자기의 지혜가 바로 대대로 내려가면서 연결이 된다는 걸 아셔야 합니다. 그래서 마구 놀던 사람이 아무것도 모르고 마구 하면 거기에서 백 사람 중에 훌륭한 사람 한 사람 나기가 어려워. 꼭 그 밥에 그 나물이야.

그러니 백봉 국사가 말씀하시기를 "세상이 돌아가면서 이렇게 살아나가는 걸 가만히 봐라. 끼리끼리들 모이느니라. 금은 금방에 모이고 넝마는 넝마끼리 모이고 이렇게 되는 것을 가만히 본다면 천차만별이 다 그렇게 끼리끼리니라. 그러니 그것을 파악할 수만 있다면 너 성불이다." 그랬거든요. 그러니까 우리가 이 공부를 하는 데에는 말을 앵무새같이 잘해서 공부하는 게 아닙니다. 인내가 있고 물러서지 않는 마음, 믿음이 참 투철해야만이 앞날에 여러분이 좋은 일을 많이 하시리라고 믿으면서 또 한편 여러분이 살아나가는 데도 여실히 살 수 있는 기회가 생기고 또는 우환, 가환, 유전성 이러한 데, 또는 생사윤회에도 끄달리지 않으면서 우리가 눈도 하나 깜짝거리지 않고 살 수 있으면서도 또 남을 위해서도 살 수 있다 이거야.

길을 가다가도 건져. 한생각만 내면 건져져. 이게 무슨 돈이 드는 거야, 애를 쓰는 거야? 한생각만 내면 거둬져. 이게 무주상 보시라. 아니, 돈이 드니 못해, 내 육신을 놀리니 못해? 아름다운 한생각만 내 주면 다 보시가 되는 건데, 응? 얼마나 좋습니까. 이 세계를 다 집어먹고도 남음이 있다 하는 것은 이 세계를 다 건지고도 남음이 있다는 뜻입니다. 그렇기 때문에 여러분이 그 도리만 알면 서슴지 않고 한생각 내 줄 수 있는 거죠. '야, 난 중생이기 때문에 힘이 없고 스님보다 힘이 없으니까, 또 부처님은 부처님대로 그렇게 공부를 하셨고 우리는 공부를 못했으니까 이런 것도 못하지.' 하지 말고, 하다못해 저 도살장에 끌려가는 소를 본다 하더라도 그냥 허술히 보지 말라 이런 소립니다. 왜? 나이기 때문입니다. 나이기 때문에. 언제 적에 사람으로만 살았습니까? 여러분도 아마 도살장에 한번 안 가 본 사람은 없을 겁니다. 왜?

남한테 밟혀 보지 않은 사람 하나도 없겠죠. 여러분이 그냥 어린애로 쑥 나와 가지고 어른 된 사람 하나도 없겠죠? 또 어린애로 쑥 나와 가지고 그냥 늙은 사람 하나도 없겠죠? 그 과정이 다 있습니다. 그와 같이 우리가 인간 되기에 얼마만큼 시련을 겪었나를, 과학자들이 써 놓은 책을 여러분이 본다 하더라도 아마 짐작하실 겁니다.

그러니 오늘은 이것으로써 끝을 마치겠습니다.

해마다 풍년을 이루려면

1986년 6월 29일

어저께 토요일에도 말씀을 드렸지만 여러분이 희미하게 넘어갔으리라고 생각을 하게 됩니다. 우리가 마음공부를 한다면은 팔자나 운명이나 유전성이나 이런 문제 등등, 가환, 우환이라든가 이런 것이 내 팔자에 달렸고 내 운명에 달렸다는 거는 케케묵은 옛날의 얘기라고 볼 수 있겠습니다. 여러분이 가져오는 데 의해서, 예를 들어서 마음먹고 행하고 말하고 하는 데서 우리는 자기의 팔자 운명이라는 언어도 붙지 않는 그런 찬란한 생활, 생동력 있는 생활로 조화를 이루고 갈 수 있다고 자부합니다.

어저께 얘기했던 바와 마찬가지로 전자에는 물리가 터지지 않고 지혜가 부족해서 그 환경에 따라서, 수많은 사람에 따라 유(有)의 법을 가르쳤고 또는 무(無)의 법을 가르쳤고 나중에는 무와 유를 한데 합쳐서 법화경을 설했던 그 사실을 우리가 음미하며 생각해 볼 수 있는 그러한 한생각이 필요합니다. 더군다나 지금 더 시대가 발전이 되고 또한 물질과학이나 문명이 발전이 된 이 시점에서 어떻게 그러한 컴컴한 소견으로써 사는지 옷깃을 다시 한번 여미고 생각해 볼 수 있는 그런 기회가 됐으면 합니다.

우리가 마음을 공부한다 하면 마음으로써 할 것이 꼭 한 가지 있는 게, 어떤 분들은 이렇게 묻습니다. "아니, 걱정이 없는데 이것이 제대로 돼 가는 건가?" 또 "이렇게 걱정을 안 하려고 해도 걱정이 많이 됩니다." 이러시는데 난 이렇게 봅니다. 철근 회사라면, 즉 자석이 모든 걸 들어다가 갖다 넣으면 자기 할 일은 다한 겁니다. 자기 할 일을 다했으면 그거를 생산해 내는 데에 차례차례로, 나중에 할 사람이 자기 소임을 맡아서 차근차근히 해 나갑니다. 그런 걸 남이 해야 할 걱정까지 도맡아서 할 일은 없다고 봅니다.

그래서 첫 단계, 단계 없는 단계가 있고, 모든 것을 놔서, 방하착해서 나를 발견하고, 그다음에 생산을 하는데 이게 잘됐나 못됐나를 지켜보면서 체험하면서 굴리는 것이, 보림을 하면서 나가는 이 단계, 단계 없는 단계로 간다 합니다. 그리고 생산을 해서 과정을 거쳐서 다시 이 세상의 모든 만민에게 내놓을 수 있는 물건이 돼야만 그때에 만민과 더불어 이 물건이 좋다 나쁘다 말을 할 수 있는 그러한 확정적인 문제가 나옵니다. 이 세 단계, 단계 없는 단계가 바로 우리 공부하는 사람들에게는 있다고 말할 수 있습니다.

그런데 어저께도 지리에 대해서 얘기했습니다마는 우리는 천차만별에 의해서, 만물에 의해서, 만상에 의해서, 만법의 행에 의해서 모든 것이 주어진다고 봅니다. 그런다면 이런 얘기 하나 할까요. 예전에 젊은 자승이 어느 길을 걷게 됐습니다. 산등성이를 넘어서 어느 마을에 당도했는데 어느 노승이 암자에서 나오시더랍니다. 그래서 그 노승한테 묻기를 그 젊은 자승이 "이 산을 둘러보니까 천석봉이 위에 있고 아래는 풍혈이 있고, 천석혈이 위에 있고 중간에는 풍혈이 있고 밑으로는 족혈이 있습니다. 그런데 어찌 해마다 여기에서는 풍년이 듭니까?" 하고 물었어요. 그러니까 그 자(自)노승이 하는 소리가 "여보게,

그런 소리를 아예 하지 말게. 이리 오게. 날 따라오게." 하면서 아무도 없는 방으로 들어갔습니다. 방으로 들어가서 하는 소리가 "여보게, 자네가 중이 되려면 아직도 멀었네." 하시면서 "대혈이 있으면 중혈이 있고 중혈이 있으면 소혈이 있는데, 소혈이라고 하고 중혈이라고 하고 대혈이라고 말을 한다면 편견이 돼서 천석봉을 이루지 못하고 풍년이 들지도 못하네." 하거든.

여러분이 이 말을 잘 들으신다면 이 세상 살아나가는 데에 편견이 없이 아주 자유스럽게 아마 조화를 이룰 겁니다. 그런데 그것도 못 알아들어서 다시 한번 묻기를 이렇게 물었습니다. "대혈은 대혈이고 소혈은 소혈이고 중혈은 중혈 아닙니까?" 하고 물으니 그 자노승이 있다 하는 소리가 "그런 소리 아예 말라니까 왜 하나?" 하면서 귓속에다 대고 소근소근 얘길 했습니다. "대혈이 듣고 중혈이 듣고 소혈이 듣네. 혈이 자네 가는 데마다 이 무(無)의 통신망을 통해서 다 듣고 있으니 여보게 자네, 조심하게. 말조심해야지 그게 어디 쓸모 있는 말인가? 대중에 살아 본다는 것도 그 뜻에서 얘기가 나온 건데, 이거는 한 사람 밥 한 그릇도 못 주게 졸렬하니 자네 어찌 자승의 중이라고 하겠나?" 하거든. 그러면서 귓속에다 대고 이렇게 말했습니다. "큰 그릇에다가 물을 퍼 담는 데 바가지가 필요하지 않나?" 하니까 "예, 그렇죠." "그리고 항아리도 필요하지?" 지금으로 치면 물통이라는 얘깁니다. "물통도 필요하지?" "예, 그렇습니다." 큰 그릇에다가 물을 퍼붓는 데는 바가지도 필요하고 통도 필요하다 이거야. 그런데 너는 통이니까 작다 하고 편견을 가지면 대통에 물이 안 올라간다 이거야. 물이 안 들어간다 이거야, 편견을 가졌기 때문에. '나는 작은 통이니까 이거는 뭐…, 그까짓 거.' 이렇게 하고서 서로 융화가 되지 않고 조화를 이루지 못해서 대통에 물이 한 통씩 들어갈 수가 없기 때문에. 예를 들어 말한 겁니다. "그렇기 때문에 이 마을에 풍년을 이룰 수가 없으니 자네 조심하게. 말조심하게. 모든 소혈이나 중혈이나 대혈이나 다 듣고 있네." 그러거든요.

그래서 그 젊은 중은 거기에서 삼배를 자기한테…, 즉 말하자면 그 자노승이 젊은 승하고 둘이 아닌지라. 항상 소소영영하다는 거는 대혈이나 중혈이나 소혈이 한데 융화돼서 조화가 되는 것이기 때문에 대혈이다 소혈이다 또는 정법이다 사법이다 이것을 편견 하지 않고 걸림 없이 돌아가는 것을 우리가 진리라고 일컬어 말하는 겁니다. 그렇게 내가 나를 스승 삼아서 길을 인도받고 제도하는데, 길을 인도하는 것도 그 사람이요, 길을 인도받는 것도 그 사람이라. 그러니 억겁을 통해서 습을 가지고 있는 것을 항복을 받는 놈도 그놈이요, 항복을 하는 놈도 그놈이라.

그렇게 하면서 우리가 모든 것을 편견 안 하고 돌아갈 때에 비로소 모든 조화가 이루어지면서, 이 삼라만상의 모든 새는 새대로 지저귀는 소리를 서로 합류화할 수 있고, 꽃은 꽃대로 나무는 나무대로 물은 물대로 길은 길대로 모두가 전부 조화를 이루면서 내가 그 벗을 한꺼번에 내 마음에 넣고 풍류스러운 말이 나갈 수 있으면 바로 변호사가 될 것이고 또 시를 잘 읊는다면 시인이 될 것이고, 거기서 글을 잘 쓴다면 문학가가 될 것이고, 그림을 잘 그린다면 화가가 될 것이고, 공학을 전공했다면 일류 가는 공학가로 일컬어질 것이고, 정치가가 됐다면 정치가로 일컬어질 것이고 또는 국방에 있다면 국방을 튼튼하게 하면서 모든 것을 갖추어서 조화를 이루면서 승리를 할 것입니다, 모두가, 전체가. 과학도 그렇고 문명, 정치 이 모두가, 전체 여러 말을 할 게 없지만 여러 가지 많은 이름들을 가지고 우리가 나가는 데에, 물질과학에다가 비유한다면 바로 마음의 정신과학이 돼야 하고 글씨를 쓴다 하더라도 산 글씨를 써야 하고, 말을 한다 하더라도 산 말을 해야 하고 화가가 된다 하더라도 산 그림을 그려야 한다 이 소립니다.

우리 생활 속에서도 죽은 살림을 하는 게 아니라 생동력 있는 산 살림을 해야만이 그것이 어디까지나 조화를 이루면서 아주 즐겁고 행복하게 여생을 이룰 수가 있으며 또한 영원토록, 우리가 가면 갈수록 끄달리지 않으며, 죽는 데도 끄달리지 않으며 사는 데도 끄달리지 않으며 또 인과응보에도 끄달리지 않으며, 우리가 살아나가는 데 애틋한 모든 아픔에도 끄달리지 않으며, 여여하고 도도하게 물이 흐르듯이, 길을 지나가다가도 무주상 보시를 할 수 있고 말을 하다가도 무주상 보시를 할 수 있습니다. 유주상 보시는 말 한마디 잘해 주어서 마음이 안정되게 해 줄 수는 있으나 사람의 생명을 바로 불어넣어 줄 수는 없어.

그렇기 때문에 우리가 길을 지나가다가도, 말을 하다가도 언제나 무주상 보시를 할 수 있는, 남한테, 모든 사람에게 갖가지 이익을 줄 수 있는 그 무주상 보시가 얼마나 좋았던가. 유주상 보시로 쌀을 한 가마를 사 준다 하더라도 그 쌀 한 가마니 먹고 나면 아무것도 또 없어. 그렇기 때문에 자기가 스스로 쌀을 만들어서 먹게끔 해 줄 수 있는 그 능력을 불어넣어 준다면 세세생생에…. 오늘 없는 것이 내일 없기에 오늘에 그 힘이 있어야 내일도 있는 것이고, 오늘에 내가 힘이 있기 때문에 타의의 내 아들한테도 줄 수 있고 내 마누라한테도 줄 수 있고 또 내 남편한테도 줄 수 있고 내 친척한테도 줄 수 있고, 가다오다가도 모든 사람에게 줄 수 있는 이 무주상 보시가 얼마나 좋았던가. 말로 어떻게 헤아릴 수가 있었던가.

그러니 여러분이 마음공부를 하면서 남의 말을 듣고 휘청휘청하고 끄달리지 말고 또 남이 사는 걸 보고 휘청휘청 끄달리지 말고, 내 분수에 맞춰서 걸음을 걸어야 하고 내 분수에 맞춰서 생각을 해야 하고 활용을 해야 하고, 내 분수에 맞춰서 바로 건너뛰어야 한다는 그 사실을 여러분은 음미하며 깊게 생각해 봐야 할 일입니다. 우리는 남이 이렇게 한다고 해서 덩달아 따라가야 하고 그럴 이유가 하나도 없다고 봅니다. 여기에서도 신행회의 회장이나 또는 여러 신도님들이 심연회면 심연회, 심일회면 심일회, 이렇게 신행회의 여러분도, 때에 따라서는 신도님들도 어떤 사람이 이렇게 하니까 자기도 그걸 따라가려고 합니다. 안 됩니다, 그거는.

자기 그릇에 의해서 거기에서 해야지, 남의 그릇이 크다고 해서 내가 커지려는 행동을 해서는 절대 안 되고, 자기가 사발이면 사발대로의 행을 해야 하고 그 범위 내에서 해야 한다는 얘깁니다. 만약에 그렇지 않고 내가 큰 양푼이라고 생각을 하고 저 양푼을 따라가야지 한다면 부작용이 생기는 겁니다. 이 부작용은 누가 어떻게 해서 생기게 하는 겁니까. 자기의 마음입니다. 그렇기 때문에 운명이나 팔자나 그러한 악조건이 나한테 생기는 원인도 내가 분수를 지키지 못하고 내 그릇을 내가 모르기 때문에 그러한 경거망동이 생긴다고 봅니다. 그럼으로써 모든 사람들이 부작용이 나는데, 이 그릇에는 오로지 이 뚜껑이 맞는 건데 큰 뚜껑을 갖다가 여기 이렇게 엉성하게 덮어 놓은들 그게 김이 안 나가고 안 들어갑니까? 샙니다.

모든 게 그것이 딱 맞지를 않습니다. 그렇기 때문에 부작용이 나는 겁니다. 여기 담았던 물은 김이 다 빠져서 아무 소용이 없는 겁니다. 그렇기 때문에 내가 그 물을 먹어도…, 딴 사람은 그 물을 먹어서 효과가 있다는데, 효과라고 한다고 해서 또 병을 생각하지 마시고 일체 만법에 의해서 다 그렇다는 얘깁니다. "야, 이 물을 먹어서 효과가 있다고 했는데 이 물을 먹어도 아무 효과가 없더라." 이런 것은 벌써 다 새 버렸기 때문입니다. 그것이 어디에서 오느냐. 분수를 지키지 못하고 자기 그릇을 자기가 모르고 그 그릇에 의해서 자기가 행을 하지 않았기 때문입니다. 그렇기 때문에 나도 역시 그렇고 여러분도 다 부처 중생이 따로 없다고 했지만 그 마음 씀씀이 쓰는 대로 또 행하는 데에, 말하는 데에 거기에서, 중생이다 중생이 아니다 하는 것도 역시 그런 데서 나오지 않았나 이렇게 봅니다.

여러분이 모두 세상에서 살아나가면서 잘 보시죠. 날아다니는 새들도 보시고. 옛날에는 그렇게 생각 안 하다가 지금은 정말 생물학자나 물리학자나 이런 사람들이 다 공부를 해서 이렇게 잘 보고 있습니다. 그런 공부를 안 하는 여러분도 지금 세상 돌아가는 걸 다 보고 있습니다. 그러면 여러분이 자식을 낳아서 아끼는 마음, 남편을 위하는 마음, 아내를 위하는 마음, 자식을 위하는 마음, 잘되기를 바라는 마음, 죽지 않고 살기를 바라는 마음, 이 마음 등등을 우리만 가진 게 아닙니다. 역시 물도 아내가 있고 남편이 있고 자식이 있는 겁니다, 물도! 그리고 생명이 있는 겁니다. 그리고 귀가 있습니다. 코가 있습니다. 입이 있습니다. 다 있습니다. 식별을 다 합니다. 물만 그런 게 아닙니다. 날아다니는 새들도 자기 새끼를 낳고 물어다 먹이고 또 걸릴까 봐 찢어 먹이고, 또는 떨어져 죽을까 봐 받침대를 잘해 주고 번갈아 가면서 엄마 아빠가 돼 가지고 그 행을 다 하면서 또 아내를 위해서 딴 새들하고 싸우기도 합니다. 그런데 어떻게 살림살이가 다르다고 보겠습니까? 그거 한 가지뿐이 아니지 않습니까? 모두가 그렇습니다. 일체 만물이, 유생 무생이 다 그렇습니다.

여러분은 보이는 것만 보시는데 보이는 것이 그렇다 하면 보이지 않는 데서도 역시 둘이 아닌, 똑같다 이런 얘깁니다. 그렇다면 보이는 데서 여러분이 자기 그릇을 모르고 분수를 지키지 못하고, 말을 막 해서 남의 심기를 돋우어 주고 이렇게 한다면 조화를 이루지 못하는 그런 그릇 작은, 아주 차원이 낮은 그런 식별을 가지고 있는데 아, 죽으면 그것이 커지나요? 그 차원대로 있지. 그러니 죽어서도 역시 내가 큰 사람 노릇을 못하고 항상 노예가 돼서 남한테 끌려다니는 형국이니 살아서 노예가 된다면 죽어서도 노예가 될 것이고, 살아서 남을 이끌어서 나 아님이 없이 둘 아니게, 모든 사람의 아픔을 같이하고 서로 조화를 이루면서 둘이 아니라면 죽어서도 둘이 아닐 것입니다. 살아서 항상 걸려서 '너는 너, 나는 나' 이렇게 해 나가면서도 어딘가 조화를 이루는 사람은 둘이 아닌 것입니다, 죽어도. 그러니까 부처 중생이 둘이 아니라고 하는 겁니다.

지난번에도 얘기했지만 여러분이 잘 들으세요. 당신 몸 안에 들어 있는 중생이 얼마나 많겠습니까? 당신 몸 안에 들어 있는 중생들이 한데 합쳐 줬기 때문에, 그 보잘것없는 곤충이나 보잘것없는 세균이 같이 뭉쳐 줬기 때문에 바로 인간이라는 이름을 하나 가졌던 겁니다. 그런데 여러분이 그 아무것도 아닌 벌레를 벌레라고 짓밟아 죽이겠습니까? 바로 자기를 형성시킨 자기, 자기를 모아서 모아서 한데 합쳐서 인간이라는 하나의 고등 동물을 만드는 그 자체를 생각해서라도 어찌 그것을 얕게 보겠습니까? 그렇기 때문에 나 아님이 없다고 하는 것을 명시하고 또 나 아님이 없다는 것을 생각할 때에 모든 것이, 얕은 마음이나 높은 마음이나 얕은 물질이나 높은 물질이나 한데 조화가 돼야 큰 것을 이룬다는 것을 여러분이 잘 아셔야 됩니다.

우리가 깨닫는 것도 이 단계 단계 단계를, 없는 단계를 항상 말하죠. 우리가 자력으로써, 즉 말하자면 이 자력으로써 헌쇠나 이런 거를 딱 갖다 넣으면 자기 할 일은 다 했다고요. 그 단계에서 애가 태어나면…, 걸음마 걷는 단계에서의 얘기입니다. 막 뛰고 어른으로 성장이 됐을 때는 바로 물건을 해냅니다. 또 아주 능숙하게 단련이 됐을 때는 그 물건을 시장에, 시중에 바로 내놓게 되는 것과 마찬가지로 우리가 그렇게 해서 능숙하게 제 나무에서 무르익었을 때 남들이 다 그 향기와 맛과 더불어 참, 그것을 요구하는 겁니다. 그러나 그것이 제 나무에서 익지 못하고 설익은 거를 따다 놨을 때는 여러분이 그건 시큰둥하고 맛이 없어서 안 먹습니다. 여러분, 그것을 생각해 보십시오. 내가 하지 않은 거, 나한테 오지 않습니다. 그리고 편견 하는 버릇, 그것은 절대 없어야 합니다.

모자라면 모자라는 대로, 요런 걸 한번 대비해서 얘기해 드릴까요? 어떤 사람이 아주 나보다 모자랐습니다, 예를 들어서. 근데 나라고 한다고 또 난 줄 알지 마시고요. 여러분도 다 똑같습니다. '나' 하면 벌써 여러분과 더불어 같이 나라는 걸 아셔야 합니다. 예전에 예수가 "나를 믿어라." 그러니까 나를 믿으란다고 그냥 전부 예수를 믿듯이 말입니다. 그건 나를 따르란 거지, 나를 믿으란 게 아니란 말입니다. 똑바로 알아들어야지, 잘못 알아듣는다면 그것이 바로 오산이죠, 오해고. 그러니까 똑같은 말이라도 그렇게 잘못 알아듣는 사람들이 많다 이겁니다. 부처님도 바로 나를 믿고, 나는 이게 물질이기 때문에 따르랬지 믿으란 게 아니거든. "너를 발견하라. 너를, 각을 이루라. 너를 깨달아라." 이런 것입니다.

그러니까 그것만 물리가 터진다면 대중 생활을 할 때도 능숙합니다, 그것만 알면. 왜냐? 내가 만약에 저 못난 사람을 봤을 때, 저 사람이 아주 빈약하고 그릇이 작고 폭이 좁고 졸렬했습니다. 그런데 이쪽에서 어떻게 생각했느냐 하면 '아, 저거는 과거의 바로 나였구나.' 하니까 이건 과거의 자기이기 때문에 이것을 이끌어서 길러 줄 생각만 했지 '너는 작다, 너는 졸렬하다' 이러고 내치지 않았단 말입니다. 그렇기 때문에 항상 그저 포근하고 따뜻하게 이끌어 가는 데에 목적이 있었다 이겁니다. 자기니까.

그랬고 윗분을, 아주 능숙하게 익은 분을 봤습니다. 그랬을 때에 존경하면서 바로 자기의 자(自)노승, 즉 말하자면 자기의 스승으로, 미래의 자기로 알기 때문에 또 숭배를 해야 합니다. 그러니 이것은 어디가나 조화를 이루는 겁니다. 가정에서도 그렇고, 가정에서도 지금 내가 얘기해 드린 거, 대중 생활이든지 대중 생활 아니든지, 내 가정에서든지 사회에서든지 어떠한 정치인들이든지 다 요런 조화를 이룰 수 있는, 둘이 아닌 이 폭이 넓은 그릇이 돼야만 그렇게 될 수 있다는 얘깁니다.

그런데 우리는 항상 가정에서도…, 내가 항상 그러죠, 여러분한테. "아무리 못났든 잘났든 인연이 돼서 만난 사람, 이걸 그르면 그르다고 생눈을 뜨고 보지 마라. 가화일화니 바로 저 성주와 같은 거다. 네가 만약에 서까래라면 성주와 같은 거야, 대들보. 대들보를 올리지 않았다면 서까래를 올릴 수가 없으니 그것을 대들보로 믿고 나쁜 여건이 있으면 안으로 굴리고 좋은 여건이 있으면 얘기를 해서 좋게 서로 웃을 수 있는 그런 여건을 가져 봐라. 그런다면 마음의 자가발전소의 그 불은 가설이 본래 돼 있기 때문에 거기까지 불이 들어온다. 그래서 항상 밝은 방을 가지면서 어디나 우리 있는 데는 다 밝다. 밝기 때문에, 컴컴하질 않기 때문에 우리는 항상 웃고 즐기고 살 수 있는 것이다."

마음이 옹졸하고 가난하다면 언제나 살림살이도 가난해. 배도 고파. 이러니 본래 배부르게 가진 고등 동물이 제 밥을 찾아 먹지 못한 채 배가 고파서 만날 허덕이고 남의 심부름을 항상 해야만 하고, 남이 하던 거 따라가야 하고 자기가 생산은 못하고, 항상 이렇게 하는 거라. 사람이라면 좀 더 욕심 아닌 욕심도 있어야 되는 것이 뭐냐. 다른 거는 다, 사랑하고 인정 있고 도의, 의리와 이 사회 상식과 교양과 교육과 이것이 풍족하다 할지라도 바로 내가 살아오면서 한 인간의 대쪽 같은 그 한마음, 이거는 누구도 말리지 못해. 그렇게 조화를 이루어 가지고 풍족하게 가면서 이것을 밀고 나간다면 그것은 말할 수 없이 좋은 참, 봄에 꽃 피는 일이라. 새가 우는 것도 꽃이 피는 것도 계곡에 물이 흐르는 것도, 길이 이렇게 아스팔트로 돼 있는 것도 산 너머 계곡으로 넘어가는 길도 평전이 될 것이다 이 소립니다. 우리가 아스팔트는 다니기 좋으니 몸으로 다니고 계곡을 넘어갈 때는, 산이 높아서 못 갈 때는 내 한생각이 바로 계곡을 넘어갈 수 있고, 강이 있어서 못 건너가는 데는 내 한생각이 그렇게 강을 건너서 훌쩍 가게 되면 그 강 건너 있는 사람이 바로 나인 거라. 산을 넘어서 가면 그 산 너머 있는 사람이 바로 나인 거라. 그래서 그 사람이 그 사람 병을 고치고 그 사람의 가난도 그 사람이 바로 조화를 이루어서 잘된다 이거야.

그런데도 불구하고 모르는 분들은…, 예전에는 그렇게 해 왔습니다. 상원사 토굴에 있을 당시에는 어쩔 수 없이 이 공부를 시킬 수가 없었던 겁니다. 환경에 따라서도 그렇고 그런 공부를 가르칠 수 있는 계기가 돼 있질 않았기 때문에 오는 사람마다 그렇게 했던 겁니다. 그러니 자기가 자기를 고친 거를 모릅니다. 왜? 내가 돼 줬기 때문에, 바로 둘이 아닌 까닭에 그게 그렇게 된 것을 모르고 '아, 참 그분의 역할이 아니었더라면 내가 죽었을 텐데….' 이렇게 생각들 합니다. 또 그때 당시에 내 눈에는 너무도 처절하게 보이기만 했으니까요. 불쌍하고 처절하고, 항시 다니면서 봐도 불쌍하고 처절하기만 해서 울지 않은 때가 한 번도 없었어요. 나는 그렇게 갈갈이 뜯어진 모습을 해 가지고 논두렁을 걸으면서도 처절해서 울었으니까. 그게 무슨 까닭인지도 모르죠. 그러니 그때에…. (녹음 안됨) … 그 참, 길이 없는데도 하얗게 무슨 개미 행렬하듯 그렇게 했습니다.

그때에 나는 어떠한 고역을 받았느냐 하면 거기 병원 측이라든가 또는 약국, 약방, 한의원, 의사, 한의사 이러한 데서 투서를 넣어 가지고, 경찰서에나 뭐, 저런 데 뭐죠? 파출소나 뭐, 이런 데로 다 투서를 넣어서 젊은 사람들이, 차석으로부터 수많은 사람들이 나를 붙들러 작대기 하나씩 가지고, 고랑하고 총하고 가지고 잡으러 오는 그런 소동이 벌어지기도 했습니다. 내가 그러한 일을 그렇게 빚었다고 하는 것은 이 보이는 이것이 있기 때문에 그러지 않았나 이렇게 봅니다.

그런데 그때 퉁구리에 나에게 협박을 하고 덤비기를 뭐라고 그런 줄 아십니까? 쥐어도 쥘 게 없는 조막대기만 한 게 이렇게 분란을 일으킨다 이거죠. 그러니까 가자 이거야. 고랑을 받아라 이거야. 그래서 내가 웃으면서 그랬습니다. 그때는 지금보다도 더 보잘것없었을 거예요. 그때 그저 삼십하나, 둘 이랬으니까요. 그래서 그때 그랬습니다. "내가 알기에는 당신네들 검사 구속 영장을 떼어 와야 데려갈 수 있을 텐데 여기 한국의 법이 다시 개정이 됐느냐?" 그랬습니다. 법이 바뀌었냐고 그랬습니다. "이건 무방비 상태로 어떠한 근거도 없이 그냥 붙잡아 갈 수 있느냐?" 했습니다. "당신네들이 얼마나 그 법을 잘 배웠는지 모르지만 난 한 발짝도 갈 수 없어. 당신네들이 가잔다고 가고 오잔다고 올 사람 같으면 내가 총알이나 그런 거를 두려워할 거다." 이거야. "그러나 난 그런 거 두려워하지 않아. 나는 이미 죽었어. 정히 그렇다면 당신네들 법 배운 걸로 봐서 그렇게 사람을 무질서하게 다루고 신발을 신고 법당 마루에까지 올라서는 그런 거는 당신네의 그 법 몇 조 몇 항에 걸리는지 아느냐?" 그랬어요. 그랬더니 "어어, 아무것도 모르는 줄 알았더니 이 괴짜네." 하면서 총을 들이댔습니다. 이렇게 나를 죽여도 법의 제재를 안 받는다는 겁니다. 이 총을 맞아도 좋으냐 이거야. 허, 내 웃었습니다. "어, 쏴라. 당신이 오늘 여기에서 나한테 그 총을 쏘지 못하면 한 발짝도 못 내려갈 거다." 그랬습니다.

그러니까 총을 내리면서 가서 뭐라고 뭐라고 뭐라고 자기네들끼리 그러더니 와서 뭐라고 그러느냐 하면 여기 올라오느라고 배가 고파서 죽겠으니 밥을 좀 해 달라는 겁니다, 밥! 그래서 내가 그랬습니다. "당신네들을 내가 초대를 한 거라면 내가 의당히 밥을 해 줘야겠지만 초대를 한 게 아니기 때문에, 당신네가 오고 싶어서 왔으니까 가고 싶은 대로 또 가." 그랬죠. 그러고 밥을 안 해 줬죠. 그랬더니 그대로 배가 고픈 채 그냥 내려갔어요. 하루 종일 올라왔다 하루 종일 그냥 내려간 거죠. 그런 일로부터 수많은 일들이 벌어졌었는데 그러자 거기 서장이나 뭐, 차석이나 이런 사람들도 숯 장수 그런 문제들 때문에 모가지를 당하고 말았죠. 그런 일들도 있었습니다.

그러니까 내가 그렇게 마음을 안 써도 자기가 그러한 악조건에 의해서 남을 못살게 하는 그런 악한 마음을 갖고 악한 행동을 하기 때문에 자기한테 바로 오는 겁니다, 그게. 그래서 여러분이 공이 저기서 오면 탁 되받아서 친다면 글로 공이 되가겠죠. 나에게는 하등 상관이 없어요. 내가 공을 던지라고 그런 것도 아니고 그런 거니까요. 그래서 공이 오니까 공을 탁 막아 줬을 뿐이죠. 막았을 뿐이지, 나는 아무 상관이 없는 거예요. 그렇듯이 언제나 자기 한 거만치입니다.

그러니 오늘은 요걸로써 끝마칩시다.

진짜로 믿어서 하나도 남김없이 몰락 놔라

1986년 7월 5일

애기를 하려니까 항상 기초적인 문제에 관한 건을 애기를 아니 해 드릴 수가 없어요. 이 중에 처음 오신 분들도 있지만 항상 들어도 요것을 가지가지로, 그 한생각에 여러 가지로 생각이 들 때가 있거든요. 요 믿는다는 것이 생각에 의해 틀어져서 둘이 될 수가 있고, 또 때에 따라선 하나가 될 수 있고 그러는 연관성이 있거든요, 믿는다는 것도.

요건 애기하고 넘어가야 할 일이기 때문에 애기를 하고 넘어가겠습니다. 때에 따라서 박카스를 여기 놨다 하면 우리는 반드시 이 박카스를 아무 소리 없이 먹는 것입니다. 상대와 상대가 있을 때는 이게 반드시 먹어지는 거죠? 먹고 넘어가는 거죠? 먹고 빈 병을 놓는 거죠, 놔도. 그렇기 때문에 그냥 먹지 않고 놓는 거하고 먹고 빈 병을 놓는 거하고는 다릅니다. 요것을 잘 한번 생각해 보세요. 먹고 빈 병을 놓는 거하고 담긴 거를 그냥 놓는 거하고. "주인공에 모든 것을, 든 거나 안 든 거나 다 놔라." 한 거는 이 전체가, 일체 만법이 동일시한 그 자리를 넘어선 그 자체에 의해서, 그 자체를 넘어가게 하기 위해서 이 든 거나 안

든 거나 모든 걸 놓으라고 했습니다. 맡겨 놔라. 처음 오는 사람들한테는 반드시, 이것이 든 거나 안 든 거나 다 일심에서 나고 드니까 모든 것을 일심에다 놓고서, 즉 "맡겨 놓고 거기를 믿어라." 이랬습니다.

그런데 때에 따라선, 그러면 맡겨 놓기만 하면 되느냐 이러는데 이게 문제입니다, 인제. 그런데 거기에 맡겨 놓는다면, 그렇게 해서 어느 정도 맡겨 놓고 가다 보면 마음이 안정이 되고 편안해집니다. 이것이 바로 동일시를 넘어선 까닭에 편안하단 얘깁니다. 동일시를 넘어선다. 이 모든 것을, 이게 동일하게 돌아가는 것을 무조건 믿고 거기에서 들고 나는 거를 다 맡겨 놨기 때문에 그 일체의 모든 들고 나는 것에서 넘어섰다 이겁니다. 여기를 넘어서지 않는다면 우리가 이것을 맛을 보려야 맛볼 겨를도 없죠. 놓기에 바쁘니까. 맡겨 놓기에 바쁘니까.

그런데 거기에서 묘미가 있는 것은, 때에 따라선 나는 지금 여러분이 '아프다, 가난하다, 우환이 끓는다, 인과응보다' 이런 문제들이 너무 사사건건이 많으니까 애석해서 볼 수가 없어. 나는 돈도 싫고 아무것도 싫어, 본래는. 살고 싶지도 않은 사람이지마는 여러분이 아후, 여기 병이 나서 이거 어떡하느냐, 뭐 어쩌고, 이거 죽으면 어쩌겠냐 이럴 때 난 어떤 때는 여기에서 웃음이 자꾸 나올 때가 있어요. 왜? 아이, 살기 싫다도 없지마는, '뭘 그렇게 애틋하게 그러나?' 나는 그런 걸 한 번도 느껴 보지 못했거든요. 내가 뭐, 더 산다 덜 산다 이런 것도 느껴 보지 않았고 그랬기 때문에 생소하게만 들리는 거예요. 그래서 웃음이 날 때가 있죠. 허허허….

나만 그런지는 모르겠습니다마는 그러다 보니깐 때에 따라서는 스쳐 가는 그 바람이 너무 세. 아파. 쓰려. 이럴 때에 나도 여러분과 같이 쓰린 느낌을 느낀단 말입니다. 그럴 때는 이 말을 안 하고는 또 아니 되겠어서 이런 말을 하는 겁니다. 일단 담긴 것이 들어오걸랑은 먹고 빈 병을 놔라 이겁니다. 또 안 담긴 게 왔으면 '여기는 당신이 하는 거니까, 내공에서 하는 거니까 이걸 담아 주는 것도 당신이지.' 하는 거를 생각하고 놔라 이거야, 빈 병을 놓더라도. 이게 무슨 소리냐 하면 모든 일체 생활에서 살아나가는 것이 안 될 때도 있고 될 때도 있고, 높은 데도 있고 얕은 데도 있고, 아주 극치적인 괴로움이 올 때도 있고, 죽고 싶은 마음이 들 때도 있고 그래요. 그러면 상황에 따라서 요것을 반드시 빈 병으로 먹고는 놓고, 빈 병이 오면 담겨질 것도 믿고 들어가라 이거야. 믿고 들어가는 그 자체가 바로 놓는 거다 이거야. 그러면 이거는 한 가지만 공부하는 게 아니라 두 가지 세 가지를 겸해서 할 수 있다.

예전에 내 그런 말 했죠. 부처님께서도 그때는 물리가 터지질 않고 지혜가 그렇게 풍부하지를 못했기 때문에 효도하는 법이나 충성하는 법이나 또는 이 물리가 터지게끔 유(有)의 법을 다 가르치셨거든. 계법을 가르쳐 가지고, 그다음에 50%의 무(無)의 법을 유의 법으로 한데 끌어들여서 같이 이렇게 가르쳐 주셨고, 그다음에 이 무의 법과 유의 법을 아주 선명하게 가르쳐 주셨거든요. 그러니까 이게 그때 당해서는 참 그게 당연해요, 그때 상황 속에서는.

그러나 지금은 여러분이 너무 잘 알고 머리가 깨이고 발전이 되고 이런 까닭에, 즉 말하자면 일체 만법이 그 돌아가는 동일시에서 넘어서야 될 거 아니냐 이겁니다. 자기로 인해서 억겁을 통해서, 끊어짐이 없는 옛부터 나를 형성시켜서 나온 한 점의 그 근본을 우리는 알고 있지 않느냐 이겁니다. 한 점의 알고 있는 그 자체가 바로 이 일체 만법을 들이고 낼 수 있는 까닭에, 우리가 지금 별의별 걸 다 하고 울고 짜고 야단난 것이 바로 그 까닭이거든. 그러니 좀 더 우리가 한 치라도 재빨리 놀자. 재빨리 하자. 그러니까 때에 따라서 이것이 됐다면, 아, 스스로서 내가 잘 돌아가서 이게 하나가 왔다고 한다면 '아! 참 감사하다. 이게 당신이 있기 때문에 왔지.' 당신이 아니라 내공의 그 당신이야. 자기가 당신이 되고, 즉 말하자면 상구보리 하화중생 했던 셈으로 사량적인 나가 있고 사량적이 아닌 참나가 있다고. 그래서 무루의 참

자기와 유루의 자기가, 즉 말하자면 항상 같이, 이게 마음이 유루의 마음과 무루의 마음이 같이 돌아가기 때문에 내놓으라면 유루에도 무루에도 내놓을 게 없는 거야.

그래서 그게 그렇게 넘어갈 때에 이것이 담긴 것이 온다면, 이걸 잘 납득을 하셔야 돼요. 담긴 것이 오더라도 먹고 놓고, 안 담긴 게 나오더라도 이것은 바로 담아질 거다. 믿어라 이거야. 담아질 거다. 팔자도, 모든 것은 내공에서 해 왔기 때문에 거기에는 언어가 붙지 않는 자리고 아무것도 붙지 않는다는 겁니다. 그렇기 때문에 내 생각이 팔자가 있다고 생각하면 팔자가 돌아오는 겁니다. 그래서 팔자나 이런 모든 언어를 거기 갖다가 붙이지도 말고 몰락 들어오는 대로 먹어 치우고 마는 거죠. 빈 병도 먹어 치우고 담긴 것도 먹어 치운다 이거야. 그러니까 아니 되는 것도 그놈이 하는 거고 되는 것도 그놈이 하는 거고, 못나게 한 것도 그놈이 한 거고 잘나게 한 것도 그놈이 한 거고, 업이 있다 하는 것도 그놈이 하는 거고 업을 안 지었다 하는 것도 그놈이 하는 거고, 모든 게 그놈이 하는 거니깐 그놈한테 아예 놓되 감사하게 놓고, 먹고 치우고 먹고 치우고 다 먹어 치워라 이거야. 그런다면 거기에서 참 좋은, 그 자기의 참마음이 스스로서 만법을, 스스로 용을 할 수 있는, 아무 기탄 없이 그대로 집어서 할 수 있는 마음이 생기게 되는 것입니다.

엇그저께 얘기했죠. 물이나 산이나 이 혈맥이 있는데 이 몸으로 비유한다면, 건성적인 혈맥이 있고, 세포가 건성적인 세포가 있어요. 또 그 한 꺼풀 속에 건성적인 게 아니라 중성적인 세포가 또 있다고요. 그 속 내부에, 즉 말하자면 정말 동맥과 정맥이 그냥 막 흐르고, 맥이 흐르죠? 그런데 그와 같이 지금 산의 혈맥도, '산' 하면 지구가 벌써 동일하게 돌아가요. 지구가 있음으로써 그 혈맥이 있는 거니까. 모두가 동일하게 돌아가죠. 그래서 우리 인간의 몸뚱이와 같이 지구도 그 속에는 혈통과 모든 오장육부의 정맥 동맥이 돌아가듯…, 지난번에 다 얘기했죠?

그런데 이 산을 지관이 본다 이럴 때는 이 겉 맥만 보는 거예요. 겉 혈관이라고 할까? 건성 혈관만 보는 거죠. 그래서 건성이라는 것은 "산이 맥이 이렇게 흘렀다." 이게 건성이거든. 맥이 이렇게 생긴 것이 이렇게 흘렀다 그런다면 "맥이 흘렀구나. 그래서 이것이 흘러 버렸으니깐 여기는 복이 담길 수가 없어." 이러거든. 이 맥은 건성 맥이기 때문에 흘러 버렸다 이건데, 우리가 전기를 가설할 때도, 여기 지금 코드 꽂는 데가 저렇게 있습니다. 그런데 코드 꽂는 데만 만들어 놨지 가설은 다 돼 있지 않습니까? 어디고 가설은 다 돼 있어요. 그런데 아무 데나 꽂아서 불이 들어옵니까? 안 들어오죠? 해 놓은 데나 들어와요.

그런 거와 마찬가지로 우리 인간의 혈맥이 그렇게, 우리가 침을 준다 하더라도 딱 꽂아서 침을 줄 데가 있고 침을 못 줄 데가 있죠. 그래서 요런 정수리나 눈, 눈에 정기가 들어오는 곳이 요기 양면에 있고 이 대뇌에 먼저 듣는 수신기가 여기에 있다 하면 그러한 문제, 송과체나 청과체가, 청각이나 백각이 머리에 다 이렇게 있고 그렇듯이, 우리 산맥도 그렇게 함으로써 그것은 건성 맥을 본다는 얘깁니다. 그것은 어디까지나 술수라고 볼 수밖에는 없는 건성 맥, 지관이 볼 때에 겉 맥만 보지 속 맥은 못 본다는 얘깁니다.

그럴 때 '우리 이 공부한 사람들은 겉 맥을 보지 않는다' 이런 게 나옵니다. 겉 맥을 보지 않고 속에서부터 보기 때문에, 속에서 보기 때문에 그냥 가다가 지팡이로 탁 찍으면 그대로 그 자리라 이거야. 그렇기 때문에, 겉 맥을 보지 않기 때문에 속 맥에서 딱 찌르면 벌써 혈은 거기…. 우리가 저런 가설을 할 때도 저기다 해 놨지만 때에 따라서 줄을 다른 데다가 이어서 코드를 꽂게 만들어 놓으면 또 그대로 불이 들어오거든. 그러니까 맘대로다 이거야, 맘대로. 이 공부를 하게 되면 맘대로다 이겁니다. 그래서 자유자재한다 이런 뜻입니다.

그래 인제 겉 맥이다, 중맥이다, 대맥이다 이러는 문제가, 지금 저 하늘에 별들이 있는 것도 작은 게 있고 큰 게 있고 그렇듯이 이 땅의 혈맥도 사자혈이 있고 사슴혈이 있고, 이름을 지을 수가 없으니까 그런 이름으로 이렇게 붙이는 겁니다. 붙이되 그것도 또 맞습니다. 이렇게 한 덩어리의 산이 있으면 사자의 혈도 있고 거북혈도 있고 이렇게 이름을 우리가 붙여 놓는 것은 한 덩어리가 이렇게 있다면, 한 집 한 집이 따로따로 있는데 큰 집에 가설이 된 집도 있고 작은 집에 가설이 된 집도 있고 그렇거든요. 그렇기 때문에 큰 집에는 동맥이 들어가 있고 작은 집에는 아주 조그만 소맥이 들어가 있죠. 또 어떤 회사를 하는 사람들에게는 큰 동맥이 들어가 있죠. 그래서 그것을 사자혈이라고 하고 또 작은 거는 중혈, 이런 것은, 즉 말하자면 사슴혈이라고도 할 수 있고 인혈, 족혈, 풍혈, 무슨 지혈 이런 이름이 다 붙어 있는 거죠.

즉 말하자면 오혈! 사람도 오혈이 있듯이 '오혈' 이렇게 되면 그것은 전체를 말하기 때문에 어떤 집, 개인 하나하나를 말하는 게 아니죠. 그래서 우리 이 공부 한 사람들은 개천을 지나간다 할지라도, 물이 위에서는 이렇게 가는데, 이게 개천이죠. 근데 그 밑을 본다면 맹숭맹숭하거든요. 그런데 이것을 청혈이다, 수혈, 또 오혈, 불혈 이렇게 있는데 우리 이 지금 땅속에 말입니다, 즉 입관을 해서 딱 묘지를 쓴다 하면 어떤 게 나쁜가 좋은가를 우리가 생각하는 것이 뭐냐? 정혈, 이것은 좋은 맥에서 산의 흙이나 모든 것이 인체를 묻으면 한데 한마음으로 뭉쳐진다는 얘깁니다. 그래서 잘 썩고 또 자손들이 잘된다는 뜻이죠. 전기가 같이 들어오니까. 그런데 이 혈맥이 만약에 저런 코드가 없는 그런 아무 데나 묻어진다면 전기가 통하질 않기 때문에 그 자손들한테도 그런 게 영향이 다 미치지 못한다는 얘기죠. 그렇기 때문에 죽은 사람도 빛을 못 보고 산 사람도 빛을 못 보기 때문에 그 산을 찾는 거죠. 맥을 찾는 겁니다.

그런데 우리 공부한 사람들은 맥이 따로 없다고 내가 항상 그러죠. 팔자 운명도 따로 없고 맥도 따로 없다. 그러면 내가 그럴지언댄

일체 만법이 다 그렇고 산맥도 그렇다 이렇게 말할 수 있습니다. 그래서 그 맥을 그렇게 봐서…. 또 어떠한 혈은 우리가 꼭 과학적이라고 안 그래도 사실이 그런 겁니다. 속에서 이, 지난번에 얘기했죠. 지구에서 끈적끈적한 분비물이 일 킬로에, 즉 말하자면 감각을 두고 이렇게 여며졌다. 그럼 거기서 분비물이 이렇게 돌아가면서, 쉴 사이 없이 돌아가면서 분비물이 나오니까 그것이 자꾸자꾸 가스로 화해서, 이것이 깊은 데도 있고 얕은 데도 있고, 즉 몇 킬로가 되는 데도 있고 몇 킬로 안 되는 데도 있고, 물속은 이 지구의 거리가 조금 얕게도 될 수 있고 이 육지로는 더 높게도 될 수 있거든. 그렇기 때문에 백팔십 미터 정도로 밑에 수증이 흐른다. 깨끗한 물이 흐른다. 정혈을 다 할 수 있는 물이 흐른다 할 때는 거기에 입관을 시키면 참 좋다. 그건 수혈이기 때문에 청혈이다 이거야. 그런데 그게 아니고 또 불혈이다 하는 것도 혈에다가, 어떤 사람의 팔에다가 묻어 놓는다면 팔을 쓰지 못한다 이런 문제도 있거든요, 혈을 막아 놓으면. 그런 거나 마찬가지로 그런 혈이 있을 때는 뭘 뜻하느냐. 혈을 혈이라고 이름을 지었기 때문에 그건 이름이지 아무것도 아니에요.

즉 땅속에서 가스가 올라와서 이렇게 표면으로 탁 바깥으로 나오지 않는다면 땅속에서 숯 굽는 것처럼 타 버리거든요. 그렇게 타 버리지 않는다면, 그런 속에서 타지 않는다면 우리 금은보화가 나오지 않습니다. 여기에서 석탄도 나오지 않고 또 온수도 나오지 않고. 그런데 가스도 나와서 우리가 전기로 쓰고 온수도 나오면 또 쓰고 우리 인간에게 다 주어져 있죠. 석탄도 나오고 또 기름도 나오고 보물도 나오고 금도 나오고 뭐, 별거 별거 다 나오지 않아요? 수정도 나오고. 그런 것이 바로 숯 굽듯이, 그 속에서 바깥으로 풍기질 않고 탔기 때문이다 이겁니다.

그러나 바깥으로도 얼마나 화산이 많이 터지고 지진이 나서 수억의 집이 그냥 땅속으로 막 들어갔습니까? 우리 한국만은 그냥 쪼그마한 지진에 불과했지마는 딴 데는 참 많이 있었다고 볼 수 있겠습니다. 그러면 그것이 지역이 얕은 관계상 그런 문제가 있지 않겠느냐는 문제입니다. 그렇기 때문에 그러한 혈을 가지고 있는 거, 그러한 것을 보고서 거기에 어떠한 입관이 된다면 빨리 그 열기가, 힘이 거기에 주어지기 때문에 여기 살면서 가지고 있던 그 마음의 차원에 의해서, 그것도 생명의 차원에 그 혈기가 불어넣어지니까 이 집안이 잘된다는 얘깁니다. 그래서 혈을 찾는 거죠.

그러나 우리 마음공부 하는 분들은 어디까지나 그대로지. 그대로 내가 생각하면, 생각을 먹고 놓든지 안 먹고 놓든지 이건 자기 마음이야. 그러니까 예전에, 이 생명이 생기기 이전에 지수화풍으로 뭉쳐질 때도, 그때에 지수화풍으로 뭉쳐져서 우주가 형성될 때에도 우리는 거기에 같이 있었다 이거야. 그렇기 때문에 지금도 이렇게 갖추어져서 우리가 눈도 빤딱거릴 수 있고 귀도 있을 수 있고 오관을 통해서, 오선을 통해서, 감각과 기관을 통해서, 의식을 통해서 우리가 이렇게 맘대로 살 수가 있는 건데, 맘대로 살 수 있게끔 자기네들이 만들어 놨는데 자기네들이 모르는 겁니다, 지금. 자기네들이 해 놓고 자기네들이 모르는 겁니다. 굼벵이도 자기가 그렇게 애를 쓰고 매미가 돼 나와 가지고서는, 굼벵이가 자기를 매미로 만들어 놓고 자기가 매미로 만들어 놓은 걸 모르고 있는 거예요. 그렇듯이 그렇게 자유권을 가졌으면서도 그 자유권을 흥미롭게 자기가 지금 활용을 못하고 있는 거죠.

그러니까 내 말은, 이 법이 얼마나 좋은지 그대로 법이다, 그대로. 그대로 부처님 법이고 그대로 중생 부처가 둘이 아니다. 선장과 오장육부에 들어 있는 생명들이 그대로, 이 오장육부의 생명들의 그 마음이 한데 합쳐졌기 때문에 내 선장이라는, 인간이라는 마음 하나가 이렇게 생긴 거니까. 그것은 한데 모였기 때문에 생긴 거다 이거야. 그러니 자유자재껏 써라 이거거든. 중생 부처가 따로 없다. 그것이 바로 마음이 한데 합쳐져서 나오는 요 미묘한 법이니 그것이 따로 있는 게 아니다.

그러니 그대로 이것은 거기에서 나오는 거니까 그저 담기는 대로 내가 묘미 있게 잘 활용을 한다면, 활용도 그대로 우리가 지금 활용을 하는데 활용을 하면서도 활용하는 걸 모르고 있기 때문에 "아이 저런, 활용법부터 배워!" 이러거든. 이 세상에 나오면 활용법부터 배운다고. 걸음마를 떼. 먹을 걸 달래. 벌써 젖 빨려고 고개를 막 흔들거든요. 그것도 활용이라고. 왜? 쪼끄매서부터 나오면 벌써 눈 반짝거리고, 혓바닥 날름거리고 활용을 합니다. 그러니 활용법이 따로 있는 게 아니고 우리가 내공에서 이 마음을 어떻게, 즉 말하자면 시공을 초월한 거기에서 넘어서서 우리가 지금 활용하는 거, 먹을 때 먹고 빈 병 내놓을 때 내놓고 이렇게 잘 해낼 수 있느냐 하는 게 문제입니다.

그렇기 때문에 어떤 분은 십 년 공부할 거를 일 초에 터득을 하는 사람이 있고 또 어떤 사람은 십 년을 다녔어도 한 번 온 거밖에는 안 되는 사람이 있거든요. 그러니 먼저다 나중이다 할 게 없습니다. 우리가 살아나가는 데, 어떤 때는 내가 그럽니다. "아, 여기가 아픕니다. 아파서 지금 왔습니다." 나는 그 소리만 들으면 할 말이 없거든요, 본래. 그런데 내 말을 듣고자 하거든요. 이것이 말을 했으면 "여기 때문에 왔습니다." 이러면 나도 귀가 있어서 들었거든요. 들었으면 말한 사람하고 들은 사람하고 샘샘이 됐단 말입니다. 둘이 아니거든. 그러면 그 내공에서 자기가 한 말을 자기가 모르겠습니까? 또 자기가 한 말을 내가 못 들었겠습니까? 듣기는 여실히 들었는데 그것을 다시 재차 말을 하게 되면 군더더기가 되거든요. 그러니까 여러분이 진짜 믿고 하시려면, 말 한마디 하면 나한테 대꾸를 들을 생각을 하지 마라. 물으려고도 하지 말고. 때에 따라서 공부하는 데에 좀 답답하면 질문할 때에 그 소리가 거기서 나올 수도 있겠죠. 그러니 아무 소리도 안 했으면 금방 곧바로 들어갈 텐데도 또 한번 되풀이를 하기 때문에 또 굴러지는 거예요, 이게. 이게 참, 문제가 여간 있는 게 아닙니다.

어떤 때는 또 이런 적도 있죠. 말을 한마디 해서 그것이 안 담길 때가 있어요. 그럴 때에, 재차 그 사정 얘기를 할 때 "아, 그럼 이렇게…." 하고서 말없이 또 돌아갈 때가 있어요. 그러니까 사람에 따라서 그걸로써 족한 게 있고 또 두 번 와서 다시 말할 때 족한 게 있고, 세 번 와서 한마디 할 때 족한 게 있고 곧바로 족한 게 있어요. 그러니 그것도 개의치 마시고 여러분이 열 번을 올 일이라면 열 번도 마다하지 말고 오실 수 있는 그 인내를 가지시고 해 줬으면 좋겠고요. (녹음 안됨)

여러분 살아나가는 데 이익하게 하기 위해서 공부하는 데에 지금 역점을 두고 자꾸 이렇게 잔소리를 하게 됩니다마는 '그대로 곧바로 일 초에 내가 이런 걸 깨닫는다' 하는 거는, 언젠가 어느 사람한테 이런 말을 한 예가 있어요. "야, 여직껏 네가 해 오지 않았느냐? 나쁘고 좋고 망하고 흥한 것을 바로 당신이 해 오지 않았소?" 하니까 그렇대요. "그랬으면 그 나쁘고 좋은 거, 그 주인공에서 모든 것을 한 거니까, 인제는 주인공에다 모든 걸 맡기고 네 맘대로, 팔자 운명도 아무것도 없다. 네가 진짜 네 주인공을 믿는다면, 믿고서 모든 걸 물러서지 않고 행하는 것이 그 주인공이 하는 거다." 그랬습니다. 곧바로 들어간 거예요.

그러니까 부실하고 얼룩져서 보이지 않던 눈도 자기가 고치고, 그러니까 막바로 들어간 거야, 막바로. 그러니까 자기네 가정에 있는 문제도 막바로, 그냥 묻지도 않고 막바로 들어간 거야. 믿고 들어간 거야. '내가 이렇게 하는데 안 될 일이 있느냐. 왜? 스님만 되고 왜 나는 안 되느냐?' 이러고 막 들어가니까 아, 그냥그냥 다 처리해 버렸단 말이야. 그렇게 하다 보니까 자신이 생긴 겁니다. 이 자신이 생긴 게 주장자를 딱 세운 거죠.

주장자를 어느만치 세우고선 하다 보니까 "아하! 이 주장자도 세울 게 없구나. 아주 참, 태평하구나. 주장자 세우지 않아도 그대로 그냥 본래 세워져 있구나!" 이런 걸 알았죠. 그래서 주인공이란 이름도 세울 게 없이 세워져 있더라, 본래. 그래서 믿었던 겁니다.

그래서 완벽하게 자기가 자신이 생겼으니까 그때 가서는 남도 좀…. 길을 가다가도 어느 사람이 돈을 자꾸 달라고, 친척 간에 그러니까 이랬대요. '아휴, 친척 간에 얻어만 먹지 말고 인제 너 자립해서 살아라. 이 주인공은 틀림없이 네 주인공도 있을 테니까 그렇게 할 것이다.' 하고 믿고 들어가니까 아, 그 달라고 오던 사람이 일 년을 안 오더랍니다. 일 년을 안 오더니 그 이듬해 정월에 세배를 왔는데 보니까 장사를 해서 돈을 곧잘 벌었다고 하더군요. 그러니 얼마나 그 사람이 좋았겠습니까? 그러니까 자기가 모든 일에 자신이 있는 겁니다. 그러니까 자신이 있으니까 뭐든지, 잘됐다 못됐다를 아예 다 놓은 채 그대로 여여하게 자신이 있는 거죠. 그래서 여실히 그런 모든 것을 알고 난 뒤로는 사회로 이렇게 한번, 그 음미해 보는 생각을 자꾸자꾸 해 보면서 자꾸자꾸 넓혀 가는 거죠. 그렇게 넓혀 가면서 공부하는 분들이 여기에 더러 많다고 볼 수 있겠습니다.

그러니까 우리가 오늘 얘기한 것은, 참으로 우리가 이 주인공에 모든 것을 믿고 놔라. 믿고 맡겨 놓고 살아라. 잠이 안 오더라도 '아, 여기에서 잠을 재우고 끌고 다니는 거니까 여기에서 잠을 재울 수 있을 거다.' 그렇게 믿고서 하는 것하고, '잠을 재워 주시오.' 하는 거하고 다르죠. '잠을 재워 주시오.' 하면 둘이 되고, '잠을 재워 줄 것이다.' 라는 거를 믿을 때는 하나죠, 그냥 그대로. 이게 또 아주 역력한 게 있죠. 그래서 여러분이 처음에 쥘 게 없어서 공부 못 할 때는 '잠을 재워 주시오.' 그렇게 했다가도 나중에는 '틀림없이 잠을 재워 줄 거다' 라는 거, "줄 거다"라는 것이 인식이 되면 그저 수시로 이렇게 돌아와도 그냥 놓게 되지, 그냥. 그냥그냥이죠. 그렇기 때문에 항상 자성에서 일어나는 일체 만법은 자기가 자유롭게 쓸 수 있다. 자기가 물리가 터지지 않고 지혜롭지 못하면 졸렬하게 쓰고, 또 풍부하다면 넓게도 씁니다. 그러니까 넓히면 넓히는 대로 넓어지고, 좁히면 좁히는 대로 좁아지고 아주 없다 그런다면 아주 없어지고, 이렇게 마음대로 할 수 있는 겁니다. 이것은 물건이 아니기 때문에.

그래서 옛날에 어느 분이 이것저것 자꾸 말로 주워 대니까 그런 말을 했죠. "야, 네 심월봉에, 모든 걸 오는 대로 닿는 대로 집어삼켜 버리는데, 한 물건이라도 남는 게 있느냐, 없느냐?" 하고 다그쳤다는 얘기도 있습니다. 옛날에 이런 예도 있었죠. 어느 스님께서 "너, 아침 죽을 먹었느냐?" 하니까 "예." 이건 벌써 먹지 못한 거거든. "예." 했단 말이야. "너, 등잔 좀 가져오너라." 이런다면, 아니, "등잔 좀 가져오너라." 했으면 벌써 불을 켤 줄 알아야 될 거 아닙니까? 그렇죠? 그런데 "등잔 좀 가져오너라." 해도 등잔만 놓고는 불도 켤 줄 모르는 거야. 이 식이나 똑같습니다. 등잔이 있으면 사람의 손이 가야 하고 성냥이 있어야 하듯이, 우리는 삼합이 맞아야 맞아 돌아가는 거죠. 뜻과 행과 말, 이 삼합이 동시에 돌아가고 있습니다. 그래서 "죽 먹었느냐?" 하니까 "예." 하거든요. 그래서 또 한마디를 재차 아주 안타깝게 "그럼 식기는 닦았겠지?" 또 "예." 그럼 그건 아주 팡이죠. 갖다 주는 밥도 못 먹는 겁니다.

여러분도 모든 걸 맡겨 놔라 하니까 그저 죽이 되나 밥이 되나 맡겨 놓는 거야. 빈 병이나 든 병이나 그냥 막 그냥, 응? 그래 놓곤 "아무리 맡겨도 안됩니다." 이거거든. 야, 빈 병은 그대로 놓을 수 있지마는 담긴 병은 좀 먹고 놓으면 어떠냐 이거야. 좀 그거 지혜가 안 돌아가, 응? 그거는 자기네들이 할 일이지. 아쉬우면 자기네들이 할 일이지. 빈 병이든 담긴 병이든 주면, 담겼으면 벌써 자기가 알아서 '이건 먹으라고 준 거구나.' 하고 감사하게 먹고 놔야지. 그저 담긴 것도 그냥 갖다 내버리는 거야. 그러니 어떡해요, 그거를? 자기가 먹지 않고 놓은 거를. 벌써 지났단 말이야. 지나 가지고 와서 뭐라 그러느냐면 "아휴, 저는 맡겨 놨는데도 안되더군요." 이러거든. 벌써 여기까지 들어왔는데, 자동적으로 들어왔는데 이걸 얼른 마시고 탁 놔야 또 돌아가는데 이거

먹지도 않고 그냥 놓은 거야. 그 스님께서 "죽 먹었느냐?" 할 때 "식기 닦았습니다." 했으면 벌써 먹은 거라. 아니, 그걸 몰라, 그래?

그러니까 이 뜻이, 여기에서 물리가 터져야 되니까 모든 것을 여기에서 내가 믿어서, 진짜로 믿어서 정말 하나도 남김없이 몰락 놔라 이거야, 몰락 그냥! 몰락 놓는데 "몰락 놔라" 하는 속에 담긴 것도 있고 안 담긴 것도 있고, 부패된 것도 있고 뭐, 별거 별거 다 있어요, 몰락 놓으라는 그 속에. 그러니 그거는 생각대로들 하세요. 먹고 놓든지, 맛있는 건 먹고 놓고 안 맛있는 건 쏟아 버리고 놓고 이렇게, 자꾸자꾸. 그러다 보면 그건 역력하게 활용을 하면서도 함이 없이 하는 겁니다. 그리고 항상 이익하고. 그게 바로 공심으로서 공용을 하는 겁니다. 공용을 하니 얼마나 좋습니까. 개별적인 생각 그것은 힘이 없지만 공심으로서 공용을 하는데 얼마나 힘이 푹푹 솟습니까?

그러니 항상 얘기를 해 드리듯이 저 코드가 저렇게 있어도 우리가 저거를 낄 줄 모르면 안 돼요. 끼었다 뺐다 할 줄 모르면, 끼는 것도 그놈이 하는 거고 빼는 것도 그놈이 하는 건데, 몰락 놓으랬으면 끼는 것도 놓은 거고 빼는 것도 놓은 겁니다. 거기 그놈이 하는 거니까. 그놈이 작용을 하는 거니까. 그래, 다 놨는데 불 켤 때는 끼고, 자유스럽게, 또 켜지 않을 때는 빼고 이렇게 자유스럽게 쓰는 그 자체가 바로 놓는 거다 이겁니다. 그대로 무심으로 그래도 그대로 놓으면서, 자유롭게 쓰면서, 바로 자기가 완전히 그것을 체험하면서, 자기는 자신이 생기면서, 아주 도도하게 자신이 서는 그 때가 있습니다. 그 때가, 도도하게 설 때가 빳빳하게 설 때죠. 빳빳하게 설 때가 한참 돌아가다가 아, 이게 넓히다 보니까 '아하! 이 물감 오십 가지가 다 여기에 들어 있구나.' 하고 '이 백지에 그림을 다…, 이 오십 가지의 물감이 여기 다 들어가 있구나!' 그러고 그거 하나만 가지고 있는데 그거는 백지더라 이겁니다. 허허허.

그래서 그 백지에 수많은 그림이 거기에 그려져 있어도 일체 만물만생이 다 한꺼번에 그 백지 안에 들어서 우리가 같이 공생하고 공용하고 공식하고 이렇게 해서, 쓸 때는 그냥 와락 이리로 끌어서 쓸 수도 있고 와락 줄 수도 있고 쪼끄만 데는 쪼끄만 데대로 줄 수 있고 이런 것입니다. 그러니 이 활용이라는 자체가 따로 있는 게 아니라, 우리가 지금 현재에 생활을 하는 이 활용이, 즉 말하자면 건성 활용을 하느냐, 지금 저, 외(外)의 활용을 그대로 내공으로부터 하느냐의 문제에 있어서 우리가 실상으로서 실행을 할 수 있는 그런 법입니다. 그래서 법인 거죠.

오늘은 이것으로써 마치겠습니다.

금닭 우는 소리

1986년 7월 7일

우리 한마음의 한뜻이, 그대로 우리 살아나가는 게 법이며 부처님 법이자 우리 생활 법이며, 생활 법에서 그 삶의 보람과 조화를 이루고 생동력 있게 인간이 살아나간다는 거를, 즉 그대로 그 자리에서 알기 위해서 우리는 공부하는 겁니다. 따로따로 있다고 생각해서는 절대 안 되며 또 한 가지는, 사중(寺中)에 신장님이나 독성이나 산신, 칠성 또는 모든 불상들을 해 놓고 이름을 해 놓은 것은 여러분이 모르니까 이것저것, 이거를 위해서 찾는 사람도 있고 저거를 위해서 찾는 사람도 있으니까 그런 것이지, 그것은 이름도 둘이 아니고 모습도 둘이 아닙니다. 여러분이 생활해 나가면서 여러 가지가지 이름이 있고, 여러 가지가지 모습이 있고, 여러 가지가지 행이 있기 때문에 그대로 방편으로 그렇게 해 놓은 것입니다. 그렇기 때문에 부처님 앞에 가서만 정성을 들이고 산신각에 가서 안 하면 우리 자식들이나 또는 남편이나 부모가 잘못되면 어쩌나 하는 그런 의심을 두지 마시길 바랍니다.

모든 건 한 군데서 나오고 드는 거지 두 군데서도 아닙니다. 우리가 배울 때에 그렇게 배워야 되겠기에…. 수많은 사람이 시장에 나가서 여러 사람들이 물건을 팔고 사고 그래도 자기는 자기 하는 대로, 여러 가지를 사도 자기가 여러 가지를 사고, 이름이 여러 가지라도 자기 혼자 여러 가지를 사게 됩니다. 그와 마찬가지로 우리 살림살이가 그러하다 이겁니다. 그러니까 어디에고 현혹되지 마시고 될 수 있으면 나의 마음이 천 가지 만 가지 들이고 낸다는 것을 적멸하게 아셔야 합니다. 그리고 어디고 현혹되지 마셔야 합니다. 부처님도 바로 내 마음 속에 있기 때문에, 그렇게 가까이 있기 때문에 부처님은 형상을 즉 '치고 넘어가라' 한 거지, 내 마음 가운데다가 두지 않았다면 그걸 '치고 넘어가라' 그러지는 않았을 겁니다. 그 치고 넘어가라는 것도 방편이지, 내가 내 마음, 한마음 속에 있기 때문에 그 형상에, 바깥에 끄달리지 말라 해서 말씀해 주신 거지, 그것이 내 마음 가운데에 공생으로서 공용을 하고 공식하고 또 공체로서 돌아가지 않는다면 그런 말씀을 안 하셨을 겁니다.

지금 공부하는 사람들에게 아주 극치적인 문제를 가져오는 것이, 지금 여러 가지 모습, 여러 가지 이름을 해 놓은 것에 의해서 우리가 공부를 못한다고 봅니다. 그리고 또 병이 나면 병 따로 있고 가난하면 가난한 거 따로 있고 업이 있으면 업 따로 있고, 이거 따로따로 친다면 어떡하겠습니까? 우리가 한 몸에서 일어나고 한 몸으로 가라앉고 하는 거를 그렇게 따로따로 찾아 가지고 무엇이 이득이 있겠습니까? 그렇기 때문에 그것이 그렇게 만 가지 천 가지 있더라도, 그전에도 화가 얘기를 했지만 만 가지 천 가지 물감이 있어도 그 한 종이에 다, 그림으로 다 들어간다는 겁니다. 그러니까 그것을 따로따로 보지 마십시오.

옛날 얘기도 아니고 지금 얘기도 아니고, 어디 얘기 좀 해 볼까요. 그런데 예전 얘기가 지금 얘기고, 지금 얘기가 미래에도 또 그러할 겁니다. 예전에 노모를 모시고 어느 석수장이가 살았답니다. 아주 가난하게, 십 리 밖에 나가야 마을이 있는 그런 아주 촌가면서도 바닷가

근처에 오두막을 지어 놓고서 노모를 모시고 살았는데 항상 돌을 가지고 주무르기 때문에 한번 나갔다 하면 일 년도 걸리고 몇 달도 걸리고 이렇게 걸려서 집으로 들어오는데, 돈을 벌어서 노모에게 갖다 드려야만 사니까 그렇게 했더랍니다.

어느 날, 아들이 나이는 먹어 가고 그래서 노모가 어느 가난한 집에서 색시를 데려오게 됐죠. 그래서 장가드는 날, 간단하게 말을 해야겠군요. 장가드는 날 색시에게 족두리를 씌워서, 지금도 신혼여행을 가고 그러지마는 그전에도 색싯집에서 묵었다가 오지 않았습니까. 그런데 모두들 가난하니까 그러지 못하고 그냥 데려다가 예를 올리고선 그날 저녁 첫날밤을 들어가서 턱 앉았는데 말입니다, 창문 바깥에 중이 왔다 갔다 해, 달밤인데. 그러니까 중 새서방을 두고 나한테 이렇게 왔다고 상당히 불쾌하게 생각을 하고 죄 받을 년이라고 욕을 하고서는 거기서 벌떡 일어나서 그냥 문을 열고 어머니더러 하는 소리가 당장 내쫓으라고, 도로 보내라고 그러고서는 그냥 자기 일하는 일터로 가 버리고 말았어요.

그랬는데 그것은 오해였죠. 그러나 오해지마는 그렇게 오해를 사게끔 돼 있었다는 얘기죠. 그래서 이 어머니는 난데없이 그 소리를 들었으니까 그냥 기겁을 해서 아들이 간 뒤에 그냥 죽어 버렸어요, 쓰러져서. 색시는 색시대로 그 자리에 앉아서 죽어 버린 거야. 가서 석 달 후에 오니까 다 죽었더라 이거야. 어떻게 됐겠습니까? 그 심정은 말도 못했겠죠. 족두리 쓴 채 앉아서 그냥 죽었더라는 얘깁니다. 어머니는 어머니대로 방문을 걸터 짚고는 그냥 죽고. 그래서 아랫목에다가 어머니를 뉘어 놓으려니까 벌써 다 썩어서 흐늘흐늘하고 그렇더랍니다. 그래서 색시 방엘 들어가서 색시를 누이려고 이렇게 보니까, 내일 아침이면 다 치워야 할 테니까 말입니다, 썩지도 않고 그대로 있더랍니다, 색시는. 어머니는 벌써 흐들흐들한데, 색시는 그때에 데려오던 그 얼굴을 하고 석 달이 지난 후에도 똑같이 생생하게 그대로 죽기만 했더랍니다. 그래서 잘 이렇게 뉘어 놓고서, 그때도 오해가 풀리지 않았던 거죠. 하지만 죽었으니까 어쩔 수 없이 거기 앉아서 담배를 한 대 피우고 앉아 있으려니까 달은 행청같이 밝은데 으슥해지니까 아, 또 그런 현상이 나온단 말이야.

그래서 그때서야 문을 확 열고 보니까 그 뒤에 대나무가 쭈욱 있는데, 바닷가니까 밤이면 문어가 나와서 그 대나무에 올라가 있으니까는 이게 바람이 불어서 휘척휘척하니까 그게 그렇게 보였던 모양이라. 그러니까 그 대나무 이파리는 칼로 보이고 그랬던 거라. 그러니까 아주 오해를 했다고 해서 참, 마음속으로 부인한테 사죄를 하고 어머니한테도 사죄를 하고 이렇게 장사를 치르고서는 다시 돌아서서 가는 마음은 발이 무겁고, 세상에 인간으로 태어나서 한번 살아 보지도 못하고 어머니도 잃고, 내 이 경망스런 마음을 돌에다 찧어서 죽여도 시원치 않겠더랍니다, 자기를 자기가.

그래서 가다가 날이 저물어서 어느 삽적거리에서 잠을 청해서 자고 있는데 아침 새벽에 닭이 "꼬끼대" 하고 울거든. 세상에, 저런 닭들도 아침에 모든 만물을 기상하게 하느라고 울어 주는데, 저렇게 영리한데 나는 사람으로서 어떻게 그렇게 무디고 옹졸했던가 싶은 것이 참 기가 막혀서 눈물을 흘리면서 일어서서, 장국밥이라도 사 먹고 가야 할 텐데 그것도 입맛이 없어서 그냥 가다 보니까 자기가 일하는 장소까지 당도했더랍니다. 당도를 하니까 참 그 슬픈 마음도 있고 자기가 못난 마음도 들고 자신이 더 살아야 할 그런 것도 도저히 생기지 않는 것을 그래도 이 두 사람을 승천을 시키고서 내가 떠나야겠다고 생각을 했습니다.

그래서 쉬엄쉬엄 일을 하면서 돌로 닭을 한 마리 만들었습니다. 닭을 한 마리 큼직하게 만들어서 자기가 들고 나는 데다 앉혀 놓고 벼슬을 이렇게 해 놓고 그 벼슬을 봤습니다. 닭벼슬을 자기가 해 놓고도 '야! 너는 그렇게 사람들에게 좋은 일을 하고 아침에 기상대처럼 울려

주는 그 목소리에 의해서, 네가 그렇게 영리하게 알고 그래서 벼슬을 받았구나.' 하하, 이렇게 생각을 하면서 말입니다. 참, 그 사람도 나같이 무지렁이였던 모양이에요. 아주 학식도 없고 그러다 보니까 생각으로서만 그렇게 했던 거죠.

그러다가 가만히 생각을 하니까, 어느 스님을 찾아가야겠다는 생각이 들었어요. 이 두 사람을 승천을 시키고 내가 가도 가야 할 테니까 스님한테 한번 여쭤 보는 게 좋겠다고 생각을 했던 나머지 산을 넘고 산을 넘고 그, 옛날에야 지금처럼 이렇게 먹을 게 흔한가요? 보리밥하고 감자하고, 된장하고 풋고추하고 이렇게 해서 보자기에다가 싸서 허리춤에다 매고는 산을 넘고 산을 넘고 그렇게 절을 찾아갔습니다. 그 스님을 만나 뵈니 통곡이 나와서 울면서 그 사실 얘기를 다 했습니다. 그랬더니 그 스님이 하시는 말씀이 "이왕지사 승천을 시키려면 아주 승천을 시켜야 하기 때문에 네가 만들어 놓은 그 닭이 알을 낳아야만 되느니라. 그 닭이 '꼬끼오' 하고 새벽에 우는 소리가 나면서 닭이 알을 낳아야 승천이 되느니라." 이러거든요. 그러니 이건 죽을 수도 없는 거라. 죽으려야 죽을 수도 없어, 생각을 해 보니. 두 분을, 어머니도 그렇고 자기가 죽였는데 그걸 승천을 시켜야 어떻게 죽어도 죽지 어쩌겠습니까? 그러니 그 스님 말씀이 그러신단 말입니다. 그래서 할 수 없이 내려가서 그저 닭 울 때를 고대하며, 자나 깨나 닭 울 때를 기다리는 겁니다, 자나 깨나.

그러니까 일을 하면서도 항상 자나 깨나 닭 울 때를 기다리는 마음이 그저 가슴속에서 잊혀지질 않는 겁니다. 그래서 변소에 가나 어디 들어가나 나가나, 자나 깨나야. 자면서도 '알을 어서 낳아라. 어서 낳게 돼야지. 어서 낳아라, 어서 낳아라.' 하면서 그저 그냥 마음속으로 이러면서 손을 합장을 한 채 울면서 잠이 들고 그런 날이 하루 이틀이 아니거든. 그런데 일 년이 가도 이태가 가도 삼 년이 가도 꿈쩍이 없어. 그래서 하루는 "이럴 수가 있습니까?" 하고선 그냥 통곡을 하고 밤에 앉아서 울다 보니까 새벽녘이 됐어. 새벽에 아, 별안간에 그냥 닭 우는 소리가 행청같이 들리너니 그렇게 크게 소리가 나거든. 얼마나 반가웠던지 뛰어나가서는 닭을 보니까 아, 정말 알을 낳았거든. 그런데 알을 낳았는데 닭을 돌로 만들어 놨기 때문에 돌알이거든. 그러니 아니, 팥 심은 데 팥 나고 콩 심은 데 콩 나지, 어떻게 하겠나 이거야. 돌알을 낳았어.

그래서 할 수 없이 돌알을 들고서 스님한테 또 갔지. 별 수 없지. "이 돌알이라도 낳았으니 승천이 됐습니까?" 하고 물었어. 살고 싶지도 않고 그래서 아예 그냥 그렇게 두 분만 승천이 됐다면 자기는 아주 죽으려고 각오를 하고 그 돌알을 들고 저 산 부처님한테 가니까 그 부처님께서 하시는 말씀이, "그 돌알로는 도대체 승천이 되질 않아. 그러니 '꼬끼요!' 하고 울기 이전의 그 액물, 액체를 발라서 항상 굴려야 그것이 금알이 될 수 있다." 금알이 돼야 승천을 한다 이거야. 아, 그러니 지금만 같아도 모두 안 속죠. 허허, 그런데 그때는 너무 무지렁이고, 나같이 무지렁이고 또 여러분처럼 무지렁이기 때문에 아마 그것을 들었던 모양입니다. 그래서 그걸 곧이듣고 금알을 만들기 위해서 말소리, 그 '꼬끼요' 소리 나기 이전 그 액물을 발라서 항상 굴려도 아, 이게 금알이 되긴커녕 영 뭐, 깜깜소식이거든. 그래서 또 스님한테 찾아갔습니다. 찾아가니까 "이놈, 한마디 그렇게 했으면 그런 줄 알지, 어디를 왔느냐!" 하고 내쫓거든요.

그래서 한 방망이 얻어 걸리고는 엉엉 울면서 또 왔습니다. 와서 그저 석수장이 일을 열심히 하면서 또 그걸 열심히 굴렸습니다. 일을 하면서도 그것이 금알이 되기를 바라면서 굴렸습니다. 그러니까 말 한마디라도 바깥으로 했으면 그게 굴려지지 않아. 말하기 이전 액을 발라서 굴리랬으니 이놈의 건 말을 해서 그게 굴려지는 게 아니거든. 그래서 아, 어느 땐가, 근 일 년이 넘고 이태가 지나 삼 년이 지나니까 아, 그 돌이 말이야, 그냥 번쩍번쩍하는 금알이 된 거야. 이걸 들고 또 간 거야. 그전에는 미련했던 모양이지, 나 같으면 금알을 갖다 팔아서 부자가 됐을 텐데 말이야. 하하하….

그랬는데 그 금알을 들고 스님한테 가니까 "이 미련한 놈아, 인제는 네가 심장 액을 발라서 또 굴려야, 포근하고 따뜻해서 병아리를 깔 수 있다." 이거거든. 금병아리를 깔 수 있다. 그러니 심장 액을 발라서 또 굴리라니 이놈의 노릇은 참…. 그게 못났으니까 그걸 들었을는지도 모르지만, 여기 여러분이 다 그때의 그분과 같이 못나기도 했다고 봅니다, 나도 그렇고. 못났으니까 여기 이렇게 앉아 있지, 못나지 않았으면 이렇게 앉아 있을 수가 없습니다. 그래서 그 사람은 그 소리를 듣고 무릎을 탁 쳤습니다. 아, 이 금알로 금병아리를 까기 위해서는 그 심장 액을 발라야만이 굴려진다는 그 말을 듣고선 거기서 무릎을 치고 "고맙습니다." 하고 엉엉 울었습니다. 엉엉 우니까 "이놈아, 소리 내서 운다고 금닭이 울 줄 아느냐?" 하고선 그냥 또 벼락같이 소리를 지르니까 아, 그냥 쫓겨 나왔죠.

그래서 다시 와서 석수장이 노릇을 하면서 그것을 그렇게 심장 액을 발라서 굴렸습니다. 굴려서 병아리가 돼 가지고서는 "삐약삐약" 하거든요. 아, 금병아리가 나왔단 말입니다. 그런데 여러분 같으면, 금병아리면 이만하죠, 그래도. 그러면 그걸 갖다 팔면 얼마나 많겠습니까? 지금은 얼마 안 되지만 말입니다. 그래서 "삐약삐약" 하니까 그걸 가지고 또 스님한테 간 거예요. "이놈아, 금병아리를 키우려면 네가 이거를, 쪼금 체해도 안 되고 과식이 되도 안 되고 배가 고파도 안 된다." 이거야. 그러니까 아예 그냥 요걸 딱 맞춰서 먹여야 하니까 "그럼 뭘 먹여서 키워야 잘 큽니까?" 하고 물으니까 심장 액, 즉 말하자면 심장 털이라는 얘기야. 그것도 다른 거는 안 먹고 아주, 심장 액 털을 먹여서 키워야 자라느니라. 그 심장 액에 털이 딱 하나씩 나는데 그 하나에서, 항상 그것만 먹고 자라기 때문에 더 먹여도 안 되고 덜 먹여도 안 되는 거라는 거라. 그래서 그것을 잘 먹여서 키우느라고…. 그런데 그것이 이해가 안 가는 게 아니라, 그때에 그 소리를 듣고 어떻게 생각을 했느냐면 이 머저리가 '흥! 심장 털이나 심장 액이나….' 하하하…. 속으로 그렇게 생각을 하니까 스님이 있다 하는 말이 "이놈!" 하고 악을 쓰거든. "심장 액하고 심장 털하고 어찌 똑같으냐? 그것이 똑같을 때까지 이놈, 잘 키우란 말이야." 아, 이러고 악을 쓰거든.

그래서 찔끔해 가지고선 가서 또 그놈의 거를 생각나는 대로 그냥 그렇게 해서 잘 키웠더랍니다. 그래서 금닭이 잘 커지니까 스님한테 가서 말씀 여쭙기를 "인제는 잘 키웠습니다." 하니까 "키운 거를 내놔 봐라." 하거든, 또. 그러니 금닭을 내놔 봐야지. 그러니까 그냥 모가지를 길게 빼고 "꼬꼬댁 꼬오!" 하고 울었대요. 그러니까 "옳지, 그만하면 됐다. 다 자랐구나!" 하고서 "인제는 승천을 했으니 너 이놈, 죽든지 살든지 네 마음대로 해라." 이러고 내쫓거든, 또.

그래서 그때서부터 그 스님의 제자가 되고 큰스님으로서 많은 중생들을 건지고도 남고 참, 예전의 미생물에서부터 거쳐 나오면서 진화돼서 인간이 드물게 있었을 당시에 인간으로 많이 이끌어서 그 성과를 올렸다고 봅니다. 그래서 인도환생을 시키는 데에 많은 역할을 했다고 보죠. 우리가 또 짐승으로도 될 수 있고 인간으로도 될 수 있고, 예전에야 인간 난 지가 얼마나 됐겠습니까? 생명 난 지는 오래됐지만 인간 난 지는 그렇게 오래되지 않습니다. 그렇기 때문에 인간으로 이끌어 주기에 그것은 첫 선구자라고 해도 과언이 아닐 겁니다. 그렇게 못난이가 말입니다. 그러니 못났든 잘났든 우리가 그만큼만이라도 될 수 있는 그런 믿음과 그런 게 있다면 머지않아서 공부할 수 있을 겁니다.

그리고 또 한 가지, 엊그저께도 얘기했지만 생활에서 우리는 항상 세 가지를 일심으로서 모든 거를 해 나가고 있습니다. 삼위일체의 행이 전체의 행이죠. 그렇기 때문에 '죄가 있다' 라고 생각을 하면 죄가 있는 것이고 '죄가 없다' 라고 생각하면 없는 것이고, '인과응보가 있다' 하면 있는 것이고 '없다' 하면 없는 것입니다. 그건 왜? 만약에 각각 보면, 둘이면 인과응보가 있는 거고 또 둘로 보지 않는다면 인과응보가 없는 것인데, 아픔도 둘이 아니요, 슬픔도 둘이 아니요, 보람도 둘이 아니요, 삶도 둘이 아니요, 즐거움도 둘이 아니다 이거야. 모든 게 둘이 아니야. 그럴 때에 모든 게 없어. 요것만 잘 해서 훌쩍 넘어설 수만 있다면 그대로 법이라. 의심 낼 게 없는 거라. 의심 내지 말고 그대로 그대로 해 나가는 것이 그대로 법이요, 그대로 활용이요, 그대로 참 부처님 법이니 어찌 그것이 '아니요, 기요' 할 게 있느냐 이거야.

신장이 따로 있고, 관세음보살이 따로 있고, 저 용왕이 따로 있고, 산신이 따로 있고, 약사보살이 따로 있고 이런 게 아니에요. 그대로 아프면 자기가 바로 그 속에서, 아까 얘기했듯이 금닭이 "꼬끼요" 울듯 말이에요. (녹음 안됨) … 자유권을 갖고 자유자재할 수 있는 겁니다.

오늘은 이걸로써 마치죠.

자불(自佛) 노승의 주장자

1986년 7월 12일

여러분이 이렇게 항상 같이 자리를 해서 한마음으로서 굴리면서 공부를 하시려고 애를 쓰는 마음, 그 간절한 마음이 있다면 우리가 항상 포괄적인 한마음으로서 같이같이 돌 것입니다.

그런데 여러분은 본래 과거의 마음으로 산 마음이나 지금 우리 마음으로 사는 마음이나 미래에 또 우리가 살 그 마음이나 똑 그 마음 하나로 인해서 살아나가고 있습니다. 그런데 그 마음을 생각할 때 자기 마음과 자기 마음이 언제나 맞지 않고 항상 하나는 하나대로 겉돌고 거짓에 속고, 자기가 해 놓고 자기가 속기 때문에 항상 이게 맞지 않는 법이 있습니다. 때에 따라서는 당장 오늘 저녁에 굶는다 할지라도 마음이 편안하면 능력이 있는 사람이라고 생각합니다. 그건 거저 편안한 게 아닙니다. 그만큼 자기가 지금 시쳇말로 빽이라고 할까, 자기의 그 능력이 있기 때문에, 떳떳하기 때문에 당장 굶는다 할지라도 그것은 아주 튼튼한 게, 그득한 게, 자기가 떳떳합니다.

그건 왜냐하면 자기 마음으로 지어서 병도 가져오게 돼 있고, 자기 마음으로 지어서 병을 낫게 하게 돼 있고, 자기 마음으로 지어서 가난을 가져오게 돼 있고, 자기 마음으로 지어서 흥함을 가져오게 돼 있습니다. 모든 인과응보라든가 유전성이라든가 모든 문제들을, 일체 만법에 대해서 모든 것의 그 양면을, 이렇게 가져오는 것도 저렇게 가져오는 것도 다 여러분의 마음 하나로 인해서 오고 가는 것입니다. 그래서 능력이 있는 사람은 때에 따라서 '아, 나를 엎드러트린 고놈이 일어날 수도 있겠지.' 이러는 겁니다. 즉 망하게 했다면 흥하게 할 수도 있는 놈이 고놈이고, 아프게 했다면 안 아프게, 낫게 할 수도 있는 놈이 고놈이다 이거야, 응? 고놈이 그러는데, 고놈을 고놈이라고 할 수 없으니 바로 자기는, 과거의 자기나 지금 자기나 모습만 달랐다 뿐이지 진화돼서, 창조돼서 이렇게 모습을 다르게 해 가지고 나온 것뿐입니다.

그렇다면 그 마음이 어떻게 돼서 그렇게 묘한 법이 됐을까? 이런 얘기가 있습니다. 어느 자불 노승이 제자를 데리고 선창가에 갔답니다. 선창가엘 갔는데 왜 갔는지 제자는 몰랐습니다. 근데 그 자불 노승은 자기가 짚고 갔던 지팡이를 물속에 넣고 가만히 앉아 있었습니다. 제자가 있다 하는 소리가 "스님, 왜 지금 지팡이는 물에다 넣고 계십니까, 이 뙤약볕에." 그러니까 "얘, 그런 말 마라. 지금 급하구나. 고기 잡느라고 그런다." "아니, 낚시를 넣어서 고기를 잡아도 잡힐까 말까 한데, 이 가장자리에서 지팡이를 넣고 계신데 어찌 고기를 잡겠습니까?" 하니까 그 노승이 있다 하는 소리가 "이 어리석은 놈아, 지금 이 물속에서 전체 회의를 하는데 말이야, 내 이 지팡이가 들어가지 않으면 회의를 못해. 지금 급한 일이 생겨서 회의를 하느니라. 그러니 이 모자라는 놈아, 떠들지 마라." 그러고선 귀를 잡아당겨서 귓속에다 귓속말을 그렇게 하거든요. 그것도 "왜 귀를 붙잡고 그럽니까?" 그러니까 "고기들이 요런 내막을 알면 회의를 하려고 모이지를 않아. 그러니 누설이 되면 안 되니 네 귀에다 대고 이러는 거다."

그러면서 노승이 하는 소리가 "인제 급하게 배가 당도하고 짐을

실을 것이다. 그러니 짐을 싣고 갈 때 우리는 그 배를 타야 된다." 이러시거든요. "웬 배는 타십니까?" 했습니다. 그랬는데 그 노승은 "이놈아! 이 해안에, 지금 전 세계 해안에 물기둥이 넷이 있으면 수검이 또 넷이 있느니라. 수검이 넷이 있으면 불검이 넷이 있고, 또는 빛검이 넷이 있느니라. 감응법으로 인해서 사는 세계에는 감응으로써, 즉 말하자면 감응이라 하면 전체 무전통신기를 통해서 감응으로써 우리가 회의를 하는 법이니라." 하거든요. 그래서 "그러한 문제가 바로 여기 달려 있느니라." 하면서 지팡이를 들면서 그냥 벽력같이 물을 치니까, 양편으로 물이 다 쪼개지면서 물방울이 튀거든요. 그래도 이 제자는 그것을 납득도 못하거니와, 따라다니면서도 그걸 납득을 못했답니다.

그러자 은사와 제자는 같이 배를 탔는데, 그 배에는 지금으로 치면 정부를 끼고 수출을 하는 그런 물건이 있었다는 얘기죠. 옛날에는 삼(蔘)도 중국으로 많이 수출을 했고, 약재도 많이 수출을 했답니다. 그래서 그 배에다가 많은 짐을 싣고 가는데 해적이 나타났더랍니다. 해적이 나타나니까 "이놈아, 이 지팡이가 아니었더라면 어떡할 뻔했느냐?" 하거든요.

그러니 그 지팡이는 뭐겠습니까? 만약에 지팡이를 지팡이로 보신다면 그것은 지팡이를 정말 못 보는 일입니다. 지팡이를 지팡이로 본다면 못 보고, 눈을 눈으로 본다면 못 보는 것이고, 손을 손으로 본다면 못 볼 것이고, 발을 발로 본다면 못 볼 것이고, 저 길을 길로 본다면 못 볼 것입니다. 그렇게 어마어마한 좋은 도리가, 보이지 않는 생명들과 보이지 않는 세계에, 들리지 않는 세계에 모든 그 이치가 50%가 있다면 여러분의 문제는 지금 50%를 모르는 이치에서 우리가 50%를 가지고 사는 격이죠.

그래도 몰라서 있었더니 그 해적 배는 북쪽에서 오는 배고 이 상인, 즉 말하자면 물건 실은 배는 남쪽에서 오는 거예요. 그런데 북쪽의 배는 이 물건을 뺏어야만 살겠고, 남쪽의 배는 이것을 고스란히 가져가야만 되겠고, 그러니 그 지팡이 하나가 문제입니다. '지팡이 하나가 이것을 어떻게 해결을 하면 되겠느냐' 이 문제입니다.

여러분도 그 지팡이는 누구나가 다 가지고 있습니다. 그런데 그 지팡이는 지수화풍으로 뭉쳐진 한 개의 승화된 바로 그 마음이라는, 한 주장자라는 지팡입니다. 그럼 '그 지팡이가 모든 것을 해결을 할 수 있다' 하는 문제를 가지고 있는 겁니다. 그런데도 여러분은 자기 마음으로 자기가 지어서, 자기는 미거하고 모르고 하나님이 나를 구해 주시고 부처님이 나를 구해 주시고 모든 신의 이름들이 나를 구해 주는 줄 알고 착각을 하고 있다 이겁니다. 그 주장자는 내 마음의 눈도 되거니와 마음의 아주 선의의 칼도 되거니와 철퇴도 되거니와 금방망이도 되거니와 바로 빛의 검도 될 수 있는 겁니다. 불검도 될 수 있고, 수검도 될 수 있고. 그래서 우리는 그 검을 어떻게 쓰느냐? 우리는 그 네 가지의, 형성된 하나의 주장자가 있기 때문에 다양하게 오관을 통해서 바깥의 현실과 지금 무(無)의 세계와 같이 혼합을 해서 쓸 수 있다 이겁니다.

그래서 옛날에도, 요 말 하기 전에 이런 말을 한마디 하죠. 옛날에도 부처님께서 말씀하시기를 "부처님이란 깨달은 사람이 부처님이지 그 부처님이 부처님이 아니니라. 부처님이란, 부처님한테다 절을 안 하고도 항상 절을 하고 있고, 또 계법을 지키지 않으면서도 세상 법에 어긋나지 않느니라. 남을 제도를 하지 않으면서도 제도를 전체 하느니라." 그러니 모든 것이 우리가 참, 그 마음 하나, 하나로써 그렇게 무궁무진하게 할 수 있다는 점.

'왜 스님은 이렇게만 말을 하나?' 하지 마시고, 모든 거를 자기 주인공에 믿고 맡겨 놓는 데 역점이 있습니다. 지금 우리가 빠르고 더디고 한 사람들이 몇 층으로 있습니다. 그건 왜 그런가? 어떤 사람은 놓고 그냥 가고, 어떤 사람은 그냥 하고도 놓고 간다 이거야. 어떤 사람은 자기가 탄생을 못했어도 또 굳이 체험을 하기 위해서 그냥 한번 툭 툭 던져서 지켜보고선 놓고 간다, 또. 그러면 세 가지가 다르냐 하면 다르지 않아요. 똑같아요. 그러니까 차례차례로 하는 거보다도 세 가지를 한꺼번에 굴려 가면서 하는 것이 더 빠르다는 얘기죠.

어떤 사람이 이런 말을 했어요. 자기가 보증을 서서 집이 넘어가게 생겼대요. 그런데 주인이 빨리 와야 될 텐데 인제는 자기 집이 넘어가게 됐으니 남편한테도 쫓겨나게 생겼거든요. 그 사람이 깨달아서 그런 건 아닙니다. 예를 들어서 그거를 한번 잘 생각해 보라는 얘깁니다. 아, 그래서 아주 갑자기 급해졌거든요. 그러니까 '주인공! 나를 죽이든지 살리든지 아예 당신이 알아서 해. 인제는 마지막 끝이야, 아주.' 이러고 '그저 12시 안으로만 왔으면….' 했답니다. 그랬더니 12시 안으로 착 들어서더랍니다. 자기가 먼 데로 떠나려고 했는데 가다가 중간에 생각나기를, 차를 타고 가는데 '내가 이러면 죄를 받아서 우리 식구들하고 전부 죽지.' 하는 생각이 무뜩 들면서 다시 돌아왔답니다. 그것이 바로 이 집을 살린 겁니다. 그랬는데 이 집만 산 게 아니라 그 집도 살게 됐어요.

그랬다는 셈으로 우리가 급하면 급한 대로 그렇게 응용이 될 수도 있고, 그렇게 급하면 급한 대로 하면서도 감사하게 또 놔라 이거야. 그거를 미끼로 삼아서 자꾸 거기에 빠지지 말고. 급한 데에 쓰이는 거지, 그거는, 그냥 무상시 때도 쓰이는 게 아니야. 그래서 그것은 그렇게 놓고, 우리가 모든 거 공부하는 데에 체험하고 놓고 돌아가고 하는 그 공부에 있어서 여기는 들어오는 문은 넓지만 나가는 문은 좁아요. 미국 학교나 마찬가지야. 공부하는 데는 자기 마음이 자유스러워야 어디 가나 공부를 할 수 있는 겁니다.

그래서 그 노승은 배를 타고 가다가 그 작대기가 별안간에 물검이 됐어요. 즉 말하자면 그것이 다섯 가지를 다 포함하고 여섯 번째에 내가 책정을 하는데 '내가 이렇게 해야겠다.' 하는 결론이 지어지는 겁니다. 그럴 때에 검을 들 수 있는 거죠. 그래서 한바탕 딱 치니까 물이

쩍 갈라지면서 바람이 불기 시작을 하더니 그 쫓아오던 배를 그 바람으로 하여금 파도가 일게 해서 그렇게 다 저쪽으로 내려가게 하니까 쫓아오질 못하고, 반쪽은 올라가게 바람이 부니까 올라가게 되고 그래서 무사히 물건은 가고, 이쪽 배는 배대로 그렇게 가면서도 그 밑의 고기 떼들이, 즉 고래라든가 상어가 들이덤벼서 배 밑창을 뚫어 놨답니다. 물이 콸콸콸콸 쏟아져서 들어오니까 물 푸기 바빠서 거기 쫓아갈 새가 어디 있으며, 바람이 그쪽으로 지동 치듯 부니 그쪽으로 배는 점점 내려간다 이거야.

그럴 때에 노승이 한걸음에 그 배를 또 탔답니다. 저쪽 배는 무사히 돌려보내고 그 배로 작대기를 갖다 걸쳐 놓으니까 그냥 그대로 다리가 이어지더랍니다. 그래서 다리가 이어져서 그 배를 타고 가면서 그랬답니다. "이 마음, 한마음의 도리거늘 그 마음이 아주 추운 겨울에 얼음 언 거와 같이 그렇게 땡땡 얼었으니 어찌 봄이 와서 사람이 편안할 수가 있겠느냐. 마음에 봄이 온다면 스스로 봄이 와서 여러분 먹을 거는 스스로 있어. 그런데 이렇게 해적이라는 소리를 듣고 나라의 모든 것을 축내고 백성을 괴롭히고 이렇게 해서 쓰겠느냐." 하면서 "이 밑을 보라." 했어요. 그래서 콸콸 쏟아지는 거를 스님이 작대기 하나로 탁 치니까 고기들이 전부 밑을 받친 거야. 그러니까 물이 안 들어오거든. 그래서 물이 안 들어오니까 가장자리로 다 옮겨 놓고선 또 그 고기들은 다 가 버렸지요. 그러니까 배에 물이 펑펑 들어오니까 그때서야 그렇게 마음의 도리를 설법을 하신 거예요.

그 제자가 거기에서 그만 홀연히 깨닫고, 그래서 나중에 보니까 그 스승과 제자는 둘이 아니었더래요. 그래서 보니까 그 스승의 지팡이가 자기 손에 쥐여 있고 그 지팡이는 지팡이가 아니더랍니다. 진짜 지팡이는 여러분 눈에 보이지 않으면서도 우리가 진짜 지팡이를 감응할 수 있고 지금 여러분이 가지고 계신 겁니다. 그 지팡이, 보배의 지팡이 하나만 갖는다면 우리의 앞날에 참 무궁무진한 발전이 있을 것입니다. 지금 과학적으로 물질을 많이 만들어 놨어도 그 물질에 앞장서서 리드할 한마음의 불씨는 드문 것입니다.

우리가 과학적으로 물질을 많이 해 놨어도 감응으로 사는, 즉 말하자면 감응법으로 사는 세계에서는 두 가지 여건이 있죠. 한번 마음의 감응으로 정신의 발전을 빼 갈 수도 있는 거고, 생명의 근원을 빼 갈 수 있다면 우리는 껍데기로 사는 겁니다. 발전을 못해요. 아주 기운이 세고 운동을 아주 많이 한 사람하고 안 한 사람하고 쌈이 붙었다 합시다. 그런다면 운동을 갖가지로 다 잘 배운 사람한테는 한 손에, 한 번에 나가떨어져요. 그러니까 그 마음이 벌써 '저 사람 손이라면 한 번에 나가떨어진다.' 하는 생각을 했을 때는 그 사람 마음은 벌써 그 사람한테 집어먹힌 겁니다. 집어먹혔어요. 거기에는 하등 댈 수가 없는 겁니다.

그와 마찬가지로 우리가 220V에 120V가 닿으면 터지듯이, 코드를 꽂으면 터지듯이 그렇게 집어먹혀 버려. 집어먹히느냐, 집어먹느냐 이 경쟁에 의해서 우리가 세계적으로도 지금 나라 나라에 경쟁이 있지만, 한 사회에도 경쟁이 있고, 또 한 가정 가정에도 경쟁이 있고, 생존경쟁이 있는가 하면 모두가 이런 경쟁 속에서 살아나가는데, 더군다나 더 큰 것은 외국에 가서 '우리 한국 사람' 하면 손이 들이굽지 내굽지 않습니다. 그리고 또 그 나라에서도 '한국 사람' 하면 한국 사람으로 치우칩니다, 다 그냥. 그렇듯이 우리가 지구의 사람이다 하면, 딴 혹성에서 만약에 경쟁이 있다면 우리 지구 사람들은 한데 합쳐져서 '우리 식구' 이럽니다. 그와 마찬가지로 우리가 그렇게 연쇄적으로 지금 돼 가고 있는 거고 지금도 하고 있는 겁니다.

그런데 제일 급급한 거는 뭐냐? 우리가 물질이 보인다면 컴퓨터나 뭐, 이런 책정기나, 망원경이나 무슨 영사기나 이런 걸 놓고 다 하지마는 그런 물건 없이 그런 걸 그냥 감응으로 다 쓰고 다 한다면 그거는 불가항력이다 이런 얘깁니다. 그러면 우리는 그 물질을 가지고 하는 거하고 물질을 가지고 안 하고 그냥 감응법으로, 그전에도 얘기했지만 아, 무궁무진한 천체망원경이라든가 또는 책정기라든가 또는 무전통신기라든가 컴퓨터라든가 이런 거를 전체 가지고, 이런 물질이 없는 그 자체 내에서 만약에 그대로 쓸 수 있는 그런 어떠한 혹성의 세계가 있다면…, 그런 혹성의 세계만 있는 것도 아니고 여기에서 세계적으로 사는, 예를 들어서 케리라 뭐, 이런 사람들이 사는 세계나 그런 단체나, 소련이나 한국, 일본 이런 나라에서의 정보 수집이라든가, 또는 빨치산이라든가 또는 어떠한 군부라든가 또는 간첩이라든가 첩보원이라든가 이런 거를 보내서 모든 것을 수집을 하는 거, 이런 것도 이런 물건 없이 하는 법이 다 있는 겁니다. 그거는 누구도 몰라. 그러한 문제들이 있듯이 연쇄적으로 우리가 그런 걸 보지도 못하고 해 보지도 못했기 때문에 그걸 모르기야 하겠지마는 그런 전체 혹성들이나 별성들에 못 산다고 하는 문제를 놓고 그렇게만 고집하지 말고, 그런 관념만 두지 말고, 이런 데서는 이런 대로 다양하게 살고 이런 데서는 이런 대로 다양하게 산다는 걸 알아야 합니다.

그래서 어느 부처님께서도 그런 말씀을 하셨죠. "너희가 불법을 알려면 아주 불 속에서도, 뜨겁지 않은 불 속에서도 살 줄 알아야 되느니라. 물 속에서도, 물 아닌 물에서 살 수 있는 그 법을 알아야 하느니라." 하고 말씀을 했고요, 또 칼 아닌 칼을 알아야 하고, 법 아닌 법을 알아야 한다는 그런 얘기도 있습니다. 그런 거와 마찬가지로 우리가 만약에 리드할 수 있는, 그런 길잡이가 될 수 있는 인간의 불씨가, 그렇게 우주를 삼키고도 남음이 있는 그런 불씨가 있다면, 물질과학으로 지금 등장을 하는 그 뜻을 우리가 리드하고도 남음이 있다는 얘깁니다. 잘 리드해서 우리가 어떠한 큰 피해가 없이, 또는 다른 별성에 우리의 정신을 뺏기지 않고 살아나갈 수 있고 에너지를 뺏기지 않는 그러한 문제가 생기고, 또 반면에 원자력 에너지가 모자란다면 우리가 먹힐 수도 있고 그런 문제들이 있는 거지 없지는 않다는 얘깁니다.

우리가 그것을 반대 방향으로만 나가지 말고 한번 좀 연구해 볼 수 있는 마음을 가질 수 있다면 앞으로 발전을 하면서도 조금조금 우리 생활 속에서 체험해 보고 다시금 굴려 보고 바깥으로 누설하지 말고, 바깥으로 내가 '이런 걸 해 보니까 이렇게 되더라' 이런 것도 발설하지 말고 자기가 무르익도록 항상 해 나가야 하고, 또 내가 안에서 깨달았다 해도 '아, 이런 걸 이렇게 이렇게 해라' 하고 만약에 무엇을 일러 줬다 하더라도…, 이런 걸 똑바로 들으세요. 바깥의 오관을 통해서 만약에 바깥에 상스러운 짓이다 하는 생각이 들면 '아하! 이렇게 내가 하면 바깥에서 볼 때에 올바른 일이 아니고 상스럽다. 이거는 내 주인공에서 나를 테스트해 보려고 이런 것이지, 내가 만약에 남한테 미친 년 소리, 미친 자식 소릴 듣는다면 네가 문제가 아니고 내가 문제가 아니다.' 이거야. 둘이 다, 둘 아닌 내가 그대로 문제기 때문에 전체 불가(佛家)가 문제다 이거야. 종교인들 전체가 아주 미친 사람으로 돌아간다 이거야. 그러니까 상황을 다 봐서 해야지. 저울추가 똑같이 맞아 떨어져야 돼, 이쪽이나 이쪽이나. 그렇기 때문에 거문고 줄이 늘어져서도 아니 되고 팽팽해서도 아니 되고 항상 탕 튕기면 아주 영명하게 잘 튕겨져서 소리가 짱짱 나야 되겠죠.

그것이 중도의 우리의 살림살이, 한마음에서 역시 살림살이해 나갈 수 있는 근본을 우리가 가지고 있다고 봅니다. 여러분이 어떤 때는 심주가, 주인공이 하라는 대로 이렇게 하면 뭐, 도둑질을 해도 괜찮은 줄 아는데, 그렇게 해서는 아니 되죠. 이 눈이 있고 귀가 있고 바깥의 이치를 다 아는 상식을 가진 사람들이 어찌 그거 잘못되게 시키는 것을 하겠습니까. 그거는 잘못되는 거 번연히 알면서도 네가 양면을 어떻게 가지고 가나 그걸 보느라고, 한생각에서 그대로 양면을 다 쥐고서 이 법을 응용을 하는 데 조금도 어긋나지 않게 하나 그걸 보느라고 그런 테스트를 해 보는 이치가 있거든요. 그러니까 그거를 잘 알아서 우리가 공부하는 데 지장이 없도록 이렇게 해 나가길 바랍니다.

그러니까 오늘은 이걸로써 끝을 마치겠습니다. 어물어물해 버리곤 이렇게 돌아가는데요, 어물어물한 것을 한번 잘 생각들 해 보세요. 어물어물한 이 말 속에 그 말이 들어 있습니다. 나로서도 어물어물할 수밖엔 없는 경우가 있어요. 이름이 붙여져 있나, 뭐가 붙여져 있나. 이름도 붙여져 있지 않으면서도 우리가 한마음의 한 불씨라는 그 속에는 이 통신기로 인해서, 책정기로 인해서, 컴퓨터로 인해서, 이 물질이 아닌 나한테 다 들어 있는 걸로 인해서 그때 마지막에 가서는 책정을 하고는 검을 드는 거예요. 이것이, 즉 말하자면 불검이냐, 빛의 검이냐, 철퇴의 검이냐, 즉 물기둥의 검이냐. 그 검은 이름이 많지만 아주 이익하게 쓰이는 검입니다, 이 검은.

어떤 사람이 꿈을 꿨는데 무당이 들어와서 이렇게 일을 해 주더라 그러는데, 여러분이 무당을 하치않게 봤기 때문에 꿈에도 하치않게 보는 거죠. 여러분이 생각할 때, 때에 따라서는 이런 걸 한번 생각해 보세요. 궂은일도 했다가 좋은 일도 했다가, 어떤 때는 장갑을 끼고 변소를 닦기도 했다가 어떤 때는 요 손을 깨끗하게 닦고 보석 반지도 끼죠. 그런데 고무장갑을 끼고선 변소 닦을 때 자기 손을 업신여기겠습니까? 업신여기지 못하죠. 때에 따라서는 그것이 나투어서 궂은일 할 때는 무당으로 보이고, 성스러운 아주 좋은 일 할 때는 부처로 보인다 이겁니다. 그러면 이 무당은 부처가, 법신이 저 아래로 내려서서 변소 닦는 것처럼 바로 그렇게 하는 겁니다.

그렇기 때문에 이 생시에서 우리가 그런 걸 깔보지 말고 모든 것을 합류화시킬 수 있는, 어질고 착하고 지혜 있는 마음으로써 다 집어먹어라 이거야. 귀합을 시켜라. 저이도 그저 살 수 없으니까 저랬겠지. 마음으로 저런 일이 없도록 한생각 내 주는 그 무주상 보시를 내주면 먹고살 수 있으면서도 그 짓을 안 하게끔 된다 이겁니다. 그럼 그게 무주상 보시라고. 틀림없이 무당 노릇 안 해. 내가 수십 명 수백 명 다뤄 봤지만 그 사람네들 지금 잘 살거든요. 그게 말로 해 주는 거보다도, 오다 가다가도 무당의 그 짓을 버리고 모셔 놓은 것도 다 없애 버리게 하고 잘 살게 된다면 참, 얼마나 좋겠습니까. 자식들한테도 미치지 않고 말입니다.

그러니 모든 게 이익이라. 깔보지 않고 무주상 보시 하는 거, 모든 게, 얕은 것도 나 아님이 없다는 거를 아셔야 합니다. 우리가 인간된 지가 얼마나 됐겠습니까? 인간으로 형성된 지가 얼마나 됐겠습니까? 다른 물질이 다 생기고 인간이 맨 나중에 생겼다는 이유도 여러분이 잘 생각해 보면 아실 겁니다.

오늘은 이걸로써 마치겠습니다.

어떤 마음으로 음식을 먹어야 하나

1986년 7월 19일

오늘은 우리 인간이 모든 식물과 더불어 씨름하고 있는 이치에 대해서 말씀드리겠습니다. 절 도량에서는 항상 살생을 하지 말라고 하건만 그 살생은 살생이 아니라 우리 살아나가는 데에 그것이 한 진리요, 삶의 이치라고 생각합니다.

배우는 사람들이 배가 부르면 괴로움도 없고 쓸쓸한 마음도 없고 또 고독한 마음도 없습니다. 모든 사람들이 전자에 자기가 잘못해서 지어진 그 문제를 가지고 다시금 생각하면서 겸손해야 할 텐데, 자기가 괜찮았을 때를 생각하고 아주 호의호식할 때를 생각하기에 지금 가난하거나 또는 남편이 없거나 아내가 없는데 자식들은 있고 그런 삶에 대한 생각을 하는 것이 참, 어려운 문제들이 한두 건이 아닙니다.

그럼으로써 거기에서 우리가 바탕을 삼고 거름을 삼아서 우리 인간의 됨됨이를 자기 생각으로써 만드는 것입니다. 누가 갖다 주고 뺏어 가는 건 아닙니다. 업보나 운명도 물론 자기한테서, 생각으로, 마음으로 지어서 자기가 한 거고 자기가 고생을 하는 거기 때문에 딴 데다 원망을 하고 딴 데 부담을 주고 딴 데를 성가시게 하기보다는 자기가 반성하고 회개하면서 자기 자신에게서 나온 거라는 거를 생각할 때 하나도 남을 원망할 게 없습니다.

그런 건 수차에 걸쳐서 말씀드렸지마는 가만히 생각해 보십시다. 하다못해 먹는 거를 생각할 때 우리가 식사를 할 때도 수많은 밥과 반찬 또 간식으로 실과들 또는 어떤 땐 육식을 이렇게 합니다. 그거를 먹을 때 그거는 생명이 없던가요? 그것도 생명이 있고 피가 있고 마음이 있고 살이 있는 것입니다. 그럼으로써 우리가 그것을 먹을 때 공덕이 되느냐 안 되느냐는 바로 그 한생각에 달려 있는 겁니다. 여러분이 식사를 하실 때도 항상 고맙게 생각을 하고 감사히 생각을 하는 그 마음이 변치 않고, 진정으로 진실히 생각해 볼 일입니다.

그것은 왜냐하면 우리가 하다못해 실과를 먹는다 하더라도 그렇고 밥을 먹는다, 반찬을 갖추어서 먹는다 또는 때에 따라서 몸이 좀 이상하면, 먹고 싶다 하면 육식도 합니다. 여러분이 그렇게 식사를 할 때에 그 또한 생명, 피, 살, 마음, 이 마음이 없는 줄 아시지만 마음이 다 있습니다. 그래서 우리가 부처님한테 바치듯이 그것들도 여러분한테 다 송두리째 바칩니다. 바쳤을 때 그, 바친다고 해서 바치는 게 아닙니다. 스스로입니다. 낮은 식물이기 때문에 어쩔 수 없이 스스로 낮으면 낮은 대로 높은 데로 이렇게 올라오게 돼 있는 거죠. 그런 관계상 그것을 먹을 때에 우리가 '야, 먹었더니 배부르고 참 흐뭇하고 좋더라.' 이것만 있는 게 아니라 쓰라리고 아프고 괴로움이 거기에 뒤따르고 있습니다. 그렇기 때문에 그 먹는다고 하는 것만 생각하지 마시고 그 먹는다는 것 때문에 남을 칼로 찌를 수도 있고 죽일 수도 있고 밟고 일어설 수도 있고 또는 남을 욕을 할 수도 있고 남하고 싸움을 할 수도 있고, 고통을 겪는 이치가 한두 건이 아닙니다.

그건 뭐 때문에 그럴까요? 우리가 먹고살기 위해서 그러지 않을까요? 그러는 반면에 하다못해 참외 하나를 깎아 먹는다 하더라도 그것은 내 몸뚱이의 내 중생들이, 바로 나를 형성시켜 놓은 나의 그 중생들이 이 몸 안에서 자기를 위해서 많이 운동을 해 주고 있습니다. 그런 관계상 자기는 운동을 해 주는 그 중생을 위해서 그것을 갖다가 먹습니다. 뭐, 배가 고프면, 사흘 굶어서 도둑질 안 하는 사람이 없다고 하는데 그것도 마음에 달려 있습니다. 도둑질을 안 하고도 먹을 수 있는 문제지마는 도둑질을 안 하더라도 그것도 엄연히 생명이 있고 다 있기 때문에 지금 내 육신과 더불어 내 살이요, 내 생명이요, 내 피요, 바로 내 마음이라고 생각하고 하나도 업신여기지 않는 마음을 가지고 동시에 둘로 보지 않는 그 마음을 갖는다면 그것이 바로 나한테 이롭고 갈등이 생기지 않고 어떠한 부작용이 생기지 않고 모든 게 합류화돼서, 바로 나로 인해서 그 식물도 모두 다 융합이 돼서 한 사람의, 즉 말하자면 무주상으로서 공덕이 되는 것입니다.

내가 먹고도 식물이나 그런 것은 다 진화돼서 나와 더불어 바로 인도환생을 할 수가 있는 것입니다. 그렇기 때문에 보살행이라고 하는 것입니다. 여러분이 아무거나 보고, 이 꽃 한 송이를 보고도 꽃이 우리 인간의 노예라고 생각을 한다면 노예지마는 우리 인간에게 없어서는 안 되는 존재인 것입니다. 그리고 생명이 있는 것입니다. 우리의 얼굴이 웃으면 꽃이 핀 거와 같고 우리가 늙어서 찌부러지면 이것도 스러지는 것입니다. 그와 똑같이 우리는 조화를 이루고 이렇게 사는 것입니다. 그럼으로써 하나도 업신여길 게 없다는 얘깁니다. 그러니 그전부터 얘기해 왔지마는, 수억겁을 거쳐서 진화돼서 이날까지 형성시켜서 나온 그 주인을 자기가 업신여겨서도 아니 되지마는 모든 식물 이 자체를 먹는 데도 둘로 보지 말고 자시라 이겁니다. 그래서 항상 밥상을 놓거나 간식을 먹거나 할 때 "참 감사합니다."라고 하는 겁니다. 이 "감사합니다" 한마디가, 그와 나와 둘이 아닌 까닭에 '감사합니다' 하는 걸 진실로 느끼고 먹습니다.

그리고 너무 과도하게 내가 내 욕심만 채우고서 남의 살과 남의 피를 배불리, 배가 넘치도록 먹어서는 아니 된다 하는 이런 뜻이 있습니다. 그것도 역시 욕심으로 인해서 남의 생명과 남의 살과 피를 그대로 그냥 많이만 먹으면 좋은 것이 아닙니다. 그것을 억지로 많이 먹을 필요도 없고, 억지로 줄일 필요도 없습니다. 내가 항상 중도로서 마음을 항상 향기롭게 두고 겸손하게 두고, 하다못해 그거를 하나 깎더라도 '이것이 바로 내 살이요, 내 마음이요, 내 피가 아닌가.' 그것을 일부러 생각을 하라는 뜻이 아니라 그 생각을 한번 음미해 볼 수 있다면 전체 우리가 살림살이할 때 그것이 다 그렇게 공덕이 된다는 뜻입니다. 그것은 살생이 아니라 바로 즉석에서 요리를 해서 자기의 모든 이 중생들이 이 안에 들어서 자기를 크게 인간으로서 형성시킨 것처럼 그 식물도 다 거기에 융화가 돼서, 다 인연이 돼서 역시 인도환생을 할 수가 있다는 겁니다.

또 육식도 그렇습니다. 고기가 고기로 보여서 못 먹을 때는 둘이지마는 내 살과 내 피, 내 마음, 내 생명이라고 생각했을 때 즉석에서 바로 인간으로 진화가 되는 것입니다. 그럼으로써 여러분이 그렇게 기복으로만 나갈 게 아니라 이것이 바로 공덕이 되는, 전체가 둘이 아닌 까닭에 우리는 한 길이요, 한 진리요, 한 벗이요, 형제 아님이 없는 것이요, 사랑 도의 의리, 이것을 떠나지 않는 것이 존엄성 있는 고등 동물인 인간이라고 하는 것입니다. 그래서 인간은 어디까지나 그렇게 해 나갈 수 있는 그 마음과 더불어 폭이 넓고 지혜가 넓고 물리가 터지고 이렇게 해야만이 무(無)의 세계 50%, 유(有)의 세계 50%를 맞쥐고서 내가 자유권을 가지고 자유자재할 수 있다는 그 뜻입니다.

모두가, 딴 사람은 그렇게 생각 안 하고 아무렇게나 먹어 치우는데 야, 저 사람은 저렇게 나와 똑같이 둘이 아니게 볼 수 있으니…. 그 섬기는 마음은, 자기를 송두리째 바치면서도 그 섬기는 마음은 그렇게 좋을 수가 없어서 이 몸에 들어가도 스스로서 살이 되고 스스로서 좋은 피가 돼 주고 그렇게 체하는 법도 없고 그렇게 이 몸을 나쁘게 만들지 않습니다. 그렇기 때문에 병이 되지 않는다는 뜻입니다. 그렇기 때문에 모든 것이 감사하고 그런 거죠.

동물과 식물, 모든 생물들이 모두가 인간에게 지배를 받고 있지마는, 인간에게 지배받는 것은 스스로서 지혜가 쩔고 물리가 터지지 않았기 때문에 의식으로만 그렇게 가고, 이것이 모든 살아나오던 집착에 의해서 그 그릇에서 빠져나오지 못하기 때문에 여러분한테 지배를 받고 있는 것이죠. 우리는 그럼 누구의 지배를 받느냐?

우리는 일체 신의 지배를 받고 있는 것입니다. 일체 신이라면 신이 많아서 신이 아니라 여기에 이렇게 앉아 있는 여러분 각자의 자(自)신(神)이 있습니다. 자 신이 있는 것은, 여러분이 그 마음이 쩔고 무의 세계의 뜻을 모르지마는 당신들의 여러 신이, 바로 자 신이 자기를 이날까지 끌고 다니면서 가르쳐 왔는데 그 뜻을 몰라서 욕심이 앞서고 집착이 앞서고 애정이 앞서고 이 삼독이 앞서고 있기 때문에 물질만 보면 사족을 못 쓰고, 물질이라면 이 생명도 내놓을 수 있는 그런 마음을 가졌기 때문에, 자기 죽는 줄 모르고 돈을 벌어야만 하고 자기 죽는 줄 모르고 모든 것을 욕심을 내서 끼어야만 하고 가져야만 하고 먹어야만 하고 써야만 하고 자기 걸 만들어야만 하고, 이렇기 때문에 그것이 앞을 가려서 자기를 끌고 다니는, 자기를 형성시킨, 자기를 이날까지 진화시켜서 끌고 나온 그 주인의 참맛을 모르는 것입니다.

그래서 자기의 그 자불 노승을, 즉 말하자면 자기 나오기 이전 자기 자불 노승을 몰라본다는 뜻입니다. 그러니까 일테면 자기 부모를 모를세라 하고 나만 먹고 살면 된다는 뜻이죠. 그런 거나 똑같이, 비유하건대 그렇다는 얘깁니다. 그러나 이거는 각자가 아니라 자기가 가지고 있는 법의, 그 자기의 스승이며 자기의 아비며 자기의 주인인 것입니다. 자기는 자기 주인에 의해서 제자인 것이요, 자기 주인에 의해서, 불가로 치면 시자인 것이요, 또 기독교에서 말하면 종인 것입니다.

그러면 그 종이 어떻게 해서 자기의 그 자불 노승하고 둘이 아니어야 하는가? 가만히 차가 굴러가는 걸 보고 마차가 굴러가는 걸 보십시오. 옛날에는 마차가 다녔기 때문에 마차로 비유를 했습니다. 지금은 차로 비유를 해도 됩니다. 만약에 심봉이 양쪽에 꽂히지 않았다면 절대 바퀴가 올바르게 굴러갈 수가 없는 것입니다. 그와 마찬가지로 그 심봉이 바로 우리의 영원한 생명이며 영원한 능력인 것입니다. 그리고 영원히 자기를 끌고 다닐 수 있는 그 지배자인 한 신입니다. 주인인 것입니다. 그래서 그것을 일컬어 불성이라고 말하며 그것을 부처라고 하는 것입니다.

그 부처 안에 마음이 있고 마음 안에 부처가 있으니 각자 누구나가 바깥에 끄달리지 말고 바깥에서 찾지 말고 바깥에서 원하지 말라. 안에서, 바로 자가발전소와 같고 원자력이나 마찬가지니까 거기에서 구하라. 모든 어려움과 모든 것을 거기에서 찾고, 거기에서 감사하고, 거기에서 물러나지 말고, 거기에서 모든 해결을 하라 했습니다. 그럼으로써 자기의 참맛을 알며, 모든 사람의 생명과 모든 사람들에게 삶의 보람을 줄 수 있는 그런 바로 길잡이가 되는 것이죠.

우리가 왜 신의 노예인가 한번 얘기해 봅시다. 우리 인간이 아무리 자유스럽게 산다고 하지마는 자기가 묶여 있는, 창살 없는 감옥에서 빠져나갈 수 없는 그런 이치에서 한 발 한 발 딛고 나가는 것입니다. 자기가 가는 데마다 창살 없는 감옥이 있습니다. 그러나 자기가 이것을 안다면, 창살 없는 감옥에서 훌쩍 벗어난다면 바로 자기는 자유인인 것입니다. 예를 들어서 우리는 컴퓨터나 로보트나 모든 것을 만들어 놓고 그것을 노예로 삼아 쓰고 있습니다. 안 그럴까요? 일체가 인간의 지배를 받고 있는 것입니다. 인간의 지배를 받고 있는 반면에 우리는 어디에서 지배를 받고 있는가?

우리가 마음대로 할 수 없는 게 있습니다. 인간이 로보트를 만들어 놓았지만 그 로보트의 정신력이나 이런 것이 자기가 생각해서 일을 할 수 있는 그런 능력을 가지고 있지는 못합니다. 인간이 그렇게 고등 동물이라고 하는 것은 자기가 생각해서 마음대로 할 수 있는 능력을 가졌기 때문입니다. 항상 내가 말했죠. 새로이 새 언어로 얘기를 해보면, 오신통을 컴퓨터니…, 항상 얘기하죠. 여기 안 들은 분이 있으면 들으시라고 다시 재차 얘기를 하건대 우리가 자유스럽게, 영원한 자기의 주인공에 의해서 스스로 있는, 영원히 있는 그러한 망원경이나 컴퓨터나 탐지기나 또는 천체무전통신기나 책정기나 또는 영사기 이런 것이 자기한테 그냥 본래 주어져 있는 것입니다. 여러분이 생각해서 할 수 있는 그런 원력이 동시에 있는, 이 굴레바퀴처럼 돌아가는 그 이치가, 바로 그런 능력이 스스로에게 주어져 있는 것입니다. 그것이 주어져 있기 때문에 자기가 어떠한 물체를 만들어 놓고 자기가 쓰는 겁니다. 지금 그렇게 하고 있죠.

그렇게 하고 있는데 그것을 어떡하면 인간처럼 이렇게 생각해서 하게 할 수 있나 하고 그 의식을 통해서 자꾸 만들어 냅니다. 만들어 내되 만들어 내면 만들어 내는 대로, 예를 들어서 수십 개를 만들어 놨는데 어떤 거는 특별히 자기가 생각하는 것도, 의식으로 통하는 것도 있더라 이겁니다. 그러면 만약에 '나도 너와 같아.' 하되 그것이 사랑과 의리 그런 것을 한 번도 생각해 보지 못하고 그냥 곧바로 나가는 거, 한 번 치는 거, 자기가 생각하는 그런 것대로 막 치고 나가기 때문에 자기가 만들어 놓고도 그 만들어 놓은 데서 자기가 죽을 수도 있는 것입니다. 그렇기 때문에 우리가 만들어 놓은 그 자체에 죽고 산다 하는 것은 자유권을 가져야만이, 우리가 만들어 놓고도 항상 그걸 둘로 보지 않게끔 사용을 한다면 절대로 망하는 수도 없고 또 모든 것을 흥하게 만들기 때문에 공덕이 된다는 것입니다.

모든 것을, 로보트를 만들든지 뭐를 만들든지 그 상대성 원리가 바로 둘이 아닌 것입니다. 우리가 만들고 그러는 것도 둘이 아니지마는 여러분의 자성과 지금 심봉과 굴레바퀴가 둘이 아닌 까닭에 우리가 그 모두를 만들고 써도, 지금 세계적으로다가 어떠한 것을 한번 누르면 이 세상이 다 타 버릴 수 있는 그런 능력을 가졌다 하더라도 그것도 사람의 마음의 조작이지 하늘에서 떨어진 게 아닙니다. 그렇기 때문에 그런 것도 역시 인간의 마음 한생각이면 좌우할 수 있다는 얘깁니다.

그렇기 때문에 그 좌우할 수 있는 자유권을 가졌을 때에 이 세상의 모든 자리를 지킬 수도 있고 융화를 시킬 수도 있습니다. 우리가 이 자리를 지키는 데 그 오신통의 문제만 가져도 우리가 한생각을 내서 대의적으로 이끌고 나갈 수 있는, 또는 앞으로 세계적으로도 어떠한 나라가 독재적인 나쁜 생각을 하고 있다 하더라도 나쁜 생각을 하는 그 마음을 조절시켜서 다 이 세상이 평화스럽게 될 수 있는, 좀 다져 줄 수 있는, 요량 있고 지혜 있고 그렇게 조금 유동성이 있게끔 공산주의도 좀 더 윤화를 시키고 반체계를 세워서 우리와 더불어 비슷하게 나갈 수 있는, 우리가 다시 한번 옷깃을 여미고 생각해 볼 수 있는 문제를 세워서, 그 해이하고 약한 마음을 버리고 한번 생각해 볼 수 있어야겠습니다. 그쪽은 또 너무 센 거는 조금 줄이고 우리는 조금 일으켜 세우면서 이렇게 합류화시킬 수 있다면 앞으로 이 자리가, 호국 불교가 따로 있고 호국 정신이 따로 있는 게 아니라 우리의 한생각이 세계를 살릴 수도 있고 모든 생명들을 융화시킬 수도 있고 참답게 인간의 노릇을 할 수 있게끔 조절할 수도 있는 것입니다.

그런데 지금 여러분은 청소년들을 기르면서도 얼마나 타격을 받습니까? 그러나 그것을 그렇게 둘로 보지 않고 나의 원자력 에너지가 있으면 에너지가 있는 대로 내 전화가 있으면 내 전화에서 돌리면 바로 걔한테도 갑니다. 그럼으로써 말없이, 듣기 싫은 소리 하지 않고도 그 애를 잘 기를 수가 있는 것입니다. 똑바로 가게 인도를 할 수 있는 것입니다. 사랑을 못 받는 사람은 사랑을 받게 할 수 있고, 가난한 사람은 좀 더 가난치 않게 할 수 있고, 괴로운 사람은 괴로움이 없어지고, 또 팔자 운명이, 그런 것이 붙지 않습니다. 그런 것은 자기의 마음에 따라서 팔자 운명을, 자기네들이 마음으로 지어 놓고 팔자 운명이라고 말을 하고 있는 것입니다. 팔자 운명이라는 언어도 붙지 않는 자리입니다. 그런데 어째서 우리는 그렇게 마음이 약하고 또 비약적으로만 나가고 또 어떤 게 좋다 나쁘다 이렇게 말만 하고 이렇게 생각만 하고 살아야만, 언제까지 벗어나지 못하고 이렇게만 살아야 합니까?

항상 내가 얘기해 드리죠. 절간에 가서 칠성이다 산신이다 용왕이다 이렇게 붙여 놓은 이름들을 생각해 보면 여러분이, 때에 따라서는 엄마가 됐다가도 때에 따라서는 아내가 되고, 때에 따라서는 누이가 되고, 때에 따라서는 동생이 되고, 때에 따라서는 며느리가 되고, 때에 따라서 여러 가지 이름을 가지고 있으면서도, 그 이름을 고정되게 가지고 있지 않으면서도 그 이름을 지금 쓰고 있지 않습니까? 그런 거와 같이 한 사람의 이름이 그렇게 많아도, 그 한 사람의 이름을 다 부르면서 살아가도 한 사람입니다. 한 사람이 그 이름을 가지고 있고, 한 사람이 그 작용을 하고 한 사람이 모든 것을 하는 것입니다.

그런 거와 마찬가지로 우리는 그 이름이 따로 있는 게 아니라 한 마음에서 천만 가지 만만 가지, 아니 일체 만법을 다 들이고 내는 것이, 바로 우리 살아나가고 있는 것이 바로 한마음에서 나가는 것입니다. 그렇기 때문에 한마음을 잘 쓰면 잘될 것이고 잘못 쓰면 구덩이에 빠지는 것입니다. 남의 말만 그렇게 잘 듣고 나가지 마십시오. 왜냐? 남의 말을 듣는 것도 옳은 말이라면 자기 거를 만들어서 양식을 삼고 또 옳은 말이 아니라면 바로 떨쳐 버리는 그러한 마음과 더불어 내 마음의 주인공에 의해서 믿고 그렇게, 도도하게 흐르는 물처럼 항상 순조롭게 나가면서, 겸손하게 나가면서, 남의 생명을 아무렇게 생각하지 마시고 내 생명과 똑같이, 하다못해 올챙이의 생명이라도, 바로 나도 과거에 올챙이였어. 그렇기 때문에 그것도 둘이 아닌 것입니다.

우리가 애당초부터 사람으로 등장을 한 것이 아닙니다. 그럼으로써 우리는 모두가 과거의 나인 것이고 미래의 나인 것입니다. 오늘도 이렇게 살았다면 바로 내일도 이렇게 살 것입니다. 그래서 내일이나 오늘이나 어저께가 둘이 아니요, 오늘 자체가 영원한 것이니까 오늘 이렇게 몸을 가지고 살면서 우리가 그 도리를 모른다면 항상 노예에서 벗어나지 못할 것입니다. 그리고 우리는 보이지 않는 그 신에 의해서 항상 지배를 받게 되니 그 지배는 무엇인가? 여러분이 마음을 마음으로 조작해서 지배를 받는 것이지 마음으로 조작하지 않는다면 모든 게 걸리지 않는 것입니다.

'나는 언제 이런 공부를 하나?' 이런 것도 좀 거기다 맡겨 놓으시면 좋겠습니다. 또 '내가 빨리 해야지.' 하는 것도 거기다 맡겨 놓으셨으면 좋겠습니다. 안 되는 것도 거기에서, '되는 거, 안 되는 것을 거기에서 관장하고 열쇠와 자물쇠를 다 가졌으니까 거기에서 하시겠지.' 이렇게 믿고 나갈 수 있는 그 믿음과 물러서지 않는다면, 감사함이 있다면 모든 게 감사한 겁니다.

나에게 어떤 분이 수박 하나를 갖다 주어도 이거를 받아서, 배가 불러서 좋다고 먹지는 않습니다. 그건 여러분의 피이기 때문에 그러며, 마음의 피며 마음의 땀인 것이며 또 한층 더 나아가서는 그 수박의 피인 것이요, 수박의 생명인 것이요, 바로 그 수박의 살인 것입니다. 마음인 것입니다. 그렇기 때문에 어떤 때에 이 생각을 잘 못하고 먹는다면 그것은 바로 독인 것입니다. 둘로 본다면 독인 것입니다. 이것을 감지하고 이것을 참으로 뜨겁게 생각하고 감사하게 이렇게 생각할 때 비로소 이것은 아주 조화를 이루면서 즐겁게, 내게 무슨 큰일이 생겨도, 하다못해 저런 뱀도 나쁘다고 그러지만 뱀도 생명이 있는 것이요, 그걸 잘못 생각해서 그렇습니다.

기독교에 이런 말이 있죠. "선악과를 먹지 말라고 했는데 뱀이 먹으라고 해서 이런 인간 세상에 내려와서 고생을 한다. 목에 걸렸다." 이런 문제가 있습니다마는 그게 아닌 것입니다. 선악과라는 그 뜻은 바로 이 우주의 근본적인 하나입니다. 둥근 거 하나! 즉 말하자면 한 울입니다. 한 울의 둥글림입니다. 그것은 무얼 뜻하느냐 하면 아까 내가 바퀴라고 했죠. 우리가 돌아가는 바퀴의 이치를, 심봉을 '무(無)' 라고 그랬죠. 그것은 벌거벗어도, 또 벌거벗지 않아도 뭐, 어디 한쪽이 떨어져도 그런 거 창피한 것도 모릅니다. 그것은 더하고 덜함이 없으니까. 그러나 이 심봉에다가 '무' 라는 어떠한 선악과라고 한다면 이것은 벌거벗어도 아무 창피도 모릅니다. 그러나 이것을, 굴레 바퀴를 여기다 하나 끼웠다는 폭만 잡으면 됩니다. 인간이라면, 이것을 같이 하고 있다면 좀 더 창피한 것도 알고 인간이 인간답게 살 수 있는 그런 법이 있느니라. (녹음 안됨) 우리가 깨닫지 못하면 그 이치를 모르기 때문에 그런 것입니다.

왜 뱀으로 표현을 했을까? 뱀은 지난번에도 얘기했지만 쭉 펴면 한 일(一)이 되고 오그려서 둥글리면 바로 원이 되는 것입니다. 대가리만 하나 들었다 하면 백 백(白)이 됩니다. 백 백이 되는 것은 무얼 뜻하느냐? 살았다면 고개를 들 수가 있지 않느냐는 얘깁니다, 살았다면. 그건 사람으로서 사는, 즉 목석이나 마찬가지니까 "목석이 되지 말고 인간이 돼라." 해서 고개를 하나 들라고 했던 것입니다. 그것이 바로 뭐냐 하면 "이 둥근, 돌아가는 이 이치를 알려면 이거를 먹어라." 한 거지 그 물질을 말한 게 아닙니다. 그래서 무와 공은 둘이 아니며, 항상 여러분의 생명과 이 마음은 둘이 아닌 것입니다. 그래서 그 생명의 불성은 누구나가, 어떠한 종교인이든지 다 생명을 가지고 있음으로써 한 지붕 밑에, 한 독 안에 들어 있는 바로 지구의 생물들이라고 볼 수가 있겠습니다. 그렇다면 우리가 누구를 나무라고 누구를 타박하겠습니까?

이런 이치에 의해서 모든 사람들이 기독교를 믿든지 천주교를 믿든지 불교를 믿든지 자기의 마음에 달려 있고 또는 바깥에 끄달리지 않는 그 자기의 참주인공에 의해서 모든 것이 일어나는 이치를 우리가 깨달으면 우리는 앞으로의 장래가 있는 것입니다. 또 자기가 이 몸을 벗는다고 그래서 허무하게 생각하지 마세요. 그전에도 재차 얘기했지만 이것은 옷을 벗고 진화하는 거지 그건 죽는 게 아니다라는 얘깁니다. 영원한 것입니다. 이 몸도 허무한 게 아니라 영원한 것입니다. 그래서 부처님께서는 32상이 구족하고 62견이 구족하고 80종호가 구족하다고 했습니다.

그것은 무슨 뜻인가? 우리가 참으로 이렇게 인간까지 돼 올라온 것도 조그마한 미생물에서부터 우리가 이렇게 커졌지 않습니까? 그렇다면 인간이라 하면 부처 될 수 있는 가망이 90% 돼 있다 이겁니다. 그러면 여러분의 마음이 선장이라면 잘 끌고 나가셔야 이 몸뚱이에 있는 중생들도 잘 끌고 나가게 돼서 몸이 건강하고 이렇게 가정이 건강하고, 좀 폭이 넓어지니까 모든 우환, 가환, 병고 액난이 다 무촉같이 사라져 버리는 것입니다.

우리가 하나를 가지고서 그냥 '이거 해 주십시오, 저거 해 주십시오' 하고 얻다가 빌어야만 하겠습니까? 얻다가 빌 데가 없습니다. 자기가 있고서 이 세상이 났고, 자기가 있고서 상대가 있었고, 자기가 있고서 자식이 있었고, 자기가 있고서 생활이 있었습니다. 그런데도 불구하고 자기 빼놓고 무엇을 어디서 어떻게 해 달라고 하는 것입니까? 딴 데서 물질적으로 발전소를 만들어 놓는 거는, 때에 따라서 전기가 나가면 전깃불이 안 들어옵니다. 그러나 이 자가발전소는 아무리 전기가 꺼졌다 하더라도 항상, 바로 불을 켜 가지고 있는 것입니다. 항상 밝습니다. 저 태양과 같이 밝으면서도 이 마음의 밝음은 땅속까지도 밝혀 줄 수 있는 뜻이 있습니다. 온 천하의, 온 세계의 어떠한 중생들이라도 다 밝혀 줄 수 있는 그 능력이 여러분에게 부여돼 있는 것입니다.

그러면 오늘은 이걸로써 마치겠습니다. 뒤따라서 내일 또 얘기해 드리죠.

마음공부 하는 자세

1986년 7월 21일

여러분이 이렇게 이 도량에 와서 공부 아닌 공부를 하시느라고 애를 쓰시는 것을 볼 때 감개무량합니다. 하지만 우리 공부하는 자세가…, 이런 말이 있죠. “서까래의 공덕으로 아버님 전 뼈를 빌리고 어머님 전 살을 빌려 이 내 일신 태어나니 공이로세, 공이로세, 공이로다.” 하는 그런 얘기가 있습니다. 공이라는 그 뜻을 생각해 볼 때 여러분이 공이라는 이치만 알았지, 우리가 지금 생활하는 그 자체가, 항상 말씀드렸듯이 한 발짝 떼 놓으면 고정된 관념이 없고 고정된 걸음이 없고 고정되게 보는 것도 없어서 그저 쉴 사이 없이 돌아가는 인생의 진리라고 볼 수 있겠죠.

그런데 사람은 늙으면 죽고 태어나 자라면 젊었다고 하죠. 그러나 그것은 젊었으면 늙을 거를 준비하고 늙었으면 또 젊을 것을 준비하는 것입니다. 그러면서 어저께도 얘기했듯이 그 모습을 다시 진화시켜서 바꿔 가지고 나오는 것은 자기가 살아나가는 동안에 어떠한 마음에 의해서 차원이 얼마만큼, 이차원이냐 일차원이냐 삼차원이냐에 따라서 그 진화는 모습을 가져오는 것입니다. 모습에 의해서 남을 지배를 할 수도 있고 남한테 지배를 받을 수도 있는 것입니다.

그래서 우리가 공부할 때의 자세가, 예를 들어서 공부한다는 것도, 남에게 착을 둔다는 것도 욕심입니다. 착을 두는 것도 욕심이지마는 모든 공부를 하겠다는 생각, 그것은 올바로 해야 착이 아니고 욕심이 아니지 올바로 못한 채 욕심을 부린다면 그건 착이고 욕심인 것입니다. 그렇기 때문에 "올바로 해라. 올바로 해라." 하는 것은, 내 경우를 볼 때에, 예를 들어서 한번 얘기해 드리겠습니다.

예전에 제가 스물 안쪽에도 그런 생각을 항상 해 왔습니다. 아니, 아마도 나이 어려서부터 그랬을는지도 모릅니다. 그때는 여러분처럼 공부라는 생각도 없고 공부라는 게 뭔지도 몰랐던 것이 사실입니다. 하지만 사람이 인생의 길을 걸어가면서 부모를 보고 또 형제를 보고 사람들이 사는 걸 보고, 또 짐승을 보고 풀들을 보고 세상의 모든 것을 볼 때 하염없이 흘러 내려가는 그 물은 내 눈물과 같이 보였습니다. 그럴 때 얻다가 하소연을 할 데가 없었습니다. 얻다가 하소연할 데가 없었기에 내 마음에, 아까 얘기했듯이 서까래에다 꼭 의존했던 것입니다. 그 서까래는, '서까래의 공덕' 이러는 거는, 서까래는 자기의 그 자성의 주장자라고 볼 수 있다면 불성이라고도 할 수 있겠죠.

그러나 그 '공덕' 이라고 하는 것은 한마음으로 돌아간다는 뜻입니다. 그래서 뿌리와 같기도 하고 씨와 같기도 하고 그렇기 때문에 생각 내는 그 생각이 바로 생각 내기 이전 그 심봉에 의해서, 반드시 자기는 살을 빌리고 아버지의 뼈를 받고 그래서 인생이라고 이게 태어나는 것이죠. 그렇기 때문에 뼈를 빌린 아버지나 살을 빌린 어머니나 또 영원한 씨인 주장자의 그 불성이나, 그 불성이 아니었더라면 뼈도 빌릴 수 없고 살도 빌릴 수 없습니다. 그렇기 때문에, 즉 말하자면 법의 스승이라고 볼 수도 있고, 참자기라고도 볼 수 있고, 부처라고도 볼 수 있는 것이죠.

그러니 우리가 어떠한 경우에 이르러서 이 모습을 두고 착을 둔다 하는 것은 역시 욕심입니다. 그러니까 욕심으로부터 착이 되고 착이 됨으로써 그게 끊이지 않는 인연줄이 되는 것입니다. 그 인연줄은 마음으로 인연을 끊지 않는다면 절대로 물질로서는 끊을 수가 없습니다. 그렇기 때문에 얽히고설키고 해서 살아나오면서 그 인연줄에 의해서 자기가 빠져나가지도 못할 뿐 아니라 붙드는 그 상대방도 빠져나갈 도리가 없는 겁니다. 그 인연줄에 얽히고설킨다면 양면이 다 죽기 때문에, 결국은 죽는다 하면 사는 길이 있듯이 모든 것을 맡겨 놓으라고 했습니다. 물론 사람으로서 어찌 사랑이 없고 또 도의가 없고 의리가 없고 그렇겠습니까마는 그렇게 거죽으로는 천연덕스럽게 하면서도 마음과 더불어 착, 욕심, 그 모든 것을 맡겨 놓고서 사랑한다면 무궁무진한 사랑이 아닐까 생각됩니다. 그러고도 변치 않는 사랑이 되고 영원한 사랑이 되고. 그래서 진짜 사랑을 하는 사람들은 그러한 모습에다 착을 두지 않고 모습으로 인해서 울고 쓰라려하지 않습니다.

벌써 한 8년 전 얘깁니다마는, 사랑을 하기에 남편에게 돈을 다 들이대 주기도 한 그런 첩도 있었으니 그것도 그 사람의 마음에 달린 겁니다. 큰집은 너무 가난했습니다. 너무 가난한데 자식들은 7남매나 낳아 놓고 회사가 망하니까 회사를 다시 일으켜 세우려니 할 수 없이 돈 많은 여자를 택했습니다. 그랬는데 그 돈 많은 여자가 돈을 많이 들이대 주고 큰집도 다 살림살이해 주면서 시봉을 하다가 그만 돈을 다 없애고도 또 딴 사람 거를 대 주었습니다. 대 주다 보니까 나중에는 할 수 없이, 남편을 사랑하기에 다시금 큰집으로 들어가라고 이렇게 유서를 써 놓고서 자기는, 자기가 없어져야만 그 돈의 출처를 자기가 안고 갈 테니까 고만 유서를 써 놓고 가 버렸습니다. 자살을 했단 말입니다. 자살을 할 때 그 사람이 유서에 써 놓기를 뭐라고 써 놓았느냐 하면, "인생은 공(空)이로세. 한 번 왔다가 한 번 가는 길에 내가 남의 입초시에 오르내리기를 좋아한 것은 아니나 나는 마음으로는 진심으로 사랑했고 진심으로 그 식구들을 내 아픔과 같이 생각했노라. 그렇게 사랑했기 때문에 그 식구들을 다 위해서 나는 가노라." 이렇게 유서를 써 놓고선, "형님! 형님이 나이고 내가 형님이니, 형님! 아무쪼록 행복하게 살 수 있게 그 마음을 넓게 쓰시고 사셔야 나도 보람을 느끼고 또 살 수 있지 않겠습니까?" 하고선 유서를 써 놓곤 간 일이 있습니다. 저 원주에서 있었던 얘기죠.

그런 사람도 있듯이 여러분이 사랑을 한다면 물질로서 사랑을 하지 마세요. 내 예를 든다면, 어떠한 고난이 와도 남을 탓하지 않고 자기 그 서까래를 붙잡고, 자기 불성의 기둥을 붙잡고 거기에 하소연을 하고 한번 울고 나면 속이 후련했거든요. 꽁치꽁치 뭉쳤던 것도 그걸 붙잡고 울고 나면 다 펴졌습니다. 그러니까 전체 바깥으로 돌질 않은 겁니다. 바깥으로 돌 게 뭐 있겠습니까. 그러는 반면에 나는 모든 것을 얻은 것이 많습니다. 인간이 살아나가는 데의 그 이치라든가 상식의 문제, 또는 우리가 모두들 "과학, 과학" 하는데 과학이 따로 있는 건 아닙니다. 이 풀 이파리 하나를 봐도, 벌써 이렇게 기울어진 것만 봐도 '아휴! 너도 나와 같구나.', 비틀어진 것만 봐도 '너도 나와 같구나.' 이러고 불쌍히 생각이 들면서 간절히 그저 둘이 동시에 하나가 돼 버리곤 하나가 돼 버리곤 했습니다. 그러니 어떠한 고난을 줘도, 아버님께서 그렇게 내쫓고 고난을 줘도 나는 아버지의 탓을 절대 하지 않았고, 아버지가 다른 자식들은 다 공부를 시키고 나는 안 시켜 줬어도 원망을 하지 않았습니다. 왜? 진심입니다, 이거는.

그것은 모든 것이 내 탓이지, 내가 이 세상에, 즉 서까래 공덕으로서 뼈를 빌리고 살을 빌려 준 것만 해도 고마운데 어찌 그 탓을 하겠습니까? 인연 따라서 만났거늘, 인연 따라 만나서 살다가 헤어지는 거는 일찍 헤어지고 나중 헤어지고 그것뿐이지 무엇을 탓을 하겠습니까? 마른자리 진자리 바꿔 가면서 뉘어 주고 물 떠다 세수시켜 주고, 배고프면 밥을 떠 넣어 주고 젖을 준 것만 해도 고맙지 않습니까? 물론 뭐, 낳고 싶어서 낳았느냐고 이렇게 막말들을 지금 젊은 사람들은 합디다마는 그것은 인연에 따라서 오는 거지, 억지로 그것을 누가 하겠습니까? 이것이 진리고 순리적이고 바로 자동적인 것을.

그러니 스님들이 사는 도량에도 그렇고 여러분 가정에도 그렇고, 우리 믿는 사람들이 될 수 있으면 화목을 도모하고 조화를 이루려면, 옛날에도 가화만사성이라고 했지마는 화목을 가져오는 것도 내 마음에 따라서 화목을 가져오는 것이지, 내 마음이 아니라면 화목을 가져올 수가 없습니다. 벌써 육신에 착을 둔다면 절대로 이건 화목을 가져올 수가 없습니다. 분기가 일어납니다. 그러면 그걸 누를 수가 없습니다. 그렇기 때문에 바로 내 주장자의 그 주인공에서, 모든 것은 다 지수화풍의 이치에서 일어나고 순서 없이 일어나는 것을, 사계절이 일어나듯이, 그저 가라앉히고 가라앉히고 하는 거는 그 안에서 가라앉히지 바깥에서는 절대 가라앉힐 수가 없습니다. 그리고 모든 것을 "아, 참는다." 이러는데 참는 거하고는 다른 겁니다. 일을 할 사람한테 맡기고선 고만둬야지, 맡기지도 않고 그냥 일은 안 해 놓고 '그까짓 것 안 하면 그만이지.' 이런다면 시켜서 일을 한 거하곤 다릅니다.

그래서 어저께도 얘기했지마는 우리가 짐승들이나 모든 문제들, 그걸 각자 얘기를 하려면 너무 얘깃거리가 많죠. 우리가 음파를 통해서 참, 이렇게 알아서 같이 한마음으로 동일하게 조화를 이룰 때, 여러분이 한번 그 맛을 본다면 너무나 기쁜 일도 있지마는 슬픈 일도 많고 가슴이 찢어지는 듯 아픈 그 마음을 금할 수가 없이 될 때가 많습니다. 사람도 그렇고 짐승들도 그렇고, 날아다니는 새들도 그렇고, 물에서 사는 것도 있고 또 저런 북극이나 남극이나 이런 데서 사는 저 동물들도 그렇고 역시 식물들도 그렇습니다. 어떠한 식물들도 춥지 않은 게 어딨으며 마음이 어찌 없으며 생명이 어찌 없겠습니까? 고통이 어찌 없겠습니까마는 여러분이 그거를 느끼지 못하고 생각도 안 해 봤기 때문입니다. 여러분이 생각할 여지가 없어서, 뭐 딴 데 쳐다볼 여지가 없이 살아나가시기 때문에 그런 거까지 생각을 안 해 봐서 모르시는 거뿐이지 그거를 한번 생각해 보신다면 우리 살림살이의 그 아픔이나 똑같습니다. 그런데 그 아픔과 더불어 같이할 수 있는 그 문제가 바로 지금 우리가 공부하는 길입니다. 부모의 은공을 갚는 것도 바로 내가 주장자의 이 공부를 해야만이 뼈를 빌리고 살을 빌린, 또 시중을 들어 주시고 길러 주신 그 은혜를 갚을 수 있는 그런 근거가 나오는 것입니다. 그뿐만 아니라 그렇기 때문에 우리는 공부하는 데 "손도 천이요, 눈도 천이요" 하듯이 어디에 안 닿는 곳이 없다 합니다.

그런데 우리는 지금 공부하는 데 조금만 그저 누가 이렇게 말만 해도 바깥으로 돈단 말이야. 운전수가 운전을 하고 가는데 남이 운전하는 거, 바깥의 잘못하는 걸 가지고 따지다 보면 자기는 운전을 잘 못해. 그러면 얻다 꼬라박기 똑 참하죠. 이런 형국에 도달한다 이겁니다. 자기가 안에서 이 운전을 아주 적멸하게 자기나 잘하고 갔으면 좋겠는데 남 걱정 하다 보니까 문제가 거기에서 오는 겁니다. 그러니 여기에서 잘해 나가고, 잘해 나가면서 또 여기에서 먼저 운전을 능통하게 잘 이렇게 배워 가지고 나갈 때, 남이 잘 못하면 쉴 때 '이렇게 이렇게 하는 게 좋겠다' 고 하는 것도 좋겠죠. 그런데 우리가 그렇지도 못하면서 내가 지금 갈 길이 바쁜데도 불구하고, 즉 말하자면 착이나 욕심에 끌려다니면서도 자기는 욕심도 아니고 착도 아니라고 합니다. 미친 사람이 자기 미쳤다곤 절대 안 합니다. 우리가 지금 살아나가는 데에 "난 욕심이 아니라 이러이러해서 분통이 터져서 이럽니다." 이러지마는 그것은 바로 그 물질에 착이 있기 때문이고 만약에 사랑이라면 질투에 욕심이 있기 때문이고 착이 있기 때문입니다, 다.

진짜 사랑을 하려면 그 모습을 보고 사랑하지 마십시오. 진짜 사랑을 하려면 여기에 사랑을 하십시오. 여기에 사랑을 하면 물질에, 육신에도 사랑이 옵니다. 모두 열 사람이라도 나한테 사랑이 옵니다. '한군데 사랑을 해야 열 사람이 다 온다' 하는 것은 마음은 하나지 둘이 아니기 때문입니다. 그렇기 때문에 상대와 만날 때도 둘이 아니고, 공과 공이 둘이 한데 합치면 둘이 아니듯이, 물그릇에 물방울을 하나 떨어뜨리면 그 물이 둘이 아니듯이, 이것은 체가 없는 마음이기 때문에 항상 둘이 아닙니다. 둘이 아니기 때문에 그렇게 보이지 않는 데 그 에너지와 같이, 그렇게 빛과 같이 돌아간다는 얘깁니다.

그러니 우리의 그 착이라는 것이, 욕심과 착이 공부하는 데 제일 무섭게 그냥 몰아칩니다. 그러면 그런 대로 그걸로 인해서 자기가 공부를 못하는 수가 많이 있습니다. 그러니 우리는 옆댕이에서 어떻게 하든 사랑하기 때문에 그 사람을 편안하게 해 줄 수 있는 거, 사랑하기 때문에 그 사람을 편안하게 해 줄 수 있는 마음, 그 마음을 갖는다면 절대 끄달리지 않습니다. 그래서 내 마음을 사랑해야죠. 울어도 여기에다 대고 울고, 사랑을 해도 여기에 사랑하고, 애원하는 것도, 괴로운 것도 여기에다가 자기의 그 주장자를 끼고 울어 보십시오. 절대 남을 기준하고 울지 마십시오.

이런 예가 있었습니다. 어느 산골엘 들어갔는데 나는 그때 그런 생각을 했습니다. 못생기긴 했어도 나이가 젊었으니까, 그때는 또 이렇게 살도 없고 그렇게 될 때니까 상당히 사람이 무서웠습니다. 그래서 진흙을 바르고 말리고 그래서 산으로 이렇게 돌아다니다 보니까 모두 거지라고 그러고선 돌아다보질 않았죠. 근데 어느 산골로 들어가서 길을 지나다, 삽적거리를 이렇게 지나다가 너무 컴컴해서 발을 디딜 수가 없었습니다. 그래 어느 집 부엌에라도 좀 웅크리고 앉아서 자고 가고 싶은 생각이 들었습니다. 그런데 생전 그러지 않다가 왜, 아무 데라도 가서 자곤 그러던 사람이 왜 하필이면 그 집에 꼭 들어가서 자고 싶습니까, 글쎄. 제 주인 놈이 그러니 제가 안 따라갈 수가 없지 않습니까? 그러니 주인 놈 하는 대로 이놈은 따라간 거죠.

그래서 부엌에서라도 자고 가려고 거길 들어가서 좀 자고 가자고 하니까 아, 거지 미친년이죠, 그러니까. 하하하…. 그래서 이런 것이 이 산골에도 왔느냐고 하면서 뒷덜미를 쳐 가지고서는 그냥 바깥으로 내동댕일 쳤습니다. 돌부리가 있는 데니까 무릎이 그냥 탁 거기 부딪치면서 피가 줄줄 흐르고 이 정강이가 무척 아픕디다. 다른 데는 덜 아파도 이 정강이 모서리 이거는 뭐, 참 그렇게 아픈 게 없습니다. 눈에 불이 번쩍 나면서 말입니다. 허, 이렇게 생각했습니다. '왜 굳이 거길 들어가서 자려고 그렇게 애를 쓰노.' 허허, 이거 보십시오, 글쎄. 이 하늘 밑에 어디 잘 곳이 없어서 하필이면 그 삽적거리 그 집 부엌에 가서 꼭 자고 간다는 이유가 뭐냐 이거야. 그게 인제 의문인 겁니다. 그렇게 좋은 자리를 두고도 그 집에 가서 굳이 자려고 했던 문제. 그렇게 내동댕이 쳐지는 문제. 또 그 문제도 있지만 그렇게 무릎이 아파서 그랬으면서도 원망이 안 들어가고 내 안으로 들어가는 겁니다. 아픈 거는 잠시 잠깐 그러면서 눈물이, 울려고 해서 눈물이 나는 게 아니라 이게 아프니까 잠시 그냥 자기도 모르게 눈물이 흐르는 겁니다. 이거는 누구도 속일 수가 없는 거죠. 그 눈물은 무슨 눈물이냐? 그 사람을 원망하고 그런 눈물이 아니라 내 참다운, 즉 말하자면 왜 하필이면 이 만좌중에, 이 여기 하늘 밑에 그렇게 잘 땅이 많은데도 불구하고 왜 거길 들어가 자자고 했느냐는 겁니다. 그러면 누구의 잘못입니까? 자기 잘못이지. 자기가 들어가 자자고 한 그 잘못이란 말입니다.

근데 또 한 가지 거기 붙은 것은 뭐냐? 하하, 그거를 그렇게 생각하다가, 거기 그냥 주춤거리다 그냥 앉았습니다. 앉아서 '야, 내 이 자리가 참 좋은 자리구나.' 이렇게 생각하면서 뭐라고 생각을 했느냐 하면 '옳지! 옳지! 알았어.' 그러니까 그때는 눈물도 안 나요. '옳지, 알았어. 나를 다지기 위해서 여기를 들어가서 꼭 자자고 해 가지고 나를 이렇게 팽개치게 했구나.' 이 생각이 퍼뜩 들면서 '모든 게, 이렇게 과정을 만든 것이 전부 너로구나.' 하는 생각을 항상 그렇게 하고 갔죠. 그러니까 그 앉은 자리에서 하늘을 쳐다보고 별 하나 나 하나, 별 둘 나 둘 세면서 있으니까 하늘의 지붕이 그렇게 넓고 좋은 것을, 하필이면 부엌에 들어가서 잡니까, 글쎄, 응? 참 내! 어느 스님네들이 좀 어디 가서 자자고 그럴 때는 나는 그전에는 쪼금 의아했습니다. 어디 잘 곳이 없어서 저렇게 들어가서 자자고 애를 쓰나 하는 그런 생각을 했습니다. 그거야 내 생각이겠죠.

그런데 그 일뿐만 아니라 모든 일에서 사람이 죄 없이 맞은 매는 빨리 낫습니다. 그래서 그것도 역시 네가 그렇게, 거기 들어가 자자고 한 것도 너고, 쫓아 들어가서 자려고 했던 것도 너고, 그렇게 내던지게 한 것도 너고, 뚫리게 해서 피가 나게 한 것도 너고, 이것이 나를 다지게, 그 다지고 다지고 모서리 진 습을 떼고 모든 거를 떼 주기 위해서 방망이질, 정질 한 것이 바로 너이기 때문에 참 감사하다고 생각을 하면서 감사한 눈물을 흘렸다 이겁니다. 그 감사한 눈물을 흘리니까 또 뭐라고 생각이 나느냐 하면 '이 눈물 한 방울은 피보다도 더 진하고 바다의 그 많은 전체의 물하고도 이 한 방울이 비길 수 없다'는 겁니다.

그러니 그렇게 지금 내가 잘했다는 거를 말하는 게 아니라 공부할 때는 공부자로서, 수행하는 자로서, 몸도 마음도 그렇게 수행하면서 자기가 공부를 해 나가는 것이, 공부라고 할 것도 없이 자신이 그렇게 공부를 할 수 있는 그런 마음이라면 절대로 분기가 나오지도 않고 이 마음이 참 꿋꿋하면서도 도도하면서도 항상 내려딛게 되고, 마음이 한 발 내려딛게 되고 겸손하게 되고 그러면서도 도도하게 끊임없이 흐르는 그 자체는 정말이지 떳떳합니다. 내가 힘이 없고 그렇게 내려선다면 아주 포기고, 자기가 인생 사는 것을 포기 조로 들어가지마는 그게 아닙니다. 너무나 떳떳하고 뚜렷하고 그렇게 여여하기 때문에 내려서도 내려선 게 없고 올라 디뎌도 디딘 게 없습니다.

그러니 공부하는 여러분이 늙었든지 젊었든지 애든지 어른이든지, 우리가 요 지금 모습을 가지고 나왔는데 다시 요 모습을 똑같이 가져 나오기는 어렵습니다. 그러니 이 모습을 가지고, 다시 우리가 다른 모습으로 해 가지고 나오기 이전에 우린 이 모습을 가지고, 지금 살아서 상대를 가지고 접근하면서 이렇게 돌아가면서 공부가 되는 거지, 죽으면 벌써 이 몸뚱이가 없어서 부딪칠 게 없기 때문에 더하고 덜함이 없습니다. 공부를 더하고 덜함이 없기 때문에 절대로 그 그릇에서 벗어날 길이 없는 거죠, 그 차원에서. 그렇기 때문에 죽은 영혼은 결국은 공부한 사람들이 리드를 하면 리드를 받아서 먹혀 들어가지만 산 사람들은 상당히 그게 가르치기가 어렵습니다. (녹음 안됨) … 없기 때문에 요리도 생각할 수 있고 저리도 생각할 수가 있기 때문입니다.

그러나 이 몸을 벗고 죽은 사람들은 한계가 딱 지어져 있습니다. 그건 무슨 소리냐 하면 가고 옴이 없이 가도, 죽으면 훨훨 날아다닌다 이런 소리를 하는데요, 그것도 아닙니다. 지금 여러분이 청와대 들어갈 때 못 들어가죠. 또 어떠한 모르는 남의 집은 못 들어가죠. 그렇게 철저하게 우리 사회의 상식이라든가 계율이 모두 있듯이 그런 차원의 그릇의 계율이 있기 때문에 한 발짝도 못 나가는 게 있거든. 그래서 어떤 때 길을 지나가다 보면, 차에 치여 죽은 사람들이 있다면 그 자리에서 또 치여 죽는다 이런 문제가 있습니다. 그것은 어떠한 몸이라도, 집이라도 오면 들어가려고 하는 거죠, 자유자재 못하니까. 살아서 우리가 자유자재권을 가져야지 죽으면 더하고 덜함이 없기 때문에 자유자재 못한다, 공부도 못한다는 얘깁니다. 다시 이 세상에 탄생을 해서 다시 또 그 길을 걸으면서 공부를 해야 돼요. 그러니 얼마나 시일이 걸립니까? 그러니 살아 있을 때 공부를 해야 되지 않겠습니까?

이런 얘기가 있습니다. 어떤 어머니가 7남매를 낳아 놓고서 남편이 돌아가셨습니다. 아마 이게 한 30년 전이 됩니다. 근데 그때에 어느 산골인데 그래도 웬만하게 산다고 봤습니다. 초가집이라도, 그래도 농사를 잘 짓고 살았는데 그 어머니가 7남매를 낳아 놓고 남편이 돌아가시고 난 뒤에 농사짓고 이렇게 살다 보니까 상당히 쇠약해져 가지고 병이 들어서 다 죽게 됐어요. 아주 그냥 죽게 됐어요. 죽기 전에 그 애들을 여기도 다니고 저기도 다니면서 애 없는 집에다가 다 인권을 했습니다. "사실이 이러이러하고 이러이러하니 이 애를 좀 맡아서 당신의 아들로서, 당신의 딸로서…." 이렇게 해서 애들 없는 집으로 다 빌렸습니다. 그 사실 얘기를 다 하고, 다 비르고 혼자 왔습니다. 혼자 오면서 편지 쪽 요만한 거를 하나씩 적어서 애들한테 다 줬습니다.

그건 무슨 소리냐 하면, "인생은 이 세상에 나와서, 구름이 한데 모였다가 흩어지면 남이니라. 너희들하고 나하고 인연이 돼서 같이 이렇게 모였다가 헤어지는 구름과 같은데 너희가 또 한데 한 가정으로 모였으니 지금 새엄마 새아버지를 진짜로서 잘 모시고 말 잘 듣고 잘해라. 앞서 같이 모였던 인연이니 명심해서 잘 들어라." 해 놓고 엄마라는 말도 안 했습니다. 우리가 만났던 인연이라고만 해 놓고 그걸 한 장씩 다 주고서, "정직하게 살라." 이렇게 해 놓고선 그 부인은 죽을 때를 바라고 있었던 게 아니라 그저 앉아서 기도하기를, '내 마음의 부처시여! 당신이 모든 것을 이렇게 해 놓으셨으니까 내가 다시 이 세상에 나와서 몸을 받게 하지 마시고 저런 불쌍한, 나하고 모였던 어린애들을 위해서 돌봐 줄 수 있는 그런 여건을 주소서. 인연에 따라서 만났던 자기의 그 일을 제대로 섬기지 못하고 부처님의 심부름을 제대로 못하고 이렇게 몸이 부서지니 다시금 몸을 받게 하지 마시고, 몸을 받게 한다면 한 사람밖에는 볼 수가 없습니다.' 이거야. '몸을 받게 하지 마시고 될 수 있으면 그저, 그 애들을 위해서 보살펴 줄 수 있도록 그렇게 자기한테 일을 달라' 하고 부처님한테, 이 마음의 부처님한테 고하고서는 물로 들어갔습니다.

물로 들어가서 그 어머니는 돌아가셨는데, 애들은 그저 웬만한 집에, 가난한 집도 가고 다른 집도 가고 그런 게 아니라 어린애 못 낳는 집에만 준 겁니다. 하여튼 못 낳던 집에만 줬는데 그 애가 간 집은 잘 살게 됐습니다. 걔가 들어가고 나서부터는 잘됐어. 잘되니까 공부도 잘 시키고 그럴 수밖에. 그렇게 들어가면서 잘되고 그러니까 그 애로 인해서 그 부모들이 아주 잘 지내는 겁니다. 그래서 그 말이 나온 겁니다. 얘깃거리가 나온 겁니다. 야! 그 집 애들은 그 엄마가 그렇게 해 놓고선 모두 쪽지를 돌려 주고서는 그렇게 기도를 하고 그렇게 했는데, 아, 동네서 보니까 강에 가서 빠져 죽었는데 그 집 애들은 그 엄마가 돌보는지 그렇게 잘된다 이거야.

그 집만 잘되는 게 아니라 그 집이 잘되니까 그 친척까지, 작은 숙부 뭐, 큰 숙부 모두 잘되는 거라. 이것이 그 한 점의 마음, 애들을 다 기르지 못한 그 사랑 때문에 자기 몸을 헌신짝같이 버리면서도 자기 마음은 걔네들을 위해서 그렇게 간절히 자기가 돌보겠다고 빌었던 것입니다. 죽기 전에 그렇게 빌고 그렇게 안으로 자기 자성의 부처한테 그렇게 다짐 다짐 하고 생명을 버릴 만큼 그렇게 애원했기 때문에 부처님의 한마음으로서 그 여자의 소원을 풀어 준 거나 마찬가지겠죠. 그러니 그게 누굽니까? 미래의 그 애들이 바로 그 여자 아니겠습니까? 그게 자기가 낳아 놓고, 씨를 뿌려 놓고 거두지 못하고 간 그 어머니의 마음이, 과거의 그 애들이 바로 그 어머니란 말입니다. 그렇기 때문에 우리가 모습은 달라도, 자식들이 모습은 다르고 자식들이라 할지라도 자기 미래며 바로 부모들은 자기 과거인 것입니다.

그러니 우리가 공부하는 자세는 항상 그 마음에, 울더라도 그 안의 주장자를 잡고 울고 또 괴로워도 그걸 붙잡고, 또 좋아도 그걸 붙잡고 감사하고, 죽으나 사나 그거 아니면 아니 됩니다. 그렇기 때문에 바깥으로는 절대 착과 욕심을 떠나야 합니다. "그러면, 그렇게 놓으면 우리 살림살이는 어떡합니까?" 이러겠죠. 살림살일 누가 하지 말라는 게 아닙니다. 그게 전부 우리의 공부하는 과정이며 바로 보람인 것입니다. 그러니 우리가 살림살이하면서 그것이 바로 우리의 공부하는 과정이라고 생각하고….

누가 사랑을 하지 말라나요? 사랑을 하되 바로 여기에, 모든 것을 그렇게 사랑하기 때문에 그 육신과 더불어 모두가 사랑인 겁니다, 조화를 이루고 화목하게 되고. 연줄 연줄이 그냥 가설이 돼서, 어저께도 얘기했듯이 환하게 집 안에 불이 들어오니 얼마나 밝고 좋습니까? 어떤 방에는 안 들어오고 어떤 방에는 들어오고 이러면 얼마나 부자연합니까? 또 집 안에 불이 하나도 안 들어왔다고 봅시다. "아이고! 캄캄해, 캄캄해." 하고 "어딨어, 어딨어?" 하고 온통 난리가 나고 할 일을 못하고 이러듯이 우리 살림살이도 역시 마찬가집니다. 캄캄한 집 안에서 아마 하루만 불이 안 들어오고 물이 안 나와 보십시오. 물은 지혜라고 하고 그 밝음은, 마음 밝음은 물리라고 합시다. 물리가 터지지 않고 지혜가 나오지 않는다면 도대체 이거는 살 수가 없어요.

그러니까 본래 여러분의 각자 몸이 이 세상에 태어났으면 그게 바로 주인공이자 공부할 수 있는 근거입니다. 그래 이게 화두야. 그러니까 모든 살아나가는 거 여기에다 맡겨 놓고 사랑하라 이거야. 내 사랑이 제일이야. 변소에 가서 밑 씻어 주는 것도 내가 있으니까 내가 씻어 줘. 그러나 아무리 사랑을 한대도 밑 씻어 주는 부인 보셨고, 밑 씻어 주는 남편 보셨습니까? 세상에 이렇게 사랑할 수 있는 이 가까운 사랑을 모르시면 바로 상대의 사랑도 모르는 것입니다. 그리고 그 마음의 에너지가 벌써 맞닿아서 둘이 아니게 되면 바로 내 사랑인 것입니다. 둘이 아닌 것입니다. 그래서 내가 저 사람한테 들어가고 저 벌레의 속에 내가 들어가 보지 않는다면 그 벌레의 사정을 모른다고 어저께 얘기해 드렸죠. 어떠한 짐승의 속에 들어가 보지 않는다면 겉으로만 이렇게 보고는 모른다고요.

오늘 아침에도 차를 타고 오면서 그 딱지를 안에 붙였기에 망정이지 만약에 비가 오는데 바깥에다 붙였더라면 그거 비 맞아서 금방 떨어지고 말아 버립니다. 그러니 모든 게 안으로 돌아가는 게 좋아요. 어떠한 문제가 생겨도, 비가 억수같이 쏟아져도 그거는 젖지 않고 떨어지지 않습니다. 그와 마찬가지로 우리가 모든 걸 하나하나 봐와도 그렇게 안으로 굴리는 사람은 회사에서나 어떤 각층 각처에서 누구든지 위엄이 있고 사랑을 받고 그렇습니다. 여자든지 남자든지 다 마찬가지입니다.

그리고 몸 건강하고, 가정에서 애들 기르는 것도 애들이 빗나가지 않고 착해지고 효도하고 남한테 우대받고. 여러분이 지금 그렇게 공부를 해 놓으면 지금뿐만 아니라 당신들이 뿌려 놓은 씨에게도 뿌리를 항상 도모해 주면서, 항상 북돋아 주면서 불어넣어 줄 수 있는 그 능력이 있기 때문에 그 뿌려 놓은 씨들이 성장하기에 아주 밝게 성장한단 말입니다. 그러니 뭐, 자식을 잘못 뒀네, 잘 뒀네 이런 걱정도 하지 마시고 오직 여기에 하시면, 그걸 실천을 해 보신다면 바로 알게 될 것입니다. 이것이 거짓이라면 역대의 부처님들도 거짓을 했을 겁니다. 이 진리는 손톱만큼도 거짓이 없는 것입니다.

그러니 우리 같이 실천을 해 보면서 한번 연구해 볼 수 있는…. 내가 알아야 어떻게 남의 속에도 좀 들어가서 잠깐잠깐 이렇게, 순간순간 들어갔다 나왔다 해도 그게 둘이 아니니까요. 벌써 만나면 이렇게 둘이 아닌 거를, 여러분과 나와 이렇게 이렇게 앉아 있어도 지금 같이 듣고 내가 말을 하는 거를 여러분이 듣고, 여러분이 들은 그 마음이나 지금 말하는 내 마음이나 똑같이 둘이 아니기 땜에 지금 이 방에는요, 바로 둘이 아닌 것입니다.

그러니 오늘 우리 보름날 마음의 연등을, 인등 말입니다, 마음의 인등은 항상 밝게 켜 놓고 그 밝은 방에다 항상 밝은 그 마음으로서…, 컴컴한데 뭐를 찾으려면 밝은 데다 이렇게 비춰 보십시오. 또 뭐가 저거 하면 요렇게 모든 걸 거기에다가 태우세요. 거기다 태우신다면 하나도 겁나는 게 없어요. 공부하는 자세들을 앞으로 그렇게 꼭 가지시고 절대로 탐착이나 또는 욕심 같은 거 이런 것을 바깥으로…. 여러분이 살아나가면서 내 분수에 맞게 하시되, 이 주인공에 비치면서 이렇게 굴린다 할지라도 아주 뛰어넘을 수 없는 거를 하시라는 게 아니라 내가 뛰어넘을 수 있는 그런 것을 항상 해 나가시다 보면 넓은 자리도 뛸 수 있게끔 서서히 돼 나간단 말입니다. 점차적으로 말입니다.

그러니 그렇게 아시고 욕심 부리지 말고 분수에 맞게 또 내 안으로만 굴리면서 안에다 모든 그 사랑을, 지금 거죽의 사랑, 거죽의 남편, 거죽의 형제, 자식도 그렇고 거죽의 사랑을 전부 여기에 다 한데 합쳐 놓고선 여기에다가 사랑하십시오. 그런다면 아주 그 몸뚱이도 그 마음도 다 사랑하게 돼. 마음이 사랑하게 되니까 몸까지 쫓아오죠. 얼마나 좋은데요.

그러면 오늘은 이걸로써 끝마치겠습니다.

인간 몸 받기 어려워라

1986년 7월 26일

여러분, 오늘의 이 한마디, 짧은 말이지마는 똑똑히 들으세요. 공부하는 분들이 보는 걸 위주로 하고 듣는 걸 위주로 하고, 모두 그렇게 뚫어지게 꿰뚫어서 보는 거를 아주 위주로 하거든요. 그런데 그것을 원하고 있는 그런 사람들이 공부를 할 때에 "보는 것도 놔라. 듣는 것도 마음에 놔라." 이러는 원인은 대자비의, 만법의 기능을 가진 그 자유권을 얻기 위해서는 소소한 거를 놔야 된다는 얘깁니다. 보는 거, 듣는 거, 남의 마음을 꿰뚫어 보는 거, 요런 거를 다 놓음으로써, 즉 말하자면 안 되는 거 되는 거, 요건 요렇게 돼 있고 요건 요렇게 돼 있고, 팔자는 요렇게 돼 있고 죄는 요렇게 지어져 있고 요런 문제들을 갖다 놓고 볼 때에, 그러면 그걸 꿰뚫어 볼 수 있다면 요건 죄를 요렇게 지었으니까 요렇게 받아야 될 거 아닙니까? 그것은 자기네들이 해 놓은 거니까 꼭 자기네들이 받아야만 할 겁니다, 아마. 자기네들이 5년 징역을 받았으면 5년 징역을 살아야만 할 겁니다. 그러나 "그것을 다 놔라. 꿰뚫어 보는 거까지도 다 놔라. 꿰뚫어 보려고 하는 마음까지도 놔라."

이런 것은 5년 징역을 받을 팔자도, 징역을 안 받는 것도 묵살해 놓고 자유권을 갖는 겁니다. 그러니까 "거기는 팔자 운명이 붙지 않는 자리니라. 부처님 자리에는 어디의 뭐든지, 일체 만법의 근원에는 닥치는 대로 타 버리느니라." 이런 문제가 붙는 겁니다.

그래서 그런 거를 다 놓으라고 하는데도 불구하고 '아이고, 남들은 꿰뚫어 본다는데, 남은 벌써 다 안다는데….' 아, 이거를 원하거든. 자기에게는 그런 게 외려 없어야 된단 말입니다. 왜? 그런 것이 오는데도, 마음으로 느끼고 마음으로 다 알아도 희미하게 알든 꿰뚫어 보게 알든 그것은 놔야 돼. 우리는 자유권을 얻기 위해서 지금 공부하는 거지, 가는 길에 이것이 보인다고 해서 이거 참섭하러 가는 게 아니야, 응? 얘기했죠? 가는 길에, 이게 우리가 지금 이 물이 있고 여기 흙이 있고 이런 거를 보고 듣고 이렇게 끄달리러 가는 게 아니야. 곧바로 지금 가서 '이것이 있다' 할지라도 없게 할 수도 있고 있게 할 수도 있는 자유권을 얻기 위해서 가는 사람이, 어찌 보는 거나 듣는 거나 이걸 위주로 해서 가느냐 이거야.

어떤 사람이 어머니 한 분을 모시고서 참 어렵게 살던 중에, 노동을 하면서 그렇게 살다 보니까 병이 들었답니다. 그래서 바닷가로 요양을 갔는데, 누가 말하기를 거북이 목을 따서 피를 내 먹으면 그 병이 낫는다고 했대요. 그 말을 믿고서 저 바닷가에 원두막 천막을 쳐 놓고선 거기서 요양을 하면서 거북이를 그저, 지금이야 드물지마는 예전이야 좀 많았습니까? 고기도 많고 조개도 많고 뭐, 많았죠. 그전에 나 어려서도 물속에 들어가면 그냥, 시커먼 게 저 다리 밑에 그냥 수두룩하게 있었으니까. 갈퀴로 이렇게 한 번 끄집어 내면 한 바가지씩 되는 거라. 거짓말 아니에요. 거북이 엉금엉금 기는 거 다 잡아다가 모가지 따서 그냥 피를 먹은 거야. 그러곤 휙 내던지고. 피 빨아 먹곤 휙 내던지고 했단 말이야.

그런데 어느 날 어느 준수한 스님 한 분이 배를 타고 건너가시다 말고 거기 앉아 계시더니 하는 소리가 그 젊은 사람더러 "젊은이!" "예." "자네는 죽어서 꼭 거북이가 되겠네." 그러거든. 그러니 "어째서 그러합니까?" 하고 물으니 "자네가 모르겠나, 그거를? 남의 생명을 그렇게 앗아 갔으니 자네도 거북이가 돼서 그 생명의 빚을 갚아야 하지 않겠나? 자네는 천 년을 그렇게 갚아야 사람이 될까 말까 해. 사람 되기가 얼마큼 어려웠다는 거를 자네가 짐작도 할 수 없기 때문에 오늘날에 이러한 문제가 있네. 자네 몸 하나 살리기 위해서 남의 생명을 수백 마리, 수천 마리를 앗아 가다니 자네가 천 년을 도를 닦는다고 해도 그것이 될까 말까 할 것일세." 하고 보니까 벌써 없어져 버렸거든.

그런데 그 얼굴 모습이랑 그 스님의 준수한 모습이 자기한테서 떠나질 않고 그 말씀이 떠나질 않는 거야. 여북하면 어머님더러, 그렇게 듣고 가서 하는 소리가 "어머님, 어머님이 나로 인해서 그러한 죄상을 지으신 거니까, 어머니가 짊어지시라고 할 수가 없으니까 어머니의 그 죄상까지도 제가 다 짊어지고 가렵니다." 하고 그냥 물로 풍덩 들어간 거야. 물로 풍덩 들어가니까 용왕이 "너는 거북이로서 천 년을 지내되, 네가 남의 생명을 앗지 않고 천 년을 지내야 하느니라." 그러니 거북이로 천 년을 남의 생명을 앗지 않고 살아야 하는데, 그게 연쇄적으로 잡아먹고 사는 건데 하나도 잡아먹지 않고 어떻게 살겠소? 자기는 그래도 선뜻 대답을 하고 눈물을 흘리면서 거북이의 몸을 받아 가지고서 돌 밑 아니면 흙 밑으로 깊숙하게 들어가서 물 위에 뜨지 않고, 뜨면 또 그 빚도 못 갚을까 봐, 또 거북이의 몸을 잡아먹히면 그 빚을 다 갚지 못하기 때문에 땅속에 깊숙이, 또 모래 속에 깊숙이, 또 때로는 돌 밑에 깊숙이 들어 있으면서 앙금을 먹어 가면서 산 거야, 앙금! 물속의 풀이 썩은 앙금 또는 모든 산 생물의 그 앙금, 또는 이런 거품 내보내는 거, 그런 거를 먹고 그대로 사는 거라. 배가 고플 때는 모래를 집어 먹고 이렇게 하면서 지내는 도중에, 사람으로 치면, 즉 말하자면 한국에 와서 살았으면 서양에 가서도 살고 공부를 해야 하고, 서양에 갔으면 동양으로 가야 하고 동양에 갔으면 남양으로 가야 하고 그렇기에 천방지축 어딘지를 모르고 그 물이 있는 데는 다 거치면서 잡아먹히기도 하고 또 태어나고 잡아먹히고 또 태어나고 그러기를, 천 년을 그렇게 반복했다는 거야. 반복해 가지고 오백 년이 지나니까 오백 년을 또 지날 텐데 그 오백 년 동안에는 자기 몸이 점점점점 잡아먹히질 않고 커지고 커지고 커져서 천 년 만에는 참 무지하게 커졌더랍니다.

그래서 인제는, 내가 이것을 이래도 다 못 갚았으니 모든 사람들한테 나도 목을 따서 피를 줘야겠다는 생각을 해서 물 위에 풍덩 떴단 말이야. 그 큰 놈의 거북이가 뭉텅 뜨니까 아, 고기잡이들의 그물에 턱 걸렸단 말이야. 고기잡이한테 턱 걸려서 나오니까 이 고기잡이들이 그걸 따 먹지도 않고 또 잡아 가지도 않고, 그냥 펄펄 뛰니까 아, 그 입을 벌리고선 자기네들 먹던 술을 먹인 거야. 취했지. 취해서 아무 정신도 없는데, 그렇게 해 가지곤 또 물에다 던진 거야. 그러니까 '아하! 내가 아직까지도 그 죄가 남았구나.' 하고서는 또 깊숙이 들어가서 지내던 중, 예전에 사람으로 살 때의 그 스님 얼굴이 그 맑은 물에 탁 비치면서 하는 소리가 "너는 인제 다 됐느니라. 어서 저 모래톱으로 나가거라." 하거든. 그러면서 그 스님의 모습이 싹 없어지니, 야, 그 스님이 육지에서도 보였고, 천 년 만에 또 물속에서 보였으니 그 무슨 연고냐 이거야.

그래서 스님의 천둥 같은 소리를 듣고서는 다시 모래톱으로 엉금엉금 기어 나오니까 어느 준수한 사람이 오더니 거북이를 탁 보더니만 아, 거북이를 갖다가 네 쪽을 내서 물로 확 팽개치거든, 네 쪽을 내서. 그게 무슨 연고냐 이거야, 또. 그래 이걸 칼로 잘라도 껍데기가 두꺼워서 안 잘라지는데 확 뒤집어 놓더니 그냥, 그냥 네 쪽으로 잘라서는 휙 물에다 팽개치면서 하는 소리가 "인제 몸뚱이째 다 바쳤느니라." 그러고선 "아예 시신도 없다." 하고선 손을 번쩍 들면서 물로 다 팽개쳤단 말이야.

그러고 나서 자기는 홀연히 인간의 탈을 다시 쓰게 됐고, 환생으로서 어느 준수한 집에 태어났더랍니다. 태어났는데 이 어린애가 태어나고부터 그 집에 가난이 들기 시작을 하는데 걷잡을 수가 없어, 또. 그런데 그 어린애가 태어나고 16살이 되니까 아, 그때에 보았던 스님 모습이 또 나타난 거야. 그 스님이 나타나서 하는 소리가 "얘를 집안에 다 두면 집안이 점점 망하니 나를 달라." 그러더랍니다. 허허허…. 그러니까 그 어머니 아버지가 "맏아들로 낳았는데 맏이를 어떻게 주느냐. 아무리 가난해도 우리의 팔자겠지. 얘가 있어서 망할 수가 있겠느냐?" 하니까 "얘는 당신의 아들이 아니야." 하더랍니다. "얘 대신 얘 동생이 맏아들 노릇을 하고 또 얘를 나를 주면 당신네 집은 다시 일어날 수 있으니 나를 달라." 하더랍니다. 그래서 참, 사람으로 인도환생을 한 그 사람은 그 스님을 좇아서 절로 갔습니다.

근데 절로 간 것까지 요렇게 해 두고, 거북이로서 사람 되기가 얼마나 어렵다는 것을, 지금 우리가 간단히 말한 거지마는 먹지 않고 살기가 얼마나 어려웠던지, 거북이가 죽기도 어렵고 살기도 어려워. 사람도 살기보다 죽기가 아주 쉽다 이러지만, 이 세상에 태어나서 살기보다도 죽기가 어려운 겁니다. 여러분, 생각해 보세요. 남을 괴롭히지 않고, 남의 신세 안 지고, 아프지 않고 또 남의 눈에 띄지 않게 여러분은 죽을 수 있겠습니까? 죽기가 더 어렵죠? 그렇게 죽으려면 어떻게 죽느냐고 할 겁니다. 회향이 얼마나 어려운지, 인간 되기도 어렵지만 회향이 어렵고, 즉 말하자면 사람이 동물로서 태어나는 것도, 이런 어떠한 미물의 짐승이라도 사람하고 같이 수반이 돼야만이 인도환생을 할 수 있다는 거, 일단 사람이 되려면 사람과 같이 이렇게 호흡을 해야 인간 환생을 한다는 겁니다.

그래서 그전에도 얘기했듯이, 뱀이나 소나 개나 고양이나 날아다니는 짐승, 새들도 사람을 보지 않은 새는 몇 바퀴를 새의 그 모습에서 벗어날 수가 없어. 봤어야지, 응? 봤어야 어떻게 이 진화가 되지, 보지 못한 거는, 우리가 음식도 보지 못하고 먹어 보지도 못한 거는 생각조차도 나지 않죠. 우리 범위 내에서 아는 것만이 생각나지 보지 못한 거는, 모르는 건 통 생각 안 납니다. 그래서 뱀도 인간이 먹는 간장도 먹고 음식도 먹고 이럴 수 있어야, 눈에 띄지 않고 먹을 수 있어야 인도환생을 한다는 겁니다. 소도 그만큼 인간의 일을 하면서 그렇게 거기서 시봉을 해 가지고 그 고생을 해 가지고 소를 면하는 법입니다.

그런데 그렇게 인도환생하기가 어려운 그 고비를, 고비를 천 년을 닦아서 인간의 모습을 가지고 나오는 여러분이 오늘날에 이 부처님 법을, 그렇게 참, 진실하게 발견해야 할 그 문제를 놓고 왜 만날 그저 이리 끄달리고 저리 끄달리고, 왜 자기 자신의 그 스승을 믿지 않고, 자기를 이끌고 다니는 자기 스승을 믿지 않고 그렇게 되느냐. 사람이 이 생각 나고 저 생각 나고 이렇게 되는 것은 무한의 진리를 가졌기 때문에 이 생각도 나고 저 생각도 나는 것입니다. 천 가지 만 가지 생각이 들 수 있는 그 능력을 가진 것이 인간 아닙니까? 동물이나 이런 것은 천 가지 만 가지 생각이 나지 않습니다. 인간은 고등 동물이기 때문에 그만큼 이런 생각 저런 생각 자유롭게 생각할 수 있는 자유권을 가졌습니다. 망하게 생각을 해도 자유권이요, 또 잘되게 하는 생각을 가졌어도 자유권입니다, 그거는 어디까지나.

그런데 자기 자유권을 갖고서 자유스럽게 자기 생각을 환경에 따라서 여러 각도로 내 줄 수 있는데도 불구하고 그걸 망상이라고 한다 이거야. 망상이라고 하면서 거기에 끄달린다고 하면서 아주 진저릴 치거든. 왜 진저릴 쳐? 생각나는 대로 그것이 어디에서 하는 건데? 자기, 바로 자기를 이끌고 다니는 바로 자기 주인이란 말이야, 응? 자기 주장자며 영원한 자기의 생명의 근원이며 바로 우주의 근원이기도 한데 어떻게 해서 그걸 믿지 않고서 그 생각 생각, 생각나는 거를 우리가 망상이라고 할까! 그거는 인간이 부처 되는 과정을 거치는 거예요. 과정을 거치는 거지 그건 고가 아니다 이거야.

여러분이 저녁 먹을 쌀이 없다 할지라도 그 주인이 계시다면 먹을 것이고, 주인이 안 계시다면 못 먹을 것이고, 못 먹는 거든 먹는 거든 주인에게 맡겨 놔라 이거야. 엎드러트릴 수 있는 힘이 있다면 제껴 놓을 수 있는 힘도 있고, 굶게 할 수 있는 능력이 있다면 먹게 할 수 있는 능력도 있을 것이다 이거야. 그건 누구냐? 그 천 년을 오면서 자기를 인도환생으로 끌고 온 자기 장본인이다 이거야.

그래서 아까 거북이 얘기를 했지만 그렇게 남을 살생을 안 하고 이렇게 거쳐 와서 인간으로 환토를 해 가지고, 인간으로서는 벌써 부처 될 90%의 가능성이 있고 100%의 가능성이 있기 때문에, 야, 짐승으로선 사람 되기 위해서 천 년을 그렇게 지내 왔지만, 도를 닦아 왔지만, 수행을 했지만 우리가 인간으로 됐을 적에는 천 년이 일 초도 될 수 있고 일 초가 천 년도 될 수 있고 천 년이 삼 일도 될 수 있고 구 일도 될 수 있고 일 초도 될 수 있고 그러하니, 모든 것은 그 끌고 나온, 끌고 다니는, 이름해서 참근본에 모든 거를 맡겨 놔라.

우리가 그전부터도 이런 인연이 없었더라면 이 한자리에 앉을 수가 없는 것입니다. 차원이 낮은 사람들은 차원이 낮은 대로 모이게끔 돼 있고, 차원이 높은 사람은 차원이 높은 대로 모이게 마련입니다. 1학년짜리는 1학년짜리대로 모이고 2학년은 2학년대로 모이고 그건 자동적으로, 상인들은 상인들대로 모이고 정치인은 정치인대로 모이듯이, 이 세상을 가만히 좀 더 지혜롭게 판단해 보십시오. 모두가, 물건도 그렇고 사람도 그렇고 사는 것도 그렇고 모든 게 그러합니다.

그런 거를 살펴볼 때에 우리 인간은 대자연의 선구자이기도 하면서 우린 부처일 수도 있으며 한생각 내려놓으면 법신이면서 보살이면서 또는 한 발짝 다시 떼 놓으면 '발신' 이다 이거야. 그래서 머리 위에는 만 부처가 같이 한자릴 하고 있고, 이 손은 법신의, 바로 보살의 그 손이기에 없는 손이다 이거야. 어디고 손 아니 닿는 데가 없는 보살의 손이다 이거야. 또 이 발은 아니 닿는 데 없이 법에, 법신에 의해서, 보살에 의해서 바로 신장이 뒤따라 주는 발신 활용을 하고 있다 이거야. 작동을 한단 얘기예요. 보살은 보살이기 때문에 자비를 베풀고 부처는 부처기 때문에 '자비다, 자비 아니다' 라는 거를 통틀어서 능력만 보살에게 내 줄 수 있는 그 부동한 심봉과 같은, 원자력과 같은 그 능력을 가지고 있는 거예요. 그러니 우리가 보살에게 잘못하거나 부처님에게 잘못하면 그냥 그 자리에서 법이 내리는 거야.

그건 뭐냐? 바로 보살의 이 경지는 산신도 되지 독성도 되지, 즉 지금 말로 한다면 판사도 되고 검사도 되고 또는 그, 판사 우두머리가 뭐죠? 허허허…. 응?

대중 가운데서 대법원장.

큰스님 응, 대법원장! 대법원장으로 하여금 쭉 내려오면서 그 말 한마디 잘못한 것은 '마음을 먹고 잘못했느냐, 말로 그냥 잘못 말을 했느냐' 거기에서 다 나오게 돼 있어. 여러분은 "나는 죄를 안 지었는데…." 하지만 자기 마음 씀씀이에 의해서 짓는 거를 모르면서 죄를 짓고 있는 거라, 마음에 의해서. 그러니 누가 앞에 있으면서 말을 해서 죄를 짓는 게 아니거든. 자기 생각에 의해서 죄를 짓는 거라.

그러니 우리가 공부하는 거는, 그 생각에 의해서 나오는 거를, 가진 것 다, 모든 거를 다 맡겨 놔라 하는 거는 '죄짓지 말라' 이거거든. 부처 될 가능성이 있는 거니까 모든 걸 맡겨 놓게 되면 전자의 거북이로 살던, 소로 살던, 짐승으로 살던 그 습을 다 놓는 겁니다. 그럼으로써 그때의 그 연쇄 반응으로 지배를 받던, 차원의 지배를 받던 낮은 동물이나 이러한 것은 다 놔 버리니까 타 버리고 마는 거죠. 원자력에 다 타 버리고 마는 거예요. 만약에 원자력의 힘이 100%이고 전자력의 힘이 50%라면 50%는 100%에 먹혀 버리고 말죠. 그와 마찬가지로 전자의 그 습이, 팔자 운명이라는 그런 거, 또는 생사윤회에 끄달리지 않고 거기에 다 그냥 체인지가 돼 버리고 말죠. 타 버리고 만단 말이야.

그러니 우리가 다 놔야 할 것을 못 놓고 이렇게 애를 쓰니, 사람 되기도 그렇게 어려운데, 우리가 얼마만큼 어려웠는가를 역사를 통해서도 알 수 있거니와, 우리가 수십억 년이라고 해도 되고, 년도 광년이라고 해도 돼. 그러면 수십억 년 전에 이 세상이 생길 때부터 모든 생명들이 생겨 가지고서 우리가 차츰차츰 자라 가지고 인간이 되기까지에는 얼마만큼 그게 걸렸느냐는 얘깁니다. 여러분은 다 잘 아시죠. 책을 통해서, 과학자들의 책도 보고 연구자들의 책도 보고 그래서 다들 아시죠. 그러니 사람 되기가 이렇게 어려운 것을, 사람이 돼 가지고 우리가 이 공부를 해서 가난을 면하고, 운명 팔자를 면하고 또는 생사윤회에 끄달리지 않는 자유권을 가지고 살아야만 하지 않겠나 이렇게 봅니다.

당부할 것은, 아까 얘기한 거와 마찬가지로 꿰뚫어 보고 또 알고, 이런 것을 원하지 마세요. 왜? 그걸 꿰뚫어 보면 "넌 팔자가 이렇다. 너는 운명이 이렇다." 이럴 수 있는 겁니다. "너는 요런 죄를 지었으니까 이렇다. 너는 요런 죄를 지었으니까 이렇고 너는 죄가 없다. 너는 죄가 있다." 요런 것을 판단을 할 수 있는 판사밖엔 될 수가 없는 겁니다. 그러나 이것을 다 놓는다면, 여기 이 눈으로다가 자꾸 오지 않고 마음으로 들게 하는 것은 요런 소소한 거를 보게 하는 게 아닙니다. 그건 왜? 이 팔자 운명이 이렇게 됐다 하더라도 내가 자유대로 '이건 팔자가 없다.' 하면 없는 겁니다. '운명이 이렇게 되지 않았다.' 하면 않은 거야. '넌 잘 살겠다.' 하면 잘 사는 거야. 그렇게 자유권을 가지려고 우리가 공부하는 건데 왜 거기에 끄달리느냐 이거야. 그러니까 그런 거를 잘 생각하셔서 그런 일이 없도록 하시면서 모든 것을 놓고 돌아가는 거를 아셔야 합니다.

그럼 오늘은 이걸로써 마치겠습니다.

생활 속에서 진리를 파악하고 벗어나라

1986년 8월 2일

더우신데 더운 것이 얼마나 길게 갈까요? 여러분께서도 신행담을 해 주신다면 좀 더 우리가 토론하면서, 공부하는 길에 때에 따라서는 신행담으로써 참구할 수도 있는 문제고 그러니까 좀 더 그런 데에 우리가 서로 화합해서 대화를 나눌 수 있는 그런 계기가 됐으면 합니다. 듣고만 있는 게 아니라 좀 생각해 보고, 한번 또 말해 보고 말한 자기가 그 말에 의해서 공부할 수 있는 그런 문제도 있거든요. 자기가 또 공부해 가면서 잘못 나가는지 잘 나가는지 이것도 알아볼 겸 해서 말입니다. 또 여러분이 가정에서 살아가면서 이 공부를 해서 얼마만큼 이득이 있으며, 살아나가는 데에 좀 더 밝고 명랑하고 걱정이 안 되는 힘을 얼마만큼 얻었나를 알기도 할 겸 말입니다.

여러분이 생각할 때에 우리 생활 속에서 이 진리를 파악하지 못한다면 우린 영원히 생사에도 끄달릴 거고 또는 윤회에도 끄달려서 그 고통을 면치 못할 것입니다. 옛날에 부처님께서 말씀하신 것도, 십이부경(十二部經)을 아주 달달달달 외워서 얻다 세워 놔도 손색이 가지 않으리만큼 읽었어도 생사에, 윤회에 모두 끄달려서 업고를 면치 못했다고 합니다. 그러면 우리가 무엇을 해야 하느냐? 이 마음을 증득해야 된다는 얘깁니다. 이 마음이라는 건 내 만법을 굴릴 수 있는 마음의 그 보배입니다. 그 만법을 굴릴 수 있는 마음의 보배라는 한마음은 어떠한 것을 가지고 한마음이라고 그랬을까? 왜 주인공이라고 그랬을까?

우리가 생각해 볼 때에 여러분이 사랑을 한다 하더라도 기간이 얼마나 갑디까. 또 자식을 사랑하는 그 마음이 얼마나 갑디까. 남하고 싸우는 마음이 얼마나 갑디까. 사랑하는 마음으로 서로 오곤조곤하는 기간이 얼마나 됩디까. 그것이 지나면 말다툼은 얼마나 됩디까. 싸우는 기간은 얼마나 됩디까. 또 우리가 하루를 본다 할지라도 날이 꾸물꾸물한 기간이 얼마나 가며, 시원하게 부는 바람이 얼마나 가며, 또는 비 오는 기간이 얼마나 가며, 햇빛 나는 기간이 얼마나 갑니까? 그것뿐이 아닐 테죠. 여러분이 그 하나를 가지고 음미해 본다면 체험을 한다고 볼 수 있겠죠. 그건 깨닫는 게 아니라 체험입니다. 체험을 해 본다면 여러분이 요것을 잘 생각하셔야 됩니다. 그것이 속속히 찰나찰나 돌아가기 때문에, 햇볕이 났다고 좋아하지 말고, 그게 불과 얼마 안 가니까 그걸 붙들고 끄달리지 마라. 또 비가 오는데 비가 오는 기간이 얼마 안 가니까 그것에도 끄달리지 마라. 그러니 일거일동 사랑을 한다 안 한다, 싸움을 한다 싸움을 안 한다, 비가 온다 비가 안 온다, 가난하다 부자다, 이 모두가 한 찰나에 돌아가니까 붙들고 늘어질 게 하나도 없어요.

한번 사람이 엎드러졌다면 일어날 수도 있는 거죠. 한 찰나에 엎드러졌으니까 한 찰나에 일어날 수 있는 거죠. 그래서 엎드러졌다를 붙들고 있을 게 아니고 일어난다는 것도 붙들고 있을 게 못 되죠. 그러니까 일어나는 것도 엎드러지는 것도 자기 자유야. 이 세상의 모두가 스스로서 자연 활동이란 얘깁니다. 쉬지 않고 떴다 가라앉았다가 자동적으로 돌아가는 겁니다. 이 자동적으로 돌아가는 거는 사람들의 마음이, 그 습에 의해서 잠재해 있는 그 잠재력이, 인연에 따라서, 즉 말하자면 악도 여기고 선도 여깁니다. 즉 말하자면 도둑질도 능력이 있어야 해. 강도질을 해도 능력이 있어야 하지 돈을 백만 원, 천만 원을 줘도 사람 죽이라면 못 죽여요. 그것도 능력이 있어야 한다고. 그런데 인간으로 태어났다면 그렇게 나쁜 일에 능력을 내지 않아도 지금 다 못하는 세상인데 왜 그렇게 나쁘게 하느냐는 것이 거론되죠. 이것이 사회 상식이며 교양이며 교육이며 우리가 인간이라는 그런 테두리 안에서 벗어나지 않는 그런 도의, 의리에 있는 거죠.

그런데 그러한 문제를 가지고 우리가 타당성 있게 한번 음미해 볼 수 있다면 왜 저이가 저렇게 항상 했던 말을 되풀이하고 했던 말을 되풀이하면서, 저게 저렇게 공했다고 하면서 '붙들고 있지 마라, 놔라, 맡겨 놔라' 하는가? 구체적인 이 문제를 왜 그렇게 자꾸 일깨워 말을 하는가? 이걸 아셔야 할 겁니다. 이 자연의 진리의 섭류도 그러하거니와 우리 인간도 부부지간에 싸움을 하고도 기껏 얼마 안 가서 금방 "여보!" 하거든요. "여보" 한 것이 얼마 안 가서 또 말다툼이 된다고요. 이거는 살아나가면서 좋은 말을 할 때도 있지만 언짢은 말도 할 때가 있다는 거를 생각해 볼 때 이 우주의 섭류가 전체 그런 겁니다. 그리고 또 사랑을 하기 때문에 싸울 수도 있고, 미움이 있기 때문에 싸울 수도 있는 거거든. 근데 미움이 얼마나 가느냐는 얘깁니다. 이혼을 하기 때문에 또 결혼을 할 수도 있는 거죠. 그러니까 남자나 여자나 살아나가는 것도 그렇지만, 저 물속에 사는 생물들도 물 바깥에 있는 동물보다도 더 아주 영리하고, 우리 인간으로 치면 공부도 참 튼튼하게 잘한 이러한 생물이 있습니다.

여러분이 생각을 잘들 해 보세요. 태로 나고 알로 나고, 화해서 나고 질척질척한 데서 난다 이러는데, 연쇄적으로 아랫사람들은 높은 데의 지배를 받고 삽니다. 차원이 낮으면 으레 지배를 받고 삽니다. 그러면 인간도 이 몸뚱이 자체는 바로 자기 자신(自神)의 지배를 받고 사는 겁니다. 자신의 지배도 받고 살거니와 또 차원에 따라서, 어떠한 계층에 따라서도 지배를 받고 삽니다. 세계적으로 볼 때에 인간의 색깔도 네 가지로 형성됐다고 보죠. 좀 하얀 사람이 있는가 하면 붉은 사람이 있고, 황색 나는 사람이 있고 검은 사람이 있고 이렇듯이, 또 그 종류에 따라서 밤색 나는 사람도 있고 좀 흐릿한 사람도 있고 이렇듯이 여러 가지가지로, 갖은 색으로다가 다 이렇게 분류되고 있는데 거죽만 그런 게 아니라 마음의 차원도 천차만별로 그렇다는 얘깁니다.

그건 왜 그런가? 인간이 지수화풍으로 뭉쳐졌기 때문에 그런 문제가 있다는 얘깁니다. 지금 모두 공부하는 사람들이 "주인공에다 모든 거를 맡겨 놔라." 이러는 것은, 이것이 맡겨 놓는 반면에 우리한테 이익이, 무주상으로서 이익이 온다는 얘깁니다. 무한량으로 이익이 온다는 얘깁니다. 왜? 언제나 맡겨 놓으니까, 모든 것을 놔 버리니까, 전자에 오던 것도 놔 버렸고 후일에 올 것도 놔 버렸고 없기 때문에 걸릴 게 없어. 걸릴 게 없기 때문에 인과나 또는 우환, 가환에도 끄달리지 않고, 운명 팔자에도 끄달리지 않지만 생사윤회에도 끄달리지 않는다는 얘깁니다. 그러니 세세생생에 끄달리지 않는 것은, 끄달리지 않는 그 능력을 가졌기 때문에 하늘을 받칠 수 있는 기둥을 내가 가지고 있다는 얘깁니다.

그럼으로써 여러분 앞에 꼭 이 문제를 얘길 해야 되겠습니다. 여러분이 공부할 때에 좀 더 진심으로, 이것이 귀찮다든가 이 공부하는데 말이 많고 이렇다든가 그러한 생각도 없이, 남한테서 받아들이는 것도 무심으로 받아들이고, 내가 하는 일도 무심으로 하는 것이 좋다, 맡겨 놓고. 여러분이 공부하는 데 제일 내가 의려하는 거는 여러분이 바깥을 보고서 잘한다 못한다 하는 겁니다. 그걸 보고서 내가 안으로 굴리면서 모든 걸 안에다 놓고, 남이 잘못하는 게 보이걸랑은 안에다 또 '과거의 나도 잘한 것만은 아니니까 그것도 바로 과거의 나였지.' 그러고선 맡겨 놓고, 또 잘하는 것도 봤으면 맡겨 놓고 불쌍한 사람을 봐도 맡겨 놓고, '저 사람이 잘돼야지.' 하는 것도 생각이 나걸랑, 그건 보리심이거든. 보리심을 일으키는 건데 일으키는 그 마음도 여기다가 맡겨 놔라 이거야. 그래야 그 원자력 에너지에서 무주상 보시로서 거기까지 도달하게 되는 거죠. 우리가 사량적으로 불쌍하다고 해서 물건을 갖다 준다거나 이런 거는 한번 먹어 버리면 그뿐이야. 그러나 무주상 보시는 세세생생에 연방 거기에 갈 것이니 한마음으로 돌아가면서 그 에너지가 줄지도 않고 늘지도 않고 항상 공덕이 돼서, 복덕도 받고 공덕이 돼서 우리가 공부할 수 있는, 한자리를 할 수 있는 그런 도반이 될 수 있다는 그 점입니다.

그러니까 여러분이 모두 공부하실 때에 남의 걱정 이런 거 하다 보면, 또 남의 걱정을 말로 안 한다 할지라도 생각으로 '너는 이렇고 너는 이렇고 너는 이렇다' 하는 그런 마음이 여기 꿍쳐져 있다면, 저기 지금 비가 오려고 꾸물꾸물하고 있는 거를 딱 '아, 그거 꾸물꾸물하고 있어.' 하는 거를 붙잡고 있는 격이다 이겁니다. 그러면 벌써 꾸물꾸물하는 건 지나가고, 며칠이 지나가서 벌써 볕이 났는데도 그 꾸물꾸물한 거를 붙들고 있는 거나 마찬가집니다.

그래 이런 말이 있죠. 오백 년 전의 별이 지나갔는데도 불구하고 그 별을 우리는 지금 연상해서 보고 있다는 겁니다. 그럼 그게 무슨 소리냐 하면 아까도 얘기했듯이 사람은, 산 사람은 벌써 죽었는데 그 사람 사진을 보고선 살았다는 연상을 하고 있다는 결론입니다. 이 말을 어떻게 여러분한테 방편으로 잘못 얘기할는지는 모르지만, 여러분이 찰나찰나 쉴 사이 없이 돌아가고, 이 일체 만물이 다 그렇게 돌아가고 있는데도 불구하고 여러분이 마음으로 그렇게 꺼들여 잡고 고정된 관념 속에서 헤어나지 못한다면 여러분은 쉴 새 없이 떴다 가라앉았다 하는 이 진리를 파악 못하고 여기서 벗어날 수 없는 겁니다.

어려운 팔만대장경의 말씀은 그때 환경에는 그렇게 말씀을 안 하시면 안 됐고 또 책을 그때는 그렇게 결집을 안 하면 안 됐습니다. 그런데 우리는 지금 물질과학으로써 치닫고 있기 때문에 그것을 딱딱하다고 등한시하게 되고, 지금 앞장을 서서 뛰는 격입니다. 생각하면서 뛰고 뛰면서 생각하지 않으면 못 사는 세상이기 때문에 뛰느라고 여념이 없는 겁니다. 그래서 빠르면 빠른 대로 우린 빠르게 생각이 돌아가야 하고, 시간과 공간이 초월돼서 돌아가야 하고, 한 걸음 뛰어넘을 줄 알아야 하는데도 불구하고, 우리는 찰나찰나 돌아가는 거를 요거는 '날이 궂다' 하고 고정된 관념 속으로 그걸 폭 쥐고 있는 겁니다. '날이 궂구나.' 하면 그게 얼마나 갈 겁니까? 조금 가다가 비가 오든지 또 볕이 나든지 그럴 겁니다. 그러니 날이 궂은 걸 붙들고 있을 필요는 없지 않습니까? 그렇기 때문에 날이 궂은 것도 붙들 게 없고, 비가 오는 것도 붙들 게 없고, 볕이 나는 것도 붙들 게 없다. 이거는 지금 방편의 얘깁니다, 비유해서.

그러면 여러분이 살아나가는 가정에서도 '내가 가난하다' 하면 가난한 걸로만 있는 게 아닙니다. 가난했다가 또 돈이 생겨서 살 수도 있는 겁니다. 그러면 부자도 오래가지 않고 가난도 오래가지 않고, 병도 오래가지 않고 병 아닌 사람도 오래가지 않습니다. 어떨까요? 여러분의 생각에 맞습니까, 안 맞습니까?

대중 맞습니다.

큰스님 예. 그것이 그렇게 빨리빨리 돌아가고 있는데 어떤 걸 붙들어야 하겠습니까? 이렇게 세밀하게 여러분이 공부하실 수 있게끔 뒷받침을 해 드리는 것도 만약에 내가 경험을 안 해 봤으면 지금 현재에 여러분한테 이 뒷받침을 그냥 간편하게 생활 속에서 이렇게 얘길 해 드릴 수 없습니다.

예전에 어느 사람이 이렇게 했습니다. 어느 난장이가 중이 되려고 한생각을 내서 입산을 하려고 갔습니다. 그랬는데 난장이라고 안 받아 줬습니다. 안 받아 주니까 그냥 죽어 버렸습니다. '이 세상에 살아 뭘 하나. 이 모습이 난장이라고 해서 중도 될 수 없는 이 몸이라면 차라리 죽어야겠다.' 그러고 죽었는데 어느 스님이 지나가시다 그 난장이를 만났습니다.

이거 이상하죠? 죽었는데 어떻게 만나나 하고요. 우리가 오신통을 항상 얘기하죠. 내 마음의 눈과 마음의 망원경과 마음의 영사기와 마음의 컴퓨터, 마음의 무전기, 마음의 탐지기, 책정기 이런 것이 이 육안으로 보는 물질이 아닌, 여기에서 다 나올 수 있고 굴릴 수 있는 그 여건이 돼서 증득을 했다면, 바로 그분은 그렇게 해서 그 난장이 모습을 볼 수도 있거니와 난장이의 마음을 알 수 있다는 얘깁니다. 그래서 만난 겁니다. 만났는데 난장이에게 하는 말이 "잘 만났네. 자네는 왜 백 년 전 난장이의 생각을 그대로 붙들고 있나? 여보게, 갑시다." 하니까 거기에서 그만 그 난장이가 붙들고 있던 마음은 홀연히 놓아지고, 그 모습을 다시금 바꿨답니다. 그러니까 천도가 됐다 이 소립니다.

그랬듯이 백 년 동안이나 그렇게 난장이라는 그 관념 속에서 붙들고 있었다는 것은 역시 우리가 지금 뜬구름 붙들고 있는 거나 마찬가지다 이겁니다. 지금 이렇게 돌아가는 거를, 글쎄, 찰나찰나 돌아가는 걸 왜 붙들고 있습니까, 네? 그렇게 붙들고 있는 그 마음이 '내가 난장이여서 중으로 받아 주지도 않거니와 사회에서도 인정을 안 해 준다.' 하는 그 관념이 잠재의식 속에 꽉 차 있단 말입니다. 그러니 그것을 고정되게 그냥 딱 붙들고 있으니까 백 년이 가도 나는 쓸데없는 존재라는 그 관념 속에서 헤어나지 못한 거죠. 그런데 그 스님을 만나서 그 말씀을 듣는 순간 홀연히 벗어난 겁니다.

이 마음이 얼마나 중요합니까. 자기가 만들어 가지고, 지어 가지고 거기서 벗어날 수 없는 그 마음. 어떻게 하겠습니까. 이렇듯이 기복이다, 기복이 아니다 하는 그런 고정관념도, 편견을 갖는 그런 관념도 다 놔라 이겁니다. 이 세상에 있는 것을 다 놔야 다 얻을 수 있고, 얻을 수 있기 때문에 그것이 바로 '없다' 하는 문제가 나옵니다. 그래서 부처님께서 "이 세상의 보배를 다, 이 세상에 꽉 찬 거를 다 얻었다 하면 여러 중생들한테 정말 복을 다 줄 수 있겠느냐?" 하시니 "이 세상의 보배를 다 얻었다 하시면 다 줄 수 없습니다. 부처님이시여! 부처님께서는 하나도 얻은 바가 없기 때문에 모두 하나도 빼놓지 않고 주실 수가 있습니다." 한 것입니다.

이건 내가 지어서 이런 말을 했는데 이것이 틀리다면 신행담으로 어떠한 반응을 주셔도 좋습니다. 나는 이날까지 배우는 입장으로서 갔지 가르치는 입장으로서 간 것은 하나도 없습니다. 여러분 만나면서, 여러분이 없다면 내가 없는 것입니다. 내가 없다면 여러분도 없습니다. 우리가 아픔도 얼마 안 가서 없어질 거니까 여여하고 떳떳한 것이지, 그게 줄창 고정되게 간다면 울음이 얼마나 길겠습니까? 그러나 공부하는 사람이 증득을 했다 하면 떳떳하고 도도하고 그냥 겸손하게, 순수하게 흘러 도는 그런 물과 같다는 문제는 왜 그런가? 그렇게 붙잡을 게 없으니까 말입니다. 붙잡을 것도 없고, 고정되게 먹을 것도 없고, 고정되게 살 것도 없고. 그렇기 때문에, 고정되게 살 것도 없기 때문에 생사라는 것이 없다는 얘깁니다. 죽는다 산다 이런 게 없다 이 소립니다.

우리가 쉴 사이 없이 돌아가는 이 문제에 있어서 어떤 때는 이러한 것을 느낍니다. 아까 얘기했듯이 사람이 다섯 가지의 문제, 여섯 가지의 문제를, 자기가 마음의 책정을 할 줄 아는 누진통에 관한 건을 다 증득을 해서 굴릴 줄 아는, 견성을 해 가지고 성불을 할 때에 습득을 해서 보림을 하면서 체험하면서, 이렇게 해서 그 과정을 다 실천에 옮겨 보고 이렇게 해 가지고 갈 때 거기에서 다 성불 아닌 성불입니다. 우리가 그런 거를 습득할 때 물고기도 돼 보고 또 짐승도 돼 보고 그러지 않겠습니까? 여러분이 마음을 내놓으시라고 한다면 마음을 하나도 내놓지 못합니다. 마음은 내놓지 못하지만 생각은 낼 수 있지 않습니까. 그 생각이 바로 듣는 거 말하는 거, 이렇게 서로 듣고 말하고 이런 것이 한 사이가 없이 들었고 들은 사이가 없이 했고 우리가 지금 고정된 무엇이 없이 이렇게 흐르고 있습니다.

그런데 짐승들도 태로 낳는 짐승들이 많습니다. 물에서도 태로 낳는 생물들이 많죠? 근데 이런 것도 새삼스럽게 한번 생각해 보실 점이 있지 않은가 하는 생각이 듭니다. 사람은 사계절을 따르면서, 사랑하는 것도 시간이 고정된 게 없습니다. 자기가 어느 때고, 밤이든 낮이든 사랑하는 마음이 생길 때는 자연히 자동적으로 생기는 겁니다. 또 우리는 자동적으로 사랑도 하고 임신도 하고, 어린애도 겨울이든 여름이든 봄이든 가을이든 마음대로 낳을 수 있는 그런 자연 자유권을 가졌습니다, 인간이기 때문에. 또 짐승들도 자유권을 가졌습니다. 소나 그런 것도 그렇고 말입니다.

그런데 하의 어떠한 생물들은 꼭 고정되게 돼 있습니다. 사랑을 하는 것도 고정되고 알을 낳는 것도 고정되게 돼 있고, 어딜 가야만 꼭 낳는 것이 있습니다. 그러면 우리가 내려다볼 때에 얼마나 불편하겠습니까, 네? 이건 물에서 그냥 낳는 것도 있지마는 덤불에서 낳는 것도 있고 모래에서 낳는 것도 있고 흙으로 나와서 낳는 것도 있고 돌 틈에서 낳는 것도 있고…. 그런데 그것도 기간이 있어. 사랑하는 것도 기간이 있고 어린애 낳는 것도 기간이 있고 야, 이것은 헤어지는 것도 기간이 있고…. 이러니 우리 인간이 얼마나 편리합니까? 그리고 인간을 많이 접촉하는 짐승들은 인간 될 그런 가능성이 90%, 100% 된다 합니다. "된다 합니다"가 아니라 됩니다. 그래서 짐승들이 사람을 접할 때에는 항시 자기 생명을 버리고선 대합니다.

재밌는 얘기 하나 할까요? 어느 때인가 한번 어느 스님이요, (녹음 안됨) … 어느 큰 용이 있더랍니다. 근데 용이라고 하기보다도 큰 뱀이 도를 닦아서 참, 너무 오래돼서 뿔도 있고 또 비늘도 거꾸로 붙고 그렇더랍니다. 그런 것이 큰 굴 속에, 물속의 굴 속에 그냥 턱 틀고 있는데, 거기를 구경을 갔습니다. 둘이 아닌 까닭에 만나 볼 수 있는 거지, 만약에 둘이면 그건 못 만납니다. 서로 둘이 아닌 까닭에 그 도리도 다 알 수 있는 겁니다. 그래서 바로 내가 이무기가 될 수 있고 그런 것이죠. 그러니 그 속에 들어가서, 그 집에 들어가서 며칠 살아 보니까 그 내용을 다 알고 서로 얘기가 된 거죠.

그래서 구경을 하다 보니까 뭐라고 하느냐 하면 "여기에서 새끼를 낳고 또 새끼를 낳고 또 새끼를 낳고 또 새끼를 낳고 수백 년이 흘렀는데 어떻게 여의주를 얻어서 용이 돼 올라가느냐." 하고 아주 무척 걱정을 하고 노심초사를 하면서, 우리 인간으로 치면 공부를 하더랍니다. 그래서 그런 말을 했더랍니다. "사람을 봐야 여의주를 얻지, 사람을 보지도 않았는데 어찌 여의주를 얻겠느냐." 했답니다. 그러니까 거기에서 그 말뜻에 '사람이라는 것도 있느냐' 하는 거죠. "바로 사람이 여기 있다." 하니까 그때야 둘이 아닌 그 도리를 알아서 해광주를 얻어서 참, 인간으로서의 모습을 가지고 탄생을 했다는 얘기가 있습니다.

그건 무슨 소리냐 하면 즉석에서 사람이 된 겁니다. 그만큼 돌 속에서 공부를 했기 때문에 사람의 마음이 거기에, 그 스님의 마음이 그 속에 들어가서, 그 뭐, 용이 못 됐으니까 그럼 이무기라 그럽시다. 그 사람이 바로 그 속에 들어가서 그게 됐으니까 이무기의 허물을 벗고, 껍데길 벗고선 그 사람으로 그냥 둘이 아니게 하나로 됐으니 즉석에서 요리가 된 거죠. 그런데 한 번 탄생을 하는 데 딴 사람의 배를 빌려서 낳는다면 얼마나 오래 걸리겠습니까? 그러니까 급해. 일을 못하겠으니까, 급하니까 그 스님이 돼 버린 겁니다.

또 이런 예가 있습니다. 이걸 이어서 한번 음미해 보십시오. 어느 분이 장가를 들어서 부부가 살았는데 부인이 돌아가셨어요. 이분이 장가만 들면 부인이 죽는 겁니다. 또 죽지 않으면 달아나가. 죽지 않으면 또 쌈이 나고 우환이 일어나. 이러니 이거는 셋, 넷을 얻어도 역시 그래서 장가를 못 들고 있었습니다. 어린애를 둘씩이나 데리고 말입니다. 그랬는데 언젠가 이 절을 찾아왔습니다. "이런 사정을 스님께서는 어떻게 생각하십니까?" 하고 질문을 했습니다. 나는 아무 소리 없이

"인제는 장가들어도 괜찮습니다." 그랬습니다. 그런데 그분은 의아해 했습니다. 내가 이날까지 견뎌 온 걸로 봐서는 도대체 풍파만 일어나고 지금 살 길이 없습니다 이거야. 그래서 인제는 부인을 얻으면 아무 저것도 없고 아주 잘 살 거라고 그랬습니다. 그러니까 그대로 가서 서로 만나서, 애도 아주 자기 애처럼 잘 기르고 잘 삽니다, 지금도.

그게 왜 그렇게 됐느냐는 문젭니다. 왜 그렇게 됐을까요? 이렇게 모습은 둘이지만 만약에 모습이 하나가 없다면, 모습 하나 있는 데로 한데 뭉쳐 놓으면 둘이 아닙니다, 하나지. 어린애를 낳고 착을 두고 그 사랑을, 그 애정을 잊지 못해서 영 떠나질 못할 때에, 그거는 부처님의 사랑이면서 자비입니다. 이렇게 해도 자비고 저렇게 해도 자비거든요. 그러니까 그 여인을 새로 얻은 여인한테다가 한데 첨보를 시켜 놓으니까 얼마나 사랑하고 얼마나 잘 삽니까? "내 새끼, 내 새끼" 하면서 그렇게 잘 기르면서 잘 살거든요. 이 사람은 이 사람대로 삶의 보람을 느끼고, 자기는 자기대로 모르는 거죠. 모르고 살지만 그게 둘이 아니기 때문에 그분이 잘 사는 거죠. 내가 볼 때는 그분도 그분도 둘이 아니게 그냥 사는 거죠.

어떻습니까? 사람에게 보시를 하는 것도 여러 길입니다. 보시가 천차만별로 돼 있습니다. 예전에도 얘기했듯이 예전에는 스님네들이 아침마다 바리때를 들고 집집마다 다니면서 바리때에다 밥을 얻어다가 자셨습니다, 그것도 공부하기 위해서. 밥을 해 먹으면 착이 생긴다고 해서 말입니다. 그랬는데 그때에, 그전에도 얘기했지만 어느 스님이 가난한 집에서 보리쌀 뜨물을 아침에 주시는 거를 바리때에다 받아서 자시고선 나무 한 짐을 해다 드리려고 나무를 잔뜩 해 왔습니다. 그랬는데 그분의 은사 스님이 불보살로서 유명했던, 아마 부처님인가 봅니다. 나무는 뭘 하려고 해 오느냐 하기에 저 아랫집의 보리쌀 뜨물 얘길 하면서 "이 나무라도 한 짐 해다 주려고 합니다." 하니까 지겟작대기를 뺏어서 그냥 얼마나 후려쳤던지 그냥 지게 진 채로 내리굴렀답니다. "이놈아, 너는 생각한다는 게 똑 그 테두리 안에서 벗어날 줄 모르느냐. 그것이 후르르 타 버리면 없어질 것을 그것도 보시라고 하느냐, 응? 그렇게 무한의 무주상 보시를 두고도 그거밖에 생각이 안 나더냐?" 하는 그 말에 그만 홀연히 깨쳤답니다.

그런 거와 마찬가지로 여러분도 마음으로 그 착을, 고정된 관념을 두지 않고 언제나 빙글빙글, 여여하게 돌아가면서 모든 것을 맡겨 놓으실 때에 비로소 여러분이 이 세상에 육으로서 태어난 게 아니라, 육으로서 태어났다가 태어나기 이전으로 한번 다시 돌아가서 그 모든 것을 체험하고 알아 가지고 다시 이 세상에 탄생하는 거나 똑같이 탄생을 하는 겁니다. 마음이 탄생을 하는 겁니다. 그러니 탄생을 하게 되면 이 모든 우주 삼천대천세계의 유생 무생이, 보이는 데 안 보이는 데 끄달리고 돌아가던 그것이 바로 창살 없는 감옥에서 벗어날 수 있는 인간의 삶의 보람을 가지고 올 겁니다.

그러니 여러분도 공부하시는 데 게을리 하지 마시고 남 탓 하지 마시고, 말을 안 한다고 해도 속으로 '저거는 저렇게, 저런 사람은 저래. 조런 사람은 조래.' 이거 하나도 두지 마셔야 됩니다. 그것은 절대로 공부하는 사람의 태도가 못 됩니다. 그런 것을 안에다가라도 둔다면 그것은 저 흐린 날씨를 붙들고 있는 거나 마찬가지입니다. 또 그것이 돌아가면 개인 날씨가 되는데 이런 거에 자꾸 착을 두면 그냥 거기에 끄달려서 막 돌아가게 되죠.

그러니 정신 차려서 우리 같이 한자리에서 공부를 열심히 해서, 정말 인간으로서 자유인이 되고자 하는 그런 보람을 느낍시다. 그럼 오늘은 이걸로써 끝마치겠습니다.

저승 천자가 된 아버지

1986년 8월 6일

제가 올라오면 항상 잠깐 가만히 앉는 것은 여러분과 같이 마음을 가다듬기 위해섭니다. 제가 그렇게 안 하면 안 하는 대로 여러분도 마음을 가다듬지 못하겠으니까 말입니다. 나는 새도 깃을 다듬어야 난다고 했습니다. 마음을 가다듬고 침착하게 들을 수 있는 그 마음의 안정이 돼야 되겠죠.

항상 말씀해 드리는 거를 노냥 거푸거푸 해 드려서 죄송하지마는 또 한마디 하고 넘어가야 될 일이 있습니다. 지난번에도 했고 항상 하는 말입니다. 누구나가 발로가 됐다 할지라도 체험을 하면서 바깥으로 환상에 끄달리지 말고 또는 바깥으로 모든 색상에 끄달리지 말고 안으로 굴리면서 다시 보림을 해서 맡겨 놓는, 그리고 체험을 할 수 있는 그런 과정을 우리가 명심해야 될 겁니다. 그러면 그걸로써 그렇게 얘길해 두고요.

부처님께서 말씀하신 것도 그렇지마는 이 세상천지의 보배를 다 가지고 있는 부처님이시라면 여러분한테 복덕과 공덕을 줄 수가 없는 것입니다. 이 삼천대천세계의 모두, 우주 천하를 다, 보배를 안 가지고 계시기 때문에 여러분한테 공덕과 복덕을 다 주실 수 있는 능력이 계신 겁니다. 말은 뒤집어서 했지만, 어폐가 있는 말 같지만 여러분이 잘 새겨들으시면 그렇게 잘 아실 겁니다.

그전에도 내가 얘기한 것 같습니다마는 옛날에 어떤 사람이 부모를 모시고 애들을 조말조말하게 7형제를 낳아 놓고 살았습니다. 살았는데 며느님이 너무 나빠서 항상 시어머니한테나 시아버지한테나 너무 강박하게 했습니다. 밥을 제때에 드리는 것도 아니고 불을 제때에 때 드리는 것도 아니고 말을 공손하게 하는 것도 아니고, 음식을 보면 자기 자식들만 먹이려고 그러고 또 부모에게 그렇게 가질 않았습니다. 그것을 항상 지켜보던 아들은, 지혜가 없이 불쑥불쑥 "너 왜 그래?" 하고서 이렇게 말을 한다면 자기 부모들한테 더 해로움이 갈까 봐 말을 못했습니다. 항상 그걸 속에다만 넣고 말을 못하면서 우리가 지금 공부하듯 마음으로 새기고 새겼습니다.

어느 날 하루는 '부모가 자기를 낳고 길러 주신 그 은혜를 생각하면 그지없거늘 내 어찌 부인 하나 제도를 못해서 이렇게 부모 속을 썩이고 음식도 제대로 자시질 못하게 만드나.' 하는 생각에 산에 올라가서 통가웃은 울었습니다. 울고 났는데 머리에 퍼뜩 떠오르기를 '너는 이놈아! 지혜도 없느냐.' 하면서 '이거를 바깥으로 말을 해서도 아니 되고, 그러면 부모에게 더 불효가 되고 더 외려 해가 오니까 내가 지혜를 내야겠구나.' 하는 생각이 들었습니다.

그래서 산에서 내려가서 부인한테 이렇게 말을 했습니다. "오늘 내가 바람도 쐬고 그러려고 장터엘 가니까 노인네들을, 통통히 살이 찐 노인네들을 데리고 나와서 장에서 팔더라. 그런데 그렇게 돈을 많이, 7백 냥씩 받고 5백 냥씩 받는데 달구지에다 하나씩 싣고 가니, 우리도 좀 부자로 살아 봐야 할 테니 어떻게 했으면 좋겠느냐?" 하고 상의를 했습니다. 그랬더니 부인이 있다 하는 소리가 "아이고, 그러면 진작 애길 하시지. 우리가 애들하고 벌어야 먹고살고 또 부자도 돼야 할 텐데 아니, 노인네들을 그렇게 해서 판다면 오죽이나 좋겠느냐?" 했습니다. "그래, 우리 그렇게 해서 부자로 한번 살아 보자." 하고 상의를 하기를 "그럼 어떻게 하면 살이 찌고 그렇게 되겠느냐?" 하니까 "그저 불 땔 때 언제나 뜨겁지도 않고 차지도 않게 자리 밑에 손을 넣어 보고, 먹을 것도 밤을 삶아서 항상 꿀에 재서 요 밑에다 넣어 드리고, 항상 삼시 세 끼니 밥을 따뜻하게 따끈따끈하게 해 드리며, 빡빡하니까 항상 국을 끓이며 국이 없으면 찌개를 끓이며, 반찬도 사흘들이로 갈며 이렇게 해서 공양을 하면 부모가 살이 쪄서 우리가 앞으로 3년이든 7년이든 이렇게 한다면 우리는 5백 냥보다도 8백 냥까지는 받을 수 있다." 했습니다.

그러니까 이 부인이 어떻게 좋았던지 말입니다, 그날부터 신이 났습니다. 신이 나서 그냥 뭐, 바라지를 영등같이 하거든. 그날부터 손자를 봐 주면 당최 애도 업고 다니지 마시라고 그러고 야, 이거 그냥 살을 찌우려니까 그렇게밖에는 어떻게 할 수가 없거든. 그러니 어린애도 그렇고, 빨래도 하지 마시라고 그러고 그냥 뭐, 영등 같거든. 어린애를 데리고 다니시더라도 요 손만 붙들고 다니시라 그러거든. 몸이 어디 상하면 살 못 찌워 주잖아. 돈 못 벌잖아. 아, 그러니 손을 붙들고 다니고 이럭하다 보니까 세상에 3년이 되니까 이 부모네가 뭣도 모르고 동네방네 다니면서 우리 집에 효부 났다고 "세상에, 이럴 수가 있느냐." 하고 그냥 좋으니까 그저 앉아서 노인네들이 얘기를 하면 아들 칭찬보다도 며느리가 더 착하다는 거라. 그렇게 동네방네 다 소문이 났죠. 그러다 보니까 3년이 지나 4년이 지나 5년이 지나 6년이 지나니까 7년 되던 해에, 아니 6년이 지나니까 뭐라느냐 하면 이거는 효부문을 세워 준다고 했습니다. 나라에서 온통 야단법석이 났습니다. 그러니 아, 효부문을 세워 준다는데 도대체, 효부문을 세우든지 열녀문을 세우든지 하여튼 아, 그런 건 아랑곳없이 이거 큰일 났거든. 이건 내년이면 돈을 벌 텐데 이거 올해 이렇게 되니 큰일 났거든요.

그래서 하루는 남편한테 이렇게 얘기했습니다. “여보, 내년이면 돈을 한 달구지 벌어 가지고 올 텐데, 두 분이라면 지금 살을 통통히 찌워 놨는데….” 허허허. “두 분이라면 우리가, 천육백 냥이나 돼. 그런데 이거를 못 받게 이렇게 효부문을 세워 준다니 내다 팔 수도 없고 안 팔 수도 없고 이거 진퇴양난이니 이걸 어떡하면 좋으냐?” 했습니다. 그러니까 아들이 씽긋이 웃으면서 하는 소리가 “여보! 글쎄 말이야, 나도 애석해 죽겠어. 아니, 그러니 글쎄, 자네하고 나하고 약속한 게 다 이거 어떡하면 좋지? 자네 좀 말해 보게. 난 어떻게 말할 수가 없잖아. 자네 효부문을 세워 준다고 그러는데 이거를 자네가 판다고 할 수도 없고 이거 어떡하나?” 하니까 며느리 있다 하는 소리가 “이왕 그렇게 된 거, 우리가 돈 팔자는 없나 보오.” 하면서 “그렇게 나라에서까지 알고 이럭하는 거를 어떻게 내다 판단 말이오. 인제는 결삭고 결삭아서 지내다 보니까 내가 상당히 잘못한 일도 많고, 또 그런 생각조차도 없애야겠소. 부모가 살면 얼마나 살겠소. 인제는 팔 생각도 하지 말아야겠소. 나라에서 다 아니 만약에 판다면 큰 요량이, 살인이 날 거니까.” 그렇게 얘기를 하면서 팔지를 못했습니다. 그래서 문만 나라에서 세워 줬고, 그 동네 일판이 아니라 지금으로 치면 시가 홀랑 뒤집힌 거죠. 뭐, 야단난 거죠. 그래서 지금으로 치면 시장까지도 나와서 격려를 해 주시고 그래서 효부문이 세워졌다는 얘기가 있는데 그 효부문이 세워지고 난 뒤에 7형제는 잘 자랐습니다.

자랐는데 점점점점 자라고부터 일이 벌어졌습니다. 아버지는 아버지대로 그렇게 효자고 그 아내를 또 그렇게 인도를 해서 참 착하게 만들었고 사람을 만들었는데 자식들만은 어떡할 수가 없어. 거기까지 미처 손이 돌아가지 않는 겁니다. 7형제를 뒀는데 막내둥이는 어려서부터 순응하고 착했는데 6형제는 도대체 이리로 가라면 저리로 가고, 저리로 가라면 이리로 가, 청개구리처럼. 그렇게 말을 안 들으니 이거를 이럴 수도 없고, 때려도 아니 되니까. 글을 읽으라고 그래도 아니 돼, 만날. 말을 안 들으니까 도대체 하루도 같이 살 수가 없는 거야. 그래서 그럭저럭 이렇게 지내고 저렇게 지내다가 나이가 20살이 넘고 30이 가깝고 이렇게 되니까 여기서 십 리 안팎으로 다 세간을 내서 6형제는 결혼을 시켰으나 막내둥이는 데리고 있었습니다.

어머니가 하는 소리가 "내가 알지도 못하고 그렇게 불효 노릇을 했으니 저런 자식들을 뒀지." 하니까 "모든 게 당신 죄가 아니라 죄도 모든 원인이 우리들한테 있으니 그것을 달게 받읍시다." 하면서 남편이 항상 눙쳐 주고 그렇게 다독거려 주고 이렇게 하거든요. 그래서 따로 막내둥이를 데리고 사는데, 아들들을 불러다가 농사를 짓는 것도 "이렇게 지어라" 하면 그냥 엉뚱하게 이렇게 해 놔. 그러니 이거는 도대체 말이 씨가 먹히지가 않는 겁니다.

그래 애를 태우다가 고만 그 노인이 돌아가시게 됐습니다. 돌아가시게 됐는데 그때, 모레 돌아가신다면 오늘 있다 하는 소리가, 아들들을 전부 모아 놨습니다. 모아 놓고 얘기하기를 이렇게 얘기했습니다. "내가 인제 얼마 안 가서 이 몸을 버릴 것 같으니 너희들은 내가 죽걸랑, 현재에 살면서는 이날까지 너희들이 청개구리처럼 그렇게 했으니 내가 지금 이렇게 유언을 하니까 그대로 들어 달라. 내가 죽는다면 저 앞바다에다가 관을 넣어 다오." 했거든. 아, 그랬는데 "그렇게 합죠." 하고 대답들은 다 하고 나갔는데, 내일 모레 죽었습니다. 돌아가시니까 아, 병풍을 쳐 놓고 관에다 넣어 놓고 있는데 이 아들들이 시원치 않으니까 그저 죄 자기 잘 데로 그냥 가서 자는 거야. 그러다 그 이튿날 얘기가, 절대로 물에다 못 넣는다는 거라. 그래도 효부문이 서고 나라에서도 다 아는, 그래도 이렇다 하는 집안에서 어떻게 그렇게 아버지를 물에다 넣느냐는 거야. 이날까지 속을 썩였는데 돌아가셔서나 잘 묻어 드려야지 어떻게 그렇게 하느냐는 겁니다. 인제 거꾸로 된 거야, 이게. 허허허. 그러니 이 막내아들이 생각을 하니까 잘되든 못되든 아버지의 뜻을 따라야 될 텐데 순응을 하지 않아. 장가 안 든 막내둥이가 곰곰이 생각을 하니까 이거는 끝끝내 아버지에게 순응을 하지 않고 어기는 거라.

그래서 밤중에 자는 것처럼 하고 있으니까 "얘야, 너 여기 상청 좀 지켜라." 이럭하고선 들어가서들 그냥 쿨쿨 자는 거야. 이때다 하곤 지게를 들이댄 거야. 지게를 들이대곤 관을 갖다가 얹어 놓고 그 관을 새끼로다가 엉금엉금 동여매어서 지고서는 그냥 줄행랑을 친 거죠. 그래서 바다로 가서 관을 갖다가 물에다가 탁 띄우니까 물이 그냥 쩍 갈라지면서 관을 받아들이는 겁니다. 그래서 관은 거기다 넣고 지게도 동댕일 치곤, 그냥 날 살려라 하고 와서 자는 척하고 방에 드러누워 있으니까 아, 새벽이 다 됐죠. 형들이 와서 인제 모두 상여를 꾸미고 이렇게 보니까 관이 없거든요. 이거 큰일 났단 말입니다. 이 관이 어디로 간 줄은 모르고, 이게 자기네들이 말을 안 들어서 이렇게 됐으니 어떻게 할 수가 없어서 관을 하나 부랴부랴 몰래 해 가지곤 거기다 잔뜩 옷을 넣고는 묵직하게 나무토막도 넣고 이렇게 해 가지고는 관을 만들어서 인제 다 치렀어요.

치르고 났는데 막내아들 꿈에 "너희 형들이 내가 죽어서까지 순응하지 않고 어겼으니 네가 똑바로 지켜봐라. 그리고 바로 네 육을 낳아 주고 길러 준 아비는 여기 이렇게 죽었다마는 네 진짜 아비가 바로 네 마음속에 있으니 너는 마음속의 그 아비에게 순응하고 그 아비를 찾아야 하느니라. 너희 진짜 아비는 아주 부자이니라. 부자가 돼서 이 세상천지에 아니 가지고 있는 게 없어. 그러니 그 네 아비를 찾아라." 하고 꿈에 그렇게 선몽을 했거든. 그 소릴 듣곤 가만히 생각을 하니까 '아버지가 돌아가셔서 아마 내 마음속에 이렇게 계신가 보다.' 하고 아버지를 무척 찾았어요. 찾던 중 가만히 지켜보니까 한 달 있다가 큰아들이 죽고 한 달 있다 작은아들이 죽고 아, 한 달 있다 또 죽고 또 죽고 또 죽고 이러니까 여섯 달 만에 그냥 다 죽은 겁니다. 그러니 어떡합니까? 그래서 형수들이, 그 형수들은 착했답니다. 형수들이 있다 하는 소리가 "도련님, 도련님은 산으로 떠나십시오. 도련님도 여기 계시다가는 우리 가족이 씨가 마를 거 같습니다. 그러니 어서 떠나십시오." 하니까 "그러면 어떻게 합니까? 이 족보는 형수가 다 맡아서 조카를 잘 키워 주십시오." 하고서는 족보를 맡겨 놓고 자기는 하염없이 떠났어요.

떠나다 보니까 어느 절간으로 가게 됐죠. 절간으로 가게 돼서 어느 스님한테다가 그 얘기를 하니까. "아, 그러면 그렇지." 하고서는 고개를 끄덕끄덕하면서 무릎을 치거든요. 그러면서 공부 열심히 하라고 그러거든요. 그래서 우리 공부하듯 이렇게 열심히 공부를 하다 보니까, 어느 날 갑자기 모든 것이 자기 아니면서도 자기, 참자기도 이렇게 발로가 되고 자기를 증득했더랍니다. 증득을 해 가지고 또 우리가 지금 공부하듯이…, 이 오관을 통해서 우리 다섯 가지 보배가 한데 합쳐져서 동시에 구르면서 나한테 있다는 걸 항상 말씀해 드리죠? 무슨 천안이니 천이니 숙명이니 타심이니 이런 문제 말입니다. 신족이니 이런 다섯 가지를 모두 자기가 동시에, 보배를 가지고 있단 말입니다. 누구든지 여기 여러분이 다 가지고 있어요.

그거를 굴리면서 안으로 보림을 다시 하는 데에 체험을 하면서 자꾸 습득을 하면서 그것을 공부를 하다 어느 날 탁 눈을 뜨고 보니까 아니, 저희 형들이 말입니다, 전부 소가 돼 가지고선 죽 매여 있더란 얘깁니다. 허허허. 그리고 자기 아버지는 저승 천자가 되셨더랍니다. 천자가 돼서 옥사를 들고 떡 앉아 계시고, 자기 형들은 전부 눈물을 흘리면서 소가 돼서, 전부 소 허물을 쓰고선 모두 있더랍니다. 그런데 내일이면 송아지로 해서 소로 또 나갈 거야, 인제. 소 허물을 쓰고 있으니 뭐, 그냥 나가는 거지. 그러니 그거를 보는 순간 거기 부처님한테, 자기 아비한테 말씀을 여쭙기를…. 아버지는 부자거든. 그게 부처님입니다. 자부처님으로부터, 여기 각자 여러분 마음속에 자부처가 그냥

든 게 아니라, 이 온 누리에 전체의 한마음이 귀합된 것이 바로 부처님입니다.

그렇게 해서 그 부처님한테 고하니까 아버지한테 가서 여쭤 보라고 하더랍니다. 그래서 아버지한테 가서 여쭈어 보니까, "저놈들은 아주 소로다가 다섯, 여섯 번은 태어나서 맛을 봐야 그 도리를 알지 않겠느냐?" 하니까 이 막내아들이 하는 소리가 "아버님, 형님들은 다 한생각 돌리면 될 것을 못 돌려서 그러니 그저 세 번만, 세 번만 그렇게 하시고, 순간순간…." 즉 말하자면 우리가 소로 한평생 사는 거보다도 한 서너 달, 너덧 달 살다가, 대여섯 달 살다가 죽어서 또 소로 태어나고 이러면 좀 더 빠르죠. 그렇게 요청을 했어요. 그래서 그 아버지가 또 막내아들의 말이라면 순응하시니까 그거를 들으시고선 "부처님한테 여쭈어서 다 해결을 하거라. 부처님의 마음과 네 마음, 부(父)와 자(子)와 둘이 아닐 때에는 내 마음도 역시 그러하니라." 이러시거든요. 그래서 부처님한테 고하고서 그 형님들이 소로 태어날 거를 다, 세 번 이외에는 소로 태어나지 않도록 하고 인간으로 다시 태어나게 해서 사람을 만들어서 인권을, 이 부처님의 법으로, 법도의 길로 인도했다 합니다. 그러한 뜻을 가진 그분이 누구시냐 하면 원효 대사라 합니다.

지금 중국으로부터, 저 인도로부터 그렇게 계셨던 분들을, 열반하신 분들을 스승으로 삼고 공부하는 분들도 많습니다, 그걸 화두로 삼아서. 그러나 우리가 진짜 공부를 하려면 지금 산 부처가 여기 있다 하더라도 거기에 착을 두지 말아야 한다는 뜻입니다. 모두 여러분이 이 세상에 난 것이 화두요, 이 세상에 난 것이 근본이요, 이 세상의 근본은 바로 그 마음속에 근본이 있는 것이고 그 마음속에 부처가 있는 것이지, 딴 데 있는 게 아님으로써 우리 공부하는 사람들은 좀 더 각별히 생각해 볼 점이 있다고 봅니다.

그리고 우리가 선이라는 이 자체는 드러누워서 생각을 했다 하더라도 참선이요, 이름을 붙인다 하면 드러누워서 하면 와선이고 서서 생각을 했다 하면 입선이고 앉아서 생각을 했다 하면 좌선입니다. 우리가 다니면서 일을 하면서 생각을 했다 하면 바로 행선입니다. 모두가 이름 짓기에 달린 거지 이것이 어디 따로따로 있겠습니까? 우리가 일 초도 쉬지 않고 돌아가는 이 모습 자체, 이 자체가 바로 우주 천하의 이 돌아가는, 찰나찰나 돌아가면서 어느 거를 붙잡고 나라고 할 수 없는 이 주인(主人) 공(空)의, 이 공해서 돌아가는 이치가 바로 그 부동한 자세인 길이요, 부처인 것이요, 진리인 것입니다. 우리가 돌아가지 않는다면 않는 대로 그것은 또 움죽거리고, 움죽거리다 보면 움죽거리지 않고 하는 것이 다 찰나찰나 이것이 너무 빨리 돌아가기 때문에 찰나찰나 돌아가는 이 자체를 이름 지어서 '무' 라고 했고 이름 지어서 그것이 길이고 진리인 것입니다. 그것이 근본이고 말입니다.

그렇기 때문에 우리는 바로 자기 자성을 깨치지 않으면 안 되겠기에 우리는 항상 앉으나 서나 가나, 자나 깨나, 먹으나 먹지 않으나 항상 그것은 그 자리에서 나오고 드는 것이고, 딴 데의 누구가 잘못했다 잘했다 이러는 거를 바깥으로 끄달리거나, 또 안으로 꿈을 꿨는데 끄달리거나, 귀로 들었다고 해서 끄달리거나, 또 환상을 봤다고 해서 끄달리거나 이런다면 절대 이것은 금물이라는 것을 아셔야 한다는 뜻입니다. 그런 문제가 있다면 반드시 안으로 굴리면서, 안으로 보림을 하면서, 안으로 체험을 하면서, 물러서지 않으면서 믿는 힘을 강하게, 인내를 가지고 정진하는 데에 여념이 없어야, 항상 살림 참선이 되고 살림 불교가 되고 언제나 생활에서 조금도 어김없는, 우리가 하면 된다는 그런 문제가 바로 실천으로 옮겨지는 겁니다.

여러분이 이런 말을 한 예가 있습니다. "저 스님은 만날 용(用)을 가르치고 용만 해, 용! 움죽거리는 거, 그런 것만 가르쳐." 이런단 말입니다. 여러분, 잘 생각해 보십시오. 눈 하나 치켜뜨고 내리뜨는 것도 전부 용인데 허, 여러분이 용 안 하고 사시는 분 있습니까? 그럼 송장이죠. 여러분이 하나하나, 손 하나 움죽거리고 이렇게 움죽거리기 때문에 바로 실상이며 실참이 거기 있단 말입니다. 그러면 용이 따로 있는 게 아니라 여러분이 지금 찰나찰나 이렇게 움죽거리고 돌아가는 것이 그대로 용이며 그대로 생활이며 그대로 부처님 법이란 말입니다. 이 도리를 여러분이 아신다면 용이 따로 있고 부처님 법이 따로 있고 우리 생활이 따로 있고, 부처님 찾는 데가 따로 있고 어떠한 부처님 형상이 따로 있고 이런 게 아닙니다. 못났든 잘났든 여러분이 계신 데 계신 겁니다. 그리고 여러분의 부처님이 뭐냐 하면 바로 부(父)가 되고 자기가 생각하는 그 생각에서 몸이 움죽거리는 것이 바로 자(子)가 되니, 자는 그 부를 찾아야 하고 부는 자를 찾아야 하는 겁니다. 부는 항상 아시고 아주 부자 장자입니다.

그래서 이런 설법도 있죠. 장자 설법에 아들은 거지로, 고아로 다니고 아버지는 아들을 찾으려고 애를 쓰는데 아들은 아버지를 몰라서 그렇게 애를 쓰다가 아버지의 지혜로 차츰차츰 들어오게 해서, 여기서도 현재 그런 현상이 일어나고 있습니다마는 여러분이 좀 이렇게 잘 인권을 해서 데리고 와 가지고 여기서 차츰차츰 이렇게 인식을 하고 알게 돼서 공부를 하게 돼 가지고 자기가 자기 자성을 깨친다는 얘기가 있죠? (녹음 안됨) 그러니 그 자를 찾기 위해서 애를 쓰다가…, 자는 거기 가기 싫었는데 말이야, 가 보니까 차츰차츰 그냥 그대로 일도 하게 되고 이럭하다 보니까 차차차차 알게 되고 나중에는 자기 아버지가 제일 부자라는 걸 알게 됐습니다. 그리고 아버지의 그 선맥을 이어받아서 그렇게 모든 유생과 무생을 다 건졌다 하는 얘기가 있습니다마는 예전에도 원효 대사처럼, 서산 대사도 똑같지는 않지만 그런 현상 속에서 아버지의 많은 지혜로 길잡이가 돼 줬다고 합니다. 어머니도 착하시고 그렇게 키가 후리후리하고 크셨는데 아버지는 작으셨다 합니다. 그런 얘기도 들었습니다마는…. 오늘은 이걸로써 마치겠습니다.

여러분, 정진 열심히 하십시오. 지금 이 시대에 대해 할 말은 많습니다. 이 도리를 안다면 지금 우리 한국의 실정이나 이런 문제도, 모든 걸 조절해서 나갈 수 있고 세계를 접할 수 있고 상응할 수 있고 누가 뭐래도, 이런 게 있죠. 영화에 이런 게 있어요. 눈을 똑바로 뜨고서 딱 주먹을 부르쥐니까 그 감응법으로 불이 나가서 악한 사람들을 다 죽이기도 했다는 얘기가 있죠. 그것이 바로 보이지 않는 데의 그 다섯 가지 요소의 행을, 용을 그대로 급한 대로 쓸 수 있는 그러한 보배를 우리는 가지고 있는 겁니다. 우리가 보이는 데서만 쓰던 시절은 옛날이고, 보이지 않는 데서 쓰는 방법이 바로 지금 현재 시대입니다. 우리가 보이지 않는 데 쓰는 방법이 있어야만이, 지금은 가고 옴이 없이 천 리를 주름잡을 수가 있고 만 리를 주름잡을 수가 있지마는 만 리 천 리라도 안 됩니다, 지금은. 광년이라야 됩니다. '광년' 소리가 나와야 됩니다. 이만큼 벌써 첨단을 넘어선 시대에 우리가 뒤에서 그렇게 꾸물꾸물하고 기복으로만 나갈 수 있겠습니까? 그냥 갈 순 없잖아요? 그러면 정진합시다.

진정한 효도

1986년 8월 16일

오늘은 우리 토막토막 얘기를 좀 할까요. 어느 스님 앞에 누가 와서 "본처가 죽고 둘째 부인과 사는데 미쳤으니, 어떻게 하면 나을 수 있겠습니까?" 하고 간곡히 청했습니다. 스님께서 말씀하시기를 "너의 본처가 너무 욕심이 많아서 돈을 가지고 길에서 죽었어. 그래서 그 죽은 혼백이 떠나지 못하고 너희 집을 맴돌면서 항상 같이 살고 싶어서 너의 부인한테 애를 쓰는데, 너의 부인이 부처님 법을 몰라서 각각 도니, 빈집과 같아서 너의 본처가 들어왔다 나갔다 하는 바람에 머리가 그렇게 된 것이니 올바른 정신으로 애들을 기를 수가 있겠느냐?" 하시면서 "그거는 그거로되 너희가 지금 부모의 복덕으로 인해서 여기까지 살아왔어. 그랬는데 그 부모의 복덕이 끝날 때가 다 됐구나. 전자에 너희들이 살생을 많이 했는데 그것도 태워서 살생을 하고, 그 수효를 헤아릴 수가 없어. 한평생을 두고 늙어 죽을 때까지 살생을 했으니까. 그러나 부모 선조께서 해 놓으신 그 복덕으로 인해서, 죽은 혼백들이 그렇게 다 복수를 하려고 해도 그 선조의 복덕 때문에 거기를 달려들지 못했는데 인제는 그 복덕이 다 끝날 때가 되니까 너희한테 그 복수가 들어와. 그러니 그것을 면하려면 부처님한테 시주를 하면서, 불사를 하는 데 스님네들한테 시주를 하면서 그래야만이, 지금으로 친다면 벌금을 내고 그 영계들한테 좋게 설득을 해서 용서를 받는다면 너희가 풀려날 수 있느니라." 그렇게 얘기를 해 주니까 하는 소리가 "부처님은 자비하셔서 그냥 해 주시고, 그냥 자비로이 복을 주시고 자비로이 그런 것도 다 해 주신다는데 어찌 스님께서는 그 많은 시주를 하라 합니까? 당신은 부처가 아니오." 하고서 돌아섰습니다.

그러고서 그 사람은 어느 때에, 얼마 가지 않아서 고만 굴뚝에 빠져서 타 죽었더랍니다. 이 문제가 없었던 일이 아니라 바로 얼마 안 됐던 얘깁니다. 신문에도 나고 그랬었죠. 이건 원주에서 있었던 일입니다만. 그렇게 해서 '너도 두고 보자. 두고 보자. 너는 너대로 죄의 대가를 꼭 받아야 하니 너는 내가 그냥 둘 수 없다.' 하는 그 복수심이 모두 엉켜 있으면 될 노릇이 제대로 되지 않거든. 또 자기가 부모의 재산을 가지고 잘살면서도 좋은 일 한 건 하나도 없어, 악한 일밖에. 지금 살면서도. 그러니 그것이 면해 돌아갈 수가 있겠습니까? 그래서 사람이 없어졌는데 아무리 찾아도 찾을 길이 없어. 신문에도 내고 방송에도 내고 했지마는 영 찾을 길이 없었는데 나중에 불길이 제대로 들지 않으니까 그놈의 거 굴뚝을 쑤시다가 새카맣게 그을려서 죽은 것을 발견을 한 거죠. 그것이 그 사람뿐만 아니라 그 많은 영계들이 몸만 없어졌다 뿐이지 다 그게 그리로 합쳐져서 한마음으로 한 덩어리가 돼서 얽히고설켰으니 그 가정이 살 수가 있나. 그러니 그 많은 재산이 다 없어지고 자식들은 남의 집으로 뿔뿔이 헤어지고, 또 부모는 부모대로 헤어지고 그렇게 잘살던 집이 뿔뿔이 헤어져서 남의 집에 살게 됐으니 어떻게 됐겠습니까.

그러면 그때 당시에 스님께서 그렇게 말씀하셨으니 그거를 믿고, 재산이 많아서 많이 하라는 것도 아니건만 부처님의 말씀을 믿고 자기

성의껏 했더라면 어땠을까요? 사람이 돈만 알고, 하나만 알고 둘을 모른다면 그 어느 누가 공생 공용이라고 생각하고 우리가 한 사람이라고 볼 수 있겠습니까. 그런데 요건 그렇게 해서 토막 얘깁니다. 허허, 그러니 여러분이 잘 생각하셔서…, 그것이 거짓도 아니고 사실이니까요.

또 토막 얘기 하나 할까요? 홍천인지 홍성인지 잊어버렸습니다마는 그때도 그런 난설이 많이 있었습니다. 난설이 아니라 실제 말입니다. 면장을 하시는 분인데 큰부인은 그전에 나이 어려서 만났기 때문에 교양이 아주 부족했던 모양입니다. 마음은 착하나 모든 게 현대 여성으로서 제대로 감당을 하지 못하니까 자기 깐에는 창피해서 작은마나님을 하나 얻었습니다. 작은마나님을 얻어서 한집에서 살게 됐습니다. 한집에서 살다 보니까 작은마나님이 참 잘했습니다. 큰마나님도 또 착합니다, 아주. 그렇게 착할 수가 없었습니다. "내가 못나서 이렇게 하니까 자네가 모든 일을, 바깥일이나 안일이나 다 하게." 그러고 아들을 하나 낳아서 기르는데 그 애가 고등학교를 다니게 됐습니다. 작은마나님도 또 아들을 낳아서 중학교를 다니게 됐습니다.

그랬는데 어떻게 됐느냐 하면 그 작은마나님은 잘하면서도 재산이 큰아들한테 다 갈 것이 겁이 났습니다. 그래서 작은마나님은 큰마나님을 독살을 했습니다. 뭐를 했느냐 하면 밥을 갖다가 바치면서 거기다가 약을 섞어서 갖다 드렸는데 큰마나님은 항상 믿으니까 그 밥을 먹을 수밖에 없었습니다. 그래서 그만 그 자리에서 얼마 안 가서 생명이 끊어졌습니다. 그러니까 그 남편 되시는 분은 큰마나님이 만날 다리가 아프다, 팔이 아프다 그러고 저거 했으니까 그냥 그렇게 돼서 죽었으려니 이렇게 생각하고 그냥 화장을 했습니다.

근데 그 이듬해 어느 날에 일이 벌어졌습니다. 일이 벌어지는데 고등학교 다니는 아들 꿈에 어머니가 나타나서 "나는 너 때문에 떠나질 못하고 있느니라. 그런데 오늘 점심을 먹지 마라. 점심밥을 해 놓고 나갔는데 점심밥을 먹을 때에 꼭 떠서 먼저 개를 주고서 그 개가 먹고 어떻게 되나 보고서야 네가 먹도록 해라.” 이러면서 하는 소리가 “나도 그렇게 해서 생명을 잃었느니라. 그 밥을 얻다 묻었느냐 하면 뒷밭 고랑 끝에 갖다 묻었느니라. 그러니 나의 이 원한을 네가 밝혀 다오.” 하고선 그냥 꿈에 씻은 듯 부신 듯 없어지더랍니다. 그러니 어떻게 됐겠습니까. 그 아들이 어머니가 일러 준 거를 생각하면서 속으로 ‘우리 어머니가 그래서 죽었구나.’ 하는 생각이 들어가서 그때 그 분기는 말할 수 없었으나 그래도 어머닐 닮았던지 모두 착했습니다.

그 분기를 참고서 그날 학교를 갔다 오니까 정말 점심을 해서 상에 차려 놨더랍니다. 두말없이 그것을 푹 덜어서 개를 줬습니다. 개가 그걸 먹고 그 즉시에 죽었습니다. 그래서 면으로 아들이 뛰어갔습니다. 아들이 뛰어가서 그 사실 얘길 아버지한테 꿈꾼 거까지도 전부 얘길 했습니다. 그러니까 아버지가 그냥 금새 들어왔습니다. 들어왔는데 ‘그 밥을 그대로 감춰 놓고 나가라.’ 하는 생각이 이 마음에서 스스로 들더랍니다. 그래서 그 밥 덜어 주고 남은 거는 책상 밑에다 감춰 놓고선 나갔는데, 아버지가 들어오니까 부인이 들어와 있더랍니다. “얘가 밥을 먹고 밥그릇은 얻다 두고 이렇게…. 어머, 개가 죽었다.” 하면서 능청을 떨더랍니다.

그런데 아버지가 “너, 밥 얻다 뒀느냐?” 하니까 그 밥을 책상 밑에서 꺼내서 역력히 보라는 듯이 옆집 개에게 또 줬습니다. 그러니까 그 개가 또 죽었습니다. 그렇게 되니까 증거가 되지 않습니까. 아들이 어머니의 얘기를 했던 바가 있기 때문에, 아버지가 바로 고랑 끄트머리에 가서 캐 보니까 다 썩긴 썩었으나 그 흔적은 있더랍니다, 꺼멓게. 그래 그걸 가지고 감정을 해 봤습니다. 그게 독이랍니다. 그래서 그 사람은 살인 범인으로서, 살인 미수범으로서 갇히게 됐습니다. 그래서 면장이 울면서 하는 소리가 “이것이 잘나고 못나고 간에 사람의 됨됨이의 마음이 제일이로구나 하는 걸 인제 내가 알았으니, 이걸 미처 몰랐으니 이 모자라는 인간을 용서해 달라." 하면서 땅을 치고 울었답니다. 그러면서 "너는 이 동생을 어떻게 생각하느냐?" 아들더러 물어보니까 "그 동생도 어머니 없는 동생이기에 불쌍합니다. 그러니 제가 항상 같이하면서 이렇게 살겠습니다." 하니까, "그러면 어머니를 안 얻어도 되겠느냐?" "저희들이 끓여 먹고 살겠습니다." 하더랍니다, 얼마나 데었으면. 그래서 전부 신문에 나고 그때도 그런 문제가 생겼습니다마는, 그러한 문제를 생각해 볼 때도 우리가 배우고 안 배우고 간에 사람 됨됨이가 문젭니다.

그리고 또 부처님의 법을 우리가 준수하고 순응하고 따를 수 있다면 여러분이 공부를 하는 데도 안으로, 공부를 하는 사람은 안으로 순응을 하고, 바깥으로도 살림을 하면서 살아나가는 데에 누가 뭐래도 순응할 수 있는 그런 겸손과 자비로운 마음이 필요한 거 같습니다. 그렇다고 해서 생활을 버리는 것이 아닙니다. 그전에도 그렇게 얘기했죠? 박카스 병에 박카스가 담긴 거는 담긴 것대로 감사하게 먹고 놓고, 빈 그릇은 빈 그릇대로 맡겨 놓으라고. 그렇게 했던 거는 생활을 놓으란다고 해서 여러분이 생활을 다 버리고 그렇게 하라는 게 아닙니다. 똑똑하고 영리한 사람들은 물리가 터져서 여여하게 해 나갈 수 있는, 그대로 무심으로서 나를 빼놓고, 모든 것을 나와 더불어 다 맡겨 놓고서 그렇게 하신다면 얼마나 순응적이고 감동적이면서, 그것이 우주적이면서도 우리 생활의 진리면서, 우리는 여여하게 그 법도를 지켜 나갈 수 있는 그러한 자유인이 될 것입니다.

요것도 토막입니다. 그렇지만 이게 여러분이 생활하는 데 얼마만큼 새겨 볼 수 있는 마음이라고 봅니다. 그래서 아까 얘기했듯이 그 사람은 만날 개를 태워서 잡아먹었어. 예전에도 얘기했듯이 농사짓는 사람들은 깻벌레도 많이 죽이고 거미도 많이 죽였어. 옛날에는 그러한 문제들 때문에 많은 복수를 당하고, 당하는 줄 모르게 당하고, 짓는 줄 모르게 짓고 받는 줄 모르게 받고, 이런 문제들이 한두 건이 아닙니다,

지금도.

어느 때 어느 스님께서 저 갯바닥으로 나갔습니다. 걸음을 걷다 보니까 갯바닥이 닥쳐왔습니다. 그랬는데 그 갯바닥에서, 게 있지요? 참게라고 하는 거. 그때는 그것이 갯바닥에서 사는지 어디서 사는지도 몰랐는데, 보는 그때에는 아, 신기했습니다. '저런 흙속에도 사나?' 하고요. 그 스님은 갯바닥에 사는 게를 하염없이 쳐다봤습니다. 쳐다보니까 갯바닥을 지나와서 물이 없는 데 갯바닥에다가 굴을 파고, 이파리라는 이파리는 다 거기다가 갖다 넣고 거기다 알을 까서 새끼들이 무척 커졌어요. 그 굴을 들여다보니까 아주 깊숙하고 넓직하게 파 놨더랍니다.

그래서 거기서 기르는데 아, 이것이 다 안 길러졌으니까 여기 문 앞에서 지키고 있다가 왜 저, 도마뱀 있죠? 도마뱀한테 그만 걸렸습니다. 다리를 가지고 그렇게 집으려고 했지만 다리가 끊어졌습니다. 게가 다리가 끊어지면서 질질 끌려갔습니다. 게가 질질 끌려가는 걸, 그걸 또 유심히 봤습니다. 유심히 보니까 게가 끌려가면서 하는 소리가 뭐라고 그러느냐 하면 "얘들아, 너희들은 죽으나 사나 사람한테 죽어도 죽고 살아도 살아라. 이렇게 가는 순간 나는 이거를 알았느니라. 수천 번 돌아서 이렇게 고역을 치르고 잡아먹히고 잡아먹고, 일단 잡아먹히는 건 마찬가지니 너희들은 다 갯바닥으로 나가서 죽어도 사람한테 죽어라." 하고선 끌려가는 거를 그 스님께서는 보셨답니다. '아, 게도 죽어 가면서 사람한테 죽으라고 저렇게 소리를 벽력같이 지르는데 아무리 악을 쓰고 질러 봐도 게 새끼들은 듣지도 못한 채, 그 부모가 끌려 나오니까 죄 살판이나 난 것처럼 모두 쫓아 나오니 세상에 이럴 수가 있나? 사람하고 어찌 다를 바가 있나!' 하면서 그 스님은 하염없이 눈물을 흘렸답니다.

그래서 그 게는 다 파먹히고 껍질만 남은 거를 두고서 도마뱀은 갔는데, 이것은 파먹는데도 그냥 파먹은 게 아니야. 이 다리를 물어서 패대기를 쳐, 돌에다가. 그러니까 속이 다 보이니까 그냥 다 파먹은 거지. 다리깽이하고 껍데기 부서진 것만 남은 그 어미의 껍데기를 또 발로 끌어다가 자기의 굴로 끌고 들어가더라 이겁니다. 그런데 그 거리가 여기서 저기만큼인데 그 거리가 얼맙니까. 세상에, 별난 걸 다 그 스님은 보셨습니다. 그래서 끌고 와서 거기다가 집어넣고 그냥 있는 것도 아닙니다. 얼마만치 자란 게들은 진흙, 개흙을 이렇게 떠다가 거기를 다 메웠습니다. 굴을 아주 메워 봉해 버렸단 말입니다. 봉해 버리고 자기네들끼리 갯벌로 나가더란 얘깁니다.

이거를 본 그 스님은 그때에 무릎을 탁 쳤습니다. 왜냐하면 '이 세상의 진리가 통틀어 몰락 전체가 하나로 돌아가는구나!' 하는 거를 느꼈답니다. 그리고 부처님의 뜻을, 우리가 인간으로서 90%, 80% 또는 100%를, 우리가 한 손바닥을 한 번 폈다가 한 번 젖히는 데 그 진리가 다 들어올 수 있는 그런 능력이 우리 인간에게 다 주어져 있건만, 저런 미물의 짐승들은 다 그래도 사람을 위주로 해서, 죽으나 사나 사람한테 죽어야겠다는 생각을 하고 악을 악을 쓰니 말입니다, '어떻게 돼서 저랬을까.' 하는 그 의문이 오래간만에 풀렸던 것입니다. 그러니까 "듣는 것만 가지고 도가 아니니라." 하는 것이 거기에서 수학이 풀리더군요. 야, 그 소릴 들었으나 요릴 할 줄을 알아야죠. 하하하. 듣기만 하고 보기만 하면 뭘 합니까. 요리를 할 줄 모른다면 아무 소용이 없는 겁니다. 그러니 그것도 또 한 토막이라고 봅시다.

어느 때에 어느 농촌 마을에 밥은 굶지 않는 그런 효자가 하나 살았습니다. 그런데 이쪽 건너 산 너머 동네에 효자가 또 있었습니다. 이 두 효자 집이 있었는데 효자라고 해서 다 똑같지는 않습니다. 어느 때에 어느 중이 그 집에 당도해서 있는데 비가 억수같이 쏟아졌습니다. 그러니까 거기서 그 스님을 붙들어서 사랑에서 자고 가라고 해서 그렇게 사흘 묵는 동안에 그 효자 집의 효자가 하는 모든 거를 눈여겨봤습니다.

그런데 효자 짓을 어떻게 하느냐 하면요, 그것도 다 그 스님의 공부지마는 그분들에게 또 배웠으니 그분들이 전부 스승일 수밖에요. 그래서 보니까 저녁에 불을 때 드리고 새벽녘에 불을 때는데, 어떻게 되느냐 하면 불을 때다 보니까, 불을 땔 때는 넌지시 소리 없이 불을 때고, 그 몇 번만 때 보면 얼마만큼 때면 따뜻한 걸 알 텐데 머리가 좀 돌아가질 않았던 모양입니다, 효자는 효잔데. 그러니 불을 때는 것도 물을 처덕처덕 붓고선 소리가 나게 하니 안에서는 어머니 아버지가 주무시는데 아, 다 깨지 않습니까? 내가 생각하는 겁니다, 이거는. 그 스님의 얘길 듣고 내가 생각하는 겁니다. 그건 그렇게 얘기하는 게 좋겠지요. 그래 소리가 나게 하니까 이 부부는 주무시다 깨겠지요?

그런 데다가 또 문을 뚜덕뚜덕 두들깁니다. 두들겨서 들어가면 어머니의 옷은 며느리가 입고 아버지 옷은 아들이 입고, 뜨듯하게 해서 드린다는 게 그만, 그것이 그 스님이 보실 때는 '상당히 피곤하게 군다.' 했습니다. 왜냐하면 어머니 아버지가 주무시는데 그렇게 일찍 깨게 만들어 놓고 또 그럭하고 앉았으니 얼마나 그게 어머니 아버지는 불편하겠습니까. 이 노인네들이 빌빌해요. 한두 건이 아니거든, 피곤한 게. 효자 노릇 한다는 게 도무지…. 그러니까 그렇게 얼마쯤 입고 앉았다가 그걸 벗어서 착착 개켜 놓아서, 그걸 놓은 거는 나중 안 겁니다. 벗어 놓고선 착착 개켜서 그냥 거기다 놓고선, 어머니 주무시는데, 아버지 주무시는 데다 이렇게 밀어 넣고서는 인제 나옵니다. 그러면 어머니 아버지는 항상 잠을 못 주무시는 겁니다. 그 시간만 되면 벌써, 이거는 못 주무시는 거야. 벌써 '얘, 불 때겠지. 들어오겠지.' 하는 것 때문에. 그리고 얼마 안 가서 또 인사를 하러 들어옵니다. 하하하…. (대중 웃음) 참, 이거…. 그래 그걸 보는 순간 껄껄껄껄 그 스님은 웃음을 터트리고 말았지요. '참, 저런 효자도 효자구나.' 하고 말입니다.

그뿐인가요? 나오셔서 마당이라도 쓰신다면 마당도 못 쓸게 합니다. "어머니, 마당을 쓰시면 피곤하시니까 들어가십시오." 하는 겁니다. 아버지도 못하게 합니다. 그러고는 또 사람들을 얻어서 전부 논에 다 나가니까 아버지는 심심하신 겁니다. 걷질 못하시고 그러니까 빌빌 빌빌 하시니 "구경 좀 나가십시다." 해도 얼마나 좋겠습니까. 그게 없거든, 효자니까, 응. 하하하…. (대중 웃음) 그러니 어머니 아버지는 방에 있는데 반찬 한 거 뭐, 다 해선 상에다 차려서 방에다가 진수성찬을 차려 놨던들, 그분들은 지금 식욕이 떨어졌어, 힘이 없으니까. 그리고 먹을 게 뭐 그렇게 먹어지나요, 어디? 그러니까 먹는 것도 제대로 못 먹는 거라. 그렇게 효도를 합디다그려. 그리고 세숫물도 떠다 바치는 거라. 허, 위한다는 게 참, 여간해서는 위하는 게 위하는 게 아닙디다. 그러곤 세숫물도 떠다 바치지, 이 닦는 것도 대접에다 물 한 그릇하고 소금 한 접시하고 갖다 방에다 수건을 깔고 갖다가 놓으니까 그걸 거기서 하고선 거기에 그대로 놓으면 또 가지고 나간다 이거야. 운동할 길이라는 거는 하나도 없는 거야, 이건 그냥. 그러니 여러분, 잘 들으셔야 합니다, 이거. 지금도 그런 예를 내가 종종 듣습니다.

그래서 하도 그렇게 하니까 거기에서 생각이 났습니다. '그러면 저쪽 효자 집은 어떻게 하나?' 그러고 궁금했습니다, 또. 근데 그쪽 효자 집을 가니까 말입니다, 그 스님이 거길 가 보니까 거기 효자 집은 정반대야. 어떻게 효도를 하느냐 하면 초저녁에 불을 때 놓고선 바지 저고리는 착착 개켜서 항상 깔아 두는 요에다가 그냥, 이부자린 이부자리대로 먼저 깔아 놓고 요 밑에다 넣어 놔, 아예. 하하하…. 그렇게 넣어 놓고는 요를 덮어 놓으니까 아침에는 뜨듯할 수밖에. 이 머리예요, 모두가. 그러니까 그렇게 해 놓고 먹을 것도 많이 갖다 드리는 게 아니라 조금조금 어머니 아버지가 자실 수 있는 거, 그거를 "너희들은 앞으로 자라니까 너희 마음대로 사 먹을 수 있지 않겠느냐? 할머니 할아버지 드리자." 하고선 갖다 드리거든요.

그러고는 쓰레질을 해도 "아버님! 좀 나오지 않으시렵니까? (녹음 안됨) … 이만큼만 아버님이 쓰십시오." 그러거든. 그러니까 이 아버지가 "그래, 요거는 내가 쓸마." 그러고선 쓸거든. 거기에 무슨 생각이 있느냐 하면 운동, 노인네들이 운동을 안 하면 안 되거든요. 그렇기 때문에 걸음을 걷게 해 드리느라고 그러는 거예요. 그것은 뜻으로 알지, 무슨 그걸 물어보고 그래서 아는 게 아니거든요. 그래 그만큼은 아버지가 쓸고 또 아버지가 쓸면 쓰레기는 자기가, 어려운 거는 다 치우되 운동만 하시게. "그러면 여기에서 몇 바퀴만 우리 경주를 하십시다." 하고. 또 밥을 내가면 "식사하시는데 맛이 없으실 테니까 어머니하고 아버님하고 같이 우리 나가십시다. 나가서 시원한 저 나무 밑에 앉으셔서 구경이나 하시고 또 잘못하면 모든 걸 참견을 좀 해 주십시오. 아버님이 해 나오시던 거 우리 젊은 사람이 잘 못합니다." 이렇게 핑계를 대는 겁니다.

그래 가지고 그걸 다 아버님이 돌아다니면서 '이런 건 이럭하는 게 좋다' 이런 거를 다 아버지한테다 일임을 시켰습니다. 그러니까 아무리 사람을 두고 한다 할지라도 아들은 아들대로 그냥 같이하면서 코치해 주시는 거는 아버지한테다 밀었으니 아버지가 논두렁 밭두렁을 돌아다닐 수밖에, 손짓을 하면서. 그러니 운동이 저절로 되지 않습니까. 어머니는 어머니대로 며느리가 사람을 얻어서 밥을 내오면 그 며느리는 또 거기에서 챙겨 드리는 겁니다. 어머니하고 아버님하고 드릴 거는 한 그릇 따로 챙겨서 가져오거든. 그냥 뭐든지 이겨서 이렇게 해서 따로 해서는 아주 그냥 시원한 나무 밑에다가, 그늘에다가 갖다 드리거든요. 그러면 두 분이 뭐, 들거니 놓거니 그냥 잘 잡숫는 겁니다, 구경해 가면서. 이렇게 효도를 하더군요.

효도하는 것도 양쪽 집이 다 달라. 그래서 이쪽 효자 집의 일을, 저쪽 효자 집의 아들과 며느리를 이쪽에다가 데려다 주면서 그 얘길 다 했습니다. 그 스님께서 다 얘기를 해 줬습니다. 그러고 구경을 시켜 줬습니다. 말없이 구경을 시켜 주고 난 뒤에 그 얘기를 해 줬습니다.

그리고 옛날에는 질항아리에다가 오줌을 눴지 않습니까? 그러면 문을 열면 질항아리가 이렇게 있지요, 질방구리. 거기다 오줌을 누면 언제나, 효도는 이런 거를 냄새나게 놔둘 게 아니라 항상 수세미로 닦아서 깨끗하게 해 드리고 그러는 건데, 바깥에서 파리가 그냥 웽웽 해도 그런 거는 치우지 않고 어머니 나오지 못하게 하고, 일 못 하게 하고, 또 잠 못 자게 하고, 이게 도무지 효도가 아니라는 얘깁니다. 아버지 어머니를 편안하게 해 드리는 거는 항상 마음을 편안하게 해 드린다는 겁니다. 육체는 좀 놀리더라도 마음을 편안하게 해 드리는 겁니다. 예를 들어서 담배를 피우시면 담배도 못 피우게 합니다. 일찍 돌아가신다고. 그러니 참, 예전에야 지금처럼 좋은 약이 그렇게 있었습니까. 그러니까 그냥 변비도 있는 데다가 거윗배가 있고 그런데도 그거를 못 피우고 하니까 여기서 뒤틉니다. 그러니까 이게 고역이라는 고역은 다 치르는 겁니다, 지금. 그런데 효자라고 동네에선 야단들이 났으니…. 그러고선 이쪽은 여든 몇이 돼도 건강하신데 여기는 예순 몇인데도 빌빌하시거든요.

이런 거를 볼 때에 이게 남의 일 같지 않습니다. 이것은 현실에 우리가 본 얘기지, 옛날 얘기도 누구한테 들은 얘기도 아닙니다. 이거는 우리가 지금 보통 새로 배운 며느님들도 그렇고, 지금은 그렇지 않습니다마는 때에 따라서는 어떤 분들은요, 걸레질도 못 하게 합니다, 어머니 위해서. 걸레질도 못 하게 하고 음식도 못 만지게 하고, 설거지도 못 하게 하고 나가시지도 못하게 하고. 하하하…. 이거는 정말 고역이지요. 방에 들어앉아 계시라는 겁니다. "가만히 좀 앉아 계세요. 해다 드릴 테니 가만히 좀 앉아 계세요." 참견도 못하거든, 이거는. 그러니 자기가 먹고 싶은 게 있고 며느리가 그냥 하는 게 있거든. 그러니 내가 뭐가 먹고 싶다 할 수도 없거든, 어른으로서. 그러니 이거는 이러지도 못하고 저러지도 못하고 방구석에 앉았다가 그냥 문을 열고 나오기만 하면 "어머니, 앉아 계세요." 이러는, 하하하…. (대중 웃음) 이렇게 하는 며느님도 봤습니다.

그래서 그것도 절에 나오는 바람에 아주 그냥 왕창 고쳐 놓고 말았지만 말입니다. 그런 문제들이 있습니다. 그래서 그 시어머니가 울면서 고맙다고 저한테 오셨습니다. "세상에, 스님께서 그렇게 우리 며느리가 효도한다고 그러는 걸, 그 효도를 바꿔서 하게 만들어 주셨으니 얼마나 고마운지…." 하고 말입니다. 인제는 기운이 나는 것 같답니다. 그러곤 그 며느리가 말입니다, "어머니가 잡숫고 싶은 거는 시장에 나가서 좀 사 오세요." 하기도 하고 "조심해서 다녀 오세요." 하고 그냥 그렇게 잘한답니다. 그러니 얼마나 좋겠습니까. "그리고 어머니가 음식 솜씨 좀 내 보세요. 된장찌개도 해 보세요. 어머니 음식 좀 먹어 보고 배우게요." 하니까 이 어머니가 신났단 말입니다. 기운이 버쩍 난 거죠. 그러니까 빌빌하고 앓으시던 분이 그냥 아주 몸이 건강하게 되셨어요. 그러니 우리가 부모를 모시는 것도 그렇고 자식을 기르는 것도 그렇고, 묵은 빚 갚고 햇빚 주는 것도 우리가 좀 더 생각해서, 깊이 생각해서 할 일이라고 봅니다.

그러니 우리가 살아나가는 데에 모든 게 부처님 법 아닌 게 없고, 어떤 때는 야, 모든 걸 놓으라니까 생활은 그럼 어떻게 하느냐 이럽니다. 어떤 분이 또 이런 분이 있었습니다. "야, 모든 걸 놓으라니 어떡하느냐. 너하고 나하고 잠도 못 자겠구나." 하하하…. 아예 그냥 그렇게 되니까 너무 각박하게 됐습니다. 그러니까 "이런 종교는 믿을 수가 없다." 이러곤 부인이 사진까지 갖다 놨던 거 "저 사진을 보고 어떻게 자냐?" 이러곤 그냥 갖다 빼다 버리고 그러거든요.

그러니까 모든 게 우리가 생각하기에 달렸다 이겁니다. 부모의 사진을 걸어 놓고도, 돌아가신 사진을 걸어 놓고도 그것이 착이 없다면, 그거는 얼굴일 뿐입니다, 지나간 얼굴, 응? 모습. 그리고 또 거기에다 착을 두지 말고, 부처님 탱화도 이렇게 걸어 놓으면 아무 일이 없는데, 저건 부처님이라는 게 역력하게 여기 배어 있기 때문에 겁나는 겁니다. 조심스럽습니다. 이거는 항상 조심스러워야 하니 이거 이렇게 귀찮게 살아서 어떡합니까.

그래서 내가 하는 말이, 집에다가 부처님이라는 건 걸어 놓지 마라. 지금 그렇지 않아도 인생 살아나가는 데, 이 모습을 바꾸는 이 도중이 칠십, 팔십, 이거 백 년을 산다 해도 얼마 되지 않는 거, 또 24시간 동안에 사랑하는 기간이 몇 분 몇 초나 되느냐 이겁니다. 만날 걱정 근심하느라 볼일 못 보고 죽겠는데 그것까지도 괴롭혀? 그러니 다 떼 버려라. 만약에 그렇게 생각을 안 한다면 아무렇게 걸어 놔도 좋지만, 뭐, 주욱 걸어 놔도 그건 아무 걱정이 없지만 그냥 뭐 하나만 봐도 조심스럽고 그러니 그 옆을 지나가면서 쌍말도 할 수도 없고, 또 부부가 사랑을 하고 입을 맞출 수도 없고 그러니 어떻게 합니까, 이놈의 거. 그래서 그것을 전부 붙이지 말라고 그랬습니다. 이거 붙이지 마라. 세상에 지금 인간으로 태어나서 괴로운 것도 천 가지 만 가진데, 고달파 죽겠는데 그거 걱정하고….

또 뭔 줄 아십니까? 기복 불교로 백일기도를 드려라, 천일기도를 드려라 할 때 야, 음식도 조심해야 하지요, 남편도 조심해야지요, 또 기도를 부쳐 놨으면 문간에 빨건 흙을 갖다 놓고 은줄을 매 놓습니다. 그러고선 기도를 하러 갑니다. 목욕재계하고 가는데, 그러면 애들은 애들대로 고독하게 만들지요, 어른은 어른대로 고독하게 만들고. 배고프게 만든다는 얘깁니다. 배고프다는 소리 알아들으시겠습니까? 그런데 이것이 기도입니까? 세상에, 한집안에선 가왕이라고! 남편을 부처님으로 알고 모든 것을 둘로 보지 말아야 될 텐데, 이거는 각각 보니까 남편은 남편대로 팽개치고, 남편을 가장 위하고 자식을 가장 위한다는 사람들이 기도를 부치면 그렇게 한단 말입니다.

그리고 산 기도를 다닙니다, 또. 담요를 둘둘둘둘 말아 가지고 짊어지고 갑니다. 산 기도에 가서 뭐라고 그러는 줄 아십니까? 나 그거 구경도 했습니다. 촛불을 켜 놓고 밥을 지어 놓고 말입니다, 거기다 들이대고 남편 위하고 뭐, 나가서 딴 짓 안 하게 그렇게 만들어 달라고 그러고 집안 잘되게 하고 애 공부 잘하고 크게 되게, 큰 아들을 두게 해 달라고 그러고요, 남편 승진하게 해 달라고 그러고요, 아, 이러고 기도를 드리더라고요. 그러니 흥, 내가 웃기를 말입니다, 돌 위에서 그 소릴 듣고, 작게나 했으면 좋겠는데 크게 합니다, 또. 그래서 속으로 이렇게 생각을 했습니다. '아, 너희 남편은 지금 배가 고파서, 저 길을 지나가는데 구수한 음식 냄새가 자꾸 들어와, 코로. 그러니까 거기 들어가서 우선 배고프니까 먹어야겠다.' 하하하…. 그래서 배가 고프니까 먹고, 한번 음식 맛을 보니까 이건 안 들어갈 수가 없거든. 항상 이 집에선 배고프게 만들어. 그러니까 그렇게 해서 음식을 먹고 들어와 보니까 배가 고픈 듯하면 가서 먹는 겁니다. 그러다 보면 그 가정은 파탄이 나는 겁니다.

그리고 또 한 가지는 우리가 애들을 기르는 데도 항상 우리가 같이 대화를 해 주면서 나쁜 말은, 속상할 말은 해 주지 말고, 공부를 하라 하라 하지 말고, 항상 대화를 한마디라도 정답고 어른성 있게 이렇게 돌려서 해 주면 "아, 우리 늙은 세대는 우리 늙은 세대에 끝나는 거고, 자식들에게는 그것을 바라지 않는다. 너희 세대에는 너희가 자식을, 씨를 뿌리고 그럴 때 어떻게 해야만 된다는 것을 너희가 알아서 할 거니까. 지게질을 해 먹든지 뭐, 곡괭이를 가지고 다니든지 노동을 하든지 너희가 알아서 해라." 이런 거를 탁 맡겨 버린단 말이에요. 그러면 말을 안 하고 좋은 말만 해 주고 항상 이럭하니까 어느 때에 가다가 자기도 살 궁리를 해야 하거든. 이건 부모를 믿을 수도 없고 부모한테 기댈 수도 없어. 탁 맡겨 버렸으니까. 그러니까 기댈 데가 없으니까 그때에 가서 '아, 사랑은 하고 이렇게 해 주기는 하지만 이건 내가 살아야 되겠구나. 내가 해야겠구나.' 이런 생각이 들어서 그때는 권태가 나지 않고 오히려 취미를 붙여서 공부를 하게 되고 말도 인의롭게 하게 되고 짜증을 안 내고 그렇게 되거든요.

그래서 공부를 하게 만드는데, 만날 기도만 하러, 백일기도를 드린다 하며 만날 나가게 되거든. 만날 나가게 돼도 우리가 이 마음의 에너지를 같이할 수 있고, 저녁이면 들어가서 밥을 해 주고 이렇게 할 수 있어야죠. 그래서 여기는 기도를 부치지 않습니다. 왜 기도를 부치지 않겠습니까? 그리고 "앉아서만 하는 게 정진이 아니다."라는 거를 얘기하는 것은 여러분의 가정을 위해서입니다. 여기서 그럭하고선 빨리 가거라. 남편이 들어올 때 되면 미리 들어가거라. 자식이 들어올 때 되면 미리 가서 음식도 마련해 놓고서 오손도손 얘기를 하면서 먹을 수 있는 그것이 그대로 불법이다. 그래서 기도를 부치지 않고 이렇게 하는 겁니다.

그러니 지난번에도 얘기했지만 여러분이 앉아서 하는 것만이 좌선, 참선이 아니라 드러누워서 우리가 관한다면 와선이 아닙니까. 그래 와선이 따로 있고 참선이 따로 있고 이런 게 아니거든. 앉아서 한다고 좌선이 따로 있는 게 아니고, 또 일하면서 한다고 해서 행선이 따로 있는 게 아니고, 또 서서 걸어가다가 생각한다고 해서, 관한다고 해서 입선이 따로 있는 게 아니거든. 우리가 모든 것을 종합해서 생각할 때, 변소에 가서도 조용하면 무뜩 무심으로 생각이 더 잘 나는데 어떡합니까. 변소에 앉았다고 죄송할 게 뭐 있습니까? 사람이 싸지 못하면 벌써 부작용이 나는데. 먹고 싸지 못하면 안 되는 겁니다. 그래서 먹을 줄 알아야 하고 잠잘 줄 알아야 하고 쌀 줄 알아야 된다. 이 세 가지가 중요합니다. 이것이 그냥 우리가 싸고 먹고 이러는 게 아니라, 그 도리를 알아서 일상생활에 첨보해서 같이 평등하게 쥐고 100%를 활용할 줄 아는 사람이라면 우린 정말 아주 생활의 자유인이요, 우주의 자유인입니다.

여러분, 잘 생각해 보십시오. 지금 시대가 어느 땝니까? 항상 그런 말을 하지만 예전에는 육신 무예를 하고 축지법을 하고 이렇게 해서 휘날렸지마는 지금은 정신 무예가 되지 않으면 안 되고 공중을 오고 감이 없이 오고 갈 줄 알아야 하며 또는 원자력이 전자력을 집어삼킬 수 있는 그런 능력이 아니라면 아니 된다 이런 소립니다. 지금은 앉아서 하는 일이지 서서 다니는 일이 아니에요. 앉아서 싸우는 일이지 서서 싸우는 일이 아니라 이 소립니다. 시대를 똑바로 보고 우리는 생각을 해야 하고 똑바로 감정하고 똑바로 연구하고 생각해 볼 수 있는 그런 여러분이 돼야 되겠다 이겁니다.

그러면 잘 생각들을 하십시오. 오늘 토막 얘기, 또는 우리가 어떻게 해야만이 지금 시대에 알맞게 해 나갈 수 있으며, 앉아서 우리 자리를 지킬 수 있으며, 모든 것을 할 수 있나를 좀 더 생각해 보십시다.

그럼 오늘은 이걸로써 끝마치겠습니다.

우주를 한 주먹에 넣고 굴리려면

1986년 8월 17일

주야로 말씀드리는 것이지만, 한마디 안 하고 넘어갈 수가 없습니다. 우리가 근본을 발견하기 위해서 항상 강조하는 한마디를 안 하고 넘어갈 수가 없는 것입니다.

우리가 '불교' 하면 불(佛)은 자기의 영원한 생명이며 근본입니다. 교(敎)라고 하는 것은 말씀을 뜻하니 깨달음에 의해서 말씀을 하는 것을 교라고 합니다. 그렇기 때문에 어떠한 종교든지 막론하고 포괄적인 하나로서 우리가 공생 공용 공체로서 공식하고 있다는 것을 판단할 수 있는 그런 역량을 키우도록 해 드리기 위한 말씀이라고 볼 수 있겠습니다. 그런데 여러분은 항상 마음으로 지어서 내 종교 네 종교 이러는데, 한 부분 부분을 따져서 말씀드린 게 아닙니다.

여러분이 타의에서 구하며 자기 영혼의 그 근본을 모를 때 얼마나 어리석겠습니까? 그리고 또 타의에서 구할 때 내가 잘못한 것도 타인에게 미는가 하면 타인에게 고하면서 죄를 사해 달라고 합니다. 자기가 죄를 짓지 않으면 사해 달란 말도 없을 거 아닙니까? 남한테 죄를 벗겨 달라고 하는 그런 어리석음은 아마 어디에도 없을 것입니다. 죄를 벗겨 달라 했다고 해도 역시 깨달음의 한마음이 될 수 있을 때에 비로소 서로 나누어서 도와줘 가면서 할 수는 있을지언정 깨닫지 못한 사람들은 아무리 그 죄를 면해 달라고 해도 면해 줄 수가 없는 것입니다.

우리가 여기서 공부할 때에 '스쳐 가는 구름을 잡지 말라', 흰 구름 검은 구름을 잡지 말고 모든 것을, 그 착과 욕심, 삼독을 몽땅 녹여야 되는 것이라는 것을 말씀드리고 있습니다. 그것을 다 녹였을 때에 스스로서 내 참나의 자성이라는 게 밝혀지는 것입니다. 밝혀짐으로써 우리가 어떠한 일을 해야 하는가? 거기에서는 또 자기가 체험하면서 보임해야 하는 문제가 있는가 하면 그것이 확실히 깨달아졌을 때, 예를 들어서 우리가 지금 보이는 데 안 보이는 데를 균등을 잡아서 지혜롭게 볼 줄 알아야 하며, 또 들리지 않는 데 들리는 데, 이것을 균등을 잡아서 잘 들을 줄 알아야 하며, 또는 과거심 현재심 미래심을 균등을 잡아서 잘 판단할 줄 아는 것이 숙명이라 합니다. 또 우리가 지금 현재심으로서 어떠한 마음을 가지고 있나를 똑바로 뚫어 볼 수 있어야 하는 것입니다. 바로 지금 현재 마음과, 과거심과 현재심이 균등을 잡아서 똑바로 우리가 볼 줄 알아야 한다는 그것이 타심이라고 볼 수 있겠습니다.

그렇다면 가고 올 줄 아는 거, 즉 말하자면 우리는 길이 있어야만 가지만, 그것은 보이는 물질이 보이는 데를 다니는 거를 말합니다. 그러나 보이지 않는 데를 보이지 않는, 그전에도 얘기했지만, 발 없는 발 손 없는 손으로 길 없는 길을 다닐 줄 알아야 된다 이 소립니다. 가고 옴이 없이 가고 올 줄 알되, 가고 옴이 없이 가고 올 줄 아는 동시에 우리는 찰나찰나 나투며 모습을 진화시켜 가면서 균등을 잡아서 역력하게 볼 줄을 알고 그렇게 가고 올 줄을 알아야, 굴릴 줄 알아야 된다는 뜻입니다. 그리고 천체를 판단할 줄 안다면, 또 굴릴 줄 안다면…, 하나하나 균등을 잡아서 똑바로 굴릴 줄 알아야 한다는 겁니다. 이거는 이거고 이거는 이거다 하고 굴릴 줄 알아야 한다는 뜻입니다.

그러니 그렇게 굴릴 줄 앎으로써 우리의 이 지구라는 별, 이 항아리 속에서 벗어날 수 있는 것입니다. 우리 몸에서 벗어날 수 있어야, 이 항아리라는 이 별에서 벗어날 수 있어야만이 앞으로 어떠한 일이 주어지든지 스스로서 오게 되고 또 가는 거 잡지도 않으며 우리가 그 수레를 그대로 여여하게 굴릴 줄 안다는 뜻입니다. 우리가 만약에 그 항아리 속에서 벗어나지 못한다면 이 지구라는 별성을 어떻게 굴리겠습니까?

그 안의 숱한 그 이치들은 어린애들이 장난하는 거와 같다고 봅니다. 그렇다면 젊은이들이 지금 장난을 하다가 어른들 쌈이 붙게 됐습니다. 이 뜻은 뭐냐 하면, 우리가 예전에는 칼과 창 또는 활을 가지고 싸웠지만 지금은 어떻게 됐습니까? 대포나 총이나, 비행기로 폭탄을 떨어뜨리고, 폭탄을 가지고 썼습니다. 그런데 지금 핵이라는 문제가 있어도 그것은 거기에 따라 쓸 수 없는 것입니다. 만약에 지구 바깥을 벗어나서 별과 별끼리 충돌이 될 때에, 그리고 또 생존 경쟁이 붙을 때, 만약에 바깥에서 굴릴 수가 없다면 내 가정도 지킬 수 없으며, 내 몸도 지킬 수 없으며, 내 사회 내 국가, 세계적으로 이것을 굴릴 수 없어서 조절을 못하고 그래서 건질 수 없는 것입니다.

우리 이 지구의 별성을 완전히 굴릴 수 없다면 바깥의 별성들을 어떻게 굴리겠습니까. 예전에는 그렇게 그렇게 해 왔지마는 지금 시대에는 앞날에 따라서, 전력에 의해서, 또는 빛에 의해서 모든 원자력이라는 그 자체가…. 원자력, 이런 거는 무엇을 뜻하느냐? 아까 다섯 가지의 균등을 잡아서 수레를 굴릴 때에, 균등을 완전히 잡아서 책정을 잘할 때에, 전체를 책정을 하고 굴릴 때에, 하나하나를 정확하게 또 책정을 해서 균등을 잡아서 나툴 때, 이런 모든 것을 완결무결하게 해야만이 바깥으로 벗어나서도 우리가 다른 별성 그 자체를 굴릴 수 있는 것입니다. 우주 전체를 굴릴 수 있다면 별성 하나하나를 또 굴릴 수 있어야 하며 하나하나를 굴릴 수 있다면 별성 안에 든 그 하나하나의 굴림을 또 역력히 굴려야 하는 것을 말합니다.

그러면 여러분 지금 공부하는 것이 보배력이고 우주적인, 근본적인 아주 이 보배의 근원이며 여러분의 자유권을 가지고 앞날에 따라서 이것을 굴릴 수 있다는 겁니다. 지금 그걸 비교하자면, 만약에 싸움이 났다 할 때 저 찻길이 균형이 잡히지 않습니다. 선을 선대로 보지 못합니다. 먼저 가고 나중 가고, 빨리 가기 위해서도 살기 위해서도 그런다면 균형이 잡히지 않는 법입니다. 그와 마찬가지로 우주적으로도 역시 그 궤도를 그대로, 선을 똑바로 돌지 못합니다. 그럴 때에 충돌이 생기고, 그러한 문제들이 생길 때 내 별성을 잘 굴릴 수 있어야 비로소 다른 별성도 또 굴릴 수 있고 안정시킬 수 있다는 겁니다. 그럼으로써 우리가 전체 우주를 한 주먹에 넣고 굴릴 때에, 따로따로이 별성을 역력하게 판단해서 균형을 잡아서 스스로서 굴릴 수 있는 그러한 멋진 자유인이 돼야만이 '앉아서 일을 할 때가 왔다' 이 소립니다.

여러분, 앉아서 일을 할 때가 왔다 하는 것은 여러분이 지금 애들이 장난감 가지고 놀 때 눌러서 잡고 그러는 컴퓨터 같은 거 있지 않습니까? 장난감. 그런 거나 마찬가지 문제라고도 볼 수 있겠습니다. 우리가 하나를 보면 열 가지를 알고 열 가지를 보면 백 가지를 알듯이 지금은 공중의 싸움이지 우리나라, 네 나라 내 나라 이것이 문제가 아닙니다. 이것은 장난에 지나지 않는, 집안에서 애들 싸우는 거나 마찬가지라고 봅니다. 애들이 클 때에 싸우면서 크듯이 이렇게 크고들 있었던 겁니다. 그러나 만약에 막상 어른끼리 싸움이 붙었을 때는 어떻게 하겠습니까? 그런 말입니다.

그래서 예전에 원효 대사도 그런 말을 했지마는 이 전체 우주를 한 주먹에 쥐고 굴릴 줄 알 때 이것도, 즉 말하자면 보이는 곳 안 보이는 곳을 균등을 잡아서 굴릴 줄 알 때에, 비로소 하나하나 정확하게 굴릴 줄 알 때, 음지 양지 없는 땅에 뿌리 없는 기둥으로 하늘을 받칠 수가 있어서 그 궤도를 올바로 잡아서 올바로 행할 줄 아는 수레바퀴가 된다는 것입니다. 그렇기 때문에 이 공부라는 것이 얼마나 중요하고 얼마나 지금 시기에, 예전 시기가 아니라 지금 시대에 필요한 것인지 모릅니다. 앞날에 다가오는 문제를 어떻게 해명해 나가실 수 있겠습니까? 앞뒤를 볼 때에 앞뒤가 천야만야하다 이 소립니다.

그러니 여러분이 이 공부를 안 해도 괜찮으려니 하지만 지난번에도 얘기했듯이, 낮은 자는 지배를 받기 마련이고 높은 자는 지배를 하기 마련이니 "인간으로 태어나기도 어려운데 인간으로 태어나서 그냥 갈 수는 없잖아." 하고 말했던 것입니다. "여러분이 그냥 갈 수 없잖아." 할 때에 얼마나 아픈 마음인지 모릅니다. 눈 달리고 코 달리고 남 달린 데 다 달렸건만 그것을 제대로 못해서…, 짐승이 인간으로 태어나서도 예를 들어 30년을 역경을 겪고 참고 견디며 이 도리를 배우면서 관하면서 패기를 가지고 물러서지 않는 그 마음을 가지고 배울 때에 그 역경을 넘길 수가 있는 것입니다. 그런데 30년 중에 사흘이든지 하루만 빠져도, 만약에 그거를 넘기지 못해서 약을 먹고 죽는다거나 이래도, 그 모습대로 짐승의 모습으로 도로 돌아간다는 뜻입니다. 그러니 앞뒤가 얼마나 천야만야하겠습니까? 죽을 수도 없다는 겁니다. 이 모습을 벗을 수도 없다 이 소립니다. 이 모습이 있고 부딪치고 살면서 우리는 그것을 깨쳐야 합니다. 그리고 알아야 합니다.

그래서 부처님이 49년을 설하고도 한 마디도 설하지 않았노라고 말씀하신 것도 바로 그 탓입니다. 하기는 역력하게 하셨으면서도 한 마디도 하지 않았노라고. 전체를 굴리고 전체를 주먹에 쥐었기 때문에 한 마디 한 말이 없지만 낱낱이, 거지가 왔든 모르는 사람이 왔든 한 사람이 왔든 두 사람이 왔든 역력하게 설해 주신 것은, 개개인을 요거는 요거고 요거는 요거고 정확하게 보시고 정확하게 그릇대로 설해 주셨기 때문에 그것이 바로 이 우주의 근본의 참, 자부이시고 여래이시고…. 우리는 지금 법당 이 자체가 여래의 집이며, 여러분의 마음과 몸이 바로, 그 몸은 여래의 집이며 그 마음은 부처의 마음이니 그것을 여러분이 묵인하고 또 '이거 뭐, 안 배워도 살고 배워도 살고 그런 건데 그냥 그만두자.' 그러고 기복으로 남한테 만날 그저 '빌면 오겠지. 복이나 타자.' 이러한 마음으로 게으르게, 관하지 않고 그렇게 나가신다면 아니 되는 것입니다.

지난번에도 말을 했지만 무슨 간화선이니 묵선이니 하면서, 또는 와선이니 입선이니 좌선이니 행선이니 이런 이름이 선이 아니라 그것을 포괄된 한마음의 근본으로서 관할 때에 그것이 바로 참선이라는 이름입니다. 우리가 일하면서 관하고, 앉았을 때는 앉아서 관하고, 서 있을 때는 서서 관하고, 언제나 한시도 머물러 있지 않고 쉴 사이 없이, 시공이 없이 도는 것입니다. 그래서 점수다 또는 돈오다 하는 것도 붙지 않는 자리라고 말할 수 있겠습니다. 흘러가는 물이 돈오와 점수가 붙는 자립니까? 거기에 멈춰 있는 물이 들어간다 할지라도 멈춰 있겠습니까? 또 대나무가 그 이어진 겉의 마디는 있지마는, 먼저 있고 나중 있고 또 그 후에 나중에 있는 마디는 있지만 쪼개 보면 위나 아래나 한데 통해 있습니다. 통해 있는 거를 볼 때, 짜개서 보고 통해 있는 것을 완전히 알았을 때에, 탁 자기가 접어서 피리를 불 때에 비로소 어느 방방곡곡 온 누리에 아니 통하는 데가 없다 했습니다.

이 마음이라는 건 한계가 없고 구별도 없고 그렇지마는 구별이 없는 동시에 구별이 있고 그렇게 역력한 것입니다. 여러분이 될 수 있으면 이러한 낮과 밤에 자꾸 끄달리지 마시고, 해가 떴다고 좋아하지 마시고 끄달리지 마시고 또 해가 졌다고 해서 거기에 끄달리고 심우하고 울지 마세요, 둘이 아니기에. 이것은 스쳐 가는 바람과 같은 것이고 스쳐 가는 뜬구름과 같은 것입니다. 그러면서도 역력한 것입니다. 그러면서도 살아 있는, 생동력 있는 우리 삶의 바로 근원입니다. 이것은 둘이 아닌 까닭에 이러는 것입니다.

그러니 우리가 정진을 열심히 하는 반면에 자유인이 되고 또 앞으로…, 말을 간단히 했지만 후에 또 그런 얘기들 우리 하도록 하면서 오늘은 이만 그치겠습니다.

아버지의 죄를 대신한 아들

1986년 8월 23일

우리가 공부해 나가는 도중에 서로가 신행담을, 자기 느낀 바대로, 자기가 해 나가는 바대로 신행담을 좀 해 줬으면 좋겠습니다. 여러분이 서로 공부도 할 겸 이것이 좀 있었으면 합니다. 어떻습니까? 좋습니까?

항상 나만 이렇게 자꾸 말을 하게 만들지 말고요, 여러분도 해 나가면서 점검도 할 겸 또 서로가 토론도 할 겸, 앞으로 만나면 '그거는 이렇고 저거는 이렇고' 이렇게 또 얘기도 할 수 있는 계기를 만드는 것도 되고요. 그러니까 내가 먼저 말하기보다도 여러분이 신행담을 좀 하시면 어떻겠습니까? 말씀하시려면 좀 나와서 하세요. 아니, 멍석 펴 놓으면 하신다더니 왜 멍석을 펴 놨는데 안 합니까? 하하하…. 멍석 펴 놓으면 한다더니 멍석 펴 놓으니까 안 하죠? 하하하….

우리가, 하나하나가 불법 아닌 게 없습니다. 알고 본다면 웃는 거 하나도 빼놓을 게 없고 우는 거 하나도 빼놓을 게 없고, 어린애 가다가 엎드러지는 거 하나 빼놓을 게 없습니다. 어쩌면 그렇게, 그렇게 빼놓을 게 없는지 모르겠습니다. 그렇기 때문에 하나 가질 게 없고, 가질 게 없기 때문에 하나 빼놓을 게 없는 거죠. 공부의 과정도 그렇지만 우리가 살림살이해 나가는 데에 대해서 옛날에 중국에서 있었던 얘기를 잠시 잠깐 얘기해 드리겠습니다.

어느 부부가 사는데 아들을 하나 낳아서 기르고 있었습니다. 그런데 다른 사람은 다 어렵게 살아도 그 사람은 부자로 살았습니다. 왜 부자로 살았느냐 하면 고리대금업을 했거든요. 해서 이자의 이자도 받았거든요. 그랬기 때문에 퍽 풍부하게 살긴 살았지마는 마음은 너무나 가난했습니다. 그런데 그 아들은 자라면서 열일곱이 되고 열여덟이 되니까 아버지가 그렇게 하는 것이 너무나 싫었습니다. 그래서 아버지한테 말대꾸는 못하지마는 아버지의 죄를 사해 달라고 마음으로는 항상 빌었습니다. 우리 아버지 좀 그러지 않게 해 달라고 말입니다. 간곡히 빌었습니다.

그런데 어느 날 밤에 자는데 꿈을 꾸었습니다. 어느 스님이 나타나셔서 하시는 말씀이 "얘야, 왜 이렇게 곤하게 자느냐? 일어나거라. 내가 너한테 할 말이 있다." 그래서 꿈에도 버뜩 깨서 일어나니까 스님께서 말씀하시기를 "너희 아버지가 사흘만 있으면 죽어. 죽는데 앞으로 닭이 돼서 칼로다가 푹 찔리고 비틀리고 삼천 년을 그렇게 해서 죽어야 그 죄를 면하느니라." 그러거든. "그런데 너는 어떻게 생각하느냐?" 가만히 생각을 해 보니 너무 어이가 없어서 꿈에 자기가 이렇게 말을 했거든요. "그러면 그 삼천 년의 죄를 제가 받으면 어떻겠습니까?" 하고 대답을 했습니다. 그랬더니 "그래?" 하고 가만히 계시더니 "그럼, 네가 받는다면 아버지 돌아가시고 난 뒤에는 그 재산을 얻다 쓰려느냐?" 하거든요. "모든 사람에게, 어려운 사람들에게 모든 것을 돌려주는 것이 저의 소원입니다." 하거든요. "아, 그 마음 뜻이라면 네가 아버지의 죄를, 삼천 년을 대리로 받을 수 있겠구나." 하시면서 "네가 정히 그렇다면 그렇게 하거라." 했습니다. 그 꿈을 딱 깨고 보니까 정신이 번쩍 들더랍니다. 아버지가 저렇게 싱싱하고 건강하신데 사흘 후에 정말 돌아가시나 하고 의심을 내고 있었습니다. 의심을 내고 있던 중 사흘 되던 날 밤에 칼을 맞아서 죽었습니다, 아버지가.

그러니 그것도 변이라고 그러지만 억지로 할 수 없는 일입니다. 그것도 자기가 만들어서 받은 거 아니겠습니까? 그렇게 되니까 그 아들은 꿈에 본 스님에게 합장 배례를 하면서 자기가 의정을 낸 것을 죄송스럽게 생각하고 '배우들이 영화 하듯 이 세상만사가 자기 한 거만치 받는 거로구나.' 하는 생각을 하면서 '하나도 공짜가 없구나. 저절로, 우연히도 없고 아무것도 없구나.' 하면서 '우리 아버님을 위해서 제가 받겠습니다.' 하고 마음속으로 다짐을 하면서 사흘을 장례를 다 치르고 난 뒤에 그 재산 있던 거를 몽땅 다 털어서 나눠 주고 어머니 앞으로 얼마 남겨서 친정에 가 계시라고 그러고서 자기는 괴나리봇짐을 해서 짊어지고 거처 없이 떠났습니다.

떠나다가 보니까 어느 길에 당도했는데 배는 고프고 해는 지고 그래서 허겁지겁 이렇게 가다 보니 배가 고프니까 다리가 떼어 놓아지지가 않더랍니다, 이틀 사흘 걷다 보니까. 그런데 어느 사람이 지게를 짊어지고 가다가 이 괴나리봇짐에 걸려서는 쓰러진 게 고만 죽어 버렸단 말입니다. 되는 노릇이 없어. 아, 그래 가지고는 죽었는데 동네 사람들이 모두 옹기종기 나와서 사람이 죽었다고 하는데 3년 치 새경을 받은 머슴이 죽었답니다. 그러니 3년을 치러 줘야 되게 됐습니다. 우리가 차에 치여서 다치면 물어 주듯이 말입니다. 그래서 3년을 고공을 살고 나니까 참, 너무나 되게 3년을 살고 나니까 자기는 갈 데도 없고 오라는 데도 없지만, 삼천 년을 받겠다고 다짐을 한 자기가 무엇이 억울하니 억울하지 않으니, 또 3년을 새경 없이 자기가 이렇게 받느니 안 받느니, 살겠다 죽겠다 이런 생각을 하겠습니까? 살겠다 죽겠다 하는 생각도 없이 아버지의 그 죄를 삼천 년 동안 받을 생각만 하고 가는 겁니다. 아버지가 그 죄를 벗으실 수만 있다면 나는 삼천 년이 아니라 삼만 년이라도 받겠다는 다짐을 하면서 걸음을 걸었습니다. 오라는 데는 없지만 자기의 갈 길을 그렇게 가면서 무엇이 닥치든지 겁을 내지 않았습니다.

그런데 어느 산골짜기를 들어서니 암자 하나가 보였습니다. 그래서 허겁지겁 들어갔는데, 이 아들이 스님을 퍽 좋아했습니다. 그래서 스님을 찾아 들어가니까 아니, 냉방에서 노스님이 앓고 드러누웠거든. "스님! 스님! 왜 혼자 이렇게 냉방에서 앓고 계십니까?" 하니까 "어저께까지도 시자가 있었는데 탁발을 하러 나갔지 뭐야." 하거든요. 아, 그러니 글쎄, 어쩌겠소. 거기서 붙들린 거지. 아, 누가 뭐, 그렇게 하라고 그래서 하겠소, 가라고 그래서 가겠소? 그 지경을 보곤 갈 수가 없는 거라. 그리고 또 가면 뭘 하겠소. 허허허…. 아버지의 죄를 벗기겠다고 마음먹은 사람이 가면 또 뭘 하겠소. 그래서 부지런히 지게를 지곤 나무를 해다가 뜨뜻하게 때 드리면서 그저 양식이라고는 보리쌀, 좁쌀 이런 거 조금 있는 거를 물에다 얼른 담갔다가 갈아서 그걸로 죽을 쒀서 드리면서 수북하게 있는 빨래를 또 빨아서 말리면서 집안을 치우면서, 이렇게 해 가면서 나무를 하고 나물을 뜯고, 항상 이렇게 하기를 눈코 뜰 새가 없이 했단 말입니다. 눈코 뜰 새가 없이 그러다가 밤이면 법당에, 그 노스님 앞에 있다가 또 법당에 들어갔다 이러다가 '아이유, 법당엘 들어가면 뭘 하랴. 노스님 앞에 앉아서 그냥 노스님의 시중이나 들어야지. 부처님한테 내가 잘되게 해 달라고 그러겠느냐, 못되게 해 달라고 그러겠느냐. 아버지의 죄를 벗기기 위해서 하는 놈이 그저 앉아서 시중을 들어야지 지금 내가 자면 어떡하겠는가. 자고 어떻게 다 벗기겠는가.' 하고서 노스님 앞에 앉아서 밤을 새우기를, 앉아서 자기를 누워서 떡 먹듯 했다 말입니다.

이렇게 하던 중에 탁발을 하러 나갔던 중이 들어와 가지고서는 아, 그냥 이 귀퉁이 저 귀퉁이 때리면서 하는 소리가, "야, 이놈아! 밥만 하면 제일이고 빨래만 하면 제일이고 노스님 섬기기만 하면 제일이야? 너 그렇게 왔다 갔다만 하고 그것만 하면 잘했다 하는 줄 아느냐? 노스님이 그렇다고 해서 너 잘한다고 그러는 줄 아느냐? 나는 또 탁발하러 나간다. 빌어먹을 놈 다 보겠네." 하고 욕을 하고 또 나가거든요. 무슨 일을 하나라도 거들어 주지는 않고 욕만 직사하게 하고 나가거든. "똑바로 해라, 이놈아!" 하면서 말이야. "일을 하더라도 똑바로 해야지. 알고 해야지. 너 이놈아, 자더라도 눈 뜨고 자야지 눈 감고 잤다가는 너 혼난다." 하면서 벼락 치듯이 욕을 하고 나가거든요. 그러니 눈물을 줄줄 흘리면서 울면서도 한편 생각을 하기를 '이거를 고(苦)라고 생각을 해서는 아니 되겠다. 저 사람이 욕을 하는 것도 다 우리 아버지의 죄를 벗겨 주기 위해서 나를 욕을 하는 거지, 절대로 그냥 욕을 하는 건 아니니라.' 하고서 속으로 생각을 하고 단단히 마음을 먹고선, 가려고 생각을 했다가 그대로 거기 멈춰 앉아서 그저 시중을 들면서 이렇게 나갔답니다.

어느 날 노스님을 주무르다가 그만 깜박 잠이 들었단 말입니다. 그랬는데 글쎄, 법당의 부처님이 성큼성큼 내려오시더니 말입니다, 하는 말이 "이놈아! 네가 다니되 다니지 않는 법을 배워야 하고 네 마음에 다 있다는 걸 알아야 한다. 이 노스님도 바로 너니라." 하면서 아, 호통을 하거든요. "이 노스님이 누구냐?" 하면서 "너의 아버지니라. 나는 누구냐? 너의 삼촌인데 바로 너의 삼촌이 네 마음의 네 집에 들어앉았느니라." 아, 이러시더랍니다. "너의 삼촌이 네 집에 들어앉았느니라." 하는 소리에 그만 퍼뜩 눈을 뜨고서는 '아!' 하고 그것을 생각했습니다. 항상 그것을 관하고 생각을 하게 됐습니다. '야, 저 법당에 들어가면 만날 부처님은 앉아 계신데 부처님이 성큼성큼 내려왔다. 그러면 저 형상이 아닌 부처님이 꼭 계시구나.' 하는 걸 인제 그때에 생각을 하면서 '아, 그래. 부처님이 내 마음속에 있지.' 하면서 항상 부처님을 그리면서 아버지의 죄를 사해 달라고 항상 거기에다가 관했습니다, 마음속에다가. 관하고 나가면서 일체를 거기다 관했습니다.

요새 내가 여러분한테 일러 주듯이 말입니다. 이 세상만사 돌아가는 것이 검고 희고 짧고 길고, 여자 남자 중생 부처, 모든 생활 일체가 다, 들이고 내는 것이 한군데서 들이고 낸다 이겁니다. 그러니 바로 나는 구멍 뚫린 그릇이라. 그래서 구멍 뚫린 그릇에서 나오는 거 구멍 뚫린 그릇에다 다 되놔라 이거야. 일체가 다 고정됨이 없어서 스쳐 가는 바람과 같고 스쳐 가는 구름과 같아.

그래서 그렇게 놓으라고 하듯이, 자기는 거기에서 세상사를 보니 아침 새벽에 일어나도 그렇고 밤중에 일어나도 그렇고 끝이 없더랍니다. 밤낮으로 맴돌아도 끝이 없고 하루 종일 맴돌아도 한 사이가 없더랍니다. 그 일 되해야 하고 또 그 일 되해야 하고, 그 말 되해야 하고 또 먹는 것도 되먹어야 하고, 그러면서도 똑같은 일이 없고, 똑같은 말이 없고 이래서 '아하! 이래서 비었다고 하는가 보다. 그릇은 비었지. 그렇지! 어떠한 것이 있을 때, 어떠한 말을 하고 어떠한 생각을 할 때 내가 한다고 생각하랴.' 하고서는 아주 탁 믿고 거기다가 그냥 몰락 놔 버렸습니다.

그렇게 만 6년이 지나고 7년 초가 되니까 노스님은 열반을 하시고, 그렇게 되니까 슬퍼서 슬퍼서 울다가 더 이상 자기는 슬퍼하지 않았습니다. 왜냐하면 무뜩 생각이 들기를 '아하! 옷이 헐었으니 옷을 벗고 다시 모습을 바꾸시는데 내가 왜 우느냐.' 이렇게 생각했습니다. '그 노인이 바로 나인 것을 뭣 때문에 내가 울었는가.' 하는 생각이 들어서 울다가 그만 뚝 그쳤습니다. 그러고서는 장례를 다 치르고 걸망을 짊어지고 그 길로 또 나섰습니다. 나서서 어디쯤 가다 보니까 천야만야한 낭떠러지가 있고, 또 허허벌판이 있고 옆으로는 산이 우뚝하게 서 있고 당최 갈 바를 못 잡겠더랍니다. 그런데 집이 하나 보이거든요. 들어가니까 아, 빵도 있고 호떡 부친 것도 있고 뭐, 고기 구운 것도 있고 그렇더랍니다. 그래서 배가 고픈 김에 주인 양반을 찾으니 주인이 있어야죠. 주인은 없고 먼지만 소도록하니 있더랍니다.

그래서 배는 고프고 해서 그거를 먹고서는 그냥 아무 데나 쓰러져서 떠억 드러누워선 혼곤히 잠이 들었습니다. 아, 잠이 들었는데 저녁이 으슥해지니까 도깨비들이 와르르 닥쳐 가지고 말입니다, "아, 이놈아! 언감생심 여기가 어디라고 들어와서 자빠져 자느냐?" 그러면서 그냥 막 훌두들기니 어떡하겠소? 그래서 도깨비들더러 이렇게 말을 했습니다. "너희들이 사람한테 그렇게 악하게 놀고 그래도 사람에게, 진짜 사람에게 지배를 받고 있으니 너희들이 사람이 되려면, 그 나쁜 버릇을 다 버리고 나쁜 마음을 다 버리고 남한테 해롭게 하는 걸 다 버린다면 바로 너희들이 내가 될 것이니 너희들이 바로 나라면 나를 이렇게 죄 뜯고 이렇게 덤비겠느냐? 너희들이 내가 될 건데 네 몸을 네가 죽이겠느냐?" 하니까 그만 도깨비들이 단박에 항복을 하더랍니다. 그리고 씻은 듯 부신 듯이 없어지더랍니다.

그래서 거기에서 항복을 받고 걸망을 짊어지고 또 떠났습니다. 떠나서 그 아래로 내려가니까, 천야만야한 데를 돌아서 돌아서 내려가니까 강이 그냥 끝이 보이지 않더랍니다. 그래서 거기에서 일주일씩이나 그저 이것도 주워 먹고 저것도 주워 먹으면서 배를 기다렸습니다. 어디서 배나 한 척 안 지나가나 하고 말입니다. 그래서 배를 일주일간이나 기다리는데 아, 배 한 척이 오거든요. 그래서 손짓을 해서 사람 살리라고 그러니까 그 배가 그래도 오더랍니다. 오니까 그 배를 타고서 어디론가 한없이 떠났습니다. 한없이 떠나서 어떤 나라엘 가니까 말입니다, 아니, 벽을 전부 돌로다가 쌓아 놓고 사람들이 일을 나갈 때는 전부 뒤집어쓰고 나가고 그러더랍니다. 왜 그러느냐고 물으니까 그 뭡니까, 독수리 떼가 날아오면 짐승들이고 뭐, 사람, 어린애들이고 다 집어 간답니다. 그런 나라가 있었답니다.

그러니까 이 마을 마을이 벽을 전부 높게 쌓아 놓고서는 거기서 번차례로 지키는 겁니다. 그래서 독수리 떼가 떴다 하면 종을 흔들어서 마을 사람들이 일을 하다가도 전부 집으로 들어가게끔 했더랍니다.

그런데도 짐승도 남지 않고 걸핏하면 그랬기 때문에, 크고 넓게 담을 쌓고선 망으로다가 이렇게 치고는 그 안에서 애들도 놀게 하고 그렇게 해 놨더랍니다. 그래서 그 나라 왕이 방을 붙이기를, 독수리 떼만 없애 주면 내가 인군을 물려주겠다고 아주 방을 붙였어요. 그런데 그 사람이 인군을 하고 싶어서가 아니었습니다. 자기는 자기 목숨 내놓은 사람이니까. 그리고 그 사람은 거기서 밥을 얻어먹기 위해서는 그 일을 해야 됐습니다.

그래서 인제 번차례로 그걸 지키게 됐습니다. 마을 사람더러 내가 혼자 그냥 위에 올라가서 자고 거기서 꼭 지키며 있을 테니 동네에서 밥이나 좀 갖다 달라고 했습니다. 그러니 이건 공부하러 무슨 토굴에 들어간 셈이야. 그래 들어가서 그걸 지키고 있다가 혼곤히 잠이 들었는데 아, 이 독수리 떼들이 와락 닥쳐든 겁니다. 닥쳐들어서 하는 말이 "너로 인해서 훼방이 돼. 왜 이 마을에 들어와서 훼방을 놓느냐?" 독수리가 그러니까 이 사람이 있다 하는 소리가 "내가 있어서 무슨 훼방이 되느냐?" 하니까 "네가 있고부터 우리가 올 수가 없어. 무슨 일인지 당최 너무나 밝게, 눈에 그냥 열이 올라서 눈을 지금 다 뜨지 못할 지경이야. 그러니 떠나지 못하겠느냐!" 하더랍니다.

그래서 그 말을 했답니다. "야, 독수리야, 독수리야. 네 모습은 독수릴지언정 내 생명이나 둘이 아니니 네 마음 하나 고친다면 내가 될 수 있다. 그러니 사람이 되고 싶걸랑은 오늘부터 마음을 고쳐서 한번 뒤집어서 생각해라." 하니까 독수리가 가만히 있더랍니다. 생각을 하던 도중 날개를 톡 치면서 하는 소리가 "그러면 그렇게 알겠노라." 하면서 그냥 사라져 버리더랍니다. 그날이 지나고 며칠이 지났는데 독수리 떼가 영 나타나질 않거든. 그래서 이 사람이 동네 사람들더러 이렇게 말을 했습니다. "독수리 떼가 나타나질 않으니까 독수리가 어디서 죽었는지 그것을 알아봐서 우리가 묻어 주기라도 해야 되지 않겠습니까." 하니까 천만에, 그런 일은 없다고, 독수리 떼가 한두 해라야지 이십 년 삼십 년을 그냥 내리 지금 이러는데 아니, 하루아침에 그렇게 됐겠느냐고 하니까 그 사람이 걱정 마시라고, 가자고 그래서 삽하고 모든 기구를 가지고 마차를 타고 어디쯤 가니까 한 구덩이에 독수리가 그냥 수북하게 죽어 있더랍니다.

왜냐하면 길을 인도하는 독수리 하나는 너무도 그것을, 이 사람의 그 뜻을 받아들인 겁니다. 왜 받아들였느냐 하면 이 사람의 마음이, 주장자가 이 독수리의 주장자로 들어가니까 주장자가 둘이 아니거든. 그러니까 이 독수리가 사람의 잠재의식을 몽땅 가지고 있으니까 그만 거기에서 "야, 우리는 전부 이 몸을 벗자." 해서 그 하나의 독수리를 따라서 다 죽어 버렸습니다. (녹음 안됨)

옛날에 어딘지도 모르고 갔던 거기가 지금은 러시아라고 그렇게 말들을 하지만 아주 예전에는 아마 이름도 모를 그런 무인지경이었던 모양입니다. 그러니까 그렇게 가서 거기서 그 일을 하고 나니까 나라에서 인군을 시키고 사위를 삼겠다고 했습니다. 근데 자기는 그걸 받아들이지 않았습니다. 나는 내 고향을, 아버지가 사시던 데를 한번 들러 보고 싶다고 떠난다고 하니까 많은 재물을 배에 실어 줬습니다. 그래서 자기 고향엘, 다시 수 년을 걸쳐서 자기 동네를 왔습니다. 와 보니까 자기 동네에 마침, 예전에는 병이 그렇게 많아도 의사가 충분치 못해서 중국에는 사약도 많이 쓰고 그랬지마는 동네에서 병이 나도 염병이나 이런 거는 그전에는 아주 어려웠던 모양입니다. 그러니까 전부 동네 동네 병이 나 가지곤 불 붙듯이 옮겨 붙더랍니다.

그러니까 이 스님이 그 동네를 가서 부적 하나를 썼습니다. 관가에서는 산으로 산으로 갖다가 그냥 내버렸습니다, 사람을. 그러니까 관가에다 이렇게 제시를 했습니다. "이런 모든 것을 해결하지 못한다면 제가 책임지고 죽겠습니다." 하고 생명을 걸고선 부적을 하나 썼습니다. 근데 부적을 어떻게 썼느냐 하면 하얀 백지에다가 그냥 자기 손바닥 하나 이렇게 턱 자국 낸 거밖엔 없었습니다, 먹 하나 이럭해서.

무슨 글을 많이 배웠겠습니까? 손바닥 하나 이렇게 해 놓고는 관가에 들어가서 말하길 "이거를 동네마다 붙이면 동네가 되살아날 테니까 그렇게 하도록 해 주십시오." 하고 얘길 했습니다. 그때는 불법을 참 중요시했던지 하여튼 관가에서 그것을 받아들이고 사흘 말미를 줬습니다.

그렇게 해서 이 동네 저 동네 다니면서 다 그것을 건져 주고 자기가 한 배 싣고 갔던 걸 가난한 집, 가난한 사람들에게 다 돌라서 동네마다 주라고 관가에 내놨습니다. 내놓고 자기는 조금 남겨서 절을 찾아 올라가서, 다 헐어지고 아무도 없는 절이 아주 그냥 쇠퇴해지니까 그거를 또 고쳐선 거기서 생을 보냈다 합니다. 내가 말한 거 이외에도 수많은 사람들을 건졌다 하는데 그건 다 얘기할 수 없는 거고 말입니다. 그렇게 얘기하다가는 뭐, 하루 해가 다 가게요? 그렇게 해서 자기가 무뜩 아버지를 보니까 아버지가 홀연히 바로 자기 턱밑에 있더랍니다.

여러분은 모두 부처가 멀리 있는 줄 알지 마시고 자기 참자기가, 바로 자기가 있기 때문에 부처가 있고 세상도 있고 우주도 있고 그런 것이지 자기 껍데기가 없다면, 자기 집이 없다면 안에 주인이 없을 거고 주인이 없다면 껍데기가 생기지 못해. 그렇기 때문에 안팎이 둘이 아니야. 그래서 자(子)로 치고 부(父)로 치고 그래서 부와 자가 둘이 아니어야 한다. 불과 법이 둘이 아닐 때에 승보도 그러하니라. 승보는 그냥 따라간다 이거야. 이러니 이것은 삼합이 공해서, 삼세심이 공해서 같이 돌아가니 어찌 공하지 않았겠느냐 이거야. 색이자 공이고 공이자 색이니 너희들은 이 뜻을 알라. 이 세상은 수레바퀴처럼 돌아가고 그저 그대로 그대로 시간과 공간이 없이 여여하게 돌아가니 그 뜻을 알라. 왜 거문고를 붙잡고 착을 두고 배웠다고 안다고 착을 두느냐. 알면 얼마나 알겠느냐 이겁니다.

이 세상의 모든 것이 부처라고 생각하면 부처가 아닙니다. 높다고 생각하면 높은 것이 아니고. 모든 것을 다 몰락, 안다고 하는 거 모른다고 하는 거를 다 놔야 홀연히 자기라는 참자기가 온 누리에 아니 가는 데 없고 아니 들리는 게 없이 참, 두루 할 수 있는 그 향기가 그윽히 꽉 찰 수 있다 이겁니다. 그러니 나는 지금 옛 얘기를 하면서도 옛일들이나 지금 일이나 똑같이, 공부하는 사람들은 자기 부처가 자기 법당 안에 들어 있지 어디 있겠습니까? 저 부처님이, 저 형상이 똑같이 당신과 같아. 이 집이 크지마는, 우리가 들어앉았지마는 우리 몸뚱이를 볼 때에는 몸뚱이가 법당이야, 또. 축소해 본다면. 그러니 이 법당 안에 중생들이 우글우글하단 말이야. 이 우글우글하고 있는 중생들을 이끌어 가지고 나가려면 선장이 필요해. 여러분의 마음이 선장이라.

그러니 내가 지금 말씀드린 거는 이렇게 끝을 마치도록 하고, 한 사람이든 두 사람이든 신행담을 우리 한번 해 봅시다. 나와서 한번 해 봐요. 이것이 우리가 얘기하는 반면에 서로가 공부가 되는 겁니다. 아니, 자기 주장자들이, 보배들이 어엿하게 있는데도 불구해 놓고 그렇게 패기가 없고 믿음이 없고, 믿음이 없으니까 패기가 없지. 앉아서 그냥 하세요. 앉아서 해도 됩니다.

질문자1(여) 우선 제가 마이크를 잡으리라는 기대를 안 하고 왔기 때문에 말에 두서가 없을 것입니다. 제가 큰스님을 친견한 지가 오늘로 만 한 달째 되는 날인데 큰스님을 친견하고 싶다고 했을 때 제 의중에는 분명한 두 가지 바람이 있었습니다.

하나는 어떻게 하면 큰스님 말씀하시는 그 마음공부를 제가 실제 생활하면서 할 수 있겠는가에 대해 좀 도움 말씀을 듣고 싶었고, 또 하나는 소화가 잘 안되고 또 부기가 있어서 이런 걸로 한 십 년 이상 시달려 왔어요. 약을 다 써 봤지만 그 효과라는 건 일시적이었고, 그래서 우선 그것이 저한테는 작은 문제가 아니었습니다. 그래서 제가 어떻게 마음공부를 하면 그것이 나을 수 있겠는가. 그 두 가지 간절한 바람을 가지고 나왔습니다. 그 말씀을 큰스님께 드렸을 때 스님께서 말씀하시기를 모든 것을 심봉에다 놓으라고, 심봉은 여여하고 전생이나 지금이나 그것은 언제나 꼭 같이 있고, 그리고 그것은 우주 전체 원리와 꼭 같은 것이니까 그것에 대한 절대적인 믿음을 가지고 거기에 철저한, 물러섬이 없는 자세로다가 모든 것을, 크고 작고 잘되고 못되고 그런 것 가릴 것 없이 모조리 몽땅 다 놓으라고 이렇게 말씀을 주셨습니다.

우선 큰스님을 뵙는 그것이 정말 저한테는 너무나 감격적이었고 그래서 그 순간에는 '그것이 무엇이구나!' 하는 분명한 느낌은 없었지만 '그럴 것이다' 라는 느낌은 있었어요. 그래서 큰스님께 하직 인사를 올리고 집에 가 가지고 노력을 했습니다. 제가 큰스님을 친견하기 이전에도 여기에서 두세 차례 법문을 들을 기회가 있었습니다마는 그때 놓으라는 말씀을 하셨을 때는 이해할 수 없는 부분이 많이 있었고, 그래서 나는 아직도 스님의 법문을 완전히 소화시키기에는 너무나 요원한가 보다 이러한 마음을 가졌는데 스님을 일단 친견을 하고 나서 "심봉에 모든 것을 맡겨라. 그 심봉은 무조건적인 믿음과 철저히 물러서지 않는 이 두 가지를 가지고 하지 않는 한은 어떤 것도 되지 않는다. 무조건 그렇게 하면 모든 것이 여여하게 될 것이다." 하시는 그 말씀을 듣고 그 당시에는 이해가 되지 않았는데 집에 돌아가서 이렇게 딱 하니까 놓아지고, 또 딱 이렇게 하니까 잡히는 겁니다. 잡힌다는 것이 무엇인지 놓는다는 것이 무엇인지 그전까지는 실제로 오지 않았습니다. 그런데 뭐라고 딱 집어서 말은 못하지만 하여간 딱 하니까 잡히고 딱 하니까 놓아지고, 분명하고 생생하게 그러한 느낌을 한 일주일 동안 그렇게 받았는데 일주일 가까이 되니까, 주말쯤 되니까 또 헷갈리기 시작해요. 그렇게 잘 잡히고 선명하던 것이 자꾸만 이게 되지가 않고 노력이 필요했고 그래서 달려와서 다시 스님을 뵈었습니다.

스님 한번 뵙기가 얼마나 송구스럽고 그, 바쁘신데…. 그렇지만 저는 그것을 놓치고 싶질 않아 가지고 그야말로 무례를 무릅쓰고 스님 친견을 또다시 했습니다. 그래서 스님께 또다시 놓치지 않을 수 있는 말씀을 좀 주십사 했더니 스님께서는 또다시 그 심봉을 철저히 믿고 거기에다 모든 것을 무조건 놓으라고 하시며 "어디에 개인 날이 오랫동안 계속될 것이며 흐린 날인들 그것이 또 얼마나 오랫동안 계속될 것인가. 놓이지 않는다, 놓인다에 마음을 두지 말고 무조건 놓아라."라고 말씀을 주셨습니다. "그 개인 날이 얼마나 오래 지속될 것이며 흐린 날은 또 얼마나 오래 지속될 것인가. 만약 흐린 날이 흐리다고 해서 거기에 내가 걸려 있다면, 거기에 내가 집착을 한다 할 거 같으면 개인 날이 들어설 자리가 없다."라고 말씀을 하셨습니다.

그 말씀을 듣는 순간 마음이 확 트이는 느낌이 들었습니다. '아하! 이거였구나. 바로 이거였구나! 아, 조금만 되지 않고 조금만 이러면, 보통 세속에 사는 사람들은 그것에 집착을 하여서 좋은 것이 들어올 여백을 주지 않았기 때문에 이것이 되지 않았구나.' 하는 그러한 느낌을 가졌습니다. 그래서 그 말씀을 주시는 순간 저는 확 트여 가지고 정말 발걸음이 가볍게 돌아갔습니다.

그래 가지고 갔는데 자고만 일어나면 손발이 붓고 조금만 움직여도 부기가 낫지를 않았었는데 소변이 상당히 순조로워졌고, 제가 마음에 잡히는 것이 생생하다 싶어지면 소화라든가 이 기능도 상당히 원활하게 돌아가는 걸 느낄 수가 있었습니다. 그래서 "아하, 이것이 바로 내 마음을 비게 하고, 내 마음에 티끌이 앉게 하지 않고, 내가 무엇에 착을 둬서 거기에 매달려 가지고 꽉 막지 않는다면 이것이 저절로 트이게 되는 것이 아닌가.' 뭐, 그러한 생각을 하면서 열심히 놓는 일에 일념을 다해서 노력을 해 왔습니다. 그렇지만 놓는다는 것이 정말 우리의 너무나 짙게 쌓여 있는 습 때문에 잘 놓아지질 않아요.

뭐, 지금 제가 한 달밖에 안 됐으니까 그건 너무나 당연합니다. 그런데도 우선 부기는 제가 보기에 거의 95%는 완전히 나아졌고 음식도 잘 먹지 못했는데 인제 먹는 데 신경을 거의 쓰지 않고, 한 달 사이 이렇게 됐습니다. 그러나 제 마음의 공부는 인제부터 시작이고, 그전에는 제 주 관심이 '어떻게 하면 이것이 나을 것인가?' 거기에 착을 뒀기 때문에 아무것도 되질 않았는데 인제 그것은 저한테 아무런 관심사가 되질 않고, '어떻게 하면 이 마음공부를 내가 놓치지 않고 큰스님 말씀대로 끊임없이 놓고 끊임없이 내 주장자를 붙들고 스님의 가르침을 보람 있게 받아들일 수 있겠는가.' 하는 이것만이 제 관심사가 되었습니다.

그리고 다시 한번 이와 같은 건강을 저한테 돌려주셨고 또 이렇게 제 영혼의 마음공부의 길을 마련해 주신 스님께 말로는 다 할 수 없는 그러한 마음으로 너무나 지극하게 감사드립니다.

큰스님 오늘 또 할 사람 있으면 나와요, 누구든지 좋으니까. 이렇게 쉬지 않고 돌아가고 있는데 왜 사람들이 이렇죠? 저 보살님 좀 하시죠. 하하하…. 모두 여러분은 나와 더불어 둘이 아니기 때문에 여러분의 고초가 내 고초라고, 바로. 그렇기 때문에 여러분이 고초를 당하면, 그냥 이거를 빨았으면 꼭 짜서 그냥 이렇게 들고 싶거든. 응? 바로 이게 서로 사랑하고 서로 조화를 이루고 서로 화합하는 한 식구, 한마음이라고요. 그러니까 그 뭐, 구태여 안 하고 할 게 뭐 있어요? 자기가 살아가면서 어떻게 지내 내려온 거나 느낌, 이런 거 얘기하라는데 뭐가 그렇게 못할 일이 있어요? 인제는 토요일, 초하루, 보름 항상 하시랄 거예요.

사회자 왜 저, 평소에는 삼삼오오 이렇게 짝 지으셔 가지고 서로 법담들을 많이 나누시는 걸 봤는데….

큰스님 그러게 말이에요. 하하.

사회자 오늘은 큰스님 앞이라 혹시 수줍고 쑥스러워서 그러시는 게 아닌지 모르겠습니다.

큰스님 아니요, 쑥스러운 게 하나도 없어요. 부처를 봐도 바로 그 부처는 자기의 마음 안에 있기 때문에, 턱밑에 있기 때문에 "부처가, 이름이 부처가 아니라 네 마음에, 그 근본에 바로 부처는 들어 있느니라." 하는 겁니다. 그러니까 쑥스러워하지 마시고…. 이게 공부야, 공부! 다했으면 누가 이런 말을 하고 이래요? 말할 것도 없지.

질문자2(여) 저, 스님께 한 말씀 여쭤 볼 게 있습니다. 뭐냐 하면요, 처음에 제가 여기 와 가지고서 마음공부를 하는 도중에, 지금까지 절에 다니면서는 그냥 기복 위주로 해서 기도를 했는데요, 여기 와 보니까 기도를 어떻게 해야 좋을지도 모르겠고 그랬는데 인제 기도하는 방법은 조금 알아진 거 같아요.

큰스님 기도라고 하지 마시고 정진한다고 그러세요. 기도라는 말은 빼시고 언제나 정진한다. "정진은 어떻게 했으면 좋겠습니까?" 하시고 '관한다, 정진한다' 이걸로 들어갑시다. 용어를 바꿉시다. 기도라는 건 타의에 하는 것을 기도라고 하는 겁니다.

질문자2(여) 네. 근데 선방에서도 보면 "마음을 관해라. 관해라." 하는 말을 많이 들었거든요. 그랬을 때 마음을 관한다는 것이 도대체 무엇인가 하고 암만 생각해 봐도 몰랐어요. 근데 여기 와 가지고 공부를 조금 하다 보니까 '아, 마음을 관한다는 게 이런 것이구나.' 하고 조금 알아진 거 같은데요, 한 가지 문제는 뭐냐 하면 여기 와서 법당에서 불공을 드릴 때요, '이 불공이라는 것이 과연 어디에다 대고 어떻게 불공을 해야 될 것인가?' 하는 생각을 해 봤어요. 그래서 처음에는 부처님에다 대고 하기도 그렇고 그랬는데, 엊그저께 가만히 생각을 해 보니까 마음에다 대고 기도를 하니까 그렇게 간절하고 좋을 수가 없었어요. 근데 그 불공드리는 방법이 마음에다가, 관세음보살을 찾을 때는 관세음보살, 또 지장보살을 찾을 때는 지장보살을 마음에다 대고 생각을 하면서 불공을 드리는 방법이 맞는 건지 어쩐 건지, 그거에 대해서 말씀 좀 해 주세요.

큰스님 그건 요렇게 표현합시다. 한 사람이 하루에 몇 사람을 만납니까? 그전에 얘기했죠. 아들을 만나고 어머닐 만나고 할 땐 다 생각이 달라지고 행이 달라지고 말이 달라져. 그렇게 달라서 나투어서 돌아갈 뿐이지 한 사람이 백 가지 일을 할 수 있는 겁니다. 한 사람이 열 사람을 만나고 한 사람이 열 가지 일을 하고 그러는데 그 한 사람이 한 가지 일을 할 때, 즉 집안일을 하더라도 치우고 닦고 밥하고 뭐, 빨래하고 이럴 때, 빨래할 때 내가 빨래했다고 하겠습니까, 밥을 할 때 내가 했다고 하겠습니까? 하도 여러 가지를 하니까. 여러 가지를 하면서 돌아가니까. 그와 마찬가지로 관세음을 불러도 결국은 자기가 불렀고 또 용왕님을 찾았어도 자기가 불렀고, 그건 이름이지, 자기의 마음이 간절하게 찾았으니까 자기가 찾은 고놈이 바로, 그 이름이 아니라 고놈이라고, 찾은 고놈. 고놈이 바로 부처를 만드는 것입니다. 그러니까 그 부처는 열 가지 백 가지의 이름이 따로 있는 게 아니라 왜, 여기 노래에 있잖아요. '일체제불의 마음은' 뭐라 그랬죠? '내 한마음이다' 그랬죠. '일체제불의 마음은 내 한마음이다.'

그래서 유생 무생이 다, 부처 중생을 따로따로 두는 게 아니라 내가 있기 때문에 남한테 맞기도 하고 내가 있기 때문에 남한테 좋은 소리도 듣는 겁니다. 그러니까 나 빼놓고는 없죠. 그러니까 모든 게 나로 인해서 일체 만법이 생긴 겁니다. 그렇기 때문에 그 노래를 우리가 부를 때도 한번 생각해 보고 부르세요. 그래서 항상 그러지 않습니까? 관세음보살이니 뭐, 산신이니 신중당이니, 칠성이니 또 용왕이니 약사보살이니 이렇게 쭈욱 해 놓는 거, 여러 분이 한 사람의 한마음에 모두 있는 건데 이름이 각각 있다고 그래서 따로따로 있는 게 아닙니다. 자깁니다. 눈 달린 데 코 있고 코 있는 데 입 있고 입 있는 데 귀 있고, 요렇게 이름만 다 각각 있었다 뿐이지 거기 붙고 거기 붙고 거기 붙고 거기 붙었습니다.

그런 줄 아세요. 그걸 각각 찾고 각각 생각했다가는, 절대 그것은 금물입니다. 공부하는 데 지장이 있고. 또 진리도 그러하거니와…. 그러니까 지금 법당의 부처님께서도 이 형상은 여러분의 몸이요, 부처님의 마음은 여러분의 마음이요, 그러니 나도 바로 여러분의 마음이요, 내 육신은 여러분과 같은 육신이요, 둘이 아니란 말입니다. 그러니 높고 낮음도 없고 그러면서도 아주 높고 낮음이 없는 그 가운데 거기에서 그렇게 생생하고 여여하게 새록새록 묘법이 나온다 이겁니다.

그래, 그만하면 됐습니까?

사회자 아까 제일 처음에 신도님께서 수행하셨던 소감과 스님을 뵙고 공부하는 방법 같은 것에 대해서 말씀을 하셨습니다마는 지금 다시 한번 스님께 한 가지만 더 여쭙는답니다. 한번 들어 보시고 오늘 법회는 마치는 걸로 하겠습니다.

질문자1(여) 이렇게 주장자 심봉을 믿고 계속 모든 것을 놓는 것이 여여하게 될 때가 있고, 주위 세속 일에 자꾸만 이렇게 끄달리는 사람들의 입장에서 잘 안될 때가 상당히 많습니다. 어떤 감정의 물결이 인다든가 습에 부대껴서 그 습으로 인한 반응을 해 가지고 물결을 확 일으키고 나면 주장자를 믿는 마음이 있으면서도 잘 놓아지지가 않고 또 놓아지지가 않으면 주장자가 잘 잡히지가 않고, 이러한 경우에 어떻게 하면 그것을 빨리 잡고 빨리 놓을 수 있는지 큰스님의 도움 말씀을 듣고 싶고요, 또 하나는 큰스님께서 언젠가의 법문에 이런 말씀을 하셨습니다.

"모든 것을 의정을 내서 심봉에 맡겨 놓아라." 이렇게 말씀을 하셨는데, 제가 실제로 해 보니까 의정을 내지 않고 그냥 이렇게 이렇게 자꾸 놔지거든요. 또 물론 의정을 내고 놓아야 하는 경우도 있지만 의정을 내지 않고 그냥 딱 부닥쳤을 때 금방 놓고 이러는 경우도 많이 있습니다. 그러한 경우에 이게 그냥 놓아도 되는 건지 반드시 의정을 내야만 되는 건지, 또 하나는 우리가 초심자 입장에서 그냥 뚜렷한 의정 없이 심봉에 대한 무조건적인 믿음과 철저히 놓는 그것만 계속한다면 우리가 바라는 경지에까지 갈 수 있는지 그것이 알고 싶습니다. 그리고 "심봉과 마음 내는 것과 몸이 삼위일체다." 이렇게 말씀을 하셨습니다, 언젠가의 법문에서. 심봉과 마음 내는 것이 같은 것이 아니라는 말씀이신지 그것을 좀 분명히 말씀해 주셨으면 좋겠습니다.

큰스님 우리가 지금 말을 안 하고 있어도 마음은 있겠죠? 그런데 마음을 내는 것과 마음을 내기 이전과 그것이 둘이 아닙니다, 사실은. 그러나 배울 때는 항상 이전과 지금 현실에 마음 내는 것이 있습니다. 모든 게 마음 낼 때에 중간에서 마음을 내야, 마음을 내려고 해서 내는 게 아니라 마음이 저절로 스스로서 나오면서 누가 말 없어도 스스로, 이 몸이 아프면 이끌어 가지고 가고, 그리고 '내가 이 공부를 한다' 하고 또 위로는 '심봉이다' 이렇게 생각을 하게 됩니다. 그것을 주인공이라고 그냥 이렇게 말을 했습니다마는 여러 사람들의 그릇에 따라서 이렇게도 말했고 저렇게도 말했습니다. 그런데 물결이 스쳐 간다고 해서 뒤집힐 일 없습니다, 그 심봉이 주인공이라면. 주인공이라는 건 왜 주인공이라고 이름 지었느냐 하면 어떤 거 하나 걷어잡을 게 없다, 착을 둘 게 없고 거기에 끄달릴 게 없다 해서 그런 건데, 그러면서도 아주 그 여여하게 역력한 것은 지금 우리 생활하고 돌아가는 겁니다.

그러니까 그렇게 하다가, 놓다가, 물 길을 때처럼 야, 바람이 일고 그런다고 하는데, 만약에 속이 상해서 와락 소릴 질렀다고 합시다. 그것도 바로 그대로 놓은 겁니다. 그냥 한순간 뛰어넘어라 이겁니다. 한순간 뛰어넘어야지, 그것을 붙들고 '아이구! 또 놓치고선 악을 썼구나.' 이런다면 허, 그럼 사람이 뭐, 말도 못하고 악도 못 쓰나? 악을 쓰되 쓰지 말고 쓰지 않되 써라 이거야. 하하하….

여러분! 이것이 그냥 악 쓴 것도 놓은 거고 악 안 쓴 것도 놓은 겁니다, 네? 왜 자꾸 걸립니까? 아, 그렇게 걸려 가지고야 은산철벽을 어떻게 뚫고 넘어? 그리고 또 지금 시대의 지금 사람이, 옛날 같으면 은산철벽을 뚫는다고 온통 야단이고 그냥 뭐, 여기도 걸리고 저기도 걸리지마는 아, 지금 사람이 얼마나 머리가 잘 돌아가는데 아, 거기 걸리고 또 의정을 내고 그러겠습니까. 의정 내는 것이 따로 있습니다. 나를 찾아 가지고, 찾을 게 없는 걸 찾아 가지고 정말 진짜 보임하고 돌아갈 때, 체험을 하고 돌아갈 때, 미지수의 그 문제가 거론됐을 때 '아, 이게 뭔가? 야, 이게 뭔가?' 하고 아주 대의정이 날 때가 있습니다. 그럴 때 '이게 뭔가.' 하고 돌아갈 때가 있습니다. 그러니까 그 '이게 뭔가.' 하는 것도 놓는 것이요, '야, 이거 붙들지 않고 하루 종일 일을 했으니 또 놓쳤구나.' 하는 것도 놓은 겁니다. 야, '놓쳤다' 고 하는 것도 놓은 거고 '붙들고 있다' 하는 것도 놓은 거니까 다 놓으십시오.

그러니까 내가 책을 읽고 잘 안다고 해서 뻣뻣이 굴지 말고 항상 녹신녹신하게, 겸손하게 순응하고, 자기 마음이 자기 마음한테 순응하라 이거야. 자기가 자길 모르면, 항상 순응 못하면 항상 남한테도 순응을 못해. 그리고 부처도 자기한테서 발견을 못해. 항상 높고 뻣뻣하니 아니, 부처가 나올 수가 있나? 흙이 딴딴하게 굳어 보라고, 싹이 나오나. 물을 녹녹하게 칠해야 그 싹이 호봇하게 나오지.

그러니까 오늘은 이만 놓기로 하고요, 요다음에 우리 공부하는데 지장 없이 여러분과 같이 토론하면서 나가기 위해서 보름날 같은 때, 또 토요일 같은 때는 우리 이렇게 서로 토론들 합시다.

사회자 모두 일어나 주시기 바랍니다.

큰스님 '일체제불의 마음' 부르면서 잘 생각해 봐요.

보이지 않는 떡 하나로 지낸 기우제

1986년 8월 30일

지난번에도 얘기했듯이, 여러분께서 신행담을 좀 해 주셨으면 합니다. 여기 다니면서, 참선의 행을 생활로 이끌어 가면서 증득하는 그런 탐구에 의해서 여러분이 신행하는 그 과정을, 또는 병이든지 어떠한 환경에 처해 있을 때 그걸로써 공부를 해 들어가는 그런 과정에 대해서 말씀해 주시면 서로서로 토론할 수 있는 문제가 있습니다. 물론 여러분이 참나를 증득해서 스스로 보림을 하고 돌아갈 수 있는 그런 체험의 용(用)이 있다면 그것은 용이 아니면서도 스스로 법에 의한 참행(行)이라고 볼 수 있겠습니다. 신행담을 하실 분 좀 하십시오. (녹음 안됨)

"기우제를 지내려면 음식을 많이 차려 놓고 지내면 됩니다." 하고 나라에다 고했습니다, 힌두교에서. 그래서 나라에서 그것을 허락을 했습니다. 근데 이쪽에선 이 스님네들한테 청해 올 때를 기다리고 있었습니다. 그러니까 정반댑니다. 한쪽은 청해 올라갔고 한쪽은 청해 올 때를 바라고 있었습니다. 그랬는데 바란 것은 아닙니다. 역시 비가 오고 비가 안 오고 간에 그건 부처님께서 다 알아서 하는 일이고 진리이니까 그러겠지마는 그 제자들은 그렇지 않았습니다.

그래서 서로 쌈이 붙었던 거죠. "너희가 해 봐라. 그러고 난 뒤에 우리가 하겠다. 기우제를 지내고 안 지내고 간에 우리가 하고 싶으면 하고 또 국민들이 이렇게 애를 쓰고 그러는데 우리도 기우제를 어찌 지내지 않겠느냐? 그러니까 너희가 먼저 해 보고 비가 안 온다면 우리가 그때 하겠다." 하고서 쌈이 벌어졌죠. 그 기우제를 지내는 데는 세 개의 탕을 해 놓고서는, 옷을 다 벗고 목욕재계를 하고 이렇게 해서 물에다가 과일서껀 깨끗이 씻어서 사람이 쭉 늘어서 가지고선 받아서 이렇게 해서 상단으로 올라갔습니다. 하단으로부터 중단, 상단으로 씻어서 이렇게 해서 올라갔습니다. 올라가서 갖은 물건을 다 해 놓고서 기우제를 사흘이나 지내도 비는 안 왔습니다. 그래서 재차 또 사흘을 지내도 안 와서 재차 또 사흘을 지내도 안 왔습니다. 그러니까 그 기우제는 다 끝났죠.

그런데 이 스님네들이 "너희들은 우리 기우제 지내는 걸 와서 구경을 해라." 했습니다. 그러고선 스님네들은 부처님한테 가서 여쭸습니다. "이러이러해서 이러이러한데, 힌두교에선 음식을 많이 차려 놓고 기우제를 지내야 비가 온다고 하는데 부처님께서는 어떻게 생각을 하십니까?" 하고 여쭤 봤습니다. 그러니까 부처님께선 아무 말씀이 없었습니다. 그러다 기우제를 지낸다고 하니까 "그 힌두교의 스님네들을 위해서 내가 기우제를 지내는 법을 가르쳐 주마." 하시면서 나가셨습니다. 한 발짝 두 발짝 떼 놓는 그 모습이 너무나 참 그, 뭐라고 말을 할까. 말로 할 수 없으리만큼 성스러웠습니다. 그러시다가, 척 걸으시다가 딱 중단하시고는 앉아 계시면서 뭐라고 말씀을 하시느냐 하면 "이 떡 하나라면…." 하셨습니다. "이 떡 하나라면 기우제는 다 지냈느니라." 하셨습니다. 하지만 떡은 보이지 않았습니다. 그러니까 힌두교의 스님네들은 망발을 하고 돌팔매질을 하고, 말도 할 수 없었습니다. 그러자 별안간에 천둥 번개를 하면서 비가 오기 시작을 했습니다. 비가 철철 와서 갈라진 땅을 메워 주고 이렇게 하다 보니까 힌두교 제자들 한 대여섯 명이 부처님 앞으로 공부를 한다고 쫓아왔습니다. 쫓아와서 "부처님께서 정법을 가르쳐 주십시오." 하니까 "정법이 따로 있는 게 아니라 네가 만들어서 정법을 써 보아라." 하는 말씀을 하셨거든요. 그러곤 또 입을 딱 다무시는 겁니다.

그 힌두교에서 온 사람네들은 거기서 수년간을 지냈습니다. 그러나 수년간을 지내도 도무지 그것이 자기네들한테는 확연히 씨가 먹히지 않았습니다. 그래서 이쪽 편 저쪽 편 또 싸움이 일어나기 시작을 했습니다. 으르렁으르렁했습니다. 그러자 지금으로 치면 총무 스님이 부처님한테 고해서 그 네 사람을 다 내보냈습니다. 어디로 내보냈느냐 하면 "너희들이 더 했느니 덜 했느니, 많으니 적으니 하고 싸우는데 네 사람이 나가서 탁발을 하되 너희 재주껏 탁발을 해 가지고 오너라." 하고 네 사람을, 힌두교에서 온 사람들을 다 내보내면서 한 사람만 딱 더 해서 보냈습니다. 그래 다섯 사람이 탁발을 하러 나갔습니다. 제각기 헤어졌습니다. 옛날에는 공부 가르치는 것도 참 천차만별로 그렇게 다 사했던 모양입니다. 지금도 그렇겠지만 말입니다.

내보냈는데 한 사람은 농사짓는 데를 갔습니다. 어느 골짜기로 가다 보니까 한 노인이 논을 갈고 있어요. 논을 가는데 그렇게 말라빠진 노인이 큰 황소를 밀고 나가려니까 힘이 들어서 쩔쩔매거든요. 그래서 하는 수 없이 그 스님이 그걸 자기가 쥐고 다 해 드렸더니 거기서 그 대가로 보시를 한 거죠. 그래서 보시한 것을 받아 가지고 걸망에 넣고 짊어지고 흥녀케 절로 왔습니다.

한 분은 어디로 갔느냐 하면 상인들 있는 데로 갔습니다. 상인들이 양을 여덟 마리를 놓고 파는데 어떤 사람이 양을 돈을 주고 사긴 샀는데 사다 보니까 여덟 마리가 그만 뿔뿔이 헤어져서 다 도망을 갔다는 겁니다. 그랬는데 이 스님이 그걸 보니까 안됐어서 여덟 마리를 다 붙잡아서 한데 모아서 그분에게 줬습니다. 고마웠다고 또 보시금을 주니까 또 넣어 가지고 절로 흥녀케 왔습니다.

한 분은 또 딴 데로 갔는데 아, 어딜 가려고 보니까 날이 저물어서 문 앞 추녀 끝 밑에서 밤을 새우고 가려고 앉아 있으니까 안에서 왁자지껄하고 싸움이 일어났습니다. 그래서 무슨 일인가 하고선 귀를 기울이고 있으니까 아, 화가 난 듯이 문을 박차고 나오고 그러거든요. 그래서 박차고 나오는 사람더러 물었죠. "어째서 그렇게 화가 나셨습니까?" 하니까 "우리 사 형제가 있는데 부모가 놔두고 가신 유산이 있어서 사 형제가 다 나누었는데 딱 한 가지를 나누지 못하고 있었던 바, 한 가지 나누지 못한 거는, 그 집에 고양이가 있었는데 그 고양이를 나누어야 할 텐데 그걸 나누지 못하고 있습니다." 하거든요. 그랬는데 "그래서 나누지 못했습니까?" 하니까 하는 말이 "나누기는 나눴습니다." "어떻게 나눴습니까?" 하니까 "네 다리가 있는 거를 한 다리 부분, 한 다리 부분, 한 다리 부분, 한 다리 부분 넷으로 짜개어서 그 부분을 나누었습니다. 그랬는데 글쎄, 오늘 쌈 난 것은 다름이 아니라 이쪽 다리 한 부분이 그만 다쳤습니다. 그래서 거기에 솜을 처매고 이렇게 해 놨는데 그만 거기 불이 붙어선 그 좋은 물건이 다 타 버렸습니다." 이거야. 이런 데선 안 그렇지만 거기에는 방에다가 불을 넣는 그런 이치가 있었던 모양입니다. "그러니 이 한 부분 맡은, 다리 다친 부분의 그 사람이, 동생이 타 버린 거를 물어야 하지 않겠습니까? 그래서 쌈이 붙었습니다." 그러거든요.

그러니까 같이 들어가자고 그랬습니다. 같이 들어가서 이 스님이 얘기를 했습니다. "여러분, 네 분이 다 앉아서 들으십시오." 하고 스님이 조용히 앉아서 하시는 말씀이 "이 다리나 이 다리나 이 다리나 이 다리나 한 다리 가지곤 다닐 수가 없어. 그러니 당신 다리도 여기 동조를 했고, 당신 다리도 동조를 했고, 당신 다리도 여기 동일하게, 망본 놈도 도둑놈이고 또 도둑질한 놈도 도둑놈이고 그러니까 전부, 도둑질을 한 놈이 다 바로 이놈입니다. 그러니 이 네 다리는 사 형제분이 다 책임을 져야 합니다." 이러거든. "그러니 이것은 누가 물고 누가 더 내고 갚을 게 하나도 없습니다." 하니까, 사실은 들어 보니까 그러하거든요. 그래서 아버지가 유산 남기신 거를 올바로 정리해서 주고 서로 웃고서 화합이 되게 그 집안을 이끌어 주었다고 합니다, 그 스님께서. 그래서 그 스님이 그렇게 이끌어 주신 덕분에 아주 좋은 성과를 거두었고 사 형제가 엇각이 나질 않고 살게 됐다고, 좋은 마음을 가지고 보시를 했기에 받아 가지고 가게 됐습니다. 그래 절로 또 들어갔습니다.

그런데 또 한 분은 한 분대로 어디쯤 가니까 말입니다, 어느 집에 닭이 생전 울지를 않더랍니다. 새벽이 되면 닭이 울어야 할 텐데 닭이 울지 않는다고 아주 주인이 한 성화를 했습니다. 닭이 울어야 새벽이면 일어나서 논에 물도 주고 농사도 짓고 이렇게 하는데 닭이 울지 않으니 도대체 우리가 닭을 갖다 놓기만 하면, 딴 데서는 우는데 우리 집만 갖다 놓으면 울지 않는다 이겁니다. "그러니 스님, 이 노릇을 어떻게 했으면 좋겠습니까?" 하고 물었습니다. 그랬을 때에 그 스님은 "닭이 울게 하려면, 언제나 새벽에 일어나겠다는 생각을 하는 나 자신과 그 닭 자신하고 둘로 보지 않는다면 아침이면 꼭 당신을 깨워 줄 겁니다." 하고 얘기했습니다. 그러자 그 이튿날 아침에 "꼬꼬댁" 하고 울었습니다. 그러니까 너무 기쁘고 기뻐서 그냥 보시금을 듬뿍 당나귀에다 하나 가득 실어서 줬습니다. 옛날에는 당나귀가 아니라 그때에 거기에서는 수레에 실어 줬다고 하는 게 맞을 겁니다.

그런데 또 한 분은 어디를 가다 보니까 인군이 참, 예전에는 아마 코끼리를 타고 다녔던 모양입니다. 코끼리를 타고 어느 강가에 나오셔서 자기 대신들더러 묻기를, 사람들이 백절 치듯 하는 데서 묻기를 코끼리에서 내려서서 물 먹는 바가지로다 모래를 한 바가지 뚝 뜨면서 "이것은 근수가 얼마가 나가며 코끼리의 근수는 얼마가 나가겠느냐?" 하고 물었습니다. "만약에 이거를 대는 사람에 한해서는 내가 인군의

대를 내리겠다." 이랬습니다. 그러니까 전부 웅성거리고들 말을 대는데 아무 소리 않고 인군은 그저 고개만 왔다 갔다 했습니다. 그런데 이 스님이 서 있으려니까 "스님은 어떻게 생각을 하십니까?" 그러고 묻더랍니다. 그러니까 스님은 그때에 이렇게 대답을 했답니다. "코끼리는 한 근이 나가고 이 모래 한 바가지는 무 근입니다." 그랬답니다. 근데 여러분은 만약에 그렇게 대답을 했다면 어떻게 했을까요? 인군은 그 소릴 듣더니 말입니다, 아무 소리 없이 싱그레 웃고는 입만 한 번 딱 벌렸다 오므리고는 영 아무 소리 없더랍니다. 그러고선 손만 이렇게 쳐들고서는 코끼릴 타고 그냥 가더랍니다. 그러니 이분은 아무것도, 보시금도 없이 그냥 절로 왔습니다.

그랬는데 스님께서 "너는 어떠한 보시금을 타고 너는 어떠한 일을 했느냐?" 하니까 낱낱이 하나서부터 열까지 쭉 얘기를 했습니다. 그런데 나중에 보시금도 못 타 가지고 온 스님은 아무 소리 없이 말입니다, 두 양말을 벗더니 하나는 발을 딱 오므리고 하나는 쭉 펴서는 발바닥을 세 번을 긁더랍니다. 그러니까 스님이 계시다 하는 말이 "저 발바닥 긁는 놈 보시금이 많으냐, 너희들 보시금 가져온 것이 많으냐?" 하고선 물었습니다. 그러니까 모두들 "우리가 보시금 가져온 것이 많지 아니, 하나도 타 오지 않은 사람이 뭐가 많겠습니까." 했습니다. 그런데 부처님께서는 그렇게 말씀하셨습니다. "저 보시금이 제일 많으니라. 저렇게 많은 보시금을 타 가지고 왔으니 당최 무 근이지." 하시면서 "저렇게 보시금 타는 사람이라야 기우제를 지내더라도 땅을 갈라지게 하지 않느니라." 하시거든요.

그랬으니 어떻게 됐을까요? 우리는 어떻게 생각하면 좋을까요? 요새도 태풍이 이렇게 오고 가고, 해마다 태풍이 오고 또 막중한 손해도 보고 이렇게 합니다마는, 우리 정부에서나 어디서나 "어린애를 적게 낳아라. 인구가 많아지면 우리가 살 수가 없다." 이렇게 합니다. 그런데 그렇게 낳지 말란다고 해서 인구가 적어지는 건 아닙니다. 다소 좀 50%, 60%는 대책이 되겠지만 30%, 40%는 대책이 없습니다. 또 인간뿐만 아니라 짐승이나 모든 걸, 모든 걸 한데 합해서 생물에 대한 문제가 그렇게 호락호락, 우리가 맘대로 할 수 없는 그런 문제가 아주 대체적입니다. 이건 자연의 법칙에 의해서 우리가 그것을 막을 수 없는 것이 바로 이 물질적으로는 한계가 있다는 거고 우리 인간이 어떻게 해 볼 수 없는 문제, 기계화로 아무리 발전이 됐다고 하더라도 어떻게 해 볼 수 없는 것입니다. 이것은 우리 공부하는 사람들에 의해서 생명이, 즉 말하자면 생명은 있되 생물이 형성되지 않게끔 할 수 있는 문제는 여러분이 공부하는 데에, 마음에 달려 있다 이겁니다. 이것은 거짓이 아닙니다.

그것뿐만 아닙니다. 태풍도 이것이 꼭 태풍이 있어야 할 일이 있기 때문에 있는 거지, 괜히 아무 소용 없는 것이 왔다 갔다 하는 게 아닙니다. 그 태풍은…, 예를 들어서 얘기합니다. 여자와 남자가 한 번 만남에 의해서 사랑을 한다면 그걸 우리는 하루로 칩니다, 일 년이라면. 그러면 하루에 딱 한 번 만남에 의해서 하나는, 여자는 땅으로 내려오고 남자는 위로 올라가야 됩니다. 한 번 딱 부딪쳤다가 한 번 올라가고 하나는 내려옵니다. 그게 무슨 소리냐 하면 이 생물이라는 존재에 영양소를 넣어 주는데, 이렇게 표현할 수밖엔 없습니다. 영양소를 넣어 주지 않으면 이 생물이 내내 존재할 수가 없다는 결론 아래, 즉 말하자면 영양소를 넣어 주는 반면에 무엇이 필요하냐 하면 진화, 즉 말하자면 땅에서 노는 거는 떠나서, 물에서 노는 생물이 진화하는 데에 이게 아주 100% 요소가 됩니다. 그래서 한 번 그렇게 만남에 의해서 사랑하고 서로 헤어지는 데에 많은 물과, 즉 말하자면 바람과 또 전력의 흐름과 기체, 모든 이것이 한데 합쳐져서 그냥 불어 나가는 데는 그것이 일리가 있다고 봅니다. 그렇게 그것이 있기 때문에 우리가 이 물에 있는 생명들이나 전체 무정물이나 이 지금 생물들의 문제를 어떡하면 줄일 수 있나를 생각하면 우리가 삼십 년 안으로도 많은 걸 줄일 수 있다는 얘깁니다. 만약에 여러분이 그것이 요의하다면 삼분의 일, 아니 반, 삼분의 이는 줄일 수도 있다고 봅니다.

그렇다면 인간의 생명뿐만은 아닙니다. 우리가 과학적으로 문제를 가지고 있는 거는, 지금은 앉아서 이렇게 보당을 눌러서 장사도 하고 무역도 하고 싸움도 하고 별거 다 하게끔 생겼습니다. 그래서 호국불교도 인제는 몸이 나서서 하는 게 아니라 앉아서 하게 돼 있죠. 근데 그거를 눌러서 할 수 있는 기계화가 돼 있다면 눌러서 할…. (녹음 안 됨) … 다섯 개가 한데 합치면 수레바퀴가 구를 수 있어서 그걸로써 다 할 수 있다는 문젭니다. 그래서 그것은 체가 없는 빛보다 더 빠른 게 되기 때문에 그거 누르는 거보다도 더 빠르다는 얘깁니다. 그리고 착오가 없다는 얘깁니다. 그래서 이끌어 갈 수 있는 그러한 아주 참, 보배 아닌 진짜 보배라고 할 수가 있는 거죠.

그것뿐만 아니라 우리가 태풍을 아까 얘기했는데, 그러면 강가로 돌아 돌아서 이것이 가는데 우리 인간들에게 너무 피해를 끼친다 이런다면 여러분의 마음에 달렸어요. 조금 작게 할 수도 있고 또 능력이 없으면 아주 크게 손해를 볼 수도 있는 거죠. 우리네 살림살이하는 데에 만약에 똑바로 하지 못하면 망하는 수도 있고 똑바로 하면 흥하는 수도 있다는 얘깁니다. 그러니 태풍은 그 역할만 하는 게 아니라 사람한테도 그러한 영향이 미치게 돼 있다 이겁니다. 진화력에 말입니다. 왜? 그러니까 물에서 노는 생물들이 만약에 물에서 노는 동물로서 화해 가지고 인간으로서 화한다면 그게 연쇄적으로 연관이 있다는 겁니다. 그리고 연관이 있다는 거는 틀림없는 사실이 뭐냐 하면 우리도 지수화풍으로 돼 있다는 얘깁니다.

우리도 때에 따라서 속이 상할 때는 참고 참다가 속이 펄떡 일어나면 그냥 막 내던지고 막 부수고 이러는 사람도 있습니다. 그래서 가정에 손해를 많이 보죠. 그리고 몸뚱이도 뭐, 막 부딪고 때리고 이 야단이 난다면 더욱더 손해가 나는 거죠. 이것도 태풍입니다, 한 가정의 태풍. 바로 불이 일어나면 바람이 이니까 그냥그냥 같이 섞여서 태풍이죠. 뭐, 그것만 태풍이 아닙니다. 한 가정에도 태풍이 있으며 한 나라에도 태풍이 있고, 태풍 아닌 태풍이 수도 없습니다. 그러니 이 태풍들을 어떡하면 우리가 자유자재로 가라앉힐 수 있고 뜨게 할 수 있고, 또 '이 배가 너무 만원이 된다면 참 살기가 어렵다' 하면 어떠한 종류를 좀 줄일 수도 있고 늘릴 수도 있고, '그러한 자유권을 가지고 살 수 있다면….' 하는 겁니다.

여러분이 이 공부를 지금 왜 이렇게 해야만 되느냐? 이걸 안 하면 앞으로는 참 살기가 어렵다 하는 원인이 바로 여기에 있는 겁니다. 우리가 앉아서 할 수 있는 문제가 인제는, 앉아서 기계화로서 보당을 누르는 것도 내 주먹 안에서 내가 맘대로 할 수 있어야 그걸 리드할 수가 있는 것입니다. 내가 꼭 한다 안 한다 이걸 떠나서 바로 이 자리에 태어났으니까 어쩝니까? 여러분이 사람으로 태어났기 때문에 부처 될 가능성이 있고, 부처도 될 수 있고, 여러분이 부처를 만들 수도 있고 또 악인을 만들 수도 있는 요소가 있는 겁니다. 그렇기 때문에 그 광대무변한 법은 이루종차 가면 갈수록 너무나 갖은 각색으로, 천차만별로 배울 게 너무 많습니다.

그리고 하나하나에 한 번씩은, 예를 들어서 벌레가 기어가는데 그 벌레의 이치를 모릅니다. 그러면 벌레로 내가 한번 들어가 보면 그 벌레의 이치를 다 알 수가 있다 합니다. 근데 그게 묘한 거는 만약에 물속의 생물이 있어서 내가 거기로 들어가면 사흘은 있어야 다 알 수가 있어. 근데 그것도 길어. 빠르게 돌아다녀야 다 다닐 수 있는데 그걸 어떻게 사흘씩이나 묵습니까? 사흘이라는 건 우리 살아나가는 사람들이 사흘이라는 거지 사흘을 왜 기다리고 있겠습니까? 그러니까 이 시간과 공간을 초월해서 본다면 일 초가 사흘이 된다 하는 것은, 체가 없는 내가 바로 체가 있는 그 속에, 체 없는 그 속에 들어가서 그 마음을, 의식적으로 돼 있는, 잠재해 있는 그 마음을 내가 꿰뚫어서 알 수 있다면 그건 다 채집한 겁니다. 말하자면 체험을 다 한 거라 이 소립니다. 그러면 일 초에 그렇게 했다 할지라도 천 년이 될 수도 있는 겁니다. 그건 드레가 없어! 사흘이라고 할 수도 없고 삼백 년이라고 할 수도 없고 삼천 년이라고 할 수도 없고 삼만 년이라고도 할 수 없어. 그건 그렇게 될 수도 있고 그렇게 안 될 수도 있는 거니까. 고정된 게 없으니까.

그래서 '과거로 돌아가서 한번 보자' 한다면 삼천 년, 아니 오천 년, 구천 년 전으로 돌아간다 하더라도 바로 일 초밖엔 걸리지 않는다. 왜 그렇게, 과거로 돌아가는 마당에 그 걸림 걸림이 많은가? 그렇지 않습니다. 인간이 최초에 생기기 이전으로 우리가 뛸 때에 몇십억 년이라고 본다, 몇십억 광년이라고 본다 이런다 할지라도 그것은 자기가 사람으로 태어나기 이전까지도 단계 단계를 자기가 그냥 곧바로 알 수가 있는 거기 때문입니다. 그렇기 때문에 "과거다 미래다 할 것도 없이 바로 삼심이 일심이요, 일심이 삼심이요, 이렇게 일심마저도 일심이라고 할 수 없는 게 부처니라. 진리니라." 한 것입니다.

그러니 이 말을, '어떻게 요거를 하나하나 이렇게 해서 나갈 수 있으며, 이것을 할 수 있으랴.' 하는 생각도 해 봅니다마는 우리가 체험을 안 해 보고는 더디다, 이르다 이것을 생각지도 못합니다. 나는 처음에 이렇게 생각했습니다. '야, 저 사람 속에 들어가서 그걸 낱낱이 알려면, 소(牛)의 과정을 한번 본다 하더라도 그거 한 사흘은 있어야 되겠다.' 이랬는데요, 나중엔 이런 생각이 들더군요. '야, 그렇게 사흘씩이나 보낼 게 없지 않나. 사흘은 우리가 사흘이지 사흘이 무슨 이름이 박아진 사흘인가?' 여직껏 살아나온 마음, 여러분도 여직껏 살아나온 거, 철이 들어서 살아나온 거, 철몰라서는 부모들한테 들은 거, 그런 게 다 잠재의식에 뭉쳐 있죠? 다 아시죠? 몇 해 전에 사신 것도 아시죠? 그런데 그 속에 들어가니까 몇 해 전에 산 거까지도 다 알게 돼 있더라는 얘깁니다. 그것을 가지고, 즉 말하자면 숙명통이라 합니다. 이 숙명통을 안다 해도 도가 아니라고 했으니 얼마나 심오합니까? 도라는 이름 없는 도가. 글쎄, 숙명통을 그 사람한테 딱, 둘이 아닌 그 자리에서 그냥 한 찰나에 알아내는데도 그게 도가 아니랬어요. 이러니 참 너무 광대하죠.

그러니 줄이고 늘리고 하는 이러한 이치를 우리가 차차…, 또 앞으로의 태풍에 대한 문제도 지금 연구들을 많이 하고 있습니다마는 이거보다 더 빠른 연구는 없습니다. 연구들 하기에 바쁜데, 모두 지금 이런 연구들을 해야 되는데 전자의 몇천 년 전, 몇백 년 전의 선조들이 하신 방편을 가지고 지금 붙들고 말입니다, 그러고는 싸우는 식인 거죠. 지금 뭐, 앞으로 과학자들의 앞장을 서야 될 텐데 몇백 년 전 거 가지고 선 지금 스승을 삼고 뭐 하고 읽고 배우고…. 그거를 하지 말라는 건 아닙니다. 모두가 그것이 한데 합쳐진 주춧돌이요, 주춧돌에 의해서 거름이 되는 것이요, 거름에 의해서 우린 지금 실천을 해야 하는 시대기 때문입니다. 실천이 없다면 이건 죽은 불교지 산 불교가 아닙니다. 사람이 이 세상에서 태어나서 분별을 못하고 한 발짝 떼 놓지도 못한다면 그건 병신이고 목석이고 그런 거 아닙니까? 목석이고 병신이고 그런 사람 부처 되는 거 봤습니까?

그러니 여러분이 단 몇 분이든 많이 오시든 나는 그런 걸 가리지 않고 여러분이 좀 더 자유스럽게, 집에서 어떤 급한 일이 있더라도 그것을 의심 내지 말고 바로 그냥…. 지난번에 내가 얘기했죠? 내 주장자 하나를 탁 던지면 자기가 쓸 수 있는 수효는 그대로 만 개가 될 수 있고 천 개가 될 수 있고 하나가 될 수 있고, 또 들일 수 있고 맘대로 낼 수 있고 거둘 수 있고, 이것저것으로 변모될 수 있고 다양하게 환경에 따라서 쓸 수 있는 기구가 될 수 있고, 이것이 만능인 우리 부처님의 뜻에 의해서 가르쳐 주신 법인데도, 팔만대장경인데도 그것을 다 도랑도랑 읽기만 했지, 또 금강경을 도랑도랑 읽기만 했지, 뭐, 몇 독을 했다던가요? 몇 독을 하면 뭘 합니까? 그 뜻을 알아야죠. 하나의 뜻을 알면 열 가지 뜻을 알아. 백 가지 뜻을 알고. 그렇듯이 한 사람이 평생 살아온 것이 한 찰나에 전부 알아진다는 걸 아셔야 합니다.

그렇기 때문에 우리가 한 사람이 이런 공부를 하게 되면 그 나라가 융성한다고 했습니다. 왜? 경제난에도 그렇고 우리나라가 어땠습니까? 그런데 요새 살림살이는 조금 세련돼 가고 있죠? 한 가정이라고 칩시다. 우리는 어떻습니까? 요새 조금 세련돼 가요. 그것뿐입니까, 어디? 과학적으로도 조금 세련돼 가고, 또 국고를 다지는 데도 과학적으로 국고를 다지게 돼서 참 천만뜻밖으로 감개무량하고요. 그것이 어디의 힘이 바로 미치는가? 우리들의 마음의 힘이 미치기 때문입니다.

그래서 우리가, 보십시오. 아니, 이쪽이 강대국이다 저쪽이 강대국이다 하면 여기서는 이거를 해 놓고 저기서는 저거를 해 놓고 몰래 하느라고들 열났지만 그게 몰래가 안 되죠. 만약에 우리 못난 사람들, 여기 나와 더불어 같이 못난 분들이 진짜 못난 분들이라면 그걸 다 알게 되거든요. 그러니 속이려야 속일 수가 없어요, 천만 리라도. 갈빗대가 몇 대가 있는 것까지도 알 수 있는 건데 그게 속이려야 속일 수 있나요? 그런 멋진 것이 바로 인간입니다. 자유인이요, 멋진 분들이 바로 인간입니다. 고차원적인 동물이 바로 인간입니다. 우리는 첨단을 뛸 수가 있습니다. 빛보다 더 빨리 뛸 수가 있고, 볼 수 있고 들을 수 있고, 가고 올 수 있고 할 수가 있는 겁니다.

오늘은 이걸로써 끝마칠까요?

태풍이 생기는 이유

1986년 8월 31일

어저께 왜 태풍이 있지 않으면 안 되는가를 거론만 해 놓고 얘기를 못 해 드렸어요. 물론 나는 과학자도 아니고 아무것도 아닙니다마는 인간이 이 세상에 나와서 자기가 어디서 왔는지, 어디로 가는지는 알아야 인간이라고 볼 수 있으며, 불제자라고 볼 수 있으며, 바로 고등 동물로서 부처 될 가능성이 100% 있는 그런 고차원적인 인간이라고 볼 수 있겠어요. 이 말씀을 드리는 것은, 우리가 태풍이 와도 태풍이 왜 그렇게 왔는지 그걸 모르거든요. 그럼 좀 대충이라도 알고 넘어가야 한다는 얘깁니다.

거론을 하자면 물의 이치까지도 아주 거기 첨보되는데요, 태풍은 미생물이 생기기 이전에, 태초에 그런 현상으로 인해서 생물이 생겼다고 봅니다. 그러면 태풍 자체가 있기 이전에, 허공에 모든 화해서 생기는 생명들이 무리를 지어서 나는 것같이 먼지알 돌아다니듯 한다는 얘깁니다. 그것이 바로 어느 부분 부분 몰려 있으면 있는 대로, 때에 따라서 그게 헤어져 있을 때는 괜찮은데 모여 있을 때에 한군데로만 모여져 있는 게 아닙니다. 헤아릴 수 없이 모임을 갖고 또 갖곤 하면서 점차적으로 허공에 그렇게 많은 생명들이 떠다니는가 하면 그 외에도 먼지알같이 육안으로 보이지 않는 생명들이 수가 많단 말입니다.

그런데 그 수가 많은 이치는, 즉 말하자면 광선에 의해서 합성이 될 수 있다면…, 이 말은 무슨 소리냐 하면 바람이 일고 광선에 의해서, 즉 말하자면 시간과 공간을 초월해서 이게 빠르면 빠른 대로 광선의 고합성은 아주 고도로 일어난다는 뜻입니다, 합성이. 합성이란 건 뭘 뜻하느냐 하면 지금 지상의 생명들이 지하의 흙에든지 물에든지 모든 영양소가 떨어지고 만약에 그렇게 되면 수많은 생명들이, 우리가 먹지 않으면 죽듯이, 공기가 없으면 죽듯이 그런 현상에 있단 말입니다. 그렇기 때문에 그것이 고합성을 이루면서 소용돌이를 해 가지고선 그 생명들을, 전체 부위 부위를 이렇게 말고 돌아갑니다. 그게 뭐냐 하면 땅의 이치와 하늘의 이치가, 얼른 쉽게 말하자면 여자 남자, 음과 양이 한데 합쳐져서…, 표현을 하려면 그렇게밖엔 못하겠네요. 그 호르몬이 땅에나 물에나 흡수돼서 전부 같이할 수 있어야만이 땅에, 물에, 물 맨 밑바닥에 있는 그런 생물들도 살 수 있는 문제가 생기는 것입니다.

그리고 바다에서 그렇게 아래, 위, 옆, 사방으로 다 이렇게 고루 그 영양제 물이 공급이 돼야 영양제 물에 의해서 우리 밑바닥에서 사는 생물들이나 모든 그 생물이, 또 어느 한계점에서 위에서 태양빛을 받고 사는 생물들이나 다 흡수할 수 있고 살아나갈 수 있다는 결론입니다. 그런데 '이게 없으면 좋으련만….' 하는데요, 대의적으로 본다면 이것이 없어서는 안 되는 존재죠. 애당초에도 바로 그러한 이치로 인해서 우리가 탄생된 거나 똑같은 일이니까요. 그래서 억겁 광년을 거쳐 오면서 우리가 인간까지 이렇게 이르지 않았나 이렇게 봅니다. 그러면 오늘만 그렇게 있었던 건 아닙니다. 본래에 지수화풍이 이 우주가 생기기 이전에 그렇게 지수화풍이 한데 합쳐서 고합을 이루었기 때문에 우리가 고도로 발전이 됐고 인간이라는 것도 나왔고, 인간이라는 것이 나오고 발전이 된 것도 바로 그 이치가 있었기 때문인데, 땅에서 나오는 재산과 물에서 나오는, 즉 말하자면 식량과 모든 것이 그렇지 않으면 우리는 지금 못 삽니다.

예전에만 있었던 게 아니라 지금도 그렇게 영양소를 불어넣어 주고, 즉 말하자면 산소를, 난 뭐, 그런 용어를 다 모릅니다마는 내가 생각할 땐 그 영양소라는 것이, 우리가 지금 산소가 보급 안 되면 병원에서도 힘들고, 또 공기가 없어도 여기에서 살기 힘들고 먹는 게 없어도 살기가 힘들듯이 땅을 질적으로 바꾸어 줘야만이 모든 게 흘러나오는 호르몬이 들어가서 전부 섬유가 돼서 바뀌져서 다시 오르고 내리고…, 정맥이 오르고 내리듯이 말입니다. 정맥이 오르고 내리지 않는다면 우리 체내에도 피가 통하지 않고 전체 오장육부의 그 기능을 발휘 못한다는 뜻입니다. 그래서 하나도 없어서는 안 되는 문제가 있듯이 여기에서 그거 하나도 없어서는 안 된다 이겁니다. 우리가 이 손가락이 열 갠데 하나만 없어도 병신 취급을 받듯이 말입니다. 물론 멸망은 되지 않겠지만…, 그러니까 우리가 보급이 돼야만이 된다는 그 말입니다.

그래서 공중에 있는 그 생명체들을 다 해서 아래로 내리고 위로 올리고 하는 것은 바로 기체에 의해서, 즉 말하자면 아래로 바람이 불면서 다 휩쓸어 가지곤 다 한데 뭉쳐 가지고 올라가면 그것이 바로 구름이 되면서 이것이 물이 돼 버리니까 물이 바로 그 영양소입니다. 그 물이 내려서 땅으로나 바다로나 다 들게 돼 있으면 그것이 어디에 적합하냐 하면 생명들에 적합합니다. 우리 물에서도 육안으로 볼 수 없는 생명체들이 얼마나 많습니까? 그 많은 생명들은 그 나름대로 먹고 지내는 고기들이 있는가 하면 또 물에 있는 식물들도 지금 우리 육지에 있는 식물들보다 더 많다고도 볼 수 있겠습니다. 그렇다면 식물들도 그 보이지 않는 동물을 먹고 지내는가 하면 또 동물도 식물을 먹고 지냅니다. 그런 그 작은 생명들은 다 같이 지낼 수 있으나 이게 점점점

점 커지면 동물은 동물대로 식물을 먹고 살게 마련이고 동물이 작은 거는 잡아먹히기도 하면서 이렇게 공생을 하고 있습니다.

그렇다면 우리 이런 사람들은 전부 공기와 태양과 더불어 같이 이렇게 지내고 있는데 그러면 아주 바다 밑에는 어떻게, 똑같은가? 그렇지 않습니다. 반반이라고 볼 수 있겠습니다. 반은 우리가, 무식한 말로 나는 뭐, 겨냥을 댈 줄 모르니까, 내가 여러분처럼 그렇게 말 안 해도 여러분이 다 이해를 해서 잘 들으세요. 바다라 할지라도 반은 태양과 광선에 의해서 살고 있는 부위가 많지마는 그 반 밑으로 더 들어가서는 마음의 불을 쓰고 사는 고기들이 있다 이겁니다. 아주 밑바닥으로 들어가서는 그러한 공급이 잘 되지 않습니다. 그래서 반드시 마음의 불을 켜고 살기 때문에, 즉 말하자면 마음의 바다에서 사는 고기들이라고 말할 수 있겠습니다. 그러면 아주 간단하게 말하면 심, 마음 심, 심해어? 이렇게 해도 되겠습니다.

그런데 그런 바다 속에서 사는 그러한 물질들은 왜 바닷속에서 살고 있나 이겁니다. 사람마다 다 마음이 똑같지 않듯, 무(無)의 세계 유(有)의 세계를 한꺼번에 동시에 감지하면서, 물러서지 않으면서, 체험하면서, 믿고 자기를 계발하면서 완성시킬 수 있는 생활 불교를 이렇게 끌고 가는 여러분이 있는 반면에 남이 볼 때에 물질로만 사는 사람들도 있습니다. 말이 났으니 말이지 요건 요렇고 요건 요렇고, 수학은 요렇고, 요렇게 따지는 사람들은, 예를 들어서 "그, 우연이지, 날아가는 비행기를 떨어뜨릴 수 있나? 날아가는 새를 떨어뜨릴 수가 있나? 아니, 그게 뭣 하는 짓들이야. 거기 가 봤자야 뭐, 가르쳐 주는 것도 별로 없고, 딴 데는 무슨 기도를 부치고 천일기도를 하고 천 번 절을 하고 또는 정성을 들이라는데, 또 어딜 가면 좌선을 하라는데, 어딜 가면 명상을 하라는데, 여길 가니까 도대체 모든 걸 몰락 놓으라고만 하고 주인공이 뭣이깽인지 '주인공에다가 그냥 몰락 놔라! 맡겨 놓고 살면 그게 생활 불교고 그게 참선이다.' 이렇게만 하니 그게 뭐 말라빠져 죽은 건가." 이렇게 하실는지도 모르죠.

그러니까 나같이 무식한 사람이 오히려, 여러분도 같이 아무 생각 없이 그냥 몰락 들어갈 수 있는 겁니다. 들어갈 수 없는 데를 들어갈 수 있어야 우리는 그 미지의 세계의 맛을 볼 수 있는 거지, 그렇지 않다면 그 맛을 볼 수가 없기 때문에, 물의 생명들이나 또 지상의 모든 생명들이나 또는 이런 고차원적인 인간들의 살림살이나 또는 우주의 살림살이나 그런 거를 감지 못하기 때문에 우린 맘대로 할 수가 없어.

지금 테레비에도 나오지마는 "태풍으로 사람들의 피해가 너무 많았다. 올해는 그렇게 많았어도 적게 생각한다." 이런 말들을 하시데요. 그런데 우리가 지금 여기서 여자 남자가 같이 한마음 한뜻이 돼서 인간으로서 같이 공생을 하고 공용을 하고 지금 지내고 있다. 그런데 태풍이라고 해서 공생이 아니라는 법은 없습니다. 그것이 바로 태초에 움죽거려 줬기 때문에 우리 인간이 여기까지 왔다는 얘깁니다. 그걸 어떻게 생각하실는지 모르지마는 지금도 그 태풍이 아니라면 공급의, 즉 영양소의 그 이치를 바다에 사는 생물들에게 공급을 못하는 겁니다. 사람들이 밥을 주지 않고 먹을 걸 주지 않았어도 전부 먹고 사는 이치는 바로 그 까닭입니다.

그리고 우리도 이렇게 밥을 먹고 아무리 먹을 게 있어도 공기가 없다면 모든 게…, 공기 하나뿐이 아니라 공기 하나에 의해서 여러 가지가 부합되고 있죠? 그런 게 없으면 얼마나 살기가 어렵겠습니까? 단박 송장이 될 겁니다, 아마. 그리고 발을 땅에 붙일 수도 없습니다. 붕붕 뜰 테죠. 쉴 사이 없이 돌아갈 테죠. 그러니 얼마나 고마운 일입니까. 그래서 우리가 물에서는 물대로 그 보이지 않는 생명들을 먹고 살고, 또 동물들도 하여튼 그런 쪼그마한 생명들을, 보이지 않는 거를 먹고 살고 또 보인다 하더라도 작은 것들을 먹고 살고 크면 큰 대로 또 그것을 먹고 살고 하는데 크다고 해서, 바다 밑에서 사는 것들은 크다고 해서 큰 거를 잡아먹는 게 아닙니다.

여러분은, 이런 공부 하시는 분들은 내가 권리가 좋고 잘나고 똑똑하다고 해서 남을 무조건 멸시하고 삼키는 법은 없겠죠. 외려 공부한 분들은 더 계법이 철저하고 질서가 철저하고 또는 사회 상식이나 교육이나 또는 충성, 효도가 극히 첨보돼서 돌아가고 있습니다. 이 공부 하는 사람들은 오히려 무질서한 게 아닙니다. 그렇기 때문에 그 바다 밑에서, 컴컴한 바다 밑에서 사는 고기들도 사람과 같이 마음공부를 하면서 조그마한 그런 것들로 그저 연명하고 사는 것들입니다. 웬만해서는 그 밑으로 들어가지 않으니까 말입니다.

여러 가지로 생각할 때에 참 너무나 고귀하고, 생명들이라면 너무 고귀하고 묘하고 광대무변하다는 거를 스스로서 느끼게 되고 혼자 길을 지나가다가도 슬며시 싱긋이 웃게 됩니다. 그리고 혼자 지나가다가도 심각해지는 일이 아주 많습니다. 그럼 남이 볼 때는 그러겠지요? '저거 갓 미쳤군!' 심각할 땐 심각하고 씽그레 웃을 땐 혼자 웃고, 길을 가다가 그냥 웃고 가고 이러니까 그걸 봤을 때 속으로 좀 이상스럽게 보겠죠. 그러나 이상스럽게 보는 그 사람이 더욱 이상한 겁니다. 그렇다고 해서 이상할 것도 없죠. 하지만 너무 엄청나게 생각이 듭니다.

그리고 또 태풍의 피해를 보고 모든 사람들이 나서서 삽, 괭이, 기계 뭐, 이런 걸 가지고 수없이 나서서 그걸 복구하려고 하는 거를 가만히 테레비에서 보고 있을 때 너무나 웃음이 났습니다. 왜 웃음이 난 줄 아십니까? 예전에 제가 다닐 때에 비가 오니까 산사태가 조금 나 가지고 골짜기에 비가 그냥 막 내렸습니다. 골짜기로 빗물이 그냥 막 내렸습니다. 그런데 말입니다, 벌레니 개미니 온통 피난을 가는 겁니다. 그리고 또 피난을 갔다가 와서도 말입니다, 잘못된 집을 다시 복구하느라고 그냥 개미 떼들이 수도 없이 물고 왔다 갔다 했습니다. 그것뿐입니까, 어디? 벌레들은 벌레들대로 또 새들은 새들대로 새 둥우리가 망가졌으면 그거를 앞뒤로 돌라봐 가면서 또 물어다가 또 엮고 그러는 걸 전 무수히 봤습니다. 그럴 때, 테레비에서 그렇게 볼 때 말입니다, 웃음이, 혼자 웃었지 않습니까. 뭐가 다릅니까?

세상을 한번 넓게 본다면 여러분이 흙을 조금씩 조금씩 이렇게 할 때 흙이 크고 작을 뿐이지 그 작업하는 건 똑같더라는 얘깁니다. 저런 조그마한 날짐승도 저렇게 작업을 하느라고 애를 쓰는데 사람이 어떻게 작업을 안 하고 살겠는가? 사람 작업하는 걸 보니까 쪼끄만 날짐승이나 또는 기는 짐승들이 그렇게 작업하는 거하고 어쩌면 흡사해서 말입니다, 나 혼자 껄껄대고 웃었습니다. 지금만 웃은 게 아니에요. 수없이 웃었습니다. 다짜고짜 웃음이 날 때는 어쩔 수가 없는 거죠, 뭐. 하지만 왜 웃었는지 여러분이 그것을 다는 모르실 겁니다. 내 그거는 다 얘기할 수가 없고요, 그런 이치만, 우리 살림살이가 이렇다는 얘기를 해 드리는 겁니다.

태풍이라는 것도 우리가 50%, 50% 이렇게 반반이라면 인간의 과학적인 문제, 즉 말하자면 물리가 터져서 지혜로운 마음으로 한마음 한뜻으로서 뭉쳐서 될 수 있으면 대치를 하는 데에 100% 우리가 가담을 해야 하고 능률을 올려야 한다. 그러면 60%라고 봅시다. 60% 반이라고 봅시다. 그러면 30% 반은 누가 그것을 합니까? 30% 반은 어떻게 해야 좋을 것 같습니까? 우리가 옛날보다도 지금은 대치를 많이 하고 돌아가고 지금도 연구하고 있는 겁니다. 근데 앞으로 30% 반은 누가 어떻게 해서 좋은 방향으로 그 영양소를 다 오르고 내리게 하고 다 작업을 한 뒤에 우리에게 좀 더 피해가 적도록 그렇게 작업을 하게끔 태풍한테 연락을 취하는가. 또는 그 태풍과 나와 둘이 아닐 때에 비로소 우리한테, 즉 말하자면 피해가 적게 하면서 그 영양소를 보급할 수 있게끔 만드나. 이런 거는 우리의 마음에 의해서, 자유자재권에 의해서 행할 수 있는 그런 부처의 도리에 의해서 한생각 내면 법신이요, 한생각 내지 않으면 부처다 이 소립니다.

우리가 부처 되기 위해서 이 공부를 하는 건 아닙니다. 우리는 본래 부처입니다. 그런데 생각을 내니까 우리가 법신이라 하고 또 순간 순간 바꿔서 고정됨이 없이 행하기 때문에, 모든 일체를 다 고정됨이 없이 바꿔서 돌아가기 때문에 화신이라 합니다. 그러니 우리 불법승 삼보가 따로따로 떨어져 있는 게 아니라 우리의 한마음 속에 활용이 되고 있으니 일심이 삼심이요, 삼심이 일심이지 어찌 그것이 따로따로 있겠습니까? 그 일심으로서 모든 게 포괄적인, 즉 말하자면 광합성으로서의 한마음으로 돌아갈 수 있는 그 원력이 대동한다면 우리는 어디에 지고 넘어갈 필요도 없고 또 이긴다는 생각도 없이 능력이 항상 충만해 있다 이 소립니다.

어떤 분은 부처님의 경전에 있는 말씀을 왜 안 하시고 만날 저런 말만 지지하게 하나 하지만 지지한 게 진리니까요. 깨끗한 데 연꽃이 피는 게 아니라 지지한 데 연꽃이 있는 것입니다. 우리 살림살이 속에 불법이 있고, 부처님 법이 있고, 가르침이 있고, 우리의 생산력이 있고, 모든 그 자발적인 운동력이 있고 그런 거지 아니, 우리가 없는데 뭐가 있습니까? 지지한 우리들이 없는데 뭐가 있습니까? 뭐가 존재합니까? 우리들의 지지한 법을 빼놓고 깨끗한 부처님 법이 있다고 한다면 구정물에서 아마 그 깨끗한 물을 집어내야 할 겁니다. 집어낼 수 있는 사람들 손들어 보세요. 깨끗한 물도 더러운 물도 둘이 아닌 까닭에 우리가 바로 청정하고, 오는 거 가는 거 생사윤회에 끄달리지 않고 살 수 있는 그러한 광대무변한 법을 인간이 가졌다고 봅니다.

그러니 여러분이 공부하는 데에 나만 자꾸 입을 놀리게 하지 마시고 여러분도 신행담을 하실 분이 있으면 좀 하세요. 예전에 부처님께서 가섭 존자나 십대 제자와 같이 앉았을 때는 이랬습니다. 뭐라고 그랬느냐 하면, 여러분도 잘 아실 거예요. "내가 너희들하고 같이 앉았을 때는 너희들이나 나나 다 아라한이니라. 다 똑같은 아라한이니라. 그러니 내가 어떠한 잘못이라도 있걸랑은 너희들이 바로 얘기해 주고, 너희들이 잘못함이 있으면 내가 얘기한다. 그러니 여기에서, 이 자리에서, 이 한자리에서 내가 이런 생각을 했다면 너희들도 이런 생각을 할 수 있는, 지금으로 말한다면 무전통신기가 의식적으로 벌써 이렇게 돌아간다. 그러니까 한 몸, 한뜻, 한마음이다. (녹음 안됨) 어떻게 부처가 따로 있으며 중생이 따로 있겠느냐. 너희들이 따로 있고 내가 따로 있겠느냐. 이 한자리에서 그걸 터득한다면 이 우주 삼라만상 대천세계가, 모든 것이 너희의 집이요, 너 아닌 게 없느니라. 네 자리 아닌 게 없고." 이런 말씀을 하셨습니다. 내가 덧붙였는지도 모르고 바꿔서 말을 했는지는 모르나 뜻은 그렇습니다. 그러니 틀리다곤 하지 마시고 말입니다.

오늘도 어떤 분이 이런 말씀을 하셨습니다. 어저께도 그러시고요. '병원에서 못 고치는 거를 내가 그럭한 것도 아니고, 공부하기 위해서 나는 모든 거를 맡겨 놓고서 죽으면 죽고, 내일 죽어도 그냥 고만이다. 죽는 거까지 네가 알아서 해라.' 하고선 탁 맡겼더니 한 고개 두 고개 넘어가면서 여러 번 자꾸 시험이 오더니만 '시험하지 마라. 난 속지 않아.' 하고선 딱 맡겨 놓으니까 그 고개를 훌렁 넘었다는 말을 했습니다. 그렇게 아슬아슬한 그런 틈바구니가 있어야 훌렁 넘을 수 있는 거지, 그런 아슬아슬한 문제도 없는데 슬기롭게 그냥, 구렁이 담 넘어가듯 그냥 넘어갈 수는 없는 겁니다. 우린 생명을 걸지 않으면 생명을 살릴 수가 없습니다. 생명을 버리지 않는다면 생명을 구해 낼 수가 없습니다.

난 이날까지 내 생명 내 몸을 위해서 나 살려 달라고, 또 내가 부처가 되겠다고, 잘 배워서 여러분한테 추앙을 받게 해 달라고 한 번도 해 본 예가 없습니다. 난 외려 귀찮으니까요, 그게. 내가 자유가 없어. 귀찮아. 예전에 상원사에서 있을 때 말입니다, 세숫물까지 떠다 주는데 말입니다, 질색해 죽겠어요. 자유가 없어요. 어디를 가도 꼭 따라나서고 말입니다. 이건 자유가 있어야지. 흙바닥에도 내가 편안하게, 어디 가다가도 그냥 털썩 주저앉아서 편안하게 좀 앉을 수도 없는 거에요. 그러니 예전보다, 내가 혼자 그렇게 다닐 때보다도 외려 더…, 하하. 여러분이 계시기 때문에 저는 오히려 편안치는 못합니다. 이 마음으로서는 편안코 편안치 않고 그게 없습니다마는 육신으로서는 때에 따라서 "어이구, 스님! 이렇게 하세요. 요리로 가 앉으세요. 저리로 가십시다. 이렇게 하시지요." "그래? 그럭하지, 그럼." "이렇게 하십시다." "그럭하지, 그럼." 이렇게 따라가다 보니까 내 살림살이는 하나도 없어. 하하하. 그리고 옛날에 자기 살람살이로서 자기가 산 것도 아니었지만, 그래서 지금도 여러분이 어떻게 생각하실지 모르겠지만, 그때하고 지금하고 다르냐? 다르지 않습니다. 네. 다르지 않습니다. 그러나 내가 여러분한테 이런 말도 안 한다면 웃을 수가 없거든요. 허허허….

지금 병이 들어서 이따가 급살로 죽는다 할지라도 나는 겁내지 않습니다. 그 까닭에 여러분과 이렇게 같이 한자리를 한 것입니다. 겁내지 않습니다. "그러면 죽지, 몸뚱이 없는데 뭐가 있으려고?" 이러시지마는 몸뚱이가 없어 봤던들 내가 죽는 거는 아니거든요. 그까짓 해진 옷 벗어 버리는데 뭐가 그렇게 원통하다고요. 그러면 어떠한 새 옷을 입을지 그것도 생각 없어요. 왜? 개미 사는 것도 가만히 보니까 거기도 일리가 있던데요, 뭐. 허허허. 거기도 거기 나름대로 사는 그 이치가 있고 벌도 사는 이치가 있고, 자기만 겸손하고 아름다운 마음을 가지고 진실하고 부지런하고 하면 어디 가서든지 다 살 수 있던데요, 뭐. 그러니까 모든 게 마음이 괴상하고 욕심 많고 남을 찌그러 누르려고 하고 업신여기고 그런다면 그것은 어디 가든지, 사람이 된다 하더라도 그렇고 부처를 이룬다 하더라도 난 충만치 못하다고 봅니다. 부처가 아니더라도 좋습니다. 얼마나 좋습니까? 구태여 부처가 되려고 애를 쓸 필요도 없죠.

그러니 오늘은 이렇게 그냥 넘어가지만 요다음부터 토요일, 초하루, 보름 이런 때는 신행담을 좀, 여러분께서 생각해 놨다가, 생각해 놓는 게 아니라 여러분이 여기 다니면서, 가정 생활 하면서 불법이 이렇다는 거를 알고 있지 않습니까? 그거를 말하라는 거지 말을 지어서 하라는 게 아니에요. 지어서 하려면 얼마나 어렵습니까? 나는 책에 있는 것도 요 한 줄만 읽으려도 못 읽어요. 이렇게 얘길 할 수가 있나요? 책을 보고 읽으려면 난 못한다고요. 한마디도 못해요.

어느 땐가 누가 혼인을 하는데요, 아, 사무장님이 글쎄, 그걸 적어서 주시는 거예요. 그래서 '그걸 보고 하면 되려니….' 하고 내 생각은 안 하고선 그걸 가지고 올라갔더니 이거는 더 죽밥이 된 거예요, 그냥. 하하하. 그러니 차라리 그냥 내가 얘길 했더라면 더 구수했을 거를 아, 그거 보고 하다 그게 안되는 거예요. 그러니 엉망진창이 됐죠. 그래서 '남의 거 내가 하는 것이 참 어렵구나. 이렇게 어려운 것들을, 왜 남의 거를 자꾸 갖다가 하려고들 애쓰나.' 이런 생각을 했습니다.

그러니 오늘은 이걸로써 마치겠습니다.

화목이라는 연꽃 향기를 피우려면

1986년 9월 4일

여러분이 공부하시려고 모두 이렇게 한자리에, 항상 같이 앉아 주시는데 한편 감사하게도 생각이 듭니다. 남들은 그렇게 기복으로 자꾸 나가는데, 자기 가짜 면목을 찾으려고 애를 쓰지 않고 진짜 면목을 찾으려고 애를 쓰는 이런 여러분의 그 마음이 얼마나 갸륵한가 하는 생각을 하면서 눈물까지 찔끔 나옵니다. 하하하…. 감사해서요.

여러분, 테레비에서 '임진왜란' 하는 걸 보시죠? 그랬을 때에 서산 대사 대목이며 일본에서 온 스님의 대목 보셨죠? 물로써 군사를 죽이는 거와 또 물이 치켜 올라가게끔 서산 대사가 던진 문제요. 그거 보셨죠? 또는 일본에서 조선을 탐지하러 왔을 때에 서산 대사가, 그 동자가 나서서 모든 스님들을 붙들어서 못 가게 하고 또 가게 하고 이러는 대목 보셨죠? 여러분은 보시고 어떠한 생각을 하셨는진 모르겠지마는 어떤 분들은 그것을, 즉 말하자면 애들 만화 정도로 인식하거든요. 그런데 만화가 아닌 진짜 그 동자라면, 스님 자체의 모습은 가(假)모습이지만 스님의 진짜 동자는 그렇게 여러분한테 영화로써 보여 주려니까 그 동자가 보이지, 그 동자는 보이지 않는 바로 그 스님의 참동자인 것입니다. 부처님이신 겁니다. 그러면 그 참부처님은 줄지 않으면서 바로 동자가 나가는 것은 보살행을 하는 것입니다.

또 지난번에 그, 임진왜란 때 붓을 던졌다든가 물 수 자를 써서 던졌다든가 하는 거는 가(假), 글씨 쓴 거나 종잇장이, 즉 말하자면 가짭니다. 그 던진 것을 따르지 마시고, 즉 말하자면 우리가 물건을 하나 쥐어서 이렇게 던졌다고 봅시다. 그런다면 그 물건을 쫓아다니지 말고 던진 놈한테 달려들어서 물어라 이거야. "왜 던졌느냐?" 하고. 이렇게 해야 되지 않겠습니까. 그러면 그와 마찬가지로 그 던진 글씨와 종잇장이 진짜가 아니라 그분의 그 참마음에서 진짜 보살행을 하시는 겁니다. 즉 말하자면 불 수레가 돌듯이 말입니다. 그럼 용도에 따라서 그렇게 무궁무진하게 나갈 수 있다는 겁니다, 용도에 따라서. 물에 관한 건이라면 그렇게 물로 치고, 악이라면 너무 대의적인 문제입니다. 죽이 끓고 밥이 끓는 데에 대선사가 나서서 그렇게 하는 게 아니라 정말 나라에 큰일이 생겼을 때에 나서는 것이 바로 대인의 그, 불바퀴를 돌리는 용(用)이라고 할 수 있겠습니다. 그런데 우리가 눈에 보이니까 "어이그! 저거 만화 같애. 저거 만화지 어떻게 저렇게 할 수 있나?" 그럴 겁니다.

그전에도 얘기했지마는 어느 마음공부 하는 분이 그믐밤에 어디를 지나다가 그만 구덩이에 빠졌더랍니다. 덫에 걸린 거죠. 사람들이 짐승을 잡기 위해서 덫을 놨는데 고만 그 구덩이에 빠졌어요. 그런데 도대체 앞뒤가 막혀서 나올 수가 없어, 하늘만 보이지. 그러니 거기서 어떻게 나와야 되겠습니까? 거기서 부처님을 찾아서, 그 부처님이라는 이름을 찾아서 나를 건질 수 있겠습니까? 거기서 어떻게 해야만이 내 육(肉)의 구원을 받을 수 있을는지…. 내 마음의 구원을 받을 수 없다면 육의 구원도 받을 수 없습니다.

그렇기 때문에 이 사람이라는 게, 우리가 그것을 홀랑 발겨서 얘기할 수 없으니 여러분이 생각해 보십시오. 어느 가정이든지 남편은 대들보고 여자는 서까래라고 봅시다. 그런데 대들보다 서까래다 할 게 없이 한마음 한뜻으로 한 식구가 모두 모여서 사는데, 여러분한테 항상 말을 하죠. 우리가 살면 이 모습을 가지고 얼마나 살겠느냐? 우리가 재밌게 살고 할 말만 하고 살아도 다 못하고 사는데 할 말, 안 할 말 다 해 가며 악을 악을 쓰고 이 세상 모두가 제가끔들 그냥 이것이 옳다고 주장을 하고 싸운다면 복도 들어오다가도 딱 나가. '이놈의 집에 들어갔다가는 내 맘이 상해서 못 살겠어.' 하고. 그러니까 내가 있는 이상에는 돈도 생명이 있는 거고 마음이 있어. 내가 없다면 그 돈도 아무것도 없는 거지만. 그러니까 마음의 구원을 받을 수 있는 그런 영향력과 지혜력, 판단력이 부실한 사람들은 역시 구원을 받지 못한다 이거야. 돈의 구원도 못 받을 것이요, 돈도 나갈 것이요, 복이 다 나가. 그리고 오는 것은 무엇이냐? 액이나, 즉 말하자면 인과응보나 유전성이나 또는 업보가 거기에 매달려서 우환이 끊어지질 않아. 그 마음에 따라서 그렇다 이겁니다.

내가 왜 이런 말을 하느냐 하면 여러분 가정에 진짜로 이익이 될 수 있고 진짜로 우리가 해야 할 문제이기 때문에 이런 얘기를 합니다. "저분은 만날 시시한 얘기만 해." 그러지 마시고 더러운 연못에서, 질척질척한 데서 연꽃이 핀다는 거, 그 말이 바로 그런 데 있는 겁니다. 우리 가정에 있는 것입니다. 가정에서, 조그마한 내 한 티끌 같은 불에서 우주를 밝힐 수도 있고, 내 마음 하나의 그 마음에서 한 가정을 화목하게 만들 수도 있고, 복을 들어오게 할 수도 있고, 우환을 끊을 수도 있고, 세계를 조절할 수도 있는 거고 또 거기에서 교양, 지혜, 모든 판단이 나옴으로써 우리 가정도 사회도, 지금 공장이나 어떠한 장사하는, 상업하는 분들이나 모든 게 거기에서 보풀어지는 것입니다, 한마음에서. 그러니 모두가 그 마음에서 가설이 돼 가지고 저 태양에나 혹성에나 별성에나 모든, 이 물에나 해안이나 지상에나 산에나 이러한

데도 다 연결이 돼 있어요. 가설이 돼 있단 말이야, 법망이. 그런데 우리가 마음을 그렇게 한다면 가설이 돼 있는 대로 다 퍼지게 돼. 잘해도 퍼지고 못해도 퍼지게 돼 있어. 내가 아는 것을 부처가 아는 거니까. 내가 아는 것을 법망에서 알고 있으니까.

그러니까 애들한테도 모진 욕을 해서도 아니 되고, 상식적으로 생각하고 교양적으로 생각해도 우리가 그렇게 모진 욕을 해서도 아니 되고, 불안을 일으켜도 아니 되고, 또 모진 생각을 해서도 아니 되고, 미운 생각을 해서도 아니 되고, 증오라는 생각을 해서도 아니 되고, 모든 생각을 잘해야만이 우리가 애를 낳아도 기품이 있고 유유하고 이 세상에서 누구하고도 바꿀 수 없는 그런 자식을 낳을 수 있는 겁니다. 옛날에도 어린애를 배면 "가운데 토막으로 먹어라. 교도소에 가지 마라." 뭐, 이렇게 저렇게 모든 걸 가렸습니다. 그것은 옛날 노인네들이 몰라서 그런 게 아니라, 지금 생각하면 너무나 현실적이고 과학적이기도 하면서 너무나 지혜가 컸다고 봅니다. 이 마음이 그렇게 묘하게 돌아갈 수 있는 그런 근본의 원리를 가졌기 때문에, 한생각이 그렇게 무섭고 한 증오가 그렇게 무섭고, 그 업보는 뭘로도 끊을 수 없는 문제이기 때문에 마음으로 지은 거 마음으로 끊어야 한다 이겁니다.

그렇기 때문에 한 가정이 부유하게 대대손손 끊임없이 부자로…, 부자라는 건 돈이 많아서만이 부자가 아닙니다. 돈하고 모든 게, 일체가 결부된 것을 말하는 겁니다. 마음이 부자라야 돈도 가난하지 않습니다. 마음이 가난하다면 가정도 가난하겠죠. 모두가 가난해요, 일체가 다. 그럼으로써 여러분 앞에, 어느 가정에도 공덕이 깃들고 복이 깃들고 우환과 모든 가환이 녹아 없어지게끔 하는 도리가 지금 내가 일러 드리는 그 도리입니다. 그 도리만 갖는다면 여러분한테 열쇠가 맡겨질 수 있는 것입니다. 중이라고 열쇠가 맡겨지고 중이 아니라고 열쇠가 안 맡겨지는 건 아닙니다. 여러분이 그 습의 증오, 습으로 망하는 수가 있죠. 습을 뗀다면, 습을 뗀다면 참 모든….

그래서 이런 게 있죠. 예전에 스님들께서 시심마 화두를 던진 게 있으시죠? 그게 뭐냐 하면 사람사람이 누구나가 '아, 이거 이거, 이거 없는 거 있는 거 몰락 놔도 또 있는 것은 무엇일까?' 하는 그런 문제입니다. 그러니 '이게 또 놔도 또 놔도, 몰락 다 놔도 또 있으니 무엇일꼬?' 하는 것까지도 훌렁 넘어서라 하는 겁니다, 나는. '뭘꼬?' 하고서 10년 20년 가지 말고 '이 뭘꼬?' 까지 놓고 훌렁 넘어서라. 만약에 그렇게 훌렁 넘어설 수 있다면, 그 습을 다 떼지 않으면 훌렁 넘어설 수가 없습니다. 그리고 열쇠를 내가 스스로서 받을 수가 없습니다.

예전에 손오공이 스님 시자로서의 소임을 다하고 부처님을 모시고 다녔는데, 그것이 영화로 나올 때 사람들은 모두 그걸 어떻게 봤는지 모르겠지만, 애들은 만화로밖에는 볼 수가 없고 어른도 만화로밖에 볼 수 없습니다. 그러나 그렇지 않습니다. 부처님께서는 그 마음이, 진짜 자기 마음 하나가 다 할 수 없으니까 법신들을 만들고 보살들을 만들어서 똑같은 손오공이 수없이 나가지 않았습니까? 여러분이 봤으니까 이런 말을 할 수 있습니다. 그럼 똑같은 손오공이 죽 만 개가 나갔다고 합시다. 근데 똑같은 손오공이 만 개가 나갔는데 여러분한테 보여주려니까 똑같은 손오공이 보인 거지, 그건 보이지 않는 데서 바로 불바퀴가 용을 하는 그런 도법입니다.

그러면 그런 대로 그렇게 만 개가 나갔으면 용도에 따라서 하나하나가, 부처님께서는 다닐 때 둘씩도 다니지 말라 하셨습니다. 왜? 이 우주 삼천대천세계에 너무도 건질 게 많으니 하나하나 용도에 따라서 나가거라. 그러니 그 용도에 따라서 얼마나 많겠습니까? 우리 여기 앉아 있는 분들만 해도 용도가 참 많은데 그, 얼마나 많겠습니까? 그러니 많은 숫자대로, 숫자가 만이면 만대로 부처가 계시고 손도 천이요, 눈도 천이라고 한 그 말이, 그 천이 천이 아니라 이 우주 공간에 꽉 찼다는 얘깁니다. 있는 대로 말입니다. 그렇게 용도에 따라서 똑같은 손오공이 나갔어도, 용도에 따라서 하나는 이쪽으로 가고 하나는 저쪽으로

가고 하나는 사방으로 꽉 차서 어느 데에 아니 닿는 데가 없이 닿을 수 있었으니 말입니다.

그랬는데도 손오공이 자기 재주만 믿고 어떤 때는 자꾸 일을 저지르는 수가 많이 있으니까 부처님이 나중에는…, 그래도 부처님 손바닥에서 놀았어. 그래서 나중에는, 부처님은 자비하시기 때문에 때에 따라서는 이 줄을 잡고 있던 걸 늦춰 놔, 가고 싶어 하는 대로. 나도 그렇게 실감이 나게 걸었거든요. 그런데 늦춰 놨다가도 자기가 해 볼 거 다 해 보면 그것이 인제 '아, 이게 이런 거구나.' 그러고선 아예 그냥 싫증이 난다고요. 그럴 때 줄을 딱 잡아 젖히는 겁니다. 그래야 되지 '내가 이걸 꼭 해 봐야지.' 하고 하고 싶어 할 때에 이걸 탁 막으면 그건 부작용이 나는 겁니다.

여러분이 생각을 깊이 해 보시면 아실 것입니다마는 세 살 먹은 어린애나 네 살 먹은 어린애나 또는 요렇게 두 살 먹은 어린애, 한 살 먹은 어린애를 만약에 잘못한다고, 울고 그런다고 자꾸 때려 보십시오. 그럼 더 웁니다. 그럼 저만 손해야. 어른만 손해야. 병나고 그러면 더 손해고. 그런데 만약에 어른들도 죄가 있다면 모르는 죄뿐이지, 무슨 죄가 있겠습니까? 여러분! 여러분이 무슨 죄가 있겠습니까? 죄가 있다면 바로 모르는 죄입니다. 허허허…. 그래서 부처님께서는 사람들이 모르니까 어린애로 생각하고 '그 어린애를 때리면 뭘 하나.' 했습니다. 때리면 더 울기나 하지. 이걸 잘 깊이 새겨들으십시오. 그러니까 모른다고 밉다고 그러고 아무 데서나 때리지 않았습니다. 때리지 않고 항상 자기가 어린애로 돼 있었을 때의 과거의 자기라는 걸로 생각을 했습니다. 그러니 얼마나 자비하시고 얼마나 도량이 크십니까? 그렇기 때문에 부처님의 그 뜻을 판단하고 그 뜻을 따르라는 것입니다. 은산철벽이다 뭐다 이러는 것도 그 뜻을 따라야 된다는 얘깁니다. 그 뜻을 따르지 않고 만날 물질로만, 색으로만 본다 한다면, 색으로 좇아다니다가 볼일 못 보면 부처님의 뜻을 하나도 알지 못해요.

저 스님은 만날 한 말 되하고 한 말 되하고 한다 싶더라도, 천 번을 하더라도 잘 새겨들어 보십시오. 그런다면 진흙, 그 더러운 물에서 아주 예쁜 연꽃이라는 그 향기 내음이 바로 거기에서 나오게 되고, 열쇠도 거기서 나오게 되고, 온 누리에 자기가, 참자기가 온 누리에 꽉 차 있을 수 있고, 자기의 사리가 온 누리 우주에 꽉 찰 수가 있다는 얘깁니다. 사리가 별다른 겁니까? 여러분의 마음의 사리가 온 우주에 다 담겨 있는데, 어떤 사람은 스님이 열반하시면 사리 나올 때를 기다리고 그게 안 나오면 그냥 탈을 잡고 섭섭해하고 온통 무시하고, 이러한 문제들도 좀 음미해 볼 수 있는 생각이 필요합니다. 색만 보고 취하지 마십시다. 우리가 지금 당대의 요 모습을 가지고 얼마나 살겠습니까. 모두가 색을 보고 취한다면 요 모습을 벗을 때 아픔을 견딜 수 있겠습니까? 부처님께서는, 이 공부를 한 분들께서는 죽으려도 맘대로 죽을 수 있고 살려도 맘대로 살 수가 있는 것입니다. 생사윤회에 끄달리지 않고 말입니다. 그리고 사람에 의지해서 나지도 않습니다. 내가 맘대로, 이 즉시에 태어난다 하면 이 즉시에 태어나는 것입니다.

이런 얘기가 있습니다. 옛날에 어느 나라에 태자 될 아이가 없어서 어느 스님께 빌러 왔는데, 애기를 꼭 줘야만 하겠는데 그냥 줘서 될 일이 아니더랍니다. 왜냐하면 아무 애기나 줘서는 인군이 될 수가 없더랍니다. 그런데 두 스님이 친구였는데 하나가 열반하셔서 그리로 태어나셨다고 하는데, 난 그렇게 생각 안 합니다. 그 스님은 그대로 계시면서 그 스님이 바로 그리로 태어나셨어도 천백 화신입니다. 그리로 태어나셨어도 늘지도 않고 줄지도 않았더라는 얘깁니다. 그 뜻을 아셔야 합니다. 그 스님이 열반하셔서 그리로 태어나셨다는 거는 여러분을 가르치기 위해서 "야, 망건 쓰고 버선 신고 이거, 40년 살기가 참 얼마나 어려우냐." 하는 것을 여러분한테 가르치느라고 방편을 쓰신 겁니다. 사람으로 태어나면 얼마큼 고초가 많고 얼마큼 애로가 많은지를 여러분한테 알려 주고 가르쳐 주기 위해서 방편을 쓰신 거고, 또 모르는 사람한테는 그렇지마는 아는 사람은 그 말을 안 해도 그 뜻을 알 수 있는 것입니다.

그 말씀을 좇아가는 게 아니라 그렇게 말씀하신 그 뜻을 좇아가 보면 뭐가 나오느냐 하면, 아, 천백억화신이라니 아니, 그 스님이 열로 되면 아니 되나, 만으로 되면 아니 되나? 이 공간에 꽉 찼는데 그 스님이 하나 빠졌다고 줄어들 수 있을까? 그러니 그 스님은 부처이신 거라. 산 부처라. 산 불이야. 그렇기 때문에 이 바닷물에서 물 한 그릇 뚝 떠서 줬단 말이야, 목마른 사람한테. 그 식이야. 그러면 그 바닷물이 줄었겠습니까, 늘었겠습니까? 그리고 또 어떤 사람이 물 한 그릇 갖다가 들이부었는데도 아니, 거기 두드러집디까?

이렇게 자재력이 있고 이렇게 광대무변한 이 법을 여러분은 그 도리를 모르고 만화로만 생각하고 그 말귀만 따라서 좇아다니지, 색을 보고 쫓아다니지, 부처님이 돌을 던지고 "저거 뭐냐?" 하면 돌 굴러가는 걸 보고 그 돌을 쫓아갈 겁니다, 아마. 그리고 또 돌이 이렇게 이렇게 됐다 하면 돌인 줄 안다 이겁니다, 응? 벽을 치면 봇장이 울리는 걸 알아야 될 텐데, 종을 울리면 종 울리는 소리만 듣고 그걸 소리라고 하거든. 그걸 듣는 거라. 종 치는 거하고 소리하고 듣는 거야. 그 소리만 좇아다니다가 뭘 합니까? 그 뜻을 좇아야지.

우리가 지금 향 하나 꽂고 향 피우는 것도 바로 법문이요, 여러분은 말을 해야만이 법문으로 듣지 마시고 내가 이것을 하나 들고 이렇게 말을 하는 것도, 말을 해도 함이 없고 이걸 들었어도 든 것이 없다 이겁니다. 그러나 이 든 이 자체의 근본이 무엇이냐는 겁니다. 말, 이것이 성품 따라서 어디서 나오는가? 그 뜻을 알아야 된다 이겁니다. 그러면 내 뱃속도 알면…. 예를 들어서 자기 뱃속을 자기가 알아야 내 뱃속도 알 수 있고 또 역대의 부처님 뱃속도 알 수 있고 그 뜻을 알 수 있다 이 소립니다. 이 우주의 섭류의 뜻을 알 수 있기 때문에 여러분이 맘대로 자유자재할 수 있는 그런 열쇠를, 열쇠 아닌 열쇠를 받을 수가 있는 것입니다.

여러분이 공부하면서 가정에서 어떠한 불화가 일어나도, 내가 항상 당부하는 것은 아무리 속이 상한다 할지라도 가정이 화목 화목 화목, 죽을 때까지 화목, 화목해야 됩니다. 아까 얘기한 거와 같이, 세상에 해 보고 싶은 거 다 해 보고 나니까 모든 게 시들한 거라. 여기에 앉아 계신 어느 분이 그런 분이 있습니다. 이름은 밝히지 않겠습니다. 아, 재밌게 애들 낳고 잘 살았습니다. 근데 여자를 얻어 가지고는 나가서 영 돌아본 체를 안 합니다. 야, 돈도 다 까불지 그냥, 아주 그냥 매기단을 칩니다. "얘야, 주인공에 맡겨 버리고 가만둬라. 저 하고 싶은 대로 이 줄을 늦춰 줘라, 늦춰 줘. 가는 대로 늦춰 줘라. 이 마음과 마음의 줄은 남편이라는 거하고 아내라는 거하고 줄이 있다. 이 줄을 그냥 늦춰 줘라. 그리고 자비로써 그냥 놔둬라. 여기다 맡기고 놔둬, 그냥." 그랬더니 한참 가다가, 이 줄은 쥐고 있으니까, 여기에 같이 가설이 돼 있으니까, 돌아다니다 돌아다니다가 나중에는 싫증이 났어, 그만. 허허, 고생만 되고. 야, 이거 그냥 버린 것도 아깝고 그냥 싫증이 나 버리니까 그 줄이 인제 슬슬 늦춰진단 말이야, 돌아오느라고. 그러니까 돌아오는 대로 줄이 느근하게 되니까 그냥 그것만, 느근한 대로만 잡아당기는 거라. 아, 그러니까 집으로 쏙 들어왔는데 바짝 쥐었단 말이야. 허허허. 그러니까 너무도 사랑하거든. 가서 경험을 하고 보니까 "야, 세상에 손이 들이굽지 내굽지 않더라. 세상에 다니면서 봐도 너 같은 아내가 없고, 너같이 예쁜 아내가 없고, 마음씨 그렇게 착한 아내가 없더라." 이러고서는 그냥, 그냥 위에다 놓는 거라, 응? 그러니 전자의 애정이, 없던 애정도 솟아 나오는 거라.

이것이 바로 남자든 여자든 우리가 이 주인공에 다, 주인공 줄에다가 모든 것을 놓게 되면 아무리 나쁜 사람도 참 착해져. 그리고 사랑을 받게 돼. 아무리 아들이 나쁘고 도둑질을 하고 그래도 전자의 인연줄로 인해서 그런 거니까 그 인연줄을 녹여 주기 위해서는, 그저 그런 것도 걱정하지 마라. 여기 줄만 쥐고선 그냥 다 놔두면, 그렇게 믿고 놔두면 그냥 저절로 녹아 버리는 거야. 그런데 여러분은 그게 아니야. 줄을 쥐고선 그걸 붙들고 바들바들 뛰니까, 이게 가는 거 그냥 당기고 당기고 하니까 가 보질 못하는 거야. 가서 그냥, 이것을 좀 느긋하게 두면 그냥 갔다가 한번 휘 돌아서 '아, 이런 게 이런 거로구나.' 그러고는 다시는 안 갈 텐데도 불구하고 그걸 가 보고 싶은데 보질 못하게 딱 쥐고서는 늘어지니까 그냥 신경질을 내고 온통 야단이 나는 거죠. 좋아요, 그게? 그러니까 그냥 탁 던져요, 응?

우리한테 많은 재산도, 물건 이것도 본래 무면목이라고 했습니다. 모든 걸 깨끗하게 다듬고 분 바르고 이렇게 했어도 이것은 가짜야. 아무리 잘났든 못났든 이건 가짜다 이거야. 그러니 자기라고 하지 말라 이거야. 그러나 자기, 가(假)자기가 있기 때문에 진짜 자기가 있으니 가자기가 모든 거를, 부처님의 뜻을 잡고서 모든 거를 놔라 이거야. 놓되, 여기서는 분명히 놓는다고 하고 가서는, 집에 가선 악을 쓰고 그러는 거예요. 아, 이러니 어떡합니까? 송구스럽단 말입니다. 내가 다 민망스러워.

어떤 때는요, 말이 안 나오고, 오늘도 설법을 하는데 굳어지는 거예요. 안 나와요. 야, 이렇게 오늘날까지 설법을 하고 이렇게 당부 당부했는데도 불구하고…, 그건 교양에도 벗어나는 일이요, 상식에도 벗어나는 일이요, 여자의 말이든 남자의 말이든 "이년! 이놈!" 소리가 바깥에 나가거나 또는 악을 쓰고 하는 소리가 담 바깥으로 나간다면 그건 몰상식하기가 이루 말할 수 없다고 저는 생각하는 바입니다. 이 세상에, 이 색(色)의 세상에, 유(有)의 세상에도 그건 교양이 떨어지는 일이고 상식에도 떨어지는 일이고, 우리는 부모의…. (녹음 안됨) 부모를 욕되게 해서도 아니 되고, 부처님 불제자로서 부처님을 욕되게 해서도 아니 되고, 스님들을 욕되게 해서도 아니 된다 이겁니다. 이 모두가 여러분의 마음에 달렸다 이겁니다. 여러분이 될 수 있으면 부처님의 그 뜻을 잡고서 나갈 수 있다면 그 법망의 줄이 바로 나한테, 우주 전부에 바로 관계가 돼 있습니다.

그래서 지난번에도 얘기했지만, 동해나 서해나 이런 바다에도 저 태양의 광명을 받고서, 광합성으로서 이렇게 받고선 생명들이 살고, 먹을 건 먹고 보이지 않는 그 생명들을 주워 먹고 이렇게 사는 것들도 많이 있죠. 그런데 물 바닥 얘기했죠? 그 캄캄하고 차디찬 물 바닥에서, 태양도 들어오지 않는 그 바닥에서도 에너지를 먹고 산단 말입니다. 왜? 그 바닥에서도 바로 이 태양에 가설은 돼 있거든. 마음의 가설이 돼 있단 말입니다. 그거는 색을 취하지 않고 마음공부를 해서 여러분과 같이 사람으로 태어나서 부처님 곁에 가기 위한 과정이다 이거야. 우리도 예전에 그랬을는지 모릅니다.

그래서 부처님께서도 어느 뼈다귀를 봐도 "저것이 내 부모인지도 모르고 저 뼈다귀가 내 아버지인지도 모르고 할머니인지도 모르고 내 형제인지도 모르고 내 자식인지도 모르고 그렇지 않으냐? 내 자식 아닌 것도 없고 내 부모 아닌 것도 없으니 너희들은 내가 여기 이 뼈다귀에다 절하는 것을 어떻게 생각하느냐?" 하고 하문하신 적이 있듯이 말입니다. 우리는 모든 것을 보고서 그렇게 깔봐서도 아니 되고 못 믿어서도 아니 됩니다. 자기를 형성시켜서 이렇게, 연(年)으로 쳐도 아니 되는, 헤아릴 수 없는 광년을 그렇게 끌고 이날까지 오다가 이렇게 인간으로까지 형성시켜 온 자기의 주인공 자체, 이름 없는 참자기를 못 믿어서야 되겠습니까?

한 보배 속에서, 그 속에는 별의별 게 다 있고 천차만별로 이 우주에 있는 거는 다 그 속에 있습니다. 야, 밥을 달라면 밥이 그 속에 있고 말입니다, 옷을 달라면 옷이 그 속에 있고, 돈을 달라면 돈이 그 속에 있고 말입니다, 보석을 달라면 보석이 그 속에 있고, 없는 게 없어요. 그래서 어디 가면 이 두 손에 말입니다, 없는 게 없이 놓여 있죠. 그 표시입니다. 그리고 어디 가면 머리에도 부처님, 그저 여기도 부처님 저기도 부처님, 손도 이 손 저 손, 그저 잔등이도 손, 겨드랑에도 손, 그렇게 많이, 뒤에도 눈 앞에도 눈, 그냥 어디에 눈 안 달린 데가 없고 손 안 달린 데가 없고 부처님 안 계신 데가 없어요. 그게 표시지마는 사실입니다.

그러니 끝으로 한마디 당부 말씀 해 드릴 거는, 공부하는 사람들이 삼독의 욕심으로, 또는 욕심으로 인해서도 그렇지만 욕심을 버렸다 하더라도 하나하나의 모습으로 우리가 억겁을 거쳐 오면서 살아나오던 그 습이 있습니다. 뱀의 모습이든지 곰의 모습이든지 원숭이의 모습이든지 고양이의 모습이든지 어떠한 모습을 가지고 우리가 거쳐 나온 것입니다. 그러니까 옛날에 잠재해 있던 그 습이 공부를 하려면 그냥 쏟아집니다. 꿈에 나오는 한정 없이 쏟아지는 그 모습들이 누군 줄 아십니까? 여러분이 이 인간이 되기까지 거쳐 나올 때에 살던 그 습입니다. 그 모습입니다. 그런데 그거를 딴 남이라고 생각하고 '꿈에 이런 걸 봤으니 어이구, 내가 언짢지.' 왜 언짢습니까? 예?

사람은 그걸 모르기 때문에 "머리 검은 중생은 그것을 모르지만" 이렇게 말하는 사람도 있습니다. 그러나 짐승들을 한번 구해 주면 그걸 끝끝내 갚고 맙니다. 그 반면에 만약에 도둑질을 했다고 해서 그걸 찾으려고 그런 짐승을 시루에다 찐다 이러면 꼭 갚습니다. 그런데 이 도리를 아는 부처님께서는, 즉 말하자면 불보살들은 고양이 모가질 쥐고선 "너, 한마디 이르면 이걸 안 죽이고 한마디 이르지 못하면 이걸 죽인다." 했는데 한마디 이르지 못해서 그걸 죽였어도 죽인 게 아닙니다. 공부를 가르치려고 그렇게 한마디 하문해서 던지고서는 그 인연 따라서 그거를 쥔 남전 스님도 말입니다, 얼마나 그게 좋은 일입니까? 그 당시에 바로 고양이의 무명을 치고, 고양이의 아름다운 그 마음을 인간으로서 환토를 시켰으니 얼마나 좋은 일입니까? 예? 이 모두가, 하나하나가 너무나 성스럽고 갸륵하고 참, 이 고마운 것을 말로 어떻게 다 하리까?

그러니 여러분이 겁을 거쳐 오면서 살던 그 습에 의해서 속지 마시고, 환상을 보고 속지 마시고, 자기의 모습을 보고 놀라서 속지 마시고, 꿈이 나빠서 안 되느니 되느니 이렇게 속지 마시고, 또 싸움이 일어나더라도 어떠한 문제든지 조용히 좋은 말로, 하다가도 안되면 딱 멈추고, 말하지 말고 여기다가 맡겨 놓는 그러한 사람이 되신다면 큰 소리가 영 없고 화목이 깃들고 복이 들어오고 공덕이 될 것입니다. 그래서 나는 이 세상에서 악 쓰고 상 찌그리고 온통 욕하고 그러는 게 제일 싫거든요. 저는 그것이 참 사무칩니다.

옛날에 저는 여기저기 다니면서, 이런 소리는 다 안 해도 되겠습니다마는 너무도 그런 걸 많이 봐 왔습니다. 그러나 그것이 저한테는 참…. 사람이 살면서 고등 동물이라면서 어째 저렇게 마구…, 저러다가도 둘이 또 살아. 아이, 생각을 하면 너무나 기가 막힙니다. 나 같으면 그냥 은금이 쏟아진대도 저거 할 텐데 아, 그래도 그냥 칼로 물 베기다 이거야. 그러면 칼로 물 베기는 좋은데, 그것을 다 놔 버리고 칼로 물 베기를 했으면 좋겠는데 그게 아니란 말이야. 그거는 잠재해 있습니다. 그게 잠재해 있으면서 차고 차고 잠기고 잠겼다가 나중엔 폭발이 됩니다, 또. 그러니 두고두고 있다가 또 폭발이 되고 두고두고 있다 더 쌓여 가지고, 모아 가지고 폭발을 시키고 그럽니다. 그것은 있을 수가 없습니다.

우리는 모아지는 것도 없고 버리는 것도 없으니 여여하게, 생활 속에서 어떠한 문제가 속을 썩인다 하더라도, 속을 썩인들 얼마나 썩이겠습니까? 이 모습이 얼마나 간다고…. 중노릇하는 사람도 있는데요. 편안하게들 사십시오. 나는 그것을 원합니다. 한 생 이렇게 알뜰하게 관하고 정진하고 살아서, 세세생생을 우리가 보람 있게 참, 부처님의 자리에서 이 세상에 모습을 가지고 태어나지 않으면서도 그 모습들이 다 나 아님이 없이 될 수 있다면, 당당하게 내가 지금 태어나려면 태어나고 죽으려면 죽고 맘대로 할 수 있는 그런 자유권을 가질 때 그 보람이란 정말이지 눈부신 것입니다.

그러니 오늘은 이걸로써 끝을 마치겠습니다.

죽은 나무가 죽은 나무를 살릴 수 있어야

1986년 9월 6일

지난번에…. (마이크 두드리는 소리) 이렇게 쳐 보면 되니? 참 배울 게 많은데요. 하하하…. (대중 웃음) 아니, 죽을 때까지 배워도 다 못 배워요. 아니, 한 생에 다 배울 수는 없을 거 같아요.

이 '진화 용'으로 인해서 우리가 살면서 진화론이 나오고 그랬는데요, 우리 인간의 마음, 인간의 마음뿐만 아니라 아마도 물에서 노는 놈은 물에서 노는 놈대로 들에서 놀면 들에서 노는 대로, 흙 속에서 놀면 흙 속에서 노는 대로 저 숲 속에서 놀면 노는 대로요, 그 노는 데에 의해서 자기가 생존 경쟁에서 '필요한' 존재가 돼야 되거든요. 그리고 자기가, 자기 존재가 남한테 먹히지 않으려면 어떻게 어떻게 해야 한다는 그런 생각이 드는 거거든요. 마음이라고 그러죠, 그걸? 그런 의식이 들어야만이 그게, 그런 의식이 들기 때문에 자연적으로 그것이 진화 용이 되거든요. 그런데 그런 것만이 문제가 아니라 평상시에 살면서 진화 용을 하고 갑니다, 여러분이. 근데 그걸 몰라요. 예를 들어서 병이 들었다든가 '이리로 갔더니 망하게 생겨서 이게 잘못 돌아가.' 이렇게 탁 알았을 때에 빨리 바꿀 수 있는 거는 자기 생각이거든. 빨리 바꿀 수 있어서 뒤집는 것도 여러분이 잘못됐다는 생각이 들었기 때문에 이건 잘되게 하기 위해서 바꿨다 이거야. 그러니까 진화용이죠.

여러분한테 신행담을 하시라니까요, 영 안 하시고들 그래요. 기독교에서는 그걸 간증이라고도 그러는데요, 여러분도 신행담을 하시면서 토론한다면 그 진화력을 얻어서 그대로 용을 하실 수 있는 그런 만법의 원리를 알 수 있고, 또 만법의 원리를 알 수 있다는 그 점은 바로 내가 발현이 되지 않는다면 자유롭게 못한다는 얘기죠. 내가 여기가 발현이 되지 않는다면 어떠한 각본에 의해서 차례차례로, 자기가 머리의 물리도 터지지 않고 지혜도 나오지 않으니까 각본대로, 자기 생각한 대로 그냥 가거든요. 그런데 여기가 발현이 된 사람은, 즉 깨달은 사람, 이름해서 견성한 사람은 자기가 굴리면서 자기가 또 성불하게 되고 성불하게 되면 열반경지에까지 가게 되죠.

그렇게 함으로써 자기는 자유스럽게, 여기서 한생각에 저 혹성을 건너뛸 수도 있는가 하면 진화 용을 하는데, 올챙이가 자라서 개구리가 되기까지 그게 기간이 얼맙니까? 그러면 올챙이가 그냥 올챙이 옷을 벗어 놓고 저 상어로 갈 수도 있고 뛸 수도 있단 얘깁니다. 이거는 예를 든 건데 그러한 뜻이 뭘까? 그러면 이렇게 껑충 뛸 수가 있다. 이거 어떻게 뛸 수 있을까? 만약에 이런 뜻을 아신다면, 죽은 나무가 죽은 나무를 죽인다면 산 것을 올바로 볼 것이고 또 죽은 나무를 살릴 수 있어야 우리가 그러한 진화력을 얻어서 진화 용을 그대로 자유자재할 수 있다 이런 문제가 나오죠. 그런 뜻은 무엇일까 할 때에 여러분은 어떻게 생각하십니까? 그 대답을 한번 해 보시렵니까?

옛날에 어떤 분도 그 말을 하니까 아무 대답 없이 삼매에 들어서 이렇게 참선만 하고 계셨다고 그러는데요, 여러 가지로 표현도 많이 했습니다마는 제가 하고 싶은 말은 그겁니다. "죽은 나무가 죽은 나무를 죽여야 산 나무를 볼 수 있고 죽은 나무가 죽은 나무를 살릴 수 있어야….” 그러한 말이 있다면 그게 무슨 뜻인가? 요 뜻을 우리가 대답할 수 있다면 어떻게 대답을 해야 되는가? 누구든지 좋아요. 스님네도 좋고, 여러분 중에 그것을 어떻게 대답을 해야 맞을까요? 맞는 것도 안 맞는 것도 없는 동시에 그것이 생긴 일이니까. 죽은 것을 죽여야 산 것을 똑바로 보고 죽은 것이 죽은 것을 살릴 수 있어야 우리가 아까 얘기했듯이 자유인이 될 수 있다는 얘깁니다. 그 뜻이 무엇일까요? 꼭 말만 해야 되는 건 아니니까 한번…. 사람이 배짱이 없어서는 안 됩니다. 그저 껍데기가 되든 살이 되든 뼈가 되든 뼛속이 되든 골수가 되든 하여튼 배짱이 없어서는 아니 되니까요.

신도1(여) 스님의 그 말씀, 우리의 아만을 죽여야 한다는 말씀으로 들으면 안 되는지요. 저는 지금 그렇게 생각이 됩니다. 우리의 사량심이라든가 관념이라든가 이걸로 꽉 찬 아만심, 이것이 고목이고 이 고목을 완전히 죽여야만 우리가 살 수 있다는, 우리의 주체로 볼 수 있다는 그러한 말씀이 아니신가 하고, 또 하나 우리의 그 아만심을 살려 내야 된다는 것은 주인공이 그 아만심으로 꽉 찼던 시자를 완전히 자유롭게 부릴 수 있는 상태, 그 상태가 되면 결국 다시 살려 내는 것이 아닌가 이렇게 생각이 됩니다.

큰스님 그렇게 하는 것은 이 가죽밖에는 얻을 수가 없다는 얘깁니다. 가죽! 아직도 멀었단 얘깁니다.

여러분이 앉으나 서나 참선하면서, 여러분의 손을 펴 놓고 보십시오, 양면을. 힌트입니다. 그러나 이런 거는 힌트를 줘서, 알아서 되는 게 아닙니다. 지난번에 그랬죠? 덫을 놓은 데를 모르고 천방지축 그믐밤에 가다가 빠졌다고요. 빠졌는데 도대체 나갈 길이 없죠. 그, 어떻게 나가야만이 나갈 수 있을까요?

신도2(남) 마음의 근본을 밝히…. (청취 불능)

큰스님 그것도 예전에 선조들이 말씀하신 걸로 본다면 삼십 방망이죠. 나간대도 삼십 방망이, 못 나간대도 삼십 방망입니다.

예를 들어서 그, 동시에 나가지 못해서 애를 썼는데 아, 거기서 떨어지는 돌이 마주쳐서 그 소리가 요란하거든요. 돌이 떨어져서 돌과 마주치는 소릴 듣고 홀연히 깨쳤다는 얘기가 있습니다. 우리가 여기에서 발현돼서 그 뜻을 가만히 생각해 본다면, 이건 사량으로 생각해서 이론으로 천지를 다 뒤집을 말을 한다고 해서 되는 게 아닙니다. 그것은 실천에 옮길 때에, 만약에 과일이 있다면 과일을 내가 포크로다 탁 찍어서 먹을 수 있어야 하고, 이 포크에 꿰진 거를 빼 놓을 수도 있어야 된다는 얘기죠. 때에 따라서 급하면 포크에 탁 끼워서 남의 입에다가도 넣어 줄 수 있어야 된다는 얘깁니다.

지금 이렇게 바쁜 시대에, 우리가 지난번에도 얘기했지만 그러한 도리가 아니면 앉아서 호국 불교를 이룰 수도 없거니와 세계를 조절해서 우리가 자유자재할 수가 없고 또 세계를 조절할 수 없으니 우리가 우리나라도 지킬 수 없거니와 우리 국민도 단합이 되지 못할 뿐 아니라, 우리 국민들이 살아나가는 데에 어떠한 문제가 생겨도 그것을 조절할 수가 없는 겁니다.

지난번에도 많은 얘기를 했습니다마는 역대에서부터 조사선에 의해서 내려오던 것이, 우리 한국에 내려오는 문제가 깨끗하게 내려온다고 하지마는 우리 마음의 그 선이 그대로 끊기지 않고 이어져야 되는 거죠. 우리 어머니 속에서 사람이 나고 또 그 어머니 속에서 또 나고, 사람만 나는 게 아니라 그 마음의, 즉 말하자면 선맥이 끊어진다면 그건 겉껍데기만 왔다 갔다 하는 거나 진배없다 이 소립니다.

여러분이 오늘은요, 신행담을 좀 하시면 좋을 것 같습니다. 뭐, 가정에서 살아나가면서 어떻게 해 나가니까 어떻더라. 여기 나오면서 어떻게 어떻게 했더라. 조끄마한 일에서 큰 장군이 나고 조끄마한 일에서 부처가 나고 조끄마한 일에서 선맥이 이어지고 하는 거니까 뭐, 대수롭지 않은, 우리 생활에서 하고 가시는 그런 신행담을 좀 하셨으면 좋겠습니다. 지난번에도 그랬는데 영 덤덤하시고, 그렇게 남의 말만 들어서 될 일입니까, 이게? 얘기를 해서 좀 점검도 받고 점검해 보기도 하고, 그런 게 얼마나 좋습니까? 도대체 귀로 그냥 쫄쫄 엮어 매달아 가지고 아니, 귀로 들은 것만, 귀동냥한 것만 말씀하시렵니까?

신도3(남) 감사합니다. 제가 이 한마음선원에 나온 지가 만 일 년이 조금 넘었습니다. 제가 어떻게 한마음선원을 알아서 큰 스승님을 만나게 되었는지 잠깐 말씀드리겠습니다. 저의 집사람이 만 십 년간 아팠습니다. 서울대학병원, 일류 박사님을 다 만나도 낫지 않았습니다. 여기 오기 일주일 전에도 병원에 입원을 했습니다. 그 당시에 우리 집안 칠촌 아주머니가 여기 한마음선원에서 한 일 년 전부터 큰스님 법문을 들으시고 그랬는데, 스님이 여기에 지금 계시지만 저는 안 믿었습니다. '설마 십 년이란 강산이 변하는 동안에 아팠던 게 스님을 뵙는다고 나으랴.' 그랬지만 처음엔 '어쨌든 한번 믿어 보자. 잠시라도 한번 믿어 보자.' 이래서 퇴원을 며칠 앞두고 바로 여기 왔습니다.

그래 와서는 큰스님을 저쪽 선실에서 만났습니다. 그러니까 스님이 보시고 별말씀도 안 하시고 '공부 열심히 하라' 하는, 항상 우리 스님께서는 공부 열심히 하라 그러시죠. 그래서 공부하고 한 삼 개월이 딱 지나니까 십 년 동안 헛구역질 한 그 몸이 변했습니다. 그 못 먹던 밥을 고추장에 비벼서도 그냥 먹었습니다. 그래서 저는 그렇게 생각합니다. 옛말에 있지 않습니까. 지성이면 감천이다. 지극한 정성으로 하시면 왜 안 되겠습니까?

큰스님 요다음에 말씀하실 분이 있으시면 '어디서 사는데 이렇게….' 요것도 말씀하시는 것이 좋아요. 당신이 얘기하도록 해, 마이크 든 사람이. 또 그것도 신행담으로 참 좋은 거야.

신도4(남) 조금 아까 스님께서 저희에게 물으신 거기에 대해서 제 조그마한 사견으로, 이게 알음알이가 될는지 또 사량이나 분별심에서 제 나름대로 소화시켜서 재생산해 가지고 여쭈는 말씀이 될는지 모르겠습니다마는, 아까 말씀은 '죽는 나무를 보다 보니 산 나무를 본다. 또한 죽은 고목을 다시 살려 낼 수 있는 방법이 있겠느냐?' 이런 물음인 것 같습니다.

저는 식물에 대한 예비지식을 가진 사람도 아니고 또 화원을 가꾸는 사람도 아니라 그걸 그렇게 받아들이지 않고 제 나름대로는 고목을 살릴 수 있다 이렇게 말씀을 드리고 싶습니다. 어떻게 죽은 고목을 네가 살리겠느냐? 고목은 죽었으되 그 고목을 목수나 제재소에 가서 잘 켜 가지고 그것으로 장을 만든다든가 탁자를 만들었을 때에 그것은 죽은 것이 아닙니다. 그게 화신이 돼서 다시 탁자라는 새로운 생명력을 가지고 우리에게 재현되는 것으로 생각을 해 볼 때에 '그렇다면 이 고목을 되살린 것이 아니냐' 이렇게 어거지 이론을 말씀드리고 싶습니다. 답변이 될는지 모르겠습니다마는 제 나름의 소견을 간략히 말씀드렸습니다. 감사합니다.

큰스님 그것은 이론적으로는 그렇게 될 수 있으나 한 장으로서 고정됨이 있기 때문에 그것은 삼십 방망이에 불과합니다. 하하하…. 우리가 이렇게 웃으면서 서로 대담을 하고 있지만 이것을 가르쳐 드리지 않고도 여기에서 이것이 발현이 돼서 견성만 했다면 그 대답은 반드시 나옵니다. 지금 심리학자나 이런 사람들이 말을 할 때에 진화론이라고 이렇게 말들을 하더군요. 이건 논이 아닙니다. 이것은 논이 아닌, 천차만별의 문제가 거기에 달린 거죠. 그렇기 때문에 이건 나무로 볼 것도 아니고 사람으로 볼 것도 아니고 어떠한 걸로도 볼 게 아닌 그 속에 들어 있는 것입니다. 그렇기 때문에 우리가 말 없이도 대답할 수 있는 문제가 아주 간편합니다. 그러나 여기에 깨달음이 없다면 간편하게 그것을 대답을 못하죠. 그렇게 대답을 못하는 거죠. 허허허….

하여튼 어떻게 됐든지, 우리가 살면서 가정에서 이렇게 신행을 하면서 어떠한 거든지 참선 아닌 게 없고 어떠한 물건이 설법 아닌 게 없듯이 그렇게 공부하면서 생활로서의 참선을 하고 가는데, 또 좀 말씀해 보도록 하시죠. 당신이 얘기해 봐! 당신도! 그럼 남들이 전부….

신도5(여) 저는 방학동에서 왔습니다. 제가 광명사에 다니는 언니가 있어서 음성에 갔더니 저더러 그렇게 말하더군요. 너는 몇 년이 되도록 그렇게 고생을 하는데 고생을 안 해도 될 거를 고생을 하고 있다고요. 그래서 어떡하면 고생을 안 할 수가 있느냐고 그랬더니, 안양에 스님이 계신 데를 한번 가 보라고 그래요. 제가 언니네 집에 갈 때는 돈이 하나도 없어서, 먹을 것도 하나도 없고 돈도 하나도 없어서 이천 원을 꿔 가지고 언니네로 쌀을 얻으러 간 겁니다. 그랬더니 언니가 차비가 있느냐고 그래서 저는 차비가 하나도 없으니까 "언니가 차비를 대 주면 한마음선원에 갈 거고 언니가 차비를 안 대 주면 나는 못 갈 거야." 그랬더니 언니가 가만히 있어요. 그래서 제가 "참새가 방앗간을 어떻게 지나, 언니?" 그랬더니 언니가 "그러면 가자." 그렇게 말하더군요.

그래서 거기서 여기를 찾아와서 큰스님을 뵈었는데, 그 순간 큰스님의 그 모습은 제가 언젠가 찾아 헤매던 바로 그 스승이었습니다. 그렇게 인자하실 수가 없었어요. 절하는 순간 눈물이 그렇게도 펑펑 쏟아지는 걸 처음이라 창피해서 눈물을 꿀꺽꿀꺽 참고 있었는데 법문에 "주인공에다 모든 거를 놔라." 이렇게 스님께서 말씀하실 때 '주인공이 도대체 뭐기에 거기다 놓으면 다 된다고 저렇게 말씀하시나?' 그 때서부터 저는 그게 그렇게 의심이 날 수가 없었어요. 그래서 '내가 이거를, 주인공을 알아야 거기다가 놓든가 말든가 하지 주인공을 모르는데 거기다, 언다가 뭐를 어떻게 놓느냐. 믿을 수 있어야 놓지 그렇지 않으면 나는 못 놓겠다.' 하고 생각을 했어요.

그런데 한마음선원을 또 와야 되는데 너무나 가난해 가지고 차비가 없었어요. 여기 올 차비가, 도대체. 그래서 밤새도록 내 맘속으로 어떡하면 한마음선원에 갈 수 있는 차비가 생기느냐고 끙끙거리면서 생각을 했는데 남편에게 "나 선원에 가야겠어요." 그랬더니 천 원을 주세요. 그래서 지하철을 타고 왔더니 오백이십 원이 들더군요. 그래 또 지하철을 타고 가야 되는데 돈 천 원의 차비가 없어요. 그렇게 밑바닥 생활을 하고 있는데, 그래도 또 선원에 왔을 때 큰스님 말씀 하나가 그대로 그냥 내가 살 수 있는 말씀이라고 느꼈기 때문에, 겁도 없이 스님 곁에 바짝 앉아서 "맞아, 맞아, 맞았어." 그러면서 그냥 눈물을 하염없이 흘렸어요. 그래도 그 주인공 자리가 믿을 만한 자린 줄을 몰라 가지고 그런 생활을 '돈이 없으면 어떡하나?' 그러면 또 돈이 생기고 '어떡하나?' 하면 또 생기고 그래서 차비를 가지고 여기를 왔다 갔다 하는데 선원을 이십 일 정도 왔을 때 지하철을 타려고 내려오는데 번개같이 그 주인공 자리가 알아지더군요.

그래서 그때서부터 '야! 이러면 됐다.' 했는데 마침 제일 앞자리에 앉으라고 시자 스님이 그래서 맨 앞자리에 앉았을 때 큰스님께서 법문해 주시는 동안 저는 '내가 지지 않을 짐을 내가 만들어 가지고 이렇게 짐 아닌 짐을 내가 지고 있구나.' 생각을 하니 칠 년이라는 세월을 그렇게 고생하며 살아온 그 순간이, 칠 년이 아니고 일 초 동안의 그 순간이었습니다. 그때는 얼마나 울었는지…. (녹음 안됨) '자비하신 당신은 나를 다 잘 아니까 당신이 알아서 하라.' 이렇게 맡겼을 때 뜻하지 않게 십 년, 이십 년 된 사람들이 돈봉투를 그냥 일주일 동안 내내 갖다 주시더군요.

그래서 '야! 바로 이게 자비하신 당신의 모습이로구나!' 생각을 하면서 그때서부터 기를 쓰고 선원에 왔는데 내가 생각했던 그 짐들은 어디로 갔는지 간 곳이 없고요, 오늘의 나는, 진짜 이제 내가 살았구나 싶은 생각에 그 기쁨은 헤아릴 수가 없었습니다. 그래서 그 기쁨에 충만하고 생명의 그 존엄성과 위대함을 알고 이제 살았다는 그 기쁨으로 다가 꽉 차 있어 가지고 관악역에만 내려도 수없이 눈물을 흘리면서 선원을 들락거렸죠. 그랬더니 어느 틈엔가 우리 살림은 윤택해지고 우리 아이들은, 대학교 갈 엄두도 못 내던 우리 아들은 대학에 척척 붙었고 그 많은 대학 등록금도 소리 없이 다 해결이 되더군요. 그래서 저는 그 짐 아닌 짐을 지고 이때까지 산 그 순간이 한순간이었다는 걸 깨달았습니다. 지금도 저는 그냥 기쁨도 슬픔도 모든 것이 다, 뭐라고 말할까요? 그냥 그래요. 감사합니다, 큰스님.

큰스님 그러면 또 지금 그 사람, 저 빨간 샤쓰, 얘기해 봐요! 모두 하고 싶은 사람들, 이렇게 얘기하면 서로 공부하는 데 도움이 되지 않겠남?

신도6(여) 저는 독산동에서 와요. 근데 지금 한 칠 년 됐는데요, 처음에 선원에 올 때는 이런 공부를 한다고 온 게 아니고 기복적으로 다른 데를 나가다가 그냥 큰스님이 계시니까 가서 한번 뵙자고 그래서 왔었는데, 그때는 뭐라고 그럴까요? 제가 너무 교만했었나 봐요. 좀 이상하더라고요. 그래서 다시 돌아갔어요. 그러고 얼마 있다 애기를 낳았는데 그때부터 아프기 시작했어요. 현대 의학으로는 이걸 알 수가 없다는 거예요. 그냥 종합 진찰을 다 했는데도. 그런데 계속 아프고 이 키에 한 삼십 킬로밖에 안 나가니까 그냥 뼈하고 가죽만 남아 있는 상태로 병원에 가면 그냥 바닥에, 복도 바닥에 그냥 드러누워 있다시피 했어요. 그러니까 내과 과장도 통원 치료가 안 되니까 그냥 입원을 하라고 그러는 거를 입원을 안 한다고 그러고 나와 가지곤 선원에 올 생각도 않고 있는데, 그때는 내가 죽어야 된다는 생각밖에 안 했었죠. 그냥 내가 죽으면 애들 아빠가 우선 고통에서 벗어날 거 같고 애들도 그렇고 그래서 죽어야 된다는 생각을 했는데, 탁 들리는 소리가 "절에 가야 되지 않겠느냐." 하는 음성이 탁 들리는 거예요. 근데 절이라는 것이 기복적으로 다니던 절이라는 생각은 안 들고 안양이라는 것까지도 탁 얘기를 해 주는 거예요. 그때는 주인공이라는 생각도 안 하고 그냥 '뭔가 나한테 들려줬구나.' 그래 가지고 이웃에 사는 아줌마한테 안양선원에 좀 가 주시라고 부탁을 했어요, 다 저녁때. 그랬더니 가겠다고 탁 나서시더라고요.

그전에는 선실에서 스님이 항상 친견을 받아 주시고 그랬는데 거기에 도착하는 시간이 우리 집에서 꼭 십오 분 걸리거든요. 그랬는데 그 시간에 그냥 제 이 육신이 딱 굳어 버리는 거예요. 움직일 수가 없더라고요. 그런데 이 정신은 모두 정상이에요. 그러니까 병을 나으려고 생각했던 게 아니고 그 뭔가 이상한 그게 그냥 절에 너는 가야 된다는 그 말씀 때문에 이제 가 주시라고 그랬는데 탁 굳어 버리니까 움직일 수가 없었어요. 애기는 발 밑에 드러누워 있는데. 그래 애기가 깬다고 그러면 "괜찮을 거야. 잘 거야." 그러고 또 그 음성이 들려요. 그러면 우유 먹을 시간도 됐다고 그러면 그냥 자니까 이따가 먹이라고 이래요. 그랬는데 그 아줌마가 스님을 뵙고 말씀을 드리는 그 시간쯤 됐을 거 같은데, 저도 스님하고 막 이렇게 대화를 하는 거예요. 그냥 육신은 집에 있는데 스님을 이렇게 대하는 거예요. 말씀은 다 하는데 스님이, 그때는 제가 너무 기가 막히게 까부니까 그냥 웃기만 하시더라고요. 그래서 "스님, 저는 형편도 무척 어렵고 애들하고 살기가 그러니까 많이 들면 저는 시주를 못합니다." 그러니까 스님이 "아휴! 그래, 알았다." 그러시더라고요. 그래서 어떻게 어떻게 하라고, 그래야 네가 좀 편해지겠다 그런 말씀을 해 주시니까 저는 그냥 "그럼 스님, 저 가겠습니다." 하고 딱 돌아서서 왔는데 그렇게 한 삼십 분을 그 뭐라고 그럴까, 영들이 그냥 와 가지고 다 저한테 일일이 대화를 하는 것 같은 거예요. 다 보게 하고 모습이 다 보이고. 그러니까 꼭 남이 보기에는 무당이라고, 신이 내렸다고 그러고 뭐, 죽을 거라고 그러고 이웃에서는 다 이렇게 얘기를 했었죠.

그런데 그럭하고 스님한테 "저 갑니다." 하고서 인사를 드리고 탁 나서서 왔는데 이게 몸이 딱 풀리는 거예요. 이 굳었던 상태가. 그러면서 "너 걸어서 화장실에 가라." 그러세요. 대소변도 못 보고 먹으면 오바이트하고 그냥 하여간 이 곡기 하나 못 넣기를 한 달을 그랬었어요. 그랬는데 "너 인제 풀렸으니까 화장실에 가면 배설이 다 될 거다. 그러면 통증이 멎는다." 그러셔서 갔는데 진짜 그대로 돼요. 그래서 걸어 나와 가지고 물을 먹고 싶다고 그래서 물을 먹는데 '아휴, 왜 이렇게 아줌마 안 오시지?' 그러는데 또 그 음성이 "얘, 바깥에 왔어." 그런데 문을 탕탕 두들기는 거예요.

그때까지도 이 주인공이라는 거를 전연 모르고 산 상태에서 너무 그때는 당황하게 되고 아무것도 감을 못 잡았었죠. 그런데 인제 병원에 가야 되겠기에 간다고 스님한테 일단 말씀을 드리고 가서 수술도 하고 이랬는데 아무런 후유증이 없이 편안했어요. 그때는 스님에 대한 감사한 마음도 없었고 제가 그런 마음을 갖지를 못했었죠. 그랬는데 그게 점점 시간이 가고 스님을 자주 뵙게 되면서 내가 공부를 해야 된다는 것보다도 모든 게 나 하나로서 편해지니까 그냥 감사한 마음, 보답을 하겠다는 마음으로 선원에 자주 왔었어요.

그러나 그 안에도 기복적으로만 이 공부가 되지 진짜 이 공부다, "너 자신 주인공을, 너 참나를 찾아라." 하는 그 말씀에는 매달려지지도 않고 '아유, 그럴 리가 있는가.' 하는 의심뿐이고 그랬었는데 어느 날 저한테 꿈으로 오더라고요. 꿈을 꿨는데 너는 이거를 보아야 된다고 스님이 그 한 말씀만 하시는 거예요. 법당 앞에서요. 근데 그거를 다 보여 주시는데 그걸 보고도 그 모습에만 계속 매달리게 되고 그 꿈이 그냥 꼭 현실 같고 그랬는데 점점 내가 스님의 법문 그 "놔라" 하는 말씀 때문에 '이거를 놔야만 나한테 편하고 내 신상에 좋겠구나.' 하는 그런 생각이 들면서도 딱 부닥치면 또 안돼요. 그러다 몇 개월이 지나니까 어느 날 그거를 딱 맡겨 놓고 잊어야 된다는 거를 '에이, 맡겼으니까 그까짓 거 된 거야.' 이런 생각만 했어요. 그런데 맡겨 놓고 나도 모르는 사이 잊어 먹었는데 문득 버스를 타고 지나갈 때 '아, 그랬었는데 이젠 안 그렇구나.' 하는 것이 그때 포착이 되더라고요.

그때부터 '아, 이건 맡기면 무조건 되는 거.' 그랬는데 저도 여유가 없는 생활을 하니까 꼭 필요할 때에는 나한테 주어지고 나한테 필요한 만큼만 온다는 그게 참 묘하더라고요. 이 주인공 자리에서는 나한테 꼭 필요하면 오고 필요치 않으면 내가 암만 가지려고 발버둥을 쳐도 안 온다는 거를 실감 나게 해 주시더라고요. 그리고 아픈 것도 그냥 "아유, 나 아픈데." 이러면서 스님께 해 달라고 막 매달릴 때는 진짜 그게 스님한테만 의존하는 거지, 이 나 주인공한테는 맡기지를 못하는 거예요. 그냥 스님! 오로지 스님이 다 해 주시는 걸로….

그런데 시간이 가면서 그게 은연중에 그냥 놔지는 거예요. 그러니까 옆으로 드러누워 잠도 못 자던 그 통증도 없어지고 그게 그냥 '아! 이거구나.' 하는 걸 자꾸 느끼게 되고 해결이 돼요. 그래서 저는 항상 지금 한순간 생각 낸 거를 물리지도 말고 앞서려고도 하지 말고 그 생각이 중요하다는 거, 그냥 탁 한번 냈으면 그대로 그게 내가 한 만큼 온다는 그 말씀이 저한테는 그렇게 와서 닿더라고요. 그 말씀 해 주실 때 스님이 '하, 이게 진짜 감사한 말씀이구나.' 하고 감사한 마음이 절실하게 들고, 그냥 이렇게 말씀을 듣고 내가 행으로 할 때 뭔지 모르게 뜨거운 게 나한테서는 문득문득 올라와요. 그런 맘이 전연 없이 다녔었죠. 그러니까 항상 스님한테 뭔가를 보답하려면 열심히 이 공부를 해야 되겠다는 마음, 그러면 참주인공 심부름하는 사람으로서 편하게 가야겠다는 그 생각이 절실해요. 지금 앞으로도 계속 그러고 싶은 생각이에요. 감사합니다.

큰스님 그것 참, 처음에 공부를 해 가면서 그랬더라면 그 도리를 알았을 텐데 사람은 죽게 되고 너무 급하니까 너를 그렇게 이끌어 준 게 잠시 잠깐 요술쟁이가 부처님이 됐던 모양이로구나. 하여튼 곤란하게 만드네. 하하하….

신도3(남) 감사합니다. 제가 여기 한마음선원에, 아까 조금 전에도 말씀드렸지마는 스님의 높으신 법문을 듣고 느낀 점을 또 한 말씀 드리겠습니다. 저는 여기에 나온 지 한 일 년 조금 지났지마는 저는 지금 서울 가리봉동에 살고 있습니다. 그런데 지금 공부한다는 그 마음보다 진실한 마음, 조금 전에 죽은 나무가 죽은 나무를 죽여야 산 나무가 빛이 난다는 그 뜻은 저의 생각에는 하나의 자존심, 썩은 마음은 버리고 진실한 마음으로써 이루어 나가면 되는 것이 아닌가. 쓸데없는 허공에 뜨는 마음은 버리고 진실한, 내 깊숙이 있는 마음을 이루어 나가면 아니 되는 게 없다는 그 말씀, 그게 빛이다 저는 이렇게 받아들였습니다.

그리고 제가 공부하는 과정에서 느낀 점은 '자존심은 쓰레기같이 버리고 인내심을 기르자. 아무리 성나는 일도 참고 이기면, 참고 견디면 무엇이 안 이루어지겠나. 또 부처님을 보듯, 우리 큰스님을 보듯, 세 살 먹은 애기로 보자.' 세 살 먹은 애기는 그저 젖 먹고 싶으면 젖 달라, 잠자고 싶으면 잠자고, 얼마나 잘합니까. 바로 그 마음, 깊은 마음을 저는 그렇게 느낍니다. 그러니 쓸데없는 마음, 자존심 그거는 꼭 쓰레기같이 내버리고 인내심 기르고 부처님 마음, 진실한 마음을 가지고 공부 열심히 한번 해 봅시다. 감사합니다.

큰스님 공부하는 데 대해서 과정도 말씀하시고 이렇게 하시는 것이 좋겠습니다. 이제 시간이 너무 많이 흐른 것 같습니다. 아까도 얘기했듯이 잠깐 말씀드리고 끝내겠습니다.

진짜 이 공부 하는 데는 어떠한 환이고 잘됐다 못됐다를 떠나서, 잘되는 것도 되는 것도 다 놓으라고만 하기보다도 여러분은 생활을 하기 때문에 "맡겨 놔라" 이렇게 한마디를 더 붙인 겁니다. "그냥 놔라! 쉬어라! 방하착 해라!" 이럭한다면 그게 도대체, 처음에는 주인공이라는 것도 도대체 모르니까, 우리가 공부하는 과정에서 어떡하면 잘 그것을 알게끔 해 주나 하는 생각에서 그렇게 했던 겁니다.

그런데 여러분이 눈이 캄캄하고 귀가 뚫리지 않고 그랬을 땐 꼭 지팡이를 짚어야만 합니다. 두들겨서라도 가야 하니까 말입니다. 그러나 그 지팡인 스스로 놔집니다. 나중에 발현이 되고 내가 한 소식을 들었을 때는 반드시 그 지팡이는 스스로 놔지게 돼 있기 때문에 그 이름은, 예를 들어서 '주인공!' 할 때에, 방에 여러 분의 남편이나 아내가 같이 모두 놀고 있을 때에, 애는 없지마는 한 방에 놀 때에, 이렇게 말을 하면 어떻습니까? 바깥에서 말입니다, 애 아버지는 불러야 할 텐데 친구 여러 분이 있을 때에 어떻게 불러야죠? "아무개야! 아무개야!" 하고 부릅니다. "아무개 아빠!"라고 부르면 부인이 자꾸 끌어내는 것 같아서 말입니다. "아무개야!" 하고 부르니까 그 남편은 벌써 아내의 목소린 줄 알더라 이겁니다. 그와 같이 '주인공' 하면 주인공은 이름이지마는 내 참나는 벌써 내 자식의 목소린 줄 알고 그것이 아버지가 바로 아들이 돼 버리고, 아들이 아버지가 돼 버리고 그렇게 될 수 있는 여건이 주어지는 이치가 됩니다. 그러니 그 아버지도 없고 아들도 없다 이런 이치에서 바로 역력하게 참자기는 있다라는 얘깁니다. 그렇기 때문에 여러분이 내놓을 거는 없지만 바로 내놓는다 하면 우리가 주먹 하나 내밀어도 될 수 있는 거지마는 물을 한 모금 마셔도 되는 것입니다.

여러분! 이걸 잘 납득해서 내가 깨달으면…. 과정도 똑바로 가야지 꿈에 어떻게 들린다, 낮에도 무슨 어디 귀에서 들린다, 무슨 모습이 보인다 이런 것은 환입니다. 그 환이라는 거는 뭐냐? 자기가 예전부터 인연을 맺고 살아오던, 습을 가지고 살아오던 모습입니다. 그러니까 그걸 몰락 놓으려면, 그렇게 그렇게 다 놔 가다 보면 저이도 그런 것처럼 "그것까지도 다 몰락 놔 버려지더라." 이렇게 말하게 되는 것입니다. 그러니까 처음에 그렇게 기복으로 다니면서 환과 들림에 의해서 그렇게 들었지마는 인제는 그거조차도, 꿈도 현실도 다 놔 버리게 됐다는 얘기를 한 것 같습니다.

그러니까 요담에 또 신행담을, 공부하는 과정 또는 우리가 살면서 생활 속에서 이 공부를 해 가면서, 과정을 겪으면서도 자기라는 거, 공했다는 거, 생활 다 놔 버리면서도 역력히 자기 밥은 굶기지 않고 또 아파도 의사가 돼 줄 수 있는 자기 자신, 참이 그렇게 좋더라는 거를 우리 서로서로가 나누면서 요다음에 시간을 또 보냅시다.

화톳불에 들어간 비둘기

1986년 9월 20일

세계적으로 축제가 있는 날인데도 비가 부실부실 오고, 환영을 하는 모양이죠? 그런데 오늘 이렇게 차도 불편하고 그러실 텐데 와 주셨네요.

우리가 때에 따라서는 서로 이렇게 같이 앉아서 토론도 하는 게 좋고, 전자부터 그렇게 얘기도 해 왔습니다. 신행담을 하는 데는 요점만, 길게 늘여 놓지 않는 요점만, 다니면서 이러이러한 것이 이러이러해서 이렇게 이렇게 해서 간다는 어느 하나의 요점만 얘기할 수 있는 그런 신행담이 됐으면 좋겠어요. 우리가 이 공부하는 과정을 다 얘기하려면 그것이 될 수가 없고 '이렇게 와서 공부하다 보니까 요런 점도 있더라' 하는 그 요점만 이야기해 주시기 바랍니다.

우리가 인간이라서 알게 하면 알게 받고 모르게 하면 모르게 받는다 이런 것도 있지만 인간으로서 아주 저 아래 있는 중생을 괴롭힌다거나 이런다면, 내가 저 아래로 좌천이 되거나 또는 그 아래에 있는 것이 승진을 해서 올라오거나 이런다면 서로가 인과응보가 돼서 서로,

즉 말하자면 지금 말로 한다면 복수를 하게 되는 거죠. 그러니까 그때까지 기다려야 한다는 문제가 나오죠. 지금 살아나가면서는 우리가 권세가 좋고 그런 사람이 아무리 억울하게 했어도 그것은 갚을 수가 없습니다, 지금 당장에는. 그 권세가 없어지고 난 뒤라야만이 갚을 수가 있는 거죠. 그런 거와 마찬가지죠. 그러나 갚는다고 하고 갚지 않아도 저절로 갚아지는 거죠. 그 문제는, 여러분이 그걸 상세히 생각을 안 해 보셨는지도 모르겠지만, 때에 따라서는 그런 경우도 있습니다.

지난번에 광명사를 가니까 어린아이가 연못에 빠져 죽어서 그 연못에서 자꾸 어린 처녀가 나와 가지고 오고 가는 사람을 불러 대서 아주 곤란한 상태가 벌어졌다고 하더군요. 그런데 제가 가서 그 소릴 듣는 순간 이런 생각을 했어요. 부모가 다 버려서 그 처녀가 죽었다는 것도 일리가 있다고 봅니다. 왜냐하면 자기가 전자에 벌써, 자기가 생기기 이전 이전 이전에, 예를 들어서 자식과 부인을 다 버리고 간 처지라 남은 식구들은 너무도 굶어서 살 수가 없어서 참, 근근득생으로 산에 가서 풀을 뜯어다가 삶아 먹고 이러다가 결국은 부황이 나서 다 식구가 몰살을 했다고 볼 수 있겠습니다. 그러한 인연의 인과응보가 오늘날에 자기 부모가 다 없어지고 그렇게 천덕꾸러기가 되리만큼 그렇게 됐었다는 겁니다. 그런다면 우리가 요 시점에서 그거 하나만 볼 때는 아주 불쌍하지마는 과거와 지금과 현실, 이거를 첨보해서 본다면 불쌍한 게 별로 없습니다. 똑같죠, 결국은.

그래서 내가 말하는 것은 한번 거르더라도, 정말 그러한 문제는 내가 해서 내가 받는다고 하더라도 받는 것을 그대로 달게 받으면서 복수를 하는 마음이 없이, 증오하는 마음이 없이 그대로 넘어간다면 그건 끊어지는 겁니다, 그 당대서부터. 인과응보의 그 복수심이 없어지고 서로가 다 살기 좋게 되는 문제가 있죠. 그러면 그거를 어떻게 해야만이 복수심이 없어지고 그러느냐? 만약에 날 죽였다고 해서, 내 부모를 죽였다고 해서, 전자에 나를 죽였다고 해서 그 사람한테 가서 복수를 해 봤던들 또 연결돼서 나한테 또 복수가 들어옵니다. 연방연방 우리가 그렇게 돌아가는 이치가 있기 때문에 여러분이 각 살림을 하고 계시지만 어느 때의 내 부모였는지 내 자식이었는지 또 내 형제였는지 모를 겁니다.

여러분은 그거를 잘 모르시기 때문에 둘이 아니라는 그 뜻을 아리송하게 생각하실 겁니다. 천연적으로 마음이 스스로 그렇게 돼야만이, 그 뜻을 알고 그렇게 돼야만이 우리가 '아, 높은 게 별로 없고 얕은 게 별로 없고 이렇구나.' 하는 걸 알게 되고…. 이 날아다니는 새들도 둥지를 틀고 살 때 참, 어떠한 문제가 생겼을 때는 그것을 침착하게 생각하고 또 그걸 복수하기 위해서, 남편의 복수, 부인의 복수 이렇게 하다가도 그 복수를 고만두고 참다운 생각을 해서 인간으로 환생하는 사람들이 있습니다. 너무나 착해서 말입니다. 나는 이런 것도 대략 봐 왔습니다.

옛날이 아니라, 어저께도 옛날이죠. 어느 중이 말입니다, 산을 돌아다니게 되었습니다. 그거는 자기에 따라서, 어떠한 목표를 하고 가는 것도 아니고 또는 어디 갈 데가 있어서 가는 것도 아닙니다. 왜냐하면 이리로 가도 그 자리, 저리로 가도 그 자리기 때문에 목표를 두고 다닐 필요가 없는 거죠. 그래서 그렇게 다니다 보니까 어느 사냥꾼이 앉아서, 으시시 추우니까 화톳불을 놓고선 몸을 녹이고 앉아 있는데 비둘기 암놈 숫놈이, 숫놈이 화톳불에 들어가니까 암놈도 거기에 고만 들어가더랍니다. 그 사람은 사냥도 하지 못한 채 배가 고파서 근근득생으로 극맬 참입니다. 그런데 그 두 비둘기가 거기 그 화톳불 있는 데에 들어갔으니 말입니다. 고건 고렇게 해 놓고….

그 사냥꾼은 외아들인데 너무 죽이기를 좋아했어. 사냥질하는 거는 뭐, 말도 못하거니와 남의 집에 있는 닭이나 토끼나 이런 거를 몰래 밤이면 잡아다 먹기 일쑤고 사냥질하는 거는 아주 그냥 뭐…. 공부하라면 공부도 안 하고 나가서 벌이를 하라면 벌이도 안 하고 사냥질만 하고 그렇게 살다가 보니까 부모가 생각할 때는, 살생을 저렇게 하게 되면 귀여운 우리 아들이 언제고 저렇게 나쁘게 되고 또 보복을 받고 저렇게 천덕스럽게 될 터이니 이 귀여운 아들을 어떡하면 좋으냐고, 내 몸을 가루로 만든다 할지라도 우리 자식은 진짜 사람을 만들고 싶다는 생각이 부모에게는 아마 한이 되었을 겁니다.

근데 그 부모가 죽었습니다. 아버지 죽고 어머니 죽고 그러니까 그 아들은 남한테 외면을 당하고 그냥 홀로이 산으로만 다니기 시작했습니다. 그래서 짐승을 잡아먹고 이럭하면서 연명을 하고 다녔는데 그 스님을 만났던 거죠. 그런데 그 스님이 그걸 가만히 보고 있으려니까 비둘기가 거기 푸덕푸덕하고 들어온 게 털이 다 타서 제거되니까 참, 배가 고픈 중에 얼마나 좋겠습니까? 제 발로 기어 들어와서 거기 화톳불 놓은 데에 들어갔으니 말입니다. 그러니까 휙 뒤적뒤적해서 그 비둘기를, 털이 타고 인제 이렇게 되니까 그걸 꼬챙이에다 끼워서 털을 이렇게 뜯으면서 구워 먹으려고 하더랍니다.

그래서 그 스님이 "이 비둘기는 어디서 이렇게 됐습니까?" 하고 물으니까 사냥꾼이 하는 소리가 "이 비둘기가 가끔 내가 죽게 되면 그냥, 아주 춥거나 어디 있을 데 없거나 그런다면 그렇게 뭣도 물어다 던져 주고 이렇게 좇아다니던 비둘긴데 지금 여기 이렇게 벌써 불에 탔으니 어떡합니까. 뭐, 배가 고프니까 어쩔 수 없이 먹어 치워야지. 내가 이걸 먹으면 살 것만 같습니다." 하니까 그 스님이 있다 하는 소리가 "여보시오! 당신이 전자에 어머니 아버지를 모시고 있을 때의 그 어머니 아버지가 당신을 사람 만들기 위해서 바로 비둘기가 됐소. 비둘기가 돼 가지고 당신을, 그 사냥하러 다니는 아들을 사람 만들려고 이날까지 좇아다녔어. 그러다가 아들이 배고파서 애를 쓰는 걸 보고 자기 몸을 던져서라도 아들의 배를 불려 주기 위해서 여기에 들어간 거를 당신은 어떻게 생각하시오?" 하고 물었습니다.

그러니까 그 아들이 비둘기를 꼬챙이에 꿰서 이렇게 돌리면서 구워서 먹으려고 하다가 그만 그거를 던지고는 통곡을 했습니다. "스님은 어떻게 이렇게 잘 아십니까?" 하니까 그 얘기를, 인간과 이 일체 만물만생이 살아나가는 그 도리, 엇갈려서 돌아가고 회전이, 즉 말하자면 무(無)의 세계와 유(有)의 세계가, 지금 우리 이걸 삼팔선이라고 해도 됩니다. 본래 '삼팔선 삼팔선' 세 번만 외우면 무의 세계, 유의 세계가 되니까요. 그러면 삼팔선이 가로막혀서 이렇게 돼 있듯이 이렇게 회전이 되질 않아. 무의 세계와 유의 세계가 회전이 되질 않아서 당신은 어머니 아버지가 당신을 위해서 비둘기 암컷 수컷이 됐다는 그 사실도 모르고 비둘기로만 보니까 그런 거 아니겠는가. 그 부모의 마음이 얼마나 참, 아들을 위했으면 이렇게 했겠느냐고 얘기를 쫙 해 줬습니다.

사냥꾼은 고만 거기서 엎드러져서 울었습니다. "어머니 아버지가 나를 위해서, 이 몹쓸 놈을 위해서 이렇게 비둘기의 몸을 해 가지고, 얻어먹지도 못하면서 어떤 걸 하나 물면 꼭 아들에게 갖다 떨어뜨려 주고, 배가 고프면 그렇게 해 주고 또 추워서 떨면 굴 속이라도, 나무 굴 속이나 나무 둥지나 또는 돌 속이나 이러한 데로 인도를 해서 갖다가 넣어 주고 이렇게 하는 거를 나는 그냥 무심하게 넘겼는데 오늘 스님한테서 그런 소릴 듣고 보니까 사실이 이러하고 이러해서 참, 우리 부모가 아니면 그럴 수가 없다는 게 지금 느껴집니다. 그러니 색을 보지 말고 마음을 볼 줄 알아야 할 텐데 어떡하면 마음을 볼 수 있게끔 되겠습니까?" 하고 그 스님한테 물었습니다. 그러니까 스님께서는 "눈을 뜨고 푹 잘 수 있다면 양면을 다 알 수 있느니라. 양면을 다 알 수 있고 양면을 다 건질 수가 있느니라." 그랬습니다.

여러분은 어떻게 생각하실지 모르겠지만 눈을 뜨고 푹 잘 수 있다면 우리가 양면을 다 건질 수가 있고, 다시 한번 반복하지만 양면을 건질 수도 있는가 하면 양면을 다 균등을 잡아서 우리가 조금도 외착 없이 해 나갈 수가 있는 그런 도리를 알 수 있을 겁니다. 우리는 한쪽만 기울어져서도 아니 됩니다. 우리는 지금 유의 세계를 몰라도 안 되고 무의 세계를 몰라도 안 되는데, 미시의 세계의 천차만별로 돼 있는 광대무변한 그 묘법을, 우리가 요 유의 법을 잘 알고 똑똑하다고 어찌 알겠습니까?

그러니 이렇게 바보가 되라고 하는 것은…, 우리가 이 세상에 나온 것은 벤또밥 싸 가지고 놀러 갔다가 다시 원점으로, 집으로 돌아오듯이 그런 격이나 똑같은 겁니다. 근데 우리가 캠핑 왔다가 그 기간에 원두막을 지어 놓고, 자기가 자기 집을 지어서, 이 몸뚱이는 자기가 집을 지은 겁니다. 즉 말하자면 달팽이가 말입니다, 자기 집을 짓고 그 속에서 자기가 살듯이, 이 주인공이라는 이름 자체도 없는 참자기도 자기가 이렇게 집을 지어 놓고 그 속에서 자기는 살고 그 속에서 눈만 요렇게, 가죽 눈만 뚫어 놓고, 우리 탈바가지 쓰죠? 그러면 눈 요렇게 뚫어 놓고 입도 뚫어 놓고 그랬죠? 그거와 똑같은 형상을 자기가 해 놓고 지금 살고 있는 겁니다. 그렇다면 그 껍데기가 눈을 뜨고 그렇게 주인이 사는데, 자길 만들어 놓고 사는데 뭣을, 우리가 이렇게 몸을 만들어 가지고 캠핑 와서 이렇게 놀다 가는 이런 입장에서 우리가 무엇을 아끼고…, 물론 놀다 갈 때까진 먹고살아야죠. 그러나 이것이 완고하게 세세생생의 자기 거라곤 볼 수 없습니다.

그래서 삼팔선이 막혀서 거기 구멍이 쪼그맣게, 그저 요렇게 뚫린 거밖에는 안 됩니다. 아주 캄캄한 데에 요렇게 뚫린 거밖에 안 되니 빛이 발할 수 있는 그런 계기를 우리가 보기 위해서 이렇게 공부를 하고 있습니다. 그러면 그 길로 들어왔다 나갔다 하더라도 사방이 툭 터질 수 있는 그런 이치라면 그때 가서는 모르겠지만, 지금 그러한 공부를 하시는 분들이 무엇을 욕심을 부려서 내 거라고 하겠습니까. 금방 벤또밥 먹고 놀다가 가면 고만인 것을 내 거라고 하죠, 내가 했다고 하죠, 내가 줬다고 하죠? 항상 이렇게, 내 권세나 또는 내가 배운 거나 이런 걸 앞장을 세우니까 점점 컴컴해지는 겁니다. 그 미지의 세계는 점점 컴컴해지고 그 구멍에, 컴컴한 데에 요 구멍만 쪼끔 나도 빛이 들어올 텐데 구멍도 내지 못하는 겁니다. 그러니 여러분이 잘 생각해서 이 공부를 열심히 하십시오. 기복으로만 나가서는 안 되는 이 시점에서 우리는 지금 모든 것을 앉아서 하되, 지난번에도 얘기했지만 참으로 이 도리를 모르면 안 됩니다. 점점 더합니다.

그러니 묘하고 그런 것을 우리가 배우는 도중에 신행담을 할 수 있는 그런 계기가 우리 앞에 주어져 있으니까 이렇게 이렇게 하는 그 긴 얘기는 고만두고 '내가 여기 다니면서 요런 것을 요렇게 체험해 보니 참 신기한 묘법이다' 하는 요런 요점만 서로 토론해 가면서 우리 신행담을 오늘 좀 해 보실까요? 너무 알아서 말씀 안 하시고 너무 몰라서 말씀 안 하시고 그런다면 무심으로, 한다는 생각이 없이, 자기가 하는 게 아니고 자기가 하는 걸로 하세요. 함이 없이 하시면 되지 않겠습니까?

그래서 모르시는 분들도 좀 더 알고 해 나갈 수 있게요. 여기에서는 신행회 회장님들과 더불어 같이, 전자에 사무실 했던 데서 처음에 오시는 분들을 참 잘들 이끌어서 스님한테 인도하는 길잡이가 돼 주시는데 참으로 고맙습니다. 내가 고맙다는 건 아닙니다. 자기네들 것 자기가 하니까요.

그러니 오늘은 신행담을 간단간단하게, 여러분이 여기 다니면서 어떻게 했다는 요점만 하십시오. 사람이라는 것이 둘이 아닌 것을 알고 한다면 누구도 모르게 항상 여기에서 그대로, 이 부처님 법에 의해서 낫기도 하고 또는 공부도 하고 이런 요점만 얘기하지 다른 긴 얘기는 할 필요가 없죠. 쑥스러우면 이리로 먼저 대, 그러면. 여기서 한 뒤에 또 하고 그러라고. 꼭 무슨, 말을 잘해서가 아니야. 우린 진실만 있으면 돼. 요점만 얘기 간단하게 하면 돼. 여기 이렇게 다니다가 우리 남편이 이렇게 이렇게 살았다는 그런 얘기. 그저 그렇지 무슨, 누가 지어서 하래? 없는 얘기 누가 하라나?

신도1(여) 은마아파트에 사는 OOO입니다. 저는 여기 한 5월 중순부터 다녔는데요, 저희 남편이 병원에 한 3개월 정도 입원해 있었는데 아무 병명도 나오지 않았거든요. 그런데 스님을 찾아뵙고 난 뒤에 병명이 나왔어요. 그래서 다시 서울대학병원으로 옮겼어요.

서울대학병원으로 옮기고 난 뒤에 남편은 병원에서 계속 치료를 받고 저는 여기 스님을 자꾸 찾아뵙고 그랬어요. 그랬는데 여기 오기 전에 남편이 서울대학병원하고 다른 병원에서 한 5개월 정도 입원해서 치료를 받았지만 병원에서는 가망이 없다고 얘기했는데요, 여기 다니고 난 뒤부터는 지금 거지반 다 완쾌되었어요. 완쾌됐는데 글쎄요, 아유! 전 어떻게 얘기해야 될지 잘 모르겠는데요, 남편이 다시 출근도 하게 될 거 같고 아, 그런 거예요. 저는 아직 잘 모르겠어요.

큰스님 어려운 얘기 했구먼. 하하하…. 그러니까 그러한 조그만 불씨가 크게 이룰 수도 있는 여러분이 있다고요. 그러니까 또 그리로 돌려서 얘기하다 저리로도 돌리고, 누구한테든지 자꾸 돌려서 우리가 신행담 하는 것도 좋아. 요점만 얘기 딱딱 하면 되는 거야. 그 여러 개 뭐, 쭉 길게 얘기할 필요는 없거든.

신도2(여) 동대문구 장안동 사는 OOO입니다. 여기 7월 5일 왔었는데요, 저는 자궁암 1기로 수술을 하고 방사선 치료 받고 한 2년 동안은 괜찮았어요. 그런데 2년 지난 후에 다시 재발을 해서 허리를 못 쓰게 되고 다리가 붓게 되고 이래서 병원에 가니까 다시 자궁암이 재발됐다고 그랬어요. 그래서 원자력 병원에 입원해서 또 방사선 치료를 받고 이랬는데, 방사선 치료를 자꾸 받아서 그런지 그다음 치료를 하려니까 백혈구가 잘 살아나지를 않아요. 그래 백혈구가 살아나지 않으니까 다시 치료를 할 수 없다는 거죠, 병원에서.

그러던 차에 어떤 친구가 여기 한마음선원 얘기를 해서 저는 “에이, 다 자기 지은 업대로 사는 건데 뭐, 거기 간다고 내가 낫겠느냐.”

이러면서 한마디로 거절을 했습니다. 근데 지은 업이 지중하니까 내 지은 업 다 받으면 끝이 날 것이라고 이렇게 생각하고 있었는데 아이, 그래도 한번 가 보는 게 어떠냐고, 『도』라는 책을 한번 읽어 보라고 그래서 책을 읽어 봤죠. 읽으면서도 '에이 뭐, 이건 책이니까.' 하고 또 의심을 했어요. 그런데 책을 다 읽는 순간에 그냥 저녁 먹은 게 꽉 체해 가지고 밤새도록 토한 거예요. 그래도 아침에 '아이, 가야겠다.' 하고, 그렇게 높은 스님이 있다는데 가서 한번 찾아뵙는 거야 무슨 죄가 되겠나 싶어 가지고 나왔습니다.

스님 뵙기 일 분 전까지도 저는 갈등 속에 있었어요. 그래서 스님 앞에 이렇게, 스님 얼굴을 쳐다보지도 않고 절을 처음에 한 번을 딱 하고 나서 두 번째 절을 하며 '아이 참, 도가 높은 스님인데 얼굴이나 봬야지.' 하면서 이렇게 쳐다보는 순간에 눈물이 팍 쏟아져서 그냥 앉아서 엉엉 울었습니다. 저는 지금도 왜 그렇게 울었는지 모르겠어요, 지금도요. 그런데 스님 말씀을 듣고 난 다음 이해가 가더군요. 그래서 저는 그때부터 이렇게 지금까지 다니고 있습니다.

다니는 중에 누구 얘기를 들었는데, 그 사람 얘기가 "아이, 과거의 습을 버리지 않으면 형님 병을 못 고칩니다." 하는 말에 과거에 항상 사량으로 분별하고 재는 그 마음이 과거의 마음 아닌가 하고 느꼈어요. 그래서 '에이, 사량 분별 하는 그 마음을 없애고 살면 내 병이 고쳐진다니 그걸 고쳐야지.' 하고, 그럼 어떻게 하느냐 하니까 주인공 찾으라고 그래서 "지금까지 관세음보살을 했는데 그 주인공이 금방 되느냐?" 했는데 집에 가니까 주인공이 그대로 머릿속에 꽉 들어차 있는 거예요. 관세음보살은 간 곳도 없고. (녹음 안됨)

그래서 참, 모든 것을 주인공한테 맡기라는 그것이 너무 편해요. 아유, 전부 맡겨 놓고 나니까 머릿속이 텅 비어서 그냥 아주 마음이 편안한 것이 정말 극락세계에 사는 거 같아요. 그 사람 얘기가 "지금부터 부처의 세계에서 사니까 형님이 부처입니다." 그러는 겁니다. 그날부터는 집에 가서 이렇게 찬물을 가지고 세수를 해도 내가 인제 부처가 됐으니까, 부처 세계에 사니까 이 물도 수돗물이 아니고 그냥 부처님 주시는 약수가 아닌가 싶어서 마실 때도 그냥 '약수구나. 내 병 낫는 약수구나.' 생각하고 그 물로 발을 씻어도 '야, 약수로 내가 발을 씻으니까 이 발이 나을 것이다.' 이렇게 그냥 마음이 즐거워서 못 견디겠어요.

근데 그 주인공이 도대체 내 몸속에 있다는데 그 주인공이 어떻게 생겼는가 싶어 가지고 자꾸 그게 궁금스러운 거예요. 다른 거는 주인공이 낫게 한다니까 마음을 터억 놓고 있는데, '아, 그 주인공이 내 마음속에 있다는데 내 마음속에 있는 주인공이 어떻게 생겼어요?' 자꾸 마음속에다가 그렇게 물었어요. 그랬더니만 일주일 되던 날 선실에서 참선을 하는데 아, 그냥 자기가 어떻게 생겼느냐 그랬더니 제 모습을 제 눈으로 본 거예요.

그래서 '하 참, 이상하다!' 그랬어요. 내가 내 모습을 거울도 없이 본 걸 그렇게 이상스러워하던 그날 밤에 그냥 열이 나고 그렇게 아프기 시작하는데 뭐, 견딜 수가 없이 아팠습니다. 근데 다니면서 주인공을 99% 믿고 1%만 안 믿어도 그거는 믿는 것이 아니고 안 믿는 것에 속한다는 그런 말을 들었어요. 그래서 그렇게 열나는데도 약을 안 먹고서 어쨌든 나는 100%를 믿는 마음으로 한다고 했더니 새벽쯤 해서 그, 손도 보이지도 않고 아무것도 보이지 않는데 그 아픈 다리에서 하얀 힘줄 같은 거를 누가 싹 잡아 빼는데 그냥 깜짝 놀랐죠.

놀라서 깨니까 그게 꿈이었습니다. 그런데 열은 여전히 밤새도록 그대로 있어요. 그런데 새벽에 딸이 쒀 온 죽을 먹고 열이 내리게 되데요. 밤새도록 그 열과 싸우면서 저는 큰스님 법문을, 내가 죽더라도 좋으니까 스님 법문만 들을 수 있도록 해 달라고 밤새도록 그냥 앉아서 그걸 관한 거죠. 어쨌든 내일 스님 법문만 듣게끔 해 달라 그랬더니 정말 열이 내려서 스님 법문을 듣게 되었어요.

너무너무 스님이 보고 싶고 한데 아, 처음 와서 자꾸 들어갈 수도 없는 입장이고 이래서 그날은 아주 일찍이 와서 맨 앞에 앉아 있는데 스님이 들어오신다고 그래서 일어서려니까, 스님께서 한 중간쯤 오시는데 그냥 제 몸에 막 전기가 오는 거 같았어요. 그러다가 스님께서 좌정을 하시니까 제 몸에도 그냥 전기가 발끝까지 쫙 퍼지는 거 같은 그런 순간을 느꼈습니다. 그래서 너무도 기쁘고 좋아서 이럴 수가 있는가 싶고 막 날 것 같은 그런 기분이었는데 그 마음이라는 게, 과거의 습이라는 게 또 나타나더군요.

얼마 지나니까 또 의심이 가는 거예요. '부처님 수술이라는 것이 과연 있는 것인가? 어떻게 꿈을 믿을 수 있다는 말인가?' 자꾸 이런 의심이 또 가기 시작하는 겁니다. 그래서 저는 과거의 습을 없애라는데 왜 자꾸 의심이 가는지, '아니야, 잘못 생각했다.' 하면서도 목이 또 이렇게 따끔따끔하면 '아이고! 암세포가 또 왔구나.' 골이 아프면 '암세포가 또 골에 갔구나.' 하는 그런 생각을 지우지를 못하고 자꾸자꾸 되살아나고 되살아나고 하니까 발이 다시 붓기 시작해요.

그대로 믿으면 괜찮을 것을 그 과거의 습 때문에 조금 의심을 하니까 다시 재발을 해 가지고 그다음 재발을 할 때 발의 열은 배로 더 나고 막 온 전신이 못 견디게 더 아파서 그 밤을 또 지새웠습니다. 제가 잘못해서, 과거의 습을 버리지 못해서. 또 이렇게 되니 그렇게 약 안 먹는다고 온 식구가 막 야단을 치는데도 그냥 안 먹고서 '아니다. 꼭 이겨야지.' 하고서 참고 견뎌 가지고 스님한테 왔죠. 그다음에는 "스님, 스님! 저 좀 살려 주십시오." 하고 막 울고 스님한테 그랬어요. 그러고부터는 스님께서 "아픈 것도 그놈이 했고 낫는 것도 그놈이 하니…." 하셨던 그 말씀이 머리를 항상 떠나지를 않았습니다.

그래서 집에 가면서도 그러고 항상 그냥 입버릇처럼 '세세생생 주인공을 믿고 살겠습니다.' 했더니만 그날 저녁부터 열이 싹 내리기 시작했어요. 그래서 그때부터는 항상 세세생생 주인공을 믿는 마음으로 살 테니 제발 가부좌 좀 하게 하라고 그랬어요. 발이 붓고 다리가 다시 부어 가지고 가부좌를 할 수가 없게 되었거든요. 그래서 제발 가부좌를 할 수 있게끔 하라고 그랬더니 아, 앉아 있는데 발끝이 꼼작꼼작하는 거를 느끼게 돼요. 그래서 발끝을 보면 발끝은 가만 있어요. 그러는데 자꾸 꼼작꼼작하는 거예요. 그래서 '아유, 참 신기하다.' 했더니 그날부터 부기가 내려 가지고 지금은 발에 부기가 한 1% 정도 남았고 거의 다 빠졌어요.

그래서 너무너무 감사해서 지금은 항상 주인공 믿는 마음으로 산다는 그 마음밖에 없고 오직 저와 같이 이렇게 아픈 사람들은 믿지 못하는 마음이 정말 0.1%도 있으면 안 된다는 그거를 저는 터득한 거 같습니다. 이상입니다.

큰스님 여러분은 암이라 하면 암이 아주 큰 병인 줄 알고, 백혈이다 하면 아주 큰 병인 줄 알고 이렇게 껌뻑 죽고 이러기 때문에 자기를 버리게 되는 겁니다. 이 마음 한생각 하는 데에 자기를 죽이느냐 살리느냐 하는 문제가 달려 있습니다. 아무것도 아니라고 생각할 땐 그 믿음이 천부당만부당하겠지만 이게 무조건 그러는 게 아닙니다. 자기가, 즉 말하자면 미지의 세계와 이 지금 유의 세계를 균등하게 해서 회전을 시켜 보지 않았다면 이것은 아무리 쉽게 말을 해도 그건 안 됩니다.

그러나 이것을 늠름하게 체험해 본 사람들은, 여러분이 그렇게만 생각할 수 있다면 그거 아무것도 아니다 이겁니다, 응? 내가 요새도 말합니다. 누가 "머리가 다 빠져요." 그러기에 그랬습니다. "아, 머리 나면 되지 뭘 그럽니까?" 이랬습니다. 우리가 서로 마음을 믿고 이렇게 통하고 이렇게 하다 보면 이거는 없던 것도 솜털 나듯 해 가지고 그게 숲을 이루거든요. 산에 나무가 없으면 그거 메마르거든요, 사실은요. 그와 마찬가지로 머리도 숲을 이루어야 습기가 항상 이렇게 돌게 되고 눈도 좋아지고 피부가 좋아집니다. 그럼으로써 우리 모두가 자활할 수 있는 그러한 능력을, 무한의 능력을 가졌으면서도 우리는 자기가 자기를 못 믿어서 자기가 자기를 살릴 수 없는 그런 궤도로 몰고 가는 것입니다.

그래서 신행담을 이렇게 각자 하시라는 거는 요기에서 말씀하시는 걸 내가 받아서 또 말씀해 드리면 이거는 그냥 법문 듣기만 하는 거보다도 참 좋습니다. 우리가 가정에서 실천해 가는 거니까요. 그래서 지금 말씀하신 분도 다리 붓는 것만이 아니야. 자궁이나 어디나 다 나빠져서 병원에서 버림받고, 그거 얼마나 기가 막히겠어요? 그러나 한 순간 내 마음이 그것을 다 면제해 줄 수 있고 그걸 다 씻어 줄 수 있다는 그런 결론이 바로 거짓이 아니라는 겁니다. 여러분은 그거를 못 믿고 항상 아리송하게 생각하고 요걸 요렇게 생각하고 조렇게 생각하고 하다 보니까 거기까지 미처 결부가 되지 않는 거죠.

여러분은 죽고 사는 거를 꼭 삼팔선 놔두듯이 했거든요. 그런데 죽는 거, 사는 거 없어요. 옛날에도 내가 얘기했지만 "차라리 이 세상에 나지나 않았더라면 죽지나 않을 걸." 이 말 한마디가 얼마나 중요한지 모릅니다. 나왔다고 생각을 하니까, 내가 산다고 생각을 하니까 죽는 게 있는 거지 내가 산다고 생각을 하지 않을 것 같으면 내가 죽는다는 생각조차도 거기 없을 겁니다. 그 도리를 완전히 터득하시라는 얘깁니다. 여기서 지금 공장장들이 다 해결하고 돌아가는데, 선장의 말 한마디면 다 해결하고 돌아가는 판국에 아, 여기서 뭐가 막혀서 뭐가 어떻고 뭐가 났고….

예전에 어느 중학교 학생이요, 여기 이 힘줄에 동맥 정맥이 나와 가지고, 이 힘줄에 맥이 한데 모여 가지고 피가 막히니까 이게 군데군데 이렇게 혹처럼 되는 겁니다. 이게 잘못되면 큰일 나거든요. 핏줄이 막히는 거니까요. 그러니까 밤톨만큼씩 막히는 거예요, 중간 중간 가다가. 그렇게 되면 벌써 이건 뭐, 병원에서도 어째 볼 수 없는 거죠. 그런데 백혈병이라는 거는 무조건 이것은 피를 먹는 겁니다. 피 먹는 게 들어오면 우리가 피 먹는 거를 막아야 될 텐데도 불구하고 외려 자기네들이 협심해 가지고, 세균하고 나하고 같이 협심해 가지고선 그냥 먹어 버리는 겁니다, 그냥. 제일 예민한 데가 손끝 발끝이거든요. 그러니까 제일 먼저 먹어 들어온다는 거죠. 그러니까 그렇게 먹어 들어오게 되면 나중에는 코로도 피가 나오고 그냥 뭐, 아무 데로나 나오는 문제도 생기고, 여러 가지 문제가 생깁니다.

나는 여러분을 십 년 이십 년 겪어 본 게 아니기 때문에, 내가 그렇게 경험을 해 봤기 때문에 지금은 의사 아닌 의사라 해도 아마 과언이 아닐 거예요. 하지만 의사라기보다도 믿지 않는다면 시주도 하게 하고 그러니까 정말 믿고 공부들 하세요. 그러면 그 공부하는 덕분에 천만 원을 시주할 거 십만 원이면 될 수도 있고 이러는데, 당신네들이 공부를 안 했기 때문에 급작스레 뭐 문제가 있으면 "시주해라" 이거야, 공짜는 없으니까. 너 가게 나가서 물건 살 때 돈 안 가지고 가서 물건 주는 거 봤느냐 이거야. 그러니까 이건 내가 천 원 하나 당신한테 받는 게 없어.

엊그저께 누가 떡 사 먹으라고 돈을 주는데 기껏 가다가, 지나가다가 누구를 줬습니다. 주고는 휘적휘적 돌아가다 이런 생각을 했습니다. 참, 웃음이 절로 나는 게 말입니다, '야, 그거 뭐 해 달라고 날 주긴 줬는데 내가 딴 데다 다 써 버리고선 지금 휘적휘적 가는구나.' 응. 이거 얼마나 빨라? 이렇게 빠른 걸 가지고 모두 더디게 그렇게 야단들이거든. 생각이 더디고 행동이 더디니까 그것도 더딜 수밖에. 아주 간단히 요리를 해서 치울 건데도 아, 그렇게 하거든요. 그러니 여러분의 생각에 얼마만큼 더딘가를 아셔야 됩니다. 우리가 살아나가는 데도 그렇지마는 지금 현상 세계에서 살아나가는 것만 문제가 아니라 지금 여러분이 무의 세계 유의 세계를 다 겹쳐서 가지고 있기 때문에 지금 모르면 요다음에 또다시 또다시 태어나도 이것이 고(苦)라고 하고 온통 야단들일 겁니다.

그러니 아예 우리가 이 몸 받고 지금 공부하는 동안에 열심히, 토요일이나 또는 초하룻날, 보름날이나 이런 때는 신행담을 해 가면서 우리가 서로 이렇게 토론을 하기로 작정을 합시다. 그리고 또 신행담을 누구 한 분 있으면 좀 시원하게 한번 해 보시죠. 이것 참, 우리 공부입니다. 아니, 우리 불교는 왜 이렇게 수줍은지 몰라요. 기독교나 가톨릭교는 참 아주 유유히 그냥 모두들 하는데 말입니다. 할 말 없습니까?

지금 처음 온 분들도 그렇고 어떤 때는 나한테 신도들이 아주 심각하게 말합니다. 지금 가환이 끊고 병을 앓아서 죽게 된 몸이 무슨 주인공을 찾고 공부를 하느냐고 그럽니다. 그러나 주인공 찾는 그 공부가 바로 자기네들을 살리는, 가정을 살리는 일이죠. 그러니까 결부돼서 나가는 거죠. 우리가 그렇게 공부를 해 가면서 지금 그걸 믿고, 자기가 참자기를 믿고 모든 거를 맡겨 놓을 때, 몰락 놓을 때 바로 그런 일이 있다는 것을 지금 얘기하는데 그게 어렵군요. 허허허….

그러니까 여러분도 그보다 더한, 좀 전에 다리 부었다는 그 어른도 정말 앞으로 얼마 가지 못할 분이 명이 단축되기 이전에 인제는 명을 넉넉히 늘려서 자기가 자유자재할 수 있는 그런 한 사람의 마음이 됐다는 것이 얼마나 좋습니까?

그러니 모두 여러분이 오늘날만 여러분의 마음이 있는 게 아니라, 아까도 비둘기가 돼서 자기 아들을 아주 진짜 사람으로 만들었다는 얘기를 했습니다. 그래서 그 아들은 스님을 따라서 용궁도 구경을 하고 어디든지 다 구경을 하고서 그때서부터 진짜 중이 돼서 공부를 진짜로 했다는 얘기가 있습니다. 그러니까 그러한 얘기를 들어 봐도 그렇고, 내일 또 일요일이니까 거기에 대해서 또 얘기를 하죠.

그러니까 오늘은 이걸로써 마치겠습니다. 신행담 하시려면 요점만 적어 가지고 오셔서 얘기하세요. 그럼 아주 간단하지 않습니까?

연어 집에 들어 구경하다

1986년 9월 21일

여러분과 같이 한자리에 앉아서 토론 겸, 누가 높고 낮고 이런 것도 없이 이렇게 앉아서 서로 주고받는다는 것을 음미해 보면 이 음미가 얼마나 기쁜지 모릅니다. 그런데 나는 항상 이런 생각을 합니다. '여러분의 이 걸음걸이가 헛되지 말아야 할 텐데….' 하는 생각과 '헛되지 않게 해야 할 텐데….' 하는 생각이 포함돼서 항상 내 가슴에 사무쳐 돌아가고 있습니다. 여러분이 참 진짜 진실하게 생각할 수 있는 그 마음을 항상 잊어서는 안 되실 것입니다. 내가 이 말을 또 한번 하고 우리 용궁으로 들어가 봅시다.

이 말은 안 하고 넘어갔으면 좋겠는데, 그전에도 많이 했습니다. 우리 스님네들도 그렇지마는 여러 신도님네들도 그렇습니다. 공부하는 자세는, 스님네들도 신도가 잘못되고 잘되고, 예쁘고 밉고 그런 걸 보지 말아야 하고 여러 신도님들도 스님네들이 밉고 예쁘고, 또는 잘하고 못하고 이걸 봐서는 안 됩니다. 공부하는 자세가 말입니다.

엊그저께도 얘기했지만, 우리는 놀러 왔다가 가는 겁니다. 벤또 싸 가지고 온 사람도 있고 못 싸 가지고 온 사람도 있고, 놀러 왔다가 가는 겁니다. 잘 입고 왔든 못 입고 왔든, 한 짐 지고 왔든 한 짐을 못 지고 왔든 우린 놀러 왔다 바로 원점으로 돌아가는 것입니다. 원점으로 갔다 다시 돌아오곤 하는 것이죠. 인생살이의 이 반복되는, 쳇바퀴 돌듯 하는 이 진리를 우린 파악을 안 하면 안 됩니다.

그리고 또 한 가지는, 여러분이 내가 말하는 것이 모순되다고 생각하실지 모르지마는, 여러분이 생각하는 거하고 우리 스님네들이 생각하는 거하고, 또 스님네들이 이 도량에서 행하는 법하고 여러분이 살림을 하면서 살아나가는 행을 여러분이 가만히 음미해 보십시오. 인간의 젊음을 불사르고서 머리 깎고 중이 된다는 게 그렇게 수월친 않습니다, 그전에도 얘기했지만. 그거 한 가지만 봐도 여러분은 숭배해야 할 일이 있습니다. 그래서 스님이 먼저 인사를 해야 할 것만 생각하고, '에이, 그 스님 아무것도 아니야. 아상이 있어서 뭐, 신도들 봐도 그냥 획 돌아가고 마는 걸.' 이렇게 생각하시지 마시고, 그거는 바깥으로 끄달리는 겁니다. 또 스님네들도 "신도들이 아이고, 인사도 안 하고 돌아가는데…." 이렇게 해도 그건 바깥으로 끄달리는 겁니다. 양면이 다 그렇죠.

우리가 놀러 왔던 길에 어떠한 게 조금 잘못됐든 잘됐든 자기 할 일만, 어디 뭐가 떨어졌으면 주워서 얹어 놓고 또 밥이 없는 사람을 봤으면 밥을 같이 나누어 줬으면 됐고, 또 짊어지고 오지 않은 사람은 같이 나누어 줬으면 됐고…. 그저 그 자리에서 남한테 '잘한다' 이런 칭찬을 받으려고 하는 게 아니라 금세 그 자리에서 봤으니까 하고 돌아가는 것뿐입니다. 그렇게 남한테 칭찬받으려고 하지도 말고 가는 거 쫓아가서 하려고 하지도 말고 오는 거 마다하지도 말고, 오직 공부하는 데는 그저 관하고 정진하는 거, 모든 거는 바깥으로 끄달려서는 안 된다는 점, 이것을 명심하십시오. 그러면 이걸 한마디 하고 넘어가는 셈이 되겠죠?

토요일 어저께 얘기했죠? 어떤 사냥꾼이 너무도 배가 고프고 춥고 그렇게 되니까 뭣을 좀 먹었으면 좋겠어서 추워서 불을 질러 놓고 있는데 비둘기 두 마리가 와서 그렇게 불에 뛰어들었다고요. 그 비둘기는, 그 어머니와 아버지가 외아들이 너무 사냥을 하러 다니고 그러는데 사람을 만들지 못하고 죽은 자기들의 죄책감에서 그만 비둘기로 화해 가지고선 아들을 쫓아다니다가 아들이 배고파서 애를 쓰니까 그냥 불로 뛰어들었다고요. 구워지면 으레 그걸로 배를 채우려니 하고 말입니다. 이것을 생각해 볼 때 부모가 자식 생각하는 거하고 자식이 부모 생각하는 거하고 얼마만큼 차이가 나는지 모릅니다. 근데 차이가 나긴 나는데 연쇄적으로 또 받아요. 똑같이 그렇게 되더군요.

그래 어저께 거기까지 얘기를 하고 딴 얘기로 쭉 돌아갔습니다마는 거기에서 그 스님은 그런 얘기를 해 줬습니다. "당신의 어머니 아버지가 화해서 당신 하나를 끝끝내 사람으로 만들기 위해서, 당신이 이렇게 사냥을 하고 다니는데 쫓아다니면서 보호해 주고, 배고플 때는 뭘 물어다가 당신한테 떨어뜨려 주었고, 추우면 둥지로 이끌어 주었고, 낭떠러지에 가게 되면 떨어질까 봐 막 앞에서 못 가게 만들어 주었고, 이렇게 해서 여직껏 살아나온 것이 바로 당신의 어머니 아버지의 은공이라. 인도환생을 못 하고 당신을 위해서 비둘기로 환생을 했으니 어머니의 갸륵한 그 자비심은 어떻게 할 거냐. 이것이 부처님의 마음이자 부처님의 도리요, 이것이 어머니의 마음이요, 자식을 생각하는 마음이 부처님 마음하고 부모의 마음하고 똑같으니라." 하고 그 스님이 말을 해 줬습니다. 그랬더니 그냥 통곡을 하고 "미처 몰랐습니다." 하고선 그 구워졌던 비둘기 두 마리는 갖다가 산에다가 묻고 묻고 또 묻고 그러면서 손으로 두들기면서 "참사람이 되겠습니다." 하고선 그냥 목을 놓고 앉아 울었더랍니다. 그럭하고서 "어머니, 인제는 인도환생을 하셔서 또다시 그렇게 고생을 하지 마시고 부처님 한자리를 하셔서 오직 우리같이 이렇게 못난 이런 인생들을 구원을 해 주십시오." 하고선 "전체의 어머니가 돼 주십시오. 전체의 아버지가 돼 주십시오." 하고 울었답니다.

그래서 그 스님을 따라서 어디를 가는데 물가에 턱 앉았다가 누구를 만났느냐 하면 어떤 부부를 만났습니다. 어떤 부부냐 하면요, 남자는 연남이라고 하고 여자는 연년이라고 하는 부부였습니다. 그런데 이 물 바깥을 못 나오고 사는 연년이와 연남이였습니다. 그런데 그 연남이와 연년이 부부는 항시 자기네 집으로 들어가자고 그랬습니다. 좀 자기네를 인도해 달라고요. 그리고 또 어떠한 점에서 쳇바퀴 돌듯 이렇게 수천 년을 돌아야 하는지, 시간과 공간의 초월됨이 어떠한지, 육지와 지금 그 해안과 어떻게 되는지 그런 것을 상세히 물어 왔습니다. 우리는 둘이 돼도 둘이 됨이 없고 넷이 돼도 넷이 됨이 없고 만이 돼도 만이 됨이 없고, 만이 하나가 되고 하나가 만이 되고 또 그 하나마저도 나 아님이 없으니 하나마저도 세울 게 없다는 거 항상 얘기해 드리죠?

그래서 그 집으로 왕림을 해서 연남이와 연년이를 따라 들어갔습니다. 들어가서 보니까 연년이의 사정도 연남이의 사정도 우리 인간들 살아나가는 이 고통과 고해에 아주 못지않았습니다. 그보다 나은 것이 하나도 없었습니다. 아주 추운 데서 살고, 아주 추운 데서 살다가 또다시 따뜻한 데로 오게 되는 그 길이 너무나 험악했습니다. 추운 데서 거슬러 올라오는 게 삼분의 일이 넘습니다. 그러니까 반이 조금 못 된다고 봐야죠. 지금 현재에 그렇습니다. 추운 데서 따뜻한 데로 새끼를 낳으러 오려면 그렇게 어렵습니다.

그러면 그렇게 와 가지고 또 거기에서부터 어떻게 하여야 하느냐? 새끼를 낳아야 할 테니까, 그게 자기가 자기를 낳는 겁니다, 얼른 쉽게 말해서. 그렇다면 그것이 의식적으로 그렇게 돼 있으니까 땅속을 기어야 합니다, 또. 그러니 땅속으로 기어야 한다는 것은, 만약에 새끼를 배어 가지고서, 알을 배어 가지고서 거기에서 오는 도중에 만약에 잡아먹힌다면, 사람도 그렇거니와 다시금 또 한 번, 일 년이 가든지 일생이 한 번 또 넘어갑니다, 일생이. 해어(海魚)로 봐서는 일생입니다, 우리의 일생처럼. 그러니까 그렇게 일생이 다시 한 번 넘어가서 다시금 또 환토를 해야 하니 그 얼마나 모진 고생이겠습니까?

그런데 그렇게 거슬러 여기 올 때까지는 그렇게 먹질 않고 와야 되는 이치가 있습니다. 연남이와 연년이 부부는 배가 고프면 움켜잡고 목이 마르면 그냥 물을 쪼금 입에다가 넣어서 뱉으며 입을 축여 가면서 영영 굶고 그렇게 오게 됐습니다. 그렇게 하지 않으면 새끼도 낳을 수 없거니와 새끼를 낳고 나서 바로 자기는 그 새끼가 돼야 하니까요. 연어가 돼야 하니까. 연년이가 되고 연남이가 돼야 되니까. 그래서 그 고생이라는 건 참 말도 못하는데, 땅속으로 기어 오는 게, 즉 말하자면 삼분지 삼에서 삼분지 일이 넘으니까 또 거의 반 가까이 삼분지 일을 기어 와야 돼. 그렇게 돼 있어요.

그렇게 해 와 가지고서 바로 물 위로 또 떠야 돼. 떠서 깨끗하고 정갈하고 얕고 그런 데를 찾아서 자기가 이 세상에서 탄생한 자기의 그 고향을 찾아야만, 다 똑같은 땅이라도 우리가 고향을 알듯이, 다 똑같은 자갈밭이고 다 똑같은 맑은 물인데도 여러분이 광주면 광주, 이북이면 이북, 전라도면 전라도, 충남이면 충남, 이렇게 고향을 알죠? 그 해어들도 그렇게 고향을 잘 알아요. 그 자리가 요기하고 요기하고 달라도 고향을 안단 말입니다. 그건 어째서 알까요? 거기서 새끼로 나가 버렸는데 어떻게 그 새끼가 알까요? 그건 어미가 새끼고 새끼가 어미기 때문입니다.

그걸 잘 음미를 해 보셔야만이 이 공부가, 우리가 50% 미지의 세계와 또 보이는 50%의 우리 생활의 세계가, 유(有)의 세계가 포함해서 회전될 수 있는 그런 그 묘법이 거기에서 나오는 것입니다. 인간들만 사는 데에 그런 일이 있는 게 아니라, 이런 해어나 또는 해어 아니더라도 식물들이나 땅속에서 사는 벌레들도 다 그런 격난을 겪어야 합니다. 인간 될 때까지 그렇게 겪어야 하며 또는 자기보다 좀 더 나은 걸로서 생존 경쟁을 해서 자기가 진화될 수 있는 마음의 계발이 돼야, 자기가 이것이 안 된다 하면 저절로 태어날 수 있고, 그 모습을 바꿀 수 있고 육신을 좀 더 예쁘게도 그릴 수 있고 또는 부자연하면 부자연한 대로 또 바꿀 수가 있는 겁니다.

그래서 맑은 물로 와서 또 거기가 아주 얕은 데니까 모든 걸 팝니다. 파는데, 나는 그걸 몰랐습니다. 거기까지 생각한 예도 없었습니다. 그래서 거기에서 너무나 놀랐습니다. 그 대목에서 말입니다. 야, 인간은 손이나 있어서 도구를 들고 판다 그러지마는 그건 손도 없고 무기도 없어요. 단지 무기라는 것이 꽁지밖엔 없어요, 지느러미. 그러면 전체의 몸뚱이 하나가 그렇게 그…. 우리도 지금 한 발 한 발 떼어 놓고 가는 겁니다. 자기가 자기를 낳으러 가고, 자기가 자기를 낳으러 간다는 것이 바로 죽으러 가는 거고, 죽으러 간다는 것이 낳으려고, 생산하려고 가는 거죠. 근데 생산이, 죽는다는 말이 안 들어갑니다. 옛날에도 그랬듯이, 이거 두서없는 말 같지만 참작을 잘해서 들으십시오. 왔다 갔다 하니까요.

사람도 때에 따라서는 "이 세상에 태어나지 않았더라면 죽지나 않을 것을…." 했습니다. "죽지 않을 것을…." 요 두 마디를 잘 음미해 보십시오. 그렇듯이 그 고기도 그렇게 참, 내가 이렇게 해야만 한다는 걸 생각하기 때문에 그런 게 아니라, 자식을 생각하는 마음, 자기를 위해서가 아니라 자기 자식을 생각하는 마음이 극진했기 때문에 자기가 꽁지로 그걸 쓸려 내려가지 않도록 다 파서, 또 자갈을 다 주워 모아서 옆으로 옆으로 쌓아서 이렇게 두멍같이 만들어서 그 안에 들어가서 알을 낳고, 거기에서 새끼를 낳아 놓고 연년이와 연남이는 바로 죽습니다. 몸을 버리죠.

"왜 몸을 버리느냐?" 하고 물었습니다. "몸을 버리지 않아도 자식들을 낳아 놓고 그 재롱을 보고 살면 되지 왜 몸을 버리느냐?" 그랬습니다. 그랬더니 연년이와 연남이가 말하는 것에 너무나 나는 놀랐습니다. "그것은 제가 죽는 것이 아닙니다." 했습니다. "그리고 저도 수많은 고기들한테 잡아먹히고 살았지마는 제가 이렇게 여기까지 온 것은, 또 여기까지 와서 이렇게 내 자리를 아는 것은…, 바로 이 강 속에 지금 공부하는, 이 땅 속에 묻혀서 공부하는 것도 있고 돌 속에 묻혀서 하는 것도 있고 밑바닥에 깔려서 하는 것도 있고, 그렇게 인간의 참모습을 좀 보기 위해서 그 구멍도 없는 데서 불빛이 비치기를 바라면서 그렇게 공부를 한답니다." 그러니 얼마나 놀랐겠습니까? 이건 사람도 그런 대답 하기가 어렵거든요. 그런데 그 연년이와 연남이는 그런 대답을 했거든요. "내가 죽어도 죽는 게 아닙니다." 이런 말을 할 때 놀랐습니다. "그러면 어떻게 해서 죽지 않느냐?" 하고 물었습니다. 그러니까 뭐라고 그러느냐 하면, 바로 저기 지금 낳아 놓은 그 자체가 바로 '나' 라고 그랬습니다. 그렇기 때문에 그 '나' 가 이 자리를 알고 이 자리에 또 온다 이거야.

요 말 하기 전에 한마디 또 하고 넘어가야겠습니다. 여러분이 좀 처럼 없애지 않는 방생이 있습니다. 그건 놀부의 짓이라고 볼 수 있겠습니다. 물에만 넣으면 사는 줄 알지 마십시오. 물도 다 몫몫이 있어요. 여러분이 볼 때는 물이면 물, 그냥 다 똑같은 줄 아시지마는, 우리가 어떤 동네면 이 동네가 다 똑같은 이름을 가진 줄 알지 마시고, 영등포면 영등포가 있고 종로면 종로가 있듯이 그렇게 다릅니다. 그리고 그 어구에 들어가면, 지게꾼도 지게꾼 어구에 들어가면 "야, 너 여기 어딘 줄 알고 들어와! 여기는 내 구역이야." 이렇게 합니다. 이런 거와 마찬가지로 물도 그렇습니다. 그러니 얼마나 신통방통합니까.

그렇듯이 자기 자리를 알고 고향을 알고 그러는데 방생을 한다고 고기를 다 집어넣으면 야, 개흙에서 사는 게 있고, 또는 모래 속으로 들어가서 사는 게 있고, 또 자기 고향 찾아서 가는 게 있고, 거북이도 그렇고 붕어도 그렇고 자기 고향을 다 찾아갑니다. 그렇다면 자기 살던 데로 가려니까 야, 십 리를 가서 찾는 게 있고 이십 리 가서 찾는 게 있고 백 리를 가서 찾는 게 있단 말입니다. 그렇다면 그 고생을 얼마나 시키는 겁니까? 여러분이 그 원리를 몰라서 그렇지 그 원리를 안다면 너무 고생시키는 겁니다.

나는 그 말을 할 때면 이런 생각이 납니다. 일본 사람들이 있을 때에 한국 사람들을 징용으로 끌어가서 탄광으로 붙잡아 갔거든요. 탄광으로 가 가지고서는 8·15 해방 때 딱 놔 놓으니까 제 집 찾아가느라고 전부 그러다가 삼분의 이가 죽었습니다. 그 짝이야, 딱 아주. 그러니 여러분이 방생이라고 해도 그건 방생이 아닙니다. 방생이라는 것은 어머니 없고 아버지 없이, 고아가 정말 학교에도 못 가고 또 먹을 것도 못 먹고 고독하게 이리저리 저거 한다 할 때, 그때에 보살펴 주는 게 방생이요, 둘째, 사람이라는 것이 먹지 못해 부황이 나고 이럴 때 보태 주는 게 방생이요, 그런데 내가 이름나려고 그렇게, 남이 알게, 그냥 저런 데 이름나게 하느라고 방송국에 갖다 내고 그러는 것은 그게 방생이 아니야, 사실은. 또 고기가 물을 잃고 바닥에 나와서 펄펄 뛸 때 그때 집어넣어 주는 게 방생이야.

방생이라는 게 왜 생겼느냐 하면 그전에는 비가 올 때에 미꾸라지와 남생이, 자라, 새우 또는 붕어 이런 것들이, 지렁이 뭐, 할 것 없이 그냥 산중에도 비가 오면 쭉 널렸었어요. 그러면 스님네들이 어떻게 한 줄 아십니까? 깡통에다 물을 담아 가지고 거기다가, 죄 흙바닥에서 펄펄 뛰는 거를 담아서, 어떤 땐 손으로도 집고 그러는데 손으로 집으면 비늘이 없어져서 죽을까 봐 이거를 그냥 채로다가 이렇게 해서 담아 가지고서는 쏟고 쏟고 이렇게 해 가지고 물에다 갖다 넣어 줬는데 그게 아마 유래가 된 것 같습니다. 그런 게 방생이지 그게 방생입니까? 생각들을 해 보세요, 응? 사람은 사람대로 머리가 돌아가야 하고 사람값을 해야 사람이지, 사람값을 못하고 남이 하는 대로 따라가는 거는 그건 갈대와 같은 허무한 인생이라고 볼 수 있겠습니다. 어떤 얘기를 하다가 이 얘기로 돌아갔습니다.

그래서 연년이와 연남이하고 같이 그런 얘기를 주고받다가 참 기특한 그런 얘기를 듣고 다시금 설해 줬습니다. "또 새끼가 될 게 아니라 착을 벗어서, 네가 된다는 그 새끼마저도 벗어나라. 그러고 나를 따르라." 그랬습니다. 그러니까 "내 집에 들어왔는데 어떻게 이 바깥으로 벗어날 수 있겠습니까?" 그런단 말입니다. 그러면 연년이와 연남이의 이 몸이 죽는다면, 새끼를 낳고 죽는다면 그때는 내가 어떡할까, 그럼? 그럼 그 몸 속에서 또 벗어나야 될 거 아닌감. "그러나 당신의 몸만 있어서 내가 당신의 집으로 들어온 게 아니고, 여기 허다해, 집이. 이 물 안에 그냥, 그냥 수가 없어. 미생물에서부터 집이 이렇게 많은데 집이 없다니?" 하니까 거기에서 연년이와 연남이는 깜짝 놀랐습니다. 그래 가지고 그냥 거기서 새끼들을 낳아 놓고 금방 자기는 자기 집을 버리고선, 그 새끼들에게도 다 이담에 옷을 벗고 아주 착을 두지 말라고 고개를 절래절래 흔들고선 따랐습니다.

그러니 몇 식구가 됐죠? 그래 식구가 한 너덧이 또 한데 구경을 하고 가자는 겁니다. 그래서 어디를 구경을 가다 보니까 큰 집이 하나 또 있었습니다. 그 집에 들어가 보니까 가오리를 봤는데, 그렇게 큰 고기는 전 육안으로도 보지 못했습니다. 근데 그 집엘 들어가니까 말입니다, 아주 장치가 잘됐어요, 또. 구조도 잘되고. 구정물이 들어왔다, 핏물이 들어왔다 해도 그냥그냥 이렇게 벌렁벌렁만 하면 그냥 다 나가는 겁니다. 그렇게 구조가 되고 구조도…. (녹음 안됨)

그것도 역시 공부하는 게 있고, 공부 안 하고 이 광선을 받아서 그냥 하루살이로 살아나가는 그런 인생으로서의 고기들이 있는데 그런 생명들이 위에서, 지난번에도 얘기했듯이 광선력을 받고서 이 물의 반 위쪽으로 사는 게 있고, 반 밑으로 사는 게 있거든요. 그것들을 다 구경을 하면서…, 이걸 다 어떻게 얘기를 하리까? 하나 가지고 얘기하면 전체가 연쇄적으로 다 붙어서 그렇다는 걸 아셔야 합니다.

그래서 거기에서 그런 얘길 하는데 또 뱀장어를 만났습니다. 왜 뱀장어를 내가 얘기를 하느냐 하면 그 큰 집에 들어가서 구경을 하고 보니까 지느러미가 이만큼 굵은 게 말입니다, 지느러미가 또르르 말려 가지고 전부 비늘이 돼 버렸어요. 비늘이 되고 번쩍번쩍 은 빛깔이 났습니다. 수염이 이만큼 나고요. 그랬는데 꿈쩍도 안 하는 겁니다. "저건 뭐냐?" 하고 물었습니다. 그랬더니 그 큰 고기가, 상어 선생이 하는 말입니다. 뭐라고 그러느냐 하면 "저거 장어인데, 장어가 변해서 인제는 아주 용이 돼 갑니다." 이거야. 저게 앞으로 천 년이 더 있어야, 비가 오고 여기에서 뜨면 올라간다 이겁니다. 그래야만이 화한다 이거죠. 여의주를 얻는다. 인간으로 태어난다. 인간으로 태어나서도, 여의주를 얻어야 인간으로 태어나서 또 이런 공부를 하게 되겠죠.

그랬는데 그렇게 구경을 하고 보니까 야, 이 집으로 들어가도 그 내막을 다 알겠고 저 집으로 들어가도, 아까 연년이와 연남이 얘기 했듯 다 집집마다 들어가 보면 그 사정이 죄 달라요. 죄 다른가 하면, 공부하는 것은 끼리끼리 다 뜻이, 구조는 다 같지 않지만 마음은 다 같고 남을 해치지 않고, 또 구조는 다 각각이고 생김생김이도 각각이지만 연쇄적으로 잡아먹고 살고 생존 경쟁에 아주 여념이 없이 위에서도 사는 게 있고요.

그런데 한 가지 희한한 게 있는 게요, 이것은 그 스님이 생각한 겁니다. 야, 여기 들어와 보니까 말이야, 회전이 여기에선 삼분의 일, 3초다 하면 1초가 회전이 되는데 그 물속에선, 즉 말하자면 3초가 회전이 되는 겁니다, 3초가. 그러니까 4초라면 3초가 회전이 되는 겁니다. 그럼 2초가 더 회전이 빠르다는 얘깁니다. 이것 참 어떻게 들으실지 모르겠지만 좀 더 이게 발현이 되고, 이걸 이름해서 견성이라고 그럽니다마는, 여기서 견성한 분들이 더러더러 많이 있습니다. 근데 인제 이러한 얘기를 한번 듣는 반면에 자기도 그것이 홀연히 그, 넓어지면서 확 뛥니다. 그래서 이런 얘기도 하는 겁니다. 그럼 2초가 더 회전이 빠르다는 얘깁니다, 이 육지보다. 그러면 회전이 왜 빠른가 했더니 육지보다 이 속에, 즉 말하자면 지구 그 원, 원자력 에너지하고 그 돌아가는 땅 두께가 좀 얇단 말입니다. 얄팍하단 말입니다.

그런데도 말하고 자꾸 바깥으로 꿰어 도는 이런 사람의 머리 회전이 빨리 못 돌아가기 때문에 이 진리가 빨리 못 돌아가는 겁니다. 그런데 저 물 안에서 공부하는 그런 해어들은 말하는 게 아니고 바깥으로 끄달리지 않으니까 빨리 돌아간다, 회전이. 그러니까 그러한 문제가 더 빠르다는 얘깁니다. 근데 가만히 보면 이 식물들은 식물들대로, 저 물에 있는 거보다는 더뎌도 이 사람들보다도 더 빠른 거예요, 회전은. 그래서 공기 회전을 빨리 해서 포착해 가지고 사람들한테 또 주거든요. 그러곤 사람들한테서 나오는 걸 또 얻어먹어요. 이렇게 한단 말입니다. 그러니까 벌어서 이걸 주고선 내가 사 먹겠다 하는 거나 똑같아요. 이렇게 서로 공식하고 있고 공용하고 있다는 사실까지도 우리가 포착 못하고 있는 점이 많이 있습니다.

그래서 그렇게 돌아가는 자세도 그렇지마는 우리가 영력으로서의, 영력이라고 해도 좋고 저 심봉의 그 묘법이, 그렇게 광대무변한 묘법이 물 안에서도 돌더라는 얘깁니다. 그러고도 네 군데로, 동해로 두 군데, 남해로 한 군데, 서해로 한 군데 이렇게, 즉 말하자면 하늘과 땅과 해안이 같이 통로끼리 통로가 돼 있다는 얘깁니다. 그런데 동북 간방으로 같이 이렇게 붙어 있고 서북 간방으로 같이 이렇게 붙어 있어서 세 개로 구성이 됐지만 네 개로 구성이 된 겁니다. 동, 서, 남 이렇게 돼 있는데, 서쪽에 그것이 하나가 더 있기 때문에 동북 간방으로 이렇게 쌍아리 질러서 하나가 더 있기 때문에 넷으로 이렇게 보는 겁니다. 그래서 그 연관성이 통과될 수 있는, 그러면 소용돌이, 구멍이라고 할까요? 통신력이라고 할까요? 그 뭐라고 말을 할까? 통신문이라고 그럴까요? 그렇게 돼 가지고서 우리 전체가 서로서로를 알게 되고 그러는 이치가 있습니다.

우리가 이 공부를 해 놓으면 모두가 이러한 데서 알 수 있고 사람이 둘로 돼 있지 않기 때문에, 생명도 둘이 아니고 지렁이하고도 둘이 아니고 작고 크고, 모습이 다르고 다르고 그래서일 뿐이지 그 용(用) 하는 거는, 움죽거리는 건 다 똑같습니다. 그리고 또 먹는 것도 연쇄적으로, 또 생존 경쟁도 연쇄적으로 이렇게 받아 돌아가는 이 자체도 똑같습니다. 그러니까 우리가 이러한 뜻을 책을 봐서 알아서 되는 것도 아니고 또는 말을 들어서, 귀동냥으로 들어서 하는 얘기도 아닙니다. 이것을 직접 자기가 체험하고 자기가 느끼고 자기가 알아서, 작든 크든 못났든 잘났든 자기가 알아서 자기가 경험해 보고 자기가 체험하고 자기가 느끼고, 자기가 먹어 보고 맛을 알고 이렇게 해서 하게 되면 말을 못하든, 이리 왈 저리 왈 남이 이러든 저러든 꿋꿋하게, 도도하게 흐르는 물과 같이 남이 욕을 아무리 해도 눈 하나 까딱 안 하고….

예전에 석존께서도 사람들이 돌팔매질을 해서 자기 제자들을 때려 죽이고 이렇게 해도 눈 하나 까딱 안 했다는 사실을 이 자리에서 아셔야 될 것입니다. 우리가 아무리 잘해도 그 도리를 모르는 사람은 욕하고 잘 아는 사람은, 꼭 사람을 알아서 아는 게 아니라 그 도리를 아는 사람은 욕을 안 하죠? "참 갸륵하십니다." 또 "갸륵합니다." 이럽니다. 그래서 저는 이 지렁이 한 마리도 미약하다고 '나보다 너는 모르는 게 많다.' 이래 본 예가 없습니다. 물이 흘러가도 그 물이 참, 내 생명과 똑같이, 내 피와 똑같이 생각한 거지 한 번도, 한 치도 걸러서 그것을 얕본 예가 없습니다. 또는 어떤 스님이 '크다, 작다' 이런 말을 해도 제 마음속으로는 절대로 크다, 작다 하는 말을 한 예도 없고 생각한 예도 없고, 즉 말하자면 아, 말을 한마디 이렇게 하고도 '아, 참 몰랐더라도 나고 알았더라도 나고, 언제 적의 나는 알았던가.' 또는 '언제 적에 몰랐던가.' 이것이 항상 같이 돌아가기 때문에 알았다, 몰랐다 이러한 말을 할 게 없습니다. 더 잘 알고 더 모르고가 어딨겠습니까?

그러니 우리가 여기 와서 이렇게 주고받고 한 이 말에 의해서, 말이 아니라 법으로써 우리가 응용하고, 자기가 생각 한번 했으면 법으로써 회전이 돼서 딱딱 자기에 이익이 있고 공덕이 돼서 남을 도와줄 수도 있는 그 능력으로써 모든 일을 해 나갈 수 있게끔 하는 것이 마땅히 생활 불교라고 보겠습니다.

그리고 제가 어떤 때엔 이런 말도 한번 해 봅니다. 옛날에 문수보살이 유마힐 거사한테 병문안을 가서 "왜 이렇게, 어디가 아파서 이러십니까?" 하니까, 말하자면 "중생들이 아파서 내가 아프니까 중생들이 나으면 내 병도 낫느니라." 했습니다. 그건 병도 무지무지한 병입니다. 그건 보통 병이 아니지 않습니까? 그러니 그 병 문 안에 들어갔을 때에 병 문 바깥으로 나올 수 있으려면 어떻게 해야만 나올 수 있을까요? 만약에 그 말 한마디만 잘해 줄 수 있다면 그 병도 툭툭 털고 일어날 수 있을 텐데 어떻게 해야만 될까요?

사람이 말을 한마디 잘못해서 병을 짊어져 주는 법도 있고 말을 한마디 잘해서 병을 벗게 해 주는 수도 있거든요. 부처가 무병하기 때문에 중생도 무병인 것입니다. 모두가 무병한 거지 병이 들려 있듯 그렇게 붙을 데가 없습니다. 그런데 무병한 거를 모르고 항상 마음으로 무병치 않게 만들어 가지고 아픈 것입니다, 여러분이. 왜 그렇게 만들어 가지고 아프고, 만들어 가지고 울고, 만들어 가지고 그렇게 고통을 받는지 그건 나도 모릅니다. 그냥 참 딱하기만 합니다. 걱정 안 할 건데도 버둥버둥버둥 걱정을 하거든요. 그게 무슨 소리냐 하면 자기 주인공, 이름해서 주인공을 못 믿기 때문에 그렇거든요. 믿는다면 어떻게 발버둥일 칩니까? 자기가 자기 뿌리를 못 믿으면 그 뿌리는 그 씨를 못 믿을 텐데 어떻게 합니까, 그거? 바람 부는 대로 날리고 바람 부는 대로 이파리가 휘날리면 인간이 사는 멋이 있습니까?

그러니 앞으로 여기 오실 때도, 한 분이 오시든 두 분이 오시든 전 상관이 없습니다. 왜냐하면 여러분은 보이시는 분들이 오셨지마는 보이지 않는 여러분도 둘이 아니기 때문에 여기 꽉 찹니다. 여기만 찬 게 아닙니다. 천지가 다, 동서남북이 둘이 아니라 이 벽이 탁탁 터져서 다 그냥 한자립니다. 이 소리 한마디 하는 것도 자기가 알고 하기 때문에, 자기가 알고 있기 때문에, 듣고 있기 때문에 두 자리가 아니라 한 자리…, 지금 오늘 이 말을 듣고 또 하고 이러는 것이 들은 사람도 없고 한 사람도 없이 우주간 법계에 꽉 차서 그냥 다 들리고 있습니다, 지금. 그러니 요 방 한 자리가 요거 한 자리가 아닙니다. 한 그릇이 한 그릇이 아니고. 여러분이 헛된 걸음걸이를 하지 않도록, 또 제가 헛된 말을 하지 않도록 우리 노력을, 상대방이 다 노력을 잘하시게 되면 우리가 상대방과 둘이 아닐 겁니다. 얼마나 좋습니까? 은은하고 향기롭고 조화를 이루고, 또는 앉아서 호국 불교도 하고, 보당 누르면 될 거를 보당도 안 눌러도 그냥 보당이 저절로 눌러지는 게 있단 말입니다. 여러분 마음 가운데에 전부 있어요. 참 멋있습니다. 여간 멋있는 게 아닙니다. 삿갓 쓰고 주장자를 메고 푸른 밭을 한 발 한 발 떼어 놓을 때에 피리 소리가, 구멍 막힌 피리 소리가 그렇게 온 누리에 다 들린다 했습니다. 구멍이 왜 막히고, 구멍이 왜 뚫리고, 그런 말이 거기에, 그 언어가 붙겠습니까?

음지 양지 없는 땅에
백송 위 대붕은
자유롭게 날으도다

오늘은….

걸림 없는 한 찰나의 살림살이

1986년 9월 27일

우리 신행담을 좀 해 볼까요? 여러분한테 지난번에도 얘기했지만, 공부하는 데는 유창하게 설법하는 것보다도 우리가 생활 속에서 일상생활이 그대로 참선이라는 거, 뛰면서 생각하고 생각하면서 관하고 관하면서 뛰는 그러한 시대가 되기 때문에, 언제든지 아무 데서라도 한생각을 내면 법이 돼야 하고 법이 됨으로써 그것을 활용이라고 할 수 있다는 것입니다. 즉 말하자면 우리 보이는 세상에서만 활용이 아니라, 우리가 움죽거려서 활용이 아니라 움죽거리지 않으면서 움죽거리는 활용이 있어요. 지금 시대에는 움죽거리지 않고 움죽거릴 수 있는 활용이 아주 필요해요. 이건 100% 필요하다고도 볼 수 있어요. 그게 아니라면 지금 과학적인 문제를 앞장서서 불을 켤 수가 없어요. 여러분이 이 말이면, 벽을 치면 봇장이 울린다는 걸 아셔야 돼요. 손가락 하나를 눌러서 될 일이라면 손가락 하나를 누르지 않고 손가락 하나를 누를 줄 알아야 돼요.

이 문제가 앞으로는 점점…, 우리는 이 마음의 계발이 필요하고 마음속에, 온 누리에 다, 생명이 있는 고차원적인 인간에게는 다 그 보배가 주어져 있다는 겁니다. 그 보배가 주어져 있는 것을 자기가 쓰지 못해서 걱정이죠. 왜 그것을 쓰지 못하느냐 하면 여러분은 그냥 놓고 지금 버리고 가는데도 불구하고, 하나하나 버리고 나투면서 고정된 관념 속이 아니라 고정되지 않는 그러한 관념 속에서 그냥 관념 없이 무심으로 돌아가는데, 놓고 돌아가는데도, 자기네들이 그렇게 하면서도 그렇게 하는 거를 납득을 못하는 겁니다. 그리고 자기가 납득을 못하니까 자기가 한다고, 어저께는 이렇게 이렇게 했고, 오늘은 이렇게 이렇게 하고, 내일은 이렇게 이렇게 할 거라고, 그리고 또 '내가 했다' 고 하고, 모든 것을 "나, 나, 나, 나" 하다가 보니까…. 나는 달팽이 껍질과 같은 겁니다. 내가 한 게 아니야. 알고 보면 내가 한 게 아니라 달팽이 껍질 속의 달팽이, 달팽이 그 속에 참마음이 있어요.

그 마음이, 자기는 찰나찰나 나투며 화해서 돌아가는 그 이치를 안다면 공했다는 겁니다. 그 공했다는 건 수차에 얘기했죠? 그 공해서 돌아가는 것이, 우리 지금 아침에 일어나서 눈 뜨고, 눈 감은 것도 눈 뜬 것도 아닌, 감은 것도 내내 고정되게 있는 것도 아니고 뜬 것도 고정되게 있는 것도 아니고, 앉은 것도 고정되게 있는 것도 아니고 선 것도 고정되게 있는 게 아니야. 모두가 듣는 것도 가고 오는 것도 전부 고정되지 않고 한 찰나야, 한 찰나! 우리 살아나가는 게.

그런데 여러분의 마음은 그렇지 않고, 한 찰나인데도 불구하고 그저 몇십 년을, 몇 년을 이걸 거론하고 있는 겁니다. 그러면 어떤 때는 앞으로 미래로 성큼 넘어서야 할 텐데도 불구하고 뒤로 자꾸 밀려나는 겁니다. '과거에는 내가 이렇게 이렇게 살았는데…. 과거에는 이렇게 이렇게 했는데….' 그게 뭐 말라빠져 죽은 겁니까? 이 세상의 모든 것이 잠재의식 속에, 자기가 살아 있는 그 습이 거기에 그냥 똘똘 뭉쳐 있고 뭉쳐 있고 그래서 그게 업이 되는 줄 모르고, 그것이 찌꺼기가 돼서 자기를 자꾸 막아 가는 줄은 모르고 그런단 말입니다.

그러니 우리가 한 발 한 발 딛고 지금 여기까지 들어오면서 신발을 벗어 놓았는데 벗어 놓는다는 생각도 없이 저 신발을 그냥 무심으로 벗어 놓았습니다. 그게 금이라면, 그게 보석이라면 저렇게 아무 생각 없이 벗어 놓을 수가 없습니다. 그런데 저 신발은 그다지 뭐, 그렇지 않거든요. 그러니까 그냥 무심으로 벗어 놓는 겁니다. 만약에 금을 끼고 왔다면, 금을 신고 왔다면, 금신이라면 어이구, 저걸 끼고 들어오지 저기다가 저렇게 벗어 놓고 들어올 리가 없죠. 난 여러분이 살아나가는 생활 속에서 이런 말을 해 드리는 겁니다. 그런데 저게 하치않기 때문에 저기 그냥 벗어 놓는 겁니다. 저거 하나 잃어버리면 집안이 망한다 이런 지경이라면 저거 안 벗어 놓을 겁니다. 그와 같이 저렇게 무심코 벗어 놓을 수 있는 것이 그냥 우리 지금 살림이며 참선이며 생활입니다.

그리고 여기 한 걸음, 저 문지방을 뛰어넘을 때 뛰어넘는다는 생각을 하면서 뛰어넘었습니까, 저 문지방을? 저기가 만약에 이승이고 여기가 저승이라면 생각을 하면서 뛰어넘었겠습니까? 또 우리의 영원한 생명 자체가 내놓을 것이 없는 거, 내놓을 것이 없는 그 자체가 만약에 저승이라면, 서천국이라면 지금 여긴, 우리 지금 현실 세계를 동천국이라고 합시다. 해가 지금 떴다 이거야. 이 세상 살아나가는 여러분이 살고 있는 고장이라 그런다면, 저기가 지금 이승, 여기가 저승이라고 한다면 무심코 저렇게 뛰어넘어야 할 텐데 벌써 저승이라는 게 있고 이승이라는 게 있다는 말입니다, 여러분의 마음속에는. 그렇기 때문에 미지의 세계를 뛰어넘지 못하는 겁니다. 이 마음 놀음인데…. 다 마음의 조작이에요, 이게. 근데 그 마음의 조작에 속는 거예요, 여러분은. 항상 속아 넘어가는 거예요.

그러니 백네 날 금강경을 달달달달 외우면 뭘 하며, 염불을 달달달달 외우면 뭐 하며 목탁을 백네 날 쳐 봤던들 무슨 소용 있습니까. 근본 우리가 "애, 너 먹어라. 너 이렇게 이렇게 해라." 이게 바로 설법이야, 응? 그리고 또 손 하나 움죽거리고 이렇게 하는 것이, "이거 맛있다. 너 먹어라." 이게 행이야, 행! 이게 그대로 설법이자 행이고 행이자 법이라 이거야, 우리가. 그대로 참선이야.

그런데도 불구하고 여러분은 그렇게 가까이 턱밑에다가 놓고도, 그리고 모두 여러분이 무심으로 한 발 떼어 놓고 뒷발자국은 없어지고 앞발자국은 떼어 놓지 않았으니 없고 그런데도 불구하고, 뭐가 그렇게 말이 많고 불법이 그렇게 가지, 이파리 수효대로, 당최 가리 상봉을 할 수 없이 이파리 하나하나가 흔들리는 대로 흔들리니 이거 불법이 어떻게 된 겁니까? 49년을 설해 놨어도, 그렇게 행으로 보여 줬어도, 나는 한 마디도 안 했노라고 했어도 그 뜻을 모르니 여러분이 어떻게 불제자라고 할 수 있으며 대인이라고 할 수 있으며 고등 동물이라고 할 수 있겠습니까?

그러니 여러분이 여기 오셔서 꼭 요점만…. 여러분이 옳게 가시나 안 가시나 그거를 점검하기 위해서입니다. 또 이래야 공부가 되는 거고요. 이거는 모든 게 여러분 한 사람이 없다면 우주도 없는 거고 상대방도 없는 겁니다, 상대도 없고. 근데 여러분 하나하나 개인이 있으니까 모두가 있는 겁니다.

그래서 어저께는 누구더러 이런 말을 했습니다. 이 사람도 그게 머리로 잔뜩 올라와서 머리로 다 온다는 겁니다. 관세음보살도 나타나고 지장도 나타나고 모두 나타난다는 겁니다. 그래서 내가 그랬습니다. "당신 하나가 어머니를 만나면 딸이 되고 남편을 만나니까 아내가 됐어, 금방." 한 찰나죠, 그게. 허, 고걸 잘 들으세요. 이 마음으로 깊숙하게 생각하세요. 그게 얼마나 묘한 묘법이며, 또 우리가 이 세상을 회전하는 데 걸리지 않고 회전할 수 있는 그런 묘법입니다, 바로. 근데 금방 또 친구가 왔거든요. 그러니 한 찰나에 친구가 돼 버린 거예요. 그런데 또 한 찰나에 누가 왔느냐 하면 애들 삼촌이 왔거든요. 그러니까 한 찰나에 뭐가 됐느냐 하면 바로 자기는 형수가 된 겁니다. 그러니

한 사람이 하루에도 이름이 몇 가지가 됩니까?

그러니 여기 부처님이 해 놓으신 그 뜻이, 한 부처님께서 여러 수만, 천백억화신의 부처가 된다 이겁니다. 그러면 천백억화신이라 하는 것이 딴 데서 나오는 게 아니라 부처님 마음에서, 한마음에서 나오는 겁니다. 여러분도 한마음에서 자동적으로 그렇게 스스로 누이가 됐다가 아내가 됐다가 엄마가 됐다가 딸이 됐다가 친구가 됐다가 야, 하루에 몇 번 변하십니까? 그렇게 여러분이 만나는 족족 그 한 사람을 보고 "엄마!" 그랬다가 또 어떤 사람이 만나면 "형님!" 그랬다가 또 어떤 사람이 만나면 "형수!" 그랬다가 어떤 사람이 만나면 "여보!" 그랬다가 아니, 그러면 그 한 사람을 가지고 그렇게 많은 이름을 부르는데 그 여러 이름이 따로따로 있습니까? 여러 사람이? 한 사람을 그렇게 부르는 겁니다.

그리고 또 한 가지는, 여러분이 나가서 노동을 하면 노동꾼이 되고 사무실에 가서 행정을 보면 바로 사무원입니다. 과장으로 승진이 되면 과장님이에요. 계장님이고 과장님이고 총무고 이사고 또 사장이고 그렇죠. 그런데 한 사람이 그렇게 똑같은 모습을 가지고도 똑같은 모습이 아닙니다. 자기가 앉은 자리마다 달라지는 겁니다. 과장으로 앉았을 때 다르고 회장으로 앉았을 때 다르고 또 총무로 앉았을 때 다르다는 말입니다, 자기 자리가. 모습도 달라져요, 행이 다르니까. 남이 부르는 것도 그렇고 행도 그렇고 다 달라지죠. 이렇게 달라지는 원인이 어디 있느냐? 여러분이 이 말을 잘 들으시고 '항상 자기 마음속에 자부처가 들어 계시니 그 자부처 안에서 일체 만법이 나고 든다' 하는 이 도리를 아시라 이겁니다.

그러면 남한테 속지 않을 거고 생활해 나가는 데에 조금도 걸림이 없을 거고, 앉아서 미지의 세계에 전부 행을 할 거고, 용을 한다 이겁니다. 그러면 또 보이는 세상에서는 다양하게 걸리지 않고 행을 움죽거릴 수 있고. 그러니 "야, 이 산천초목 천지만물 중에 모두가 만 가지 꽃이 되며, 만 가지 향이 되며, 만 가지 법이 되니 어찌 부처님 아닌 게 있으랴?" 나도 빼놓지 않고요, 여러분하고 같이 말이에요. 나 빼놓으면 안 되죠? 그러니까 여러분이 나를 빼놓으려고 하지도 마시고 여러분이 빠지려고 하지도 마시고, 우리는 같은 한자리에 그 만 가지 꽃과 만 가지 향을 만 가지 법으로 조화를 이루고….

요새 아시안 게임이 저렇게 벌어지고 있는데도 여러분은 속수무책으로…, 안 보면 모르지만 내 눈앞에 이렇게 딱 닥칠 때는, 야, 군인들이 싸움을 할 때는 군인의 경험 있는 의식을 거기다가 해 줘야 힘이 나죠. 만약에 아무 경험도 없는 의식을 그 의식에다 붙여 주면 소용없단 말입니다. 괜히 힘만 나지 요량이 없단 말입니다. 이 말을 잘 들으세요. 그래서 두 사람이 할 때에 이 사람이…, 예를 들어서 얘깁니다. 보이는 걸로 해야 여러분이 알아들을 테니까 그럽니다. 나 나무라지 마세요. 허허허. 중국에서 온 사람들이 유명하다 할 땐, 아주 그, 잘하지 않습니까? 그 의식을, 요기에다 힘을 같이 포함해 주는 그런 요량도 있어야 됩니다. 여러분이 잘 응용하실 수 있는 그 한마디만 들으면 만법의 응용을 다 하실 수 있겠죠? 여러분이 일할 때에도 그렇습니다. 지금 무슨 일이 생겨서 찬을 만들어야 할 텐데 찬은 하나도 모르고 쓰레질만 잘하는 사람 갖다가 놓으면 찬은 어떡합니까? 또 바느질을 해야 될 텐데 찬을 잘하기만 하고 바느질을 못해. 그런 사람을 갖다 놓으면 어떡합니까? 그러니 이걸 요량 있게, 이것이 걸림 없이 찰나찰나 돌아가는 이 이치가 아주 법이 돼서, 스스로 법이 돼서 그냥 무심으로 돌아가는 것이 그렇게 아주 묘법으로 돌아가야만이 될 거 아닙니까?

그러니 여러분이 스스로서 지금 무심으로 저렇게, 문지방을 넘어서야겠다 하는 생각 없이 넘어서고, 똥을 눠야겠다 하는 생각 없이 똥 마려우면 그냥 뛰어가서 누고 그러듯이, 또 그게 만약에 금이 아니라면, 걸레라면 그냥 이렇게 아무 데나 빨아서 던져 놓죠. 그릇에 담아 놓든지. 그래도 그것을 누가 집어 가려니 생각조차도 안 하고 아무 생각 없습니다. 그냥 무심으로 갖다 놓습니다. 금도 그렇게 무심으로 갖다 놓을 수 있으리만큼 돼야 됩니다. 그게 하상 뭡니까?

이 세상에 우리가 잠시 잠깐 캠핑 와서 놀다가 본국으로 돌아가는 겁니다. 그런데 잠깐 놀다 가는 길에 그저 당장 쓸 거, 당장 먹을 거 요것만 있으면 될 거 아닙니까? 그런데 우리가 그렇게 마음을 먹는다면 그거 먹고 떨어지는 법이 없어요, 그런 맘 먹는 사람은. 그런데 더 깽겨 놓으려고 짊어지고 다니니까 무거워서 끽소리 못하고 어떤 땐 이 어깨가 축 늘어지고, 부산을 향해야 할 텐데 짐이 무거워 갈 수가 없어서 그냥 찌부러져 죽거든요. 그러니 어떡합니까? 가다 말고 그것도 다 못 가져가곤 그냥 죽거든요. 그런 분들이 허다히 많거든요. 세상에, 아니, 100원 짊어지고 가려고 벌다가 단 50원도 못 벌고 그냥 죽어 버리거든요. 그 왜 그럽니까? 이 세상 게 전부 여러분 건데 왜 일부러 짊어지고 다녀요? 쓸 때나 쓰면 됐지. 열쇠 하나만 가지면 됐고. 아이 참 내!

내가 만약에 책을 보고 여러분한테 요렇게 얘길 해 준다면 난 쓸모없는 인간, 죽어야 마땅하지. 정말입니다. 난 더 살고 싶지도 않고 또 이렇게 죽고 싶지도 않고, 아예 그냥 편안해요. 그렇다 해서 잘난 것은 없어요. 여러분과 똑같아요. 여러분이 울면 나도 울고, 여러분이 쓰라리면 나도 쓰라리고, 여러분이 쾌활하게 웃으면 나도 웃고 똑같단 말입니다. 똑같지 않으면 사람도 아니고 똑같지 않으면 부처 될 수도 없죠.

그러니 여러분이 오늘은 시간이 용이하다면 한 십 분이고 십오 분이고 신행담을 좀 더 해 봤으면 합니다. 요건만 그저, 여기 와서 계속해서 한 거는 간단하게 요약하고, 본건만 그냥 얘기하면 참 간단간단하게 좋죠. 우리 한번 해 볼까요? 그것이 여러분한테 설법도 되고, 한마디 하는 게 얼마나 설법이 되는지 모릅니다. 요 신행담 하기 이전에 내 한마디 딱 할 게 있어요.

예전에 말입니다, 내가 그때는 스무 살 먹기 전이니까요. 아주 어렸을 때입니다. 어디를 걷다가, 그때도 한참 공부라는 거 없이, 모르고 그냥 할 땝니다. 그런데 부처님께서 중더러 하는 소리가 "얘야! 얘! 부부가 살았는데 배고픈 사람이라는 거는 전부 데려다가 집으로 끌고 들어왔단다, 남편이." "그래서요?" "근데 아내는 말이야, 밥을 해다 놓고 이게 뭐냐고 해서 밥이라 하면 절굿공이 가지고 들어와서 때려서 내쫓고 남편은 자꾸 데려오고, 부인은 그게 뭐냐고 그래서 밥이라고 그러면 그냥 때려 내쫓고…. 그 소문이 그냥 파다하게 났거든. 파다하게 나가지고 밥이라고 하면 밥도 안 주고 때려 내쫓는다는 소문이 나서 밥이 아니라고 그랬거든, 또. 아니라고 해도 절굿공일 가지고 들어와서 확 그냥, 막 때려서 내쫓았거든. 그러니 그때 네가 만약에 그 밥을 먹으러 들어갔다면 어떻게 했겠느냐?" 하고 물으셨어요, 날더러. 그때 나는 그게 무슨 나발 같은 소린가 했거든요. 하하하…. 지나온 게 지나온 게 아니라 생생한 오늘입니다.

이 이야길 잘 들으세요. 우리가 아침에 일어나서 관하고 있다가 하루 종일 일하다 보니까 그 관하던 걸 다 잊어버렸죠? 저녁에 가서 '아이고, 하루 종일 놓쳤구나.' 허허, 이러시질 마세요. '하루 종일 놓쳤구나.' 하지 마시고 고 생각이 딱 들었을 때 벌써 열두 시간이 지났으면 열두 시간이 바로 자기가 생각난 그 한 찰나입니다. 그러니까 그렇게 많은 시간이 걸린 게 아닙니다. 알아들으시겠습니까? 한 찰나가 24시간도 될 수 있고, 한 찰나가, 생각나는 그 한 찰나, 관할 수 있는 그 한 찰나가 며칠도 될 수 있고 천 년도 될 수 있어. 그런데 하물며 내가 놓쳤다고 한탄을 해요? 그런다면 걸려. 벌써 24시간만 걸리는 게 아니라 미지의 세계와 지금 현실 세계와 둘이 아니게 회전이 돼야 될 텐데도 불구하고 회전을 못하고 자꾸 걸려서, 이거는 공부라기보다도 우리의 마음이 미신의 행위를 하거나 그 도리를 모른다면 우리가 죽어서도 잠재해 있는 그 차원에 따라서 또다시 이 고통을 면칠 못해.

그래 인제, 뭐냐고 했습니다. 그게 무슨 나발 같은 소린가 하고선 아무 소리 않고선 아주 묵언을 했습니다. 그러곤 있다가 어느 때인가 이렇게 개천을 건너가는데 말입니다, 무슨 생각이 들었느냐 하면 조그만 돌맹이에 딱 발끝이 차여 넘어졌습니다. 넘어지니까 내가 물에 그냥 탁 엎드러졌단 말입니다. 엎드러지면서 이 머리가 그냥 그리로 닿으면서 깨졌는데, 물이 그냥 이쪽저쪽으로 좀 많이 튀겨졌겠습니까? 그거를 보고서 '아하! 이 크고 작은 방울이 다, 밥이라고 해도 아니 되고 밥이 아니라고 해도 아니 되는 그런 이치, 말을 해도 아니 되고 안 해도 아니 되는 이치로구나. 내가 엎드러졌으면 그냥 엎드러졌지, 그냥 무심코 저기 뛰어넘어 왔으면 될 걸, 뭘 이게 밥이다 밥이 아니다 할 게 뭐 있어? 아, 밥 한 그릇 해다 놨으면 그냥 주워 먹을 거지, 허허, 아니 그게 아니다 기다 할 게 뭐 있느냐.' 하고 그 생각이 퍼뜩 떠오르면서 '옳지, 내가 배고프면 먹고 똥 마려우면 똥 누고 자고 싶으면 자는 거지. 그게 법이지. 무슨 그 나발 같은 소리는 다 필요 없는 거지.' 하고 생각이 나는 겁니다.

그래서 그때에 모든 이 생활의 참선, 또는 우리가 시간을 초월하고 공간을 초월해서 우리 마음이 한생각 뛰어넘을 수 있다면 미지의 세계의 활용과 지금 현실의 세계의 활용이 둘이 아니라는 그 점을 우리는 명백히 알 수 있는 겁니다. 그리고 행을 할 수 있는 겁니다. 얼마나 맛있다고요. 그 맛들을 여러분이 본다면 이 세상 다 주고도 바꿀 수 없어. 그런데 뭐, 보석이 수만큼 걸려 있어도, 많다 하더라도 그까짓 거 눈에 차지도 않아. 아이, 땅속에 있는 것만 해도 얼만데. 물속에 있는 것만 해도 얼마고. 모두가 다, 하나 버릴 게 없어요. 그러니까 그쯤 해 놓고요.

좀 더 신행담을 하신다면 여러분 틈에서 나도 배울까 합니다. 나도 배워야 하니까. 여러분만 배울 게 아니라 나도 배워야 합니다. 여러분이 내 스승이니까요. 여러분은 나에게 듣고 있지만 나는 여러분한테 듣고 있고, 여러분이 하나하나 움죽거리는 걸 보고 배워 왔고, 풀 한 포기 자라는 것도, 또 스러져 죽는 것도, 비를 맞는 것도, 비를 먹는 것도, 공기를 저장했다 여러분한테 내주는 것도, 이런 걸 보고 모든 게 내 스승이라고 생각 안 한 예가 없습니다. 그러니 스승님들이시여! 어서 법을 설하소서. 하하하…. 이렇게 놀기 좋아하는 이런 사람입니다. 참, 나는 높게 되겠다는 생각을 해 본 예도 없고 그냥 웃고 살고 싶습니다. 그래서 위대한 중도 아니고 그냥 속환이라고 할 수도 없고요, 그저 여러분하고 똑같기만 하다 이겁니다. 여러분이 아무리 몰라도 바로 나인 것입니다. 탓할 게 하나도 없어요. 그리고 싸우지 마세요. 못났다고 싸우지 마시고 못한다고 싸우지 마시고. 언제 적엔 잘하기만 하고 살았습니까? 우리는 이렇게 진화돼서 창조된 것인데, 형성되고 이렇게 된 것인데 우리가 얼마나 잘하고만 살았겠습니까?

말씀들 안 하시렵니까?

신도(여) 구로동에 사는 사람인데요, 스님, 며칠 전에 남편이 근 십여 년을 넘게 쓰던 밥그릇을 갖고 뜬금없이 왜 이런 밥그릇에 주느냐고 갑자기 화를 내요. 그래서 처음엔 '어머!' 했다가 '아니지! 나를 지적해 주는 건데….' 하고선 참고 그랬더니, 그걸 받아 주니까 남편이 이것저것 화를 막 내요. 반찬 걱정 뭐 걱정. 그래서 저 나름대로는 마음에서 같이 출렁거리는 거를, 답변하면 이거 시간이 걸리니까 그러한 복잡한 상태에서도 그 생각이 나데요. '이것이 내 맘에 일렁거리는 거니까 내가 일렁거리지 말고 그에게 응해 줘 가지고 그를 잠을 재우는 방법이 좋겠구나.' 하면서 하여튼 삼사십 분을 내가 굉장히 애를 먹으면서 남편을 달랬는데 이부자리에 누울 적에는 조금 나라는 생각이 또 나데요.

그래서 남편이 그냥 스스럼없이 잠들었을 적에, 이것이 과연 상대로서 나에게 일러 주는 스승인가 하면서, 모든 것이 내 한생각에서 나온 거라는 스님 법문이, 많은 세월을 스님 곁에 있었지만 요새 들어와서 새삼 하나하나 느껴지는 것에 대해서 감사하게 생각합니다.

큰스님 가만히들 계십니까? 한번 손바닥이라도 딱 쳐 드리죠. (대중 박수) 우리가 이 손바닥을 치는 것도 그렇습니다. 한 손은 소리가 안 납니다. 두 손이라야만 소리가 나거든요. 그래서 여러분이 이 신행담을 할 때에 나에게 말을 시키기도 하는 겁니다. 만약에 둘이라면 상대가 생겨서, 암에 걸렸다 이런다면, 여러 가지 병을 포함해서 암으로 표현을 하겠습니다, 백혈이다 뭐, 이런 것도. 암이다 하면 그 암이 나하고, 내 몸에서 생긴 거니까 둘이 아니죠? 암하고 나하고 둘이 아닌데 어떻게 암이 될 수 있겠습니까? 이것 좀 대답해 보세요. 난 아주 그냥 근본적으론 여러분이 생활에서 그 아파서 우는 거 보기 싫어서요. '나'이기 때문에 나도 아프고 그렇거든요. 그러니까 여러분이 생활 속에서 그거를 100%, 남한테 내 고귀한 생명을 맡기지 말고 자기가 둘이 아닌 그 점을 알아라 이겁니다.

그러면 암하고 둘이 아니라면 그 암이라는 건 이름입니다. 이름, 가(假)이름! 둘이 아니라는 건, 이 암도 생명이 있어. 생명이 있는 겁니다. 나도 이름이 있고 암도 이름이 있어. 암이라는 이름을 저 의사들이 지어 놨단 말입니다. 그 의사들이 이름을 지어 놓은 거지 그건 본래 암이라는 이름이 없는 겁니다. 그러니 그 암이라는 이름에 내가 속아 가지고 고만 거기서 탁 그냥 죽어 든단 말이야. 그러니까 지는 거야. 아이, 거기서 소스라친 거야, '인젠 죽었구나.' 이러고. 하이 나 참, 웃음이 나서. 허허, 내가 볼 때는요, 너무 웃음이 나는 거예요. 그래서 "암이라는 게 너한테서 네가 솟아난 건데 바로 너지, 어째서 암하고 너하고 둘이냐." 이럽니다. 그랬더니 "참, 듣고 보니까 그렇네요." 그러거든요.

그래서 요새 그 환자가, 아주 버렸단 말입니다. 다 죽게 됐거든요. 그래도 싱싱하게 하는 소리가 "참, 그렇네요." 하면서 "아, 그러니까 암이라는 건 없네요." 그러니까 배가 북장구 같았던 게 쑥 내려간 거예요. 이것을 왜 여러분이 만들어서, 암이라고 만들어 가지고, 자기가 정말 사장이고 회장이고 선장인데 말이야, 아니, 그 밑의 사람들을 다스리지 못하고는 거기에 폭싹 들어가서는 그냥 죽어 버리는 거야. 하하하. 아니, 웃음이 안 나겠어요, 나겠어요? 이 속에, 내 몸속에 있는 생명들이 수억이거든. 그런데 글쎄, 내가 그 대표로서의 선장인데도 불구하고 그 선장이 '아이고! 인제 죽었구나.' 그러고선 그 안에 폭 들어가는 거예요.

난 어저께 얼마나 웃었는지 모르겠습니다. 글쎄, 어저께요, 난 이름도 몰라요, 운동 이름, 그거. 근데 뚱그렇게 해 놓곤 살이 이렇게 뚱뚱한 사람 둘이서 하나는 빨간 걸 입고 하나는 파란 걸 입고 하는데 말입니다, 한국 사람이 글쎄, 그 사람을 넘기려다 들리지는 않고, 하하하…. (대중 웃음) 그러니까 글쎄, 그 큰 몸이 그걸 넘기려다 그 속으로 쏙 들어가는 거야. 아유, 얼마나 내가 혼자 앉아서 웃었는지 말입니다. 웃으면서 그 생각을 했거든요. 그거 들어가는 순간, 두 번이나 그랬거든요. 그래서 속으로 '아니, 너도 참 둔하기도 하다, 둔하기도 해. 몸뚱이도 둔하지만 어쩌면 그렇게 마음이 둔하냐?' 이럭하고선 '얘, 어차피 나왔으니….' 지금 암에 죽는 것도 자기가 그 암 속에 그냥 푹 파묻혀서 죽는 거거든. 이게 그 짝이라. 아무 데 갖다 붙여도 돼요. 또 그건 그렇게 두고요, '그러면 네 힘하고 빨간 거 힘하고, 너 파란 거에다 한데 합쳐서 그냥, 어차피 하던 거 그냥 해라.' 하하하…. '아니, 하나가 돼야 끝이 나지 이건 그냥…. 그럼 어떡하니? 이왕지사 뭐, 아주 싸우는 거….' 얼마나 웃기는지 몰라요. 그랬더니만 아, 어떻게 번쩍 들더니만 둘이 그냥 막 뒹굴래길 쳐요. 그러더니 이겼대요. 아니 세상에, 그런 운동도 다 있어요. 세상에, 아무거나 붙여 놓고도 운동이래요. 허허, 아니, 그뿐인가요? 요만한 막대기 가지고, 요만한 거 쪼그만 걸 가지고 그걸 치고 다녀. 하하하…. 얼마나 웃깁니까, 글쎄.

아이, 모두 운동도 운동이지만요, 또 한 가지 말하자면, 내가 또 울었습니다. 왜? 이 조선의 역사를 볼 때에 얼마나 중국의 탄압을 받았고 일본의 탄압을 받아 왔던가? 우리가 개척한 지가 뭐 얼마나 됐던가? 그래, 너희들은 좀 쉬어. 하하하…. 너희들은 그렇게 자리 잡고 오래 오랜 역사를 가지고 살아왔고 우린 지금 사십 몇 년밖엔 안 돼. 하하, 그런 생각을 하는데 깃발이 올라가는 걸 보니까, '아마 그전에 나도 그 자리에 있었나 보다. 왜 이렇게 눈물이 나나. 그 역사가, 얼마나 피를 흘렸고 얼마나 아팠던가!' 이런 생각이 들더군요.

그러면서 이 자리에서 이왕지사 이 모습을 가지고 나왔으니 나는 앉아서라도, 누가 잘한다 못한다 이런 것이 없더라도 우리는 꼭 불국토를 만들어 놓고야 말겠다. 이 세상을 전부 그냥 요렇게 조화롭게 해서 말입니다. 스키야키, 아니지, 전골 있지 않습니까? 전골! 전골을 해야죠? 그래야 맛이 나지, 전골을 해 놓지 않는다면 앞으로 장차 아, 우리가 재미가 없거든요, 사실은. 그러니까 재미있게 살기 위해서 전골을 할 수 있는 능력을, 여러분과 같이 이렇게 능력을 기릅시다. 전골이 얼마나 맛있습니까?

신행담은 오늘 안 하렵니까? 요다음으로 또 넘어갑니까? 그럼 요담엔 꼭 하세요. 그럼 오늘은 이걸로써 마치면서…, 우리 또 행사가 있는 모양입니다.

무심 무행으로 하는 호국 불교

1986년 10월 4일

여러분, 요새 아시안게임을 구경 많이 하셨죠? 거기에도 역시 우리 한마음이 소신껏 담겨 있다고 봅니다. 그런데 이 말을 왜 하느냐 하면 여러분은 이번에 구경하실 때 기독교든 가톨릭교든 불교든 그걸 막론하고, 그것을 다 무심으로 돌리고서 우리나라를 생각한 겁니다, 한 한국이라는 것을. 그랬기 때문에 우리 한마음이 똘똘 뭉쳐진 무심이 나갔던 것입니다, 무심! 갈라진 마음이 아니라 무심, 한마음의 그 무심. 어느 아들이 내 아들이라고 생각한 바도 없고, 어느 딸이 내 딸이라고 한 예도 없고, 남의 딸이라고 한 예도 없고, 남의 아들이라고 한 예도 없이 말입니다. '우리 조선의 딸, 아들' 이렇게 생각했던 겁니다.

그래서 그 한마음이 무심으로, 무행으로, 동체로 돌아가서 우리가 그렇게 많은 금메달을 땄지만, 여러분이 생각할 땐 많은 금메달이라니까 아주 엄청나게, 또는 시들시들하게 생각하는 분들도 있겠죠. 그러나 그것은 엄청난 것이 아닌 하나의 엄청난 것입니다. 하나! 염주알이 똘똘 똥그랗게 이렇게 꿰여 있지만, 한 염주이지마는 염주알은 모두가 다른 것입니다. 염주알 염주알 돌릴 때마다, 이 염주알은 똑같지마는 돌릴 때마다 다르듯이 그 아들딸들은 전부 다른 것입니다. 그래서 그것을 전부 종합해 보면 그 금메달은 하나에 불과하지 둘도 아닙니다. 그 하나의 밝음의 그 마음이라고 볼 수 있겠습니다. 한마음으로 그렇게 마음을 안 내신 분이 아마 하나도 없을 거예요. 그러니 얼마나 좋습니까? 우리가 이리로 흩어지지 않고 저리로 흩어지지 않고 이렇게 하시는 이 무심의 행이 말입니다. 얼마나 무서운 도립니까? 주먹을 불끈 쥐고 말입니다.

그렇듯이 옛날에, 이것은 제 경험담이기도 합니다. 옛날에 산에 다닐 때 얘깁니다. 큰 뱀이, 아주 엄청난 뱀이 있었습니다. 근데 그 뱀이 몸에 상처가 아주 말도 못하게 났습니다. 그래서 그 상처가 왜 났나 했더니 말입니다, 내가 보니까 인간으로 친다면 홀아비에 불과하다는 얘깁니다. 홀아비로서 참, 외로움을 느끼고 괴로움을 느끼고 그 모든 삶이 허무하고, 그래서 이제는 어떠한 생각을 했느냐 하면 '야! 내 몸을 버리면 아무 기탄이 없을 것을….' 그 뱀은 이렇게 생각했습니다. 그래서 넓은 데를 다녀도 어차피 갈 거, 넓은 길로 안 다니고 넓은 굴로 안 다니고 좁은 돌 틈으로 끼어 다니려니까 자기 몸이 으스러지고 으스러지고 자꾸자꾸 그렇게 망가지고, 아주 지금으로 생각하면 그냥 뭘 먹고 죽어야 할 텐데 먹고 죽을 것이 없었나 봅니다. 그래서 머리를 돌에다가 막 부딪고 그래 가지고 만신창이가 돼서 피가 흘렀습니다.

그런데 그때에 나도 거기 있었는데 말입니다, 보니까 그게 남의 일 같지 않았습니다. 나는 새삼스럽게 느꼈습니다. '이 세상 살림살이, 이 세상 사람의 마음이나, 고등 동물의 마음이나 하생의 마음이나 어찌 다를 바가 있으랴.' 하는 생각이 들면서 '야! 너도 나와 같구나.' 하는 생각을 했습니다. 똑같이 생각을 했습니다. 그걸 둘로 생각을 했다면 그렇게 불쌍해서 눈물을 흘리지 않았을 겁니다, 아마. 그래서 눈물을 흘리고 있던 중 눈물을 닦고 보니까 말입니다, 어느 사이에 개미 떼들이 그냥 와서 함빡 엉겼습니다. 눈이고 어디고 그냥 뭐, 형편없이 덤볐는데 아주 그냥 불개미 떼들이 큰 거 작은 거 할 것 없이 함빡 덤볐으니 그거 어떻게 합니까?

그래서 나는 그렇게 생각했습니다. '역시 무심으로서의 행을 하는 거나 유심으로 행을 하는 거나, 저렇게 큰 몸뚱이건만 저렇게 단결을 해서 몸뚱이들 숫자가 많으니까 저것도 이기는구나.' 하는 걸 생각했습니다. '저 큰 몸뚱이도 이기는구나.' 또 한 가지는 '그 몸뚱이가 한데 합쳐지니까 그렇게 큰 물건도 이기는데, 잡아먹는데, 무심으로서 한데 한마음으로 뭉친다면 몸은 스스로서 한데 뭉칠 게 아니냐.' 하는 생각을 했습니다. 그런데 내가 생각하는 순간, 그 뱀도 그렇게 생각을 하면서 뜯어 먹혔습니다. 둘이 아니게 말입니다. 그 순간 그 뱀은 말입니다, 이렇게 말을 하더군요. 입도 떼지 않고 말을 하는데, 스러져 가면서 하는 소리가 '개미들아, 내 살을 다 먹어 다오. 나는 참 너희들한테 고마움을 느낀다. 너희들이 한마음으로 당쳐 나를 외롭지 않게 해 줬으니 나는 그 은혜를 어찌 갚으랴. 나는 다시 이 몸을 받아서 외롭지 않으리.' 하고 시를 읊듯이 읊었습니다. 죽어 가면서 하는 그 말을 들을 때, 만약에 그 말을 듣지 못했다면 나도 그 참다운 인간의 마음이나 또는 참다운 생명들의 그 마음을 아마 엿듣지 못했고 그렇게 한마음으로 들어가지를 못했을 겁니다.

그와 마찬가지로 우리가 이번에 아시안게임 할 때도 그렇게 한마음으로 당쳐졌을 생각을 하니까 너무 기뻤습니다. 기뻤는데 한편으로 생각을 우리가 해 봐야 합니다. 바다에서 파도는 일지 않았지만 이거는 전국적인, 세계적인 문제이기 때문에 파도가 일지 않았다고 봅니다. 큰 개울물에서 파도가 인다면 우리는 빨래를 해 입을 수가 없습니다. 깨끗하게 빨래를 해 입기가 아주 어렵습니다. 정돈을 할 수가 없다 이 소립니다. 이건 빨래란다고 또 빨래인 줄 알지 마시고요. 바람이 지동같이 불고 파도가 일면 빨래하기가 어렵다. 이것은 우리 국민의 뜻입니다. 그럼으로써 앞으로 이것이 끝나면 어떠한 개울물에서 파도가 일까 하는 의려도 안 할 수가 없는 겁니다.

그럼으로써 우리 호국 불교라는 이 자체가 우리 국민과 나라를, 국태민안을 위해서 염불을 하고 목탁을 치고, 또 군인들의 영령을 위해서도 목탁을 치고 염불을 하고 기도를 부치고 그렇게 한다 해서 그것이 국태민안을 위함도 아니요, 영령을 위함도 아닙니다. 그것은 내가 이렇게 하노라 하는 것을 남에게 보이는 거뿐이지, 그거는 아무 효득이 없고 공덕이 없고, 바로 이득이 없는 겁니다.

지금 여러분이 살아가면서 한생각을, 아시안게임 할 때에 그 한생각을 내듯이 무심으로 한생각을 가져야만이 우리는 가고 옴도 없이 이심전심으로 그 파도를 막을 수가 있는 것입니다. 그리고 또 호국 불교를 하는 것도 되고. 우리는 내 몸뚱이가 나가서 하기 이전에, 그 몸뚱이들이, 하다못해 까치 새끼 하나, 새 새끼 하나, 풀 한 포기라도 나 아님이 없는데 어찌 내 몸뚱이가 나가지 않는다고 해서 호국 불교를 안 한다고 보며 몸뚱이가 나서지 않는다고 보겠습니까? 그리고 그 마음이 한마음으로 똘똘 뭉쳐서 전 세계로 그 향기가 아니 가는 데 없어서 우리가 우리 한 나라를 지키는 데도 전 세계를 지킴으로써 나라를 지킬 수가 있고 또 전 세계를 위해서, 우리나라를 위해서, 우리 한 국민, 백성들을 위해서 전체 우주 섭류를 우리가 한마음으로서, 무심으로서 무행을 그대로 할 수 있는 그러한 여건이 돼야만 되겠습니다.

그럼으로써 우리가 '호국 불교다' 하는 것도…, 예전에도 그랬죠. 나라에서 유교만 가지고 야단을 하고 불교는 얘기를 안 하고 모든 것을 업신여기고 말입니다. 나라에서도 지금의 정부라고 한다면 그렇게 업신여기고 사람같이 여기지 않았기 때문에 그게 이루어지지 않은 것입니다. 그럼 지금도 그러냐? 지금도 그렇습니다. 청하지 않는 잔치에 아니, 무엇을 어떻게 하란 말입니까? 마음이 오고 가야 되는데 마음이 오고 가질 않아. 불교를 탄압하거나 불교를 업신여기거나 이러한 문제, 불교든지 가톨릭교든지 기독교든지 이것을 한마음으로, 이 한 지붕 밑에 한마음으로, 모든 것이 무심으로, 한마음으로 똘똘 뭉쳐야 하는데도 불구하고 사람들이 살면서 '이거는 하치않고 이거는 쓸모가 있고' 이렇게 골라서 쓴다면 언젠가는 그 찌꺼기들이 남아서 한 떼를 이룰 수가 있습니다. 김유신이 삼국통일을 하고 또 궁예가 그렇게 해서 오기로써, 신라의 오기로써 그렇게 이루었다가, 오기로 이루었기 때문에 길지 못했고 또 왕건이 그렇게 됐듯이, 우리가 마음을 언제나 평화스럽게 항상 무심으로서 남을 탄압 안 하고 무심으로 항상 행을 할 수 있는 마음….

또 여러분이, 작게는 남편이나 아들이나 모든 것을 생각할 땐 여러분이 보살이요, 부처의 마음입니다. 그런데 그 부처의 마음을 가지고 어떻게 활용을 하느냐 하면 '쟤는 영 고칠 수가 없어.' 이러거든요. 이렇게 못을 박아 놓지 마세요. 또 '저분은 영 고칠 수가 없어.' 이렇게 못을 박아 놓지 마세요. 항상 얘기하는 바와 마찬가지로 해가 떴다가 해가 질 수도 있고 졌다가 뜰 수도 있는 것이 바로 사람의 마음이기 때문입니다. 여러분의 마음을 내놓으라고 한다면 내놓을 수가 없듯이, 내놓을 수가 없기 때문에 그렇게 천차만별로 돼 있는 그 마음들이 순간순간 바뀔 수가 있다는 얘깁니다.

엊그저께도 아시안게임에서 그, 아주 어려운 아이가 둘째로 들어갔다가 일등이 됐듯이, 이거는 그 사람은 그 사람대로 너무 가련하고 이러니까 이 한 울의 한마음이 도우신 겁니다. 왜? 다리 한 짝 툭 치면 그것은 이쪽을 구할 수가 있기 때문입니다. 이렇게 묘법이 있는데 여러분은 왜 그것을 굳이 그냥 못을 박아 놓습니까? 여러분의 아들딸들도 잘될 수가 있고, 또 똑똑할 수가 있는데도 불구하고 못을 박아 놓는다면 어느 때에 똑똑해집니까. 그리고 또 빛이 납니까. 그리고 밝은 빛을 얻어서 모든 사람의 길을 비춰 줄 수 있는 그런 대인이 될 수 있겠습니까. 여러분이 마음을 착한 마음, 위하는 마음, 보살의 마음은 가졌는데 보살행을 잘 못하시는 것 같아서 그 못을 박아 놓지 마시라는 얘깁니다. 욕도 함부로 하지 마십시오. 남편도 그렇고 자식도 그렇고 부모도 그렇고 전부, 한생각에 욕을 했다가는 내가 욕하고 내가 욕한 걸 아는 것을 바로 이 세상 모든 생명들이 다 알고 있는 거니까요. 내 집의 강아지도 "요 개! 저 개!" 하면 남이 업신여겨. 그와 마찬가지로 내가 모진 욕 한번 그냥 살 박아서 했다면 그것이 그만 그대로 돼 돌아가니까 말입니다. 여러분이 살기가 참 힘든 게 아니라 그것을 한생각만 그렇게 돌리신다면 얼마나 편리하고 얼마나 좋은 우리 삶의 보람이겠습니까?

그래서 호국 불교도 우리가 지난번에도 얘기했지만, 지금 몸이 나가서 그럭하는 게 아니라 한생각을, 한마음으로서의 보당을 누른다면 여러분의 마음이 조절이 돼서 단결이 되고, 단결이 되면 바로 동체가 되고 공용이 되니, 우리 이 자리는 아주 얼마든지 지킬 수 있습니다. 또는 호국 불교라는 말이 없이도, 호국 불교라고 말을 이렇게 해 놓지 않아도 영령들을 위해서, 군인의 영령들만이 아니라 우리 전체의 영령들을 위해서도 한생각이면 천도가 될 수 있고, 한생각이면 한마음으로 둘이 아니고, 죽은 사람과 산 사람의 마음이 둘이 아니요, 죽은 사람의 몸과 산 사람의 몸이 둘이 아니요, 이 무궁무진한 묘법을, 우리는 맘대로 쓸 수 있는 그 만법을 어떻게 호국에다가만 붙일 수 있겠습니까? 그러나 호국이라고 한다면 어떠한 문제가 생겼을 때도 여러분은 한생각에 그것을 다, 지난번에도 "호국 불교는 호국 불교대로의 그 기술이 있는 기술병을 갖다 들이대야 된다." 이런 말도 했습니다마는 그 모든 것을 요량 있게, 지혜 있게, 좀 물리가 터져서 우리가 활용을 할 수 있다면 어느 데든지 다 그건 응용이 되는 겁니다.

그러니 앞으로 제일 시급한 것은 지금 복잡한 우리 집안입니다. 복잡한 우리 집안에서 이런 큰일을 치르고 난 뒤에, 그 뒤의 수습이라든가 뒤의 설거지를 잘해야 됩니다. 여러분의 한마음의 그 행이 우리

방석 하나를 지키는 데도 그토록…, 누구를 위해서가 아닙니다. 여러분이 그냥 여기 앉아 있지 않습니까? 여러분이 이 세상에 태어나서 이렇게 있는 겁니다. 그러니 자기가 앉은 자리니, 또 자기 아님이 없으니 어찌 그것을 나 아니라고 해서 나가 아닙니까. 우리가 이번에 한마음 한뜻이 돼서 무행을 그렇게 무심으로서, 묘법으로서 진행한 그 결과가 이렇게 좋듯이 앞으로도 그렇게 했으면 좋겠습니다.

그리고 여러분이 신행 무심담을 서로 토론하면서 들어 봤으면 합니다. 어떻습니까? 여러분 중에서 "우리가 이렇게 같이, 스님과 우리들과 같이 이렇게 해 나가면서 이렇게 이렇게 살아가 보니까 이렇더라고요." 하고요.

그런데 어저껜가 '원효 대사' 영화가 나오더군요. 설총이 마당을 다 쓸어서 이렇게 모아 놨는데 "다 쓸었느냐?" 했습니다. "다 쓸었습니다." 하니까 어떻게 합디까?

대중 가운데서 (청취 불능)

큰스님 네, 인제 입이 떨어지셨군요, 허허허…. 우리는 항상 봄입니다. 겨울도 아닌데 왜 입이 안 떨어집니까. 항상 자유스럽게 입은 떨어지면서도 무심이어야 합니다. 걸리지 마셔야 합니다. 어느 떡 그릇에도, 번연히 떡 그릇인 줄 알면서도 거기 엎드러질 수 있는 그런 패기가 필요한 겁니다. 그런데 그, 흩쳐 놓고 들어가면서 뭐라고 그랬습니까?

대중 가운데서 (청취 불능)

큰스님 그런데 그게 무슨 뜻입니까? 왜 다 쓸어 놓은 마당에, 깨끗하게 쓸어 놓은 마당에 그걸 집어다 도로 흩쳐 놓으면서 잘못 쓸었다고 했습니까?

대중 가운데서 일상생활에 항상 번뇌가 일어나는데 그것을 물리치려고도 생각하지 말고 또 내가 번뇌를 일으키지 말아야 된다고 생각하지도 말고 항상 오는 경계를 내가 그대로 소화하고 그대로….

큰스님 거기다 비유해도 됩니다. 하지만 그쯤 안 것만 해도 참 고맙군요. 그렇게 길게 대답은 안 하는 거지만 그쯤 아는 것만 해도…. 그것은 끊임없는 우리의 쳇바퀴, 그 사람의 뜻을 깨치라고 해서, 진리를 깨치라고 해서 그렇게 하고 들어가신 거죠. 항상 말갛지는 못하죠. 만약에 말갛다면 아주 청정한 게 못 되죠. 우리 몸뚱이의 피고름이나 맑은 물이나 여기에 다 들어 있기 때문에 청정한 부처님의 법이 나오고 부처님이 될 수 있는 거지, 만약에 이 몸뚱이 속이 깨끗하다면 그냥 송장이죠, 뭐. 없죠. 송장이란 말 자체도 없어요. 그래 부처가 없는 겁니다. 그러니 여러분이 겉으로는 깨끗한 것 같지만 이 속에는 너무도, 똥통도 있고 뭐, 별거 다 있지 않습니까? 근데 그게 한 가지만 빠져도 사람 구실을 못하거든요. 그러니 어찌 말갛게 쓸었다 하겠습니까.

여러분이 생각해 보시면 아마도 이 진리가 전체 한데, 독 안 이 자체가, 바로 이 지구 자체가 아마 우리 이 몸뚱이 속 하나인지도 모르죠. 이렇게 축소해 본다면 그러하고, 우리 중생들이 이렇게 살고 있는 이 장소가 바로 우리 배 속인지도 모르죠. 이렇게 많이 살고 있으니까요. 쪼금쪼금 떼서 우리나라, 무슨 이 나라 저 나라 이 나라 저 나라…. 여기서도, 아마 배 속에서도 아시안게임을 할는지도 몰라요. 때에 따라서는 그렇게 하기도 합니다. 뭐, 요동을 하고 말입니다, 그냥 외치고 야단들을 하거든요. 그러니까 그것을 우리가 이끌어 가지고 나갈 수 있다면 이 세계를 이끌어 나갈 수 있는 겁니다. 세계를 이끌어 나갈 수 있다면 우리가 우주 전체를, 삼라만상 대천세계의 우리 유생 무생을 다 이끌어 가지고 나갈 수 있는 힘이 길러지는 것입니다.

이런 말을 해서 되는 것도 아니고 내가 이 말하는 게 절대라고 할 수도 없고 책을 봐도 절대라고 할 수 없는 겁니다. 여러분의 마음에서 스스로, 스스로 참 물리가 터지고 지혜가 생기고 그래서 깨달음을 가져야만이 그것은 되기 때문에 여러분은 이것을 듣는다 할지라도 100% 그 말을 들으려고 하지 말고, 그 뜻을 들어서 내 양식을 삼아서 거름을 만들면 바로 자기한테서 자기 마음이 잘 자라서 마음이 이 세상에 얼굴을 내밀고, 아마 참자기는 내밀 겁니다. 태어날 거예요.

그러니까 우리 여러분이 해 나가는 데에 때로는 점검도 필요한 문제가 있는 거고, 또 이 세상에서 살아가면서 아, 내가 실직을 해서 놀고 있다 이래도 여러분은 한탄하지 마세요. 나는 이렇게 생각이 되거든요. "우리는 지금 실직을 해서 죽겠습니다. 그런데 지금 이렇게 밥을 못 먹게 되고 죽겠는데 무슨 공부입니까?" 이러거든. 공부라는 이름을 붙였으니까 공부지 그게 공붑니까? 바로 내가 그것을 해결하기 위해서, 그걸 맘대로 하기 위해서 지금 그거를, 나도 중심에다가 탁 꽂고 굴리라는 겁니다. 첫째, 벌써 그거부터 그렇게 놓을 수 있어야 바로 가정이 태평해지고, 그 굶던 것이 먹어질 수 있으려면 바로 죽어야 됩니다. 죽어야, 눈을 뜨고 죽어야, 아주 죽어도 푹 죽어야 됩니다. 그래야만이 자유자재할 수 있는 겁니다.

왜 그런가? 미지수의 세계의 그 영령을 우리가 볼 수 있다면, 지금 회전하는데 여러분을 볼 수 있다면 영령도 볼 수 있어야 100% 회전이 되지 않습니까? 그런데 영령을 볼 수 없으니까 회전이 되지 않지 않습니까. 여러분이 천도를 시켜 달래도 그렇고, 또 마음을 조절을 못하니 어쩔 수가 없고 그러니 어떡합니까. 그것이 따로따로 있는 게 아니라 여러분의 나오기 이전 그 마음과 지금 현재 마음과 둘이 아니라는 것을 아셔야 됩니다. 영령이 따로 없고 여러분의 마음이 따로 없으니 그 뜻을 안다면 우리는 회전이 되고 그렇게 실직해서 놀지도 않을 겁니다. '저이는 그걸 몰라서 그래. 기술도 없고 아무것도 없는데 뭘 가지고 해!' 이러지마는 그래도 어딘가가 모르게…. (녹음 안됨)

모든 것을 내버린다면, 내버리란다고 또 그냥 돈도 막 내버리고 회사에 다니던 것도 다 내버리고 재산도 내버리고 옷도 내버리고 남 막 줘 버리고 이러라는 게 아닙니다. 자기는 관리인이지 자기 게 아닙니다, 전부. 자기 몸뚱이도 자기 게 아닌데. 자기 몸뚱이도 자기가 그냥 관리만 할 뿐이에요. 그러니 여러분이 똑똑히 알아서 이 세상의 이치에 의해서 밝은 눈을 뜰 수 있다면 바로 여러분은 들을 수도 있을 것이고 냄새도 맡을 수 있을 것이고 맛도 아실 겁니다.

그래서 어떤 사람이 "이게 뭐냐?" 했답니다. 만약에 여러분한테 '이게 뭐냐' 고 누가 물었다면 어떻게 대답을 하시겠습니까? 예? 이게 뭡니까?

대중 가운데서 (청취 불능)

큰스님 그렇게 그렇게, 말을 해도 아니 되고 말을 아니 해도 아니 되니 그것은 우리가 똑바르게, 똑바르게 그건 다듬어야 될 거야. 이 세상에 말대답을 잘하든 못하든 자기 실속이 있으면 벌써 남도 실속이 있게 할 수 있어.

여러분이 전부 인간으로, 일등 동물로서 태어났으면 그 가치력을 가져야 됩니다. 천차만별로 생명들이 살고 연쇄적으로 서로 잡아먹고 서로 살고 있습니다. 그런데 사람은 사람 노릇을 해야 되는 거기에 바로 부처가 될 수 있고, 또 사람은 사람 노릇을 해야 되겠기에 우리가, 예를 들어서 업, 팔자 운명 이런 것이, 이게 없다 있다를 떠나서 '아! 이게 잘못됐구나.' 이러는 순간, '잘못됐구나.' 하는 순간 아, 이건 벌써 뒤로 간 겁니다, 이렇게. 한 발짝 떼어 놓은 겁니다. 그러면 '또 잘못됐구나.' 하더라도 그것은 또 잘못된 게 없습니다. 그러니 우리가 못박아서 업이 있다, 업보가 있다, 유전이 있다 이런 거를 다 떠나서 우리가 그대로 한생각을 잘한다면 여러분은 잘 사실 수도 있고, 한생각을 잘못한다면 구덩이에 빠져서 허덕일 수도 있는 겁니다. 그리고 한생각을 못해서, 이름해서 호국 불교라든지 조상들의 영령이든지 부처님의 그 마음 배짱이든지 그걸 도대체 모릅니다. 그러니 뭐, 자기도 끌고 다니지 못하는데 남을 어떻게 끌어 줍니까.

여러분이 다 하루속히 그저 보살행을 하시면서, 우리가 우리 자리를 지키면서 영령들을 위해서…, "영령들을 위해서" 이런다면 바로 여러분의 마음입니다. 그 영령들이 수십만 명이 된다 하더라도, 이 삼라만상에 꽉 찼다 하더라도 내 한마음 가운데에 그것이 다 있으니 따로따로 찾지 마시고요. 따로따로 "이거 이거 이거" 하더라도 수만 가지를 여기에다 다 처리를 하십시오. 처리를 하고 굴리며 돌아가십시오. 그러면 다 해결이 납니다.

오늘은 이걸로써 끝을 마치겠습니다. 그런데 왜 신행 무심담을 하래도 영 안 합니까? 요다음부터는 꼭 우리 신행담을 하십시다. 그거 뭐, 이렇게 나만 자꾸…. 이게 같이 앉아 있으면요, 부처님께서도 "같이 앉아 있으면 같이 아라한이니라." 그랬는데, 여러분이나 나나 똑같은데 왜 날더러만 말을 하랍니까? 말한 것도 없죠? 감사합니다.

창문을 통해 보는 진짜 눈을 믿어라

1986년 11월 2일

여러분, 이렇게 같이 한자리를 하게 된 것을 참, 끝 간 데 없이 간다 할지라도 잊지 못할 것입니다. 우리가 이 한마음 자리에 조금도 에누리 없이, 미래도 과거도 없는 오늘에 한자리를 하게 되는 도리, 또 한자리에서 굴리는 도리, 또는 그 멋진 자유권을 가진 한자리의 도리, 이런 걸 가르치기 위해서 십 년 이십 년 삼십 년을, 내가 그렇게 걸어온 그 길, 문패도 번지수도 없이 걸어온 그 길 말고도 시간과 공간을 따지고 드는 이 현실 세계에서 근 삼십 년 동안이나 이렇게 여러분하고 씨름을 했습니다. 눈이 오든 비가 오든 조금도 마다 안 했습니다. 그런데 여러분이 좀 더 이 공부를 하게 되면, 깨닫고 안 깨닫고 그걸 떠나서 자기를 자기가 진실로 믿어야 한다는 겁니다.

옛날에 약초를 캐는 착한 나무꾼이 하나 있었습니다. 홀어머니를 모시기 위해서 약초를 캐면서도 항상 그 어머니를 잊지 못한 채, 나오면 몇 며칠이 걸리니까, 한 달도 걸리고 그러니까 그 어머니를 위해서 항상 마음의 기도를 하고 다녔습니다.

어느 날 약초를 캐다가 그만 낭떠러지에서 굴러 떨어져서 아주 몹시 다쳤습니다. 산골에서 다쳐서 내려올 수도 없고 그러니까 엉엉 울었습니다. 울고 있었는데 난데없이 어느 대선사가 나타났습니다. 나타나서 하는 소리가 "너 나기 이전 너의 아비는 지금 네가 다친 꼴을 보고 울고 있구나. 아비는 울고 있고 아들은 아파하는구나." 했습니다. "그게 무슨 소립니까?" 하고 울다가 말고 여쭈니 "바로 네가 생기기 이전의 너는 지금 울고 있는 그 마음이니라. 네 몸이 아파하면 네 마음이 의욕이 없어지는 것도 네 아비가 자식을 위해서 의욕이 없어지느니라. 네가 의욕을 잃지 않는다면 그 아비도 의욕을 잃지 않느니라. 그것은 왜냐하면 아비는 더하고 덜함이 없기 때문에 너 하는 대로 따라가기 때문이니라." 이렇게 말을 해 줬습니다. 그러고는 간 곳이 없어졌으니, 그 말을 들은 그 약초 캐는 나무꾼은 그러자마자 일어나도 다리가 안 아프더랍니다.

그래서 그 나무꾼은 인제는 나무를 하러 다니든 약초를 캐든, 어떠한 짐승이 있든 불쌍한 걸 보든 항상 창문을 통해서, 이 두 눈을 말하는 겁니다. '창문을 통해서 아버지가 똑똑히 보시고 이것 좀 살려 주셔야 되겠습니다.' 했습니다. 창문을 통해서 본다고 했습니다. 이거는 창문에 지나질 않아. 눈이 아니야. 창문에 지나지 않고 그 창문 속에는 진짜 눈이 있어. 그래서 그 아비의 눈이라고 했어요. 아들은 자기의 눈은 눈이 아니고 창틀이고, 그 창틀 속에는 바로 아비의 눈이 시퍼렇게 있다고 생각을 했거든.

그러던 중 어느 날 부랴사랴 약초를 캐러 또 가다 보니까 덫에, 이렇게 깊이 흙을 파고선 덫을 놓고 풀을 덮어 놓지 않습니까? 그 풀을 딛고 가다가 산돼지가 그만 거기 덫에 걸렸단 말이야. 그래 빠졌지? 빠졌는데 이 나무꾼이 가다 하는 소리가 그걸 보고 "아버지!" 대답이 있겠습니까? "아버지!" 그러니까 "왜 그러느냐?" 자기가 그런 겁니다. "저 돼지가 덫에 걸려서 저렇게, 저 생명도 생명이거늘 어찌 그냥 보고 가겠습니까. 보지 못했다면 모르지마는." 하니까 "그럼 네 맘대로 살려 주려무나." 했습니다. "그럼 그렇게 하죠." 이렇게 자기가 또 대답했습니다. 그렇게 하고선 저 떨어진 나뭇가지 기다란 걸 가지고 가서 거기다가 이렇게 넣어 놨습니다. 그러니까 돼지는 거기에서 그걸 밟고 나왔습니다.

예전에 산돼지는 사람도 잡아먹고 그랬답니다. 그러나 나무꾼은 산돼지더러 이렇게 말했습니다. "내 아비가 너를 살려 줬거늘 앞으로 네 모습을 벗고 사람이 되려면 사람을 해치지 마라." 그랬습니다. 돼지가 고개를 끄덕끄덕했습니다. 그래서 그 돼지는 그후에 산에서 으뜸가는 맹수인 사자가 됐습니다. 사자가 됐는데도 글쎄, 돼지는 그때의 그 나무꾼이 잊혀지지 않았습니다. 다시 모습을 바꿔서 맹수가 됐는데도 그게 잊혀지지 않았습니다. 그래서 그 나무꾼의 은혜를 갚기 위해서 무진 노력을 하다가 나중에는 자기 몸까지 그 나무꾼에게 바쳤다는 얘깁니다. 그건 뭐냐? 그 나무꾼을 못 잊은 그 마음과 이 맹수의 마음은 항시 둘이 아니어서 그만 이 모습도 벗고, 이 모습을 벗으니까 아주 이 세상에서 으뜸가는 대인이 됐다는 얘깁니다. 대인이 돼서 어진 정승으로서 중생들을 많이 제도를 했다는 뜻입니다.

그런데 지금 말하고 싶은 거는 딴 데 있어서 그 말을 했습니다. 살아나가면서 여러분이 몸이 아프거나 또는 어딜 다치거나 자기가 사랑하는 사람이 아프거나 이런다면 살 의욕이 없어지는 듯합니다. 여러분을 볼 때 참 내 가슴이 아플 때도 많았습니다. 어떤 사람은 "병만 고치는 게 부처님 법인가?" 이러지마는 그게 아닙니다. 보석이나 뭐나 다 가지고 있어도 자기가 죽게 된다면 아무 의욕도 없어지는 겁니다. 그 얼마나 묘합니까? 그러니 자기 몸을 자기가 얼마나 사랑하는 겁니까? 야, 몸뚱이가 좀 아프다고 하면 그 마음은 얼마나 의욕이 없어지고 슬프고 눈물이 나고 이러는지 모릅니다. 생각 한번 해 보세요, 모두. 얼마나 자기를 자기가 사랑하나.

그런데도 믿지 못하는 겁니다. 자기가 아프면 서로 같이 아파 주고 울면 같이 울어 주고 의욕이 없어 하면 같이 의욕이 없어 하는데도 불구하고 자기를 자기가 못 믿어서, 자기를 자기가 업신여기고 못 믿고 따르지 않고 이러면서도 저 먼 데 부처님이 계시다 하면 만날 그냥 '부처님, 날 좀 도와주시오. 이 몸 아픈 것 좀 낫게 해 주시오.' 하고 빌곤 합니다. '우리 남편 낫게 해 주십시오. 우리 남편 잘되게 해 주시오. 자식 잘되게 해 주시오. 나 몸 좀 안 아프게 해 주시오.' 하고선 빌고 있다 이 소립니다. 그러면 얼마나 멉니까, 그게?

나에게 참 사랑하는 바로 내 자부처가, 자신(自神)이 계신데도 불구하고, 일체 신이 바로 한마음에 계신 거를 알면서도 그것을 못 믿고 그렇게 빙빙빙빙 돌아간다면 앞으로 어떻게 내 몸과 내 가정 또 내 국가, 사회 이런 거를, 내 자식을 어떻게 길러 나가면서 에너지를 불어넣어 줄 것입니까? 지금 현재뿐만 아닙니다. 세세생생에 끝 간 데 없이 말입니다. 끝 간 데 없이, 수억겁 광년이라 할지라도 일 초에 달한다는 얘깁니다.

요기에서 한 가지 더 얘기하겠는데, 천칠백 공안이라고들 얘기합니다. 그럼 화두가 그렇게 많다는 얘기죠? 그런데 그 화두가 따로 있는 게 아니라 여러분이 미래도 생각하지 말고 어저께도 생각하지 말고 내일도 생각하지 말고 오늘 말입니다, 오늘 여러분이 한 발 한 발 걷고 돌아가면서 생활을 할 때에 몇 가지 생각이나 하십니까? 생각도 많고 가지가지 일도 많고, 사람의 살림살이는 말도 많고, 저 별이 수효가 없듯이 인간의 살림살인 그렇게 말이 많고 그렇게 갖가지로 고정됨이 없이 그렇게 많다는 얘깁니다.

그러면 그 갖가지로 많은 것이 수차에…, 우리가 요렇게 한번 표현을 해 볼까요? 다섯 가지로 표현을 해도 좋습니다. 올해는 굴왕신이 들었다. 나는 업보가, 인과응보가 지금 여기 이렇게 많다. 참, 업보가 많아서 짊어진 채 팔자가 이 모양 이 꼴이라고 하는 그 날짜가 있다고 합시다. 달수가 있고 햇수가 있고 그렇다고 합시다. 그럼 여기 또 한 가지 있습니다. 복을 타지 못해서 이렇게 가난하다 이런 게 있습니다. 병고 액난에 끄달린다. 이런 게 다섯 가지가 있다 합시다. 그런데 이 다섯 가지가 빙글빙글 이렇게 돌아갑니다, 우리가 이 다섯 가지로 표현한다면. 아, 이게 마음은 체가 없는 겁니다. 굴왕신이나 삼재나 이런 것도 무슨 내놓을 것이 없는 겁니다. 삼재가 들었다는데 여러분이 내놓으신다면 내가 삼재를 톡톡 다 털어 드리겠어요. 업보가 많으시다면 가져오세요, 내 털어 드릴게. 병고 액난이 많다면 가져오세요, 털어 드릴게. 굴왕신이 들었다면 털어 드릴게요. 그거 다섯 가지만 비유한대도 우리가…. 한마음이라는 거는 체가 없어서 한번 훌떡 넘어간다면 일 초도 걸리지 않아. 그렇다면 굴왕신이나 업보라든가 병고 액난이 그렇게 고정되게 나에게만 딱 박혀 있는 게 아니에요. 그러니 박혀 있다고 생각한다면 아예 그 병고 액난을 다 겪어야 합니다. 팔자 운명을 다 겪어야 돼. 그리고 삼재 팔난을 다 겪어야 돼.

그러나 그 마음이 말입니다, 아까 얘기한 거와 마찬가지로 이것은 고정된 게 아닌 것이 공했다는 거다. 그러니까 훌떡, 이걸 지금 이렇게 표현을 하는데, 여러분이 여길 지금 걸어오셨습니다. 걸어오시다가 고정되게 딱 서서 있었습니까, 굴왕신이 들었다고? 또 병고 액난이 들었다고 거기 꼭 고대로 서서 있었습니까? 그냥 이렇게 걸어왔습니다. 걸어오듯이 한 발짝 떼 놓으면 굴왕신 그 한 구절이 훌떡 넘어져. 이게 바로 한생각에 그 굴왕신이 그냥 뛰어 넘어진다는 겁니다. 은산철벽이라 그러는 것도 그 한생각에 달렸다 이 소립니다. 그러면 이렇게 한 발 떼어 놓을 때 그건 벌써 고정되지 않으니까 거기 닿지도 않았어. 굴왕신이라는 이름조차도 없을 정도로 휘딱 뛰어넘었다. 또 한 발자국 뛰어넘었다. 그러니 뒤도 벌써 한 발짝 뛰어넘었으니까 뒤도 없지, 앞은 가지 않았으니 없지. 이거는 그저 신발 밑에, 발 밑에 그저 그냥 훅딱훅딱 훅딱훅딱 뛰어넘었으니 무슨 팔자가 거기 담기며, 거기 붙었으며, 삼재팔난이 거기 붙었으며, 또는 굴왕신이 거기 붙었겠습니까, 응?

여러분이 생각하기에 달린 거라. 그냥 간단하게 생각하지 마세요, 또. 아주 심사숙고해서 생각하세요. 간단하지 않으면서도 아주 쉽고 간단한 겁니다. 그러니 '깨닫지 못해서 중생이다' 이런 생각도 마시고, 깨닫지 못했다 할지라도 그대로 법이기 때문에 내가 나 자신의 그 뜻을 믿는다면, 믿는다면 모든 걸, 아까 얘기했듯이 "아버지! 저거 그냥 보고 가겠습니까?" 한다면 그냥 보고 못 가고, 저거 그냥 보고 간다 이러고 그냥 가면 그냥 가는 겁니다. 그러니 얼마나 자유스럽습니까?

그리고 여러분은 그 미지의 보이지 않는 세계의 맛을 보지 못해서 그러시는데 요렇게 한 접시에다가, 요것도 표현입니다. 아까 얘기한 거와 똑같은 얘깁니다. 접시에다 갖은 과일을 다 깎아 놓았습니다. 포크를 들었습니다. 그러면 여러분이 생각할 때 우리 공부하는 사람들이 "이 포크냐, 이거냐?" 하니까 "포크도 아니고 이 과일도 아니다." 이렇게 됐습니다. 그러면 이것도 아니고 이것도 아닌 데서 내가 먹고 싶을 때 탁 꽂아서 먹을 때, 내가 먹고 싶은 것 꽂을 겁니다, 아마. 여러 가지가 있다면. 그래 먹고 싶을 때에 먹었으면 됐지 않습니까? 바로 말로 형용할 수 없고 내놓을 수 없는 것을 바로 이 먹는 걸로 표현을 하는 것입니다. 예를 들어서 그냥 먹고 싶은 거…. 이렇게 환경에 따라서 내 앞에 병고가 닥쳤으면 닥친 대로 그냥 그저 몰락 넣어 버리고 태워 버리고 마는 겁니다. 몰락 넣어 버려! 몰락 그냥! 뛰어넘어! 뛰어넘으면 되는 거라. 사과 깎아 놓고 배 깎아 놨으면 하나 뚝 찍어서 먹어 버리면 그만인 거라. 그러고 또 배 먹고 싶으면 배 찍어. 또 먹어. 과일이 없으면 또 고만둬. 그렇듯이 생활하면서 나한테 닥치는 대로 놔 버려라 이거야. 용광로에 넣어 버리듯이 넣어 버리면, 놔 버리면 그것이 바로 공부가 참 진실하게 돼서 앞으로 참나에게 그 무궁무진한 일들을 할 수 있는 그런 여건이 생깁니다.

지금 우리나라에도 어떠한 문제가 생겼습니까? 전자에도 나는 그런 소리 가끔 했습니다. 우리 가정에서 빚을 많이 졌으면 우리 식구들이 살 수가 없다. 그러나 빚을 갚으려면 이렇게 계발이 돼야 하고, 이렇게 물리가 터져야 하고, 지혜로운 마음으로서의 한마음이 돼 주고, 이렇게 마음을 조절할 줄 알고 서로 한마음이 돼 줄 줄 알아야 된다. 이래야만 우리나라가 좀 더 나아진다. 그리고 풍족해지고 빚도 갚아진다. 이것은 누구나가 하는 말이지만 그냥 말로만 하는 게 아닙니다. 진실된, 진실하게 현실로 나오게끔 만드는 작업입니다. 이 말이 법입니다. 그래서 지금 여러분 중에는 배우는 사람도 있고 또 좀 더 내가 탄생한 사람도 있습니다. 탄생은 했지만 인제 탄생을 한 사람은 사람이 살아나가는 과정을 배우듯이 지금부터, 자라는 과정이죠. 뭐, 어린애를 낳았다고 해서 어른 다 됐다고 볼 순 없지 않습니까. 우리 공부하는 사람들도 그렇습니다. 자기가 태어났다고 해서 공부 다 했단 말은 못합니다.

그러니까 열심히 공부하시는 도중에, 우리가 지금 우리나라로 비유한다 하더라도 지금 학생들이 이렇게 문제를 일으키고 있는 과정이 전자하고는 다릅니다. 우리도 나이 잡수신 분들은 6·25를 다 겪어 봤고 그랬을 겁니다. 또 세계적으로 볼 때에 월남 전쟁이라든가 또는 2차 대전이라든가 그런 문제, 이런 것들만 본다 하더라도, 지금 현재에도 대결을 하고 있는 그런 나라들도 세계 가운데에 있죠. 그런 걸 보고 여러 가지를 참작해 볼 때에 한마음의 도리가 아니라면 도저히 이것은 어떻게 해 볼 수가 없다는 결론입니다. 그렇기 때문에 우리는 이 도리를….

억겁 광년을 거쳐서 빛보다도 더 빠른 거는 우리의 마음들입니다. 그리고 아주 귀중하고, 이 법을 언제나 틀림없이 할 수 있는 그 철저한 것이 우리의 마음입니다. 우리의 마음의 중심에 의해서만이 여건을 아주 잘 이어서 잘 이끌어 나갈 수 있는 것입니다. 3개 공군에 의해서도 그렇고 또 경제난에도 그렇고 모든 우리 국민들에게 주어진 그 여건에 의해서 모든 거를 해 나갈 수 있는 거는 우리가 내 집만 집이 아니라 우리 국내의 모든 국민들이 같이 사는 이 한 지붕 밑이라고 볼 수 있겠습니다. 그렇다면 여기에 태어났으니까 여기에서 해야죠. 그러니 한생각을 잘 내실 수만 있다면 호국 불교도, 또는 지난번에도 얘기했지만 우리가 이렇게 참 어려운 여건에 닥쳤을 때에 아까 얘기했듯이, 내 앞에 과일이 닥쳤으니까 먹어야지 어쩝니까. 그렇죠? 또 내 앞에 우환이 닥쳤으니 우환을 없애야죠? 내 앞에 어떠한 고난이나 가정에 무슨 일이 생겼으면 그걸 해결해야죠. 그와 똑같은 겁니다. 남의 일이 아닙니다.

그러면 그걸 어떻게 해결을 하느냐고 하시겠죠? 우리가 물질로는 한계가 있기 때문에 그것은 물질로써는 도저히 할 수가 없습니다. 지금 과학이 발전이 됐다 할지라도 물질로써 한다는 거는 물질을 죽이고 보는 겁니다. 그러나 물질을 죽이지 않고 할 수 있는 방법. 어떤 것이냐! 우리 마음입니다.

그러니까 제가 이런 말을 해 드린 걸 한번 참작해서 앞으로 살아가면서 잘 보세요. 여러분의 마음과 내 마음과 둘이 아닌 까닭에, 일체제불의 마음도 둘이 아닌 까닭에 여기저기 부처가 없는 데는 없습니다. 그렇기 때문에, 부처의 마음은 한마음이기 때문에 절대로 우리가 생각한 대로 그대로는 아니 될 겁니다. (녹음 안됨) 여러분이 참 그 뭐, 요새 금강댐을 한다 어쩐다 이런 것도 마음대로 안 될 겁니다.

우리 한마음 한뜻으로서 우리 마음이, 일체제불이 한마음 한뜻이라면 어찌 남이겠습니까. 우리가 전부 같이 살 수 있는 방법이라는 것은 바로 자비입니다. 누구를 해하지 않으면서도 해결할 수 있는 방법. 그것은 말로 이렇게 이렇게 하겠다 이래도 이건 법이 되지 않는 법. 그러니 닥치는 대로 마다하지 않고 해결할 수 있는 방법. 가는 것 일부러 잡아서 할 생각 하지 말고, 또 내가 이 공부를 잘해서 아주 부처가 다 됐다고 빼길 것도 없고. 그러니 한 발짝 한 발짝 딛고 돌아가는 이런 멋있는, 끊임없는 생사윤회에 걸리지 않고 돌아가는 이 마당에서 어떤 발자국 떼어 놓을 때, 어떤 과일을 먹을 때 내가 먹었다고 할 수 있으며 어떤 과일을 먹었는데 이것이 제일이라고 할 수 있겠습니까? 그러니 부처님 법은 어떠한 걸 제일이라고 내세울 게 없는 게 부처님 법입니다.

그러니 시시각각 작든지 크든지 우리가 환경에 따라서 조절하고 환경에 따라서 모든 걸 처리해 나갈 수 있는 그런 방법을 모색하고 연구하고 해서 그 마음으로 금방금방 자기의 그 가환도 금방 떠넘겨, 그냥. 자꾸 그걸 붙잡고 늘어지고, 그걸 붙잡고 '이걸 어쩌면 좋은가? 이거를 낫게 해 주시오. 이거를 해결해 주시오.' 그러고 붙잡고 늘어지니까 이놈의 게 넘어가지 않지 않나. 그냥 몰팡하게 내버려. 내버려. 모든 걸 용광로에다 넣어 버려요. 그런다면 바로 자동적으로 생산이 돼서 그게 나와요.

부처님 법이 경전에 따로 있는 게 아니라 우리는 경전에 있는 부처님 법이 딱딱하고 모르고 그러니까 아주 간단하게, 우리가 지금 급하니까. 우리 지금 국내에서도 급하거든요. 여러분이 이런 도리를 깨달았다 깨닫지 못했다 이걸 떠나서 진실히 자기를 믿고 자기한테다가 맡겨서 '모든 거를 여기서 할 수가 있으니까.' 하고 믿기만 한다면 그거는 뭐든지 실험을 통해서 여러분이 체험을 해 볼 겁니다. 그래서 오늘부터라도 조그만 거 큰 거 따지지 말고, 남의 일이든 자기 일이든, 얘기는 바깥으로 말고 속으로만 알고 자꾸자꾸 실험을 통해서 체험을 해 보세요. 그럼 앞으로 국내의 문제들도 다 해결할 수 있는 여건이 생기는 겁니다.

그러니 여러분이 자식을 낳고 살면서 어떠한 일이 생긴다면, 예전에 6·25 때는 보따리나 지고 갔지만 이제는 그렇지 않습니다. 깊이 깊이 생각하셔서 사람의 마음을 한마음으로 돌려서 그렇지 않도록 만들든지, 정히 그렇지 않다면 중간에 가서 그냥 바숴 버리든지, 그럼 될 것 아닙니까? 우리의 자유권이라는 건 이래서 좋죠.

오늘은 여러분이 점검을 하실 질문이 있걸랑은 질문을 하십시오. 지금 내가 말씀해 드린 거를 잘, 잘 들으셔야 합니다. 이것은 말로 해 드릴 수가 없는 것을 지금 말로 해 드리는 겁니다. 그러니까 이게 말이 아닌 겁니다. 여러분이 현실로서 지금 그렇게 실험을 통해서 자꾸 해 나갈 수 있게끔 만들어 드리는 겁니다. 어저께도 얘기하고 갔지마는 어느 학교의 선생님이신데 말입니다, 그분은 여기 온 지 얼마 되지 않았는데도 실험을 통해서 자꾸 해 나가고 있습니다. "야, 이게 참 멋집니다." 이겁니다, 응? 그렇게 해 나가는 분들도 있는데 어째서…. 난 나쁘다곤 안 그럽니다. 왜냐하면 상에 반찬을 놓을 때 종지도 있어야 쓰겠더군요. 그렇기 때문에 그 종지도 부처인 것이죠. 작고 큰 게 없어요. 여러분이 다 똑같습니다. 나와 여러분과 똑같습니다, 아주. 크고 작은 게 없어요.

크고 작고 그런 게 없는 반면에 여러분은 급한 대로, 앞에 닥치는 것대로 해결하고 넘어갈 수 있는 그런 대인이 되시라는 얘깁니다. 자유인이 되시라는 말입니다. 왜 여러분은 여러분 자신을 못 믿습니까? 자신의 마음은 체가 없기 때문에 수만 가지를 한꺼번에 할 수도 있는 겁니다. 마음이라는 건 체가 없어서 저 사람이 내가 될 수도 있고 내가 저 사람이 될 수도 있으니 이 마음이 참 싱숭생숭한 사람도 그 마음만 잡아서 나한테다가 딱 집어넣고서 정상적으로 이렇게 밀어 준다면 그것도 빠릅니다. 여러분이 모든 걸 할 수 있는 겁니다. 이렇게 할 수 있는 게, 멋있는 자유인으로서 자유스럽게 살 수 있는 이 멋있는, 부처님 법이기 이전에 여러분의 법을 왜 모르십니까? 여러분의 그 법이, 여러분을 살리고 죽이는 거는 여러분에 달렸습니다.

그것을 체험해 보고 실험해 보신 분들은 "참으로 생활해 가면서 그걸 실험을 통해서 하면서 나가다 보니까 아, 자기가 거기 있더군요."

합니다. 누구도 모르는 거. 보이지도 않는 거. "있는 걸 그러면 내놔 봐라." 그랬더니 아주 아름답게 노래를 부르데요. 허허허. 그래서 듣기 좋았습니다. 새소리가 나고 봄에 꽃이 피고 물이 흐르고, 이것이 바로 공생을 하면서 공용을 하는 공음파를 보내고 주고, 이심전심으로써 우리가 같이하고 있다는 것입니다. 그러니까 여러분이 자기 자신을 못 믿고 자기 자신을 개별적으로 생각하고 '나는 힘이 없어, 중생이니까.' 이렇게 생각하지 마세요. '주인공, 한마음이시여.' 하면 일체가, 전체가 그 한마음 속에 다 들어 있는데 원력이 얼마나 무쌍합니까? 마음이라는 건 내놓을 게 없고 체가 없기 때문에 그 무전자의 이치는 유전자로 통해서…, 또는 형상이 되죠. 이것이 우리가 삼위일체로 돌아가는 이 멋진 마음, 이 멋진 아름다움, 멋진 법. 한 번 치면 그냥 딱 잘라지는 거. 잘라지면서도 잘라짐이 없는 그 멋진 법. 여러분이 이 무서운 법이면서도 자비스러운 이 법을 참, 생각해 보시면 여간 좋지 않습니다.

이 법이 얼마나 좋았던지, 배꼽 있는 데를 훌렁 뒤집어 놓으려면 뒤집어 놓고 제껴 놓으려면 제껴 놓거든요. 얼마나 좋았는지 모릅니다. 왜, 예전에 우리 토끼치기 했죠? 요만한 막대기 하나 가지고도 되고, 손가락 하나 가지고도 되고 손가락 하나 없어도 이 마음의 막대기 하나만 갖는다면, 한 나라를 이렇게 하려도 이렇게 하고, 이렇게 하려도 해. 그러나 둘이 아닌 까닭에 그렇게 하질 않아요. 그러니 그렇게 하질 않는 반면에 그렇게 해요, 또. 그렇게 하지 않으면 발전이 없거든요. 그리고 우리는 또 계속해서 끊임없이 진리가 될 수도 없고요.

아까 그냥 대충대충 말했는데 지금 시급한 문제도 그렇거니와 우리가 지금 국내의 그런 것들을 위해서도, 국내의 모든 문제점을 우리가 마음으로서 해결할 수 있는 방법을 우리는 다 가지고 있는 겁니다. 그걸 힘을 들여서 아이고, 그걸 생각을 하고 꼬집어서 생각하고 그럴 필요도 없어요. 한번 생각나걸랑은 이렇게 한번 해서 딱 맡겨 놓는, 집어 놓는 거면 그냥 그것이 다 해결을 하니까요. 컴퓨터처럼 말이에요.

우린 자연 컴퓨터, 자연 천체망원경, 영사기, 탐지기 또 전체 무전통신기 이런 게 있기 때문에, 우리가 누진통이라 하면 책정기라고 볼 수 있겠죠. 그러니까 우리가 그렇게 마음대로 오온의 수레바퀴를 굴릴 수 있다는 요점입니다.

그러니 여러분은 이 마음의 도리를 의심치 말고 믿으십시오. 자기 자신의 주인공을 믿으시면서 거기다가 일체를 다…. 들이고 낸다는 건 거기서 하는 겁니다. 우리가 문을 열고 닫을 때 저 빗장을 쥐지 않는다면 열고 닫을 수 없습니다. 뭐, 길게 말한다고 해서 공부를 잘하고 또 짧게 말한다고 해서 공부를 못하는 게 아니니 심사숙고히 생각하셔서 앞으로 가정에서 조그만 것이라도, 또 회사에서도 그렇고 장사하면서도 그렇고 우리가 실험을 통해서 가고 오면서도 그걸 한번 침착하게 생각해 보실 그런 여건이 됐으면 좋겠습니다.

그럼 이걸로써 마치겠습니다.

나로부터 근원을 밝혀내라

심월회 창립 법회

1987년 1월 24일

오늘 심월회를 결성하시는 날인 것 같습니다. 그래서 오늘은 이렇게 제가 함께 한자리를 하게 됐습니다. 누구한테 감사하다고 하기 이전에 서로가, 각자 자기가 자기 발견하는 데 목적을 삼는 공부기 때문에 감사하다는 말은 안 하겠습니다. 심월회가 결성돼 가지고 요다음에 또 모일 때는 같이 함께하시고 또 전체 법회 날은 전체 같이하시고 이렇게 하는 걸로 믿고 있습니다.

여러분 앞에 했던 말을 또 되하게 됐습니다마는 우리가 생활하는 것도 만날 되풀이하고 있는 거니까요. 불교다 하면 불은 영원한 생명을 뜻하고 교라는 건 아주 옳고 바른 말씀을 말하는 겁니다. 그렇기 때문에 '불교'라고 하면 어느 종교를 막론하고 따로 있는 게 아닙니다. 우리는 한 지구 안에서, 즉 독 안에서 같이 살고 있는 거라고 평이 됩니다.

그런데 일차적으로 이 세상에서 내가 어디서 왔는지, 어디로 가는지 그것조차도 모르고 사는 것이 아마 인간인 것 같습니다. 지붕에서 벌레가 하나 뚝 떨어지면서 생각하기를 '나는 이대로 갈 수는 없으니까.' 하니까 뭐가 됐느냐 하면 매미가 됐거든요. 그런데 그 매미는 전자에 자기가 벌레로 있었다는 것도 모르고 또 자기가 매미가 됐다는 것조차도 모릅니다. 그와 같이 우리 인간도 자기가 전자에 어떠한 모습으로 살았는지 또는 앞으로 어떠한 모습을 해 가지고 또 이 세상에 어떤 옷을 입고 나올는지 그것도 모르면서 우리는 지금 한 발 한 발…, 평소에 사람들은 죽는다고 그러죠. 그러나 저는 옷을 벗는다고 그렇게 말을 합니다. 옷을 벗으려고 한 걸음 한 걸음, 이 세상에 생겨났다면 벌써 "나는 옷을 벗기 위해서 생겨났다." 즉 죽기 위해서 생겨났다. 또 죽는다면 "살기 위해서 죽는다." 이렇게 하겠지마는 그걸 첨보해서 둘이 아니게 생각을 한다면 생사윤회도 벗어날 수 있다고 보죠. 끄달리지 않는다고 봅니다.

그러면 어떠한 말을 해서 여러분한테 이해가 가도록 말을 하느냐? 첫째 내 몸, 둘째 가정, 셋째 사회, 넷째 국가, 다섯째 세계 전체에 우리가 너무도 하는 일도 많지만 오늘은 우리 몸으로부터 얘길 잠깐 해 드리죠.

우리가 이 세상에 몸이 태어날 때는…, 보통 우리가 말을 할 때 삼신이라고 합니다. 그러나 이건 삼신이 따로 있는 게 아니라 엄마 아빠의, 즉 말하자면 나 자체, 그러니까 모든 이 마음의 근원이라고 할까요? 그 근원 자체가 한데 합쳐져서, 정자와 난자가 한데 합쳐지면 어린애가 되듯이, 이렇게 정자와 난자가 한데 합쳐져도 씨가 없으면 안 되는 이치가 있다고 봅니다. 삼합이 한데 합쳐지니까 인간 하나가 나온다고 보는데 그것을 일컬어 삼신이라고 우리가 전자부터 그렇게 말하고 있습니다.

그런데 인간이 태어날 때 말입니다, 물주머니에서 터져서 나오는 원인이 어디에 있는가? 지수화풍에서부터 이 세상이 이루어졌다고 봅니다. 지수화풍이 한데 합쳐지니 그것이 바로 큰 성을 이루었고 성을 이루었으니 온기가 거기 등장을 했고 모든 것이, 이 삼라만상이 벌어졌다고 보는데 거기에서 생명이 생겨났다고 봅니다. 우린 지금까지도 지수화풍을 떠나서는 못 삽니다. 지금 몸도 지수화풍이니까요. 그러면 우리 몸 안에 들어 있는 모든 물질이 무엇인가? 내가 억겁 광년을 거쳐 오면서 태초에 생긴 자체가 무슨 모습을 하고 있는가를 생각할 때에 바로 여러분의 그 몸속에 있는, 갖은 각색으로 해 가지고 있는 세균, 그 생명들입니다. 그 생명, 모습이 바로 태초의 자기라고 볼 수 있겠죠. 하나로 인해서 생긴 것들이 그렇게 각각 제 모습을 해 가지고 지금 수만 개가 돼 가지고 이 인간의 별성 하나가 형성이 됐다고 봅니다. 그래서 인간으로서 이 세상에 나왔는데, 내가 나오고부터 이 세상은 생긴 겁니다. 불교도 따로 있는 것이 아닙니다. 무슨 삼천 년 전으로 거슬러 올라갈 것도 없어요. 후로 갈 것도 없어. 대충대충 이렇게 말씀드리는 거니 참작해서 들으십시오.

그래서 내 태초의 모습이 하나가 수만 개가 돼 가지고 지금 몸에서 운행을 하고 있습니다. 그 생명체들이 운행을 하고 있는 그 겹겹의 세포의 모든 것이 있는데 선장은 누구냐 하면 자기의 모든 마음, 즉 말하자면 공생이다. 우리가 전체 합치면 공생이다, 공용이다, 공체다, 공식하고 있다 이겁니다. 이것을 따져 본다면 내 몸 하나가 은하계도 될 수 있는 건가 하면 바로 혹성이기도 하고 별성이기도 하고, 우리가 지금 한시반시를 그냥 머무르지 않고 돌아가고 있는 겁니다. 지금 지구가, 이 세상 우주가 전체 돌아가는 것이 우리 몸이 자도 깨도 항상 올라갔다 내려갔다 운행을 하고 있죠. 여러분이 그건 잘 아시리라고 믿습니다.

그런데 제일 문제는 이런 게 있습니다. '자기의 그 마음 하나를, 한생각을 잘하면 자기 몸을 잘 끌고 다닐 수가 있고, 한생각을 잘못하면 자기 몸을 구덩이에 빠뜨릴 수도 있다' 이런 게 있습니다. 여러분이 차를 운전하고 가실 때에 잘 끌고 가면 차도 성하고 일이 잘 성사가 되고, 잘못 끌고 가면, 어디 꼬라박기라도 하면 몸이 다치고 이러듯이 사람 몸도 역시 마찬가집니다. 어떠한 쇼크를 받았다거나 이래도 그 몸은 망가질 수가 있습니다. 화기가 치밀어서 말입니다. 병이 들 수가 있죠.

그래서 사람이 마음 자체를 어떻게 먹어야만 되느냐? 내가 나고서부터 세상은 일어난 거니까 나로부터 화두가 되며 나로부터 근원을 밝혀내야 되는 것입니다. 옛날에도 사대 성인이 이렇게 말을 했죠. 자신을 알라고요. 자신을 알아야 남을 알고 남을 알아야 서로 공생하는 거를 알고 공용하는 거를 알죠. 그럼으로써 한마음이 선장이라고 한다면 모든 이 중생들을 지금 배에 태워 가지고 가는 것입니다. 그런다면 어느 종교를 나누어서 찾을 게 아니라, 전체 우리는 바로 공생이며 공용을 하고 있는 겁니다. 그러면 밥이나 해 놓고 떡이나 해 놓고 비는 것이 불법이냐? 그게 아닙니다. 우리는 고등 동물이라고나 할까. 인간은 90%, 99%가 부처라고 볼 수 있는 것입니다. 불쌍한 걸 보면 불쌍하게 여길 줄 알고 생각을 낼 줄 아니 그게 부처가 아니고 뭡니까. 그러니 몸으로부터 마음을 움죽거리는 게 아니라, 마음으로부터 몸을 움죽거리면서 오관을 통해서 우리가 움죽거리는 것입니다.

그러면 이 태초도 내 몸에 있고 화두도 내 몸에 있고, 참선이라는 것은 생활에서 똥을 누든 밥을 먹든 자든 깨든 참선입니다, 그대로. 여러분이 사회에 나가서 일을 한다 하고 펜대를 붙들고 있다 하더라도 그건 참선입니다. 그건 자기 주인공으로 인하여 자기가 움죽거리고 있는 겁니다. 자긴 바로 자기 주인에 의해서, 즉 운전수에 의해서 차가 움죽거리듯 그럴 뿐입니다. 인간은 이 오온으로써 바깥 경계를 보고 안으로 들입니다. 안으로 들여서 또 가미해 가지고 안에서 만법을 또 냅니다. 그럼 여러분이 생각할 때에, 이렇게 찰나찰나 우리가 쉬지 않고 가는 그 도리, 하나도 고정됨이 없이, 눈도 고정된 게 없고 귀도 고정된 게 없고, 말도 고정된 게 없고 만남도 고정된 게 없고, 가고 오는 것도 고정된 게 없습니다. 그런 관계상 주인공이라고 한 겁니다. 내가 어느 때에 걸어갈 때에 나라고 할 수 있으며 어디 가서 누구를 만날 때 내가 만났다고 할 수 있으랴. 그래서 이름해서 주인공이라고 한 겁니다.

그러면 요기에서만 간단히 말씀드리고 끝내죠. 옛날부터 이런 예가 있죠. 사회에서 일을 하시려면, 또 가정에서 내 몸, 내 가정, 사회를 이끌고 나가시려면 이런 것쯤은 알아야 되지 않나 하는 생각이 듭니다. 지금 세상에는 무(無)의 세계와 유(有)의 세계가 교류되지 않고 회전이 되지 않는다면 부딪칩니다. 에너지가, 내 에너지가, 내 마음먹은 것이 저분 상사한테 말을 하지 않고는 절대 올라가지 못하거든. 그러나 여기 이런 게 있습니다. 예전에는 오신통이라고 그랬습니다. 천체 무전통신기, 이거는 뭘 뜻하느냐? 이것은 즉 듣는 것 천이통, 요 부분 하나를 쥘 수가 있는 것입니다. 또 사람은 보는 거 있지 않습니까? 천체망원경이라고 볼 수 있겠죠. 이건 무전 망원경이라고 볼 수 있겠어요, 이 마음의 눈. 육의 눈이 아니라 마음속의 눈. 또 컴퓨터라고 그러면 숙명통을 말합니다. 요건 시쳇말로 그냥 이렇게 옮겨 놓는 겁니다. 또 탐지기는 타심통이라고 말을 해도 과언이 아닙니다.

또 육신통이다 하는 거는 주인공이라고 하는 이 자체가 움죽거리는 이 지금 우리 육신 자체, 즉 무에서 움죽거리는 거, 유에서 움죽거리는 거, 우리가 마음을 내면 그대로, 즉 말하자면 내 모습 없는 모습이 그대로 움죽거리고 있다는 사실입니다. 여러분은 여러분 자체가 그 하나만 있는 줄 알지 마십시오. 선생님이 한 분일지라도 한생각을 낸다면 두 개도 되고 만 개도 될 수 있고 천 개도 될 수 있는 그런 보배가 자기한테 주어져 있습니다. 그래서 말하자면 망원경이니 통신기니 탐지기니 컴퓨터니 이러한 문제, 또 영사기니 책정기, 이 책정기는 어떠한 거를 말하느냐. 누진통을 말합니다. 이것을 정한다, 이렇게. 우리가 지금 심월회를 결성하듯이 '정한다' 이런 걸 말합니다.

그럼 오신통이라는 것은 무엇을 뜻하느냐. 우리 마음속에 스스로 자연히 생동력 있게 지금 운행을 하고 있습니다. 눈으로 보고 있고 듣고도 있고, 눈이 간 데 귀가 가고 귀 간 데 눈이 가고, 눈 간 데 코, 냄새, 맛을 알게 되는 것입니다. 그래서 들이고 내고 이러는 것이 그대로, 공장에 피레가 돌아가면 베어링 돌아가듯 이렇게 돌아갑니다. 그렇게 돌아가서 그렇게 되는데 내가 집을 지으려면 반드시 내가 집을 짓겠다는 생각을 하게 됩니다, 제일 먼저. '요걸 요렇게 요렇게 해서 집을 지어야지.' 하는 겁니다. '집을 지어야지.' 이런 생각을 하게 되자 바로 설계가 바깥으로 나오는 겁니다. 그래서 설계가 나오면, 그때까지도 중간 지점에서는 저이가 집을 지었는지 모릅니다. 설계를 떠서 바로 허가를 내서 집을 짓게 되면 바깥으로 나옵니다.

그러니까 모든 이 지금 생활이 전부 과학입니다, 생활 자체가. 그렇기 때문에 우리는 자기가 그렇게, 자기가 보배를 가지고 있는 걸 모르고 실험도 안 해 보고 연구도 안 하죠. 해 볼 생각도 안 하는 거예요. 왜냐하면 맛을 모르거든요. 무슨 음식을, 이 세상에서는 그 음식을 보지도 못했고 먹어 보지도 못했고 맛도 모른다 이거야. 그러니 생각을 해 봤어야 뭐, 연구를 하든지 실험을 하든지 그러죠. 그런데 도저히 해 보질 않았기 때문에 불법은 그저 가서 빌고, 잘되게 해 달라고 비는 건 줄만 알고 계신다 이 소립니다. 여러분이 만들지 않고 하지 않고, 연구 안 하면 그것은 계발이 되지 않습니다. 불이란 영원한 생명을 뜻합니다. 그러니 그렇게 해서 들이고 내는 그 베어링처럼 돼 있는, 스스로 작동을 하고 스스로 자기가 자동적으로 지금 움죽거리고 있는 게 얼마나 묘합니까.

그런데 더 묘한 거는 무엇인가? 여기서 내가 생각을 했는데 생각을 한 그 자체가, 여기 내 전화통이 있는데 저 집에 전화통이 또 있거든. 고걸 비유해서 얘기하는 겁니다. 지금 내 아우가 죽게 됐는데 어디가 고장이 나고 또 어디가 잘못되고, 승진을 해야 할 텐데, 뭐 어째야 할 텐데…, 이런 사단이 허다히 많죠. 살림에서요. 그런데 걔도 전화통이 있고 나도 전화통이 있습니다. 여러분이 사시는 데 얘깁니다. 그러면 전화번호를 아시죠? 비유하는 겁니다. 동생의 전화번호를 알고 있다 이겁니다. 이건 가정을 이끌어 나가는 방침을 지금 얘기하는 겁니다. 그래서 동생의 전화번호를 안다. 그럼 내 전화번호는 동생이 알고 있어.

그런데 그 전화번호가 뭐냐 하면 '아이고, 우리 동생이 지금 승진을 못했대.' 이렇게 된다면 '몇 해가 되어도 남은 다 하는데 못했대.' 이걸 형이 알고 있습니다. 그게 바로 통신망의 무전통신으로 갈 수 있고 올 수 있는 그 근본 자체의 전화번호입니다, 자기가 알고 있는 게. 그래서 내 전화통에 그 전화번호를, 자기가 전화통이라면, 주인공이 전화통이라면 걔가 그렇게 된 걸 알고 있으니까 내 전화통을 돌립니다. 그러면 그 에너지가 가는 줄 모르게 그리로 가서 거기서 벨이 울리게끔 돼 있습니다. 그러면 그쪽에서 바로 또 그렇게 되는 게 아니라 그 상사나 모든 걸 운행을 해 가지고 나가는 그 도리가 바로 무전통신기로서 항상 그렇게…. 하나만 가지고 그러는 게 아닙니다. 그 다섯 가지를 다 운행을 할 줄 알아야만이, 한데 합해서 굴릴 줄 알아야만이 회사가, 저 기계가 돌아가는 거니까요. 그래서 그 사람도 마음이 스스로 내가 생각도 못했던 것이 생각이 났어. 물리가 터지는 거야. 그래서 연결이 되고….

지금 여러분은 그게 무슨 소린가 하지마는 무의 법 유의 법이, 보이지 않는 세계와 보이는 세계, 보이는 물질로만은 지금 막이 내리게 돼 있단 소립니다. 왜? 과학적으로나 의학적으로나 모든 점이 지금 발달이 돼 가고 있는데 삼천 년 전에 부처님께서는 "이 과학이 그냥, 생활이 과학이니라. 연구들 잘하라. 자신을 알라. 그러면 스스로 알게 되느니라." 이렇게 해서 팔만사천법문을 해 놓으시고도 거기 묘한 것이 뭐냐 하면 "나는 한 마디도 안 했노라." 하신 그 한마디에 그 뜻이 다 들어 있습니다.

그거를 어떤 때는 이렇게 얘기합니다. "아휴, 스님. 참 고맙습니다." 우리 청년회장이, 지금 회장이 그래요. 언젠가 "제 사촌동생이 폐병을 앓아서 아주 고통을 받고 있습니다." 그러기에 "얘야, 네가 할 수 있는 일 네가 해야지, 네 밥을 내가 먹어 줄 수 있겠느냐?" 그랬습니다. 근데 어느 때에 가서는 "아휴, 정말 스님! 제가요, 제 전화통을 돌리니까요, 걔 전화의 벨이 울려서 그 병이 나았습니다. 그 불쌍한 동생을 건졌습니다." 그러거든요. 한 일을 보면 열 일을 알고 한 일을 할 줄 알았다면 수만 가지를 할 줄 알아요. 하나가 물리가 터지면 전체가 터지게 돼 있습니다.

그러니 우리가 앞으로 그 도리를 모른다면 점점 더 급박하지 않을까 이렇게 봅니다. 의학이 과학이라고 하지마는 지금 의학적으로 할 수 없는 게 너무도 많습니다. 또 물질로써 광대무변하게 이렇게 할 수 없는 건 물질이기 때문입니다. 그러나 이 물질이 허망하다는 게 아닙니다. 물질과 생각과 그 무의 광대무변한 근본 자체와 더불어 삼위일체가 회전이 된다면, 우주의 근본도, 하늘과 땅, 모든 것의 근본이 인간의 한생각의 근본입니다. 그러니 요런 거를 한번 생활의 지침이 될까 하고 말씀드리고 싶군요. 우리가 예전에는 그런 거를 몰랐는데 지금 새삼스럽게 이렇게 듣는 건 아닙니다. 여러분이 한번 해 보지도 않고, 생각해 보지도 않고 실험을 통해서 안 해 봤으니까 그러실 테지마는 불교는 이 절의 불교가 아니라 전체가 불교입니다.

사람이 연구해서 비행기를 만드는 데 몇 년이 걸렸겠습니까? 몇십 년이 걸렸겠습니까? 수없는 나날이 걸려 왔습니다. 처음에는 쪼그만 걸로, 또 그다음에 조금 더 나은 걸로 이렇게 해서 수없는 나날을 거쳐 온 역사가 있듯이 말입니다. 또 조그마한 수레로 인해서 지금은 얼마나 많은 비행기가 날아다니는 판국이 됐고, 지금 차도 별의별 차가 다 나왔지 않습니까? 구루마로부터 말입니다. 그렇게 했듯이 사람이 연구해서 만들 때 시일이 걸리고 그랬는데, 우리가 공부한 시일도 있겠지마는 우리는 수없는 광년을 거쳐서 실험을 통해서, 살아나오던 그 습에 의해서 얽히고설킨 그 자체가, 살면서 다리가 짧아서 남한테 쫓기다가 죽고 다리가 길어서 남한테 쫓기다가 죽고, 잡아먹히고 쫓고 쫓기고, 우리 일체 만물이 다 그렇다고 봅니다.

그렇다면 만물만생이 다 그런데, 비행기를 타고 가는 사람도 사람이 동작을 움죽거려서 하는 겁니다. 만약에 아, 난리가 나서 비행기를 타고 오는데 "폭탄을 떨어뜨려서 우리를 다 죽인대." 한다면 선생님, 가만있겠습니까? 그 날아오는 것을 어떻게 막겠습니까? 그걸 한번 생각해 보세요. 날아오는 것을 막는 것은, 지금은 이런 데서 6·25처럼 이렇게 전쟁이 나는 게 아니에요. 전쟁이 날까 봐 그러는 것도 아니고요. 이건 상식적으로 알아야 된다는 얘깁니다. 마음과 둘이 아닐 때, "둘이 아닐 때" 하는 건 크고 작고 더럽고 깨끗한 것이 둘이 아닌 것을 알았을 때, 즉 오온의 그 베어링이 스스로 돌아가서 거기 가서 딱 그 마음을 조절할 수 있는 그것이 뭐냐 하면 둘로서 조절하는 게 아니라 내 마음이 그리로 그냥, 그냥 들어가 버리고 마는 거죠. 내가 되는 거죠. 그렇죠? 일할 때는 내가 그 사람이 되고 또 내가 일할 때는 그 사람을 나한테다 집어넣고 하고 이렇게 되는 거죠. 그러니까 이쪽으로 가도 하나요, 저쪽으로 가도 하나죠. 그랬을 때에 그것은 막을 수 있는 것입니다. 모든 게 마음에 의해서만 움죽거리게 돼 있으니까요.

자기는 그 도리를 모르니까 그저 이 마음속에서 이렇게 틀려면 트는 겁니다. 틀어서 저쪽으로 가든지 여기에 해를 입히지 않고 돌아가든지 그럭하게 되죠. 즉 말하자면 태풍이 온다고 하는 것도 또는 인공위성이 떠가다가 잘못되는 이치가 있다 하더라도 이 모두를 한생각으로 움죽거릴 수가 있다는 사실입니다. 왜 그렇게 하느냐? 이것은 장난으로 그렇게 해서는 아니 되는 겁니다. 급할 때 우리가 다, 난리가 나면 칼 빼듯이, 강도가 들어와서 죽인다고 할 때 여러분이 급하면 아무거나 들고 맞치게 돼 있죠. 그와 같이 그건 자기가 죽고 사는 걸 모를 때, 그렇게 급할 때 쓰는 도리라고 볼 수 있겠습니다. 그러니까 우리 생활에도 그런 일이 꼭 그렇게, 어떠한 문젯거리만 생기는 게 아니라 조그마한 일이나 큰 일이나 그 집에 있어서는 큰 일입니다. 여기 여러 분들이 오시는데 우린 이런 일 또 딴 집은 저런 일 하고많지만, 이런 집은 작고 이런 집은 크고 이렇겠지만 크나 작으나 그 집에 있어선 똑같다 이겁니다.

그러니 여러분이 종교가 무슨 말라빠져 죽은 이런 종교가 있느냐 하겠지만 바로 우리가 지금 생활하고 사는 그 자체 살림이 바로 종교기 때문에 참선은 하루도 쉬지 않고 자도 참선이요, 깨도 참선이요, 일을 해도 참선이요, 똥을 눠도 참선이요, 자기가 있는 자리에는 부처가 항상 계시다는 얘깁니다. 그건 뭐냐 하면 자기가 있기 때문에 있는 겁니다. 자기 없는데 뭐가 있습니까? 그렇기 때문에 자기 주인공이라는 보배, 그 자체를 잃지 마십시오.

그래서 여기 심월회가 처음 결성되고서 이렇게 하실 때는, 반드시 내 주인공에서 일체 만법이 나올 때 그 일체 만법은 여기서 하는 거다. 예를 들어서 나는 이 속 눈을 통해서 겉 눈으로 봐서 나쁘고 좋고 그르고 옳고 이런 거를 안으로 들이면 들이는 대로 거기에서 또 바깥으로 나오게 돼 있는 거죠. 그러니 그 들이고 내는 것을, 모든 것은 내 주인공이 이날까지도 해 왔지만 앞으로도, 지금도 현재 해 가고 있으니까 나는 믿고 주인공에다 모든 것을 맡겨 놓으시라는 얘깁니다. 맡겨 놓게 되면 나중에 그게 다 용광로에 들어가서 녹았을 때 바로 새 물건이 생산되듯이 참나가 생산이 돼서 발견이 되지 않나 이렇게 봅니다. 그럴 때 진짜 공부하고 들어가는 겁니다.

그러니 여기에서 더 말을 해서 될 일은 아니고 여러분이 생활하는 데, 우리가 지금 사회 나가서 일을 하고 직장에서 일을 하고 이러는데, 직장에서 일하는 것도 공부입니다. 한번 실험을 통해서 '야, 이런 거 모든 게 주인공이 하는 거지, 나는 지금 주인공에 의해서 움죽거려 주기만 하는구나.' 이런 걸 한번 생각해 보시고요, 주인공, 당신이 하는 거니까 저 사람이 저리로 좀 옮겨서 앉았으면 좋겠다든가, 옮겨서 섰으면 좋겠다든가 이런 생각을 주인공에 맡기고 참 믿고 이렇게 하면서 모든 걸 실험해 나가다 보면, 그러한 것도 한번 실험해 보고 그런다면 그게 바로 연구의 지름길이 될 수 있다고 볼 수 있겠습니다. 조끄만 데서부터, 내 생활에서부터 말입니다. 어디가 아파 보십시오. 벌써 어디가 탁 부딪쳐서 아프면 대뇌에까지 다 통과가 됩니다, 이 몸에. 몸에 어디가 찌르르하면 벌써 여기까지 다 통해요. 그러니까 내가 아프다는 걸 알죠. 그러면 그것을 주인공에 다시 되놓을 땐 벌써 이 속에서 다, 그것이 도로 그리로 가서 다 이게 명령이 하달이 되는 겁니다.

이 모두가, 인간의 이 문제 자체가 무의 법을, 즉 말하자면 보이지 않는 세계를 모르기 때문에 항상 부딪치는 이 자체를 회전시키면서 우리가 계발해야 되지 않나 이렇게 봅니다. 그러면서 우리가 앞으로 정신을 똑바로 차리고 옷깃을 다시 한번 여미면서 연구해 볼 수 있는 기회를 가질 수 있다면 우리 생활의 모든 것이 이익이 있고 지침이 되고 공덕이 있고, 앞으로 생활하시는 데도, 자녀들을 기르는 데도 뿌리가 썩지 않게끔 이끌어 줄 수 있는 그런 문제가 되고, 또 여러분도 뿌리가 썩으면 가지나 이파리가 시들시들해집니다. 그리고 열매도 맺지 않고 또 열매가 익지도 않습니다. 그러니까 여러분의 나무뿌리는 싱싱하고 그렇기 때문에, 모든 것은 싱싱하게 제 나무에서 열매가 열려서 제 나무에서 무르익었을 때 남들이 우러러보고, 그 열매의 맛을 보려고 모두 여러분을 우러러볼 수 있는 것입니다. 그렇기 때문에 남이 나를 잘못되게 하는 게 아니라, 내 탓이라고 생각을 한번 해 보면서 겸손하게 잘 나가실 수 있다면 그게 아주 자동적이고도 활용적이고 연구적이고 지름길이 아닌가 이렇게 봅니다.

그럼 오늘 저는 이만 놓겠습니다.

뿌리 없는 기둥

서울시 동작구청 불자 직원 법회

1987년 2월 28일

사회자 동작구청 직원 가운데서 불자들의 모임인 심월회를 구성해서 오늘 첫 법회를 맞이하게 된 것을 매우 영광스럽게 생각합니다. (중략)

큰스님 여기까지 와서 여러분과 같이 한자리를 하게 된 것을 기쁘게 생각합니다. 우리가 불교고 기독교고 가톨릭교고 알라신이고 어느 교를 막론하고 마음을 좁게 서로 갈라 놓고 마음으로 이렇게 벽을 둬서는 아니 될 것입니다. 또 우리가 지구 안의 한 항아리 속에서 살면서도 마음으로 그렇게 편을 가른다면 자기의 지혜로써 계발과 물리가 터지지 못해서 항상 좁고 썩은 물에서나 살고, 좁은 연못에서 큰 바다로 나갈 수가 없습니다.

그 모두를 우리가 생각할 때에 상식적으로 한마디 하고 넘어가겠습니다. 첫째는 우리의 몸은 나로부터 시작이 되는 것입니다. 내가 아니었더라면 이 세상도 우주도 불교도, 아무것도 없는 것입니다. 나로 인해서 내 몸이 있고 또 내 몸이 있음으로써 가정이 있고 가정이 있음으로써 바로 사회가 있고 국가가 있고 세계가 있고 우주가 있는 것입니다. 이것을 우리가 바탕으로 삼아서 어디까지나 한 사람으로서 '내가 어떻게 해야만이 가는 곳을 알고 오는 곳을 알 수 있을까? 내가 지금 무엇을 하러 가고 있는가? 어디서 왔을까?' 이런 것도 우리가 숭상하지 않을 수가 없는 것입니다. 우리가 항상 편안히만 있으면 그것이 불교인 줄 알지 말고 또 밥을 놓고 떡을 놓고 빌어야만 우리가 잘된다고 하는 마음을 갖는 것도 불교인 줄 알지 마십시오. 우리가 전부 그 안에 들어 있는 마음이지만 마음 바깥에서는 도저히 계발할 수도 없거니와 물리가 터질 수도 없고 지혜로운 마음이 생길 수도 없는 것입니다.

그럼으로써 지금, 이런 말을 해야 되는지 모르겠습니다마는, 또 이런 말을 거론하기가 안됐습니다마는 기독교니 불교니 하는 것도 이렇습니다. '모든 면에서 타의에서 구하느냐, 자의에서 자성 화두를 들었느냐' 이게 문제입니다. 화두도 타의에서 구했느냐, 자성 화두를 들었느냐 이게 문제입니다. 우리가 예전부터 석존께서 가르치신 그 길을 본다 할지라도, 또 우리 자신을 생각한다 할지라도 우리 자신 없이는 아무것도, 일체 만법이 들고 날 수가 없는 겁니다. 그럼으로써 우리가 자성 화두를 들고 나갈 때에는, 기복이라는 그 자체가 타의에서 구하기 때문에 공덕이 되지 않는다는 뜻입니다.

공덕이라는 것은 무엇을 가지고 공덕이라고 할까? 첫째, 우리 몸을 가지고 말씀드리겠습니다. 몸으로부터 가정이 있고 그러니까 말입니다. 이 생활 자체를 여러분이 가만히 생각해 보세요. 생활 따로 있고 불교 따로 있고 과학 따로 있고 이런 게 아닙니다. 여러분이 지금 생활하시면서 나가는 것이 과학이자 진리이자 바로 길입니다. 모든 일체 만법의 근원이 어디 있는 줄 아십니까? 우리 마음! 내놓으려야 내놓을 수 없고 보려야 볼 수도 없는, 콩 알갱이만도 못하고 깨 알갱이만도 못하지마는 그것조차도 없는 그 자체의 마음은 광대무변한 것입니다. 레이저 광선과 같고 에너지와 같고 참, 이 세상을 다 준대도 바꿀 수 없는 근본인 것입니다.

그런데 우리가 지금 무엇을 어떻게 하고 있습니까? 마음이 불안하고 괴로우면 항상 남한테 의존하고 비는 그 습성이 탈입니다. 누구나가 보배는 하나씩 다 지니고 있습니다. 자성신, 즉 말하자면 자성불이 누구에게나 하나씩 다 있는데 그것이 보배라 하는 것은 하나의, 그 하나도 없는 그 자체의 하나가 이 우주를 들이고 내고 할 수도 있는 것입니다. 아까도 얘기했지만 내 몸으로부터, 가정으로부터, 사회로부터, 국가로부터, 세계로부터, 우주로부터 전체 나 아님이 없으리만큼 전체가 조화를 이루고 공생 공용 공체 공식 하고 있는 것입니다.

그런데 우리는 생활이 과학이라는 것도 모르면서 항상 남한테 의존하니 자기 자신이 어디서 왔는지, 어디로 가는지 언제나 그것을 알 수 있겠습니까. 가정으로서나 몸으로서나 사회로서나 능률이 하나도 없습니다. 능률이 생길 게 뭡니까? 여러분이 목이 마르면 남한테 물 한 그릇 얻어다 홀딱 마시면 없는 거나 마찬가진데. 내 안에서 샘물이 나서 목마를 때는 언제나 퍼 마실 수 있고 또 남도 목마르다면 퍼 줄 수 있는 그런 샘물이 있어야 될 것입니다. 그 에너지와 같은 것, 두루 할 수 있는 에너지.

여러분은 불교라 하면, 빌기만 하면 깨치고 책이나 보면 깨친다고 생각하지 마십시오. 그 두루 하는 것은 경전이나 또는 우리가 기도하는 거나 모든 것이 한 점에, 그 한 점도 없는 그 근본에 모든 게 종합돼서 있는 것입니다. 요거 한마디를 하고 우리 몸으로 들어갑시다. 여러분이 지금 하고 돌아가는 것이 숨 쉬고 돌아가는 겁니다. 숨을 들이쉬었다 내쉬었다 하는 그 자체가 바로 참선입니다, 참선! 그러면 자나 깨나 참선입니다. 한 치도 끊어지는 법이 없어요. 프로펠러 돌아가듯이 우주 전체 삼라만상 대천세계가 그대로 돌아가고 있습니다. 그런데 여러분은 좌선한다고 앉고, 다했다고 서고 이러니까 언제나 그 돌아가는, 초도 머무르지 않고 돌아가는 이 시대에는 항상 마음으로 걸리는 거죠. 그러니 여러분이 발전할 수가 있겠습니까?

요거는 요렇게 두고, 우리 몸을 끌고 다니는 내 주인공, 이것을 말씀드리겠습니다. 내 주인공, 주인공이라는 것은 어째서 이름해서 주인공이라고 했을까? 색이 공이요, 공이 색이라 했으니 그때는 그렇게 했어도 들었지마는 요즘 '주인공이다' 하는 것은, 전에도 주인공이요, 지금도 주인공입니다마는, 여러분이 고정되게 다니는 것이 하나도 없고 고정되게 듣는 거나 고정되게 보는 거나, 고정되게 가고 오는 거나 만남이나 말하는 거나 자동적으로 이렇게 한 번도 쉼이 없이 돌아가고 있으니 어찌 고정되다 보겠습니까? 찰나찰나 화해서 자꾸 나투니까 초도 쉬지 않고 돌아가고 있는 겁니다. 여러분이 그대로 탑돌이 하고 있는 거나 마찬가집니다, 생활하는 것이. 그러니 그것이 와선이다, 참선이다, 무슨 좌선이다, 입선이다, 행선이다 이런 말 할 그 이름조차도 붙지 않는다는 얘깁니다.

우리 이 몸으로 비유한다 할지라도 의학도 한 부분에 대두되고 있습니다. 그런데 여러분이 생각할 때 이 몸뚱이 자체가 고등 동물로서 부처 될 가능성이 100% 돼 있다는 것입니다. 그런데 여여하게 지금 돌아가면서도 "나는 놓을 수가 없습니다." 합니다. 놔 가면서도 놓을 수가 없다는 겁니다. 그건 무슨 연곤지 모르겠습니다마는 우리가 자성 화두를, 자기가 그 뿌리 없는 기둥을 자성 화두로 가졌습니다. 뿌리 없는 기둥이라는 것은 여러분의 몸뚱이 자체를 말하는 것입니다. 왜냐하면 뿌리가 박혀 있는 게 아니거든. 고정되게 있는 게 아니야. 어디 한 군데 서 있는 게 아니고 한 군데 만나서 있는 게 아니거든. 그러니까, 쉴 사이 없이 돌아가니까 뿌리 없는 기둥이라고 말씀드리는 겁니다. 그러면 그것이 주인공이라 한다면 그 주인공 없이 뭐가 부처가 될 수 있으며 주인공 없이 어떻게 계발을 할 수 있으며 물리가 터질 수 있으며 지혜롭게 우리가 자비를 베풀 수가 있겠습니까?

그럼으로써 의학 자체도 한 부분이라 한다면 여러분이 보이지 않는 세계의 그 뭇 생명들과 모습 없는 모습들과, 모습 있는 모습과 모든 물질과 더불어 회전이 될 수 있는 그러한 연구는 우리 자신이 해야 합니다. 그런데도 불구하고 그런 거는 하나도 자신이 연구할 생각은 안 하고 아만과 오만한 인간으로서, 100% 부처가 될 수 있다 해서 우리가 부처님이라고 아주 자신만만하면서 이렇게 해서는 절대로 아니 됩니다. 내 몸은 시자가 되고 내 주인공 그 자체를, 이름 아닌 참나 자체의 주인공을 주인으로 삼고 항상 자기도 놔 버려야 하는 그런 문제가 거기에는 결부되고 있습니다.

그런 관계상 우리가 지금 몸이 어디 아파도 그 아픈 것도 여러 가지로 나옵니다. 자기가 자기를 이끌어 가지고 갈 수 없으니까 그 문제가 나오는 것입니다. 여러분에게 비유해서 말할 때, 운전수가 차를 끌고 다닐 때 운전수가 고쳐서 끌고 다니고 잘못되면 끌고 가서 고쳐 가지고 다닙니다. 그런데 그 운전수가 여러분의 마음 내는 거라고 한다면 여러분 몸뚱이는 차와 같은 겁니다. 마음은 하난데 마음 내는 거는 수천수만 가지가 되니 일체 만법의 응용을 어디서 하는 겁니까? 들이고 내는 것은 한마음에서 하는 것입니다.

그런데 이 몸의 한 부분이 어디 부분만 있는 게 아니라 이 오장육부 세포의 모든 생명들이 태초의 내 모습을 가지고서 지금 운용을 하고 있는 겁니다. 운용을 하고 있는데 그 생명들이 나를, 부처 될 수 있는 큰 고등 동물을 하나 형성시켰습니다. 이것도 하나의, 일종의 별이나 같은 겁니다. 금과 같은 겁니다. 금도 금방 캐서 광을 내지 않는다면 빛이 나지 않습니다. 여러분은 금방 캐 놓은 금과 같은 겁니다. 그래서 100% 부처님이 될 수 있다 한 것은 그것을 갈아서 빛을 낸다면 부처가 될 수 있다는 말씀을 하신 겁니다.

그러면 몸뚱이의 그 생명들이 다 융합해서 자기 소임을 자기가 맡아 가면서 간이면 간, 간막이면 간막, 위면 위, 기도면 기도 또는 식도면 식도, 소장 대장 방광 이자 콩팥이나 이 모든 점에서 전부 소임을 맡아 가지고 나가는데, 소임을 맡아 가지고 나가는 데는 선장이, 우리가 마음 하나 먹기에 달렸다 하는 것은 내가 한마음 한뜻으로서 둘이 아닌 줄 알고 나간다면 이 모든 생명들이 자기의 한생각을 좇아 줘. 그것이 따로따로 있는 게 아니라. 그 모든 미생물이, 모든 게 갖은 모습을 해 가지고 자기를 한생각에 따라 줄 때에 바로 선장이 될 수 있다는 얘깁니다. 그러면 자기 선장이 자기 몸을 이끌고 다니는 데는 자기 그 모두를 한마음으로서, 내가 각본대로 거기에 뭉쳐서 빠져나오지 못하고 벗어나지 못하지 말고, 거기서 탁 벗어나서 내가 그것을 한생각으로서 그냥 끌고 당길 수 있다면 모든 것이 참 자유스럽고…. 내 몸도 자유스럽게 끌고 다니고, 이래라 저래라 하는 남의 말을 듣는 게 아니라, 갈대와 같이 이리저리 흔들리는 게 아니라 내가 마음먹은 거를 중심을 세워서 딴 사람이 말을 하면 그거를 자기 거름으로 삼아 가지고 모든 것을 한데 합쳐서 융합해서 활용을 할 수 있는 그런 능력이 무수히 광대무변하게 나온다는 얘깁니다.

그렇기 때문에 어떠한 거든지 자기가 했단 말을 못하는 이유는, 석존께서 49년 설하고도 나는 한 마디도 한 예가 없다고 하신 그 말 한 마디만 뜻을 새긴다 할지라도 우리가 수많은 생활과 더불어 이렇게 놓고 돌아가는 이 뜻을 상당히 깊이 아시리라고 믿습니다. 그런데 그 한 마디의 뜻을 모르기 때문에 수만 가지의 뜻을 모르지 않습니까? 모르기 때문에 활용을 못하지 않습니까? 몸이 어디가 조금만 아파도 우린 의욕을 상실합니다. 여러분이 몸이 어디가 아프다 하고선 애를 쓰는 그 자체도 바로 자기 선장이 모자라기 때문입니다. 자기가 한생각을 못하기 때문에 그 모든 생명들을 자기 몸과 같이, 자기의 아픔과 같이, 자기의 생명과 같이, 자기의 소임을 맡은 거와 같이 이렇게 끌고 가지 못하고, 그러면 남도 그렇게 끌고 가지 못해.

왜 우리 속담의 말로 이런 말이 있죠? 손자병법에 "사람의 마음을 휘어잡지 못한다면 싸움을 해도 소용이 없느니라." 하고 말입니다. 이건 내가 하는 소린지도 모릅니다. 마음을 휘어잡지 못하고는 가정적으로나 또는 사회적으로나 행정적으로나 모든 이 사회가 아주 좁고 컴컴한 그 속에서 빠져나올 수가 없는 것입니다. 부처님이 해 놓으신 말씀도 지금 시대가 변천하는 대로, 우리 살아나가는 대로 그때의 말씀을 거름 삼아서 시대가 변천하는 대로 우리가 거기에 따라서 앞장설 수 있어야 되지 않겠습니까?

우리 생활이 그대로 과학입니다. 우린 똥 마려우면 똥을 현재에 가서 누고 있습니다. 배가 고프면 가서 밥을 먹습니다. 이것이 바로 과학이 아니겠습니까. 과학이 따로 있다고 하겠습니까. 조끄마한 것부터, 하나에서부터 열까지, 만약에 내 생각이 집을 짓는다고 했다면 바로 설계가 나오고 집을 짓습니다. 이것이 과학이 아니겠습니까? 여러분이 그것을 과학인 줄 모르기 때문에 연구를 못했고, 과학이라고 연구를 했기 때문에 지금 이렇게 과학이 물질과학으로서 대도에 이르기까지 번창하게 된 것입니다. 문명과 문화도 모든 것이 다 이렇게 발전이 된 것입니다.

그런데 한 가지 문제는 여기에 있습니다. 빠져나갈 구멍이 막혔습니다. 우리는 물질로써 이렇게 된다 하면 물질이 어디서 나왔는지를 몰랐다 이겁니다. 인간의 마음의 근본도 어디서 왔는지 모르기 때문에 모든 게 어디서 나왔는지 모르고 침체됐다 이겁니다. 그렇기 때문에 보이지 않는 미지의 세계와 이 보이는 세계가 같이 회전이 되지 않는다면 이 과학도 100% 진전이 될 수가 없습니다.

그러면 우리 몸, 아까 얘기한 거, 잘도 딴 데로 갔다가 왔다가 합니다만, 이해를 잘해서 들으시리라고 믿습니다. 난 이쪽으로 갔다 저쪽으로 갔다 하는 수가 많거든요. 그러니까 몸의 그 모습들이, 수십억 광년을 거쳐서 우리는 형성된 겁니다, 지수화풍에서부터. 지수화풍에서부터 왔기 때문에 우리도 지수화풍입니다. 지수화풍이 아니라면 우리가 그걸 거름 삼아서 우리 생명이 생겼다고 볼 수가 없습니다. 그럼 우리 태초의 모습은 어딨나? 우리의 바로 이 육신 안에 들어 있습니다. 태초의 모습도 육신 안에 들어 있을 뿐 아니라 여러분이 이 세상에 태어나고 태초입니다. 거슬러 올라갈 것도 없고 거슬러 내려갈 것도 없습니다. 삼천 년 전 오늘이 오늘이요, 삼천 년 후의 오늘도 오늘입니다.

그러니 몸이 아픈 것도 그렇지마는 몸이 어디가 아프다, 오늘은 몸으로부터 이렇게 얘길 해 드리는데 몸에 모든 것이 있다 하더라도 내 한생각에 주인공에 모든 게 결부된다면 이것은 파워를 일으키질 않습니다. 타의에서 세균이 들어온다 하더라도 그것이 돌아가면, 붙었다 하면, 저 전기 다마에 하루살이가 붙으면 녹아 버리듯이 그렇게 녹아 버리고 만다 이겁니다. 인간의 그 근본의 에너지는 광선과도 같고 아주 귀중한 보배입니다. 그런데 아픈 그 자체를 모두 여러분이 병원의 의사한테 송두리째 내맡기거나 부적을 써다가 놓고선 거기에다 고귀한 생명을 의존하거나 그런다면 그 가치가 얼마나 있겠습니까?

또 법당에 들어가면 그 부처님 형상이나 내 형상이나 똑같습니다. 둘이 아니에요, 그 자리에 갔기 때문에. 내가 변소에 있으면 변소에 부처가 계신 거고 안방에 있으면 안방에 부처가 계신 겁니다. 자기가 거기 있기 때문입니다. 그러니까 내려 보지도 말고 올려 보지도 말고 자기와 둘이 아니라는 것만 알고 꼭 하나로서 뭉쳐서 보림을 해서 굴린다면 우리가 억겁 광년 전부터 잠재의식 속에 얽히고설켰던 그 습이 다 녹아서 봄이 된다는 얘깁니다. 그래서 이 몸이 아파도 그 모든 것을 놓으면, 맡겨 놓으면 우리의 일상생활이 그대로 과학적이면서도 참선이면서도 의학적이면서도 자기가 참 떳떳하면서 모든 걸 의욕 있게, 광대하게 이끌고 나가는 우리 생활 과학이 될 수 있지 않겠느냐.

실천! 말은 쉬워도, 이론은 쉬워도 실천하기가 얼마나 어려운 줄 아시죠? 그러나 우리가 평상시에 그대로 실천하면서, 그대로 생각하면서, 그대로 뛰면서, 이렇게 삼합이 회전하면서 삼위일체로서 여여하게 지내야만 되지 않겠습니까? 이렇게 불교가 광대무변한 것을 아주 초자분한 어떠한 미신으로만 생각하는 이러한 여러분이 계시다면 크게 오산일 것입니다. 전자에 부처님, 조사들이 이 우주의 삼라만상을 한 손에 쥐고 자유자재했습니다. 여러분! 이 창살 없는 감옥에서 여러분이 각본대로 사시죠? 팔자 운명이라고도 하죠? 그런 각본대로, 영화에서 배우가 나와서 각본대로 연기를 하듯이 여러분도 각본대로, 자유자재 못하고 각본대로 할 겁니다. 그 각본에서 벗어나게 하기 위해서 부처님들이나 스님네들이 그렇게 무수히 애를 쓰고 있습니다마는, 목마른 분들이 우물을 파야지 그래, "너 목마르냐, 목마르지 않으냐?" 하고 온통 스님네들이 쫓아다녀야 됩니까? 여러분은 한 분이지마는 스님네들은 수백 수천 명이 따르고 있는 겁니다. 아니, 수천 명뿐만이 아닙니다. 이 우주의 전체입니다. 두루입니다. 보이는 생명들 보이지 않는 생명들, 전체 두루 하는 겁니다. 물론 하는 사이 없고 가는 사이 없고 오는 사이 없고 그렇다 하지만 말입니다.

그래서 여러분 몸에도 '아, 주인공! 아니, 당신이 이 시자를 끌고 다니려면 고쳐 가지고 끌고 다녀야지!' 한다면 얼마나 좋겠습니까? 다리가 아프다가도 다리가 그냥 괜찮아져. 왜? 여러분한테 자신(自神)이 없다고 봅니까? 반드시 여러분 앞에 계십니다. 자신이 말입니다. 타의에서 들어오는 신은 잘못되는 일이 많습니다. 자성 화두를 들어서 이 자성을 계발하는 데에 문제를 둔다면 잘못 나갈 일이 없는데 생활에서도 항상 바깥으로 끄달리는 거야. 전부 자기 탓인데도 전부 남의 탓으로 돌리고 남이 하는 걸로 돌리고, 잘하는 건 자기로 돌리고 못하는 건 남으로 돌리고 이러니 무슨 자기를, 참자기를 만나겠습니까? 응? 만나야 둘이 아닌 줄 알죠. 그리고 모든 일을 해 나가죠.

이건 답답한 일이 여간 많지 않습니다. 기독교도 그렇습니다. 저도 예전에 천주교의 수녀가 되려고 생각해 본 적이 있었습니다마는 아니, 어디까지나 내가 잘하려고 생각하기도 했고, 잘못하기 이전에 잘못하지 않겠다는 생각도 내가 하는 거지 누가 나를, 신부님이 "이렇게 너는 잘못했으니까 잘못한 것도 내가 사해 주마." 이런다고 사해지는 게 아닙니다. 자기가 사람을 죽였거나 도둑질을 했거나 이런다면 자기한테 스스로, 몸의 벌도 있지마는 그 마음에서 자기가 죽였다는, 벗어나지 않는 잠재의식 때문에 자기는 세세생생에 아마 지옥고에서 떠나지 못할 겁니다. 고해 성사 할 때 내가 무엇을 한다고 해서 그것이 없어지는 게 아닙니다. 물론 모르는 사람은 마음으로 위안은 받겠지요. '신부님께 내가 고해 성사를 했으니까 다 없어졌겠지.' 하는 그 마음의 위안이요. 그러나 자기 혼자만 안다 하더라도 우주간 법계에서 다 알고 있는 겁니다. 자기가 알고 있기 때문입니다.

그러니 여러분이 사회에서 행정을 보신다 하더라도 그렇고 사회에서 사업을 하신다 하더라도 그렇고, 모든 일의 능률은 내 근본에서부터 능률이 있는 것입니다. 어떠한 문제가 온다 하더라도 내 마음에서 절대로 이것이 흔들리지 않는다면…, 만법의 근원은 바로 그 자가발전소와 같은 겁니다, 자가발전소! 자가발전소는 스스로 벌써 여러분 앞에 전부 가설이 돼 있는 겁니다. 우주 삼라만상에 전부 가설이 돼 있습니다. 여러분한테는 다 자가발전소가 있고요. 그래서 자기가 자유스럽게 켜려면 켜고 끄려면 끄고 그러는데 그 켜려면 켜고 끄려면 끌 수 있는 것이, 끈다 켠다 두 개를 다, 양면을 다 놨을 때 바로 자유스럽게 켰다 껐다 할 수 있는 자유인이 된다는 뜻입니다.

여러분, 아까 내가 처음에 얘기했죠. 나의 몸으로부터 가정이 있고 가정으로부터 사회가 있고 국가가 있고 세계가 있고 우주가 있다고요. 자신의 이 문제를 해결하려면 처음에 모든 것을 맡겨 놓으십시오. "자기 주인공에 모든 걸 맡겨 놓으십시오." 하는 거는 내가 지금 일을 했는데 서류를 저쪽 사람이 잘못해 왔어. 그것도 내 탓으로 돌리세요. 그리고 마음으로는 내 탓으로 돌리되 좋은 말로 하는 그런 자비성을 가진다면 아주 한마음으로 돌아가면서 될 수 있으면 철저하게 더, 정성을 다 기울여서 할 것입니다.

그리고 이게 사람이 안 해 봐서 그렇지 자기 자성불이라는 건 천차만별로…. 이건 정말 너무, 이게 한마디 나오면 여러 개가 거기에 포함해서 들어오기 때문에 똑 무전 전파 같습니다. 인간에게는 자동적인 컴퓨터가 있고 자동적인 탐지기가 있고, 자동적인 망원경이 있고 자동적인 영사기가 있고, 자동적인 책정기가 있고 자동적인, 즉 말하자면 천체 무전통신기가 있단 말입니다. 여러분은 그 다섯 가지, 책정기 빼고 다섯 가지를 다 지금 굴리고 있으면서도 그걸 모르기 때문에 회전을 못하는 겁니다. 보이지 않는 세계와 회전을 못한다 이겁니다. 책정기는 불가에서 누진통이라고 합니다. 그래서 그것을 우리가 다 가지고 있으면서도…, 지금 시쳇말로 이름을 지어서 말한 겁니다.

그건 자동적으로 인간이 부리는 거지, 기계가 인간을 부려서는 절대 되질 않죠? 모든 것이 다 그렇습니다, 지금. 거기다 의존을 다 하고 있는 분들이 많거든요. 왜? 탐지기가 있다 할지라도 내가 탐지기를 맘대로 부려야지, 그래야 우주의 섭류도 다 맘대로 부릴 수 있지 않겠습니까? 날아가는 비행기 속에도 사람이 있기 때문에 그 비행기가 생명이 있는 거죠. 사람 없이, 사람의 마음 없이 어떻게 생명이 있겠습니까? 이 꽃 한 송이도 내가 말을 하려면 내 마음을 주기 때문에 이쪽에서 내 마음을 알고 말을 하는 겁니다. 말이나 개나 이런 짐승들도 내 마음을 주기 때문에, 그쪽에서 내 마음을 광대하게는 알지 못해도 금세, 즉 말하자면 타심통으로서, 그건 탐지기라고 그랬습니다. 금방 요거는, 내가 내 마음을 줬기 때문에 저쪽에서 내 마음 준 것만치밖에는 몰라. 이거는 식물이기 때문에 그럴지도 모르죠. 식물이나 또는 무정물도 그렇고요. 동물도 그렇습니다, 낮은 동물들 다.

그렇다면 그런 요량을 다 알아서 자유자재할 수 있는 굴림을 굴릴 수 있고 나툴 수 있고 조화를 이룰 수 있다면 이거는 전부 자기 아님이 없는 것입니다. 급할 때는 다 자기로 쓰는 것입니다. 선후가 없이 이렇게 말씀드린 것이 여러분은 "뭐, 체계가 없어." 이럴는지 모르겠지만 인간의 몸을 얘기하자면 그렇게 여러 가지가 대두되고 있습니다.

그래서 인간에겐 자동적인 무전통신기가 있는 거며, 그리고 무전통신기가 자동적이라 했습니다. 자동적인 것이 없다면 지금 물질적으로 만들 수가 없습니다. 연구를 해낼 수가 없습니다. 그런 능력이 없는데 어떻게 연구를 해냅니까? 여러분이 마음의 공부를 한다면 그 물질적으로 해낸 것 외에, 있기 이전을 알아서 리드할 수 있을 겁니다. 저 비행기를 타고 가고 인공위성을 타고 간다 하더라도, 인공위성이 뜬다 하더라도 한 일 초에 그 인공위성을 탈 줄 알아야 된단 말입니다. 내가 될 줄 알아야 된단 말입니다. 지금 이렇게 발전하는 세상이라도 앞으로 어려운 점이 너무나 많습니다. 이런 것을 어떻게 회전을 시키면서 어떻게 마음을 휘어잡으면서 어떻게 해 나가려 하십니까?

지금은 앉아서 호국 불교를 하는 거지 서서 몸뚱이로 하는 게 아닙니다. 몸뚱이로 서서 다니는 거는 얘기를 하되 진짜 행하는 것은 몸뚱이가 다녀서 하는 때가 아닙니다. 옛날에는 서서 다니면서 육신 무예를 해서 많은 호국 불교를 해 오고 그랬지마는 지금은 시대가 시대니만큼 장사, 무역 이런 것도 앉아서 거래를 하고 있는 판국에 지금 서서 다녀서야 되겠습니까? 인간의 한마음에서 자기가 수천수만이 될 수도 있고 한 명도 없을 수도 있는 것입니다. 이 광대무변한 법을 여러분이 마음법으로 그냥 생활하면서, 생활을 참선으로 돌리면서 그대로 한다면 여러분이 얼마나 그 공덕이 크며 또는 앞으로 사회적으로나 국가적으로나, 가정적으로나 자기 몸적으로나 얼마나 이익이 많겠습니까?

꼭 이익이 있자고 하는 건 아닙니다마는 난 이런 생각을 가끔 합니다. '야, 참! 내가 남을 주는 것도, 이렇게 하고 있는 것도 내가 마음 편안하자고 하는 거지 남을 위해서 하는 게 하나도 없다.' 하는 생각을 합니다. 왜? 그가 편안해야 나도 편안하니까 말입니다. 이거는 둘이 아닌 까닭에 그렇다고 봅니다. 이 공부를 안 하고는 둘이 아닌 까닭을 모릅니다. 둘이 아닌 까닭에 항상 아주 적절하게 그냥 일 초를 다투면서 자동적으로 너는 너고 나는 나고 이렇게 오죠. 정확하게 말입니다. 여러분이 어머니 만나실 때는 스스로서 아들의 말이 나오고 또 생각도 그렇게 들고 행동도 그렇게 아들로서 행동이 나옵니다. 또 여러분의 사모님을 만날 때는 스스로서 남편이 되고 말도 그렇게 나가고 행동도 그렇게 나갑니다. 이거 누가 시켜서 하는 겁니까? 자동적이지. 그럴 때, 어느 사람을 만나고 어떤 거를 듣고 어떤 거를 볼 때 내가 들었다고 하며 내가 봤다고 하며 내가 만났다고 하겠습니까?

여러분은 이것이 처음에 아리송하시겠지마는 앞으로 이 도리를 한 달이고 두 달이고 석 달이고 자꾸 가시다 보면 여러분의 마음의 능력이 스스로 생겨서 자기가 자기를 탄생시키고 자기가 자기를 가르칩니다. 여러분, 이거를 아주 깊이 생각하셔야 됩니다. 자기가 모든 습을 떼고, 떼는 게 아니라 항복을 하고 자기가 항복을 받는 것입니다. 누가 항복을 하고 갖다 주는 게 아니고, 업이나 유전성이나 인과응보라든가 이런 거를 누가 갖다 주는 게 아닙니다. 자기가 만들어 놓고 자기가 받는 거니까 자기가 그 받는 데서, 각본대로 받는 데서, 창살 없는 감옥에서, 그 창살 없는 게임 속에서 벗어나야 됩니다. 그래야만이 여러분이 좀 더 자유스럽게 이 나라를 구제할 수도 있고 지킬 수도 있고 그렇지 않겠습니까?

너무 지루하시다면 요다음에 얘기할까요? 허허허. (다른 신도들을 보고) 아니, 여러분은 또 왜 이리로 쫓아옵니까? 네? 아니, 왜 이리로 쫓아와요, 글쎄? 나 참, 이거 알다가도 모를 일이에요.

그러니 불교도 타의에서 구하고 매사 게, 살림하면서도 남을 원망하고 남을 탓하고 어떠한 지경에 이르렀다면, 돌부리를 차고 넘어졌다면 "아휴! 그놈의 돌부리가 있어서 그렇다." 그러거든요. 그건 천만의 말씀이야. 내가 이 세상에 있기 때문입니다. 잘했다는 것도 못했다는 것도 내가 있기 때문이지 내가 없어 보세요. 뭐가 있나. 모든 게 자기 탓입니다. 모든 게 자기 탓입니다! 내 탓, 내 탓 하다 보면 나조차도 없어집니다.

나는 이런 소리 해 온 지가 근 30년째 됩니다. 나도 내 인생이 있는지 없는지도 모릅니다. 하지만 이렇게 하루살이로 여러분과 같이, 여러분이 울면 같이 울고 여러분이 웃으면 같이 웃고 여러분이 아파하면 나도 같이 아파하는 이러한 마음은 가졌습니다. 얼마나 좋습니까? 이 세상에 같이해 줄 수 있는 그 마음이, 모두가 같이할 수 있는 마음이 있건만 모두가 냉소하고 여러분의 마음으로, 자작으로 지어 가지고 네 탓 내 탓을 가리면서 나누고 이렇게 하는 까닭에 물질로써 조금 그거 줘 봤자야, 남을 도와준다고 줘 봤자야 아무것도 아니야, 그거는. 무주상 보시가 제일 으뜸이거든. 세세생생에 벗어날 수 있는 무주상 보시 말입니다. 유주상 보시는 항상, 쌀 한 가마를 누구한테 선사를 했어도 고거 달랑 먹으면 없어요. 여러분의 인과응보라든가 병고의 유전성이라든가, 모든 인과응보를 좀 더 없애 줄 수 있는 무주상 보시를 해 줄 수 있다면 얼마나 좋겠습니까.

옛날에 그런 점을 내가 얘기해 드렸죠. 옛날에 어느 스님이 공부를 하다 탁발을 나갔는데 어느 집에서 하도 가난해서 뜨물 한 그릇을 주더래요. 그러니까 그 스님이 뜨물 한 그릇을 그 바리때에다 얻어 마시곤 와서, 너무 가난해서 나무도 없고 그러니까 산에 가서 나무 한 짐을 해다가 줄 양으로 잔뜩 해 가지고 내려왔단 말입니다. 그랬는데 글쎄, 자기 은사가 말입니다, "그건 뭐 하려고 나무를 해 가지고 왔느냐?" 하니까 그런 사실 얘기를 했거든요. 그랬더니 지겟작대기를 빼어서 말입니다, 진 채로 있는 걸 다리를 후려갈기면서 "이놈아! 하나만 알지 둘도 몰라." 하면서 "나무는 갖다가 태워 버리면 훌훌 타 버릴 거를 가지고…." 하면서 그냥 얼마나 종아리를 들이 때렸는지 나무 진 채로 그냥 디굴디굴 굴렀거든요. 디굴디굴 구르면서 가만히 생각하고 보니까 사실이 그렇더라는 겁니다.

그래서 자기는 거기에서 아픈 것도 잊어버린 채 껄껄 웃으면서

'아 참, 부처는 부처시구나!' 하면서 껄껄, 그 아픈 것도 잊은 채 웃으면서 말이야, 한생각을 거기에서 무뜩 냈다는 거야. 그랬더니 그 어려운 사람은 그 해부터 남들이 마름을 주고 또 집도 주면서 이렇게 해서 동네에서 돕고, 지금으로 치면 군에서 돕고 이렇게 잘, 부지런히 해 가지고 나중에는 그 고을의 땅이 전체 그 사람 땅이 됐대요. 그런데 그 사람이 그 고을의 땅을 다 샀을지언정 전부 해 먹게 줘 놓고선 거기에서 자기 먹을 것만 자기가 지어서 먹지 그 외에는 땅을 사 놓고도 도지를 받질 않았대요. 그 사람도 역시 부처죠?

그러니 얼마나 좋은 법입니까. 아마 내가 지어서 이런 말을 했다 하더라도 지어서 한 게 아니라 역대의 조사들, 역대의 부처님들이 다 그렇게 말씀하셨을 거라고 믿습니다. 그러니까 여러분이 "그 뭐, 질서 있게 얘길 못했어." 이러지 마시고요, 진리는 질서가 없는 것입니다. 안 그렇습니까? 금방 여러분이 이 일 하다가도 금방 저거 하고, 질서 없이 말입니다. 이게 바로 길입니다.

그러니까 오늘은 그만 마치겠습니다.

찾아보기

ㅂ

예화

대행 스님 법어집

허공을 걷는 길

일반법회 3

엮은이 / (재) 한마음선원 출판부
펴낸이 / (재) 한마음선원
펴낸데 / (재) 한마음선원

1판 1쇄 2018년 9월 20일

출판등록 2000.12.15. 제 2000-16호
13908 경기도 안양시 만안구 경수대로 1282
전화 (031)470-3100 팩스 (031)470-3116
http://www.hanmaum.org

값 30,000원
ISBN 978-89-91532-22-9
ISBN 978-89-950859-0-5 (셋트)

* 이 도서의 국립중앙도서관 출판예정도서목록(CIP)은
서지정보유통지원시스템 홈페이지(http://seoji.nl.go.kr)와
국가자료종합목록시스템(http://www.nl.go.kr/kolisnet)에서
이용하실 수 있습니다.(CIP제어번호 : CIP2018028255)